VW Golf & Bora
Gör-det-själv handbok

Pete Gill and AK Legg LAE MIMI

Modeller som behandlas

(3781-5AN1-400/3727-5AE1/4169-2AM2)

VW Golf och Bora modeller fr.o.m. 1998, inklusive specialmodeller
Sedan, kombikupé och kombi
1390cc, 1595cc, 1781cc och 1984cc bensinmotorer (SOHC och DOHC motorer)
1896cc dieselmotor, inklusive turbodiesel

Behandlar inte 2324cc VR5, 4-hjulsdrivna (4x4) eller cabrioletmodeller

© J H Haynes & Co Ltd 2009

ABCDE
FGHI

En bok i **Haynes serie Gör-det-själv handböcker**

ISBN **978 1 78521 280 2**

Tryckt i Malaysia

J H Haynes & Co Ltd
Sparkford, Yeovil, Somerset BA22 7JJ, England

Haynes North America, Inc
859 Lawrence Drive, Newbury Park, California 91320, USA

Printed using NORBRITE BOOK 48.8gsm (CODE: 40N6533) from NORPAC; procurement system certified under Sustainable Forestry Initiative standard. Paper produced is certified to the SFI Certified Fiber Sourcing Standard (CERT - 0094271)

Innehåll

DIN VW GOLF/BORA

Reparationer vid vägkanten

Veckokontroller

Däcktryck

Smörjmedel och vätskor

UNDERHÅLL

Rutinunderhåll och service

Innehåll

REPARATIONER OCH RENOVERING

Motor och tillhörande system

Kraftöverföring

Bromsar och fjädring

Kaross och utrustning

REFERENSER

Register

Golfmodellerna som beskrivs i den här boken introducerades under våren 1998 och Bora i juni 1999. Även om den nya Golfen till utseendet påminner om tidigare modeller, har den nya, bredare modellen inga delar gemen-samma med den tidigare Golfen.

Modellerna finns med en mängd olika typer av motorer, från den ekonomiska 1390cc bensinmotorn, till den prestandainriktade 1781cc 20-ventilers turbobensinmotorn, liksom mer normala turbodieselmotorer. Alla bensinmotorer har bränsleinsprutning, och är utrustade med en mängd avgasrenings-system. Alla motorer har väl beprövad utformning och bör, förutsatt att de får regelbunden service, inte förorsaka några problem.

Golfmodellerna finns som 3- och 5-dörrars kombikupé och som 5-dörrars kombi. Boramodellerna finns som 4-dörrars sedan.

Bilarna har helt individuell främre fjädring, där komponenterna är monterade på en kryssrambalk. Den bakre fjädringen är halvt individuell, med en torsionsstav och hjälp-armar.

En femväxlad manuell växellåda är standard på alla modeller, och en fyrväxlad automatväxellåda finns som tillval för vissa modeller.

För varje modell finns ett stort urval av standard- och extrautrustning för alla smaker, inklusive låsningsfria bromsar (ABS) och luft-konditionering.

För hemmamekanikern är Golf- och Bora-modellerna okomplicerade att underhålla och det mesta som behöver regelbunden översyn är lätt åtkomligt.

Din handbok till VW Golf och Bora

Syftet med den här handboken är att hjälpa dig utnyttja din bil på bästa möjliga sätt och den kan göra det på flera sätt. Boken kan hjälpa dig att avgöra vilka åtgärder som måste vidtas (även om en verkstad anlitas för att utföra själva arbetet), ge information om rutin-underhåll och service, och föreslå logiska tillvägagångssätt vid diagnossställande och reparation om slumpmässiga fel uppstår. Förhoppningsvis kommer handboken dock att användas till försök att klara av arbetet på egen hand. Vad gäller enklare jobb kan det till och med gå snabbare att ta hand om det själv än att först boka tid på en verkstad och sedan ta sig dit två gånger för att lämna och hämta bilen. Kanske viktigast av allt är dock att en hel del pengar kan sparas genom att man undviker de avgifter verkstäder tar ut för att kunna täcka arbetskraft och drift.

Handboken innehåller teckningar och beskrivningar som förklarar de olika komponenternas funktion och utformning. Själva arbetsmomenten är beskrivna och fotograferade i tydlig ordningsföljd, steg för steg.

Hänvisningar till "vänster" och "höger" avser vänster eller höger för en person som sitter i förarsätet och tittar framåt.

Tack till...

Tack till Champion Spark Plug som tillhanda-hållit illustrationerna över tändstiftens skick. Tack också till Draper Tools Limited som tillhandahållit en del av verktygen, samt till alla i Sparkford som hjälpt till att producera den här boken.

Handboken är inte en direkt reproduktion av tillverkarens data, och den har inte fått tekniskt godkännande av tillverkarna eller importörerna.

Vi är stolta över tillförlitligheten i den information som ges i den här handboken. Biltillverkare gör dock ibland modifieringar och konstruktionsändringar under på-gående tillverkning om vilka vi inte informeras. Författarna och förlaget kan inte ta på sig något ansvar för förluster, personskador eller materiella skador till följd av felaktiga eller ofullständiga upp-gifter i denna handbok.

VW Bora 1.9 TDi sedan

VW Golf kombi

VW Golf 1.6 SE kombikupé

Att arbeta på din bil kan vara farligt. Den här sidan visar potentiella risker och faror och har som mål att göra dig uppmärksam på och medveten om vikten av säkerhet i ditt arbete.

Allmänna faror

Skållning

• Ta aldrig av kylarens eller expansionskärlets lock när motorn är het.
• Motorolja, automatväxellådsolja och styrservovätska kan också vara farligt varma om motorn just varit igång.

Brännskador

• Var försiktig så att du inte bränner dig på avgassystem och motor. Bromsskivor och -trummor kan också vara heta efter körning.

Lyftning av fordon

• Vid arbete nära eller under ett lyft fordon, använd alltid extra stöd i form av pallbockar eller använd ramper. **Arbeta aldrig under en bil som endast stöds av en domkraft.**

• När muttrar eller skruvar med högt åtdragningsmoment skall lossas eller dras, bör man lossa dem något innan bilen lyfts och göra den slutliga åtdragningen när bilens hjul åter står på marken.

Brand och brännskador

• Bränsle är mycket brandfarligt och bränsleångor är explosiva.
• Spill inte bränsle på en het motor.
• Rök inte och använd inte öppen låga i närheten av en bil under arbete. Undvik också gnistbildning (elektrisk eller från verktyg).
• Bensinångor är tyngre än luft och man bör därför inte arbeta med bränslesystemet med fordonet över en smörjgrop.
• En vanlig brandorsak är kortslutning i eller överbelastning av det elektriska systemet. Var försiktig vid reparationer eller ändringar.
• Ha alltid en brandsläckare till hands, av den typ som är lämplig för bränder i bränsle- och elsystem.

Elektriska stötar

• Högspänningen i tändsystemet kan vara farlig, i synnerhet för personer med hjärtbesvär eller pacemaker. Arbeta inte med eller i närheten av tändsystemet när motorn går, eller när tändningen är på.

• Nätspänning är också farlig. Se till att all nätansluten utrustning är jordad. Man bör skydda sig genom att använda jordfelsbrytare.

Giftiga gaser och ångor

• Avgaser är giftiga. De innehåller koloxid vilket kan vara ytterst farligt vid inandning. Låt aldrig motorn vara igång i ett trångt utrymme, t ex i ett garage, med stängda dörrar.

• Även bensin och vissa lösnings- och rengöringsmedel avger giftiga ångor.

Giftiga och irriterande ämnen

• Undvik hudkontakt med batterisyra, bränsle, smörjmedel och vätskor, speciellt frostskyddsvätska och bromsvätska. Sug aldrig upp dem med munnen. Om någon av dessa ämnen sväljs eller kommer in i ögonen, kontakta läkare.
• Långvarig kontakt med använd motorolja kan orsaka hudcancer. Bär alltid handskar eller använd en skyddande kräm. Byt oljeindränkta kläder och förvara inte oljiga trasor i fickorna.
• Luftkonditioneringens kylmedel omvandlas till giftig gas om den exponeras för öppen låga (inklusive cigaretter). Det kan också orsaka brännskador vid hudkontakt.

Asbest

• Asbestdamm kan ge upphov till cancer vid inandning, eller om man sväljer det. Asbest kan finnas i packningar och i kopplings- och bromsbelägg. Vid hantering av sådana detaljer är det säkrast att alltid behandla dem som om de innehöll asbest.

Speciella faror

Flourvätesyra

• Denna extremt frätande syra bildas när vissa typer av syntetiskt gummi i t ex O-ringar, tätningar och bränsleslangar utsätts för temperaturer över 400 °C. Gummit omvandlas till en sotig eller kladdig substans som innehåller syran. *När syran väl bildats är den farlig i flera år. Om den kommer i kontakt med huden kan det vara tvunget att amputera den utsatta kroppsdelen.*
• Vid arbete med ett fordon, eller delar från ett fordon, som varit utsatt för brand, bär alltid skyddshandskar och kassera dem på ett säkert sätt efteråt.

Batteriet

• Batterier innehåller svavelsyra som angriper kläder, ögon och hud. Var försiktig vid påfyllning eller transport av batteriet.
• Den vätgas som batteriet avger är mycket explosiv. Se till att inte orsaka gnistor eller använda öppen låga i närheten av batteriet. Var försiktig vid anslutning av batteriladdare eller startkablar.

Airbag/krockkudde

• Airbags kan orsaka skada om de utlöses av misstag. Var försiktig vid demontering av ratt och/eller instrumentbräda. Det kan finnas särskilda föreskrifter för förvaring av airbags.

Dieselinsprutning

• Insprutningspumpar för dieselmotorer arbetar med mycket högt tryck. Var försiktig vid arbeten på insprutningsmunstycken och bränsleledningar.

⚠️ **Varning: Exponera aldrig händer eller annan del av kroppen för insprutarstråle; bränslet kan tränga igenom huden med ödesdigra följder**

Kom ihåg...

ATT

• Använda skyddsglasögon vid arbete med borrmaskiner, slipmaskiner etc, samt vid arbete under bilen.

• Använda handskar eller skyddskräm för att skydda händerna.

• Om du arbetar ensam med bilen, se till att någon regelbundet kontrollerar att allt står väl till.

• Se till att inte löst sittande kläder eller långt hår kommer i vägen för rörliga delar.

• Ta av ringar, armbandsur etc innan du börjar arbeta på ett fordon - speciellt med elsystemet.

• Försäkra dig om att lyftanordningar och domkraft klarar av den tyngd de utsätts för.

ATT INTE

• Ensam försöka lyfta för tunga delar - ta hjälp av någon.

• Ha för bråttom eller ta osäkra genvägar.

• Använda dåliga verktyg eller verktyg som inte passar. De kan slinta och orsaka skador.

• Låta verktyg och delar ligga så att någon riskerar att snava över dem. Torka upp olje- och bränslespill omgående.

• Låta barn eller husdjur leka nära en bil under arbetets gång.

Följande sidor är tänkta att vara till hjälp vid hantering av vanligen förekommande problem. Mer detaljerad information om felsökning finns i slutet av boken, och beskrivningar av reparationer finns i bokens olika huvudkapitel.

Om bilen inte startar och startmotorn inte går runt

☐ Öppna motorhuven och kontrollera att batteripolerna är rena och sitter fast ordentligt.

☐ Slå på strålkastarna och försök starta motorn. Om strålkastarljuset försvagas mycket under startförsöket är batteriet troligen urladdat. Lös problemet genom att använda startkablar (se nästa sida) och en annan bil.

Om bilen inte startar trots att startmotorn går runt som vanligt

☐ Finns det bensin i tanken?

☐ Finns det fukt i elsystemet under motorhuven? Slå av tändningen och torka bort synlig fukt med en torr trasa. Spraya vattenavvisande medel (WD-40 eller liknande) på tändningens och bränslesystemets elektriska kontaktdon som visas i bilderna nedan.

A Undersök batterianslutningarnas skick och se till att de är ordentligt åtdragna.

B Kontrollera att tändkablarna är ordentligt anslutna till tändningsmodulen och tänd-stiften (bensinmotorer).

C Kontrollera att kontakten är ordentligt ansluten till tändningsmodulen (bensin-motorer).

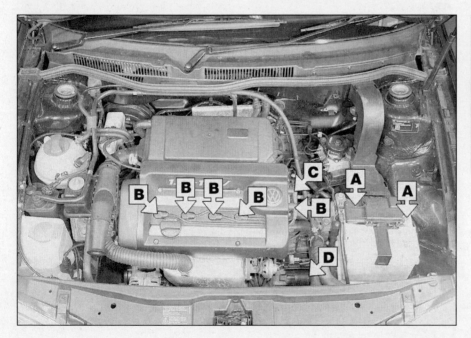

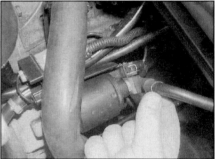

D Kontrollera att startmotorns kablar sitter ordentligt.

Starthjälp

Det finns tre möjligheter:

1 Batteriet har laddats ur efter ett flertal startförsök, eller för att lysen har lämnats på.

2 Laddningssystemet fungerar inte som det ska (generatorns drivrem är slak eller av, generatorns kablage eller generatorn själv är defekt).

3 Batteriet är defekt (utslitet eller låg elektrolytnivå).

Tänk på följande när bilen startas med ett laddningsbatteri:

✔ Innan laddningsbatteriet ansluts ska tändningen vara avslagen.

✔ Kontrollera att all elektrisk utrustning (lysen, värme, vindrutetorkare etc.) är avslagen.

✔ Se efter om det står några speciella föreskrifter på batteriet.

✔ Kontrollera att laddningsbatteriet har samma spänning som det urladdade batteriet i bilen.

✔ Om batteriet laddas med startkablar från batteriet i en annan bil, får bilarna INTE VIDRÖRA varandra.

✔ Växellådan ska vara i neutralläge (PARK för automatväxellåda).

1 Anslut den ena änden av den röda startkabeln till den positiva (+) polen på det urladdade batteriet.

2 Anslut den andra änden av den röda startkabeln till den positiva (+) polen på laddningsbatteriet.

3 Anslut den ena änden av den svarta startkabeln till den negativa (-) polen på laddningsbatteriet.

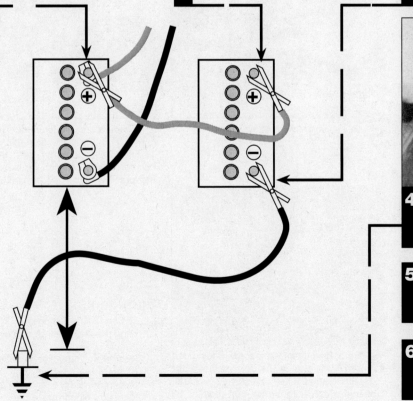

4 Anslut den andra änden av den svarta startkabeln till en bult eller ett fäste på motorblocket, en bra bit från batteriet, på den bil som ska startas.

5 Se till att startkablarna inte kommer i kontakt med fläkten, drivremmarna eller någon annan rörlig del av motorn.

6 Starta motorn med laddningsbatteriet och låt den gå på tomgång. Slå på strålkastarna, bakrutevärmen och värmefläktsmotorn. Koppla sedan loss startkablarna i motsatt ordning mot anslutning. Slå sedan av strålkastarna etc.

Hjulbyte

Vissa av de detaljer som visas här varierar beroende på modell.

Varning: Byt aldrig däck om du befinner dig i en situation där du riskerar att bli påkörd av annan trafik. Försök stanna i en parkeringsficka eller på en mindre avtagsväg om du befinner dig på en högtrafikerad väg. Håll uppsikt över passerande trafik under däckbytet. Det är lätt att bli distraherad under arbetet.

Förberedelser

☐ När en punktering inträffar, stanna så snart säkerheten medger detta.
☐ Parkera om möjligt på plan, fast mark där du inte är i vägen för annan trafik.

☐ Använd varningsblinkers om så behövs.
☐ Ställ ut en varningstriangel (obligatorisk utrustning) för att göra andra trafikanter uppmärksamma på din närvaro.

☐ Dra åt handbromsen och lägg i ettan eller backen ("P" på automatväxellåda).
☐ Om marken är mjuk, lägg t.ex. en plankbit under domkraften för att sprida tyngden.

Hjulbyte

1 Reservhjul och verktyg förvaras i bagageutrymmet. Lossa fästremmen och lyft ut domkraften och verktygen från mitten av hjulet.

2 Skruva loss hållaren och lyft ut hjulet.

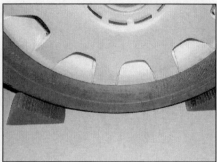

3 För säkerhets skull, klossa det hjul som sitter diagonalt mitt emot det som ska tas loss (ett par stora stenar kan användas till detta).

4 Ta bort hjulsidan med ståltrådskroken och fälgnyckeln. Där så behövs kan kroken kan användas för att lossa den lilla mittkåpan eller hjulbultshattarna.

5 Lossa varje hjulbult ett halvt varv.

6 Placera domkraften under den förstärkta delen av tröskelbalken (lyft inte bilen på någon annan punkt under tröskelbalken) och på stadig mark, och vrid domkraftens vev medurs tills hjulet lyfts från marken.

7 Skruva loss hjulbultarna (med den medföljande hylsnyckeln) och ta bort hjulet. Montera reservhjulet och sätt i bultarna. Dra åt bultarna något med fälgnyckeln. Sänk sedan ner bilen på marken.

8 Dra åt hjulbultarna i diagonal ordning och sätt tillbaka hjulsidan. Lägg det punkterade däcket på reservhjulets plats. Observera att hjulbultarna bör dras åt till angivet moment vid första möjliga tillfälle.

Slutligen...

☐ Ta bort hjulblockeringen.
☐ Lägg tillbaka domkraft och verktyg på sina platser i bilen.
☐ Kontrollera lufttrycket på det nymonterade däcket. Om det är lågt eller om en tryckmätare inte finns tillgänglig, kör långsamt till närmaste bensinstation och kontrollera/justera trycket.

Att hitta läckor

Pölar på garagegolvet (eller där bilen parkeras) eller våta fläckar i motorrummet tyder på läckor som man måste försöka hitta. Det är inte alltid så lätt att se var läckan är, särskilt inte om motorrummet är mycket smutsigt. Olja eller andra vätskor kan spridas av fartvinden under bilen och göra det svårt att avgöra var läckan egentligen finns.

 Varning: De flesta oljor och andra vätskor i en bil är giftiga. Vid spill bör man tvätta huden och byta indränkta kläder så snart som möjligt

 Lukten kan vara till hjälp när det gäller att avgöra varifrån ett läckage kommer och vissa vätskor har en färg som är lätt att känna igen. Det är en bra idé att tvätta bilen ordentligt och ställa den över rent papper över natten för att lättare se var läckan finns. Tänk på att motorn ibland bara läcker när den är igång.

Olja från sumpen

Motorolja kan läcka från avtappnings-pluggen . . .

Olja från oljefiltret

. . . eller från oljefiltrets packning.

Växellådsolja

Växellådsolja kan läcka från tätningarna i ändarna på drivaxlarna.

Frostskydd

Läckande frostskyddsvätska lämnar ofta kristallina avlagringar liknande dessa.

Bromsvätska

Läckage vid ett hjul är nästan alltid bromsvätska.

Servostyrningsvätska

Servostyrningsvätska kan läcka från styrväxeln eller dess anslutningar.

Bogsering

Om ingenting annat hjälper kan du behöva bli bogserad hem – eller det kan naturligtvis hända att du får hjälpa någon annan med bogsering. Bogsering längre sträckor bör överlåtas till en verkstad eller en bärgningsfirma. Kortare sträckor går det utmärkt att låta en annan privatbil bogsera, men tänk på följande:

☐ Använd en riktig bogserlina – de är inte dyra.
☐ Slå alltid på tändningen när bilen bogseras så att rattlåset släpper och körriktningsvisare och bromsljus fungerar.
☐ Fäst bara bogserlinan i de därför avsedda bogseringsöglorna.

☐ Lossa handbromsen och ställ den manuella växellådan i friläge innan bogseringen börjar. För modeller med automatväxellåda gäller särskilda föreskrifter. Undvik bogsering vid minsta tveksamhet, annars kan växellådan ta skada.
☐ Observera att det kommer att krävas högre bromspedaltryck än vanligt eftersom vakuum-servon bara fungerar när motorn är igång.
☐ På modeller med servostyrning kommer det också att behövas större kraft än vanligt för att vrida ratten.
☐ Föraren av den bogserade bilen måste vara noga med att hålla bogserlinan spänd hela tiden för att undvika ryck.

☐ Försäkra er om att båda förarna känner till den planerade färdvägen innan ni startar.
☐ Bogsera aldrig längre sträcka än nöd-vändigt och håll lämplig hastighet (högsta tillåtna hastighet vid bogsering är 30 km/tim). Kör försiktigt och sakta ner mjukt och lång-samt innan korsningar.
☐ Den främre bogseringsöglan medföljer verktygssatsen i bagageutrymmet. Fäst öglan genom att först ta bort ventilen/täckplattan på den främre stötdämparen. Skruva fast öglan moturs (den är **vänstergängad**) och dra åt den med fälgnyckelns handtag.

Inledning

Det finns ett antal mycket enkla kontroller som endast tar några minuter i anspråk, men som kan bespara dig mycket besvär och stora kostnader.

Dessa *veckokontroller* kräver inga större kunskaper eller specialverktyg, och den korta tid de tar att utföra kan visa sig vara väl använd. Detta gäller t.ex. följande:

☐ Att hålla ett öga på däckens lufttryck förebygger inte bara att de slits ut i förtid utan det kan också rädda liv.

☐ Många motorhaverier orsakas av elektriska problem. Batterirelaterade fel är särskilt vanliga och genom regelbundna kontroller kan de flesta av dessa förebyggas.

☐ Om en läcka uppstår i bromssystemet kan det hända att du märker det först när bromsarna slutar att fungera. Genom regel-bundna kontroller av vätskenivån blir du varnad i god tid.
☐ Om olje- eller kylvätskenivån blir för låg är det betydligt billigare att laga läckan direkt, än att bekosta dyra reparationer av de motor-skador som annars kan uppstå.

Kontrollpunkter i motorrummet

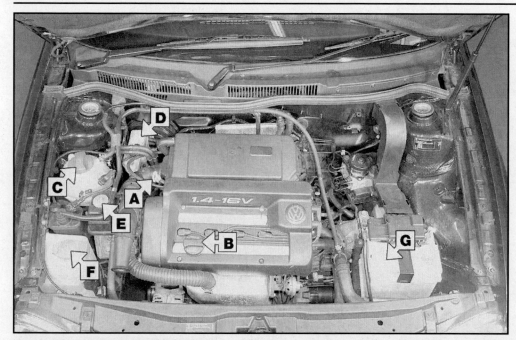

◄ **1.4 liters 16-ventilers bensinmotor**

A *Mätsticka för motorolja*
B *Påfyllningslock för motorolja*
C *Kylsystemets expansionskärl*
D *Bromsvätskebehållare*
E *Behållare för servostyrningsolja*
F *Spolarvätskebehållare*
G *Batteri*

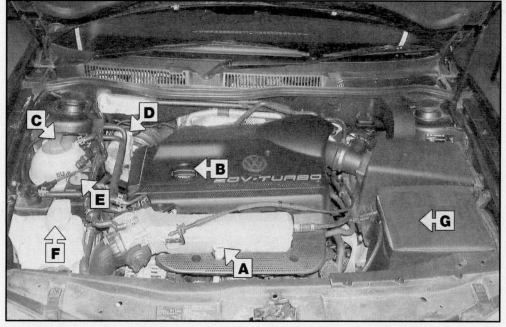

◄ **1.8 liters 20-ventilers bensinmotor**

A *Mätsticka för motorolja*
B *Påfyllningslock för motorolja*
C *Kylsystemets expansionskärl*
D *Bromsvätskebehållare*
E *Behållare för servostyrningsolja*
F *Spolarvätskebehållare*
G *Batteri*

◀ 1.9 liters dieselmotor

A *Mätsticka för motorolja*
B *Påfyllningslock för motorolja*
C *Kylsystemets expansionskärl*
D *Bromsvätskebehållare*
E *Behållare för servostyrningsolja*
F *Spolarvätskebehållare*
G *Batteri*

Motoroljenivå

Innan arbetet påbörjas

✔ Se till att bilen står på plan mark.
✔ Oljenivån måste kontrolleras innan bilen körs, eller tidigast 5 minuter efter det att motorn stängts av.

HAYNES TiPS *Om oljenivån kontrolleras direkt efter att bilen körts, kommer en del av oljan att vara kvar i den övre delen av motorn. Detta ger en felaktig avläsning på mätstickan.*

Korrekt oljetyp

Moderna motorer ställer höga krav på oljans kvalitet. Det är viktigt att rätt olja används till bilen (se Smörjmedel och vätskor).

Bilvård

● Om oljan behöver fyllas på ofta bör bilen kontrolleras med avseende på oljeläckor. Lägg ett rent papper under motorn över natten och se om det finns fläckar på det på morgonen. Om det inte finns några läckor kan problemet vara att motorn bränner olja.
● Oljenivån ska alltid hållas mellan oljemätstickans övre och nedre markering. Om oljenivån är för låg kan motorn ta allvarlig skada. Oljetätningarna kan gå sönder om man fyller på för mycket olja.

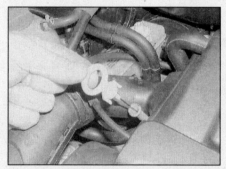

1 Mätstickan har ofta en klar färg för att den lätt ska kunna hittas i motorrummet (se *Kontrollpunkter i motorrummet* på sidorna 0•11 och 0•12 för exakt placering). Dra upp mätstickan och torka bort oljan med en ren trasa eller pappershandduk. Stick in den rena mätstickan i röret och dra ut den igen.

3 Oljan fylls på genom öppningen under påfyllningslocket. Skruva loss locket.

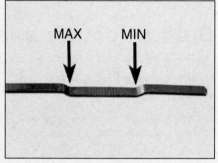

2 Notera oljenivån på änden av mätstickan. Den ska ligga mellan den övre (MAX) och den nedre (MIN) markeringen.

4 Lägg några trasor runt öppningen och fyll på oljan. En tratt hjälper till att minimera spill. Fyll på oljan långsamt och kontrollera då och då nivån med mätstickan. Undvik att fylla på för mycket (se *Bilvård*).

Kylvätskenivå

 Varning: Skruva aldrig av expansionskärlets lock när motorn är varm, eftersom det finns risk för brännskador. Låt inte behållare med kylvätska stå öppna eftersom vätskan är giftig.

Bilvård

● Ett slutet kylsystem ska inte behöva fyllas på regelbundet. Om kylvätskan behöver fyllas på ofta har bilen troligen en läcka i kylsystemet. Undersök kylaren samt alla slangar och fogytor efter stänk och våta märken och åtgärda eventuella problem.

● Det är viktigt att frostskyddsvätska används i kylsystemet året runt, inte bara under vintermånaderna. Fyll inte på med enbart vatten, då sänks frostskyddets koncentration.

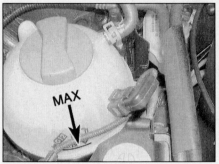

1 Kylvätskenivån varierar med motorns temperatur. När motorn är kall bör kylvätskenivån ligga mellan min- och maxmarkeringarna.

2 Vänta med att fylla på kylvätska tills motorn är kall. Skruva försiktigt loss locket för att släppa ut övertrycket ur kylsystemet och ta sedan bort det.

3 Fyll på en blandning av vatten och specificerat frostskyddsmedel *(se Smörjmedel och vätskor)* i expansionskärlet tills vätskenivån är mitt emellan markeringarna. Sätt tillbaka locket och dra åt ordentligt.

Broms- (och kopplings-) vätskenivå

Observera: *På modeller med manuell växellåda förser vätskebehållaren även kopplingens huvudcylinder med vätska.*

Innan arbetet påbörjas

✔ Se till att bilen står på plan mark.
✔ Det är mycket viktigt att bromssystemet inte blir förorenat, så rengör området runt bromsvätskebehållarens lock noga innan du fyller på. Använd endast ren bromsvätska.

Säkerheten främst!

● Om bromsvätskebehållaren måste fyllas på ofta har bilen fått en läcka i bromssystemet. Detta måste undersökas omedelbart.
● Vid en misstänkt läcka i systemet får bilen inte köras förrän bromssystemet har kontrollerats. Ta aldrig några risker med bromsarna.

⚠ **Varning: Var försiktig vid hantering av bromsvätska – den kan skada ögonen och bilens lack. Använd inte vätska ur kärl som har stått öppna en längre tid. Bromsvätska absorberar fuktighet från luften vilket kan orsaka farlig försämring av bromsegenskaperna.**

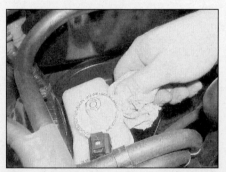

1 På behållaren finns nivåmarkeringarna MIN och MAX. Vätskenivån måste alltid hållas mellan dessa två markeringar. Om vätskebehållaren behöver fyllas på, rengör först området runt påfyllningslocket för att förhindra att hydraulsystemet förorenas.

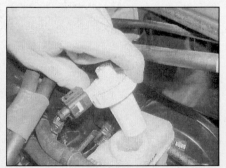

2 Skruva loss behållarens lock.

3 Fyll på vätska försiktigt. Var noga med att inte spilla på omgivande komponenter. Använd endast vätska av angiven typ *(se Smörjmedel och vätskor)*; om olika typer blandas kan systemet skadas. Sätt tillbaka locket efter påfyllningen och torka bort eventuellt spill.

Servostyrningens oljenivå

Innan arbetet påbörjas
✔ Se till att bilen står på plan mark.
✔ Vrid ratten så att hjulen pekar rakt framåt.
✔ För att kontrollen ska vara rättvisande ska motorn ha värmts upp till arbetstemperatur, och ratten får inte vridas efter det att motorn har stängts av.

Observera: *Starta inte motorn om servostyrningsoljan är kall. Vrid bara ratten så att hjulen pekar rakt framåt. Starta motorn om oljan har normal temperatur och låta den gå på tomgång. Vrid därefter ratten så att hjulen pekar framåt.*

Säkerheten främst!
● Om oljan behöver fyllas på ofta betyder det att systemet läcker. Undersök och åtgärda detta omedelbart.

1 Behållaren sitter på höger sida av motorrummet, bredvid spolarvätskebehållaren. Vätskenivån kontrolleras med en mätsticka som sitter fast i påfyllningslocket. Skruva loss locket från behållaren med en skruvmejsel och torka av mätstickan med en ren trasa.

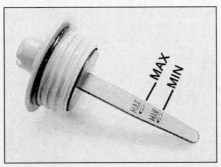

2 Skruva på locket för hand. Ta sedan bort det igen och kontrollera vätskenivån på mätstickan. Den ska ligga mellan de angivna högsta och lägsta nivåerna, som anges med ett skrovligt område eller med MAX och MIN, beroende på modell.

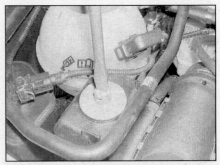

3 Om nivån överstiger maxmarkeringen, sug ut överflödig olja. Om nivån under-stiger minmarkeringen ska angiven vätska fyllas på *(se Smörjmedel och vätskor)*, men kontrollera även om det finns läckor i systemet. Avsluta med att skruva på locket och dra åt det med en skruvmejsel. Slå av tändningen om tillämpligt.

Spolarvätskenivå
● Spolarvätskekoncentrat rengör inte bara rutan utan fungerar även som frostskydd så att spolarvätskan inte fryser under vintern, då den kan behövas som mest. Fyll inte på med enbart vatten eftersom spolarvätskan då späds ut för mycket och kan frysa.

 Varning: Använd aldrig kylvätska för motorer i spolarsystemet, eftersom detta kan skada lacken.

1 Spolarvätskebehållaren sitter till höger i motorrummet, bakom ena strålkastaren. Lossa locket genom att dra det uppåt.

2 När behållaren fylls på bör spolarvätskekoncentrat tillsättas enligt rekommendationerna på flaskan.

Däckens skick och lufttryck

Det är mycket viktigt att däcken är i bra skick och har korrekt lufttryck - däckhaverier är farliga i alla hastigheter.

Däckslitage påverkas av körstil - hårda inbromsningar och accelerationer eller snabb kurvtagning, samverkar till högt slitage. Generellt sett slits framdäcken ut snabbare än bakdäcken. Axelvis byte mellan fram och bak kan jämna ut slitaget, men om detta är för effektivt kan du komma att behöva byta alla fyra däcken samtidigt.

Ta bort spikar och stenar som bäddats in i mönstret innan dessa tränger genom och orsakar punktering. Om borttagandet av en spik avslöjar en punktering, stick tillbaka spiken i hålet som markering, byt omedelbart hjul och låt en däckverkstad reparera däcket.

Kontrollera regelbundet att däcken är fria från sprickor och blåsor, speciellt i sido-väggarna. Ta av hjulen med regelbundna mellanrum och rensa bort all smuts och lera från inte och yttre ytor. Kontrollera att inte fälgarna visar spår av rost, korrosion eller andra skador. Lättmetallfälgar skadas lätt av kontakt med trottoarkanter vid parkering, stålfälgar kan bucklas. En ny fälg är ofta enda sättet att korrigera allvarliga skador.

Nya däck måste alltid balanseras vid monteringen men det kan vara nödvändigt att balansera om dem i takt med slitage eller om balansvikterna på fälgkanten lossnar.

Obalanserade däck slits snabbare och de ökar även slitaget på fjädring och styrning. Obalans i hjulen märks normalt av vibrationer, speciellt vid vissa hastigheter, i regel kring 80 km/tim. Om dessa vibrationer bara känns i styrningen är det troligt att enbart framhjulen behöver balanseras. Om istället vibrationerna känns i hela bilen kan bakhjulen vara obalanserade. Hjulbalansering ska utföras av däckverkstad eller annan verkstad med lämplig utrustning.

1 Mönsterdjup - visuell kontroll
Originaldäcken har slitagevarningsband (B) som uppträder när mönsterdjupet slitits ned till ca 1,6 mm. Bandens lägen anges av trianglar på däcksidorna (A).

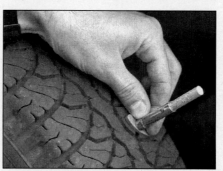

2 Mönsterdjup - manuell kontroll
Mönsterdjupet kan även avläsas med ett billigt verktyg kallat mönsterdjupmätare.

3 Lufttryckskontroll
Kontrollera regelbundet lufttrycket i däcken när dessa är kalla. Justera inte luft-trycket omedelbart efter det att bilen har körts eftersom detta leder till felaktiga värden.

Däckslitage

Slitage på sidorna

Lågt däcktryck (slitage på båda sidorna)
Lågt däcktryck orsakar överhettning i däcket eftersom det ger efter för mycket, och slit-banan ligger inte rätt mot underlaget. Detta orsakar förlust av väggrepp och ökat slitage.
Kontrollera och justera däcktrycket
Felaktig cambervinkel (slitage på en sida)
Reparera eller byt ut fjädringsdetaljer
Hård kurvtagning
Sänk hastigheten!

Slitage i mitten

För högt däcktryck
För högt däcktryck orsakar snabbt slitage i mitten av däckmönstret, samt minskat väg-grepp, stötigare gång och fara för skador i korden.
Kontrollera och justera däcktrycket

Om du ibland måste ändra däcktrycket till högre tryck specificerade för max lastvikt eller ihållande hög hastighet, glöm inte att minska trycket efteråt.

Ojämnt slitage

Framdäcken kan slitas ojämnt som följd av felaktig hjulinställning. De flesta bilåterför-säljare och verkstäder kan kontrollera och justera hjulinställningen för en rimlig summa.
Felaktig camber- eller castervinkel
Reparera eller byt ut fjädringsdetaljer
Defekt fjädring
Reparera eller byt ut fjädringsdetaljer
Obalanserade hjul
Balansera hjulen
Felaktig toe-inställning
Justera framhjulsinställningen
Notera: *Den fransiga ytan i mönstret, ett typiskt tecken på toe-förslitning, kontrolleras bäst genom att man känner med handen över däcket.*

Batteri

Varning: Läs säkerhetsföreskrifterna i Säkerheten främst! (i början av handboken) innan något arbete utförs på batteriet.

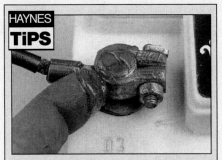

Korrosion på batteriet kan minimeras genom att lite vaselin stryks på batteriklämmorna och polerna när de dragits åt.

✔ Se till att batterilådan är i gott skick och att klämman sitter ordentligt. Rost på plåten, klämman och batteriet kan avlägsnas med en lösning av vatten och bikarbonat. Skölj noggrant alla rengjorda delar med vatten. Alla rostskadade metalldelar bör först målas med en zinkbaserad grundfärg och därefter lackas.

1 Batteriet sitter i det främre vänstra hörnet i motorrummet. Om så behövs, öppna isoleringskåpan för att komma åt batteripolerna.

✔ Kontrollera regelbundet (ungefär var tredje månad) batteriets skick enligt beskrivningen i kapitel 5A.
✔ Om batteriet är urladdat och det behövs starthjälp för att starta bilen, se *Reparationer vid vägkanten.*

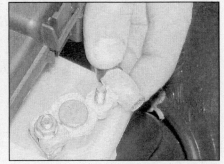

2 Öppna säkringsdosans lock och undersök batteri- och säkringsanslutningarnas skick.

Elsystem

✔ Kontrollera alla yttre lampor samt signal-hornet. Se aktuella avsnitt i kapitel 12 för närmare information om någon av kretsarna inte fungerar.
✔ Se över alla tillgängliga kontaktdon, kablar och kabelklämmor så att de sitter ordentligt och inte är skavda eller skadade.

 HAYNES TIPS *Om du måste kontrollera bromsljus och körriktningsvisare ensam, backa upp mot en vägg eller garageport och slå på ljusen. Det reflekterade skenet visar om de fungerar eller inte*

1 Om enstaka körriktningsvisare, bromsljus eller strålkastare inte fungerar beror det antagligen på en trasig glödlampa som behöver bytas ut. Se kapitel 12 för mer information. Om båda bromsljusen har slutat fungera kan det bero på att bromspedalens brytare har gått sönder. Se kapitel 9 för mer information.

2 Om flera körriktningsvisare eller strål-kastare har slutat fungera, beror det antagligen på att en säkring har gått eller att det är något fel på kretsen (se *Felsökning av elsystemet* i kapitel 12). Huvudsäkringarna sitter i säkringsdosan under ett lock på förarsidan på instrumentbrädan. Bänd loss locket med en liten skruvmejsel. På lockets insida visas vilka kretsar som skyddas av säkringarna.

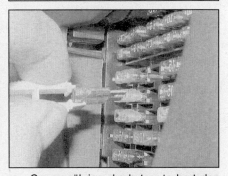

3 Om en säkring ska bytas, ta bort den gamla med den medföljande plasttången. Sätt i en ny säkring av samma strömstyrka (finns att köpa i biltillbehörsbutiker). Det är viktigt att ta reda på orsaken till att säkringen gick (se *Felsökning av elsystemet* i kapitel 12).

Torkarblad

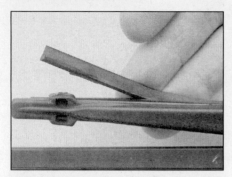  

1 Undersök torkarbladen. Byt ut dem om de är spruckna eller visar tecken på förslitning, eller om rutan inte rengörs ordentligt. För bästa sikt bör torkarbladen bytas rutinmässigt en gång per år.

2 Ta loss ett torkarblad genom att lyfta upp armen från rutan helt, tills det tar stopp. Vrid runt bladet 90°, tryck på spärren med fingrarna och dra loss bladet från kroken på armen.

3 Glöm inte att även kontrollera eventuella torkarblad på bakrutan. Ta bort bladet genom att trycka på spärren och dra bort bladet från kroken på armen.

Däcktryck

Observera: *Rekommenderade däcktryck står på en etikett på baksidan av luckan till tanklocket. Angivna tryck gäller för originaldäcken. Fråga däcktillverkaren eller leverantören om de senaste rekommendationerna om däck av annat märke eller annan typ monterats. Följande värden är normala.*

Golf	Fram	Bak
Normal belastning	1,9 bar	1,9 bar
Full belastning:		
175/80R14 däck	2,2 bar	3,0 bar
Alla övriga däck	2,1 bar	2,6 bar
Bora		
Normal belastning	1,9 bar	1,9 bar
Full belastning	2,1 bar	2,8 bar

Smörjmedel och vätskor

Motor (bensin)
Standard serviceintervall (avstånd/tid) . . . Flergradig motorolja, viskositet SAE 5W/40 till 20W/50, till API SG/CD
LongLife serviceintervall (variabelt) . . . VW LongLife motorolja art.nr VW 503 00*

Motor (diesel)
Standard serviceintervall (avstånd/tid) . . . Flergradig motorolja, viskositet SAE 5W/40 till 20W/50, till API SG/CD
LongLife serviceintervall (variabelt) . . . VW LongLife motorolja art.nr VW 506 00**

Kylsystem . . . Endast VW G12 tillsats (frostskyddsmedel och rostskydd)

Manuell växellåda . . . VW G50 växellådsolja, viskositet SAE 75W/90 (syntetisk)

Hydraulolja till automatväxellåda . . . VW ATF art.nr G 052 162 A1

Automatväxellådans slutväxel . . . VW G50 växellådsolja, viskositet SAE 75W/90 (syntetisk)

Bromssystem . . . Hydraulvätska till SAE J1703F eller DOT 4

Servostyrningsbehållare . . . VW:s hydraulolja G 002 000

Max 0,5 liter VW 502 00 standardolja kan användas vid påfyllning om det inte går att få tag på LongLife olja.
** *Max 0,5 liter VW 505 00 standardolja kan användas vid påfyllning om det inte går att få tag på LongLife olja.*

Kapitel 1 Del A:
Rutinunderhåll och service – modeller med bensinmotor

Innehåll

Svårighetsgrader

| **Enkelt,** passar novisen med lite erfarenhet | **Ganska enkelt,** passar nybörjaren med viss erfarenhet | **Ganska svårt,** passar kompetent hemmamekaniker | **Svårt,** passar hemmamekaniker med erfarenhet | **Mycket svårt,** för professionell mekaniker |

Smörjmedel och vätskor
Se slutet av *Veckokontroller*

Volymer

Motorolja – inklusive filter (ungefärliga volymer)

1.4 liters motor	3,2 liter
1.6 liters motor:	
SOHC motor	4,5 liter
DOHC motor	3,2 liter
1.8 liters motor	4,5 liter
2.0 liters motor	4,0 liter

Kylsystem (ungefärliga volymer)

1.4 liters motor	6,0 liter
1.6 liters motor	
SOHC motor	5,0 liter
DOHC motor	6,0 liter
1.8 och 2.0 liters motorer	5,0 liter

Växellåda

Manuell växellåda:	
Typ 02K	1,9 liter
Typ 02J	2,0 liter
Automatväxellåda (Typ 01M):	
Växellåda	5,3 liter
Slutväxel	0,75 liter
Automatväxellåda (Typ 09A):	
Växellåda och slutväxel	7,0 liter

Servostyrning

Alla modeller	0,7 till 0,9 liter

Bränsletank

Alla modeller (ca)	55 liter

Spolarvätska

Modeller med strålkastarspolare	5,5 liter
Modeller utan strålkastarspolare	3,0 liter

Kylsystem

Kylmedelsblandning:	
40% kylmedel	Skydd ner till -25°C
50% kylmedel	Skydd ner till -35°C

Observera: *Kontrollera kylmedelstillverkarens senaste rekommendationer.*

Tändsystem

	Typ	Elektrodavstånd
Tändstift:		
1.4 liters motor	Bosch F7 HPP 222	1,0 mm
1.6 liters motor:		
Kod AEH, AKL & APF	Bosch FR7 LD+	0,9 mm
Alla övriga 1.6 liters motorer	Bosch F7 HPP 222	1,0 mm
1.8 liters motor:		
Kod AGN	Bosch FR7 LD+	0,9 mm
Alla övriga 1.8 liters motorer	Bosch F7 HPP 222 T	0,8 mm
2.0 liters motor	Bosch F7 HPP 222	1,0 mm

Bromsar

Bromsklossarnas minsta tjocklek:	
Fram	7,0 mm (inklusive stödplatta)
Bak	7,5 mm (inklusive stödplatta)

Åtdragningsmoment

	Nm
Automatväxellådans nivåplugg	15
Manuell växellådas påfyllnings-/nivåplugg	25
Hjulbultar	120
Tändstift	30
Oljesumpens avtappningsplugg:	
1.4, 1.6 och 2.0 liters motorer	30
1.8 liters motor	40

Motorrum på en modell med 1.4 liters bensinmotor

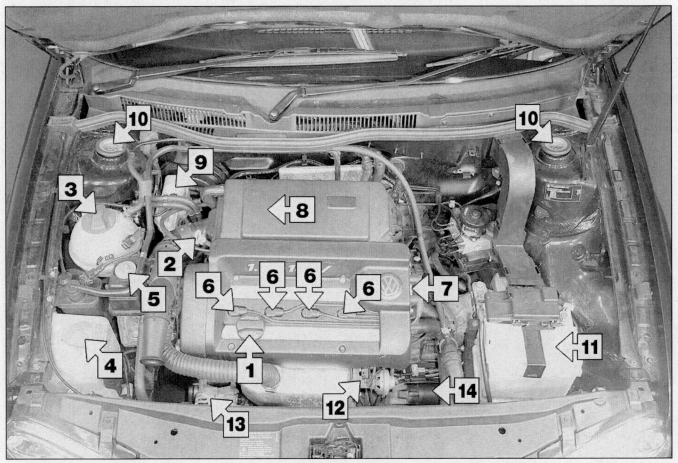

1 Motoroljans påfyllningslock
2 Mätsticka för motorolja
3 Kylvätskans expansionskärl
4 Spolarvätskebehållare för vindruta/
strålkastare

5 Behållare för servostyrningsolja
6 Tändkablar och tändstift
7 Tändningsmodul
8 Luftrenare
9 Vätskebehållare för bromshuvudcylinder

10 Främre fjäderbenets övre fäste
11 Batteri
12 EGR-ventil
13 Generator
14 Startmotor

Framvagn sedd underifrån på en modell med 1.4 liters bensinmotor

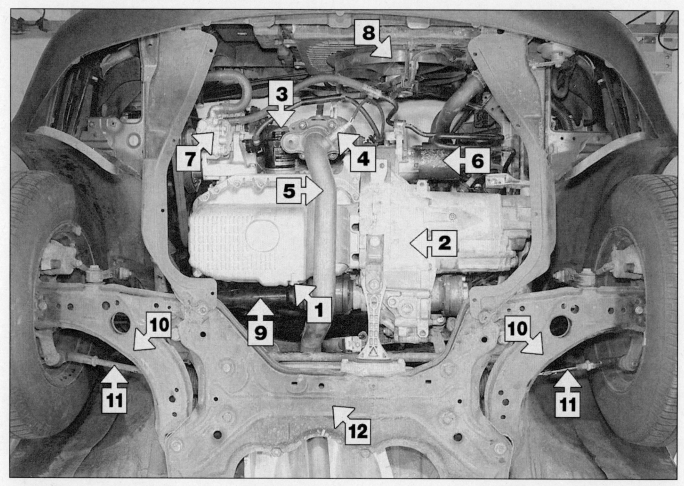

1 Oljesumpens avtappningsplugg
2 Manuell växellåda
3 Oljefilter
4 Lambdasond

5 Främre avgasrör
6 Startmotor
7 Servostyrningspump
8 Kylare och elektrisk kylfläkt

9 Drivaxlar
10 Framfjädringens länkarmar
11 Styrstag
12 Tvärbalk

Bakvagn sedd underifrån på en modell med 1.4 liters bensinmotor

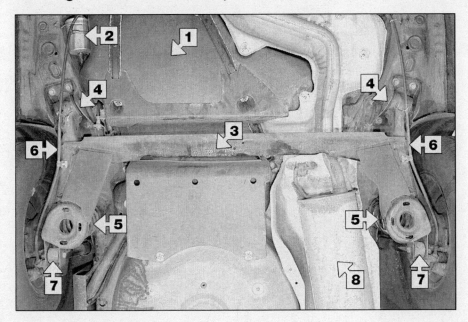

1 Bränsletank
2 Bränslefilter
3 Bakaxelenhet
4 Bakaxelns främre fäste
5 Bakfjädringens spiralfjädrar
6 Handbromsvajrar
7 Bakfjädringens stötdämpare
8 Bakre ljuddämpare och avgasrör

Underhållsschema

Underhållsintervallen i denna handbok förutsätter att arbetet utförs av en hemmamekaniker och inte av en verkstad. Detta är minimiintervall som vi rekommenderar för fordon som körs varje dag. Om bilen alltid ska hållas i toppskick bör vissa moment utföras oftare. Vi rekommenderar regelbundet och tätt underhåll, eftersom det höjer bilens effektivitet, prestanda och andrahandsvärde.

Om bilen är ny ska underhållsservice utföras av återförsäljarens verkstad, så att garantin ej förverkas.

Alla VW Golf- och Boramodeller har en servicedisplay på instrumentpanelen. Varje gång motorn startas visar panelen serviceinformation i ca 20 sekunder. På standarddisplayen (på modeller som tillverkats fram till och med 1999) beräknas serviceintervallen strikt efter körsträckan. På LongLife-displayen (på modeller som tillverkats från och med år 2000) kan serviceintervallen varieras efter

antal starter, körsträcka, hastighet, slitage på bromsklossar, hur ofta motorhuven öppnats, bränsleförbrukning, oljenivå och olje-temperatur, men bilen **måste** få service minst vartannat år. Vid 3000 km före nästa beräknade servicetillfälle visas meddelandet "Service in 3000 km" under hastighetsmätaren, och detta värde minskas i steg om 100 allteftersom bilen fortsätter att köras. När serviceintervallet är slut blinkar meddelandet "Service" eller "Service Now". Observera att om variabelt serviceintervall (LongLife) används får motorn **endast** fyllas med rekommenderad **longlife** motorolja (se *Smörjmedel och vätskor*).

Efter service återställer VW-teknikerna indikatorn till nästa serviceintervall med ett speciellt instrument, och en utskrift läggs till i bilens serviceregister. Ägaren kan också återställa displayen enligt anvisningarna i följande stycke, men observera att för

modeller som tillverkats år 2000 och framåt, med variabelt intervall, återställer denna procedur automatiskt displayen till avståndsintervall (15 000 km). För att återställa displayen till variabelt intervall (LongLife) måste bilen lämnas till en VW-återförsäljare som kodar datorn med ett speciellt instrument.

Observera: *På modeller tillverkade år 2000 och senare kan ägaren välja mellan två serviceparametrar – avståndsintervall eller variabelt intervall.*

Återställ displayen manuellt genom att slå av tändningen och hålla ner trippmätarens knapp (under hastighetsmätaren). Slå på tändningen och släpp knappen. Kontrollera att relevant serviceparameter visas på displayen. Vrid den digitala klockans återställningsratt medurs. Displayen återgår till normalt läge. Avsluta med att slå av tändningen.

Modeller som visar avståndsintervall

Observera: *På modeller tillverkade år 2000 och senare kan ägaren välja mellan två serviceparametrar – avstånds- eller variabelt intervall.*

Var 400:e km eller en gång i veckan

☐ Se *Veckokontroller*

Var 15 000:e km – "Service OIL"visas på displayen

☐ Byt motorolja och filter (avsnitt 3)

Observera: *Det är bra för motorn att olja och filter byts ofta. Vi rekommenderar att oljan byts oftare än vid de intervall som anges här, eller minst två gånger om året.*

☐ Kontrollera de främre och bakre bromsklossarnas tjocklek (avsnitt 4)
☐ Återställ servicedisplayen (avsnitt 5)

Var 12:e månad – "Service INSP01" visas på displayen

Observera: *För bilar som kör mindre än 30 000 km per år utförs följande arbete vid 12-månadsservicen.*

☐ Kontrollera att all yttre och inre armatur, varningsblinkers och signalhorn fungerar (avsnitt 6)
☐ Kontrollera krockkuddarnas skick (avsnitt 7)
☐ Kontrollera motorstyrningens självtestminne (avsnitt 8)
☐ Smörj alla gångjärn och lås (avsnitt 9)
☐ Kontrollera att spolarsystemen till vindrutan/ bakrutan/strålkastarna fungerar (avsnitt 10)
☐ Leta efter läckor på alla delar och slangar under motorhuven (avsnitt 11)
☐ Kontrollera drivaxeldamaskernas skick (avsnitt 12)
☐ Leta efter läckor eller skador på bromskretsen (avsnitt 13)
☐ Kontrollera skicket på avgassystemet och dess fästen (avsnitt 14)
☐ Kontrollera skicket på styrningens och fjädringens delar, samt att de sitter ordentligt (avsnitt 15)
☐ Kontrollera kylvätskans koncentration (avsnitt 16)
☐ Kontrollera batteriets skick och elektrolytnivå, samt att det sitter ordentligt (avsnitt 17)
☐ Utför ett landsvägsprov (avsnitt 18)
☐ Återställ servicedisplayen (avsnitt 5)

Var 30 000:e km – "Service INSP01" visas på displayen

Observera: *Om bilen körs mer än 30 000 km per år bör även de åtgärder som ingår i 12-månadsservicen genomföras.*

☐ Kontrollera strålkastarnas inställning (avsnitt 19)
☐ Kontrollera takluckans funktion och smörj styrskenorna (avsnitt 20)
☐ Kontrollera den manuella växellådans oljenivå (avsnitt 21)
☐ Kontrollera om underredets skyddande lager är skadat (avsnitt 22)
☐ Byt pollenfilter (avsnitt 23)
☐ Återställ servicedisplayen (avsnitt 5)

Var 60 000:e km

☐ Kontrollera drivremmens skick (avsnitt 24)
☐ Kontrollera oljenivån i automatväxellådans slutväxel (avsnitt 25)
☐ Byt tändstift (avsnitt 26)
☐ Kontrollera automatväxellådans oljenivå (avsnitt 27)
☐ Kontrollera servostyrningens oljenivå (avsnitt 28)

Var 60 000:e km eller var 4:e år – det som först inträffar

☐ Byt luftfilter (avsnitt 29)

Var 90 000:e km

☐ Byt kamrem och spännarrulle (avsnitt 30)

Observera: *VW anger att kamremmen ska undersökas efter de första 90 000 km och sedan var 30 000:e km fram till 180 000 km, då den bör bytas. Om bilen mest används för korta resor rekommenderar vi att det kortare bytesintervallet tillämpas. Hur ofta remmen byts är upp till den enskilda ägaren, men eftersom motorn kan ta stor skada om remmen går av under drift, rekommenderar vi det kortare intervallet.*

Först efter 3 år, sedan vartannat år

☐ Kontrollera avgasutsläpp (avsnitt 31)

Vartannat år (oberoende av körsträcka)

☐ Byt broms- (och kopplings-) vätska (avsnitt 32)
☐ Byt kylvätska (avsnitt 33)*

*****Observera:** *Detta arbetsmoment ingår inte i VW:s serviceschema, och ska inte vara nödvändigt om VW:s rekommenderade G12 LongLife kylmedel används. Om standardkylmedel används bör däremot detta arbetsmoment utföras vid rekommenderade intervall.*

Modeller tillverkade år 2000 och senare, som använder variabla intervall

Observera: *Följande serviceintervall gäller endast modeller med PR-nummer QG0, QG1 eller QG2 (på etiketten i bagageutrymmet, bredvid reservhjulet). Det avstånds-/tidsintervall som visas på displayen beror på bilens användning (antal starter, körsträcka, hastighet, slitage på bromsklossar, hur ofta motorhuven har öppnats, bränsleförbrukning, oljenivå och oljetemperatur). Om en bil exempelvis används under extrema förhållanden, måste kanske oljeservice utföras var 15 000 km, men om den bara används under normala förhållanden, räcker det att oljeservice sker vid 30 000 km, tillsammans med inspektionsservice. Man måste förstå att det här systemet beror helt på hur bilen används, så service bör alltid utföras när så anges på displayen.*

Var 400:e km eller en gång i veckan
☐ Se *Veckokontroller*

"Service OIL" visas på displayen
Observera: *Vid normala körförhållanden (enligt kördatorn) kan denna service utföras vid ca 30 000 km eller vartannat år. Vid extrema körförhållanden kan den utföras vid 15 000 km eller en gång per år.*
☐ Byt motorolja och filter (avsnitt 3)
Observera: *Det är bra för motorn att olja och filter byts ofta. Vi rekommenderar att oljan byts minst två gånger om året.*
☐ Kontrollera de främre och bakre bromsklossarnas tjocklek (avsnitt 4)
☐ Återställ servicedisplayen (avsnitt 5)

"Service INSP01" visas på displayen
Observera: *Under normala körförhållanden (enligt kördatorn) kan denna service utföras vid ca 30 000 km eller vartannat år. Vid extrema körförhållanden ska den utföras tidigare.*
☐ Kontrollera att all yttre och inre armatur, varningsljus och signalhorn fungerar (avsnitt 6)
☐ Kontrollera krockkuddarnas skick (avsnitt 7)
☐ Kontrollera motorstyrningens självtestminne (avsnitt 8)
☐ Smörj alla gångjärn och lås (avsnitt 9)
☐ Kontrollera att spolarsystemen till vindrutan/bakluckan/strålkastarna fungerar (avsnitt 10)
☐ Leta efter läckor på alla delar och slangar under motorhuven (avsnitt 11)
☐ Kontrollera drivaxeldamaskernas skick (avsnitt 12)
☐ Leta efter läckor eller skador på bromskretsen (avsnitt 13)
☐ Kontrollera skicket på avgassystemet och dess fästen (avsnitt 14)

"Service INSP01" visas på displayen (forts.)
☐ Kontrollera skicket på styrningens och fjädringens delar, samt att de sitter ordentligt (avsnitt 15)
☐ Kontrollera kylvätskans koncentration (avsnitt 16)
☐ Kontrollera batteriets skick och elektrolytnivå, samt att det sitter ordentligt på plats (avsnitt 17)
☐ Utför ett landsvägsprov (avsnitt 18)
☐ Kontrollera strålkastarnas inställning (avsnitt 19)
☐ Kontrollera takluckans funktion och smörj styrskenorna (avsnitt 20)
☐ Kontrollera den manuella växellådans oljenivå (avsnitt 21)
☐ Kontrollera om underredets skyddslager är skadat (avsnitt 22)
☐ Byt pollenfilter (avsnitt 23)
☐ Kontrollera avgasutsläpp (avsnitt 31)
☐ Återställ servicedisplayen (avsnitt 5)

Var 60 000:e km
☐ Kontrollera drivremmens skick (avsnitt 24)
☐ Kontrollera oljenivån i automatväxellådans slutväxel (avsnitt 25)
☐ Byt tändstiften (avsnitt 26)
☐ Kontrollera automatväxellådans oljenivå (avsnitt 27)
☐ Kontrollera servostyrningens hydrauloljenivå (avsnitt 28)

Var 60 000:e km eller vart 4:e år – det som först inträffar
☐ Byt luftfilter (avsnitt 29)

Var 90 000:e km
☐ Byt kamrem och spännarrulle (avsnitt 30)

Observera: *VW anger att kamremmen ska undersökas efter de första 90 000 km och sedan var 30 000:e km fram till 180 000 km, då den bör bytas. Om bilen mest används för korta resor rekommenderar vi att detta kortare bytesintervall tillämpas. Hur ofta remmen byts är upp till den enskilda ägaren, men eftersom motorn kan ta stor skada om remmen går av under drift, rekommenderar vi det kortare intervallet.*

Vartannat år (oberoende av körsträcka)
☐ Byt broms- (kopplings-) vätska (avsnitt 32)
☐ Byt kylvätska (avsnitt 33)*
*Observera: *Detta arbetsmoment ingår inte i VW:s serviceschema, och ska inte vara nödvändigt om VW:s rekommenderade G12 LongLife kylmedel används. Om standardkylmedel används bör däremot detta arbetsmoment utföras vid rekommenderat intervall.*

1 Inledning

Detta kapitel är utformat för att hjälpa hemma-mekanikern att underhålla sin bil på ett sådant sätt att den förblir säker och ekonomisk och ger lång tjänstgöring och toppprestanda.

Kapitlet innehåller ett underhållsschema följt av avsnitt som i detalj behandlar åtgärderna i schemat. Bland annat behandlas åtgärder som kontroller, justeringar och byte av delar. På de tillhörande bilderna av motorrummet och underredet visas de olika delarnas placering.

Underhåll av bilen enligt schemat för tid/körsträcka och de därefter följande avsnitten bör resultera i lång och säker användning av bilen. Underhållsprogrammet är heltäckande, så om man väljer att bara underhålla vissa delar, men inte andra, vid de angivna intervallen går det inte att garantera samma goda resultat.

Under arbetet med bilen kommer det att visa sig att många arbeten kan – och bör – utföras samtidigt, antingen på grund av själva åtgärden som ska utföras, eller för att två i övrigt orelaterade delar råkar finnas nära varandra. Om bilen av någon anledning lyfts upp, kan t.ex. kontroll av avgassystemet utföras samtidigt som styrning och fjädring kontrolleras.

Första steget i detta underhållsprogram är att vidta förberedelser innan själva arbetet påbörjas. Läs igenom relevanta avsnitt och gör sedan upp en lista över vad som behövs och skaffa fram verktyg och delar. Om problem dyker upp, rådfråga en specialist på reservdelar eller vänd dig till återförsäljarens serviceavdelning.

2 Rutinunderhåll

1 Om underhållsschemat följs noga från det att bilen är ny och om vätske- och oljenivåerna och de delar som är utsatta för stort slitage kontrolleras enligt denna handboks rekommendationer, hålls motorn i bra skick och behovet av extra arbete minimeras.
2 Ibland går en motor dåligt på grund av bristande underhåll. Risken för detta ökar naturligtvis om bilen är begagnad och inte fått tät och regelbunden service. I sådana fall kan extra arbeten behöva utföras, utöver det normala underhållet.
3 Om motorn misstänks vara sliten ger ett kompressionsprov (se relevant avsnitt av kapitel 2) värdefull information om de inre huvuddelarnas skick. Ett kompressionsprov kan användas för att avgöra omfattningen på det kommande arbetet. Om provet avslöjar allvarligt inre slitage är det slöseri med tid och

pengar att utföra underhåll på det sätt som beskrivs i detta kapitel, om inte motorn först renoveras.
4 Följande åtgärder är de som oftast behövs för att förbättra prestanda hos en motor som går dåligt:

I första hand

a) Rengör, undersök och testa batteriet (Se Veckokontroller).
b) Kontrollera motorns alla vätskor och oljor (Se Veckokontroller).
c) Kontrollera drivremmens skick och spänning (avsnitt 24).
d) Byt tändstiften (avsnitt 26).
e) Kontrollera luftfiltrets skick och byt vid behov (avsnitt 29).
f) Undersök samtliga slangar och leta efter läckor (avsnitt 11).
g) Kontrollera utsläpp (avsnitt 31).
5 Om ovanstående åtgärder inte har någon inverkan ska följande åtgärder utföras:

I andra hand

Allt som anges under I första hand, plus följande:
a) Kontrollera laddningssystemet (se kapitel 5A).
b) Kontrollera tändsystemet (se kapitel 5B).
c) Kontrollera bränslesystemet (se kapitel 4A).
d) Byt tändkablar.

Var 15 000:e km eller när "Service OIL" visas på displayen

3 Motorolja och filter – byte

1 Täta olje- och filterbyten är det viktigaste underhållet en hemmamekaniker kan utföra. När motoroljan åldras blir den utspädd och förorenad, vilket leder att motorn slits ut i förtid.
2 Samla ihop alla verktyg och allt material som behövs innan arbetet påbörjas. Se även till att ha gott om rena trasor och tidningar till hands för att torka upp eventuellt spill. Helst ska motoroljan vara varm, eftersom den då rinner ut lättare och mer avlagrat slam då kommer att följa med. Se dock till att inte vidröra avgassystemet eller andra heta delar vid arbete under bilen. Använd handskar för att undvika skållning och för att skydda huden mot irritationer och skadliga föroreningar i begagnad motorolja. Det går betydligt lättare att komma åt bilens undersida om den kan lyftas upp, köras upp på en ramp eller ställas på pallbockar (se Lyftning och stödpunkter). Oavsett vilken metod som används måste

bilen stå plant eller, om den lutar, stå så att avtappningspluggen sitter i dess lägsta del. Lossa fästskruvarna och ta bort skölden (-arna) under motorn.
3 Lossa avtappningspluggen ca ett halvt varv med en hylsnyckel eller ringnyckel (se bild). Placera behållaren under avtappningspluggen och ta bort pluggen helt (se Haynes tips). Ta bort tätningsringen från pluggen.
4 Ge den gamla oljan tid att rinna ut.

3.3 Motoroljans avtappningsplugg på oljesumpen

Observera att det kan bli nödvändigt att flytta behållaren när oljeflödet minskar.
5 När all olja har runnit ut, torka av avtappningspluggen med en ren trasa och byt tätningsbrickan. Rengör området runt

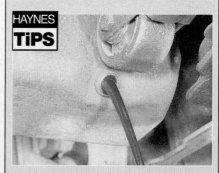
Håll avtappningspluggen intryckt i oljesumpen medan den skruvas loss för hand de sista varven. Ta snabbt undan pluggen när den lossas så att oljeströmmen från sumpen hamnar i behållaren och inte i tröjärmen.

4.1 De yttre bromsklossarna kan undersökas genom hålen i hjulen

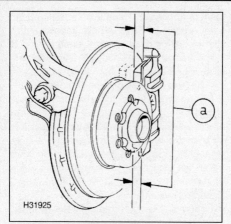

H31925

4.3 Tjockleken (a) på bromsklossarna får inte understiga det angivna värdet

pluggens öppning och sätt tillbaka den. Dra åt pluggen till angivet moment.

6 Om filtret också ska bytas, flytta behållaren under oljefiltret, till vänster om cylinderblocket.

7 Lossa först filtret (använd ett oljefilterverktyg vid behov) och skruva sedan loss det för hand. Töm oljan från filtret i behållaren.

8 Torka bort all olja, smuts och slam från filtrets tätningsyta på motorn med en ren trasa. Undersök det gamla filtret så att ingen del av gummitätningen sitter fast på motorn. Om någon del av tätningen fastnat ska den försiktigt avlägsnas.

9 Lägg ett tunt lager ren motorolja på tätningsringen på det nya filtret, skruva sedan fast det på motorn. Dra åt filtret ordentligt, men endast för hand – använd **inte** något verktyg.

10 Ta bort den gamla oljan och alla verktyg från under bilen. Montera skölden (-arna) under motorn, dra åt skruvarna ordentligt, sänk sedan ner bilen.

11 Ta bort mätstickan och skruva loss oljepåfyllningslocket från topplocket. Fyll på motorn med olja av rätt typ och viskositet (se *Smörjmedel och vätskor*). En oljekanna med pip eller en tratt kan hjälpa till att minska spillet. Häll i hälften av den angivna mängden först, vänta sedan några minuter tills oljan samlas i oljesumpen. Fortsätt fylla på olja lite i taget tills nivån når maxmarkeringen på mätstickan. Sätt tillbaka påfyllningslocket.

12 Starta motorn och låt den gå några minuter. Leta efter läckor runt oljefiltrets packning och oljesumpens avtappningsplugg. Det kan ta några sekunder innan varningslampan för oljetryck slocknar, medan oljan

cirkulerar genom motorns smörjkanaler och det nya filtret och trycket stiger.

> ⚠ **Varning: Turbomotorer bör inte varvas medan oljelampan lyser, eftersom turboaggregatet kan få allvarliga skador.**

13 Stäng av motorn och vänta ett par minuter på att oljan ska rinna tillbaka till oljesumpen. Kontrollera oljenivån igen när den nya oljan har cirkulerat och filtret är fullt. Fyll på mer olja om det behövs.

14 Ta hand om den använda oljan på ett säkert sätt. Se *Allmänna reparationsanvisningar* i referenskapitlet .

4 Bromsklossar – kontroll

1 De yttre bromsklossarna kan kontrolleras genom hålen i hjulen, utan att hjulen behöver tas bort **(se bild)**. Ta vid behov bort hjulsidan. Bromsbeläggens och stödplattans tjocklek får inte understiga angivelserna i specifikationerna.

2 Om de yttre bromsklossarna nästan är slitna ner till gränsen kan det vara värt att kontrollera de inre också. Dra åt hand-bromsen, lyft upp bilen med domkraften och stöd den på pallbockar (se *Lyftning och stödpunkter*). Ta bort hjulen.

3 Mät bromsklossarnas tjocklek (inklusive stödplattan) med en stållinjal, och jämför med

minsta angivna tjocklek i specifikationerna **(se bild)**.

4 Om en fullständig kontroll ska utföras bör bromsklossarna tas bort och rengöras. Då kan även bromsokets funktion kontrolleras, och själva bromsskivans skick kan kontrolleras på båda sidorna. Se kapitel 9.

5 Om någon av bromsklossarna är nedsliten till eller under minsta tillåtna tjocklek, måste *alla fyra bromsklossar (främre eller bakre) bytas samtidigt.*

6 Sätt tillbaka hjulen och sänk ner bilen när kontrollen är klar.

5 Servicedisplay – återställning

1 När allt underhållsarbete är slutfört måste servicedisplayen återställas. VW-teknikerna har ett speciellt instrument för detta, och en utskrift läggs till i bilens serviceregister. Ägaren kan också återställa displayen enligt anvisningarna i följande punkt, men observera att för modeller som tillverkats år 2000 och senare, med variabelt intervall, återställer denna procedur automatiskt displayen till avståndsintervall (15 000 km). För att kunna fortsätta visa variabla intervall, som tar hänsyn till antal starter, reslängd, hastighet, broms-klossarnas förslitning, hur ofta motorhuven öppnats, bränsleförbrukning, oljenivå och oljetemperatur, måste en VW-återförsäljare återställa displayen med ett speciellt instrument.

2 När standarddisplayen ska återställas manuellt, slå av tändningen, tryck sedan in trippmätarens återställningsknapp under hastighetsmätaren och håll den intryckt. Vrid digitalklockans återställningsknapp medurs. Trippmätaren kommer nu att visa 'service - - -'. Tryck ned klockans återställningsknapp för att skifta mellan enskilda tjänster. Nollställ dock inte displayen. I så fall kommer felaktiga värden att visas.

3 När LongLife-displayen ska återställas manuellt, slå av tändningen, tryck sedan in trippmätarens återställningsknapp under hastighetsmätaren och håll den intryckt. Slå på tändningen och släpp återställningsknappen och observera att den aktuella tjänsten visas på displayen. Vrid digitalklockans återställningsknapp medurs. Trippmätaren kommer nu att visa 'service - - -'. Slå av tändningen för att slutföra återställningsprocessen. Nollställ inte displayen, då visas felaktiga värden.

Var 12:e månad eller när "Service INSP01" visas på displayen

6 Strålkastare och signalhorn – kontroll

Kontrollera att signalhornet och alla yttre lampor fungerar.

7 Krockkudde – kontroll

Leta efter tecken på skada eller förslitning på krockkuddarnas utsida. Om en krockkudde

visar tecken på skada måste den bytas ut (se kapitel 12). Observera att det inte är tillåtet att fästa några etiketter på krockkudden, efter-som det kan påverka dess funktion.

8 Motorstyrning – självdiagnos

Detta arbete bör utföras av en VW-återförsäljare eller diagnosspecialist med särskild utrustning. Diagnosuttaget sitter under ett lock på instrumentpanelens mitt. Locket sitter fast med knäpplås.

9 Gångjärn och lås – smörjning

1 Smörj gångjärnen till motorhuven, dörrarna och bakluckan med en lättflytande olja. Smörj även alla spärrar, lås och låsgrepp. Kontrollera samtidigt att alla lås fungerar och justera dem efter behov (se kapitel 11).
2 Smörj motorhuvens låsmekanism och vajer med smörjfett.

10 Spolarsystem till vindruta/ bakruta/ strålkastare – kontroll

1 Kontrollera att spolarmunstyckena inte är igentäppta och att de sprutar ut starka strålar med spolarvätska.
2 Bakrutans spolarmunstycke ska vara riktat mot mitten av rutan. Justera med en nål.
3 Vindrutans spolarmunstycken ska vara riktade något ovanför rutans mitt. Vrid munstycket med en liten skruvmejsel.
4 På Golfmodellerna ska de inre strålkastar-spolarna munstycken riktas något ovanför strålkastarnas mittlinje och de yttre något under. På Boramodellerna ska strålkastar-spolarnas munstycken riktas något under strålkastarnas mittlinje. VW:s tekniker drar ut strålkastarspolarna ur sina fästen och justerar dem med ett speciellt verktyg.
5 På vintern är det särskilt viktigt att spolar-vätskan innehåller tillräcklig koncentration frostskyddsmedel.

11 Slangar och läckage – kontroll

1 Undersök motorns fogytor, packningar och tätningar efter tecken på vatten- eller oljeläckage. Var särskilt noga med områdena runt kamaxelkåpans, topplockets, oljefiltrets och oljesumpens fogytor. Tänk på att med tiden är ett litet läckage från dessa områden helt normalt – leta efter tecken på allvarliga läckor. Om ett läckage påträffas, byt den defekta packningen eller tätningen enligt beskrivning i relevant kapitel i denna handbok.
2 Kontrollera även skicket på alla motor-relaterade rör och slangar och se till att de sitter ordentligt. Se till att alla kabelklämmor eller fästklämmor sitter på plats och är i gott skick. Trasiga eller saknade klämmor kan leda till skav på slangar, rör eller kablage. Detta kan i sin tur leda till allvarligare fel i framtiden.
3 Kontrollera kylarslangarna och värme-slangarna noga i sin helhet. Byt slangar som är spruckna, svullna eller slitna. Sprickor syns bättre om man klämmer på slangen. Undersök noggrant slangklämmorna som håller fast slangarna vid kylsystemets delar. Slangklämmor kan punktera slangarna, med läckor i kylsystemet som följd.
4 Undersök alla kylsystemets delar (slangar, fogytor, etc) och leta efter läckor (se Haynes tips). Om problem av detta slag upptäcks med någon del i systemet måste delen eller packningen bytas ut enligt beskrivningen i kapitel 3.
5 Om bilen har automatväxellåda, leta efter läckor eller förslitning på växellådans vätske-kylslangar.
6 Lyft upp bilen och undersök bränsletanken och påfyllningsröret och leta efter hål, sprickor och andra skador. Anslutningen mellan påfyllningsröret och tanken är speciellt kritisk. Ibland läcker ett påfyllningsrör av gummi eller en slang beroende på att slangklämmorna är för löst åtdragna eller att gummit har åldrats.
7 Undersök noggrant alla gummislangar och metallrör som leder från bränsletanken. Leta efter lösa anslutningar, åldrade slangar, bockade rör och andra skador. Var extra uppmärksam på ventilationsrör och slangar som ofta är lindade runt påfyllningsröret och som kan bli igensatta eller veckade. Följ ledningarna till framsidan av bilen och undersök dem noga hela vägen. Byt ut skadade delar vid behov.
8 Kontrollera att alla bränsleslangar och rör i motorrummet sitter ordentligt och se till att inga bränsle- eller vakuumslangar är bockade eller åldrade eller skaver mot något.
9 Kontrollera skicket på servostyrningens vätskeslangar och -rör, om tillämpligt.

12 Drivaxeldamask – kontroll

1 Lyft upp bilen, ställ den stadigt på pall-bockar och vrid sakta på hjulen. Undersök skicket på de yttre drivknutarnas gummi-damasker. Öppna vecken genom att klämma på damaskerna. Leta efter sprickor eller tecken på att gummit åldrats, vilket kan göra att fettet läcker ut och att vatten och smuts kommer in i knuten. Undersök även damaskernas klamrar vad gäller åtdragning och skick. Upprepa dessa kontroller på de inre knutarna (se bild). Om skador eller åldrande upptäcks bör damaskerna bytas enligt beskrivningen i kapitel 8.
2 Kontrollera samtidigt drivknutarnas allmänna skick genom att hålla fast drivaxeln och samtidigt försöka vrida hjulet. Håll sedan fast innerknuten och försök vrida drivaxeln. Märkbart spel indikerar slitage i lederna eller drivaxelns räfflor, eller att en drivaxel-fästmutter sitter löst.

13 Bromsarnas hydraulisk krets – kontroll

1 Leta efter läckor eller skador på hela bromskretsen. Börja med att kontrollera huvudcylindern i motorrummet. Leta samtidigt efter läckage i vakuumservoenheten och ABS-enheten.
2 Lyft upp bilen fram och bak och stöd den på pallbockar (se Lyftning och stödpunkter). Leta efter rost och skador på bromsrören. Kontrollera också bromstrycksregulatorn på samma sätt.
3 Kontrollera att de böjliga slangarna som går till de främre bromsoken inte är vridna eller skaver mot intilliggande delar. Vrid ratten så långt det går när du kontrollerar detta. Kontrollera också att slangarna inte är sköra eller spruckna.
4 Sänk ner bilen när kontrollerna är utförda.

En läcka i kylsystemet syns normalt som vita eller rostfärgade avlagringar på området runt läckan

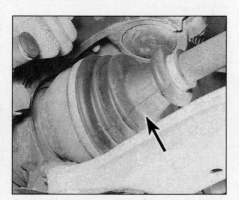

12.1 Kontrollera drivaxeldamaskernas skick (vid pilen)

14 Avgassystem – kontroll

1 Undersök hela avgassystemet, från motor till avgasrör, med kall motor (minst en timme efter det att bilen har körts). Avgassystemet kontrolleras lättast med bilen upplyft, eller uppställd på pallbockar, så att delarna är lätt synliga och åtkomliga (se *Lyftning och stödpunkter*).

2 Kontrollera om avgasrör eller anslutningar visar tecken på läckage, allvarlig korrosion eller andra skador Se till att alla fästbyglar och fästen är i gott skick, och att relevanta muttrar och bultar är ordentligt åtdragna. Läckage i någon fog eller annan del visar sig vanligen som en sotfläck i närheten av läckan.

3 Skaller och andra missljud kan ofta härledas till avgassystemet, speciellt till dess fästen och upphängningar. Försök rubba rör och ljuddämpare. Om det går att få delarna att komma i kontakt med underredet eller fjädringen bör systemet förses med nya fästen. Det kan också vara möjligt att skilja på fogarna och vrida rören så att de kommer på tillräckligt stort avstånd.

15 Styrning och fjädring – kontroll

1 Lyft upp bilen fram och bak och ställ den säkert på pallbockar (se *Lyftning och stödpunkter*).

2 Undersök dammskydden till spindelleden på styrstagets ände, till den nedre spindelleden på den främre fjädringen samt kuggstångsdamasken. Leta efter delade, skavda eller åldrade partier. Slitage på någon av dessa delar gör att smörjmedel läcker ut och att smuts och vatten kan komma in, vilket snabbt sliter ut spindellederna eller styrväxeln.

3 Undersök servostyrningens oljeslangar och leta efter tecken på skavning eller åldrande, och rör- och slanganslutningar efter tecken på läckor. Leta även efter läckor under tryck från

15.4 Kontrollera om hjullagren är slitna genom att försöka rucka på hjulet

styrväxelns gummidamask, vilket indikerar trasiga tätningar i styrväxeln.

4 Fatta sedan tag i hjulet längst upp och längst ner och försök att rucka på det **(se bild)**. Ett ytterst litet spel kan märkas, men om rörelsen är stor krävs en närmare undersökning för att fastställa orsaken. Fortsätt rucka på hjulet medan en medhjälpare trycker på bromspedalen. Om spelet försvinner eller minskar markant är det troligen fråga om ett defekt hjullager. Om spelet finns kvar när bromsen är nedtryckt rör det sig om slitage i fjädringens leder eller fästen.

5 Greppa sedan hjulet på sidorna och försök rucka på det igen. Märkbart spel beror antingen på slitage i hjullagren eller i styr-stagets spindelleder. Det syns tydligt om den inre eller yttre spindelleden är sliten.

6 Kontrollera om slitage föreligger i fjädringens fästbussningar genom att bända med en stor skruvmejsel eller en platt metallstång mellan relevant fjädringskomponent och dess fästpunkt. En viss rörelse är att vänta eftersom bussningarna är av gummi, men eventuellt större slitage visar sig tydligt. Kontrollera även skicket på synliga gummibussningar, leta efter bristningar, sprickor eller föroreningar i gummit.

7 Ställ bilen på marken och låt en medhjälpare vrida ratten fram och tillbaka ungefär ett åttondels varv åt vardera hållet. Det ska inte finnas något, eller bara ytterst lite, spel mellan rattens och hjulens rörelser. Om spelet är större, kontrollera noga lederna och fästena enligt tidigare beskrivning, men kontrollera dessutom om rattstångens kardanknutar är slitna, samt även själva kuggstångsstyrväxeln.

8 Leta efter tecken på läckage runt de främre fjäderbenen och de bakre stötdämparna. Om du upptäcker en läcka är fjäderbenet eller stötdämparen trasig och bör bytas. **Observera:** *Fjäderben/stötdämpare bör alltid bytas i par på samma axel, för att bilen inte ska bli obalanserad.*

9 Fjäderbenets/stötdämparens effektivitet kan kontrolleras genom att bilen gungas i varje hörn. I normala fall ska bilen återta planläge och stanna efter en nedtryckning. Om den höjs och återvänder med en studs är fjäderbenet/stötdämparen troligtvis defekt. Undersök även fjäderbenets/stötdämparens övre och nedre fästen och leta efter tecken på slitage.

16 Kylvätska – kontroll

1 Kylsystemet bör fyllas med rekommenderat G12 kylmedel/rostskyddsmedel – blanda **inte** med något annat kylmedel. Efter ett tag kan vätskekoncentrationen minska på grund av påfyllning (vilket kan undvikas genom att man bara fyller på med kylmedelsblandning av korrekt koncentration – se specifikationerna) eller läckage. Om en läcka upptäcks måste

den åtgärdas innan man fyller på mer kylvätska.

2 Ta bort locket från expansionskärlet. Motorn ska vara **kall**. Placera en trasa över locket om motorn är varm. Ta bort locket försiktigt, så att eventuellt tryck pyser ut.

3 Kylvätsketestare finns att köpa i tillbehörsbutiker. Dra upp lite kylmedel ur expansionskärlet och se efter hur många plastkulor som flyter i testaren. Oftast ska 2 eller 3 kulor flyta vid korrekt koncentration, men följ tillverkarens anvisningar.

4 Om koncentrationen är felaktig måste man antingen ta bort en del kylvätska och fylla på med kylmedel eller tappa ur den gamla kylvätskan och fylla på med ny av korrekt koncentration (se avsnitt 33).

17 Batteri – kontroll

1 Batteriet sitter i det främre vänstra hörnet i motorrummet. Om en isoleringskåpa är monterad, öppna kåpan för att komma åt batteriet.

2 Öppna säkringsdosans plasthölje (tryck ihop låsklackarna) för att komma åt batteriets positiva pol och säkringsdosans anslutningar.

3 Kontrollera att båda batteripolerna och säkringsdosans alla anslutningar sitter fast ordentligt och inte är korroderade.

4 Undersök om batterihöljet är skadat eller sprucket och kontrollera att bulten till batteriets fästklammer är ordentligt åtdragen. Om batterihöljet är skadat på något sätt måste batteriet bytas ut (se kapitel 5A).

5 Om batteriet inte är av "livstidsförseglad", underhållsfri typ, kontrollera att elektrolytnivån är mellan nivåmarkeringarna MAX och MIN på batterihöljet. Om påfyllning behövs, ta ut batteriet (se kapitel 5A) från motorrummet och ta sedan bort cellernas lock/kåpa. Använd destillerat vatten och fyll på varje cell tills elektrolytnivån når MAX-nivån. Sätt sedan tillbaka locken/kåpan. Försäkra dig om att batteriet inte har överfyllts, montera sedan tillbaka det i bilen (se kapitel 5A)

6 När kontrollen är slutförd, sätt tillbaka locket på säkringsdosan ordentligt och stäng isoleringskåpan.

18 Landsvägsprov

Instrument och elektrisk utrustning

1 Kontrollera att alla instrument och all elektrisk utrustning fungerar, inklusive luftkonditioneringssystemet.

2 Kontrollera att instrumenten ger korrekta avläsningar och slå på all elektrisk utrustning i tur och ordning för att kontrollera att den fungerar som den ska.

Styrning och fjädring

3 Kontrollera om bilen uppför sig normalt med avseende på styrning, fjädring, köregenskaper och vägkänsla.
4 Kör bilen och lyssna efter onormala vibrationer eller ljud som kan tyda på slitage i drivaxlarna, hjullagren etc.
5 Kontrollera att styrningen känns bra, utan överdrivet fladder eller kärvningar, och lyssna efter missljud från fjädringen vid kurvtagning och körning över gupp.

Drivlina

6 Kontrollera motorns, kopplingens (om tillämpligt), växellådans och drivaxlarnas prestanda.
7 Lyssna efter onormala ljud från motorn, kopplingen och växellådan.
8 Kontrollera att motorn går jämnt på tom-gång och att den accelererar jämnt.
9 Kontrollera att kopplingen (om tillämpligt)

går mjukt, att den tar jämnt och att pedalen inte har för lång slaglängd. Lyssna även efter missljud när kopplingspedalen är nedtryckt.
10 Kontrollera på modeller med manuell växellåda att alla växlar kan läggas i jämnt och utan missljud, och att växelspakens rörelse inte är onormalt vag eller hackig.
11 Kontrollera på modeller med automatväxellåda att växlingen sker jämnt och utan att motorvarvet ökar mellan växlingarna. Kontrollera att alla växelpositioner kan väljas när bilen står stilla. Kontakta en VW-återförsäljare om några problem påträffas.
12 Lyssna efter ett metalliskt klickljud från bilens främre del när den körs sakta i en cirkel med fullt rattutslag. Utför kontrollen åt båda hållen. Om ett klickljud hörs tyder det på förslitning i en drivknut. Byt i så fall ut knuten.

Bromsar

13 Kontrollera att bilen inte drar åt ena hållet

vid inbromsning, och att hjulen inte låser sig för tidigt vid hård inbromsning.
14 Kontrollera att ratten inte vibrerar vid inbromsning.
15 Kontrollera att handbromsen fungerar ordentligt utan för stort spel i spaken, och att den kan hålla bilen stilla i en backe.
16 Testa bromsservoenhetens funktion så här: Tryck ner bromspedalen 4-5 gånger med motorn avslagen, för att få bort vakuumet. Håll ner bromspedalen och starta motorn. När motorn startar ska pedalen ge efter märkbart medan vakuumet byggs upp. Låt motorn gå i minst två minuter och stäng sedan av den. Om bromspedalen nu trycks ner hörs ett pysande ljud. Efter 4-5 upprepningar bör pysandet upphöra och pedalen ska kännas betydligt fastare.
17 Under kontrollerad nödbromsning ska ABS-enhetens pulserande kännas i bromspedalen.

Var 30 000:e km eller när "Service INSP01" visas på displayen

19 Strålkastarinställning

1 Noggrann justering av strålkastarna är endast möjlig med speciell utrustning, och bör därför utföras av en VW-återförsäljare eller servicestation.
2 I nödfall kan man göra vissa inställningar själv – se kapitel 12.

20 Taklucka – kontroll och smörjning

1 Kontrollera att takluckan fungerar, och lämna den helt öppen.
2 Torka rent styrskenorna på båda sidorna om takluckans öppning och smörj dem sedan. VW rekommenderar smörjspray G 052 778.

21.2a Påfyllnings-/nivåpluggens plats på den manuella 02K växellådan

21 Manuell växellåda – kontroll av oljenivå

1 Parkera bilen plant. För att lättare komma åt påfyllnings-/nivåpluggen kan man dra åt handbromsen, lyfta upp bilens framvagn med domkraften och stödja den på pallbockar (se *Lyftning och stödpunkter*). Observera att bilens bakvagn också bör lyftas för att det ska gå att göra en noggrann nivåkontroll. Oljenivån måste kontrolleras innan bilen körs, eller minst 5 minuter efter det att motorn stängts av. Om oljenivån kontrolleras direkt efter att bilen körts, kommer en del av oljan att kvar i växellådans delar. Detta ger en felaktig nivåavläsning.
2 Lossa skruvarna och ta bort skölden (-arna) under motorn. Torka rent området runt växel-

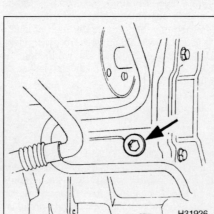

21.2b Påfyllnings-/nivåpluggens plats på den manuella 02J växellådan

lådans påfyllnings-/nivåplugg. Denna sitter på följande plats:

a) 1.4 och 1.6 liters motorer (växellåda 02K) – påfyllnings-/nivåpluggen sitter till vänster på växellådans hölje **(se bild)**.

b) 1.8 och 2.0 liters motorer (växellåda 02J) – påfyllnings-/nivåpluggen sitter på framsidan av växellådans hölje **(se bild)**.

3 Oljenivån ska nå underkanten på påfyllnings-/nivåhålet. En skvätt olja samlas alltid bakom pluggen och rinner ut när den tas bort. Det här behöver **inte** nödvändigtvis betyda att nivån är korrekt. För att vara säker på att rätt nivå avläses, vänta tills det har slutat rinna och fyll sedan på olja efter behov tills det börjar rinna igen. Nivån är korrekt när flödet stannar. Använd endast olja av hög kvalitet och angiven typ.
4 Om växellådan har överfyllts, så att olja rinner ut när påfyllnings-/nivåpluggen tas bort, kontrollera att bilen står helt plant (framåt/ bakåt och i sidled) och låt den överflödiga oljan rinna ner i ett lämpligt kärl.
5 När oljenivån är korrekt, sätt tillbaka påfyllnings-/nivåpluggen och dra åt den till angivet moment. Torka bort eventuellt spill, sätt tillbaka motorns sköld (-ar) och dra åt skruvarna ordentligt, sänk sedan ner bilen.

22 Underredsskydd – kontroll

Lyft upp bilen med domkraften och stöd den på pallbockar (se *Lyftning och stödpunkter*). Inspektera hela bilens undersida. Använd en ficklampa och kontrollera särskilt hjulhusen.

Leta efter skador på den flexibla under-redsbeläggningen. När den blir gammal kan den spricka eller flaga, vilket leder till rost-angrepp. Kontrollera också att hjulhusens innerskärmar är ordentligt fastspända. Om spännena lossnar kan det komma in smuts bakom skärmarna. Om du upptäcker några skador på underredsbehandlingen eller någon rost, bör detta åtgärdas snarast innan skadan förvärras.

23 Pollenfilter - byte

1 Pollenfiltret sitter på torpedväggen framför vindrutan – på vänsterstyrda modeller sitter det till höger, på högerstyrda till vänster.
2 Dra bort gummipackningen och lossa de fyra skruvarna. Dra sedan upp och bort

kåpan. Kåpan kan sitta ganska hårt, så du kan behöva använda en träkil eller liknande för att få loss den från torpedväggens panel.
3 Lossa spännena, dra bort filterramen och ta ut själva filtret.
4 Sätt ramen på det nya filtret och montera det i huset. Se till att tapparna passar in i spåren.
5 Sätt tillbaka kåpan och skruvarna och tryck tillbaka gummipackningen.

Var 60 000:e km

24 Drivrem – kontroll och byte

Kontroll

1 Dra åt handbromsen. Lyft sedan upp framvagnen och ställ den på pallbockar (se *Lyftning och stödpunkter*).
2 Vrid motorn långsamt medurs med en hylsnyckel på vevaxelns remskivebult, så att hela drivremmen kan undersökas. Kontrollera om remmens yta är sprucken, delad eller fransad. Leta också efter blanka ytor eller

tecken på att remmens lager delar sig. Kontrollera remmens undersida med en spegel **(se bild)**. Byt remmen om den är skadad eller sliten, eller om det finns spår av olja eller fett på den.

Byte

3 Dra åt handbromsen, lyft sedan upp framvagnen och ställ den på pallbockar (se *Lyftning och stödpunkter*). Ta bort det högra hjulet och ta sedan bort inspektionsluckan på det inre hjulhuset.

4 På 1.6 liters SOHC, 1.8 och 2.0 liters motorer, vrid spännaren medurs med en skiftnyckel på tappen. Lås spännaren i friläget genom att sätta en borr genom klacken in i spännarens hölje **(se bild)**.
5 På 1.4 och 1.6 liters DOHC motorer, lossa remspänningen genom att vrida spännarens mittbult medurs med en skiftnyckel **(se bild)**.
6 Observera hur drivremmen är dragen och ta bort den från vevaxelns remskiva, generatorns remskiva, servostyrningspumpens remskiva och luftkonditioneringskompressorns remskiva (där så är tillämpligt) **(se bilder)**.

24.2 Undersök drivremmens undersida med en spegel

24.4 Lossa spännaren och sätt i en borr – alla motorer utom 1.4 liter

24.5 Drivremmen demonteras – 1.4 liters motor

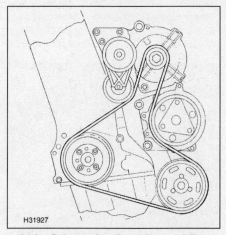

24.6a Drivremskonfiguration – 1.6 liter SOHC, 1.8 och 2.0 liters motorer med luftkonditionering

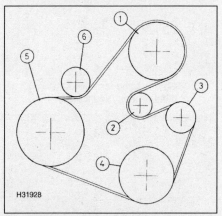

24.6b Drivremskonfiguration – 1.4 och 1.6 liters DOHC motorer med luftkonditionering

1 Servostyrnings-pumpens remskiva
2 Överföringsrulle
3 Generatorns remskiva
4 Luftkondition-eringens kompressor
5 Vevaxelns remskiva
6 Spännare

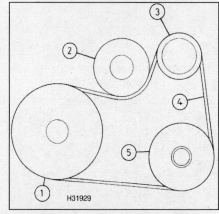

24.6c Drivremskonfiguration – 1.4 och 1.6 liters DOHC motorer utan luftkonditionering

1 Vevaxelns remskiva
2 Spännare
3 Generatorns remskiva
4 Drivrem
5 Servostyrnings-pumpens remskiva

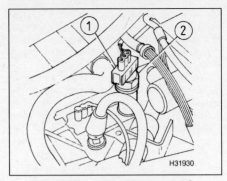

25.2 Koppla loss kablaget (1) från hastighetsmätardrevet (2)

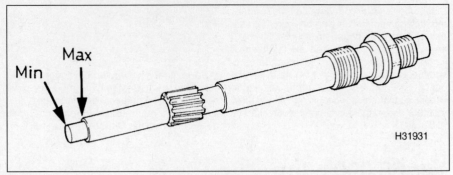
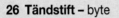

25.4 Oljenivån i en automatväxellådas slutväxel avläses på hastighetsmätardrevets nederdel

7 Sätt den nya drivremmen på remskivorna och lossa spännaren. Kontrollera att remmen ligger rätt i remskivornas spår.
8 Sätt tillbaka inspektionsluckan och hjulet och sänk ner bilen till marken.

25 Automatväxellåda – kontroll av slutväxelns oljenivå

Observera: *Detta arbetsmoment går bara på automatväxellåda typ 01M.*
1 Dra åt handbromsen, lyft upp bilens främre ände med domkraften och stöd den på pallbockar (se *Lyftning och stödpunkter*). Observera att bilens bakände också bör lyftas för att det ska gå att göra en noggrann nivåkontroll.

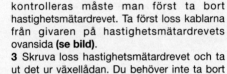

26.3a Dra i tändkablarnas kontaktdon med en lämplig krok . . .

26.6 Motorns övre skyddskåpans fästskruvar (1,8 liters AUM motor)

2 För att slutväxelns nivå ska kunna kontrolleras måste man först ta bort hastighetsmätardrevet. Ta först loss kablarna från givaren på hastighetsmätardrevets ovansida **(se bild)**.
3 Skruva loss hastighetsmätardrevet och ta ut det ur växellådan. Du behöver inte ta bort givaren från dess ovansida.
4 Torka rent hastighetsmätardrevets undre del, sätt tillbaka det och skruva fast det helt i växellådan. Ta sedan loss drevet igen och kontrollera att oljenivån är mellan ansatsen och drevets ände **(se bild)**.
5 Fyll vid behov på med angiven olja genom drevets öppning, tills nivån är korrekt.
6 Sätt tillbaka hastighetsmätardrevet och skruva fast det ordentligt. Anslut sedan kablarna.
7 Sänk ner bilen.

26.3b . . . ta sedan bort kablarna tillsammans med kanalerna

26.7a Skruva loss muttern och flytta vakuumbehållaren åt sidan. Skruva sedan loss fästbygeln . . .

26 Tändstift – byte

1 Det är av avgörande betydelse att tänd-stiften fungerar som de ska för att motorn ska gå jämnt och effektivt. Det är viktigt att rätt tändstift används till motorn (lämplig typ anges i början av detta kapitel). Om denna typ används och motorn är i bra skick bör tändstiften inte behöva åtgärdas mellan schemalagda byten. Rengöring av tändstift är sällan nödvändig och ska inte utföras utan specialverktyg, eftersom det är lätt att skada elektrodernas spetsar.

1.4 och 1.6 liters DOHC motorer
2 Lossa bultarna och ta bort kåpan från motorns ovansida. Skruva sedan bort olje-påfyllningslocket.
3 Koppla loss tändkabelkontakterna och lyft bort kablarna ur kanalerna i kåpan. Dra sedan kåpan något uppåt. Kåpan kan också tas bort tillsammans med kablarna genom att man drar i var och en av kablarna med en krok av svetstråd **(se bilder)**.

1.6 & 2.0 liters SOHC motorer
Observera: *Tändstiften finns under insugsgrenröret övre del och är mycket svåra att komma åt. VW-tekniker använder sig av ett specialverktyg för att lossa HT-kablarna,*

26.7b . . . och ta bort tändspolarna från tändstiften

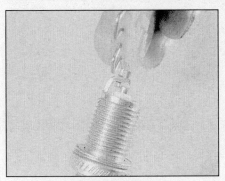

26.14 Justering av ett tändstifts elektrodavstånd

Det är ofta väldigt svårt att sätta tändstift på plats utan att förstöra gängorna. För att undvika det, sätt en kort bit gummislang med 5/16 tums innerdiameter över tändstiftet. Slangen hjälper till att rikta tändstiftet i hålet. Om tändstiftet börjar gänga snett, kommer slangen att glida på tändstiftet och förhindra att gängorna i topplocket förstörs.

tillsammans med en universalledad tändstiftshylsa för att skruva av tändstiften. Om dessa verktyg inte finns tillgängliga måste insugsgrenrörets övre del (se kapitel 4A) tas bort.

4 Bända försiktigt bort kåporna med en skruvmejsel, skruva loss muttrarna och ta bort motorns övre skyddskåpa. Ta bort den andra motorkåpan på samma sätt, om en sådan finns. I de fall det är nödvändigt på 2,0 liters motorer skall också kablaget från den 1: och 4:e bränsleinsprutningsventilen tas bort.

5 Koppla loss tändkabeln från tändstiften. För att göra detta använder VW-tekniker specialverktyget T10029 för att ta bort kablarna till nr. 1 och 4 och vanliga tändstiftstänger för att ta bort nr. 2 och 3. Specialverktyget är cirka 30 cm långt med en bajonettformad klo i nederkanten, som omfattar HT-kabelkontaktdonen. Om detta verktyg inte finns tillgängligt eller om ett alternativt verktyg inte kan tillverkas måste den övre insugsgrenrörsdelen tas bort för att förbättra åtkomsten.

1.8 liters DOHC motor med turbo

6 Skruva loss skruvarna (eller lossa klämmorna) och lyft bort kåpan från motorn **(se bild).**

7 Om tillämpligt, skruva loss muttern och flytta vakuumbehållare åt sidan. Skruva sedan loss behållarens fästbygel och ta bort den. Ta bort tändspolarna och kontaktdonen från tändstiftet. Beroende på motortyp kan spolarna vara fastklämda eller så kan det vara nödvändigt att skruva av fästbultarna **(se bilder).**

Alla motorkoder

8 Det är en bra idé att ta bort all smuts runt tändstiftens fästen med en ren borste, en dammsugare eller med tryckluft innan tändstiften demonteras, för att förhindra att smuts faller in i cylindrarna.

9 Skruva loss tändstiften med en tändstiftsnyckel, en passande ringnyckel eller en djup hylsnyckel. Var noga med att inte vinkla hylsan mot tändstiftet – isolatorn kan brytas

av. När ett stift skruvats ur ska det undersökas enligt följande:

10 En undersökning av tändstiften ger en god indikation av motorns skick. Om isolatorns spets är ren och vit utan avlagringar, indikerar detta en mager bränsleblandning eller ett stift med för högt värmetal (ett stift med högt värmetal överför värme långsamt från elektroden medan ett med lågt värmetal överför värmen snabbt).

11 Om isolatorns spets är täckt med en hård svartaktig avlagring, indikerar detta att bränsleblandningen är för fet. Om tändstiftet är svart och oljigt är det troligt att motorn är ganska sliten, förutom att bränsleblandningen är för fet.

12 Om isolatorns spets är täckt med en ljusbrun till gråbrun avlagring är blandningen korrekt, och motorn är troligtvis i gott skick.

13 Tändstiftets elektrodavstånd är av avgörande betydelse. Är det för stort eller för litet kommer gnistans storlek och dess effektivitet att vara starkt begränsad. Om tändstiften har flera elektroder rekommenderar vi att du byter dem i stället för att försöka justera avståndet. På andra tändstift kan avståndet ställas in till det värde som tillverkaren anger.

14 För att ställa in avståndet för tändstift med enkla elektroder, mät avståndet med ett bladmått och bänd upp eller ner den yttre elektroden tills rätt avstånd har uppnåtts. Elektroden i mitten får inte böjas eftersom detta kan spräcka isolatorn och inget värre. Om bladmått används är avståndet korrekt när det aktuella bladet precis får plats **(se bild).**

15 Du kan köpa speciella verktyg för justering av tändstiftens elektrodavstånd i de flesta motortillbehörsbutiker eller från tänd-

stiftstillverkaren.

16 Innan tändstiften monteras tillbaka, kontrollera att de gängade anslutningshylsorna sitter tätt, och att tändstiftens utsidor och gängor är rena. Det är ofta svårt att skruva i nya tändstift utan att förstöra gängorna. Detta kan undvikas med hjälp av en bit gummislang **(se Haynes tips).**

17 Ta bort gummislangen (om en sådan har använts) och dra åt tändstiftet till angivet moment med tändstiftshylsan och en momentnyckel. Upprepa med de resterande tändstiften.

18 Anslut tändkablarna i rätt ordning, montera eventuella delar som tagits bort för att förbättra åtkomligheten.

27 Automatväxellåda – kontroll av oljenivå

Observera: *Det går bara att kontrollera oljenivån noggrant när växellådsoljans temperatur ligger mellan 35°C och 45°C. Om det inte går att fastställa denna temperatur rekommenderar vi starkt att kontrollen överlåts till en VW-återförsäljare. De har de instrument som behövs för att kontrollera temperaturen och växellådans elektronik. För hög eller för låg nivå försämrar växellådans funktion.*

1 Kör bilen en sväng så att växellådan värms upp lite (se Observera ovan), parkera sedan bilen på plan mark och ställ växelväljaren i läge P. Lyft upp bilen fram och bak och stöd den på pallbockar (se *Lyftning och stödpunkter*), se till att bilen står plant. Skruva loss fästskruvarna och ta bort skölden (-arna) under motorn för att komma åt underdelen av växellådan.

2 Starta motorn och kör den på tomgång tills växellådsoljans temperatur når 35°C.

3 Skruva loss nivåpluggen från undersidan på växellådans sump **(se bild).**

4 Om olja rinner **kontinuerligt** från nivåröret när temperaturen ökar, är vätskenivån korrekt och du behöver inte fylla på olja. Observera att en liten mängd olja redan finns i nivåröret, och nivån kan inte avläsas förrän denna har runnit ut. Se till att kontrollen utförs innan oljetemperaturen har nått 45°C. Kontrollera nivåpluggens tätning och byt den vid behov genom att skära bort den gamla och sätta dit en ny. Sätt tillbaka pluggen och dra åt den till angivet moment.

5 Om ingen olja droppar ur nivåröret, trots att temperaturen har uppnått 45°C, måste olja fyllas på enligt följande, med motorn igång.

6 Bänd loss locket till påfyllningsslangen på växellådssumpens sida med en skruvmejsel. **Observera:** *På vissa modeller skadas låsmekanismen permanent, och ett nytt lock måste införskaffas. På andra modeller måste lockets fästklämma bytas.*

7 Dra ut påfyllningsslangens plugg och fyll på angiven vätska tills det droppar ur nivåröret. Undersök nivåpluggens tätning och byt ut

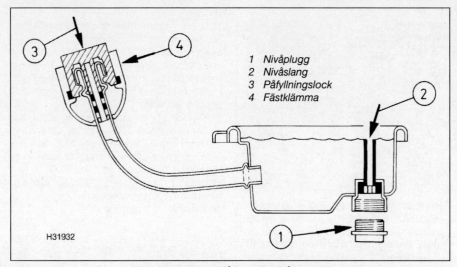

1 Nivåplugg
2 Nivåslang
3 Påfyllningslock
4 Fästklämma

H31932

27.3 Automatväxellåda - oljenivåkontroll

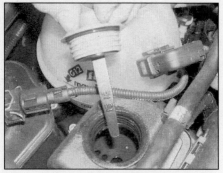

28.2 Skruva loss locket från behållaren med en skruvmejsel och torka av mätstickan med en ren trasa

den om det behövs genom att skära bort den gamla tätningen och montera en ny. Montera pluggen och dra åt den till angivet moment.
8 Sätt tillbaka påfyllningsslangens plugg och det nya locket eller fästklämman.
9 Slå av tändningen, montera sedan tillbaka skölden (-arna) under motorn och dra åt skruvarna ordentligt. Ställ sedan ner bilen på marken.
10 Om oljan behöver fyllas på ofta tyder det på läckage. Detta bör undersökas och åtgärdas innan det utvecklas till ett allvarligare problem.

28 Servostyrningens hydraulik – kontroll av oljenivå

1 Starta inte motorn om servostyrningsoljan är kall. Vrid bara ratten så att hjulen pekar rakt framåt. Starta motorn om oljan har normal temperatur och låt den gå på tomgång. Vrid därefter ratten så att hjulen pekar framåt.
2 Skruva loss locket från hydraulvätske-

behållaren med en skruvmejsel och torka mätstickan med en ren trasa **(se bild)**.
3 Skruva på locket för hand Skruva sedan bort det igen och kontrollera vätskenivån på mätstickan . Nivån måste vara i det räfflade området som anger min- och maxnivåerna.
4 Sug ut överflödig oljemängd om nivån överstiger maxmarkeringen. Om den är nedanför minmarkeringen ska angiven vätska fyllas på efter behov, men undersök även systemet och leta efter läckor.
5 Avsluta med att skruva på locket och dra åt det med en skruvmejsel. Slå av tändningen om tillämpligt.

Var 60 000:e km eller vart 4:e år – det som först inträffar

29 Luftfilter – byte

Alla motorer utom koder AZD, BCA och BCB
1 Skruva loss bultarna och ta loss kåpan från luftfilterhuset **(se bild)**. Om så önskas kan också kåpan tas bort från insugskanalen.
2 Lägg märke till hur filtret är monterat och ta sedan bort det **(se bild)**.

3 Torka rent husets insida.
4 Sätt i ett nytt luftfilter. Kontrollera att kanterna sitter ordentligt **(se bild)**.
5 Sätt tillbaka kåpan och fäst den med bultarna.

Motorkoder AZD, BCA och BCB
6 Luftfiltret är inbyggt i motorns övre skyddskåpa. Koppla först bort varmluftsslangen. Lyft sedan på kåpan för att släppa gummifästets skyddshylsor.

7 Med kåpan upp och ned på bänken skruvas skruvarna ut och luftfilterhuset tas bort. Observera förslutningens placering.
8 Notera hur elementen sitter och ta bort den.
9 Ta bort allt skräp och rengör husets insida.
10 Montera det nya filtret och se till att kanterna sitter ordentligt.
11 Montera tillbaka förslutningen. Därefter sätts luftfilterhuset tillbaka. Skruva åt skruvarna ordentligt.
12 Montera tillbaka motorns övre skyddskåpa och återanslut varmluftsslangen.

29.1 Ta bort kåpan från luftrenaren (AGU motor)

29.2 Luftfiltret tas bort (AGU motor)

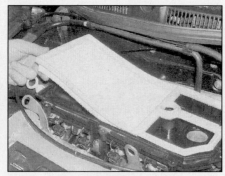

29.4 Luftfiltret tas bort (AEH motor)

Var 90 000:e km

30 Kamrem och spännarrulle – kontroll och byte

Observera: *VW anger att kamremmen ska undersökas efter de första 90 000 km och sedan var 30 000:e km fram till 180 000 km, då den bör bytas. Om bilen mest används för korta resor rekommenderar vi att detta kortare bytesintervall tillämpas. Hur ofta remmen byts är upp till den enskilda ägaren, men eftersom motorn kan ta stor skada om remmen går av under drift, rekommenderar vi det kortare intervallet.*

Kontroll

1 Lossa och ta bort klämmorna och ta bort den övre kamremskåpan (se kapitel 2A eller 2B).

2 Vrid motorn långsamt medurs med en skiftnyckel eller hylsnyckel på vevaxelns remskivebult. **Vrid inte** motorn på kamaxelns bult.

3 Undersök hela kamremmen och leta efter tecken på sprickbildning, kuggseparering, fransning, blankslitning eller föroreningar av olja eller fett. Kontrollera remmens undersida med en ficklampa och en spegel.

4 Om slitage eller skador upptäcks enligt beskrivningen i ovanstående punkt, **måste** kamremmen bytas. En trasig rem orsakar allvarliga skador i motorn.

5 Sätt tillbaka den övre kamremskåpan och ta bort skiftnyckeln/hylsnyckeln från vevaxelns remskivebult när kontrollen är klar.

Byte

6 Se kapitel 2A eller 2B för mer information **(se bild).**

30.6 Spännarrullen tas bort (AGU motor)

Var 24:e månad eller när "Service INSP01" visas på displayen

31 Avgasutsläpp – kontroll

Detta moment utgör en del av tillverkarens underhållsschema och inbegriper kontroll av avgasutsläpp med en avgasanalyserare. Det är inte nödvändigt att utföra den här kontrollen om inte något misstänks vara fel, men observera att tillverkarna rekommenderar att den utförs. I de flesta fall är justering av tomgångshastighet och blandning antingen omöjligt, eller så krävs speciell testutrustning från VW. Test av avgaserna ingår också i bilbesiktningen.

Vartannat år

32 Broms- (och kopplings-) vätska – byte

 Varning: Bromsvätska är farligt för ögonen och kan skada målade ytor, så var ytterst försiktig vid hantering av vätskan. Använd inte vätska från en behållare som har stått öppen en tid eftersom den drar åt sig fukt från luften. För mycket fukt kan orsaka farligt försämrad bromsverkan.

1 Proceduren liknar den för luftning av bromssystemet som beskrivs i kapitel 9, förutom att bromsvätskebehållaren ska tömmas med hjälp av en ren bollspruta eller liknande innan arbetet påbörjas, och att man måste ge den gamla vätskan tid att rinna ut när en del av kretsen töms.

2 Arbeta enligt beskrivningen i kapitel 9 och öppna den första luftningsskruven i ordningsföljden. Pumpa sedan bromspedalen försiktigt tills nästan all gammal vätska har tömts ut ur huvudcylinderbehållaren.

 Gammal bromsvätska är oftast mycket mörkare i färgen än ny, vilket gör det lätt att skilja dem åt.

3 Fyll på med ny vätska till maxnivån. Fortsätt pumpa tills det bara finns ny vätska i behållaren och ny vätska kommer ut genom luftningsskruven. Dra åt skruven och fyll på behållaren till maxmarkeringen.

4 Gå igenom alla luftningsskruvarna i angiven ordningsföljd tills ny vätska kommer ut ur dem. Var noga med att hela tiden hålla huvudcylinderbehållarens nivå över minmarkeringen, annars kan luft tränga in i systemet vilket kommer att förlänga arbetstiden betydligt.

5 Kontrollera att alla luftningsskruvar är ordentligt åtdragna och att dammksydden sitter på plats när du är klar. Skölj bort alla spår av vätskespill och kontrollera huvudcylinderbehållarens vätskenivå.

6 På modeller med manuell växellåda, när bromsvätskan har bytts ut ska också kopplingsvätskan bytas ut. Se kapitel 6, lufta kopplingen tills ny vätska kommer ut ur slavcylinderns luftningsskruv. Håll nivån i huvudcylindern ovanför MIN hela tiden för att förhindra att luft kommer in i systemet. När ny vätska börjar flöda ut, dra åt luftningsskruven, koppla loss och ta bort luftningsutrustningen. Sätt tillbaka dammskyddet och tvätta bort eventuellt spilld vätska.

7 På alla modeller, kontrollera att nivån i huvudcylindern är korrekt (se *Veckokontroller*) och kontrollera noggrant bromsarnas och (vid behov) kopplingens funktion innan bilen tas ut i trafiken.

33 Kylvätska – byte

Observera: *Detta arbetsmoment ingår inte i VW:s serviceschema, och bör inte vara nödvändigt om VW:s rekommenderade VW G12 LongLife kylmedel används. Om standardkylmedel används bör däremot detta moment utföras vid rekommenderat intervall.*

Tömning av kylsystemet

 Varning: Vänta till dess att motorn är helt kall innan arbetet påbörjas. Låt inte frostskyddsmedel komma i kontakt med huden eller lackerade ytor på bilen. Spola omedelbart bort eventuellt spill med stora mängder vatten. Lämna aldrig frostskyddsvätska i en öppen behållare eller i en pöl på garageuppfarten eller garagegolvet. Barn och husdjur dras till den söta lukten och frostskyddsvätska är mycket farligt att förtära.

1 När motorn är helt kall, skruva loss expansionskärlets lock.

2 Dra åt handbromsen ordentligt, lyft upp framvagnen och ställ den på pallbockar (se *Lyftning och stödpunkter*). Lossa skruvarna och ta bort skölden (-arna) under motorn för att komma åt underdelen av kylaren.

3 Placera en lämplig behållare under kylvätskans avtappningsutlopp som sitter på ändstycket på den nedre kylvätskeslangen. Lossa avtappningspluggen (man måste inte ta bort den helt) och låt kylvätskan rinna ut i behållaren. Om så önskas kan en slangbit träs över utloppet så att kylvätskeflödet kan ledas under avtappningen. Om inget avtappnings-utlopp är monterat på slangens ändstycke, ta bort fästklämman och koppla loss den nedre slangen från kylaren för att på så sätt kunna tappa av vätskan (se kapitel 3, avsnitt 2).

4 På motorer med en oljekylare, för att fullständigt tappa av systemet, koppla också loss en av kylvätskeslangarna från oljekylaren som sitter framtill på motorblocket (se kapitel 2A, avsnitt 17).

5 Om kylvätskan tappas av av någon annan anledning än byte, och förutsatt att den är ren, kan vätskan återanvändas, även om detta inte rekommenderas.

6 När all kylvätska har tappats av, dra åt kylarens avtappningsplugg ordentligt eller anslut den nedre slangen till kylaren (efter tillämplighet). Om så behövs, återanslut också kylvätskeslangen till oljekylaren och fäst den på plats med klämman. Montera till baka skölden (-arna) under motorn och dra åt skruvarna ordentligt.

Spolning av kylsystemet

7 Om den rekommenderade kylvätskan från VW inte har använts och om byte av kylvätskan inte har gjorts, eller om frostskyddsblandningen har blivit utspädd, kan kylsystemet gradvis förlora sin effektivitet alltefter som passagerna börjar sättas igen av rost och avlagringar. Kylsystemets effektivitet

kan återställas genom spolning av systemet.

8 Kylaren bör spolas separat från motorn, för att förhindra förorening.

Kylaren

9 För att spola kylaren, dra först åt kylarens avtappningsplugg.

10 Koppla loss den övre och den nedre slangen och andra relevanta slangar från kylaren (se kapitel 3).

11 Stick in en trädgårdsslang i kylarens övre inlopp. Spola rent vatten genom kylaren och fortsätt spola tills rent vatten kommer ut genom den nedre utloppet.

12 Om vattnet fortfarande inte är rent efter en rimlig tids spolning, kan kylaren sköljas med ett speciellt rengöringsmedel. Det är här viktigt att tillverkarens instruktioner följs noggrant. Om föroreningen är mycket svår, stick in slangen i kylarens nedre utlopp och spola kylaren baklänges.

Motorn

13 För att spola motorn, ta bort termostaten enligt beskrivningen i kapitel 3.

14 Med den nedre slangen losskopplad från kylaren, stick in en trädgårdsslang i kylvätskehuset. Spola rent vatten genom motorn tills rent vatten kommer ut genom kylarens nedre slang.

15 När spolningen är klar, sätt tillbaka termostaten och återanslut slangarna (se kapitel 3).

Påfyllning av kylsystemet

16 Innan kylsystemet fylls på, kontrollera att avtappningspluggen är ordentligt stängd och se till att alla slangar är ordentligt anslutna och att deras klämmor är i gott skick. Om den rekommenderade kylvätskan från VW inte används, se till att använda en lämplig frostskyddsblandning året om, för att förhindra korrosion i motorns komponenter (se följande underavsnitt).

17 Ta bort expansionskärlets påfyllningslock och fyll sakta på systemet med kylvätska.

Fortsätt fylla på tills inga bubblor längre syns i expansionskärlet. Hjälp till att pressa ut luften ur systemet genom att upprepade gånger klämma ihop kylarens nedre slang.

18 När bubblorna har upphört, fyll på tills nivån är upp till MAX-märket, sätt sedan tillbaka expansionskärlets lock.

19 Låt motorn gå på snabb tomgång tills kylfläkten kommer igång. Vänta tills fläkten stannar, slå sedan av motorn och låt den svalna.

20 När motorn har svalnat, kontrollera kylvätskenivån (se *Veckokontroller*). Fyll på om så behövs och sätt sedan tillbaka locket.

Frostskyddsblandning

21 Om den rekommenderade kylvätskan från VW inte används, ska frostskyddsvätskan alltid bytas ut vid angivna intervall. Detta är nödvändigt inte bara för att behålla de frostskyddande egenskaperna, utan också för att förhindra korrosion, vilket annars uppstår när de korrosionsskyddande ämnena i vätskan gradvis försämras.

22 Använd alltid ett etylenglykolbaserat frostskydd som är lämpligt för användning i kylsystem av blandmetall. Mängden frost-skydd och olika skyddsnivåer anges i specifikationerna.

23 Innan frostskyddsvätska hälls i måste kylsystemet tömmas helt och helt spolas ur, och alla slangar kontrolleras vad gäller skick och fastsättning.

24 När kylaren fyllts med frostskyddsvätska bör en lapp sättas på expansionskärlet, där det står vilken typ och koncentration av frostskyddsvätska som använts och när den fyllts på. All efterföljande påfyllning ska göras med samma typ av vätska, till samma koncentration.

25 Använd inte motorfrostskyddsvätska i vindrute- eller bakrutespolarsystemet, eftersom detta kan skada lacken. Ett tillsatsmedel för bilrutor bör användas i spolarsystemet i den mängd som anges på flaskan (se *Veckokontroller*).

Kapitel 1 Del B:
Rutinunderhåll och service – modeller med dieselmotor

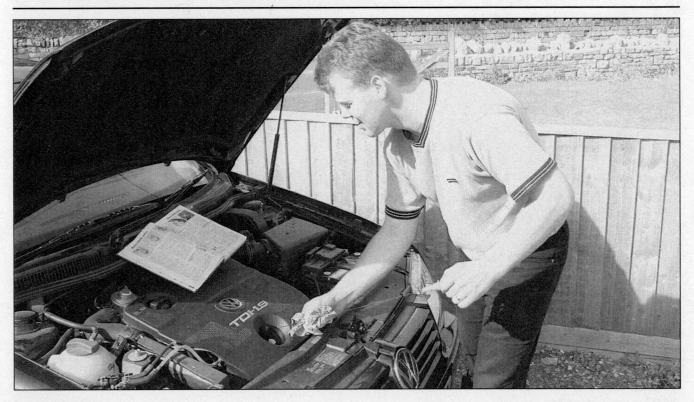

Innehåll

Svårighetsgrader

Enkelt, passar novisen med lite erfarenhet		**Ganska enkelt,** passar nybörjaren med viss erfarenhet		**Ganska svårt,** passar kompetent hemmamekaniker		**Svårt,** passar hemmamekaniker med erfarenhet		**Mycket svårt,** för professionell mekaniker	

Smörjmedel och vätskor
Se slutet av *Veckokontroller*

Volymer

Motorolja (inklusive filter)

1.9 liter motor . . . .   4,5 liter

Kylsystem

1.9 liter motor. . . . .   6,0 liter

Växellåda

Manuell växellåda:

    Typ 02K. . . . .   1,9 liter

    Typ 02J . . . .   2,0 liter

    Typ 02M . . . .   2,3 liter

Automatväxellåda (Typ 01M):

    Växellåda . . . .   5,3 liter

    Slutväxel . . . .   0,75 liter

Automatväxellåda (Typ 09A):

    Växellåda och slutväxel . . . .   7,0 liter

Servostyrning

Alla modeller. . . . .   0,7 till 0,9 liter

Bränsletank

Alla modeller (ca) . . . .   55 liter

Spolarvätskebehållare

Modeller med strålkastarspolare . . . .   5,5 liter

Modeller utan strålkastarspolare . . . .   3,0 liter

Motor

Kamremmens slitagegräns. . . . .   22,0 mm bred

Kylsystem

Kylmedelsblandning:

    40% frostskyddsmedel. . . . .   Skydd ner till -25°C

    50% frostskyddsmedel. . . . .   Skydd ner till -35°C

Observera: *Kontrollera kylmedelstillverkarens senaste rekommendationer.*

Bromsar

Bromsklossarnas minsta tjocklek:

    Fram . . . .   7,0 mm (inklusive stödplatta)

    Bak . . . .   7,5 mm (inklusive stödplatta)

Åtdragningsmoment

	Nm
Automatväxellådans nivåplugg	15
Manuell växellådas påfyllnings-/nivåplugg.	25
Oljefilterlock	25
Hjulbultar	120
Oljesumpens avtappningsplugg.	30

Motorrum på en 1.9 liter TDi modell

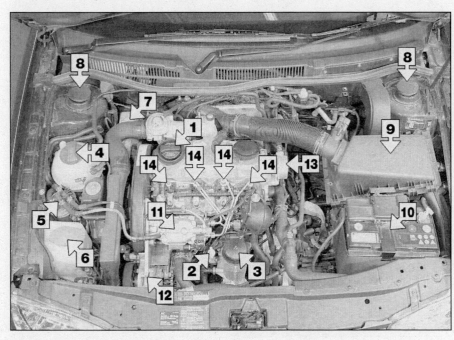

1 Motoroljans påfyllningslock
2 Mätsticka för motorolja
3 Oljefilter
4 Kylvätskans expansionskärl
5 Bränslefilter
6 Spolarvätskebehållare för vindruta/strålkastare
7 Bromsvätskebehållare för huvudcylinder
8 Främre fjäderbenets övre fäste
9 Luftrenarhus
10 Batteri
11 Bränsleinsprutningspump
12 Generator
13 Bromsvakuumpump
14 Bränsleinsprutningsventiler

Framvagn sedd underifrån på en 1.9 liter TDi modell

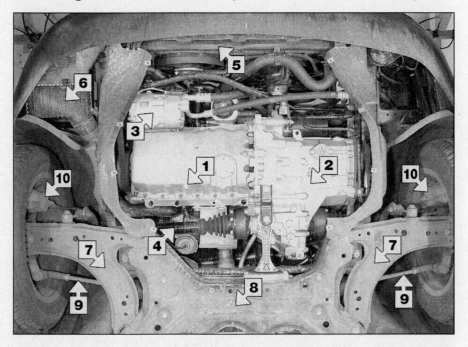

1 Oljepumpens avtappningsplugg
2 Manuell växellåda
3 Luftkonditioneringens kompressor
4 Drivaxel
5 Kylare
6 Mellankylare
7 Framfjädringens länkarm
8 Tvärbalk
9 Styrstag
10 Främre bromsok

Bakvagn sedd underifrån på en 1.9 liter TDi modell

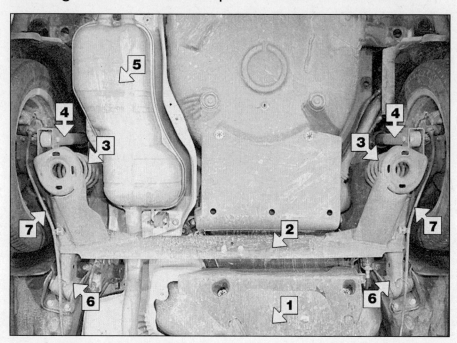

1 Bränsletank
2 Bakaxelenhet
3 Bakfjädringens spiralfjäder
4 Bakre stötdämpare
5 Bakre ljuddämpare och avgasrör
6 Bakaxelenhetens främre fäste
7 Handbromsvajrar

Underhållsschema

Underhållsintervallen i denna handbok förutsätter att arbetet utförs av en hemmamekaniker och inte av en verkstad. Detta är minimiintervall som vi rekommenderar för fordon som körs varje dag. Om bilen alltid ska hållas i toppskick bör vissa moment utföras oftare. Vi rekommenderar regelbundet och tätt underhåll, eftersom det höjer bilens effektivitet, prestanda och andrahandsvärde.

Om bilen är ny ska underhållsservice utföras av återförsäljarens verkstad, så att garantin ej förverkas.

Alla VW Golf- och Boramodeller har en serviceindikator på instrumentpanelen. Varje gång motorn startas visar panelen serviceinformation i ca 20 sekunder. På standarddisplayen (på modeller som tillverkats till och med 1999) beräknas serviceintervallen enbart efter körsträckan. På LongLife-displayen (på modeller som tillverkats från och med år 2000) kan serviceintervallen varieras efter

antal starter, körsträcka, hastighet, slitage på bromsklossar, hur ofta motorhuven öppnats, bränsleförbrukning, oljenivå och -temperatur, men bilen **måste** få service minst vartannat år. Vid 3000 km före nästa beräknade servicetillfälle visas ett meddelande under hastighetsmätaren om service om 3000 km, och detta värde minskas i steg om 100 allteftersom bilen fortsätter att köras. När serviceintervallet är slut blinkar ett meddelande om "Service" eller "Service now". Observera att om variabelt service-intervall (LongLife) används får motorn **bara** fyllas med rekommenderad **longlife** motorolja (se *Rekommenderade smörjmedel och vätskor*).

Efter service återställer VW-teknikerna indikatorn till nästa serviceintervall med ett speciellt instrument, och en utskrift läggs till i bilens serviceregister. Ägaren kan också återställa displayen enligt anvisningarna i följande stycke, men observera att för

modeller som tillverkats år 2000 och senare, med variabelt intervall, återställer denna procedur automatiskt displayen till avståndsintervall (15 000 km). För att återställa displayen till variabelt intervall (LongLife) måste du ta bilen till en VW-återförsäljare som kodar datorn med ett speciellt instrument. **Observera:** *På modeller tillverkade från år 2000 kan ägaren välja mellan de två serviceparametrarna – avståndsintervall eller variabelt intervall.*

Återställ displayen manuellt genom att slå av tändningen och hålla in trippmätarens knapp (under hastighetsmätaren). Slå på tändningen och släpp knappen. Kontrollera att relevant service visas på displayen. Vrid digitalurets återställningsknopp medurs. Displayen återgår till normalläge. Slå av tändningen för att avsluta återställningen.

Modeller som visar avståndsintervall

Observera: *På modeller tillverkade från år 2000 kan ägaren välja mellan de två serviceparametrarna – avstånds- eller variabelt intervall.*

Var 400:e km eller en gång i veckan

☐ Se *Veckokontroller*

Var 15 000:e km – "Service OIL" på displayen

☐ Byt motorolja och filter (avsnitt 3)

Observera: *Det är bra för motorn att olja och filter byts ofta. Vi rekommenderar byte av olja oftare än vid de intervall som anges här, eller minst två gånger om året.*

☐ Kontrollera de främre och bakre bromsklossarnas tjocklek (avsnitt 4)
☐ Kontrollera kamremmens skick (avsnitt 5)
☐ Återställ servicedisplayen (avsnitt 6)

Var 12:e månad – "Service INSP01" på displayen

Observera: *För bilar som körs mindre än 30 000 km per år utförs följande arbete vid 12-månadsservicen.*

☐ Kontrollera att alla yttre och inre lampor, varningsljus och signalhorn fungerar (avsnitt 7)
☐ Kontrollera krockkuddarnas skick (avsnitt 8)
☐ Kontrollera om motorstyrningens självdiagnosminne innehåller några felkoder (avsnitt 9)
☐ Smörj alla gångjärn och lås (avsnitt 10)
☐ Kontrollera att spolarsystemet till vindrutan/bakrutan/strålkastarna fungerar (efter tillämplighet) (avsnitt 11)
☐ Undersök alla komponenter och slangar under motorhuven och leta efter vätske- och oljeläckage (avsnitt 12)
☐ Kontrollera drivaxeldamaskernas skick (avsnitt 13)
☐ Kontrollera bromshydraulkretsen efter tecken på läckage och skador (avsnitt 14)
☐ Undersök avgassystemet och dess fästen (avsnitt 15)
☐ Kontrollera skicket på styrningens och fjädringens komponenter och att de sitter säkert (avsnitt 16)
☐ Kontrollera frostskyddsblandningens koncentration (avsnitt 17)
☐ Kontrollera batteriets skick och elektrolytnivå samt att det sitter fast ordentligt (avsnitt 18)
☐ Utför ett landsvägsprov (avsnitt 19)
☐ Återställ servicedisplayen (avsnitt 6)

Var 30 000:e km – "Service INSP01" på displayen

Observera: *Om bilen körs mer än 30 000 km per år bör även de åtgärder som beskrivs i 12-månadsservicen genomföras.*

☐ Kontrollera strålkastarinställningen (avsnitt 20)
☐ Kontrollera att takluckan fungerar och smörj styrskenorna (avsnitt 21)
☐ Kontrollera den manuella växellådans oljenivå (avsnitt 22)
☐ Kontrollera om underredets skyddslager är skadat (avsnitt 23)
☐ Byt ut pollenfiltret (avsnitt 24)
☐ Spänn kamremmen (automatmodeller med motorkod ALH) (avsnitt 25)
☐ Återställ servicedisplayen (avsnitt 6)

Först efter 30 000 km och sedan var 60 000:e km

☐ Töm vatten ur bränslefiltret (avsnitt 26)

Var 60 000:e km

☐ Kontrollera drivremmens skick (avsnitt 27)
☐ Kontrollera oljenivån i automatväxellådans slutväxel (avsnitt 28)
☐ Byt kamremmen (avsnitt 29)
☐ Byt bränslefiltret (avsnitt 30)
☐ Kontrollera automatväxellådans oljenivå (avsnitt 31)
☐ Kontrollera servostyrningens hydrauloljenivå (avsnitt 32)

Var 60 000:e km eller vart 4:e år – det som först inträffar

☐ Byt ut luftfiltret (avsnitt 33)

Vartannat år (oavsett körsträcka)

☐ Byt broms- (och kopplings-) vätska (avsnitt 34)
☐ Byt kylvätska (avsnitt 35)*

*Observera: *Det här kylvätskebytet är inte specificerat i VW:s schema och bör inte vara nödvändigt om det rekommenderade VW G12 LongLife frostskyddet används. Om frostskyddsvätska av standardtyp används, ska kylvätskan dock bytas enligt rekommenderat intervall.*

Först efter 36 månader, sedan vartannat år

☐ Kontrollera avgasutsläppen (avsnitt 36)

Modeller tillverkade år 2000 och senare, som använder variabla intervall

Observera: *Följande serviceintervall gäller endast modell med PR-nummer QG0, QG1 eller QG2 (på etiketten i bagageutrymmet, bredvid reservhjulet). Det avstånds-/tidsintervall som visas på displayen beror på hur bilen har använts (antal starter, körsträcka, hastighet, slitage på bromsklossar, hur ofta motorhuven har öppnats, bränsleförbrukning, oljenivå och oljetemperatur). Om en bil exempelvis används under extrema förhållanden, kan oljeservice utföras var 15 000 km, medan om den bara används under måttliga förhållanden, kan service ske vid 30 000 km tillsammans med inspektionsservice. Det är viktigt att förstå att det här systemet beror helt på hur bilen används, så service bör utföras **när så anges på displayen**.*

Var 400:e km eller en gång i veckan
☐ Se *Veckokontroller*

"Service OIL" på displayen
Observera: *Under måttliga körförhållanden (enligt kördatorn) kan denna service utföras vid ca 30 000 km eller vartannat år. Under extrema körförhållanden kan den utföras vid 15 000 km eller varje år.*
☐ Byt motorolja och filter (avsnitt 3)
Observera: *Det är bra för motorn att olja och filter byts ofta. Vi rekommenderar att olja byts minst två gånger om året.*
☐ Kontrollera de främre och bakre bromsklossarnas tjocklek (avsnitt 4)
☐ Kontrollera kamremmens skick (avsnitt 5)
☐ Återställ servicedisplayen (avsnitt 6)

"Service INSP01" på displayen
Observera: *Under måttliga körförhållanden (enligt kördatorn) kan denna service utföras vid ca 30 000 km eller vartannat år. Under extrema körförhållanden bör service ske tidigare.*
☐ Kontrollera att alla yttre och inre lysen, varningsblinkers och signalhorn fungerar (avsnitt 7)
☐ Kontrollera krockkuddarnas skick (avsnitt 8)
☐ Kontrollera om motorstyrningens självdiagnosminne innehåller några felkoder (avsnitt 9)
☐ Smörj alla gångjärn och lås (avsnitt 10)
☐ Kontrollera att spolarsystemet till vindrutan/ bakrutan/strålkastarna fungerar (efter tillämplighet) (avsnitt 11)
☐ Undersök alla komponenter och slangar under motorhuven och leta efter vätske- och oljeläckage (avsnitt 12)
☐ Kontrollera drivaxeldamaskernas skick (avsnitt 13)
☐ Kontrollera bromshydraulkretsen efter tecken på läckage och skador (avsnitt 14)
☐ Undersök avgassystemet och dess fästen (avsnitt 15)

"Service INSP01" på displayen (forts.)
☐ Kontrollera skicket på styrningens och fjädringens komponenter och att de är säkra (avsnitt 16)
☐ Kontrollera frostskyddets koncentration (avsnitt 17)
☐ Kontrollera batteriets skick och elektrolytnivå samt att det sitter ordentligt (avsnitt 18)
☐ Utför ett landsvägsprov (avsnitt 19)
☐ Kontrollera strålkastarinställningen (avsnitt 20)
☐ Kontrollera att takluckan fungerar och smörj styrskenorna (avsnitt 21)
☐ Kontrollera manuell växellådas oljenivå (avsnitt 22)
☐ Kontrollera om underredets skyddslager är skadat (avsnitt 23)
☐ Byt ut pollenfiltret (avsnitt 24)
☐ Kontrollera avgasutsläppen (avsnitt 36)
☐ Återställ servicedisplayen (avsnitt 6)

Först efter 30 000 km och sedan var 60 000:e km
☐ Bränslefilter – tömning av vatten (avsnitt 26)

Var 60 000:e km
☐ Kontrollera drivremmens skick (avsnitt 27)
☐ Kontrollera oljenivån i slutväxeln (avsnitt 28)
☐ Byt kamrem (avsnitt 29)*
☐ Byt bränslefilter (avsnitt 30)
☐ Kontrollera automatväxellådans oljenivå (avsnitt 31)
☐ Kontrollera servostyrningens oljenivå (avsnitt 32)
* Observera: *VW anger att kamremmen bör bytas var 90 000:e km på vissa modeller (modeller med manuell växellåda och motorkod AQM, AGP, AGR, ALH, AHF och ASF). Om bilen mest används för kortare resor rekommenderar vi dock att du tillämpar detta kortare bytesintervall. Hur ofta remmen byts är upp till den enskilda ägaren, men eftersom motorn kan ta stor skada om remmen går av under drift, rekommenderar vi det kortare intervallet.*

Var 60 000:e km eller vart 4:e år – det som först inträffar
☐ Byt luftfilter (avsnitt 33)

Var 90 000:e km
☐ Byt kamrem (modeller med manuell växellåda och motorkod AQM, AGP, AGR, ALH, AHF och ASV) (avsnitt 29)

Vartannat år (oavsett körsträcka)
☐ Byt broms- (och kopplings-) vätska (avsnitt 34)
☐ Byt kylvätska (avsnitt 35)*
*Observera: *Det här kylvätskebytet är inte specificerat i VW:s schema och bör inte vara nödvändigt om det rekommenderade VW G12 LongLife frostskyddet används. Om frostskyddsvätska av standardtyp används, ska kylvätskan dock bytas enligt rekommenderat intervall.*

1 Inledning

Detta kapitel är utformat för att hjälpa hemma-mekanikern att underhålla sin bil på ett sådant sätt att den förblir säker och ekonomisk och ger lång tjänstgöring och toppprestanda.

Kapitlet innehåller ett underhållsschema följt av avsnitt som i detalj behandlar åtgärderna i schemat. Bland annat behandlas åtgärder som kontroller, justeringar och byte av delar. På de tillhörande bilderna av motorrummet och underredet visas de olika delarnas placering.

Underhåll av bilen enligt schemat för tid/körsträcka och de därefter följande avsnitten bör resultera i lång och säker användning av bilen. Underhållsprogrammet är heltäckande, så om man väljer att bara underhålla vissa delar, men inte andra, vid de angivna intervallen går det inte att garantera samma goda resultat.

Under arbetet med bilen kommer det att visa sig att många arbeten kan – och bör – utföras samtidigt, antingen på grund av själva åtgärden som ska utföras, eller för att två i övrigt orelaterade delar råkar finnas nära varandra. Om bilen av någon anledning lyfts upp, kan t.ex. kontroll av avgassystemet utföras samtidigt som styrning och fjädring kontrolleras.

Första steget i detta underhållsprogram är att vidta förberedelser innan själva arbetet påbörjas. Läs igenom relevanta avsnitt och gör sedan upp en lista över vad som behövs och skaffa fram verktyg och delar. Om problem dyker upp, rådfråga en specialist på reservdelar eller vänd dig till återförsäljarens serviceavdelning.

2 Rutinunderhåll

1 Om underhållsschemat följs noga från det att bilen är ny och om vätske- och oljenivåerna och de delar som är utsatta för stort slitage kontrolleras enligt denna handboks rekommendationer, hålls motorn i bra skick och behovet av extra arbete minimeras.
2 Ibland går motorn dåligt på grund av bristande underhåll. Risken för detta ökar om bilen är begagnad och inte fått tät och regelbunden service. I sådana fall kan extra arbeten behöva utföras, utöver det normala underhållet.
3 Om motorn misstänks vara sliten ger ett kompressionsprov (se kapitel 2C) värdefull information om de inre huvuddelarnas skick. Ett kompressionsprov kan användas för att avgöra omfattningen på det kommande arbetet. Om provet avslöjar allvarligt inre

slitage är det slöseri med tid och pengar att utföra underhåll på det sätt som beskrivs i detta kapitel, om inte motorn först renoveras.
4 Följande åtgärder är de som oftast behövs för att förbättra prestanda hos en motor som går dåligt:

I första hand

a) *Rengör, undersök och testa batteriet (Se Veckokontroller).*
b) *Kontrollera motorns alla vätskor och oljor (Se Veckokontroller).*
c) *Töm vatten ur bränslefiltret (avsnitt 26).*
d) *Kontrollera drivremmens skick och spänning (avsnitt 27).*
e) *Kontrollera luftfiltrets skick och byt vid behov (avsnitt 33).*
f) *Undersök samtliga slangar och leta efter läckor (avsnitt 12).*
g) *Kontrollera utsläpp (avsnitt 36).*
5 Om ovanstående åtgärder inte får någon effekt ska följande åtgärder utföras:

I andra hand

Allt som anges under *I första hand*, **plus följande:**
a) *Kontrollera laddningssystemet (se kapitel 5A).*
b) *Kontrollera förvärmningssystemet (se kapitel 5C).*
c) *Byt bränslefilter (avsnitt 30) och kontrollera bränslesystemet (se kapitel 4B).*

Var 15 000:e km eller "Service OIL" på displayen

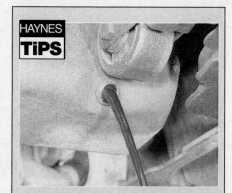

Håll avtappningspluggen intryckt i oljesumpen medan den skruvas loss för hand de sista varven. Ta snabbt bort pluggen när den lossas så att oljeströmmen från oljesumpen hamnar i behållaren och inte i tröjärmen.

3 Motorolja och filter – byte

1 Täta olje- och filterbyten är det viktigaste förebyggande underhåll en hemmamekaniker kan utföra. När motoroljan åldras blir den utspädd och förorenad, vilket leder till att motorn slits ut i förtid.
2 Samla ihop alla verktyg och allt material som behövs innan du börjar. Se även till att ha gott om rena trasor och tidningar till hands för att torka upp eventuellt spill. Helst ska motoroljan vara varm, eftersom den då rinner ut lättare och mer avlagrat slam då kommer att följa med. Se dock till att inte vidröra avgassystemet eller andra heta delar vid arbete under bilen. Använd handskar för att undvika skållning och för att skydda huden mot irritationer och skadliga föroreningar i

begagnad motorolja. Det går betydligt lättare att komma åt bilens undersida om den kan lyftas upp, köras upp på en ramp eller lyftas med en domkraft och ställas på pallbockar (se *Lyftning och stödpunkter*). Oavsett vilken metod som används måste bilen stå plant eller, om den lutar, stå så att avtappningspluggen är längst ner.
3 Lossa oljesumpens avtappningsplugg ca ett halvt varv. Placera behållaren under pluggen och ta bort pluggen helt **(se Haynes tips)**. Ta bort tätningsringen från avtappningspluggen.
4 Ge den gamla oljan tid att rinna ut. Observera att det kan bli nödvändigt att flytta behållaren när oljeflödet minskar.
5 Torka av avtappningspluggen med en ren trasa när all olja har runnit ut, och byt tätningsbrickan. Rengör området runt avtappningspluggens öppning, sätt tillbaka pluggen och dra åt den ordentligt.

3.7a Skruva loss locket ...

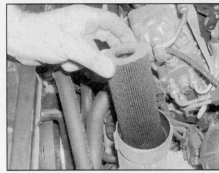

3.7b ... och ta bort filtret

3.7c Ta bort tätningsringen från locket

6 Ta bort motorns övre kåpa (-or) (se kapitel 2C, avsnitt 4) för att komma åt oljefilterhuset. Placera absorberande trasor runt filterhuset för att samla upp spilld olja.

7 Skruva loss locket från ovansidan av oljefiltrets hus med en oljefiltertång eller lämplig skiftnyckel. Ta loss den stora tätningsringen från locket och den lilla tätningsringen från centrumtappen. Lyft ut filtret (se bilder) och släng det.

8 Torka bort all olja och allt slam från insidan av filterhuset och locket med en ren trasa.

9 Sätt i det nya filtret. Sätt på nya tätningsringar på locket, sätt sedan tillbaka det och dra åt till angivet moment. Ta bort trasorna från filterhuset och torka bort eventuellt oljespill innan motorns kåpa (-or) sätts tillbaka.

10 Ta bort den gamla oljan och alla verktyg under bilen och sänk ner bilen.

11 Ta bort mätstickan och skruva loss oljepåfyllningslocket från topplocket. Fyll på motorn med olja av rätt viskositetsgrad och typ (se Smörjmedel och vätskor). En oljekanna med pip eller en tratt kan hjälpa till att minska spillet. Häll i halva den angivna mängden olja först (se bild) och vänta några minuter tills oljan rinner ner i sumpen (se Veckokontroller). Fortsätt fylla på olja lite i taget tills nivån når maxmärket på mätstickan. Sätt tillbaka påfyllningslocket.

12 Starta motorn och låt den gå några minuter. Leta efter läckor runt oljefiltrets lock och oljesumpens avtappningsplugg. Det kan ta några sekunder innan varningslampan för

oljetryck slocknar, medan oljan cirkulerar genom motorns smörjkanaler och det nya filtret och trycket stiger.

 Varning: Turbomotorer bör inte varvas medan oljelampan lyser, eftersom turboaggregatet kan få allvarliga skador.

13 Stäng av motorn och vänta ett par minuter på att oljan ska rinna till oljesumpen. Kontrollera oljenivån igen när den nya oljan har cirkulerat och filtret är fullt. Fyll på mer olja om det behövs.

14 Ta hand om den använda oljan på ett säkert sätt. Se Allmänna reparationsanvisningar i referensavsnittet längre bak i boken.

4 Bromsklossar – kontroll

1 De yttre bromsklossarna kan kontrolleras genom hålen i hjulen, utan att hjulen behöver tas bort (se bild). Ta vid behov bort hjulsidan. Bromsbeläggens och stödplattans tjocklek får inte understiga angivelserna i specifikationerna.

2 Om de yttre bromsklossarna är slitna nära gränsen kan det vara värt att kontrollera de inre också. Dra åt handbromsen, lyft upp bilen med domkraften och stöd den på pallbockar (se Lyftning och stödpunkter). Ta bort hjulen.

3 Mät bromsklossarnas tjocklek (inklusive stödplattan) med en stållinjal, och jämför med minsta angivna tjocklek i specifikationerna (se bild).

4 Om en fullständig kontroll ska utföras bör bromsklossarna demonteras och rengöras. Då kan även bromsoket funktion kontrolleras, och själva bromsskivan kan undersökas på båda sidorna. Se kapitel 9.

5 Om någon av bromsklossarna är nedsliten till eller under minsta angivna tjocklek, måste alla fyra bromsklossar (främre eller bakre) bytas samtidigt.

6 Sätt tillbaka hjulen och sänk ner bilen när kontrollen är klar.

5 Kamrem – kontroll

1 Lossa klämmorna och ta bort den övre kamremskåpan (se kapitel 2C).

2 Mät kamremmens bredd med ett skjutmått där den går över kamaxeldrevet, och jämför med slitagegränsen i specifikationerna. Om slitagegränsen har uppnåtts måste kamremmen bytas.

3 Vrid motorn långsamt medurs med en skiftnyckel eller hylsnyckel på vevaxelns

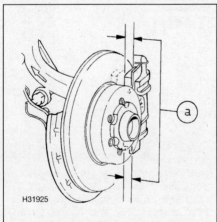

4.3 Tjockleken (a) på bromsklossarna får inte understiga det angivna värdet

3.11 Häll i halva den angivna mängden olja först, vänta lite och häll sedan i resten

4.1 De yttre bromsklossarna kan undersökas genom öppningarna i hjulen

remskivebult. **Vrid inte** motorn med kamaxelns bult.

4 Undersök hela kamremmen och leta efter tecken på sprickbildning, kuggseparering, fransning, blankslitning eller föroreningar av olja eller fett. Kontrollera remmens undersida med ficklampa och en spegel.

5 Om du upptäcker slitage eller skador enligt beskrivningen i föregående punkt, **måste** kamremmen bytas. En trasig rem kommer att orsaka allvarliga skador i motorn.

6 Sätt tillbaka den övre kamremskåpan och ta bort skiftnyckeln/hylsnyckeln från vevaxelns remskivebult när kontrollen är klar.

6 Servicedisplay – återställning

1 När allt underhållsarbete är slutfört måste servicedisplayen återställas. VW-teknikerna har ett speciellt instrument för ändamålet, och en utskrift läggs till i bilens serviceregister. Ägaren kan också återställa displayen enligt anvisningarna i följande stycke, men observera att för modeller som tillverkats år 2000 och senare, med variabelt intervall, återställer denna procedur automatiskt displayen till avståndsintervall (15 000 km).

För att kunna fortsätta visa variabla intervall, som tar hänsyn till antal starter, körsträcka, hastighet, bromsklossarnas förslitning, hur ofta motorhuven öppnats, bränsleförbrukning, oljenivå och oljetemperatur, måste en VW-återförsäljare återställa displayen med ett speciellt instrument.

2 Återställ displayen manuellt genom att slå av tändningen och hålla in trippmätarens knapp (under hastighetsmätaren). Slå på tändningen och släpp knappen. Kontrollera att relevant service visas på displayen. Vrid digitalurets återställningsknopp medurs. Displayen återgår till normal. Slå av tändningen för att avsluta återställningen.

Var 12:e månad eller "Service INSP01" på displayen

7 Strålkastare och signalhorn – kontroll

Kontrollera att signalhornet och alla yttre lampor fungerar.

8 Krockkudde – kontroll

Leta efter tecken på skada eller förslitning på krockkuddarnas utsida. Om en krockkudde är skadad på något sätt måste den bytas (se kapitel 12). Observera att det inte är tillåtet att fästa några etiketter på krockkudden, eftersom detta kan påverka dess funktion.

9 Motorstyrning – självdiagnos

Detta arbete bör utföras av en VW-återförsäljare eller diagnosspecialist med specialutrustning. Diagnosuttaget sitter under ett lock på instrumentpanelens mitt. Locket sitter fast med knäpplås.

10 Gångjärn och lås – smörjning

1 Smörj gångjärnen till motorhuven, dörrarna och bakluckan med en lättflytande olja. Smörj även alla spärrar, lås och låsgrepp. Kontrollera samtidigt att alla lås fungerar och justera dem efter behov (se kapitel 11).

2 Smörj motorhuvens låsmekanism och vajer med smörjfett.

11 Spolarsystem till vindruta/ bakruta/ strålkastare – kontroll

1 Kontrollera att spolarmunstyckena inte är igentäppta och att de sprutar en stark stråle spolarvätska.

2 Bakrutans spolarmunstycke ska vara riktat mot mitten av rutan. Justera vid behov med en nål.

3 Vindrutans spolarmunstycken ska vara riktade något ovanför rutans mitt. Vrid munstycket med en liten skruvmejsel.

4 På Golfmodellerna ska de inre strålkastarspolarna riktas något ovanför strålkastarnas mittlinje och de yttre något under. På Boramodellerna ska strålkastarspolarna riktas något under strålkastarnas mittlinje. VW:s tekniker drar ut strålkastarspolarna ur sina fästen och justerar dem med ett speciellt verktyg.

5 På vintern är det särskilt viktigt att spolarvätskan innehåller tillräcklig koncentration med frostskyddsmedel.

12 Läckagekontroll – slangar och vätskor

1 Undersök motorns fogytor, packningar och tätningar och leta efter tecken på vatten- eller oljeläckage. Var särskilt noggrann med områdena runt kamaxelkåpans, topplockets, oljefiltrets och oljesumpens fogytor. Tänk på att med tiden är ett litet läckage från dessa områden helt normalt – leta efter tecken på allvarligare läckor. Om ett läckage påträffas, byt den defekta packningen eller tätningen enligt beskrivning i relevant kapitel i denna handbok.

2 Undersök även alla motorrelaterade rör och slangar och se till att de sitter ordentligt. Se till att alla kabelklämmor eller fästklämmor

sitter på plats och är i gott skick. Trasiga eller saknade klämmor kan leda till skav på slangar, rör eller kablage. Detta kan i sin tur leda till allvarligare fel i framtiden.

3 Kontrollera kylarslangarna och värmeslangarna noga i sin helhet. Byt slangar som är spruckna, svullna eller slitna. Sprickor syns bättre om man klämmer lite på slangen. Undersök noggrant slangklämmorna som håller fast slangarna vid kylsystemets delar. Slangklämmor kan punktera slangarna med läckor i kylsystemet som följd.

4 Undersök alla kylsystemets delar (slangar, fogytor etc) och leta efter läckor **(se Haynes tips)**. Upptäcks något problem av detta slag i någon del av systemet måste delen eller packningen bytas ut enligt beskrivningen i kapitel 3.

5 Om bilen har automatväxellåda, leta efter läckor eller förslitning på växellådans vätske-kylslangar.

6 Lyft upp bilen och undersök bränsletanken och påfyllningsröret och leta efter hål, sprickor och andra skador. Anslutningen mellan påfyllningsröret och tanken är speciellt kritisk. Ibland läcker ett påfyllningsrör av gummi eller

En läcka i kylsystemet syns normalt som vita eller rostfärgade avlagringar på området runt läckan

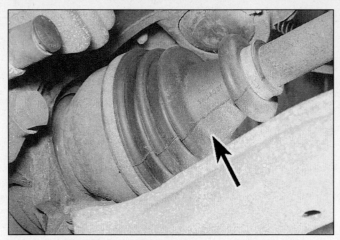

13.1 Kontrollera drivaxeldamaskernas skick (vid pilen)

16.4 Kontrollera om hjullagren är slitna genom att försöka rucka på hjulet

en slang beroende på att slangklämmorna är för löst åtdragna eller att gummit åldrats.

7 Undersök noggrant alla gummislangar och metallrör som leder från bränsletanken. Leta efter lösa anslutningar, åldrade slangar, bockade rör och andra skador. Var extra uppmärksam på ventilationsrör och slangar som ofta är lindade runt påfyllningsröret och som kan bli igensatta eller veckade. Följ ledningarna till framsidan av bilen och undersök dem noga hela vägen. Byt ut skadade delar vid behov.

8 Kontrollera att alla bränsleslangar och rör i motorrummet sitter ordentligt och se till att inga bränsle- eller vakuumslangar är veckade eller åldrade eller skaver mot något.

9 Kontrollera skicket på servostyrningens vätskeslangar och -rör, om tillämpligt.

13 Drivaxeldamask – kontroll

1 Lyft upp bilen, ställ den stadigt på pallbockar och vrid sakta på hjulen. Undersök skicket på de yttre drivknutarnas gummidamasker. Öppna vecken genom att klämma på damaskerna. Leta efter sprickor eller tecken på att gummit åldrats, vilket kan göra att fettet läcker ut och att vatten och smuts kommer in i knuten. Undersök även damaskernas klamrar vad gäller åtdragning och skick. Upprepa dessa kontroller på de inre knutarna **(se bild)**. Om skador eller åldrande upptäcks bör damaskerna bytas enligt beskrivningen i kapitel 8.

2 Kontrollera samtidigt drivknutarnas allmänna skick genom att hålla fast drivaxeln och samtidigt försöka vrida hjulet. Håll sedan fast innerknuten och försök vrida på drivaxeln. Märkbart spel indikerar slitage i knutarna eller drivaxelns räfflor, eller att en drivaxelfästmutter sitter löst.

14 Bromsarnas hydrauliska krets – kontroll
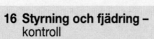

1 Leta efter läckor eller skador på hela bromskretsen. Börja med att kontrollera huvudcylindern i motorrummet. Leta samtidigt efter läckage i vakuumservoenheten och ABS-enheten.

2 Lyft upp bilen fram och bak och stöd den på pallbockar (se *Lyftning och stödpunkter*). Leta efter rost och skador på de stela bromsledningarna. Undersök också bromstrycksregulatorn.

3 Kontrollera att de böjliga slangarna som går till de främre bromsoken inte är vridna eller skaver mot omgivande delar. Vrid ratten så långt det går när du kontrollerar detta. Kontrollera också att slangarna inte är sköra eller spruckna.

4 Sänk ner bilen när kontrollerna är utförda.

15 Avgassystem – kontroll

1 Med kall motor, undersök hela avgassystemet, från motor till avgasrör (vänta minst en timme efter det att bilen har körts). Avgassystemet kontrolleras lättast med bilen upplyft eller uppställd på pallbockar, så att delarna är lätt synliga och åtkomliga (se *Lyftning och stödpunkter*).

2 Kontrollera om avgasrör eller anslutningar visar tecken på läckage, allvarlig korrosion eller andra skador. Se till att alla fästbyglar och fästen är i gott skick, och att relevanta muttrar och bultar är ordentligt åtdragna. Läckage i någon fog eller annan del visar sig vanligen som en sotfläck i närheten av läckan.

3 Skaller och andra missljud kan ofta härledas till avgassystemet, speciellt till

dess fästen och upphängningar. Försök att rubba rör och ljuddämpare. Om det går att få delarna att komma i kontakt med underredet eller fjädringen bör systemet förses med nya fästen. Man kan också skilja på fogarna (om det går) och vrida rören så att de kommer på tillräckligt stort avstånd.

16 Styrning och fjädring – kontroll
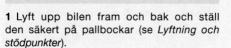

1 Lyft upp bilen fram och bak och ställ den säkert på pallbockar (se *Lyftning och stödpunkter*).

2 Undersök dammskydden till spindelleden på styrstagets ände, till framfjädringens nedre spindelled samt kuggstångsdamasken. Leta efter delade, skavda eller åldrade partier. Slitage på någon av dessa delar gör att smörjmedel läcker ut och att smuts och vatten kan komma in, vilket snabbt sliter ut spindellederna eller styrväxeln.

3 Undersök servostyrningens oljeslangar och leta efter tecken på skavning eller åldrande, och kontrollera om rör- och slanganslutningar läcker. Leta även efter läckor under tryck från styrväxelns gummidamask, vilket indikerar trasiga tätningar i styrväxeln.

4 Fatta sedan tag i hjulet längst upp och längst ner och försök att rucka på det **(se bild)**. Ett ytterst litet spel kan märkas, men om rörelsen är stor krävs en närmare undersökning för att fastställa orsaken. Fortsätt rucka på hjulet medan en medhjälpare trycker på bromspedalen. Om spelet försvinner eller minskar markant är det troligen fråga om ett defekt hjullager. Om spelet finns kvar när bromsen är nedtryckt rör det sig om slitage i fjädringens leder eller fästen.

5 Greppa sedan hjulet på sidorna och försök att rucka på det igen. Märkbart spel beror antingen på slitage på hjullager eller styrstagets spindelleder. Det syns tydligt om den inre eller yttre spindelleden är sliten.

6 Kontrollera om fjädringens fästbussningar är slitna genom att bända med en stor skruvmejsel eller en platt metallstång mellan relevant fjädringskomponent och dess fästpunkt. En viss rörelse är att vänta eftersom bussningarna är av gummi, men eventuellt större slitage visar sig tydligt. Undersök även skicket på synliga gummi-bussningar, leta efter bristningar, sprickor eller föroreningar i gummit.

7 Ställ bilen på marken och låt en medhjälpare vrida ratten fram och tillbaka ungefär ett åttondels varv åt vardera hållet. Det ska inte finnas något, eller bara ytterst lite, spel mellan rattens och hjulens rörelser. Kontrollera noga lederna och fästena enligt tidigare beskrivning om spelet är större, men kontrollera dessutom om rattstångens kardanknutar är slitna, samt även själva styrväxeln.

8 Leta efter tecken på läckage runt de främre fjäderbenen och de bakre stötdämparna. Om du upptäcker en läcka är fjäderbenet eller stötdämparen trasig och bör bytas ut. **Observera:** *Fjäderben/stötdämpare bör alltid bytas i par på samma axel, för att bilen inte ska bli obalanserad.*

9 Fjäderbenets/stötdämparens effektivitet kan kontrolleras genom att bilen trycks ner i varje hörn. I normala fall ska bilen återta planläge och stanna efter en nedtryckning. Om den höjs och återvänder med en studs är fjäderbenet/stötdämparen troligtvis defekt. Undersök även fjäderbenets/stötdämparens övre och nedre fästen och leta efter tecken på slitage.

17 Kylvätska – kontroll

1 Kylsystemet bör fyllas med rekommenderat G12 frost- och rostskyddsmedel – blanda – **inte** med något annat kylmedel. Efter ett tag kan vätskekoncentrationen försämras på grund av påfyllning (detta kan undvikas genom att korrekt kylmedelsblandning fylls på – se specifikationerna) eller läckage. Om en läcka upptäcks måste den åtgärdas innan man fyller på mer kylvätska.

2 Ta bort locket från expansionskärlet. Motorn ska vara **kall**. Placera en trasa över locket om motorn är varm. Ta bort locket försiktigt, så att eventuellt tryck pyser ut.

3 Kylvätskeprovare finns i tillbehörsbutiker. Dra upp lite kylmedel ur expansionkärlet och se efter hur många plastbollar som flyter i

provaren. Oftast ska 2 eller 3 bollar flyta vid korrekt koncentration, men följ tillverkarens anvisningar.

4 Om koncentrationen är felaktig måste man antingen ta bort en del kylvätska och fylla på med kylmedel eller tappa ur den gamla kylvätskan och fylla på med ny av korrekt koncentration (se avsnitt 35).

18 Batteri – kontroll

1 Batteriet sitter i det främre vänstra hörnet i motorrummet. Om en isoleringskåpa är monterad, öppna kåpan för att komma åt batteriet.

2 Öppna säkringsdosans plasthölje (tryck ihop låsklackarna) för att komma åt batteriets positiva pol och säkringsdosans anslutningar.

3 Kontrollera att båda batteripolerna och säkringsdosans alla anslutningar sitter fast ordentligt och inte är korroderade.

4 Undersök om batterihöljet är skadat eller sprucket och kontrollera att bulten till batteriets fästklammer är ordentligt åtdragen. om batterihöljet är skadat på något sätt måste batteriet bytas ut (se kapitel 5A).

5 Om batteriet inte är av "livstidsförseglad", underhållsfri typ, kontrollera att elektrolytnivån är mellan nivåmarkeringarna MAX och MIN på batterihöljet. Om påfyllning behövs, ta ut batteriet (se kapitel 5A) från motorrummet och ta sedan bort cellernas lock/kåpa. Använd destillerat vatten och fyll på varje cell tills elektrolytnivån når MAX-nivån. Sätt sedan tillbaka locken/kåpan. Försäkra dig om att batteriet inte har överfyllts, montera sedan tillbaka det i bilen (se kapitel 5A)

6 När kontrollen är slutförd, sätt tillbaka locket på säkringsdosan ordentligt och stäng isoleringskåpan.

19 Landsvägsprov

Instrument och elutrustning

1 Kontrollera att alla instrument och all elektrisk utrustning fungerar, inklusive luftkonditioneringssystemet.

2 Kontrollera att instrumenten ger korrekta avläsningar och slå på all elektrisk utrustning i tur och ordning för att kontrollera att den fungerar korrekt.

Styrning och fjädring

3 Kontrollera om bilen uppför sig normalt med avseende på styrning, fjädring, köregenskaper och vägkänsla.

4 Kör bilen och lyssna efter onormala vibrationer eller ljud som kan tyda på slitage i drivaxlarna, hjullagren etc.

5 Kontrollera att styrningen känns bra, utan överdrivet fladder eller kärvningar, och lyssna efter fjädringsmissljud vid kurvtagning och körning över gupp.

Drivlina

6 Kontrollera motorns, kopplingens, växellådans och drivaxlarnas prestanda.

7 Lyssna efter onormala ljud från motorn, kopplingen och växellådan.

8 Kontrollera att motorn går jämnt på tomgång och att den accelererar jämnt.

9 Kontrollera att kopplingen (om tillämpligt) går mjukt, att den tar jämnt och att pedalen inte har för lång slaglängd. Lyssna även efter missljud när kopplingspedalen är nedtryckt.

10 Kontrollera på modeller med manuell växellåda att alla växlar kan läggas i jämnt och utan missljud, och att växelspakens rörelse inte är onormalt vag eller hackig.

11 Kontrollera på modeller med automatväxellåda att växlingen sker jämnt och utan att motorvarvet ökar mellan växlingarna. Kontrollera att alla växelpositioner kan väljas när bilen står stilla. Kontakta en VW-återförsäljare om några problem påträffas.

12 Lyssna efter ett metallisk klickljud från bilens främre del när den körs sakta i en cirkel med fullt rattutslag. Kontrollera åt båda hållen. Om ett klickljud hörs tyder det på förslitning i en drivaxelknut. Byt i så fall ut knuten.

Bromsar

13 Kontrollera att bilen inte drar åt ena hållet vid inbromsning, och att hjulen inte låser sig för tidigt vid hård inbromsning.

14 Kontrollera att ratten inte vibrerar vid inbromsning.

15 Kontrollera att handbromsen fungerar ordentligt utan för stort spel i spaken, och att den kan hålla bilen stilla i en backe.

16 Testa bromsservoenheten så här: Tryck ner bromspedalen 4-5 gånger med motorn avslagen för att ta bort vakuumet. Håll ner bromspedalen och starta motorn. När motorn startar ska pedalen ge efter märkbart medan vakuumet byggs upp. Låt motorn gå i minst två minuter och stäng sedan av den. Om pedalen trycks ner nu hörs ett pysande ljud. Efter 4-5 upprepningar bör detta upphöra och pedalen ska kännas betydligt fastare.

17 Under kontrollerad nödbromsning ska ABS-enhetens pulserande kännas i bromspedalen.

Var 30 000:e km eller "Service INSP01" på displayen

20 Strålkastare – justering

1 Noggrann justering av strålkastarna är endast möjlig om man har speciell utrustning, och detta bör därför utföras av en VW-återförsäljare eller servicestation.
2 I nödfall kan man göra vissa inställningar själv. Se kapitel 12.

21 Taklucka – kontroll och smörjning

1 Kontrollera att takluckan fungerar och lämna den sedan helt öppen.
2 Torka rent styrskenorna på båda sidorna om takluckans öppning och smörj dem sedan. VW rekommenderar smörjspray G 052 778.

22 Manuell växellåda – kontroll av oljenivå

1 Parkera bilen plant. För att lättare komma åt påfyllnings-/nivåpluggen kan du dra åt handbromsen, lyfta upp bilens framände med domkraften och stödja den på pallbockar (se *Lyftning och stödpunkter*). Observera att

bilens bakände också helst bör lyftas för att en noggrann nivåkontroll ska kunna göras. Oljenivån måste kontrolleras innan bilen körs, eller minst 5 minuter efter det att motorn stängts av. Om oljenivån kontrolleras direkt efter att bilen körts, är en del av oljan att kvar i växellådans delar, vilket ger en felaktig nivå-avläsning.
2 Lossa skruvarna och ta bort skölden (-arna) under motorn. Torka rent området runt påfyllnings-/nivåpluggen. Denna sitter på följande plats:
  a) *Växellåda 02 – påfyllnings-/nivåpluggen sitter till vänster om växellådans hölje (se bild).*
  b) *Växellåda 02J – påfyllnings-/nivåpluggen sitter på framsidan av växellådans hölje (se bild).*
  c) *Växellåda 02M - påfyllnings-/nivåpluggen sitter på framsidan av växellådans hölje (se bild).*
  d) *Växellåda 02T - påfyllnings-/nivåpluggen sitter till höger om växellådans hölje (se bild).*
3 Oljenivån ska nå till underkanten av påfyllnings-/nivåhålet. En skvätt olja samlas alltid bakom pluggen och rinner ut när den tas bort. Det här behöver **inte** nödvändigtvis betyda att nivån är korrekt. För att vara säker på att rätt nivå uppnåtts, vänta tills det har slutat rinna och fyll sedan på olja efter behov tills det börjar rinna igen. Nivån är korrekt när flödet avstannar. Använd endast olja av hög kvalitet och angiven typ.
4 Om växellådan har överfyllts, så att olja rinner ut när påfyllnings-/nivåpluggen tas bort,

kontrollera att bilen står helt plant (framtåt/bakåt och i sidled) och låt den överflödiga oljan rinna ner i lämpligt kärl.
5 När oljenivån är korrekt, sätt tillbaka nivå-/ påfyllningspluggen och dra åt den till specificerat moment. Torka bort eventuellt oljespill och montera tillbaka skölden (-arna) under motorn. Ställ ner bilen på marken.

23 Underredesskydd – kontroll

Lyft upp bilen med domkraften och stöd den på pallbockar (se *Lyftning och stödpunkter*). Undersök hela bilens undersida. Använd en ficklampa och kontrollera särskilt hjulhusen. Leta efter skador på den flexibla underredes-beläggningen. När den blir gammal kan den spricka eller flaga, vilket leder till rostangrepp. Kontrollera att hjulhusens innerskärmar är ordentligt fastspända. Om spännena lossnar kan det komma in smuts bakom skärmarna. Om du upptäcker några skador på under-redesbehandlingen eller någon rost, bör detta åtgärdas innan skadan förvärras.

24 Pollenfilter – byte

1 Pollenfiltret sitter på torpedväggen, framför vindrutan – på vänsterstyrda modeller sitter det till höger, på högerstyrda modeller till vänster.
2 Dra bort gummipackningen och lossa de fyra skruvarna. Dra sedan upp och bort kåpan. Kåpan kan sitta rätt hårt, så du kan behöva använda en träkil eller liknande för att få loss den från torpedväggens panel.
3 Lossa spännena, dra bort filterramen och ta ut själva filtret.
4 Sätt ramen på det nya filtret och montera det i huset. Se till att tapparna passar in i spåren.
5 Sätt tillbaka kåpan och skruvarna och tryck tillbaka gummipackningen.

25 Kamrem – spänning (automatmodeller med motorkod ALH)

1 Ta bort kamremskåpan enligt beskrivningen i avsnitt 5 och undersök kamremmen.
2 Om det finns tecken på oljeföroreningar måste läckan spåras och åtgärdas. Tvätta bort alla spår av olja på motorn runt kam-remmen och på alla relaterade komponenter.
3 Kontrollera och justera vid behov remmens spänning, enligt beskrivningen i kapitel 2C, avsnitt 7. Avsluta med att sätta tillbaka remkåpan.

22.2a Påfyllnings-/nivåplugg – manuell växellåda 02K

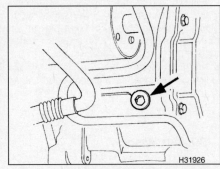

22.2b Påfyllnings-/nivåplugg – manuell växellåda 02J

22.2c Påfyllnings-/nivåplugg - manuel växellåda 02M

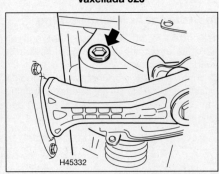

22.2d Påfyllnings-/nivåplugg - manuel växellåda 02T

Först efter 30 000 km och sedan var 60 000:e km

26 Bränslefilter – tömning av vatten

1 Vatten från bränslet som samlas i filtret måste ibland tömmas ut.

2 Bränslefiltret sitter på insidan av skärmen, ovanför höger hjulhus **(se bild)**. Lossa klämman på filterenhetens ovansida och lyft ut styrventilen, med bränsleslangarna ansluta.

3 Lossa skruven och lyft upp filtret i hållaren.

4 Sätt en behållare under filterenheten och lägg trasor runt omkring för att suga upp eventuellt spill.

5 Lossa avtappningsventilen längst ner på filterenheten tills det börjar rinna ut bränsle i behållaren. Låt ventilen vara öppen tills ca 100cc bränsle har runnit ut.

6 Sätt tillbaka styrventilen på filtrets ovansida och sätt fast hållaren. Stäng avtappnings-ventilen och torka bort överflödigt bränsle från munstycket.

7 Ta bort uppsamlingsbehållaren och trasorna och tryck tillbaka filterenheten i hållaren. Dra åt hållarens fästskruv.

8 Låt motorn gå på tomgång och leta efter läckor runt bränslefiltret.

9 Öka motorvarvtalet till ungefär 2 000 varv/minut flera gånger. Låt sedan motorn gå på tomgång igen. Observera vätskeflödet genom den genomskinliga slangen som leder till bränsleinsprutningspumpen och kontrollera att vätskan är fri från luftbubblor.

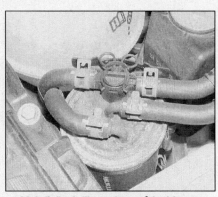

26.2 Bränslefiltret sitter på insidan av skärmen, ovanför höger hjulhus

Var 60 000:e km

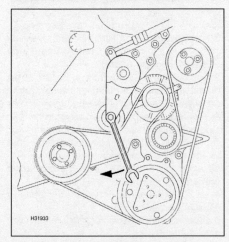

27.4 Vrid spännarens mittbult medurs för att lossa drivremmens spänning

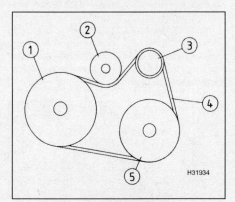

27.5a Drivrem på modeller utan luftkonditionering

1 *Vevaxelns remskiva*
2 *Spännare*
3 *Generatorns remskiva*
4 *Drivrem*
5 *Servostyrningspumpens remskiva*

27 Drivrem – byte

Kontroll

1 Dra åt handbromsen, lyft sedan upp framvagnen och ställ den på pallbockar (se *Lyftning och stödpunkter*).

2 Vrid motorn långsamt medurs med en hylsnyckel på vevaxelns remskivebult, så att

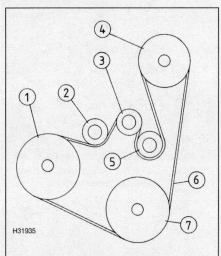

27.5b Drivrem på modeller med luftkonditionering

1 *Vevaxelns remskiva*
2 *Spännare*
3 *Generatorns remskiva*
4 *Servostyrningspumpens remskiva*
5 *Överföringsremskiva*
6 *Drivrem*
7 *Luftkonditioneringskompressorns remskiva*

hela drivremmen kan undersökas. Kontrollera om remmens yta är sprucken, delad eller fransad. Leta också efter blankslitna ytor eller tecken på att remmens lager delar sig. Byt remmen om den är skadad eller sliten, eller om det finns spår av olja eller fett på den.

Byte

3 Dra åt handbromsen, lyft sedan upp framvagnen och ställ den på pallbockar (se *Lyftning och stödpunkter*). Ta bort det högra hjulet och ta sedan bort inspektionsluckan på det inre hjulhuset.

4 Lossa drivremmens spänning genom att vrida dess mittbult medurs med en skiftnyckel **(se bild)**.

5 Observera hur drivremmen är dragen och ta bort den från vevaxelns remskiva, servostyrningspumpens remskiva och luftkonditioneringskompressorns remskiva (där så är tillämpligt) **(se bilder)**.

6 Sätt den nya drivremmen på remskivorna och lossa spännaren. Kontrollera att remmen sitter på rätt sätt i remskivornas spår.

7 Sätt tillbaka inspektionsluckan och hjulet och sänk ner bilen till marken.

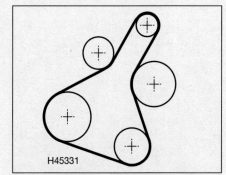

27.5c Drivrem på modeller med pumpinsprutningsventiler (motorkoder AJM, ARL, ASZ, ATD, AUY och AXR)

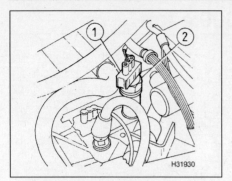

28.2 Koppla loss kablaget (1) från hastighetsmätardrevet (2)

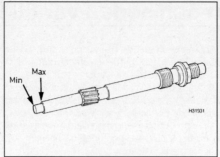

28.4 Oljenivån i automatväxellådans slutväxel avläses på hastighetsmätardrevets nederdel

30.1 Bränslefiltret sitter på innerskärmen, ovanför höger hjulhus

28 Automatväxellåda – kontroll av slutväxelns oljenivå

Observera: *Detta arbetsmoment går bara på automatväxellåda typ 01M.*

1 Dra åt handbromsen, lyft upp bilens framvagn och stöd den på pallbockar (se *Lyftning och stödpunkter*). Observera att bakvagnen helst också bör lyftas för att en noggrann nivåkontroll ska kunna göras.
2 För att kunna kontrollera slutväxelns nivå måste man ta bort hastighetsmätardrevet. Ta först loss kablaget från givaren på hastighetsmätardrevets ovansida **(se bild)**.
3 Skruva loss hastighetsmätardrevet och ta ut det ur växellådan. Du behöver inte ta bort givaren från dess ovansida.

4 Torka rent hastighetsmätardrevets undre del, sätt tillbaka drevet och skruva fast det helt i växellådan. Ta bort det igen och kontrollera att oljenivån ligger mellan ansatsen och drevets ände **(se bild)**.
5 Fyll vid behov på med angiven olja genom drevets öppning, tills nivån är korrekt.
6 Sätt tillbaka hastighetsmätardrevet och skruva fast det ordentligt. Anslut sedan kablaget.
7 Sänk ner bilen.

29 Kamrem – byte

Se kapitel 2C för information om hur man byter kamrem.

30 Bränslefilter – byte

1 Bränslefiltret sitter på innerskärmen, ovanför höger hjulhus **(se bild)**. Placera en behållare under filterenheten och lägg trasor runt omkring för att suga upp eventuellt spill.
2 Lossa klämman på filterenhetens ovansida och lyft ut styrventilen, med vidhängande bränsleslangar **(se bilder)**.
3 Lossa slangklämmorna och dra bort bränsletillförsel- och matningsslangarna från portarna på enheten. Om engångsklämmor är monterade, klipp av dem med en lämplig tång och använd vanliga slangklämmor när du sätter tillbaka dem. Notera hur slangarna sitter för att underlätta monteringen.
Varning: Var beredd på att en viss mängd bränsle går förlorad.
4 Lossa fästskruven och dra upp filtret ur hållaren **(se bilder)**.
5 Sätt i ett nytt bränslefilter i hållaren och dra åt fästskruven.
6 Sätt tillbaka styrventilen på filtrets ovansida och sätt fast hållaren.
7 Anslut bränsleslangarna enligt noteringarna som gjordes vid borttagningen – observera bränsleflödespilarna bredvid varje port. Om engångsklämmor var monterade från början, använd vanliga slangklämmor när du sätter tillbaka dem **(se bild)**. Ta bort uppsamlingsbehållaren och trasorna.

30.2a Lossa klämman . . .

30.2b . . . och lyft ut styrventilen med bränsleslangarna ansluta

30.4a Lossa fästskruven . . .

30.4b . . . och lyft ut filtret ur hållaren

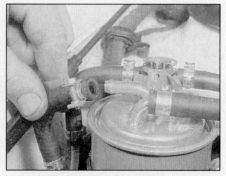

30.7 Anslut bränslets tillförsel- och matningsslangar

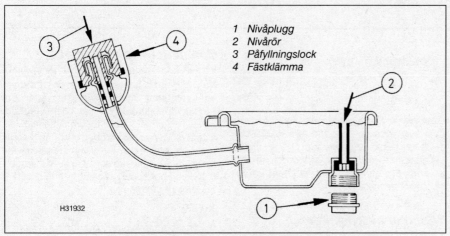

1 Nivåplugg
2 Nivårör
3 Påfyllningslock
4 Fästklämma

H31932

31.3 Automatväxellåda - kontroll av oljenivån

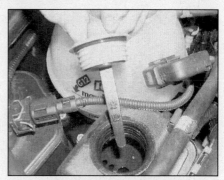

32.2 Skruva loss locket från vätskebehållaren med en skruvmejsel och torka mätstickan med en ren trasa

8 Starta och kör motorn på tomgång. Leta efter läckor runt bränslefiltret. Det kan vara lite trögt att starta motorn.
9 Öka motorvarvtalet till ungefär 2 000 varv/minut flera gånger. Låt sedan motorn gå på tomgång igen. Observera vätskeflödet genom den genomskinliga slangen som leder till bränsleinsprutningspumpen och kontrollera att vätskan är fri från luftbubblor.

31 Automatväxellåda – kontroll av oljenivå

Observera: En noggrann vätskenivåkontroll kan endast utföras när växellådans vätska har en temperatur mellan 35°C och 45°C. Om det inte är möjligt att mäta temperaturen exakt bör du överlåta oljekontrollen till en VW-återförsäljare. De har instrument för att mäta temperaturen och kontrollera felkoder i växellådans elektronik. Både för hög och för låg nivå försämrar växellådans funktion.
1 Kör bilen en sväng så att växellådan värms upp lite (se Observera ovan), parkera sedan bilen på plan mark och placera växelspaken i läge P. Lyft upp bilen fram och bak och stöd den på pallbockar (se *Lyftning och stödpunkter*) – se till att bilen står plant. Lossa fästskruvarna och ta bort skölden (-arna) under motorn för att komma åt nederdelen av växellådan.

2 Starta motorn och kör den på tomgång tills växellådsoljans temperatur når 35°C.
3 Skruva loss vätskenivåpluggen från växellådssumpens undersida **(se bild)**.
4 Om olja rinner **kontinuerligt** från nivåröret när temperaturen ökar, är vätskenivån korrekt och du behöver inte fylla på olja. Observera att en liten mängd olja finns i nivåröret, och vätskenivån kan inte avläsas förrän denna har runnit ut. Se till att kontrollen utförs innan oljetemperaturen har nått 45°C. Undersök nivåpluggens tätning och byt ut den om det behövs genom att skära bort den gamla tätningen och montera en ny. Montera pluggen och dra åt den till angivet moment.
5 Om ingen olja droppar ur nivåröret trots att temperaturen har uppnått 45°C, måste du fylla på olja på följande sätt, med motorn igång.
6 Bänd loss locket till påfyllningsslangen på växellådssumpens sida med en skruvmejsel. *Observera: På vissa modeller skadas låset permanent, och du måste skaffa ett nytt lock. På andra modeller måste lockets fästklämma bytas.*
7 Dra ut påfyllningsslangens plugg och fyll på angiven vätska tills det droppar ur nivåröret. Undersök nivåpluggens tätning och byt ut den om det behövs genom att skära bort den gamla tätningen och montera en ny. Montera pluggen och dra åt den till angivet moment.
8 Sätt tillbaka påfyllningsslangens plugg och det nya locket eller fästklämman.

9 Slå av tändningen, sätt sedan tillbaka skölden (-arna) under motorn och dra åt skruvarna ordentligt. Sänk därefter ner bilen på marken.
10 Om du behöver fylla på olja ofta tyder det på läckage. Detta bör lokaliseras och åtgärdas innan det utvecklas till ett allvarligare problem.

32 Servostyrningens hydraulik – kontroll av oljenivå

1 Om servostyrningsoljan är kall, starta inte motorn, vrid bara ratten så att hjulen pekar rakt framåt. Om oljan har normal temperatur, starta motorn och låt den gå på tomgång. Vrid därefter ratten så att hjulen pekar framåt.
2 Skruva loss locket från hydraulvätskebehållaren med en skruvmejsel och torka ren mätstickan med en ren trasa **(se bild)**.
3 Skruva på locket för hand och skruva sedan loss det igen och kontrollera vätskenivån på mätstickan. Nivån måste vara inom det räfflade område som anger min- och maxnivåerna.
4 Om nivån överstiger maxmarkeringen, sug ut överflödig oljemängd. Om den är nedanför minmarkeringen ska angiven vätska fyllas på efter behov, men undersök även systemet och leta efter läckor.
5 Skruva på locket och dra åt det med en skruvmejsel när du är klar. Slå av tändningen, om tillämpligt.

Var 60 000:e km eller vart 4:e år – det som först inträffar

33 Luftfilter – byte

1 Luftfiltret sitter i luftrenare, som är placerad på vänster sida av innerskärmen.
2 Lossa skruvarna och lyft bort kåpan från luftrenarhusets ovansida.
3 Lyft ut själva luftfiltret.

4 Ta bort skräp som har samlats i luftrenaren.
5 Sätt i ett nytt luftfilter. Kontrollera att kanterna sitter ordentligt.
6 Sätt tillbaka luftrenarens kåpa och fäst den med skruvarna.

Var 24:e månad

34 Broms- (och kopplings-) vätska – byte

⚠️ *Varning: Bromsvätska är farlig för ögonen och kan skada målade ytor så var ytterst försiktig vid hantering av vätskan. Använd inte vätska som har stått i öppna behållare en tid eftersom den drar åt sig fukt från luften. För mycket fukt kan orsaka farligt försämrad bromsverkan.*

1 Proceduren liknar den för att lufta hydraulsystemet, som beskrivs i kapitel 9, förutom det att bromsvätskebehållaren ska tömmas genom sifonering med en ren bollspruta eller liknande innan arbetet påbörjas, och att man ger den gamla vätskan tid att rinna ut när en del av kretsen töms.

2 Arbeta enligt beskrivningen i kapitel 9, och öppna först luftningsskruven i ordningsföljden. Pumpa sedan bromspedalen försiktigt tills nästan all gammal vätska har tömts ur huvudcylinderbehållaren.

 Gammal hydraulvätska är oftast mycket mörkare i färgen än ny, vilket gör det lätt att skilja dem åt.

3 Fyll på med ny vätska till maxmarkeringen. Fortsätt pumpa tills det bara finns ny vätska i behållaren och ny vätska kommer ut genom luftningsskruven. Dra åt skruven och fyll på behållaren till maxmarkeringen.

4 Gå igenom alla luftningsskruvarna i ordningsföljd tills ny vätska rinner ut ur dem. Var noga med att alltid hålla huvudcylinderbehållarens nivå över minmarkeringen, annars kan luft tränga in i systemet och då ökar arbetstiden betydligt.

5 Kontrollera att alla luftningsskruvar är ordentligt åtdragna och att dammkåporna sitter på plats när du är klar. Skölj bort alla spår av vätskespill och kontrollera huvudcylinderbehållarens vätskenivå.

6 På modeller med manuell växellåda, när bromsvätskan har bytts ut bör också kopplingsvätskan bytas ut. Se kapitel 6 och lufta kopplingen tills ny vätska rinner ut ur slavcylinderns luftningsskruv. Håll nivån i huvudcylindern över MIN-nivån hela tiden för att förhindra att luft kommer in i systemet. När ny vätska rinner ut, dra åt luftningsskruven ordentligt och ta bort luftningsutrustningen. Sätt tillbaka dammskyddet och tvätta bort eventuell spilld vätska.

7 På alla modeller, se till att huvudcylinderns vätskenivå är korrekt (se *Veckokontroller*) och kontrollera noggrant bromsarnas och (om tillämpligt) kopplingens funktion innan bilen tas ut i trafiken.

35 Kylvätska – byte

Observera: Detta arbetsmoment ingår inte i VW:s schema och bör inte vara nödvändigt om VW:s rekommenderade G12 LongLife kylmedel används. Om standardkylmedel används bör däremot detta moment utföras vid rekommenderat intervall.

Tömning av kylsystemet

 Varning: Vänta till dess att motorn är helt kall innan arbetet påbörjas. Låt inte frostskyddsmedel komma i kontakt med huden eller lackerade ytor på bilen. Spola omedelbart bort eventuellt spill med stora mängder vatten. Lämna aldrig frostskyddsvätska i en öppen behållare eller i en pöl på garageuppfarten eller garagegolvet. Barn och husdjur dras till den söta lukten, men frostskyddsvätska är mycket farligt att förtära.

1 När motorn är helt kall, skruva loss expansionskärlets lock.

2 Dra åt handbromsen ordentligt, lyft upp framvagnen och ställ den på pallbockar (se *Lyftning och stödpunkter*). Lossa skruvarna och ta bort skölden (-arna) under motorn för att komma åt underdelen av kylaren.

3 Placera en lämplig behållare under kylvätskans avtappningsutlopp som sitter på ändstycket på den nedre kylvätskeslangen. Lossa avtappningspluggen (man måste inte ta bort den helt) och låt kylvätskan rinna ut i behållaren. Om så önskas kan en slangbit träs över utloppet så att kylvätskeflödet kan ledas under avtappningen. Om inget avtappningsutlopp är monterat på slangens ändstycke, ta bort fästklämman och koppla loss den nedre slangen från kylaren för att på så sätt kunna tappa av vätskan (se kapitel 3, avsnitt 2).

4 På motorer med en oljekylare, för att fullständigt tappa av systemet, koppla också loss en av kylvätskeslangarna från oljekylaren som sitter framtill på motorblocket (se kapitel 2A, avsnitt 17).

5 Om kylvätskan tappas av av någon annan anledning än byte, och förutsatt att den är ren, kan vätskan återanvändas, även om detta inte rekommenderas.

6 När all kylvätska har tappats av, dra åt kylarens avtappningsplugg ordentligt eller anslut den nedre slangen till kylaren (efter tillämplighet). Om så behövs, återanslut också kylvätskeslangen till oljekylaren och fäst den på plats med klämman. Montera tillbaka skölden (-arna) under motorn och dra åt skruvarna ordentligt.

Spolning av kylsystemet

7 Om den rekommenderade kylvätskan från VW inte har använts och om byte av kylvätskan inte har gjorts, eller om frostskyddsblandningen har blivit utspädd, kan kylsystemet gradvis förlora sin effektivitet allteftersom passagerna börjar sättas igen av rost och avlagringar. Kylsystemets effektivitet kan återställas genom spolning av systemet.

8 Kylaren bör spolas separat från motorn, för att förhindra förorening.

Kylaren

9 För att spola kylaren, dra först åt kylarens avtappningsplugg.

10 Koppla loss den övre och den nedre slangen och andra relevanta slangar från kylaren (se kapitel 3).

11 Stick in en trädgårdsslang i kylarens övre inlopp. Spola rent vatten genom kylaren och fortsätt spola tills rent vatten kommer ut genom den nedre utloppet.

12 Om vattnet fortfarande inte är rent efter en rimlig tids spolning, kan kylaren sköljas med ett speciellt rengöringsmedel. Det här viktigt att tillverkarens instruktioner följs noggrant. Om föroreningen är mycket svår, stick in slangen i kylarens nedre utlopp och spola kylaren baklänges.

Motorn

13 För att spola motorn, ta bort termostaten enligt beskrivningen i kapitel 3.

14 Med den nedre slangen losskopplad från kylaren, stick in en trädgårdsslang i kylvätskehuset. Spola rent vatten genom motorn tills rent vatten kommer ut genom kylarens nedre slang.

15 När spolningen är klar, sätt tillbaka termostaten och återanslut slangarna (se kapitel 3).

Påfyllning av kylsystemet

16 Innan kylsystemet fylls på, kontrollera att avtappningspluggen är ordentligt stängd och se till att alla slangar är ordentligt anslutna och att deras klämmor är i gott skick. Om den rekommenderade kylvätskan från VW inte används, se till att använda en lämplig frostskyddsblandning året om, för att förhindra korrosion i motorns komponenter (se följande underavsnitt).

17 Ta bort expansionskärlets påfyllningslock och fyll sakta på systemet med kylvätska. Fortsätt fylla på tills inga bubblor längre syns i expansionskärlet. Hjälp till att pressa ut luften ur systemet genom att upprepade gånger klämma ihop kylarens nedre slang.

18 När bubblorna har upphört, fyll på tills nivån är upp till MAX-märket, sätt sedan tillbaka expansionskärlets lock.

19 Låt motorn gå på snabb tomgång tills kylfläkten kommer igång. Vänta tills fläkten

stannar, slå sedan av motorn och låt den svalna.

20 När motorn har svalnat, kontrollera kylvätskenivån (se *Veckokontroller*). Fyll på om så behövs och sätt sedan tillbaka locket.

Frostskyddsblandning

21 Om den rekommenderade kylvätskan från VW inte används, ska frostskyddsvätskan alltid bytas ut vid angivna intervall. Detta är nödvändigt inte bara för att behålla de frostskyddande egenskaperna, utan också för att förhindra korrosion, vilket annars uppstår när de korrosionsskyddande ämnena i vätskan gradvis försämras.

22 Använd alltid ett etylenglykolbaserat frostskydd som är lämpligt för användning i kylsystem av blandmetall. Mängden frostskydd och olika skyddsnivåer anges i specifikationerna.

23 Innan frostskyddsvätska hälls i måste kylsystemet tömmas helt och helst spolas ur, och alla slangar kontrolleras vad gäller skick och fastsättning.

24 När kylaren fyllts med frostskyddsvätska bör en lapp sättas på expansionskärlet, där det står vilken typ och koncentration av frostskyddsvätska som använts och när den fyllts på. All efterföljande påfyllning ska göras med samma typ av vätska, till samma koncentration.

25 Använd inte motorfrostskyddsvätska i vindrute-/bakrutespolarsystemet – vätskan kan skada lacken. Ett tillsatsmedel för bilrutor bör användas i spolarsystemet i den mängd som anges på flaskan (se *Veckokontroller*).

Först efter 36 månader, sedan vartannat år eller när "Service INSP01" visas på servicedisplayen

36 Utsläpp – kontroll

Detta arbete bör överlåtas till en VW-återförsäljare eller annan lämplig specialist med avgasanalysutrustning.

Kapitel 2 Del A: Reparationer med motorn kvar i bilen – SOHC bensinmotorer

Innehåll

Svårighetsgrader

Enkelt, passar novisen med lite erfarenhet	**Ganska enkelt,** passar nybörjaren med viss erfarenhet	**Ganska svårt,** passar kompetent hemmamekaniker	**Svårt,** passar hemmamekaniker med erfarenhet **Mycket svårt,** för professionell mekaniker 

Specifikationer

Allmänt

Tillverkarens motorkoder*:

1 595 cc	AEH, AKL och APF
1 595 cc (med rullvipparmsfingrarna)	AVU och BFQ
1 984 cc	APK, AQY, AZH och AZJ

Maximal effekt:
1.6 liters motorer:

AEH, AKL och APF	74 kW vid 5 600 varv/minut
AVU och BFQ	75 kW vid 5 600 varv/minut

2.0 liters motorer:

APK och AQY	85 kW vid 5 200 varv/minut
AZH och AZJ	85 kW vid 5 400 varv/minut

Maximal vridmoment:
1.6 liters motorer:

AEH, AKL och APF	145 Nm vid 3 800 varv/minut
AVU och BFQ	148 Nm vid 3 800 varv/minut

2.0 liters motorer:

APK, AQY och AZH	170 Nm vid 2 400 varv/minut
AZJ	172 Nm vid 3 200 varv/minut

Lopp:

1.6 liters motorer	81,0 mm
2.0 liters motorer	82,5 mm

Kolvslag:

1.6 liters motorer	77,4 mm
2.0 liters motorer	92,8 mm

Kompressionsförhållande:

1.6 liters motorer (utom BFQ)	10,2 : 1
1.6 liters motorer BFQ	10,5 : 1
2.0 liters motorer	10,5 : 1

Kompressionstryck:

Lägsta kompressionstryck	Ungefär 7,5 bar
Största skillnad mellan cylindrar.	Ungefär 3,0 bar
Tändningsföljd	1 – 3 – 4 – 2
Placering, cylinder 1	Kamremsände

* Observera: *Se "Bilens identifikationsnummer" längst bak i boken angående placeringen av motorns kodmarkeringar.*

Smörjsystem

Oljepump	Kugghjulstyp, kedjedriven via vevaxeln
Oljetryck (oljetemperatur 80°C):	
Vid tomgång	2,0 bar
Vid 2 000 varv/minut.	3,0 till 4,5 bar

Kamaxel

Kamaxelns axialspel (maximalt)	0,15 mm
Kamaxellagerspel (maximalt)	0,1 mm
Kamaxelns skevhetstolerans:	
1.6 liters motorer (maximalt).	0,01 mm
2.0 liters motorer (maximalt).	0,05 mm

Åtdragningsmoment

	Nm
Fästbultar till hjälpaggretatens (generator etc.) fästbyglar	45
Drivremmens remskiva, bultar	25
Drivremsspännarens fästbult	25
Balansaxelenheten till motorblock (AZJ):	
Steg 1	15
Steg 2	Vinkeldra ytterliga 90°
Vevlageröverfallens muttrar/bultar (på motorer med bultar, byt dessa):	
Steg 1	30
Steg 2	Vinkeldra ytterligare 90°
Kamaxellageröverfallens muttrar	20
Kamaxelkåpans muttrar	10
Kamaxeldrev, bult.	100
Fästbultar till kopplingens tryckplatta/drivplatta (1.6 liters motorer)*:	
Steg 1	60
Steg 2	Vinkeldra ytterligare 90°
Bultar mellan oljekylarhuset och topplocket	10
Kylvätskepumpens bultar.	15
Bultar till vevaxelns främre oljetätningshus	15
Bultar mellan vevaxelns lägesgivarhjul och vevaxeln*:	
Steg 1	10
Steg 2	Vinkeldra ytterligare 90°
Bultar till vevaxelns remskiva	25
Bultar till vevaxelns bakre oljetätningshus	15
Vevaxeldrevets bult*:	
Steg 1	90
Steg 2	Vinkeldra ytterligare 90°
Motorblockets oljekanalsplugg	100
Topplocksbultar*:	
Steg 1	40
Steg 2	Vinkeldra ytterligare 90°
Steg 3	Vinkeldra ytterligare 90°
Topplockets oljekanalsplugg	15
Motorfästen:	
Bultar mellan höger motorfäste och karossen*:	
Steg 1	40
Steg 2	Vinkeldra ytterligare 90°
Bultar (små) till höger fästplatta	25
Bultar mellan höger motorfäste och motorns fästbygel:	
Steg 1	60
Steg 2	Vinkeldra ytterligare 90°
Bultar mellan höger fästbygel och motorn	45
Bultar mellan vänster motorfäste och karossen:	
Stora bultar*:	
Steg 1	40
Steg 2	Vinkeldra ytterligare 90°
Små bultar	25
Distansbultar mellan vänster motorfäste och växellådan*:	
Steg 1	60
Steg 2	Vinkeldra ytterligare 90°
Bakre motor-/växellådsfäste:	
Bultar mellan fästbygel och kryssrambalk*:	
Steg 1	20
Steg 2	Vinkeldra ytterligare 90°
Bultar mellan fästbygel och växellåda*:	
Steg 1	40
Steg 2	Vinkeldra ytterligare 90°
Avgasgrenrörets muttrar.	25

Använd nya bultar

Muttrar mellan avgasröret och grenröret   40
Svänghjulets/drivplattans fästbultar (1.6 liters automat och 2.0 liters modeller)*:
  Steg 1   60
  Steg 2 . . . .   Vinkeldra ytterligare 90°
Insugsgrenrörets muttrar (nedre delen)   10
Ramlageröverfallens bultar*:
  Steg 1   65
  Steg 2 . . . .   Vinkeldra ytterligare 90°
Oljekylarens låsmutter   25
Oljeavtappningsplugg   30
Bultar mellan oljefilterhus och motorblock:
  Steg 1   15
  Steg 2 . . . .   Vinkeldra ytterligare 90°
Bultar mellan oljeupptagarrör och oljepump   15
Plugg till oljeövertrycksventilen   40
Brytare till varningslampan för oljetryck.   25
Bultar till oljemunstycke/övertrycksventil.   27
Oljepumpens kedjespännarbult.   15
Oljepumpens fästbultar:
  Alla utom motorkod AZJ.   15
  Motorkod AZJ.   8
Oljepumpsdrevets bult   20
Oljesump:
  Bultar mellan oljesump och motorblock.   15
  Bultar mellan oljesump och växellåda   25
Termostatkåpans bultar:
  Alla utom motorkod APF och AZJ   15
  Motorkod APF och AZJ   10
Yttre kamremskåpans bultar   10
Bakre kamremskåpans bultar:
  Små bultar   15
  Stora bultar.   20
Kamremsspännarens mutter   20
Bult mellan ventilrör och topplock (motorkod APF)   10
Observera: *Använd nya bultar*

1 Allmän information

Så här använder du detta kapitel

Kapitel 2 är indelat i fyra delar, A, B, C och D. Reparationer som kan utföras med motorn kvar i bilen beskrivs i del A (SOHC bensinmotorer, del B (DOHC bensinmotorer) och del C (dieselmotorer). I del D demonteras motorn/växellådan som en enhet och där beskrivs hur motorn tas isär och renoveras.

I del A, B och C förutsätts att motorn sitter kvar i bilen med alla hjälpaggregat anslutna. Om motorn har tagits ut ur bilen för renovering kan du bortse från de inledande råd om isärtagningen som föregår varje moment.

Motorbeskrivning

I hela detta kapitel identifieras de olika motorutförandena genom sin cylindervolym och vid behov sin fabrikationskod. I specifikationerna finns en förteckning över de motortyper som tas upp, tillsammans med deras kodbeteckningar.

De motorer som behandlas i denna del av kapitlet har vattenkylning, enkel överliggande kamaxel (SOHC) och fyra cylindrar i rad. Motorn på 1595cc har ett motorblock av gjutjärn med cylinderfoder i gjutjärn, 1944cc motorn har ett motorblock av gjutjärn med integrerade cylinderlopp. Båda motorerna har topplock av aluminium och de är monterade på tvären

framtill i bilen, men växellådan på vänster sida.

Vevaxeln löper i fem stödlager, med tryckbrickor som reglerar vevaxelns axialspel monterade vid det mittre ramlagret.

Kamaxeln drivs via en kuggrem från vevaxelns drev. Kamaxeln sitter överst i topplocket där den hålls på plats av lager-överfallen utom 1,6 liters AVU- och BFQ motorerna, som har en hållarstege för att hålla kamaxeln på plats.

Ventilerna stängs av spiralfjädrar och ventilerna själva löper i styrhylsor som är inpressade i topplocket. Kamaxlarna styr ventilerna via hydrauliska ventillyftare på de flesta motorer, utom 1,6 liters AVU- och BFQ motorerna, som har rullvipparmsfingarar för att styra ventilerna.

Oljepumpen av kugghjulstyp drivs via en kedja från vevaxelns drev. Oljan sugs upp från oljesumpen genom en sil och tvingas sedan passera ett utvändigt monterat, utbytbart oljefilter. Därifrån förs den vidare till topplocket för att smörja kamaxeltappar och hydrauliska ventillyftare, och till vevhuset där den smörjer ramlager, vevstakslager, kolvtappar och cylinderlopp. Samtliga motorer är försedda med en oljekylare som kyls av kylvätskan.

På 2,0 liters AZJ motorerna finns det balansaxelar mellan motorblocket och huvudsumpgjutstycket. Enheten består av två motroterande balansaxlar, som drivs av vevaxeln.

På alla motorer cirkuleras kylvätskan med hjälp av en pump som drivs av kamremmen. För närmare uppgifter om kylsystemet, se kapitel 3.

Reparationer som kan utföras med motorn kvar i bilen

Följande kan utföras med motorn kvar i bilen:

a) Kompressionstryck – test.
b) Kamaxelkåpa – demontering och montering.
c) Vevaxelns remskiva – demontering och montering.
d) Kamremskåpor – demontering och montering.
e) Kamrem – demontering, montering och justering.
f) Kamremmens spännrulle och drev – demontering och montering.
g) Kamaxelns oljetätning – byte.
h) Kamaxel och hydrauliska ventillyftare – demontering, kontroll och montering.
i) Topplock – demontering och montering.
j) Topplock och kolvar – sotning.
k) Oljesump – demontering och montering.
l) Oljepump – demontering, kontroll och montering.
m) Vevaxelns oljetätningar – byte.
n) Motor-/växellådsfästen – kontroll och byte.
o) Svänghjul – demontering, kontroll och montering.
p) Balansaxelenheten (2,0 liters AZJ motorer) – demontering och montering.

Observera: *Det går att ta loss kolvar och vevstakar (om topplock och oljesump demont-erats) utan att ta ut motorn ur bilen. Det rekommenderas dock inte. Arbeten av detta slag går lättare att utföra med motorn på arbetsbänken, enligt beskrivning i kapitel 2D.*

2 Kompressionsprov – beskrivning och tolkning

Observera: *En lämplig kompressionsprovare behövs för detta test.*

1 Om motorn verkar svag, eller om den misständer utan att felet kan härledas till tänd- eller bränslesystemet, kan ett kompressionsprov ge en bra indikation om motorns skick. Om testet utförs regelbundet kan det varna om problem som är på väg att uppstå innan något annat symptom hunnit visa sig.

2 Motorn måste ha uppnått full arbetstemperatur, batteriet ska vara fulladdat och tändstiften borttagna. Du behöver också ta hjälp av någon.

3 Koppla bort tändsystemet genom att lossa anslutningskontakten från den fördelarlösa tändningsenheten eller att lossa säkringen (se kapitel 12)..

4 Tryckutjämna bränslesystemet enligt beskrivning i kapitel 4A – detta är nödvändigt för att inte bränsle ska rinna in i katalysatorn när motorn dras runt.

5 Anslut en kompressionsprovare till tändstiftshålet för cylinder 1. Den typ som skruvas in i hålets gängor är att föredra.

6 Låt medhjälparen öppna gasspjället på vid gavel och dra runt motorn några sekunder med startmotorn. **Observera:** *På modeller med en lägesgivare för gasspjället i stället för en vajer kommer spjället inte att öppnas om inte tändningen slås på.* Efter ett eller två motorvarv bör cylindertrycket nå upp till ett högsta värde, där det stabiliseras. Anteckna det högsta värdet.

7 Upprepa provet på återstående cylindrar och notera trycket för var och en.

8 Trycket i alla cylindrarna bör hamna på i stort sett samma värde. Om något värde avviker mer än vad specifikationerna anger tyder det på ett fel. Observera att kompressionen byggs upp snabbt i en väl fungerande motor. Låg kompression under den första takten, följd av ett gradvis stigande tryck under de följande takterna, tyder på slitna kolvringar. Lågt tryck som inte höjs är ett tecken på läckande ventiler eller trasig topplockspackning (eller ett spruckret topplock). Avlagringar på undersidan av ventilhuvudena kan också orsaka dålig kompression.

9 Om trycket i någon cylinder ligger vid det angivna minimivärdet eller därunder, utför följande test för att avgöra orsaken. Häll en tesked ren olja i cylindern genom tändstiftshålet och upprepa provet.

10 Om tillförsel av olja tillfälligt förbättrar kompressionen är det ett tecken på att det är slitage på kolvringar eller lopp som orsakar tryckfallet. Om ingen förbättring sker tyder det på läckande eller brända ventiler eller trasig topplockspackning.

11 Ett lågt värde hos två angränsande cylindrar beror med stor sannolikhet på att topplockspackningen gått sönder mellan dem. Spår av kylvätska i motoroljan bekräftar detta.

12 Om värdet för en cylinder ligger runt 20 procent lägre än för de övriga och tomgången är en smula ojämn, kan orsaken vara en sliten kamlob.

13 Om kompressionsvärdet ligger ovanligt högt är förbränningskamrarna förmodligen täckta av sotavlagringar. I så fall bör topplocket tas bort och sotas.

14 Sätt tillbaka tändstiften och anslut den fördelarlösa tändningsenheten.

3 Motor och ventilinställningsmärken – allmän information och användning

Allmän information

1 Övre dödpunkten, ÖD, är den högsta punkt som kolven når under sin uppåt-nedåtgående rörelse i cylindern när vevaxeln vrids. Var och en av kolvarna når ÖD såväl i slutet av kompressionstakten som i slutet av avgastakten, men i allmänhet avses med ÖD endast kolvläget under kompressionstakten. Kolv 1 sitter i den ände av motorn som är vänd mot kamremmen.

2 Inställning av ÖD för kolv 1 behövs göras vid många arbetsmoment, till exempel vid demontering av kamremmen eller kamaxeln.

3 De motorer som behandlas i detta kapitel är konstruerade på ett sådant sätt att kolven och ventilerna kan kollidera om vevaxeln vrids medan kamremmen är borttagen. Därför är det viktigt att se till att kamaxeln och vevaxeln inte rubbas i förhållande till varandra när kamremmen är demonterad.

4 På vissa modeller har vevaxelns remskiva en markering som visar ÖD för kolv 1 (och därmed även för kolv 4) när den står mitt för motsvarande markering på kamremskåpan **(se bild)**.

5 Kamaxelns drev har också ett inställningsmärke. När detta står mitt för OT-märket på den bakre kamremskåpan, står kolv 1 i ÖD-läge i kompressionstakten **(se bilder)**.

6 Dessutom har svänghjulet/drivplattan en ÖD-markering som syns sedan man lossat en skyddsplatta från svänghjulskåpan. På modeller med manuell växellåda ser markeringen ut som ett hack i kanten på svänghjulet, medan den på automatväxlade modeller har formen av ett O **(se bilder)**.

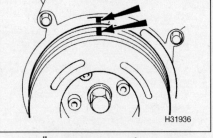

3.4 ÖD-markeringen på vevaxelns remskiva står mitt för märket på den nedre kamremskåpan

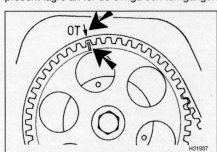

3.5a ÖD-markeringen på kamaxeldrevet står mitt för inställningsmärket på kamremmens bakre kåpa

3.5b ÖD inställt på en 1.6 liters motor (som det ser ut i bilen)

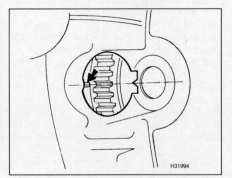

3.6a Svänghjulets ÖD-markering står mitt för visaren på växellådan – modell med manuell växellåda

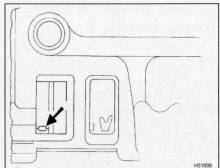

3.6b Drivplattans ÖD-markering står mitt för öppningen i växellådan - modell med automatväxellåda

4.2 Ventilhuset demonteras

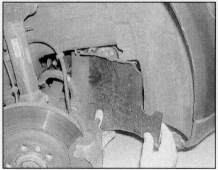

5.3 Inspektionsluckan i hjulhusets innerskärm demonteras

5.5 Vevaxelns remskiva, med de fyra fästbultarna synliga

Inställning av ÖD för cylinder 1

7 Kontrollera att tändningen är avstängd innan arbetet påbörjas (helst bör batteriets negativa anslutning kopplas loss).

8 Om motorn har en toppkåpa, demontera denna.

9 Om så önskas för att göra motorn lättare att dra runt, demontera tändstiften enligt beskrivningen i kapitel 1A.

10 Demontera den övre kamremskåpan enligt beskrivningen i avsnitt 6.

11 Dra runt motorn medurs med en nyckel om vevaxeldrevets bult, tills ÖD-markeringen på vevaxelns remskiva eller svänghjul/drivplatta står mitt för motsvarande markering på kamremskåpan eller växellådan (vilket som är tillämpligt) och markeringen på kamaxelns remskiva står mitt för märket på den bakre kamremskåpan.

4 Kamaxelkåpa – demontering och montering

Observera: *På alla motorer (utom 1,6 liters AVU och BFQ motorer) VW tätningsmedel (VW D 454 300 A2 eller motsvarande) behövs för att täta fogarna mellan kamaxelns främre lager-överfall och topplocket vid monteringen.*

Demontering

1 När tillämplig, demontera insugsgrenrörets övre del enligt beskrivningen i kapitel 4A.

2 Lossa fjäderklämman som håller fast ventilationsslangens bakre ände. Vrid sedan kamaxelkåpans ventilationshus medurs och ta bort det från kamaxelkåpan **(se bild)**. **Observera:** *På 2.0 liter AZJ motorerna är ventilatorhuset en del av kamaxelkåpan och kan inte tas bort.*

3 För att komma åt bättre, demontera den övre kamremskåpan enligt beskrivningen i avsnitt 6.

4 Lossa muttrarna/bultarna som håller fast kamaxelkåpan vid topplocket. Notera placeringen av stödbygeln till motorns toppkåpa (som hålls på plats av kamaxelkåpans två bakre muttrar) och av kamremmens innerkåpa som hålls av den främre muttern. Lossa de två förstärkningslisterna (när tillämplig).

5 Lyft av kamaxelkåpan från topplocket och ta loss packningen.

6 Lyft bort oljeavskiljaren från kamaxelkåpan eller topplockets ovansida, vilket som är tillämpligt.

Montering

7 Undersök kamaxelkåpans packning och byt den om den är sliten eller skadad.

8 Rengör kamaxelkåpans och topplockets fogytor noga och lägg sedan oljeavskiljaren på plats över kamaxelns lageröverfall.

9 På alla motorer utom 1.6 liters AVU och BFQ, arbeta från topplockets framkant (kamremsänden) och stryk på ett lager lämpligt tätningsmedel (VW D 454 300 A2 eller motsvarande) fram till de två ställen där kamaxelns lageröverfall möter topplocket.

10 Lägg försiktigt kamaxelkåpans packning på plats mot topplocket och sätt sedan tillbaka kåpan. Lägg förstärkningslisterna på plats. Trä stödbygeln till motorns toppkåpa över kamaxelkåpans två bakre pinnbultar, och den inre kamremskåpan över den främre pinnbulten. Dra åt muttrarna/bultarna stegvis till angivet moment.

11 Montera den övre kamremskåpan enligt beskrivningen i avsnitt 6.

12 Undersök tätningen till kamaxelkåpans ventilationshus och but ut den om så behövs. På alla motorer utom 2,0 liters AZJ, montera tillbaka ventilatorhuset och vrid det medurs så att det låser.

13 När tillämplig, montera insugsgrenrörets övre del enligt beskrivningen i kapitel 4A.

5 Vevaxelns remskiva – demontering och montering

Demontering

1 Koppla loss batteriets negativa anslutning. **Observera:** *Innan batteriet kopplas bort, se avsnittet "Koppla ifrån batteriet" längst bak i boken.*

2 För ökad åtkomlighet, lyft upp höger sida av framvagnen och ställ den på pallbockar (se *Lyftning och stödpunkter*). Demontera hjulet.

3 Lossa fästskruvarna och lyft bort motorns undre skyddskåpa (-or) och inspektionspanelen i hjulhusets innerskärm **(se bild)**.

4 Om så behövs (med hänsyn till ytterligare

arbeten som ska utföras), vrid runt vevaxeln med en nyckel på vevaxeldrevets bult tills de aktuella tändinställningsmärkena står mitt för varandra (se avsnitt 3).

5 Lossa lite på bultarna som håller fast vevaxelns remskiva vid drevet **(se bild)**. Om det behövs kan du hindra remskivan från att rotera genom att hålla fast vevaxeldrevets bult med en ring- eller hylsnyckel.

6 Demontera drivremmen enligt beskrivningen i kapitel 1A.

7 Lossa bultarna som håller fast remskivan vid kuggdrevet. Demontera remskivan.

Montering

8 Sätt tillbaka remskivan mot drevet med det lilla, excentriskt placerade hålet över drevets stift. Skruva i remskivans fästbultar.

9 Montera och spänn drivremmen enligt beskrivningen i kapitel 1A.

10 Förhindra att vevaxeln vrids , dra sedan åt remskivans fästbultar till angivet moment.

11 Montera motorns undre skyddskåpa/-kåpor.

12 Sätt tillbaka hjulet och sänk ner bilen till marken.

13 Återanslut batteriets minusledare.

6 Kamremskåpor – demontering och montering

Övre ytterkåpa

Demontering

1 Lossa kåpans främre och bakre låsklämmor. Notera hur kåpan sitter och lyft bort den ur den undre sektionen **(se bilder)**.

6.1a Lossa klämmorna fram- och baktill på kåpan . . .

6.1b ... och lyft av den övre kåpan

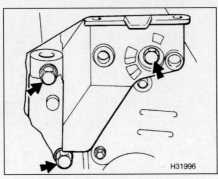

7.11 Bultar mellan höger fästbygel och motorn (vid pilarna)

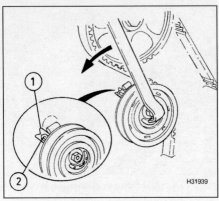

7.20 Sträck kamremmen så att spännarvisaren (2) står mitt för hacket (1)

Montering
2 Monteringen sker i omvänd ordningsföljd mot demonteringen. Se till att kåpans underkant passar in i spåret ordentligt (det kan vara lite pilligt) innan klämmorna upptill knäpps fast, annars får de inte fäste.

Mellersta ytterkåpa
Demontering
3 Demontera den övre ytterkåpan enligt tidigare beskrivning i detta avsnitt.
4 Lossa muttern och de två bultar som håller fast den rätvinkligt böjda fästbygeln ovanför drivremsspännaren och demontera bygeln för att komma åt bättre.
5 Lossa fästbultarna och ta bort kåpan från motorn.
Montering
6 Monteringen sker i omvänd ordningsföljd mot demonteringen.

Nedre ytterkåpa
Demontering
7 Demontera den övre och mellersta kåpan enligt beskrivningen ovan.
8 Demontera vevaxelns remskiva enligt beskrivningen i avsnitt 5.
9 Lossa fästbultarna och lyft bort kåpan från motorns framsida.
Montering
10 Monteringen sker i omvänd ordningsföljd mot demonteringen.

Övre innerkåpa
Demontering
11 Demontera den övre ytterkåpan enligt tidigare beskrivning i detta avsnitt. Observera att det på vissa modeller kan vara nödvändigt att ta bort kamaxeldrevet för att kunna ta bort den inre kåpan (se avsnitt 8 för borttagning av kamaxeldrevet).
12 Lossa muttern/bultarna som håller fast den inre kåpan mot kamaxelkåpan och demontera innerkåpan.
Montering
13 Monteringen sker i omvänd ordningsföljd mot demonteringen.

Nedre innerkåpa
Demontering
14 Demontera kamremmen enligt beskrivningen i avsnitt 7.

15 Lossa fästbultarna och demontera den nedre, inre kamremskåpan.
Montering
16 Monteringen sker i omvänd ordning mot demonteringen, men montera och spänn kamremmen enligt beskrivningen i avsnitt 7.

7 Kamrem –
demontering och montering

Demontering
1 Ta bort motorns övre skyddskåpa(kåpor). Beroende på modellen kan dessa vara fastklämda eller så tas de bort genom att bända upp de runda locken och skruva ut muttrarna/skruvarna därunder. På vissa modeller hålls motorns främre kåpa på plats av ytterligare en mutter på höger sida.
2 Demontera drivremmen enligt beskrivningen i kapitel 1A.
3 Lossa låsmuttrar och -bultar och ta bort den rätvinkligt böjda fästbygeln ovanför drivremsspännaren. Spännaren hålls nu på plats av ytterligare en bult upptill – lossa bulten och lyft bort spännaren från motorn.
4 Skruva loss bultarna till kylvätskans expansionskärl och flytta undan kärlet från arbetsområdet, men låt slangarna sitta kvar.
5 Lossa bultarna till servostyrningens vätskebehållare och flytta undan den från arbetsområdet, men låt slangarna sitta kvar.
6 Demontera den övre, yttre kamremskåpan enligt beskrivningen i avsnitt 6.
7 Vrid vevaxeln så att kolv 1 ställs i ÖD, enligt beskrivningen i avsnitt 3.
8 Kroka fast en lyft med lyftstroppar i topplockets lyftöglor och höj upp den så mycket att motorns tyngd precis hålls uppe.
9 Lossa fästbultarna och demontera motorfästet på höger sida enligt beskrivningen i avsnitt 16.
10 Demontera vevaxelns remskiva enligt beskrivningen i avsnitt 5. Innan remskivan tas bort, kontrollera att kolv 1 fortfarande står i ÖD (se avsnitt 3).
11 Skruva loss höger motorfäste från motorn. Observera att motorn kanske måste hissas upp en aning med lyften för att fästbultarna

till motorfästena ska kunna skruvas loss (när bultarna har lossats måste de antagligen sitta kvar i fästbygeln tills denna har lyfts bort) (se bild).
12 Demontera den mellersta och nedre av de yttre kamremskåporna enligt beskrivningen i avsnitt 6.
13 Märk ut rotationsriktningen på kamremmen om den ska sättas tillbaka.
14 Lossa kamremsspännarens fästbult för att släppa efter på spännaren och dra sedan av kamremmen från kuggremskivorna.
15 Vrid vevaxeln ett kvarts varv (90°) moturs så att kolv 1 och 4 hamnar en bit nedanför ÖD i cylinderloppet. På så vis undviks risken att kolvar och ventiler slår i varandra om vev- eller kamaxeln skulle vridas när kamremmen är borttagen.

Montering
16 Kontrollera att ventilinställningsmärket på kamaxeldrevet står mitt för motsvarande märke på den bakre kamremskåpan (se avsnitt 3). Vrid sedan vevaxeln ett kvarts varv (90°) medurs för att på nytt ställa kolv 1 och 4 i ÖD. Kontrollera att kamaxelns aktuella inställningsmärken står mitt för varandra. Om det inte går att se tändinställningsmärkena på svänghjulet/drivplattan, montera temporärt vevaxelns remskiva och kamremskåpan och vrid vevaxeln tills remskivans markering hamnar mitt för motsvarande märke på kåpan.
17 Montera kamremmen runt vevaxelns drev, kylvätskepumpens drev, spännaren och kamaxelns drev. Om så är tillämpligt, observera markeringarna för rotationsriktningen.
18 Kamremmen måste nu sträckas på följande sätt.
19 Stick in käftarna på en vinklad spårringstång eller något liknande verktyg i de två hålen i spännarremskivans mitt. Vrid sedan remskivan fram och tillbaka mellan stoppläget moturs och stoppläget medurs fem gånger.
20 Vrid spännrullen moturs till stoppläget och släpp sedan långsamt efter, tills visaren står mitt för hacket (se bild). En spegel kan behövas för att man ska kunna se när visaren pekar rätt.
21 Håll spännarremskivan på plats med

8.3 Ett hemmagjort verktyg används för att hålla fast kamaxeldrevet (här visas åtdragning av bulten)

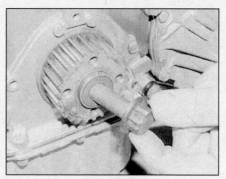

8.11a Lossa fästbulten . . .

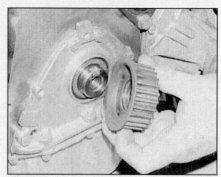

8.11b . . . och ta bort drevet från vevaxeln

visare och hack mitt för varandra och dra åt spännarmuttern till angivet moment.
22 Vrid vevaxeln två hela varv medurs, tills kolv 1 åter hamnar i ÖD och inställnings-märkena står mitt för varandra (se avsnitt 3). Det är viktigt att vridningen det sista åttondels varvet sker i en kontinuerlig rörelse.
23 Kontrollera att spännarvisaren fortfarande står mitt för hacket. Om visaren inte står mitt för hackets mittlinje måste spännings-proceduren från punkt 19 till 23 upprepas. Fortsätt på följande sätt när visaren och hacket står mitt för varandra.
24 Montera den nedre och mellersta kam-remskåpan enligt beskrivningen i avsnitt 6.
25 Montera vevaxelns remskiva enligt beskrivningen i avsnitt 5. Dra åt fästbultarna till angivet moment.
26 Montera motorns fästbygel på höger sida och dra åt fästbultarna till angivet moment (skjut in fästbultarna på sina platser i fästbygeln innan den passas in mot motorn).
27 Montera motorfästet på höger sida och kontrollera inställningen enligt beskrivningen i avsnitt 16. När fästet sitter som det ska, dra åt fästbultarna till angivet moment.
28 Koppla loss lyften och taljan från motorn.
29 Montera den övre, yttre kamremskåpan.
30 Montera servostyrningens vätskebehållare och kylvätskans expansionskärl.
31 Montera remspännaren och dra åt bultarna till angivet moment. Sätt tillbaka drivremmen enligt beskrivningen i kapitel 1A.
32 Montera motorns toppkåpa.

8 Kamremmens spännare och drev – demontering och montering

Kamaxelns drev

Demontering

1 Demontera kamremmen enligt beskriv-ningen i avsnitt 7.
2 Om så behövs, lossa fästmuttern och demontera den övre, inre kamremskåpan.
3 Kamaxeln måste hållas stilla medan remskivebulten lossas. Detta kan göras med ett hemmagjort verktyg liknande det på bilden.

Håll fast drevet genom att greppa det i hålen mellan ekrarna **(se bild)**.
4 Skruva loss drevets bult och dra av drevet från kamaxeltappen. Ta loss woodruffkilen om den sitter löst.

Montering

5 Innan monteringen, kontrollera om kam-axelns främre oljetätning visar tecken på läckage. Vid behov, byt tätningen enligt beskrivningen i avsnitt 10.
6 I förekommande fall, sätt tillbaka kam-axeltappens woodruffkil. Montera därefter drevet.
7 Dra åt drevets bult till angivet moment. Hindra samtidigt drevet från att vridas genom att hålla fast det på samma sätt som vid demonteringen.
8 I tillämpliga fall, montera den bakre kam-remskåpan och montera sedan kamremmen enligt beskrivningen i avsnitt 7.

Vevaxelns drev

Observera: Vid monteringen krävs en ny fästbult till drevet.

Demontering

9 Demontera kamremmen enligt beskriv-ningen i avsnitt 7.
10 Vevaxeln måste hållas stilla medan drevets bult lossas. På modeller med manuell växellåda, lägg i högsta växeln och tryck ner bromspedalen hårt. På modeller med automatväxellåda, skruva loss startmotorn och håll vevaxeln stilla med hjälp av en bredbladig skruvmejsel som kilas in i drivplattans startkrans.
11 Skruva loss drevbulten (den sitter mycket hårt) och dra av drevet från vevaxeln **(se bilder)**.

Montering

12 Trä drevet på vevaxeltappen, med flänsen mot oljetätningens hus, och dra sedan åt fästbulten till angivet moment. Håll samtidigt fast vevaxeln på samma sätt som vid demonteringen.

 Varning: Vrid inte vevaxeln, eftersom kolvarna då kan slå i ventilerna.

13 Montera tillbaka kamremmen enligt beskrivningen i avsnitt 7.

Kylvätskepumpens drev

14 Kylvätskepumpens drev är inbyggd i pumpenheten, och kan alltså inte tas loss för sig. Se kapitel 3 för närmare beskrivning av kylvätskepumpens demontering.

Spännarenhet

Demontering

15 Demontera kamremmen enligt beskriv-ningen i avsnitt 7.
16 Lossa fästmuttern och ta bort brickan. Lyft sedan bort spännarenheten från pinn-bulten på motorn.

Montering

17 Passa in spännaren på pinnbulten och se till att klacken på spännarens fästplatta griper in i motsvarande uttag i topplocket.
18 Sätt tillbaka fästmuttern och dess bricka, men dra inte åt muttern helt ännu.
19 Montera och spänn kamremmen enligt beskrivningen i avsnitt 7.

9 Kamaxel och hydrauliska ventillyftare – demontering, kontroll och montering

Demontering

Observera: Sätt en ny oljetätning på kamaxeln vid monteringen. Ett lämpligt tätningsmedel måste strykas på fogytan mot topplocket för kamaxelns lageröverfall nr 1 vid monteringen.
1 Demontera kamremmen enligt beskriv-ningen i avsnitt 7.
2 Demontera sedan kamaxeldrevet enligt beskrivningen i avsnitt 8.
3 Demontera slutligen kamaxelkåpan enligt beskrivningen i avsnitt 4.

Alla motorer utom 1,6 liters AVU och BFQ

Observera: VW tätningsmedel (AMV 174 004 01 eller motsvarande) krävs för att täta topplockets fogyta vid kamaxellageröverfall nr 1 vid återmontering.
4 Leta efter id-märken på kamaxelns lager-överfall. Cylindernumret är vanligen stämplat på respektive lageröverfall, vars ena sida dessutom har en förlängd klack. Siffrorna bör kunna läsas från topplockets avgassida,

medan klackarna vetter mot insugningssidan. Gör egna markeringar med en ritsspets eller körnare om siffror saknas. Lageröverfallen bör vara märkta från 1 till 5, med nummer 1 på motorns kamremssida. Anteckna på vilken sida av lageröverfallen markeringarna är gjorda, så att de senare kan monteras rättvända.

5 Lossa fästmuttrarna och demontera lageröverfall 1, 3 och 5.

6 Arbeta stegvis och i diagonal ordningsföljd och släpp efter på muttrarna som håller fast lageröverfall 2 och 4. Observera att ventilfjädrarna trycker upp kamaxeln när muttrarna lossas.

7 Lyft av överfallen när muttrarna till lageröverfall 2 och 4 lossats helt.

8 Lyft bort kamaxeln från topplocket. Demontera sedan oljetätningen från kamaxelns framsida och kasta den.

9 För att ta bort de hydrauliska ventillyftarna, se avsnitt 22.

1,6 liters AVU och BFQ motorer

Observera: *VW tätningsmedel (D 188 800 A1 eller motsvarande) krävs för att täta fogarna mellan kamaxeln hållarram och topplocket vid återmontering.*

10 Skruva loss fästmuttrarna, och ta bort hållarstegramen från kamaxelns överdel **(se bild)**. Observera, nr 1 ramlageröverfall sitter på motorns kamremssida.

11 Lossa stegvis muttrarna som håller lageröverfall nummer 5, 1 och 3. Lossa sedan 2 och 4 med en alternativ diagonal ordningsföljd. Observera att när muttrarna lossas trycker ventilfjädrarna upp kamaxeln.

12 Så snart muttrarna som håller lageröverfallen nr. 2 och 4 har lossats helt lyfts stegramen av.

13 Lyft av kamaxeln från topplocket, ta sedan bort oljetätningen och kåpan från kamaxelns ände och kassera dem. Nya tätningar krävs vid återmonteringen.

14 För att ta bort de hydrauliska ventillyftarna och rullvipparmsfingrarna, se avsnitt 22.

Kontroll

15 Med kamaxeln demonterad, kontrollera om det finns gropbildning eller tydliga tecken på slitage hos lageröverfallen och topplockets lagersäten. I så fall behövs antagligen ett nytt topplock. Kontrollera också att oljans tillförselhål i topplocket inte är igensatta.

16 Se efter om kamlobs- och lagerytorna verkar slitna. Normalt ska dessa ytor vara släta och mattglänsande. Leta efter repor, anfrätning och punktkorrosion, eller efter högblanka områden som tyder på överdrivet slitage. När kamaxelns härdade ytskikt väl brutits igenom kommer nednötningen att påskyndas. Byt därför alltid delar som verkar slitna. **Observera**: *Om sådana här symptom finns hos kamlobernas toppar bör även motsvarande ventillyftare undersökas, eftersom de då antagligen också är slitna.*

17 Om kamaxelns maskinlipade ytor verkar missfärgade eller blåaktiga har de förmodligen överhettats, antagligen på grund av otillräcklig smörjning. Detta kan ha gjort kamaxeln skev, så kontrollera detta på följande vis: Placera kamaxeln mellan två V-klossar och mät skevheten vid den mellersta lagerytan med en mätklocka. Byt kamaxeln om värdet överstiger det som anges i specifikationerna i början av kapitlet.

18 För att mäta kamaxelns axialspel, montera kamaxeln provisoriskt i topplocket, sätt lageröverfall 1 och 5 på plats och dra åt fästmuttrarna till angivet moment. Fäst en mätklocka vid topplockets kamremsände. Skjut kamaxeln så långt som möjligt mot ena topplocksänden. Sätt sedan mätklockans mätsond mot kamaxelns ändyta och nollställ mätaren. Skjut kamaxeln så långt som möjligt mot topplockets andra ände och läs av mätaren. Bekräfta det avlästa värdet genom att skjuta tillbaka kamaxeln till ursprungs-värdet och kontrollera att mätklockan åter visar noll **(se bild)**. **Observera:** *De hydrauliska ventillyftarna får inte vara monterade under mätningen.*

19 Kontrollera att det avlästa värdet på kamaxelns axialspel ligger innanför de angivna toleranserna. Om värdet ligger utanför dessa är slitaget knappast begränsat till någon enskild komponent, utan man får överväga att byta såväl kamaxel och topplock som lageröverfall.

20 Mät sedan kamaxelns lagerspel. En metod (som är svår att utföra utan en uppsättning mikrometrar eller in-/utvändiga skjutmått) är att mäta ytterdiametern på kamaxelns lagerytor och de innerdiametrar som bildas av lageröverfallen och lagersätena i topplocket. Skillnaden mellan dessa två mått är lagerspelet.

21 En annan, mer exakt metod är att mäta lagerspelet med hjälp av Plastigauge. Plastigauge är en tunn, fullständigt rund, plasttråd som kläms fast mellan lageröverfallet och lagerytan. När överfallet demonteras kan bredden på den nu utplattade tråden jämföras med ett särskilt måttkort som medföljer satsen. Lagerspelet läses av direkt med hjälp av kortet. Plastigauge kan ibland vara svårt att få tag på, men genom någon av de större grossisterna för kvalitetsmotorprodukter bör man kunna hitta en återförsäljare. Plastigauge används på följande sätt.

22 Se till att topplockets, lageröverfallens och kamaxelns lagerytor är fullständigt rena och torra. Lägg kamaxeln på plats i topplocket.

23 Lägg en bit Plastigauge över var och en av kamaxelns lagerytor.

24 Montera lageröverfallen över kamaxeln och dra stegvis åt fästmuttrarna till angivet

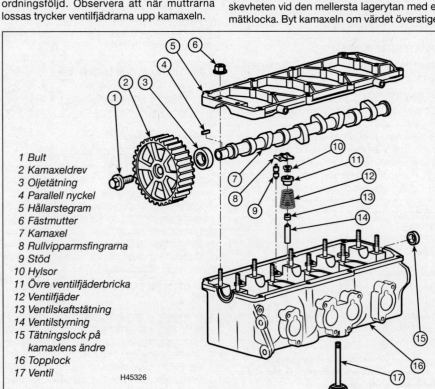

1 Bult
2 Kamaxeldrev
3 Oljetätning
4 Parallell nyckel
5 Hållarstegram
6 Fästmutter
7 Kamaxel
8 Rullvipparmsfingrarna
9 Stöd
10 Hylsor
11 Övre ventilfjäderbricka
12 Ventilfjäder
13 Ventilskaftstätning
14 Ventilstyrning
15 Tätningslock på
   kamaxlens ändre
16 Topplock
17 Ventil

H45326

9.10 Översikt över kamaxeln och rullvipparmsfingrarna – AVU- och BFQ-motorer

9.18 Kamaxelns axialspel kontrolleras med mätklocka

9.32 Smörj kamaxellagren med ren motorolja . . .

9.33 . . . och sänk sedan ner kamaxeln på plats

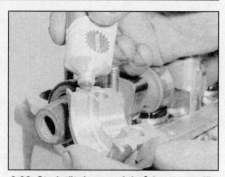

9.36 Stryk tätningsmedel på fogytorna för lageröverfall nr 1

moment. **Observera:** *Vrid inte kamaxeln medan lageröverfallen sitter på plats, eftersom det påverkar mätresultatet.*

25 Lossa muttrarna och demontera försiktigt lageröverfallen igen. Lyft dem rakt upp från kamaxeln för att inte rubba Plastigaugen. Tråden ska ligga kvar på kamaxelns lageryta.

26 Håll det medföljande måttkortet mot lagerytorna i tur och ordning och mät den tillplattade tråden med kortets skala. Bredden på den tillplattade tråden motsvarar lagerspelet.

27 Jämför de uppmätta lagerspelen med värdet som anges i specifikationerna Om något av dem ligger utanför de angivna toleranserna bör kamaxeln, topplocket och lageröverfallen bytas ut.

28 Avsluta med att demontera lageröverfallen och kamaxeln och torka bort alla spår av Plastigauge.

29 Undersök om de hydrauliska ventillyftarna visar märkbara tecken på slitage eller skador och but ut dem om så behövs. Kontrollera att ventillyftarnas oljehål inte är igensatta.

Montering

30 Kontrollera att vevaxeln har vridits så att kolv 1 och 4 befinner sig en aning nedanför ÖD i sina lopp (se avsnitt 7). Det undanröjer risken för kontakt mellan kolvar och ventiler.

31 Smörj in de hydrauliska ventillyftarnas sidor med lite ren motorolja och passa in dem i sina ursprungliga lopp i topplocket. Tryck dem nedåt tills de vidrör ventilerna. Smörj sedan kamlobernas kontaktytor.

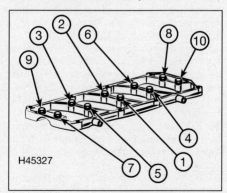

9.42 Skruva in ramens fastbultarna/muttrarna i nummerordning

32 Smörj kamaxelns och topplockets lagerytor med ren motorolja **(se bild)**.

33 Sänk försiktigt ner kamaxeln på plats i topplocket och kontrollera att kamloberna för cylinder 1 pekar uppåt **(se bild)**.

Alla motorer utom 1,6 liters AVU och BFQ

34 Smörj in flänsarna på en ny, främre oljetätning till kamaxeln med motorolja och montera den sedan i kamaxelns främre ände. Kontrollera att tätningens slutna sida vetter mot axelns drevände och var noga med att inte skada tätningsflänsen. Placera tätningen mot sätet i topplocket.

35 Olja in de övre ytorna på kamaxelns lagertappar och sätt sedan lageröverfall nr 2 och 4 på plats. Kontrollera att de är rättvända och sitter på rätt ställe (se punkt 4). Dra sedan stegvis åt fästmuttrarna i diagonal ordningsföljd, upp till angivet moment. Observera att kamaxeln pressas nedåt mot ventilfjädertrycket när muttrarna dras åt.

36 Kontrollera att fogytorna mellan lageröverfall 1 och topplocket är rena och fria från spår av gammalt tätningsmedel. Stryk sedan nytt tätningsmedel (VW AMV 174 004 01 eller motsvarande) på fogytan mot topplocket hos lageröverfall nr 1 **(se bild)**. Montera lageröverfall 1, 3 och 5 över kamaxeln och dra stegvis åt muttrarna till angivet moment.

1,6 liters AVU och BFQ motorer

37 Montera kamaxelns nya oljetätning. Se till att tätningens slutna ände är vänd utåt från kamaxeldrevets ände, och se till så att du inte skadar tätningens kant. Passa in tätningen mot säten i topplocket.

38 Olja in kamaxellagertapparnas övre ytor i hallarstegramen utan att olja rinner på tätningsytan mot topplocket.

39 Kontrollera att ytorna där topplocket och hållarramen möts är rena och fria från tätningsmedel. Lägg sedan på ett jämnt skikt med tätningsmedel (VW tätningsmedel – D 188 800 A1 eller liknande) i spåret i hållarramens nedre yta. **Observera:** *Ramen skall vara klar att dras åt omedelbart. Så snart tätningsmedlet kommer i kontakt med topplockets yta börjar det härda.*

40 Innan ramen skruvas fast, montera en ny tätningskåpa på kamaxelns växellådssida, helt i nivå med topplocket.

41 När ramen är i position dras fästmuttrarna åt till lageröveröverfallen 2 och 4 med en alternativ diagonal ordningsföljd. Dra sedan åt muttrarna för 1, 3 och 5 stegvis i diagonal ordningsföljd. Observera att så snart muttrarna är åtdragna kommer kamaxeln att tryckas ned mot ventilfjädrarnas tryck.

42 Skruva in fästbultarna/muttrarna och dra åt dem stegvis **(se bild)**.

Alla modeller

43 Montera kamaxelkåpan enligt beskrivningen i avsnitt 4.

44 Montera sedan kamaxeldrevet enligt beskrivningen i avsnitt 8.

45 Montera och spänn kamremmen enligt beskrivningen i avsnitt 7.

10 Kamaxelns oljetätning – byte

1 Demontera kamremmen enligt beskrivningen i avsnitt 7.

2 Demontera därefter kamaxeldrevet enligt beskrivningen i avsnitt 8.

3 Borra två små hål i den monterade oljetätningen, diagonalt mitt emot varandra. Var ytterst försiktig så att borren inte skadar huset eller kamaxelns tätningsyta. Skruva i två självgängande skruvar i hålen. Demontera sedan oljetätningen genom att dra skruvskallarna utåt med hjälp av ett par tänger.

4 Rengör huset och kamaxelns tätningsyta genom att torka av dem med en luddfri trasa. Avlägsna metallspån, grader och liknande som kan orsaka läckage hos tätningen.

5 Smörj utsidan och flänsen på den nya oljetätningen med ren motorolja och tryck in den på kamaxeln tills den hamnar ovanför sitt hus. För att undvika att skada tätningens flänsar, linda lite tejp om kamaxeländen.

6 Använd en hammare och en hylsa med lämplig diameter och knacka in tätningen vinkelrätt i huset. **Observera:** *Välj en hylsa som bara ligger an mot tätningens hårda, utvändiga yta och inte mot den inre flänsen, som lätt kan skadas.*

7 Montera tillbaka kamaxeldrevet enligt beskrivningen i avsnitt 8.

8 Montera och spänn kamremmen enligt beskrivningen i avsnitt 7.

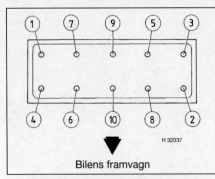

11.18 Ordningsföljd vid lossning av topplocksbultar – motorer med enkel överliggande kamaxel

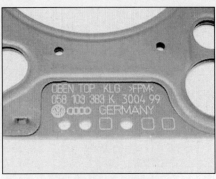

11.31 Typisk märkning av topplockspackning

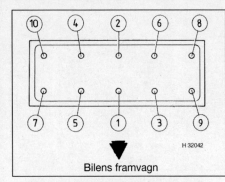

11.34 Ordningsföljd vid åtdragning av topplocksbultar – motorer med enkel överliggande kamaxel

11 Topplock – demontering, kontroll och montering

1.6 liters motor

Observera: *Motorn måste vara kall när topplocket demonteras. Till monteringen krävs nya topplocksbultar och en ny topplockspackning.*

Demontering

1 Koppla loss batteriets negativa anslutning. **Observera**: *Läs avsnittet "Koppla ifrån batteriet" längst bak i boken innan batteriets anslutningar kopplas bort.*

2 Demontera motorns toppkåpa/-kåpor genom att bända loss de runda pluggarna och lossa skruvarna under dem. På vissa modeller hålls frontkåpan fast av ytterligare en mutter på höger sida.

3 Töm kylsystemet enligt beskrivningen i kapitel 1A.

4 Demontera insugsgrenrörets övre del enligt beskrivningen i kapitel 4A.

5 Demontera EGR-röret enligt beskrivningen i kapitel 4C.

6 Nu måste tillförsel- och returslangarna för bränslet kopplas loss från anslutningarna på höger sida av motorn, intill kylvätske-behållaren.

 Varning: Bränsleledningarna står under tryck. Innan de kopplas loss måste bränsle-systemet tryckutjämnas enligt beskrivningen i kapitel 4A.

7 Kläm ihop ändbeslagens snabbkopplingar och lossa bränslets tillförsel- och returslang.

8 Kläm eller plugga igen bränsleslangarna och bränslefördelarskenans öppna ändar för att förhindra att bränsle läcker ut eller att smuts tränger in.

9 Koppla loss slangen från kolfiltrets magnetventil på höger sida i motorrummet.

10 Om så behövs, koppla loss alla berörda kylvätskeslangar och skruva sedan loss kylvätskans fördelarhus eller anslutningsstycke (efter tillämplighet) från motorn.

11 På motorer med kod APF, koppla loss och ta bort det sekundära luftinsprutningssystemets rör enligt beskrivningen i kapitel 4C. Skruva också loss den sekundära luft-insprutningspumpen och fästbygeln enligt beskrivningen i kapitel 4C.

12 Demontera främre delen av avgassystemet, komplett med katalysator och grenrörets fästbygel, enligt beskrivningen i kapitel 4C.

13 Demontera kamremmen enligt beskrivningen i avsnitt 7.

14 Eftersom motorn för närvarande hålls upp med en lyft och talja fästade vid högersidans lyftögla i topplocket, blir det nu nödvändigt att fästa en lämplig bygel vid motorblocket för att motorn ska kunna hållas uppe när topplocket demonteras. Som ett alternativ kan motorn stödjas med en garagedomkraft och en träkloss under motorns oljesump.

15 Om motorn ska stödjas med en lyft ovanifrån måste en lämplig lyftögla skruvas fast vid motorblocket. Fäst en ny talja till lyften och anpassa denna så att motorn kan lyftas i motorblockets ögla. När motorn hålls uppe i motorblockets ögla kan taljan i topplockets lyftögla lossas.

16 Demontera kamaxelkåpan enligt beskrivningen i avsnitt 4.

17 Kontrollera en sista gång att alla berörda kablar, rör och slangar har kopplats loss så att topplocket kan demonteras.

18 Lossa stegvis på topplocksbultarna, ett varv i sänder, i den turordning som visas **(se bild)**. Ta bort topplocksbultarna.

19 När alla bultar är ute, lyft av topplocket från motorblocket tillsammans med avgasgrenröret och den nedre delen av insugsgrenröret. Om topplocket sitter fast, knacka på det med en mjuk klubba för att dela fogen. **Försök inte** bända isär fogytorna med något vasst verktyg.

20 Lyft av topplockspackningen från motorblocket.

21 Om så önskas kan avgasgrenröret och den nedre delen av insugsgrenröret demonteras från topplocket enligt beskrivningen i kapitel 4C respektive 4A.

Kontroll

22 Isärtagning och kontroll av topplocket tas upp i del D i detta kapitel.

Montering

23 Topplockets och motorblockets fogytor måste vara helt rena innan topplocket sätts tillbaka.

24 Använd en skrapa för att avlägsna alla spår av packning och sot. Rengör även kolvarnas ovansidor. Var särskilt försiktig med ytor av aluminium, eftersom denna mjuka metall lätt skadas.

25 Se till att inget skräp hamnar i olje- eller vattenkanalerna – detta är särskilt viktigt när det gäller oljekretsen, eftersom sotpartiklar kan blockera oljetillförseln till kam- och vevaxelns lager. Försegla vattenkanaler, oljekanaler och bulthål i motorblocket med tejp och papper. Lägg lite fett i gapet mellan kolvarna och loppen för att hindra sot från att tränga in. När en kolv har rengjorts, vrid vevaxeln så att kolven sjunker ner i cylinderloppet och torka därefter bort fett och sot med en tygtrasa. Rengör de övriga kolvkronorna på samma sätt.

26 Undersök om det finns hack, djupa repor eller andra skador på topplocket eller motorblocket. Om skadorna är små kan de försiktigt filas bort. Större defekter kan ibland maskinslipas, men detta är ett jobb för specialister.

27 Om topplocket verkar vara skevt kan detta kontrolleras med en stållinjal enligt beskrivningen i del D i detta kapitel.

28 Kontrollera att hålen för topplocksbultarna i vevhuset är rena och fria från olja. Sug upp all olja som kan finnas kvar i bulthålen med en spruta eller trasa. Att detta görs är mycket viktigt för att bultarna ska kunna dras åt till korrekt moment, och för att undvika att motorblocket spräcks av det hydrauliska tryck som kan uppstå när bultarna dras åt.

29 Kontrollera att vevaxeln är vriden så att kolv 1 och 4 står en liten bit under ÖD i sina respektive lopp (se montering av kamremmen, i avsnitt 7). Detta undanröjer risken för kontakt mellan kolv och ventiler när topplocket monteras.

30 Om tillämpligt, montera avgasgrenröret och nedre delen av insugsgrenröret mot topplocket enligt beskrivningarna i kapitel 4A och 4C.

31 Kontrollera att topplockets styrstift sitter som de ska i motorblocket och lägg sedan på en ny topplockspackning över stiften, med artikelnumret uppåt. Om packningen har en OBEN/TOP-markering ska denna vara vänd uppåt **(se bild)**. Observera att VW rekommenderar att packningen bevaras i sin förpackning ända tills den ska monteras.

32 Sänk topplocket på plats över packningen så att det griper tag ordentligt om styrstiften.

33 Sätt i de nya topplocksbultarna och dra åt dem så hårt som möjligt med fingrarna.

34 Arbeta stegvis i den ordningsföljd som visas och dra åt alla topplocksbultar till angivet moment för åtdragningssteg 1 **(se bild)**.

35 Arbeta åter stegvis i den ordningsföljd som visas och dra åt alla topplocksbultarna till angiven vinkel för åtdragningssteg 2.

36 Dra slutligen åt alla topplocksbultarna, i den ordningsföljd som visas, till angiven vinkel för åtdragningssteg 3.

37 Fäst åter taljan vid motorns högra lyftögla i topplocket och justera den så att motorns tyngd tas upp. När motorn hänger stadigt i topplocksöglan kan taljan till öglan som skruvats fast i motorblocket lossas. Skruva också loss den temporära lyftöglan från motorblocket. Alternativt, sänk ner garagedomkraften och träblocket som stöttar oljesumpen.

38 Montera kamaxelkåpan enligt beskrivningen i avsnitt 4.

39 Montera och spänn kamremmen enligt beskrivningen i avsnitt 7.

40 Montera avgassystemets främre del enligt beskrivningen i kapitel 4C.

41 På motorer med kod APF, montera den sekundära luftinsprutningens pump och rör enligt beskrivningen i kapitel 4C.

42 Där så är tillämpligt, montera kylvätskans fördelarhus eller anslutningsstycke och anslut kylvätskeslangarna.

43 Anslut slangen till kolfiltrets magnetventil.

44 Anslut bränslets tillförsel- och returslangar.

45 Montera EGR-röret enligt beskrivningen i kapitel 4C.

46 Montera den övre delen av insugsgrenröret enligt beskrivningen i kapitel 4A.

47 Fyll på kylsystemet enligt beskrivningen i kapitel 1A.

48 Montera motorns toppkåpa och återanslut batteriets minusledare.

2.0 liters motorer

Observera: *Motorn måste vara kall när topplocket demonteras. Nya topplocksbultar och en ny topplockspackning behövs till monteringen.*

Demontering

49 Fortsätt enligt beskrivningen i punkt 1 till 4.

50 Nu måste bränslets tillförsel- och returslangar kopplas loss från anslutningarna på bränslefördelarskenan.

Varning: Bränsleledningarna står under tryck. Innan ledningarna kopplas loss, tryckavlasta bränslesystemet enligt beskrivningen i kapitel 4A.

51 Kläm ihop snabbkopplingsändarna och lossa bränslets tillförsel- (vita markeringar) och returslang (blå markeringar). Kläm ihop eller plugga igen bränsleslangarna och bränslefördelarskenans öppna ändar för att förhindra att bränsle rinner ut eller att smuts tränger in.

52 Flytta kabelhärvan framåt.

53 Lossa alla kylvätskeslangar runt topplocket som försvårar demonteringen.

54 Koppla loss rören till det sekundära luftinsprutningssystemet och demontera tryckrörsfästbygeln.

55 Demontera den sekundära luftinsprutningens pump och fästbygel enligt beskrivningen i kapitel 4C.

56 Lossa följande kontaktdon:

a) *Bränsleinsprutningsventilernas kontaktdon (lossa kabelhylsans klämmor).*

b) *Tändkablarna.*

c) *Kamaxelgivarens kontaktdon.*

57 Demontera drivremmen enligt beskrivningen i kapitel 1A.

58 Lossa fästmuttern och bultarna och demontera den rätvinkligt böjda fästbygel som sitter ovanför drivremmens spännare – observera att två av dessa bultar även håller fast själva spännaren.

59 Lossa de återstående bultarna och demontera drivremsspännaren från motorn.

60 Fortsätt enligt beskrivningen i punkt 11 till 21.

Kontroll

61 Isärtagning och kontroll av topplocket behandlas i del D i detta kapitel.

Montering

62 Gå vidare enligt beskrivningen i punkt 23 till 41.

63 Montera drivremsspännaren och den rätvinkligt böjda fästbygel som sitter ovanför spännaren. Dra åt fästbultarna.

64 Montera drivremmen enligt beskrivningen i kapitel 1A.

65 Återanslut följande kontaktdon:

a) *Bränsleinsprutningsventilernas kontaktdon (lossa kabelhylsans klämmor).*

b) *Tändkablarna.*

c) *Kamaxelgivarens kontaktdon.*

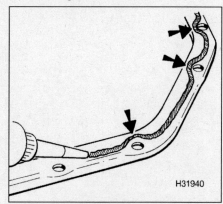

12.8 Lägg tätningsmedel längs fogytan, innanför bulthålen

66 Montera den sekundära luftinsprutningens pump och fästbygel enligt beskrivningen i kapitel 4C.

67 Montera fästbygeln till det sekundära luftinsprutningssystemets tryckrör. Montera och anslut sedan tryckrören.

68 Återanslut kylvätskeslangarna som kopplades loss vid demonteringen.

69 Lägg kabelhärvan på plats och återanslut sedan slangarna för bränsletillförsel och bränsleretur.

70 Gå vidare enligt beskrivningen i punkt 46 till 48.

12 Oljesump – demontering och montering

Demontering

Observera: *Ett lämpligt tätningsmedel (VW D 176404 A2 eller motsvarande) kommer att behövas för att täta oljesumpsfogen vid monteringen.*

1 Dra åt handbromsen. Lyft sedan upp framvagnen och ställ den på pallbockar (se *Lyftning och stödpunkter*).

2 Lossa fästskruvarna och lyft bort motorns undre skyddskåpa/-kåpor.

3 Töm oljesumpen på olja enligt beskrivningen i kapitel 1A.

4 Skruva loss bultarna som fäster oljesumpen vid motorblocket och även de bultar som fäster den vid växellådan. Lyft bort oljesumpen. Om det behövs, lossa sumpen genom att knacka på den med en mjuk hammare.

5 Om så önskas, skruva loss skvalpskottsplåten från motorblocket.

Montering

6 Börja monteringen med att noggrant rengöra oljesumpens och motorblockets fogytor. Var noga med att få bort alla spår av gammalt tätningsmedel.

7 I tillämpliga fall, montera tillbaka oljeskvalpskottsplåten och dra åt fästbultarna.

8 Kontrollera att oljesumpens fogyta mot motorblocket är helt fri från gamla packningsrester, olja och fett. Stryk sedan en 2,0 till 3,0 mm bred sträng av nytt silikontätningsmedel (VW D 176404 A2 eller motsvarande) på fogytan så som visas **(se bild)**. Observera att tätningsmedlet måste appliceras innanför oljesumpens bulthål. Oljesumpen måste monteras inom 5 minuter efter det att tätningsmedlet lagts på.

9 Passa in oljesumpen mot motorblocket. Sätt sedan i bultarna mellan sump och motorblock och dra åt dem lätt med fingrarna, stegvis och i diagonal ordningsföljd. **Observera**: *Om oljesumpen monteras med motorn och växellådan åtskilda måste sumpen och motorblockets svänghjuls-/drivplattsände ligga helt i nivå med varandra.*

10 Sätt i bultarna mellan och oljesump och växellåda och dra åt dem lätt med en hylsnyckel.

11 Arbeta i diagonal ordningsföljd och dra åt bultarna mellan oljesump och motorblock *lätt* med en hylsnyckel.

12 Dra åt bultarna mellan oljesump och växellåda till angivet moment.

13 Arbeta i diagonal ordningsföljd och dra stegvis åt bultarna mellan oljesump och motorblock till angivet moment.

14 Montera motorns undre skyddskåpa/-kåpor och sänk ner bilen.

15 Låt tätningsmedlet torka i minst 30 minuter efter det att oljesumpen monterats. Fyll därefter på motorolja enligt beskrivningen i kapitel 1A.

13 Oljepump, drivkedja och kuggdrev – demontering, kontroll och montering

Oljepump

Observera: *Om oljeupptagarröret demonteras från oljepumpen kommer en ny O-ring att behövas vid återmonteringen.*

Demontering

1 Demontera oljesumpen enligt beskrivningen i avsnitt 12.

2 I tillämpliga fall, lossa fästbultarna och demontera skvalpskottet från motorblocket.

3 Skruva loss de tre fästbultarna och lyft av oljepumpen från styrstiften i vevhuset **(se bild)**. Haka av oljepumpens drev från kedjan och lyft bort oljepumpen och oljeupptagarröret från motorn. Observera att spännaren strävar efter att sträcka kedjan, och att det kan bli nödvändigt att hålla fast den i frikopplat läge med en skruvmejsel innan oljepumpens drev kan frigöras från kedjan.

Kontroll

4 Om så önskas, lossa kragbultarna och demontera oljepumpens upptagarrör. Ta loss O-ringstätningen. Skruva loss bultarna och ta bort kåpan från oljepumpen.

5 Rengör pumpen noga och undersök om drevets kuggar är slitna eller skadade. Om så är fallet, byt oljepumpen.

6 För att demontera drevet från oljepumpen, skruva loss fästbulten och dra av drevet (observera att drevet bara kan monteras i ett läge).

Montering

7 Flöda pumpen genom att hälla olja i oljeupptagarrörets öppning och samtidigt vrida drivaxeln.

8 Sätt tillbaka oljepumpens kåpa och dra åt bultarna ordentligt. Där så är tillämpligt, sätt tillbaka oljeupptagarröret i oljepumpen med en ny O-ringstätning och dra åt fästbultarna.

9 Om drivkedjan, vevaxeldrevet och spännaren har demonterats, vänta med att sätta tillbaka dem tills oljepumpen åter är monterad på motorblocket. Om de inte har demonterats, ge kedjan så mycket spelrum att oljepumpen kan sättas tillbaka genom att pressa spännaren mot sin fjäder med hjälp av en skruvmejsel.

10 Haka i oljepumpens kuggdrev i drivkedjan och passa sedan in oljepumpen över styrstiften. Sätt i och dra åt de tre fästbultarna till angivet moment.

11 Där så är tillämpligt, montera drivkedjan, spännaren och vevaxeldrevet i omvänd ordningsföljd mot demonteringen.

12 Sätt tillbaka oljeskvalpskottet och dra i förekommande fall åt fästbultarna.

13 Montera oljesumpen enligt beskrivningen i avsnitt 12.

Oljepumpens drivkedja och drev

Observera: *Ett lämpligt tätningsmedel (VW D 176404 A2 eller motsvarande) behövs för att täta vevaxelns främre hus vid monteringen. Det rekommenderas också att man byter själva oljetätningen.*

Demontering

14 Gå vidare enligt beskrivningen i punkt 1 och 2.

15 För att demontera oljepumpsdrevet, lossa först fästbulten. Dra sedan av drevet från pumpaxeln och haka loss det från drivkedjan.

16 För att demontera kedjan, demontera först drivremmen enligt beskrivningen i avsnitt 7 och skruva sedan loss huset till vevaxelns främre oljetätning från motorblocket. Skruva loss kedjespännaren från motorblocket. Haka sedan loss kedjan från kuggdrevet i vevaxelns främre ände.

17 Oljepumpens drivande drev sitter med presspassning på vevaxeln och är svårt att demontera. Rådgör med en VW-verkstad om drevet är slitet eller skadat.

Kontroll

18 Undersök om kedjan är sliten eller skadad. Tecken på slitage brukar vara att kedjan glappar i sidled och slamrar under gång. Det är klokt att hur som helst byta kedjan om motorn ändå ska få en översyn. Observera att rullarna på en kraftigt sliten kedja kan vara en aning urgröpta i mitten. Byt kedjan om det råder minsta tveksamhet om dess skick.

19 Undersök om drevets kuggar är slitna. Kuggarnas profil har formen av ett uppoch-nedvänt V. På slitna drev är den belastade sidan av kuggarna aningen konkav jämfört med den motsatta sidan (dvs. kuggarna ser krökta ut). Om kuggarna verkar slitna måste drevet bytas ut (fråga en VW-verkstad till råds om vevaxeldrevet är slitet eller skadat).

Montering

20 Om oljepumpen har demonterats, sätt tillbaka den enligt beskrivningen som gavs tidigare i kapitlet innan kedjan och drevet monteras.

21 Sätt tillbaka kedjespännaren på motorblocket och dra åt fästbulten till angivet moment. Kontrollera att spännarfjädern sitter som den ska för att förbelasta spännararmen.

22 Haka i oljepumpens drev i kedjan och lägg sedan kedjan över vevaxeldrevet. Tryck spännaren mot spännarfjädern för att ge kedjan så mycket spelrum att drevet kan anslutas till oljepumpen. Observera att drevet bara går att montera på ett sätt.

23 Sätt tillbaka oljepumpsdrevets bult och dra åt till angivet moment.

24 Passa in en ny oljetätning i huset och montera det enligt beskrivningen i avsnitt 15.

25 Gå vidare enligt beskrivningen i punkt 12 och 13.

1 Oljepump
2 Oljepumpens drev
3 Bult
4 Oljepumpens drivkedja
5 Hus till vevaxelns främre oljetätning
6 Bult
7 Drivkedjespännare
8 Oljesump
9 Tätning
10 Oljesumpens avtappningsplugg
11 Styrstift
12 O-ring
13 Oljeupptagarrör
14 Oljeskvalpskott

H32045

13.3 Oljesumpens och oljepumpens delar

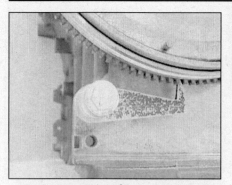

**14.5a Verktyg till att hålla fast svänghjulet/
drivplattan – 2.0 liters motor**

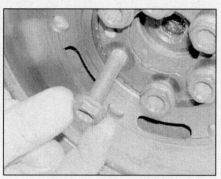

14.5b Lossa fästbultarna . . .

**14.6 . . . och ta bort svänghjulet –
2.0 liters motor**

14 Svänghjul/drivplatta –
demontering, kontroll och
montering

1.6 liters motorer

1 På 1.6 liters motorer med manuell växellåda
är kopplingstryckplattan fastbultad direkt
i vevaxelflänsen, och det tallriksformade
svänghjulet i sin tur fastbultat i tryckplattan.
Hur kopplingstryckplattan och svänghjulet
demonteras och monteras beskrivs i kapitel 6.
2 På 1.6 liters motorer med automatväxellåda
sker demontering, kontroll och montering av
drivplattan enligt beskrivningen för 2.0 liters
motorer i punkterna nedan.

2.0 liters motorer

Demontering

Observera: Vid monteringen krävs nya bultar
till svänghjulet/drivplattan.
3 På modeller med manuell växellåda,
demontera växellådan (se kapitel 7A) och
kopplingen (se kapitel 6).
4 På modeller med automatväxellåda,
demontera denna enligt beskrivningen i kapitel
7B.
5 Svänghjulets/drivplattans bultar är för-
skjutna, så att endast korrekt montering är
möjlig. Skruva loss bultarna medan sväng-
hjulet/drivplattan hålls stilla. Skruva tillfälligt
fast en bult i motorblocket och kila fast
svänghjulet/drivplattan med hjälp av en
skruvmejsel, eller tillverka ett hållarverktyg av
den typ som visas här **(se bilder)**.
6 Lyft av svänghjulet/drivplattan från vevaxeln
(se bild). Om drivplattan ska demonteras,
notera hur mellanlägget (om tillämpligt –
mellan drivplattan och vevaxeln) och distansen
under fästbultarna sitter. Ta bort plattan mellan
motorn och växellådan om den sitter löst.

Kontroll

7 Kontrollera om svänghjulet/drivplattan är
sliten eller skadad. Se efter om startkransens
kuggar är mycket slitna. Om drivplattan
eller dess startkrans är skadad måste hela
drivplattan bytas. Svänghjulets startkrans kan
däremot bytas åtskilt från svänghjulet, men
detta arbete bör överlåtas till en VW-verkstad.

Om kopplingens friktionsyta är missfärgad
eller kraftigt repad kan den i vissa fall slipas
om. Detta arbete bör dock överlåtas till en
VW-verkstad.

Montering

8 Montera i omvänd ordningsföljd mot
demonteringen. Tänk på följande.
a) Se till att plattan mellan motorn
   och växellådan sitter på plats innan
   svänghjulet/drivplattan monteras.
b) På modeller med automatväxellåda,
   sätt tillfälligt tillbaka drivplattan med de
   gamla bultarna och dra åt dem till 30
   Nm. Kontrollera att avståndet mellan
   motorblockets bakre, maskinslipade yta
   och momentomvandlarens monteringsyta
   på drivplattan ligger mellan 19,5 och
   21,1 mm. Måttet kan tas genom något av
   drivplattans hål med hjälp av ett skjutmått.
   Om så krävs, demontera drivplattan och
   passa in ett mellanlägg mellan drivplatta
   och vevaxel för att få rätt avstånd.
c) På modeller med automatväxellåda måste
   den upphöjda piggen på distansbrickan
   under fästbultarna vara vänd mot
   momentomvandlaren.
d) Använd nya bultar när svänghjulet eller
   drivplattan monteras och täck bultarnas
   gängor med låsvätska innan de sätts i. Dra
   åt fästbultarna till angivet moment.

15 Vevaxelns oljetätningar –
byte

Främre oljetätning
(kamremsänden)

Observera: Om oljetätningens hus demont-
eras behövs ett lämpligt tätningsmedel (VW
D 176 404 A2 eller motsvarande) för att täta
huset vid återmonteringen.
1 Demontera kamremmen enligt beskriv-
ningen i avsnitt 7 och vevaxelns drev enligt
beskrivningen i avsnitt 8.
2 För att ta bort oljetätningen utan att
demontera huset, borra två små hål i tätningen,
placerade diagonalt mitt emot varandra,
skruva i självgängande skruvar och dra sedan

ut tätningen genom att dra i skruvarna med ett
par tänger.
3 Alternativt, demontera tätingen tillsammans
med huset enligt följande:
a) Demontera oljesumpen enligt
   beskrivningen i avsnitt 12. Detta krävs
   för att tätningen mellan oljesumpen
   och oljetätningens hus ska bli bra vid
   återmonteringen.
b) Skruva loss oljetätningens hus.
c) Placera tätningshuset på arbetsbänken
   och bänd loss oljetätningen från huset
   med en lämplig skruvmejsel. Var försiktig
   så att inte tätningssätet i huset skadas.
4 Rengör oljetätningens säte i huset noga.
5 Linda lite tejp kring vevaxeländen för att
skydda oljetätningens flänsar när tätningen
(och i förekommande fall huset) monteras.
6 Montera en ny oljetätning i huset genom att
trycka eller knacka den på plats med hjälp av
en skruvhylsa eller rörbit av lämplig diameter.
Se till att hylsan eller röret bara ligger an
mot tätningens hårda, yttre kant, och var
försiktig så att tätningsflänsarna inte skadas.
Tryck eller knacka in tätningen tills den vilar
mot ansatsen inuti huset. Kontrollera att tät-
ningens släta sida är vänd utåt.
7 Om huset har demonterats, fortsätt på
följande vis. Gå annars vidare till punkt 9.
8 Ta bort alla spår av gammalt tätnings-
medel från motorblocket och från huset till
vevaxelns oljetätning. Stryk sedan en 2-3
mm bred sträng tätningsmedel (VW D 176
404 A2 eller motsvarande) på husets fogyta
mot motorblocket **(se bild)**. Observera att
tätningshuset måste monteras inom 5 minuter
från det att tätningsmedlet stryks på.

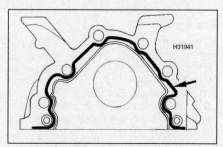

**15.8 Lägg tätningsmedel på
oljetätningshusets fogyta mot
motorblocket enligt bilden**

9 Montera oljetätningens hus och dra åt bultarna stegvis till angivet moment.

10 Montera oljesumpen enligt beskrivningen i avsnitt 12.

11 Montera vevaxelns kuggremskiva enligt beskrivningen i avsnitt 8 och kamremmen enligt beskrivningen i avsnitt 7.

Bakre oljetätning (svänghjulets/ drivplattans ände)

Observera: *Om huset redan från början har monterats med tätningsmedel, kommer ett lämpligt sådant (VW D 176 404 A2 eller motsvarande) också att behövas vid återmonteringen.*

12 Demontera kopplingstryckplattan/svänghjulet/drivplattan enligt beskrivningen i avsnitt 14.

13 Demontera oljesumpen enligt beskrivningen i avsnitt 12. Detta krävs för att få en bra tätning mellan oljesumpen och oljetätningens hus vid monteringen.

14 Skruva loss oljetätningens hus tillsammans med tätningen.

15 Ny oljetätning köper man i en färdig sats, där den redan är monterad i ett nytt hus.

16 Rengör motorblockets fogyta mot huset noga.

17 Med den nya hus-/oljetätningssatsen följer ett monteringsverktyg som gör att oljetätningen kan monteras utan att skadas. Placera verktyget över vevaxeländen.

18 Om det ursprungliga huset var monterat med tätningsmedel, stryk en tunn sträng av ett lämpligt sådant (VW D 176 404 A2 eller motsvarande) på fogytan mot motorblocket hos oljetätningshuset. Observera att huset måste monteras inom 5 minuter från det att tätningsmedlet stryks på.

19 Passa försiktigt in oljetätningen/huset över vevaxelns främre ände och dra åt bultarna stegvis, i diagonal ordningsföljd, till angivet moment.

20 Ta bort skyddsverktyget för oljetätningen från vevaxelns ände.

21 Montera oljesumpen enligt beskrivningen i avsnitt 12.

22 Montera kopplingstryckplattan/svänghjulet/drivplattan enligt beskrivningen i avsnitt 14.

16 Motorns/växellådans fästen – kontroll och byte

Kontroll

1 Om bättre åtkomlighet önskas, lyft upp framvagnen och ställ den på pallbockar (se *Lyftning och stödpunkter*). Lossa fäst-skruvarna och ta bort motorns undre skydds-plåt/-plåtar.

2 Undersök gummifästena för att se om de har spruckit, hårdnat eller släppt från metallen någonstans. Byt fästet vid sådana tecken på skador eller slitage.

3 Se till att alla fästenas fixturer är ordentligt åtdragna. Kontrollera helst med en moment-nyckel.

4 Använd en stor skruvmejsel eller en kofot

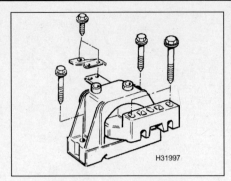
16.9 Höger motorfästes delar

och kontrollera om fästet är slitet genom att försiktigt bända mot det för att se om det finns något glapp. Om detta inte fungerar får du ta hjälp av en medhjälpare för att trycka motorn fram och tillbaka, eller från sida till sida, medan du iakttar fästet. Man kan förvänta sig en viss rörlighet, även hos nya komponenter, men kraftigt slitage bör märkas tydligt. Vid för stort glapp, kontrollera först att hållarna är ordentligt åtdragna. Byt sedan de slitna delarna enligt beskrivningen i följande punkter.

Byte

Höger fäste

Observera: *Vid monteringen krävs nya fästbultar.*

5 Haka fast en lyft med talja i topplockets lyftöglor och höj upp den så mycket att motorns tyngd nätt och jämt hålls uppe.

6 Lossa bultarna till servostyrningens vätskebehållare och flytta undan den från arbetsområdet, men låt slangarna sitta kvar.

7 Lossa på samma sätt bultarna till kylvätskebehållaren och flytta den åt sidan, men låt kylvätskeslangarna sitta kvar.

8 Där så är tillämpligt, flytta alla kabelhärvor, rör och slangar åt sidan för att komma åt att demontera motorfästet. Observera att det kan bli nödvändigt att koppla loss vissa slangar.

9 I förekommande fall, skruva loss de två fästbultarna och demontera den lilla fästbygeln från fästets ovansida **(se bild)**.

10 Lossa de två bultar som håller fast fästet vid motorns fästbygel, och de två bultar som håller fästet mot karossen. Ta sedan bort fästet från motorrummet **(se bilder)**.

16.10b Höger motorfäste demonteras

16.10a Höger motorfäste – tre av de stora fästbultarna syns

11 Montera i omvänd ordningsföljd mot demonteringen. Tänk på följande.

a) Använd nya bultar när huvudfästesenheten monteras.

b) Innan fästets bultar dras åt helt, kontrollera att avståndet mellan fästet och motorns fästbygel är så som visas här nedan. Kontrollera även att huvudena på bultarna mellan fästet och fästbygeln ligger i nivå med fästets kant **(se bild)**.

c) Dra åt alla fästen till angivet moment.

Vänster fäste

Observera: *Vid monteringen behövs nya fästbultar (däremot behöver inte de små bultarna mellan fästet och karossen bytas).*

12 Gå vidare enligt beskrivningen i punkt 5.

13 Demontera batteriet enligt beskrivningen i kapitel 5A. Koppla sedan loss startmotorns stora matarkabel från boxen över batteriets positiva pol.

14 Lossa alla berörda kablar och slangar från klämmorna på batterihyllan. Lossa sedan de fyra fästbultarna och ta bort batterihyllan **(se bild)**.

15 Om så behövs för att bättre komma åt motorns/växellådans fäste, demontera luftrenarenheten enligt beskrivningen i kapitel 4A.

16 På vissa modeller kan det bli nödvändigt

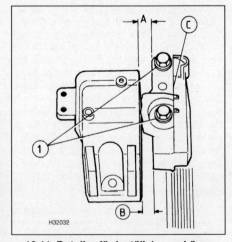
16.11 Detaljer för inställning av höger motorfäste – båda bulthuvudena (1) måste ligga i nivå med kanten (C)

A = 14,0 mm   B = minst 10,0 mm

16.14 Batterihyllan tas loss

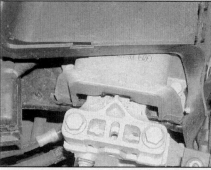

16.18a Vänster fäste till motorn/växellådan

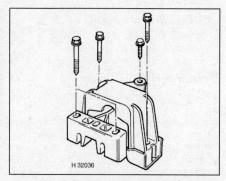

16.18b Delar till motorns/växellådans vänstra fäste

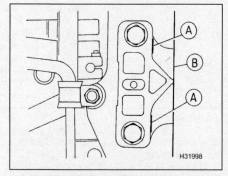

16.19 Detaljer för inställning av motorns/ växellådans vänstra fäste – kanterna A och B måste vara parallella

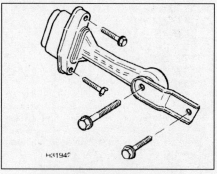

16.22 Delar till bakre motor-/ växellådsfäste

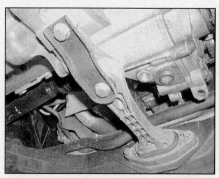

16.23 Motorns/växellådans bakre fäste sett från undersidan

att lossa kabelhärvor och/eller slangar från fästbyglar nära motorns/växellådans fäste för att fästet ska kunna demonteras.

17 Lyft försiktigt bort kabelhylsan från skärmpanelen för att bättre komma åt bultarna som förbinder fäste och kaross. Observera att man kan komma åt den mindre av bultarna mellan fäste och kaross genom att knäppa loss kåpan från kabelhärvans hylsa och flytta kabelhärvan åt sidan så att bulten blir synlig.

18 Skruva loss de två bultar som håller fast fästet vid växellådan och de tre bultar som förbinder fästet och karossen. Lyft sedan bort fästet från motorrummet. Eventuellt blir det nödvändigt att lirka ut det från undersidan av kabelhärvans hylsa **(se bilder)**.

19 Montera i omvänd ordningsföljd mot demonteringen. Tänk på följande:

a) Kanten på motorns/växellådans fäste måste vara parallell med karossen **(se bild)**.

b) Använd nya fästbultar (den mindre bulten mellan fästet och karossen behöver inte bytas).

c) Dra åt alla fästen till angivet moment.

Bakre fäste

Observera: Vid monteringen krävs nya fäst-bultar.

20 Dra åt handbromsen. Lyft sedan upp framvagnen och ställ den på pallbockar (se Lyftning och stödpunkter). Demontera motorns undre skyddskåpa/-kåpor för att komma åt motorns/växellådans bakre fäste.

21 Gå vidare enligt beskrivningen i punkt 5.

22 Arbeta från bilens undersida och skruva loss de två bultar som håller fast fästes-enheten vid kryssrambalken **(se bild)**.

23 Lossa de två bultar som håller fast fästet vid växellådan **(se bild)** och lyft sedan ut fästet från bilens undersida.

24 Monteringen sker i omvänd ordningsföljd mot demonteringen, men använd nya fäst-bultar och dra åt alla fixturer till angivet moment.

17 Oljekylare – demontering och montering

Demontering

Observera: Vid monteringen behövs ett nytt oljefilter och en ny O-ring till oljekylaren.

1 Oljekylaren sitter ovanför oljefiltret, på motorblockets framsida **(se bilder)**.

2 Ställ ett kärl under oljefiltret för att samla upp spill av olja och kylvätska. Demontera sedan oljefiltret – se beskrivningen i kapitel 1A om så behövs.

3 Kläm ihop oljekylarens kylvätskeslangar för att minimera förlusten av kylvätska. Lossa sedan slangklämmorna och koppla loss slangarna från oljekylaren. Var beredd på kylvätskespill.

4 I förekommande fall, koppla loss olje-kylarrören från eventuella fästbyglar eller klämmor.

5 Skruva loss oljekylarens fästmutter från oljefiltrets monteringsgängor och dra sedan av oljekylaren. Ta loss O-ringen från oljekylarens ovansida.

Montering

6 Montera i omvänd ordningsföljd mot demonteringen. Tänk på följande.

a) Använd en ny O-ring till oljekylaren.

b) Montera ett nytt oljefilter.

c) Avsluta med att kontrollera nivåerna för olja och kylvätska och fyll på om det behövs.

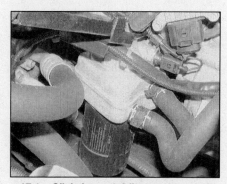

17.1a Oljekylare – 1-6 liters motor med enkel överliggande kamaxel

18 Oljeövertrycksventil – demontering, kontroll och montering

Demontering

1 Övertrycksventilen är monterad på höger sida av oljefilterhuset (se bild 17.1b).
2 Torka rent området runt övertrycksventilens plugg, lossa sedan och ta bort pluggen och tätningsringen från filterhuset. Ta ut ventilens fjäder och kolv och notera hur de sitter monterade. Om ventilen skall vara demonterad från motorn under en längre tid, plugga igen hålet i oljefilterhuset.

Kontroll

3 Undersök om övertrycksventilens kolv och/eller fjäder är sliten eller skadad. I skrivande stund var det inte möjligt att få tag i fjäder och kolv separat, men fråga din VW återförsäljare angående tillgång på reservdelar. Om fjädern och kolven är slitna måste hela oljefilterhuset bytas ut. Ventilpluggen och tätningsringen är listade som separata delar.

Montering

4 Placera kolven i fjäderns inre ände och för in enheten i oljefilterhuset och dra åt till specificerat moment.
5 Avsluta med att kontrollera oljenivån. Om så behövs, fyll på olja enligt beskrivningen i Veckokontroller.

19 Oljetrycksvarningslampans brytare – demontering och montering

Demontering

1 Oljetrycksvarningslampans brytare sitter på vänster sida av oljefilterhuset (se bild 17.1b).
2 Koppla loss kontaktdonet och torka av området runt brytaren.
3 Skruva loss brytaren från filterhuset och ta bort den tillsammans med tätningsbrickan. Om brytaren ska vara demonterad från motorn under en längre tid, plugga igen hålet i oljefilterhuset.

Montering

4 Undersök om tätningsbrickan är skadad eller sliten och byt ut den om så behövs.
5 Sätt tillbaka brytaren tillsammans med en tätningsbricka och dra åt till specificerat moment.
6 Återanslut kontaktdonet. Avsluta med att kontrollera motorns oljenivå och fyll på olja om så behövs (se Veckokontroller).

20 Oljenivå/temperaturgivare – demontering och montering

Demontering

1 Oljenivå/temperaturgivare sitter på sumpens undersida (se bild).

1 Oljeövertrycksventilens plugg
2 Tätningsring
3 Fjäder
4 Kolv
5 Packning
6 Backventil
7 Tätning
8 Tätningskåpa
9 Fästklämma
10 Tätningsplugg
11 Tätning
12 Brytare till varningslampa för oljetryck
13 Tätning
14 Oljefilterhus
15 Bult
16 Tätning
17 Oljekylare
18 Mutter
19 Oljefilter

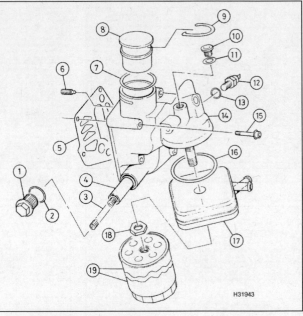

17.1b Oljekylarens delar

2 Dränera motoroljan enligt beskrivningen i kapitel 1A.
3 Koppla loss kontaktdonet, och rengör området runt givaren.
4 Skruva loss de tre fästbultar och ta bort givaren.

Montering

5 Undersök tätningsbrickan efter tecken på skada eller åldrande, och byt ut om det behövs.
6 Montera tillbaka givaren och dra åt fästbultarna till angivet moment.
7 Återanslut kontaktdonet ordentligt, fyll sedan motorn med olja, enligt beskrivningen i kapitel 1A.
8 Avsluta med att kontrollera oljenivån och fyll på om det behövs, enligt beskrivningen i Veckokontroller.

21 Balansaxel enhet (2,0 liters AZJ motor) – demontering och montering

Demontering

1 Modeller med 2,0 liters AZJ motor är utrustade med en balanseringsenhet mellan motorblocket och huvudsumpgjutstycket. Enheten består av två motroterande balansaxlar drivna av vevaxeln (se motstående bild).
2 Demontera huvudsumpgjutstycketenligt beskrivningen i avsnitt 13.
3 Lossa hållarklämmorna och ta bort skyddskåpan från drivkedjan till oljepumpen.
4 Lossa fästbulten till oljepumpsdrevet. Använd sedan en skruvmejsel för att försiktigt lossa spänningen i kedjan genom att trycka in sträckaren och låsa den i sin position med en 3 mm insexnyckel (se bilder).
5 Ta bort fästbulten och ta bort

oljepumpsdrevet, lossa sedan kedjan från balanaxeldrevet.
6 Arbeta från utsidan och mot mitten. Lossa fästbultarna och notera deras position. Ta bort balansenheten. Lossa den från drivkedjan till vevaxeln.

⚠ **Varning: Balansaxelns fästbultar har olika längd och diameter, anteckna deras respektive placeringar för att underlätta återmonteringen.**

Montering

7 I enlighet med avsnitt 3 sätts vevaxeln i ÖD på cylinder nr. 1 i slutet av kompressionsslaget.
8 Placera balansaxlarna med tändinställningsmärket på drevet i linje med hålet i huset och sätt i en låssprint (se bild).
9 Passa in balansenheten i cylinderblocket. Notera bultarnas inpassade position vid demonteringen. Sätt i fästbultarna och dra åt dem till angivet moment, från mitten och utåt.
10 Håll kvar VW-verktyget T10060 i sin position och låt 3mm insexnyckeln låsa kedjesträckaren när du monterar tillbaka drivningskedjan runt balansaxeldrevet.

20.1 Oljenivå/temperaturgivare (se pil) sitter på sumpens undersida

11 Placera oljepumpens räfflade sida uppåt och passa in oljepumpsdrevet i drivkedjan. Dra endast åt fästmuttrarna för hand på det här stadiet.

12 När dreven är inpassade tas låsnycklarna bort från balansaxeldrevet och kedjesträckaren. Drag sedan åt oljempumpsdrevet med angivet vridmoment.

13 Sätt tillbaka skyddet till oljepumpens drivkedja.

14 Montera sumpen enligt beskrivningen i avsnitt 13.

22 Hydrauliska ventillyftarna/rullvip-parmsfingrarna – demontering, kontroll och återmontering

Demontering

1 Demontera kamaxeln, enligt beskrivningen i avsnitt 9.

Hydrauliska ventillyftar

2 Lyft de hydrauliska ventillyftarna från sina lopp i topplocket och förvara dem med ventilkontaktytan vänd nedåt så att oljan inte rinner ut

3 Det rekommenderas att ventillyftarna hålls nedsänkta i olja hela tiden de är demonterade från topplocket. Notera varje lyftares position eftersom de måste monteras i sina gamla hål vid ihopsättningen – annars ökar slitaget vilket leder till snabbare haveri.

Rullvipparmsfingrar

4 När komponenterna tas bort skall de placeras i strikt ordningsföljd så att de kan sättas tillbaka på sina ursprungliga ställen **(se bild 9.10)**. Om ventillyftarna och vipparmsfingrarna förväxlas leder det till ökat slitage och fel i förtid.

5 Notera hur de sitter, lossa sedan vipparmsfingrarna från hydrauliska ventillyftarna och lyft av dem från topplocket.

6 Lyfta försiktigt bort ventillyftarna från sina lopp i topplocket Det rekommenderas att ventillyftarna (i korrekt ordningsföljd) hålls i olja hela tiden de är demonterade från motorn. Notera varje lyftares position eftersom de måste monteras i sina gamla hål

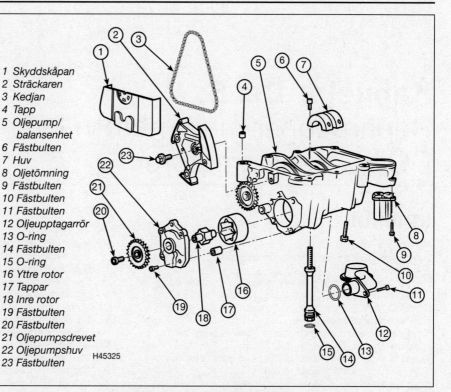

1 Skyddskåpan
2 Sträckaren
3 Kedjan
4 Tapp
5 Oljepump/
    balansenhet
6 Fästbulten
7 Huv
8 Oljetömning
9 Fästbulten
10 Fästbulten
11 Fästbulten
12 Oljeupptagarrör
13 O-ring
14 Fästbulten
15 O-ring
16 Yttre rotor
17 Tappar
18 Inre rotor
19 Fästbulten
20 Fästbulten
21 Oljepumpsdrevet
22 Oljepumpshuv
23 Fästbulten

H45325

21.1 Balansaxel enhet (2.0 liters AZJ motor)

vid ihopsättningen – annars ökar slitaget vilket leder till snabbare haveri.

Kontroll

7 Kontrollera topplocksloppets kontaktytor mot ventillyftarna för tecken på repor och skador. Kontrollera ventillyftarna och deras lopp i topplocket och leta efter tecken på slitage eller skador. Om du hittar betydande repor eller skador kan det vara nödvändigt att byta topplocket och alla ventillyftarna.

8 Undersök de hydrauliska ventillyftarna. Sök efter uppenbara tecken på slitage och skador, och byt dem vid behov. Kontrollera att oljehålen i ventillyftarna inte är tilltäppta.

9 På 1,6 liters AVU och BFQ motorer skall ventilen, ventillyftaren och kamaxelns kontaktytor till vipparmen för skador. Kontrollera också vipparmarna för tecken på

sprickbildning. Byt ut utslitna eller skadade vipparmar.

10 Undersök kamaxeln, enligt beskrivningen i avsnitt 9.

Montering

11 Smörj de hydrauliska ventillyftarnas sidor med lite ren motorolja, och sätt dem på plats i loppen i topplocket. Tryck ned dem tills de sitter korrekt och smörj ventillyftarens övre yta.

12 På 1,6 liters AVU BFQ motorer skall vipparmens kontaktytor till ventillyftarna och spetsen på ventilskaftet. Sätt sedan tillbaka dem på sina ursprungliga ställen. Kontrollera att vipparmarna är ordentligt fastklämda i ventillyftarna.

13 Smörj kamlobernas fogytor och montera tillbaka kamaxeln enligt beskrivningen i avsnitt 9.

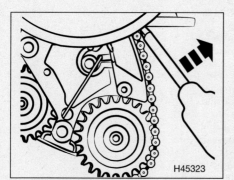

21.4a Trycka in sträckaren med en skruvmejsel (se pil) . . .

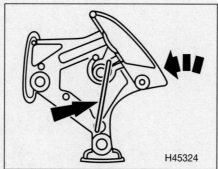

21.4b . . . och låsa den med en 3 mm insexnyckel (se pil)

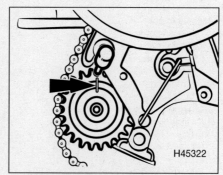

21.8 Tändinställningsmarket (se pil) och låssprint VW T10060

Kapitel 2 Del B:
Reparationer med motorn kvar i bilen –
DOHC bensinmotorer

Innehåll

Svårighetsgrader

| Enkelt, passar novisen med lite erfarenhet | Ganska enkelt, passar nybörjaren med viss erfarenhet | Ganska svårt, passar kompetent hemmamekaniker | Svårt, passar hemmamekaniker med erfarenhet | Mycket svårt, för professionell mekaniker |

Specifikationer

Allmänt

Tillverkarens motorkoder*:
1 390 cc	AHW, AKQ, APE, AXP och BCA
1 597 cc	ATN, AUS, AZD och BCB
1 781 cc utan turbo	AGN
1 781 cc med turbo	AGU, AQA, ARZ, AUM, AUQ

Maximal effekt:
1.4 liters motorer	55 kW vid 5 000 varv/minut
1.6 liters motorer	77 kW vid 5 700 varv/minut
1.8 liters motorer: Motorkod AGN	92 kW vid 6 000 varv/minut
Motorkod AGU, AQA, ARZ och AUM	110 kW vid 5 700 varv/minut
Motorkod AUQ	132 kW vid 5 500 varv/minut

Maximal vridmoment:
1.4 liters motorer	128 Nm vid 3 300 varv/minut
1.6 liters motorer	148 Nm vid 4 500 varv/minut
1.8 liters motorer: Motorkod AGN	170 Nm vid 4 200 varv/minut
Motorkod AGU, AQA, ARZ och AUM	210 Nm vid 1 750 - 4 600 varv/minut
Motorkod AUQ	235 Nm vid 1 950 - 5 000 varv/minut

* **Observera:** Se avsnittet om bilens identifikationsnummer längst bak i boken, angående placeringen av motorns kodmarkeringar.

Allmänt (forts.)

Lopp:
1.4 och 1.6 liters motorer	76,5 mm
1.8 liters motorer	81,0 mm

Kolvslag:
1.4 liters motorer	75,6 mm
1.6 liters motorer	86,9 mm
1.8 liters motorer	81,0 mm

Kompressionsförhållande:
1.4 liters motorer	10,5 : 1
1.6 liters motorer	11,5 : 1
1.8 liters motorer:	
Motorkod AGU, AQA, AUM, ARZ och AUG	9,5 : 1
Motorkod AGN	10,3 : 1

Kompressionstryck:
Lägsta kompressionstryck	ca 7,0 bar
Max skillnad mellan cylindrar	ca 3,0 bar
Tändningsföljd	1 – 3 – 4 – 2
Placering, cylinder 1	Kamremsänden

Kamaxlar

Kamaxelns axialspel:
1.4 och 1.6 liters motorer (maxvärde)	0,40 mm
1.8 liters motorer (maxvärde)	0,20 mm

Kamaxellagerspel:
1.4 och 1.6 liters motorer	Inget angivet värde
1.8 liters motorer (maxvärde)	0,10 mm

Kamaxelns skevhetstolerans:
1.4 och 1.6 liters motorer	Inget angivet värde
1.8 liters motorer (maxvärde)	0,01 mm

Smörjsystem

Oljepumpstyp:
1.4 och 1.6 liters motorer	Kugghjulstyp, direktdriven från vevaxelns främre ände
1.8 liters motorer	Kugghjulstyp, kedjedriven från vevaxeln

Oljetryck (oljetemperatur 80°C):

Vid tomgång:
1.4 och 1.6 liters motorer	1,0 bar
1.8 liters motorer	2,0 bar

Vid 2 000 varv/minut:
1.4 och 1.6 liters motorer	2,0 bar
1.8 liters motorer	3,0 till 4,5 bar

Åtdragningsmoment

	Nm
Fästbultar till de omgivande komponenternas (generator etc.) fästbyglar:	
1.4 och 1.6 liters motorer	50
1.8 liters motorer	45
Drivremskivebultar (1.8 liters motorer)	25
Drivremsspännarens fästbult:	
M8-bultar:	
Steg 1	20
Steg 2	Vinkeldra ytterligare 90°
M10-bultar	45
Bultar till vevstakslageröverfall (1.4 och 1.6 liters motorer)*:	
Steg 1	30
Steg 2	Vinkeldra ytterligare 90°
Muttrar till vevstakslageröverfall (1.8 liters motorer)*:	
Steg 1	30
Steg 2	Vinkeldra ytterligare 90°
Bultar till kamaxellageröverfall (1.8 liters motorer)	10
Bultar till kamaxelhållare (1.4 och 1.6 liters motorer)*:	
Steg 1	10
Steg 2	Vinkeldra ytterligare 90°
Muttrar till kamaxelkåpa (1.8 liters motorer)	10
Bult till kamaxelns avgasdrev (1.8 liters motorer)	65
Bultar till kamaxelns bakre tätningskåpa (1.4 och 1.6 liters motorer)	10

Observera: *Använd nya bultar*

Åtdragningsmoment (forts.)   Nm

Bultar till kamaxeldrev (1.4 och 1.6liters motorer)*:
Steg 1 20
Steg 2 .... Vinkeldra ytterligare 90°
Bultar till kamaxelkedjan/kamaxelns justeringsmekanism:
1.8 liters motorer 10
Fästbultar till kopplingens tryckplatta/drivplatta (1.4 och 1.6 liters motorer)*:
Steg 1 60
Steg 2 .... Vinkeldra ytterligare 90°
Kylvätskepumpens bultar:
1.4 och 1.6 liters motorer 20
1.8 liters motorer 15
Vevhusventilationens (oljeavskiljarens) bultar (1.4 och 1.6 liters motorer)   10
Bultar till vevaxelns främre oljetätningshus (1.8 liters motorer) 15
Bult till vevaxelns remskiva/drev (1.4 och 1.6 liters motorer)*:
Steg 1 90
Steg 2 .... Vinkeldra ytterligare 90°
Vevaxelns remskivebultar (1.8 liters motorer)................... 25
Bultar till vevaxelns bakre oljetätningshus:
1.4 och 1.6 liters motorer 12
1.8 liters motorer 15
Bultar mellan vevaxeln och dess hastighets-/lägesgivarhjul (1.8 liters motorer)*:
Steg 1 10
Steg 2 .... Vinkeldra ytterligare 90°
Vevaxeldrevets bult (1.8 liters motorer)*:
Steg 1 90
Steg 2 .... Vinkeldra ytterligare 90°
Topplocksbultar*:
1.4 och 1.6 liters motorer:
Steg 1 30
Steg 2 .... Vinkeldra ytterligare 90°
Steg 3 .... Vinkeldra ytterligare 90°
1.8 liters motorer:
Steg 1 40
Steg 2 .... Vinkeldra ytterligare 90°
Steg 3 .... Vinkeldra ytterligare 90°
Bultar mellan motor och automatväxellåda:
M12 bultar 80
M10 bultar mellan motorblock och växellåda 60
M10 bultar mellan oljesump och växellåda 25
Bultar mellan motor och manuell växellåda:
Bultar (M12) mellan motorblock och växellåda 80
Bultar (M10) mellan lättmetallssump och växellåda:
Växellåda 02J 60
Växellåda 02K 25
Växellåda 02M 40
Bultar till skyddsplåt för motor och manuell växellåda 10
Motorfästen:
Bultar mellan höger sidas motorfäste och karossen*:
Steg 1 40
Steg 2 .... Vinkeldra ytterligare 90°
Bultar (små) till höger sidas fästplatta 25
Bultar mellan höger sidas motorfäste och motorns fästbygel*:
Steg 1 60
Steg 2 .... Vinkeldra ytterligare 90°
Bultar mellan höger sidas fästbygel och motorn 50
Bultar mellan vänster sidas motorfäste och karossen:
Stora bultar*:
Steg 1 40
Steg 2 .... Vinkeldra ytterligare 90°
Små bultar 25
Bultar mellan vänster sidas motorfäste och växellådan*:
Steg 1 60
Steg 2 .... Vinkeldra ytterligare 90°
Bakre motor-/växellådsfäste:
Bultar mellan fästbygel och kryssrambalk*:
Steg 1 20
Steg 2 .... Vinkeldra ytterligare 90°
Bultar mellan fästbygel och växellåda*:
Steg 1 40
Steg 2 .... Vinkeldra ytterligare 90°

Observera: *Använd nya bultar*

Åtdragningsmoment (fortsättning)

	Nm
Bult till avgaskamaxelns kamremsdrev (1.8 liters motorer)	65
Avgasgrenrörets muttrar.	25
Muttrar, avgasrörets anslutning mot avgasgrenröret	40
Svänghjulets/drivplattans fästbultar (1.8 liters motorer)*:	
Steg 1	40
Steg 2	Vinkeldra ytterligare 180°
Bultar till insugskamaxelns justerventil (1.8 liters motorer)	3
Bultar till insugskamaxelns lägesgivare (1.8 liters motorer)	10
Rotorbult till insugskamaxelns lägesgivare (1.8 liters motorer)	25
Ramlageröverfallens bultar:	
1.6 liters motorer	65
1.8 liters motorer*:	
Steg 1	65
Steg 2	Vinkeldra ytterligare 90°
Oljekylarens fästmutter (alla motorer).	25
Oljeavtappningsplugg:	
1.4 och 1.6 liters motorer	30
1.8 liters motorer	40
Bultar mellan oljefilterhus och motorblock (1.8 liters motorer):	
Steg 1	15
Steg 2	Vinkeldra ytterligare 90°
Bultar mellan oljenivå-/temperaturgivare och oljesump	
(1.4 och 1.6 liters motorer)	10
Oljeupptagarrörets fästbultar (1.4 och 1.6 liters motorer)	10
Oljeövertrycksventilens plugg (1.8 liters motorer)	40
Brytare till varningslampa för oljetryck (alla motorer).	25
Bult till oljepumpens kedjespännare (1.8 liters motorer)	15
Oljepumpens fästbultar:	
1.4 liters motorer*	12
1.6 liters motorer*	10
1.8 liters motorer	15
Bult till oljeövertrycksventil/oljespraymunstycke för kolv	
(1.8 liters motorer).	27
Oljesump:	
Bultar mellan oljesump och motorblock:	
1.4 och 1.6 liters motorer	13
1.8 liters motorer.	15
Bultar mellan oljesump och växellåda (1.4 och 1.6 liters motorer). . .	45
Termostatkåpans bultar (1.8 liters motorer)	10
Bult till kamremmens mellanremskiva:	
1.4 och 1.6 liters motorer	50
1.8 liters motorer	20
Bultar till yttre kamremskåpa:	
1.4 och 1.6 liters motorer:	
Små bultar	10
Stora bultar.	20
1.8 liters motorer	10
Bultar till bakre kamremskåpa (1.4 och 1.6 liters motorer):	
Små bultar	10
Stor bult (kylvätskepumpens bultar).	20
Kamremsspännare:	
1.4 och 1.6 liters motorer:	
Huvudkamremmens spännarbult	20
Sekundära kamremmens spännarbult	20
1.8 liters motorer:	
Spännarrullens fästbult	27
Bultar till kamremsspännarhus:	
Liten bult.	15
Stor bult	20
Banjobult mellan turboaggregatets oljetillförselrör och oljefilterhuset:	
1.8 liters motorer	30

*Observera: Använd nya bultar

1 Allmän information

Så här använder du detta kapitel

Kapitel 2 är indelat i fyra delar, A, B, C och D. Reparationer som kan utföras med motorn kvar i bilen beskrivs i del A (bensinmotorer med enkel överliggande kamaxel – SOHC), del B (bensinmotorer med dubbla överliggande kamaxlar – DOHC) och del C (dieselmotorer). I del D demonteras motorn/växellådan som en enhet och där beskrivs hur motorn tas isär och renoveras.

I del A, B och C förutsätts att motorn sitter kvar i bilen med alla hjälpaggregat anslutna. Om motorn har tagits ut ur bilen för renovering kan du bortse från de inledande råd om isärtagningen som föregår varje moment.

Motorbeskrivning

I hela detta kapitel identifieras de olika motorutförandena genom sin cylindervolym och, vid behov, sin fabrikationskod. En förteckning över de motortyper som behandlas och deras kodbeteckningar finns i detta kapitels specifikationer.

Motorerna är fyrcylindriga, vattenkylda radmotorer med dubbla, överliggande kamaxlar. Motorblocket hos 1.6 och 1.8 liters motorerna är av gjutjärn, medan 1.4 liters motorerna har motorblock av aluminiumlegering. Samtliga motorer har topplock av aluminiumlegering. Alla motorer är frontmonterade och tvär-ställda, med växellådan fastbultad vid motorns vänstra sida.

Vevaxeln löper i fem stödlager, med tryckbrickor som reglerar vevaxelns axialspel monterade vid det mellersta ramlagret.

Hos 1.4 liters motorer är vevaxel och ramlager noga anpassade till motorblocket av lättmetall, och det går inte att montera ihop vevaxeln och motorblocket sedan de väl tagits isär. Om vevaxeln eller lagren är slitna måste hela motorblocks-/vevaxelenheten bytas.

På 1.4 och 1.6 liters motorer drivs insugskamaxeln av vevaxelns drev via en kuggrem, och avgaskamaxeln drivs i sin tur av insugskamaxeln via en andra kuggrem.

På 1.8 liters motorer drivs avgaskamaxeln av vevaxelns drev via en kuggad kamrem, medan insugskamaxeln drivs via en kedja från avgaskamaxelns bakre ände. Motorer med kod AGN har variabel inställning av insugsventilerna. Ventilinställningen ändras genom att drivkedjespänningen varieras med hjälp av en elektroniskt manövrerad, mekanisk spännare. Motorer utan variabel ventilinställning har en hydraulisk kedjespännare.

På 1.4 och 1.6 liters motorer sitter kamaxlarna i en kamaxelhållare som är fäst med bultar ovanpå topplocket. På 1.8 liters motorer sitter kamaxlarna i topplocket.

Ventilerna stängs med spiralfjädrar och glider i styrhylsor som sitter inpressade i topplocket. På 1.4 och 1.6 liters motorer styrs ventilerna av kamaxlarna via rullvipparmar och hydrauliska ventillyftare. På 1.8 liters motorer styr kamaxlarna ventilerna direkt, via hydrauliska ventillyftare.

1.4 och 1.6 liters motorer har fyra ventiler per cylinder, två insugsventiler och två avgasventiler. 1.8 liters motorer har däremot fem ventiler per cylinder, tre insugs- och två avgasventiler.

På 1.4 och 1.6 liters motorer drivs oljepumpen direkt från vevaxelns framände. På 1.8 liters motorer drivs oljepumpen, som är av kugghjulstyp, via en kedja från ett drev på vevaxeln. Oljan sugs upp från oljesumpen genom en sil och tvingas sedan passera ett utvändigt monterat, utbytbart oljefilter. Därifrån förs oljan vidare till topplocket för att smörja kamaxeltappar och hydrauliska ventillyftare, och till vevhuset där den smörjer ramlager, vevstakslager, kolvtappar och cylinderlopp. Vissa motorer är försedda med en kylvätskematad oljekylare.

Hos alla motorer cirkuleras kylvätskan av en pump som drivs av kamremmen (huvudkamremmen på 1.4 och 1.6 liters motorer). För närmare uppgifter om kylsystemet, se kapitel 3.

Reparationer som kan utföras med motorn kvar i bilen

Följande moment kan utföras utan att motorn demonteras:

a) Kompressionstryck – test.
b) Kamaxelkåpa (1.8 liters motorer) – demontering och montering.
c) Kamaxelhållare (1.4 och 1.6 liters motorer) – demontering och montering.
d) Vevaxelns remskiva – demontering och montering.
e) Kamremskåpor – demontering och montering.
f) Kamrem – demontering, montering och justering.
g) Kamremmens spännare och drev – demontering och montering.
h) Insugskamaxelns kamkedja, drev och spännare (1.4 och 1.6 liters motorer) – demontering och montering.
i) Insugskamaxelns kamkedja, kuggdrev och justermekanism (1.8 liters motorer) – demontering och montering.
j) Insugskamaxelns justermekanism (motorkod AGN) – demontering och montering.
k) Kamaxelns oljetätning(ar) – byte.
l) Kamaxel/-axlar och hydrauliska ventillyftare – demontering, kontroll och montering.
m) Topplock – demontering och montering.
n) Topplock och kolvar – sotning.
o) Oljesump – demontering och montering.
p) Oljepump – demontering, översyn och montering.
q) Vevaxelns oljetätningar – byte.
r) Motor-/växellådsfästen – kontroll och byte.
s) Svänghjul – demontering, kontroll och montering.

Observera: Det går att ta loss kolvar och vevstakar (efter att topplocket och oljesumpen demonterats) utan att ta ut motorn ur bilen. Det rekommenderas dock inte. Arbeten av den typen går lättare att utföra med motorn på arbetsbänken, enligt beskrivningen i kapitel 2D.

2 Kompressionsprov – beskrivning och tolkning

Observera: En passande kompressionsprovare behövs för detta test.

1 Om motorn verkar svag, eller om den misständer utan att felet kan härledas till tänd- eller bränslesystemet, kan ett kompressionsprov ge värdefulla indikationer om motorns skick. Om kompressionsprov görs regelbundet kan de förvarna om problem innan några andra symptom uppträder.

2 Motorn måste ha uppnått full arbetstemperatur, batteriet måste vara fulladdat och tändstiften ska ha tagits bort. Assistans av en medhjälpare kommer att behövas.

3 Avaktivera tändsystemet på 1.4 och 1.6 liters motorer genom att koppla loss den fördelarlösa tändningsenhetens anslutningskontakt.

4 På 1.8 liters motorer, koppla loss tändspolarnas anslutningskontakter. På modeller med turbo, demontera tändspolarna enligt beskrivningen i kapitel 5B.

5 Anslut en kompressionsprovare till tändstiftshålet i cylinder 1. Den typ som skruvas in i hålets gängor är att föredra.

6 Låt medhjälparen hålla gasspjället helt öppet och dra runt motorn med startmotorn under några sekunder. **Observera**: På modeller med en lägesgivare för gasspjället i stället för en gasvajer kommer spjället inte att öppnas om inte tändningen slås på. Efter ett eller två motorvarv bör cylindertrycket nå upp till ett högsta värde och stabiliseras. Anteckna det högsta värdet.

7 Upprepa provet på de återstående cylindrarna och skriv upp trycket för var och en av dem.

8 Trycket bör hamna på i stort sett samma värde i alla cylindrar. Om något värde avviker mer än vad specifikationerna anger tyder det på ett fel. Observera att kompressionen byggs upp snabbt i en väl fungerande motor. Låg kompression under den första takten följd av ett gradvis stigande tryck under de följande takterna, tyder på slitna kolvringar. Om kompressionsvärdet är lågt under den första takten och inte stiger under de följande, tyder detta på läckande ventiler eller en trasig topplockspackning (eller ett spruket topplock). Avlagringar på undersidan av ventilhuvudena kan också orsaka dålig kompression.

9 Om trycket i någon cylinder ligger vid det

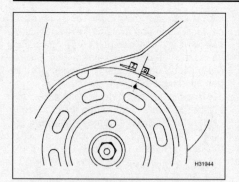

3.4a Tändinställningsmärket på vevaxelns remskiva inställt mot ÖD-märket på kamremskåpan – 1.4 och 1.6 liters motorer

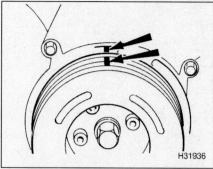

3.4b Tändinställningsmärket på vevaxelns remskiva inställt mot ÖD-märket på kamremskåpan – 1.8 liters motorer

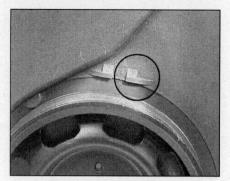

3.4c Tändinställningsmärket inristat på remskivans inre fläns inställt mot ÖD-märket på kamremskåpan – 1.4 liters motor

angivna minimivärdet eller därunder, måste följande test utföras för att avgöra orsaken. Häll i en tesked ren olja i cylindern genom tändstiftshålet och upprepa provet.

10 Om tillförsel av olja tillfälligt förbättrar kompressionen är det ett tecken på att det är slitage på kolvringar eller lopp som orsakar tryckfallet. Om ingen förbättring sker tyder det på läckande/brända ventiler eller trasig topplockspackning.

11 Ett lågt värde hos två angränsande cylindrar beror med stor sannolikhet på att topplockspackningen gått sönder mellan dem. Förekomst av kylvätska i motoroljan bekräftar detta.

12 Om värdet för en cylinder ligger runt 20 procent lägre än för de övriga och tomgången är en smula ojämn, kan orsaken vara en sliten kamlob.

13 Om kompressionsvärdet ligger ovanligt högt, är förbränningskamrarna förmodligen täckta av sotavlagringar. I så fall bör topplocket tas bort och sotas.

14 Avsluta testet med att sätta tillbaka tändstiften. På 1.4 och 1.6 liters motorer, återanslut kablarna till den fördelarlösa tändningsenheten. På 1.8 liters motorer, montera i tillämpliga fall tillbaka tändspolarna och återanslut sedan deras kontakter.

3 Motor och ventilinställningsmärken – allmän information och användning

Allmän information

1 Övre dödpunkten, ÖD, är den högsta punkt som kolven når under sin uppåt-nedåtgående rörelse i cylindern när vevaxeln vrids. Var och en av kolvarna når ÖD såväl i slutet av kompressionstakten som i slutet av avgastakten, men i allmänhet avses med ÖD endast kolvläget under kompressionstakten. Kolv 1 sitter i den ände av motorn som vetter mot kamremmen.

2 Att ställa in ÖD för kolv 1 är ett nödvändigt moment vid många ingrepp, till exempel vid demontering av kamremmen eller kamaxeln.

3 De motorer som behandlas i detta kapitel är så konstruerade att kolv och ventiler kan kollidera om vevaxeln vrids när kamremmen är borttagen. Därför är det viktigt att se till att kamaxeln och vevaxeln inte rubbas i förhållande till varandra när kamremmen är demonterad.

4 Vevaxelns remskiva har en markering som visar ÖD för kolv 1 (och därmed även för kolv 4) när den står mitt för motsvarande markering på kamremskåpan. Observera att

inställningsmärket på vevaxelns remskiva på vissa modeller sitter på remskivans yttre fläns. För att det ska gå lättare att rikta in tändinställningsmärkena mot varandra rekommenderar vi att du demonterar remskivan (se avsnitt 5) och, med hjälp av en vinkelhake, ristar in ett likadant märke på dess inre fläns **(se bilder)**.

5 Observera också att det på 1.4 och 1.6 liters motorer finns ett tändinställningsmärke som kan användas tillsammans med vevaxelns drev – det är användbart om vevaxelns remskiva och kamrem har demonterats. När kolv 1 står i ÖD, står den kugge på vevaxelns drev som har en avfasad innerkant mitt för en pilmarkering ingjuten i oljepumpen **(se bild)**.

6 På 1.4 och 1.6 liters motorer är kamaxeldreven försedda med inställningshål för ÖD. När inställningshålen står mitt för motsvarande hål i kamaxelhållaren, står kolv 1 i ÖD i kompressionstakten **(se bild)**.

7 På 1.8 liters motorer finns ett tändinställningsmärke på avgaskamaxelns drev. När detta märke står mitt för ett märke på kamaxelkåpan, befinner sig kolv nr 1 i ÖD i kompressionstakten **(se bild)**.

8 Dessutom har svänghjulet/drivplattan på vissa modeller en ÖD-markering som syns sedan man lossat en skyddsplatta av plast från balanshjulskåpan. Markeringen ser på

3.5 Kuggen med avfasad kant på vevaxelns drev inställd mot pilen i oljepumpens gjutgods – 1.4 liters motor

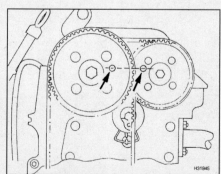

3.6 Kamaxeldrevens lägeshål (vid pilarna) inställda mot hålen i kamaxelhållaren (kolv nr 1 i ÖD) – 1.4 och 1.6 liters motorer

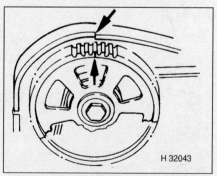

3.7 Tändinställningsmärket på kamaxelns drev (vid pilen) inställt mot märket på kamaxelkåpan (kolv nr 1 ÖD) – 1.8 liters motor

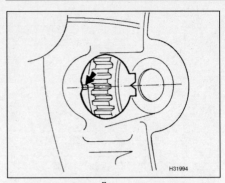

3.8a Svänghjulets ÖD-markering (vid pilen) inställt mot visaren på växellådan – 1.8 liters motor med manuell växellåda

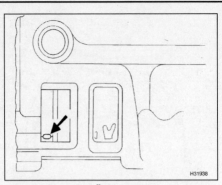

3.8b Drivplattans ÖD-markering (vid pilen) inställt mot fönstret i växellådshuset – 1.8 liters motor med automatväxellåda

modeller med manuell växellåda ut som ett hack i kanten på svänghjulet, medan den på automatväxlade modeller har formen av ett O. Observera att dessa markeringar inte går att utnyttja på alla modeller, eftersom det kan vara svårt att komma åt att se dem (se bilder).

Inställning av ÖD för cylinder 1

1.4 och 1.6 liters motorer

Observera: För att kamaxelremskivorna ska kunna låsas fast under denna procedur krävs passande låssprintar. På vissa motorer kan man behöva använda en liten mekanikerspegel för att kunna se tändinställningsmärkena från undersidan av hjulhuset.

9 Kontrollera att tändningen är avstängd innan arbetet påbörjas (helst bör batteriets minusledare kopplas loss – se Koppla ifrån batteriet).

10 Demontera motorns toppkåpa och ta bort luftrenarenheten enligt beskrivningen i kapitel 4A.

11 Om så önskas för att göra det lättare att dra runt motorn, demontera tändstiften enligt beskrivningen i kapitel 1A.

12 Dra åt handbromsen. Lyft sedan upp framvagnen och ställ den på pallbockar (se

Lyftning och stödpunkter). Ta bort höger framhjul. Lossa sedan fästskruvarna och/eller -klämmorna och demontera de skyddsplåtar under motorn som sitter i vägen för att man ska kunna komma åt vevaxelns remskiva.

13 Demontera den övre kamremskåpan enligt beskrivningen i avsnitt 6.

14 Dra runt motorn medurs med hjälp av en nyckel på vevaxeldrevets bult, tills ÖD-markeringen på vevaxelns remskiva eller svänghjulet/drivplattan står mitt för motsvarande markering på kamremskåpan eller växellådshuset, och kamaxeldrevens låssprintshål befinner sig i linje med motsvarande hål i kamaxelhållaren.

15 Om det behövs för att kamaxellåsverktyget ska få plats att gripa in i kamaxeldreven, skruva loss luftrenarens stödfäste från motorfästet. På samma sätt, skruva vid behov loss servostyrningens vätskebehållare och flytta undan den från arbetsområdet, men låt slangarna sitta kvar.

16 Nu behövs ett passande verktyg för att låsa fast kamaxeldreven i ÖD-läge. Det finns ett specialverktyg från VW till detta, men det går också att själv sätta ihop ett fungerande verktyg med hjälp av två M8-bultar med muttrar och en kort, platt stålstång. Ställ in

kamaxelns drev enligt beskrivningen i punkt 14. Mät sedan upp avståndet mellan låsstiftshålens mittpunkter och borra två motsvarande hål med 8 mm diameter i stålstången. Stick in M8-bultarna genom hålen i stången och fäst dem med muttrarna.

17 Stick in verktyget i kamaxelremskivornas hål och kontrollera att stiften (eller bultarna) griper in i hålen i kamaxelhållaren (se bild). Motorn är nu låst med kolv 1 i ÖD i förbränningstakten.

1.8 liters motorer

Observera: På vissa motorer kan man behöva använda en liten mekanikerspegel för att kunna se tändinställningsmärkena från undersidan av hjulhuset.

18 Följ beskrivningen i punkt 9 till 12, men observera att luftrenaren inte behöver demonteras.

19 Demontera den övre kamremskåpan enligt beskrivningen i avsnitt 6.

20 Dra runt motorn medurs med en nyckel om vevaxeldrevets bult, tills ÖD-markeringen på vevaxelns remskiva eller svänghjulet/drivplattan står mitt för motsvarande markering på kamremskåpan eller växellådan, och markeringen på avgaskamaxelns drev befinner sig mitt för motsvarande märke på kamaxelkåpan (se bild).

4 Kamaxelkåpa (1.8 liters motorer) – demontering och montering

Observera: Ett lämpligt tätningsmedel (VW D 454 300 A2 eller motsvarande) behövs vid monteringen.

Demontering

1 På motorer med kod AGN, demontera den övre delen av insugsgrenröret enligt beskrivningen i kapitel 4A och lossa sedan tändkablarna från tändstiften.

3.17 Hemsnickrat verktyg för att låsa kamaxlarnas drev på plats vid ÖD (på bilden är motorn demonterad och kamremmen borttagen) – 1.4 liters motor

3.20 Tändinställningsmärket på avgaskamaxelns drev inställt mot kamaxelkåpans tändinställningsmärke – 1.8 liters motor

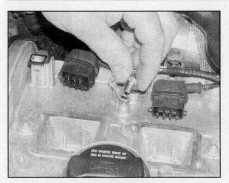

4.2a Skruva loss spolens jordkabel . . .

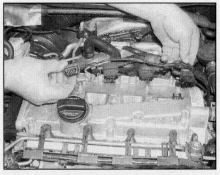

4.2b . . . och lossa sedan spolens kablage från klämmorna på kamaxelkåpan – 1.8 liters motor

4.3 Lossa klämmorna som håller fast den övre kamremskåpan vid kamaxelkåpan – 1.8 liters motor

2 På alla motorer utom de med motorkod AGN, demontera tändspolarna enligt beskrivningen i kapitel 5B. Skruva loss tändspolekablagets jordledare från kamaxelkåpans ovansida. Lossa sedan spolens kablage från klämmorna på kamaxelkåpan och flytta undan kablaget från kamaxelkåpan **(se bilder)**.

3 Lossa klämmorna som håller fast den övre kamremskåpan vid kamaxelkåpan **(se bild)**.

4 Där detta är tillämpligt, skruva loss bulten som fäster metallröret vid det bakre, vänstra hörnet av kamaxelkåpan **(se bild)**.

5 På motorer med kod AGU, lossa de tre klämmorna och ta bort plastkåpan som sitter på motorns främre sida, ovanför insugsgrenröret **(se bild)**.

6 Lossa på slangklämman och koppla loss ventilationsslangen från vänster ände av kamaxelkåpan. Observera att det kan bli nödvändigt att skruva loss fästbulten och flytta undan ventilatorhuset från topplocksänden för att slangen ska kunna kopplas loss **(se bilder)**.

7 Gör en sista kontroll av att alla berörda slangar, rör och kablar har kopplats loss och flyttats undan från arbetsområdet.

8 Skruva loss fästmuttrarna och lyft försiktigt av kamaxelkåpan från topplocket. Anteckna var alla eventuella konsoler och mellanläggsbrickor under fästmuttrarna sitter. Ta bort packningarna och lägg märke till att tändstiftshålen i mitten av kåpan tätas med en särskild packning **(se bilder)**.

9 Om så önskas, lyft bort oljeavskiljarna från insugskamaxeln, men anteckna hur de ska sitta för att underlätta monteringen **(se bild)**.

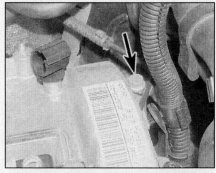

4.4 Lossa bulten som fäster metallröret vid kamaxelkåpan – 1.8 liters motor

4.5 Demontera plastkåpan på motorns framsida – 1.8 liters motor med kod AGU

4.6a Koppla loss ventilationsslangen på vänster sida av kamaxelkåpan . . .

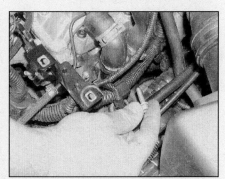

4.6b . . . och lossa vid behov ventilatorhusets bult – 1.8 liters motor

4.8a Lossa fästmuttrarna . . .

4.8b . . . och lyft bort kamaxelkåpan från topplocket – 1.8 liters motor

4.9 Lyft bort oljeavskiljarna från insugskamaxeln – 1.8 liters motor

Montering

10 Kontrollera kamaxelkåpans packning och byt den om den är sliten eller skadad.

11 Rengör fogytorna på kamaxelkåpan och topplocket noga och lägg sedan olje-avskiljaren på plats över kamaxelns lager-överfall.

12 Arbeta från topplockets framkant (kam-remsänden) och lägg lämpligt tätningsmedel (VW D 454 300 A2 eller motsvarande) på de två punkter där kamaxlarnas främre gemen-samma lageröverfall möter topplockskanten **(se bild)**.

13 Arbeta på samma sätt på baksidan av topplocket och lägg tätningsmedel på de två punkter där kamaxelns drivkedjespännare/justermekanism möter topplockskanten **(se bild)**.

14 Passa försiktigt in kamaxelkåpans packningar mot topplocket och trä sedan försiktigt kamaxelkåpan över topplockets pinnbultar. I tillämpliga fall, lägg mellanläggs-brickan/-brickorna och eller konsolen/konsolerna på plats och sätt sedan tillbaka fästmuttrarna och dra åt dem stegvis till angivet moment.

15 Resten av monteringen sker i omvänd ordningsföljd mot demonteringen. Tänk på följande.

  a) *På alla motorer utom dem med kod AGN, sätt tillbaka tändspolarna enligt beskrivningen i kapitel 5B.*

  b) *På motorer med kod AGN, montera den övre delen av insugsgrenröret enligt beskrivningen i kapitel 4A.*

---

5 Vevaxelns remskiva – demontering och montering

1.4 och 1.6 liters motorer

Observera: *Vid monteringen krävs en ny fästbult till vevaxelns remskiva.*

Demontering

1 Koppla loss batteriets minusledare. **Observera**: *Läs avsnittet "Koppla ifrån batteriet" längst bak i boken innan batteriets anslutningar kopplas bort.*

2 För att komma åt bättre, lyft upp fram-vagnen och ställ den stadigt på pallbockar (se *Lyftning och stödpunkter*). Demontera höger framhjul.

3 Lossa fästskruvarna och/eller klämmorna och lyft bort så många av motorns undre skyddsplåtar som behövs för att du ska kunna komma åt vevaxelns remskiva.

4 Om så krävs (för att kunna utföra ytterligare arbeten), grip tag om vevaxelremskivans bult med en skruvnyckel och vrid runt vevaxeln tills de berörda tändinställningsmärkena hamnar mitt för varandra (se avsnitt 3).

5 Demontera drivremmen enligt beskriv-ningen i kapitel 1A.

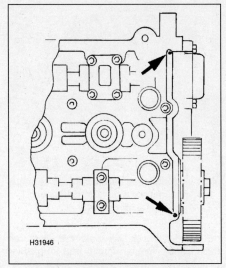

4.12 Lägg tätningsmedel på de visade punkterna (vid pilarna), där det gemensamma, främre lageröverfallet ligger an mot topplocket – 1.8 liters motorer

6 Med ett verktyg liknande det som visas här kan vevaxeln hindras från att vrida sig när man lossar på remskivebulten. Haka fast verktyget i två av remskivans urtag **(se bild)**.

7 Håll fast remskivan och lossa på remskive-bulten (var försiktig – bulten sitter mycket hårt) med hjälp av en hylsnyckel med lämpligt förlängningshandtag.

8 Skruva loss bulten och demontera remskivan **(se bild)**.

9 Placera en distansbricka under remskive-bultens huvud och sätt tillbaka bulten för att hålla vevaxeldrevet på plats.

Montering

10 Skruva loss den bult till vevaxelns rem-skiva/drev som hållit drevet på plats och ta bort distansbrickan. Sätt sedan tillbaka rem-skivan mot drevet. Se till att drevets styrstift griper in i motsvarande hål i rem-skivan.

11 Smörj gängorna på den nya bulten till vevaxelns remskiva. Hindra vevaxeln

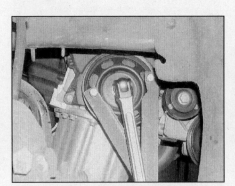

5.6 Håll fast vevaxelns remskiva med ett verktyg liknande det som visas här – 1.4 liters motor

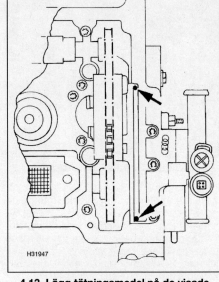

4.13 Lägg tätningsmedel på de visade punkterna (vid pilarna), där kamaxelns drivkedjespännare/justermekanism ligger an mot topplocket – 1.8 liters motorer

från att vrida sig på samma sätt som vid demonteringen. Sätt sedan i remskivans nya fästbult och dra åt den till angivet moment i två steg, enligt specifikationerna i detta kapitel.

12 Montera och spänn drivremmen enligt beskrivningen i kapitel 1A.

13 Montera motorns undre skyddskåpa/-kåpor.

14 Sätt tillbaka framhjulet, sänk ner fram-vagnen och anslut batteriets minuskabel.

1.8 liters motorer

Demontering

15 Fortsätt enligt beskrivningen i punkt 1 till 3, och lägg märke till att det på modeller med turbo är nödvändigt att koppla loss luftröret mellan turboaggregatet och mellankylaren för att kunna demontera den undre skyddskåpan på höger sida. För att ta bort luftröret, lossa på slangklämmorna och

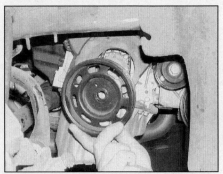

5.8 Demontering av vevaxelns remskiva – 1.4 liters motor

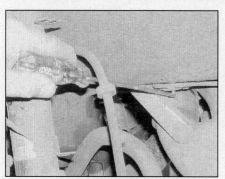

5.15a Lossa på slangklämmorna som håller fast slangarna vid luftröret mellan turboaggregat och mellankylare . . .

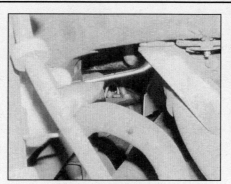

5.15b . . . lossa sedan fästbulten . . .

5.15c . . . och demontera röret – modell med 1.8 liters motor

5.15d Motorns högra, undre skyddskåpa demonteras – modell med 1.8 liters motor

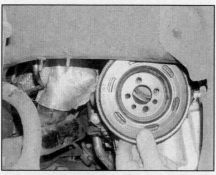

5.19 Demontering av vevaxelns remskiva – 1.8 liters motor

koppla loss slangarna från rörets bägge ändar. Skruva sedan loss bulten som håller fast röret vid karossen **(se bilder)**.

16 Om så krävs (för eventuella ytterligare arbeten), grip tag om vevaxeldrevets bult med en nyckel och vrid runt vevaxeln tills de berörda tändinställningsmärkena står mitt för varandra (se avsnitt 3).

17 Lossa på bultarna som fäster vevaxelns remskiva vid drevet med hjälp av en insex-nyckel eller insexbit. Om så behövs kan remskivan hindras från att rotera genom att man håller fast vevaxeldrevets bult med en ring- eller hylsnyckel.

18 Demontera drivremmen enligt beskrivningen i kapitel 1A.

19 Lossa sedan bultarna som håller fast remskivan vid drevet och demontera rem-skivan **(se bild)**.

Montering

20 Sätt tillbaka remskivan på drevet och skruva i remskivans fästbultar. Observera att bulthålen är förskjutna, så att remskivan bara kan monteras på ett sätt.

21 Montera och spänn drivremmen enligt beskrivningen i kapitel 1A.

22 Förhindra att vevaxeln vrids genom att låsa den på samma sätt som vid demont-eringen. Dra sedan åt remskivans fästbultar till angivet moment.

23 Fortsätt enligt beskrivningen i punkt 13

och 14, men sätt dessutom tillbaka luftröret mellan turboaggregatet och mellankylaren.

6 Kamremskåpor – demontering och montering

1.4 och 1.6 liters motor

Övre ytterkåpa

1 Demontera luftrenaren enligt beskrivningen i kapitel 4A.

2 Lossa de två fästklämmorna och lyft bort kåpan från motorn **(se bild)**.

3 Monteringen sker i omvänd ordningsföljd mot demonteringen.

Nedre ytterkåpan

4 Demontera vevaxelns remskiva enligt beskrivningen i avsnitt 5.

5 Lossa kåpans två fästklämmor på baksidan av motorn och skruva sedan loss de två nedre fästbultarna och den ensamma bult som fäster kåpan vid motorns fästbygel. Ta bort kåpan från motorn genom att sänka ner den **(se bilder)**.

6 Monteringen sker i omvänd ordning mot demonteringen, men sätt tillbaka remskivan enligt beskrivningen i avsnitt 5.

6.2 Den övre, yttre kamremskåpan tas bort – 1.4 liters motor

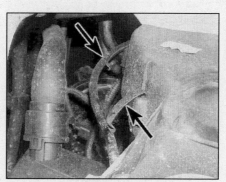

6.5a Lossa de två fästklämmorna (vid pilarna) . . .

6.5b . . . och skruva loss de två nedre fästbultarna (vid pilarna) . . .

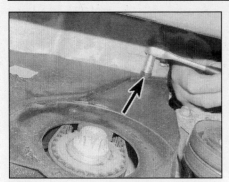

6.5c ... och den ensamma bult som fäster kåpan vid motorns fästbygel ...

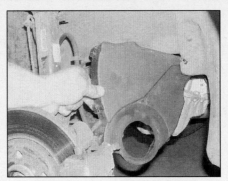

6.5d ... och ta bort den nedre kamremskåpan – 1.4 liters motor

6.8 Demontering av överföringsremskivan/ fästbygeln (på bilden är motorn demonterad) – 1.4 liters motor

Bakre kamremskåpa

Observera: *Eftersom fästbultarna till den bakre kamremskåpan även håller fast kylvätskepumpen, är det bäst att tömma kylsystemet (se kapitel 1A) innan detta arbete påbörjas. Byt kylvätskepumpens tätning/ packning (se kapitel 3) innan kåpan sätts tillbaka. Fyll kylsystemet enligt beskrivningen i kapitel 1A.*

7 Demontera kamremmen enligt beskrivningen i avsnitt 7.
8 Skruva loss kamremmens överförings-remskiva/fästbygel **(se bild)**.
9 Lossa den fästbult till bakre kamremskåpan som sitter intill den högra motorlyftöglan **(se bild)**.
10 Lossa de två fästbultarna och demontera den bakre kamremskåpan. Observera att bultarna även fäster kylvätskepumpen **(se bild)**.
11 Montera i omvänd ordningsföljd mot demonteringen, men dra också åt bulten till kamremmens överföringsremskiva/fästbygel till angivet moment och montera kamremmen enligt beskrivningen i avsnitt 7.

1.8 liters motor

Övre kåpa

12 På motorer med kod AGN skapar man bättre åtkomlighet genom att demontera den

övre delen av insugsgrenröret enligt beskrivningen i kapitel 4A.
13 Lossa fästklämmorna och lyft bort motorns toppkåpa.
14 Lossa de två fästklämmorna och lirka bort kamremskåpan från motorn **(se bilder)**.
15 Montera i omvänd ordningsföljd mot demonteringen och se till att fästklämmorna låser ordentligt.

Mittkåpa

16 Demontera den övre kamremskåpan så som redan beskrivits i detta avsnitt.
17 Demontera drivremmen enligt beskrivningen i kapitel 1A.

6.9 Lossa den fästbult till bakre kamremskåpan som sitter intill den högra motorlyftöglan – 1.4 liters motor

6.10 Den bakre kamremskåpan demonteras (här med motorn demonterad) – 1.4 liters motor

18 Lossa de tre fästbultarna och sänk ner mittkåpan från motorn **(se bild)**. Observera att de två nedre fästbultarna även fäster den nedre kamremskåpan.
19 Monteringen sker i omvänd ordningsföljd mot demonteringen.

Nedre kåpa

20 Demontera vevaxelns remskiva enligt beskrivningen i avsnitt 5.
21 Om den mittre kamremskåpan inte har tagits bort, lossa de två bultar som fäster både den mittre och den nedre kamrems-kåpan vid motorn.
22 Skruva loss den undre kamremskåpans

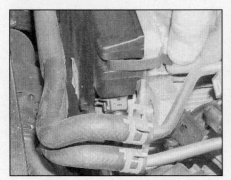

6.14a Lossa fästklämmorna ...

6.14b ... och lyft bort den övre kamremskåpan – 1.8 liters motor

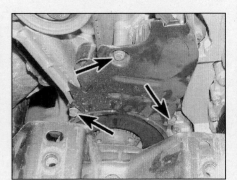

6.18 Den mittre kamremskåpans fästbultar (vid pilarna), sedda med höger motorfäste demonterat – 1.8 liters motor

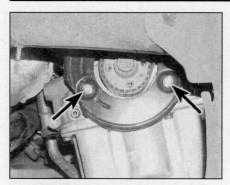

6.22a Lossa de nedre fästbultarna (vid pilarna) . . .

två nedre fästbultar och sänk ner kåpan från motorn **(se bilder)**.

23 Monteringen sker i omvänd ordning mot demonteringen, men sätt tillbaka remskivan enligt beskrivningen i avsnitt 5.

7 Kamrem(mar) – demontering och montering

1.4 och 1.6 liters motorer
Huvudkamrem – demontering

1 1.4 och 1.6 liters motorer har två kamremmar. Huvudkamremmen driver insugskamaxeln från vevaxeln och den sekundära kamremmen driver avgaskamaxeln från insugskamaxeln.

7.9b . . . skruva sedan loss fästskruven . . .

7.10b . . . och flytta undan kylvätskans expansionskärl så att det inte är i vägen – 1.4 liters motor

6.22b . . . och lyft bort den nedre kamremskåpan – 1.8 liters motor

2 Koppla loss batteriets minusledare och skruva sedan loss bultarna och lyft av motorns toppkåpa. **Observera**: *Läs avsnittet "Koppla ifrån batteriet" längst bak i boken innan batteriets anslutningar kopplas bort.*

3 Demontera luftrenaren enligt beskrivningen i kapitel 4A.

4 Lossa de två klämmorna och demontera den övre, yttre kamremskåpan.

5 Vrid vevaxeln så att kolv nr 1 ställs i ÖD i förbränningstakten och lås fast kamaxeldreven i detta läge enligt beskrivningen i avsnitt 3.

6 Demontera vevaxelns remskiva enligt beskrivningen i avsnitt 5. Sätt tillbaka dess fästbult, med en distansbricka under huvudet, för att hålla vevaxelns drev på plats.

7 Demontera den nedre, yttre kamremskåpan enligt beskrivningen i avsnitt 6.

7.9c . . . och flytta undan behållaren så att den inte är i vägen – 1.4 liters motor

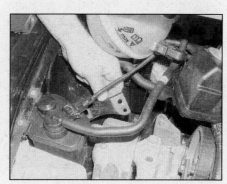

7.12a Demontera den lilla fästbygeln . . .

7.9a Lossa klämmorna som fäster kolkanisterns slang vid servostyrningens vätskebehållare . . .

8 Där tillämpligt, på modeller med luftkonditionering, skruva loss fästbulten och demontera drivremmens överföringsremskiva.

9 Lossa fästskruven och flytta undan servostyrningens vätskebehållare från arbetsområdet, men låt vätskeslangarna sitta kvar. Observera att slangen till kolkanistern måste kopplas loss från klämmorna på vätskebehållaren **(se bilder)**.

10 Skruva också loss de två fästskruvarna till kylvätskans expansionskärl och flytta undan kärlet från arbetsområdet **(se bilder)**.

11 Fäst en lyft med talja i motorns högra lyftögla (på kamremssidan) och höj den så mycket att motorns tyngd precis hålls uppe.

12 Demontera hela den högra motorfästesenheten enligt beskrivningen i avsnitt 21 **(se bilder)**.

7.10a Lossa fästskruvarna . . .

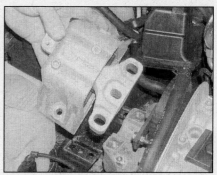

7.12b . . . och hela motorfästesenheten på höger sida – 1.4 liters motor

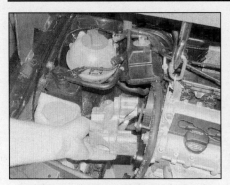

7.13 Motorns högra fästbygel tas bort – 1.4 liters motor

7.15 Lossa på spännarbulten och vrid spännaren moturs med en insexnyckel, varefter spännarbulten åter dras åt – 1.4 liters motor

7.16 Huvudkamremmen tas loss – 1.4 liters motor

13 Skruva loss de fyra fästbultarna och ta bort höger fästbygel från motorn **(se bild)**.
14 Om någon av kamremmarna ska sättas tillbaka, märk ut rotationsriktningen för att underlätta korrekt återmontering.
15 Sätt in en passande insexnyckel i hålet i huvudkamremmens spännarplatta. Lossa sedan på spännarbulten och vrid spännaren moturs med hjälp av insexnyckeln (för att släppa efter på remmens sträckning). Dra sedan åt spännarbulten igen **(se bild)**.
16 Ta tillfälligt bort låsverktyget från kamaxelns drev, notera hur kamremmen är dragen och ta av den från dreven **(se bild)**. Sätt tillbaka kamaxeldrevets låsverktyg när kamremmen har demonterats.
17 Vrid vevaxeln ett kvarts varv (90°) moturs så att kolv 1 och 4 hamnar en bit nedanför ÖD i cylinderloppet. På så vis undviks risken att kolv och ventiler slår i varandra om en kamaxel vrids när kamremmen är borttagen.

Sekundär kamrem (insugskamaxeln) – demontering

18 När huvudkamremmen tagits bort, fortsätt så här för att demontera den sekundära kamremmen.
19 Sätt in en passande insexnyckel i hålet i den sekundära kamremmens spännarplatta.

Lossa sedan på spännarbulten och vrid spännaren medurs med hjälp av insexnyckeln (för att minska remspänningen). Skruva loss fästbulten och ta bort kamremmens spännar-rulle **(se bilder)**.
20 Ta tillfälligt bort låsverktyget från kam-axelns drev och dra av kamremmen från dreven **(se bild)**. Sätt tillbaka kamaxeldrevets låsverktyg när remmen har demonterats.

Sekundär kamrem (insugskamaxeln) – montering

21 Kontrollera att kamaxeldreven fortfarande hålls på plats med låsstiften. Vrid sedan vevaxeln ett kvarts varv (90°) medurs för att åter ställa kolvarna 1 och 4 i ÖD. Kontrollera att den kugge på drevet som har en snedfasad innerkant står mitt för motsvarande märke på oljepumpshuset **(se bild)**.
22 Ta tillfälligt bort kamaxeldrevets låsverktyg och trä på den sekundära kamremmen runt kamaxeldreven. Se till att remmen är så spänd som möjligt i sin övre sträckning mellan dreven (men observera att det ändå kommer att finnas ett visst spel hos den). Observera riktningsmarkeringarna om den ursprungliga remmen återmonteras. Sätt tillbaka kamaxeldrevets låsverktyg när kamremmen satts tillbaka runt dreven.

23 Kontrollera att visaren på den sekundära kamremmens spännare står så långt som möjligt åt höger på spännarens fästplatta.
24 Tryck den sekundära kamremmen uppåt med remspännaren och sätt i spännarens fästbult (om så behövs, vrid spännaren med hjälp av insexnyckeln tills bulthålet i spännaren står mitt för bulthålet i topplocket). Se till att klacken på spännarens fästplatta griper in i topplockets hylspluggshål **(se bild på nästa sida)**.
25 Vrid spännaren moturs med insexnyckeln tills spännarvisaren hamnar mitt för klacken

7.19a Lossa på kamremmens spännarbult och vrid spännaren medurs med en insexnyckel . . .

7.19b . . . skruva sedan loss fästbulten och ta bort spännaren – 1.4 liters motor

7.20 Den sekundära kamremmen tas loss – 1.4 liters motor

7.21 Kuggen med fasad kant på vevaxelns kuggremskiva inställd mot pilen i oljepumpens gjutgods – 1.4 liters motor

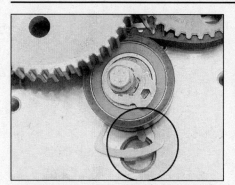

7.24 Den sekundära kamremsspännarens visare ska vara ställd längst åt höger på spännarens fästplatta och klacken på fästplattan ska gripa in i hylspluggshålet – 1.4 och 1.6 liters motorer

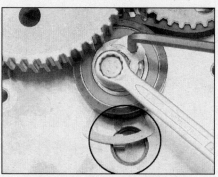

7.25 Vrid spännaren moturs tills spännarvisaren hamnar mitt för klacken på spännarens fästplatta, medan klacken står i vänster stoppläge i hylspluggshålet - 1.4 och 1.6 liters motorer

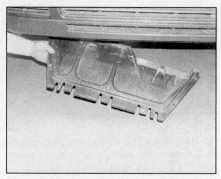

7.44 Motorns främre, undre skyddskåpa tas bort – 1.8 liters motor

på spännarens fästplatta, medan klacken står i vänster stoppläge i hylspluggshålet **(se bild)**. Dra åt spännarbulten till angivet moment.

Huvudkamrem – montering

26 Där så är tillämpligt, ställ tillbaka vevaxeln i ÖD (se punkt 21) och kontrollera att den sekundära kamremmen har satts tillbaka och spänts. Ta tillfälligt bort kamaxelremskivans låsverktyg och trä huvudkamremmen runt dreven. Börja vid kylvätskepumpen och arbeta moturs. Fortsätt till spännarrullen, vevaxeldrevet, överföringsremskivan, insugskamaxelns drev och den andra överförings-remskivan. Observera riktningsmarkeringarna om det är den ursprungliga remmen som återmonteras. Sätt tillbaka kamaxeldrevets låsverktyg när kamremmen åter sitter på plats.

27 Kontrollera att spännarbulten sitter löst. Stick sedan in en insexnyckel i hålet i spännarplattan och vrid plattan medurs tills spetsen på spännarrullens visare står mitt för utskärningen i fästplattan. Dra åt spännarens fästbult till angivet moment.

28 Ta bort låsverktyget från kamaxeldrevet.

29 Med hjälp av en nyckel som griper om vevaxelremskivans bult, vrid motorn två fulla varv i den vanliga rotationsriktningen, tills den kugge på vevaxelns drev som har avfasad innerkant hamnar mitt för motsvarande markering på oljepumpshuset **(se bild 3.5)**. Kontrollera att låsverktyget nu kan sättas i så att det låser kamaxeldreven i rätt läge – om inte kan den ena eller bägge kamremmarna ha monterats felaktigt.

30 Kontrollera kamremmarnas spänning när vevaxelns tändinställningsmärken står mitt för varandra och kamaxeldreven har låsts fast i rätt läge. Den sekundära kamremmens och huvudkamremmens spänningsvisare bör stå i det respektive läge som beskrivs i punkterna 25 och 27 – om inte, upprepa spännings-proceduren i fråga och kontrollera spänningen på nytt.

31 När kamremsspänningen är korrekt, sätt tillbaka fästbygeln på motorns högra sida och dra åt fästbultarna till angivet moment.

32 Montera hela den högra motorfästes-enheten enligt beskrivningen i avsnitt 21.

33 Koppla loss lyften och taljan från motorns lyftögla.

34 Sätt tillbaka servostyrningens vätske-behållare och fäst kolkanistern på plats med klämmorna.

35 Montera kylvätskebehållaren.

36 I tillämpliga fall, montera tillbaka driv-remmens överföringsremskiva.

37 Montera den nedre, yttre kamremskåpan – se beskrivningen i avsnitt 6 om så behövs.

38 Montera vevaxelns remskiva enligt beskrivningen i avsnitt 5.

39 Sätt tillbaka den övre, yttre kamrems-kåpan.

40 Sätt tillbaka luftrenarenheten. Montera sedan motorns toppkåpa och återanslut batteriets minusledare.

1.8 liters motor

Observera: *För att trycka ner kamrems-spännarens kolv vid den här proceduren behövs en bit (omkring 55 mm) M5-gängad metallstång.*

Demontering

41 På 1.8 liters motorer drivs avgas-kamaxeln av vevaxeldrevet via en kuggrem, medan insugskamaxeln drivs från avgas-kamaxelns bakände via en kedja. Se avsnitt 9 angående detaljer om demontering, kontroll och montering av insugskamaxelns kedja.

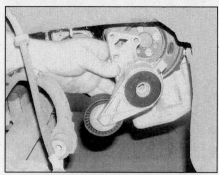

7.48 Drivremsspännaren tas loss – 1.8 liters motor

42 Koppla loss batteriets minusledare. **Observera:** *Läs avsnittet "Koppla ifrån batteriet" längst bak i boken innan batteriets anslutningar kopplas bort.*

43 För att komma åt bättre, lyft upp höger sida av framvagnen och ställ den på pallbockar (se *Lyftning och stödpunkter*). Demontera hjulet.

44 Lossa fästskruvarna och ta bort den främre av motorns undre skyddsplåtar **(se bild)**.

45 På modeller med turbo, arbeta från höger-sidans hjulhus, lossa på slangklämmorna och koppla loss slangarna från röret mellan turboaggregat och mellankylare. Skruva loss bultarna som fäster röret mellan turbo-aggregat och mellankylare vid karossen. Ta sedan bort röret **(se bilder 5.15a till 5.15c)**.

46 Lossa fästklämmorna och ta bort den högra skyddskåpan under motorn.

47 Demontera drivremmen enligt beskriv-ningen i kapitel 1A.

48 Skruva loss de tre fästbultarna och ta bort drivremsspännaren **(se bild)**. Observera att de två översta fästbultarna också håller fast ett stödfäste för kablar/rör.

49 Ställ kolv 1 i ÖD i förbränningstakten genom att vrida vevaxeln enligt beskrivningen i avsnitt 3.

50 Fortsätt enligt beskrivningen i punkt 9 till 12 i detta avsnitt, men i stället för att lossa klämmorna till kolkanisterns slang från servo-styrningens vätskebehållare, lossa slangen från kolkanistern och gasspjällshuset. Lägg undan slangen åt sidan **(se bild)**.

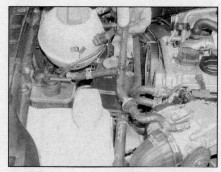

7.50 Flytta slangen till kolkanistern åt sidan, så att den inte är i vägen vid arbetet – 1.8 liters motor

51 Skruva loss de tre fästbultarna och ta bort fästbygeln från motorns högra sida. En av bultarna kommer man åt från motorns ovansida, de andra två från undersidan. Motorn måste eventuellt lyftas eller sänkas en aning med hjälp av en lyft för att det ska gå att lirka ut fästbygeln från undersidan av bilen **(se bilder)**.

52 Demontera vevaxelns remskiva enligt beskrivningen i avsnitt 5.

53 Demontera den mittre och nedre av de yttre kamremskåporna – se beskrivningen i avsnitt 6 om så behövs.

54 Om den ursprungliga kamremmen ska sättas tillbaka bör den märkas med rotationsriktningen för att underlätta korrekt montering.

55 Skruva in en bit (omkring 55 mm) M5-gängad metallstång i det gängade hålet i kamremsspännaren. En sådan stång kan man tillverka genom att såga bort huvudet på en lagom lång M5-bult. Trä en stor bricka och en mutter på stången **(se bild)**.

56 Nästa steg i arbetsgången är att låsa fast spännarkolven i läge med hjälp av en bit ståltråd eller ett spiralborr. Om så behövs, vrid spännarkolven med hjälp av en spetsnostång eller en bit ståltråd tills hålet i kolven står mitt för hålet i huset.

57 Pressa spännarkolven nedåt genom att vrida muttern på gängstången tills kolven går att låsa fast i sitt läge med ett spiralborr eller en passande metallstav som sticks in i hålet i huset **(se bilder)**.

58 Dra av kamremmen från dreven och ta bort den från motorn **(se bild)**.

59 Som en säkerhetsåtgärd kan vevaxeln vridas ett kvarts varv (90°) moturs, så att kolvarna nr 1 och 4 sänks ner något från ÖD i sina respektive lopp. På så vis undviks risken att kolvar och ventiler slår i varandra om en kamaxel vrids när kamremmen är borttagen.

Montering

60 Kontrollera att tändinställningsmärkena på kamaxeldrevet och på kamaxelkåpan fortfarande står mitt för varandra, så som beskrivs avsnitt 3.

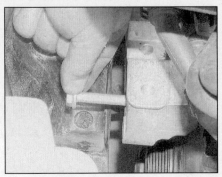
7.51a Lossa de övre . . .

7.51b . . . och nedre fästbultarna . . .

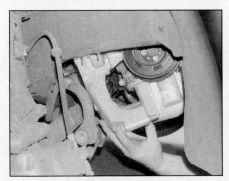
7.51c . . . och ta loss motorns högra fästbygel från bilens undersida – 1.8 liters motor

61 Om vevaxeln har vridits moturs för att undvika kontakt mellan kolvar och ventiler, vrid tillbaka den medurs till ÖD-läget. Om du vill kan du tillfälligt sätta tillbaka den nedre kamremskåpan och vevaxelns remskiva för att kontrollera att remskivans tändinställningsmärke står mitt för märket på kåpan – demontera vevaxelns remskiva och den nedre kamremskåpan på nytt när märkena stämmer överens.

62 Trä kamremmen runt vevaxeldrevet. Om den gamla kamremmen används ska den ha samma rotationsriktning som förut.

63 Kontrollera att kamremmen hakar i

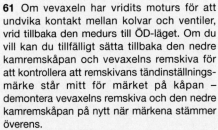

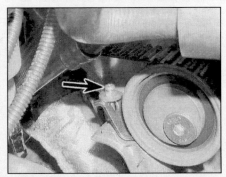
7.55 Skruva i en stång med M5-gänga i kamremsspännaren och trä sedan en bricka och mutter på stången (vid pilen) – 1.8 liters motor

ordentligt i vevaxeldrevet och lägg sedan remmen runt kylvätskepumpen, spännarrullen och kamaxeldrevet.

64 Dra ut metallstaven som låser fast spännarkolven i läge och lossa muttern från den gängade stången i kamremsspännaren. Kamremmen sträcks nu automatiskt av kamremsspännaren.

65 Vrid vevaxeln medurs två fulla varv. Kontrollera sedan att vevaxelns och kam-axelns tändinställningsmärken fortfarande står mitt för varandra, så som beskrivits i avsnitt 3. Om de inte gör det har kamremmen monterats felaktigt (sätt tillfälligt tillbaka den nedre kamremskåpan och vevaxelns remskiva för att kunna se märkena).

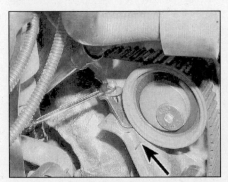
7.57a Vrid muttern på den gängade stången tills kolven kan låsas fast i läge med en metallstav eller ett spiralborr (vid pilen) som sticks in i hålet i huset – 1.8 liters motor

7.57b Bilden visar hur ett borr stuckits in genom hålet i spännarkolven och dess hus, med spännaren demonterad för tydlighets skull – 1.8 liters motor

7.58 Kamremmen tas loss – 1.8 liters motor

66 Sätt tillbaka den nedre kamremskåpan och dra åt fästbultarna.
67 Sätt tillbaka den mellersta kamremskåpan och dra åt fästbultarna.
68 Sätt tillbaka vevaxelns remskiva och dra åt fästbultarna till angivet moment.
69 Sätt tillbaka motorns högra fästbygel, och kom ihåg att de två nedersta fästbultarna måste sitta på plats i fästbygeln redan när den monteras. Dra åt bultarna till angivet moment. Om så krävs, höj eller sänk motorn något med hjälp av lyften för att kunna styra in fästbygeln i rätt läge.
70 Montera den högra motorfästesenheten enligt beskrivningen i avsnitt 21.
71 Koppla loss lyften och taljan från motorn.
72 Montera den övre kamremskåpan.
73 Sätt tillbaka kolkanisterns och gasspjälls-husets slangar. Var noga med att anslutningarna hamnar rätt och att slangarna dras rätt väg.
74 Montera servostyrningens vätskebehållare och kylvätskans expansionskärl. Kontrollera att klämmorna sitter ordentligt fast.
75 Montera drivremsspännaren och sätt sedan tillbaka drivremmen enligt beskriv-ningen i kapitel 1A.
76 Montera motorns undre skyddsplåtar och, i tillämpliga fall, luftröret mellan turbo-aggregatet och mellankylaren.
77 Sätt tillbaka hjulet och sänk ner bilen till marken.

8 Kamremmens spännare och drev – demontering och montering

1.4 och 1.6 liters motorer
Huvudkamremmens spännare
1 Demontera huvudkamremmen enligt beskrivningen i avsnitt 7.
2 Skruva loss kamremmens spännarbult och ta bort spännaren från motorn.
3 Stick in en insexnyckel i hålet i spännarens fästplatta och vrid spännaren moturs till läget som visas **(se bild)**.
4 Sätt tillbaka spännaren på motorn. Se till

att utskärningen i spännarens fästplatta griper om bulten i motorblocket **(se bild 8.3)**. Sätt tillbaka spännaren fästbult och dra åt den med fingrarna.
5 Sätt tillbaka och spänn kamremmen enligt beskrivningen i avsnitt 7.

Sekundära kamremmens (insugskamaxelns) spännare
6 Hur spännaren demonteras och monteras beskrivs i avsnitt 7, som en del av demonteringsproceduren för kamremmen.

Huvudkamremmens överföringsremskivor
7 Demontera kamremmen enligt beskriv-ningen i avsnitt 7.
8 Lossa fästbulten och demontera den aktuella remskivan. Observera att den mindre av remskivorna (den som sitter närmast insugsgrenrörets sida av motorn) kan tas bort som en enhet tillsammans med sin fästbygel (skruva loss fästbygelns bult och låt rem-skivan sitta kvar vid fästbygeln) **(se bilder)**.
9 Sätt tillbaka remskivan och dra åt fästbulten till angivet moment. Observera att om den mindre remskivan har demonterats till-sammans med sin fästbygel, måste den sättas tillbaka så att fästbygelns urtag griper tag runt den bakre kamremskåpans bult.
10 Sätt tillbaka och spänn kamremmen enligt beskrivningen i avsnitt 7.

Vevaxeldrev
11 Demontera huvudkamremmen enligt beskrivningen i avsnitt 7.
12 Skruva loss vevaxelns remskiva till-sammans med brickan som håller drevet på plats. Dra av drevet från vevaxeln.
13 Börja återmonteringen med att trä drevet på vevaxeländen, med styrstiftet för rem-skivan vänt utåt **(se bild)**. Sätt tillfälligt tillbaka remskivans fästbult och bricka för att hålla drevet på plats.
14 Sätt tillbaka huvudkamremmen enligt beskrivningen i avsnitt 7.

Kamaxeldrev
Observera: *Vid montering av drevet måste en ny fästbult användas.*
15 Demontera huvudkamremmen och den

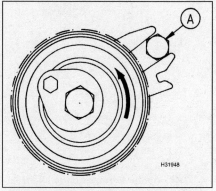

8.3 Vrid spännaren moturs till det visade läget innan den monteras. Observera att utskärningen ska gripa tag om bulten (A) i motorblocket när spännaren är på plats – 1.4 och 1.6 liters motorer

sekundära kamremmen enligt beskrivningen i avsnitt 7. Kontrollera att vevaxeln har vridits ett kvarts varv (90°) moturs, så att kolv 1 och 4 befinner sig en bit nedanför ÖD i cylinder-loppet. På så vis undviks risken att kolvar och ventiler slår i varandra om en kamaxel vrids när kamremmen är borttagen.
16 Lossa nu bulten till relevant drev. Kamaxeln måste hindras från att vrida sig medan bulten lossas – **lita inte** på att drevets låsverktyg ensamt räcker till för detta. Tillverka ett verktyg liknande det på bilden och sätt fast det i öppningarna i drevet **(se bild 8.19)**.
17 Skruva loss kamaxeldrevets bult och dra av drevet från kamaxeltappen. Notera vilken väg det sitter.
18 Börja monteringen genom att passa in drevet på kamaxeln så att klacken på drevet griper in i spåret i änden på axeln. Om båda kamaxeldreven har demonterats, tänk på att det dubbla drevet (för både huvud-kamremmen och den sekundära kamremmen) ska sitta på insugskamaxeln och att avgas-kamaxelns drev måste monteras först **(se bild)**.
19 Sätt i en ny fästbult till drevet, lås sedan fast drevet med hållarverktyget på samma sätt som vid demonteringen och dra åt bulten

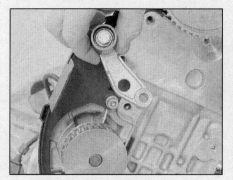

8.8a Demontera den mindre . . .

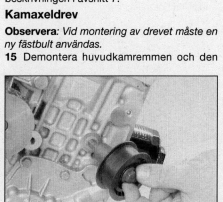

8.8b . . . och större av kamremmens överföringsremskivor – 1.4 liters motor

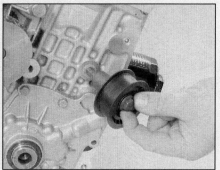

8.13 Vevaxelns drev monteras. Styrstiftet för remskivan (vid pilen) ska vara vänt utåt – 1.4 liters motor

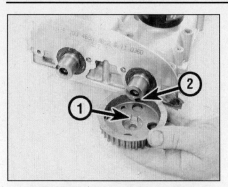

8.18 Montera drevet och se till att klacken (1) på drevet griper in i spåret (2) i kamaxeln – 1.4 liters motor

8.19 Dra åt drevets fästbult medan drevet hålls stilla med ett lämpligt verktyg – 1.4 liters motor

till angivet moment i de två steg som anges i specifikationerna **(se bild)**.
20 Sätt tillbaka båda kamremmarna enligt beskrivningen i avsnitt 7.

Kylvätskepumpens drev

21 Kylvätskepumpens drev går inte att ta loss från pumpen. Se kapitel 3 för närmare beskrivning av demontering av kylvätskepumpen.

1.8 liters motorer

Kamremsspännare

22 Demontera kamremmen enligt beskrivningen i avsnitt 7.
23 Lossa fästbulten och demontera spännaren från motorn **(se bild)**. Ta loss brickan som sitter mellan spännaren och motorblocket. Om så önskas kan den gängade låssprinten tas bort från spännaren, och muttern och gängstången som används för att flytta spännaren bakåt skruvas loss. **Ta inte** bort muttern och gängstången innan låssprinten demonterats.
24 Montera i omvänd ordningsföljd mot demonteringen, men se också till att brickan sitter på plats mellan spännare och motorblock, och att muttern, gängstången och låsstiftet åter har monterats för att dra

tillbaka spännaren innan denna monteras på motorn **(se bild)**. Montera kamremmen enligt beskrivningen i avsnitt 7.

Vevaxeldrev

Observera: *När vevaxeldrevet monteras måste en ny fästbult användas.*

25 Demontera kamremmen enligt beskrivningen i avsnitt 7.
26 Drevets fästbult ska nu lossas, och vevaxeln måste hindras från att rotera medan bulten skruvas loss. För att hålla fast drevet kan du tillverka ett verktyg liknande det som användes till att hålla fast kamaxeldrevet **(se bild 8.19)**, och skruva fast det vid drevet med två passande bultar.
27 Håll fast drevet med verktyget och lossa fästbulten något. Var försiktig, bulten sitter mycket hårt. **Låt inte** vevaxeln vrida sig medan bulten lossas.
28 Skruva ut bulten helt, notera hur drevet sitter vänt och dra loss det från vevaxeltappen.
29 Börja monteringen med att trä drevet på vevaxeln, med det upphöjda navet vänt utåt.
30 Sätt i en ny fästbult, håll sedan emot remskivan på samma sätt som vid demonteringen och dra åt bulten till angivet moment i de två steg som anges i specifikationerna.

31 Montera tillbaka kamremmen enligt beskrivningen i avsnitt 7.

Avgaskamaxelns drev

32 Demontera kamremmen enligt beskrivningen i avsnitt 7. Kontrollera att vevaxeln har vridits ett kvarts varv (90°) moturs, så att kolv 1 och 4 befinner sig en bit nedanför ÖD i cylinderloppet. På så vis undviks risken att kolvar och ventiler slår i varandra om en kamaxel vrids när kamremmen är borttagen.
33 Kamaxeldrevets bult ska nu lossas, och kamaxeln hindras från att rotera medan bulten skruvas loss. Tillverka ett verktyg liknande det på bild 8.19 och fäst det i öppningarna i drevet.
34 Skruva loss kamaxeldrevets bult, ta bort brickan, notera hur drevet sitter vänt och dra av det från kamaxeltappen. I förekommande fall, ta loss woodruff-kilen från kamaxeln.
35 Börja monteringen med att sätta tillbaka woodruff-kilen på kamaxeln (där så är tillämpligt) och passa sedan in drevet på kamaxeln, med rätt sida vänd utåt.
36 Sätt i fästbulten och kontrollera att brickan sitter på plats. Håll sedan fast drevet med verktyget från demonteringen och dra åt bulten till angivet moment.
37 Montera kamremmen enligt beskrivningen i avsnitt 7.

Kylvätskepumpens drev

38 Kylvätskepumpen och dess drev utgör en enhet. Se kapitel 3 för närmare beskrivning av kylvätskepumpens demontering.

Överföringsremskiva

39 Demontera kamremmen enligt beskrivningen i avsnitt 7.
40 Lossa fästbulten och ta bort överföringsremskivan.
41 Montera i omvänd ordningsföljd mot demonteringen och dra åt överföringsremskivans bult till angivet moment. Montera kamremmen enligt beskrivningen i avsnitt 7.

8.23 Kamremsspännaren tas loss från motorn – 1.8 liters motor

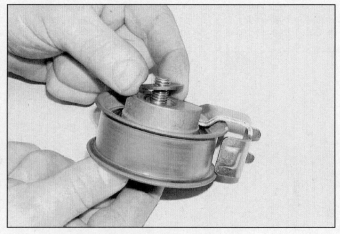

8.24 Kontrollera att brickan sitter på plats mellan spännaren och motorblocket – 1.8 liters motor

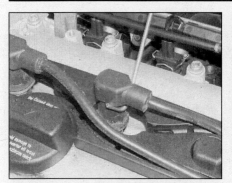

10.3 Använd en krökt bit ståltråd till att dra loss kontaktdonen från tändstiften – 1.4 liters motor

10.4a Lossa DIS-modulens fästbultar . . .

10.4b . . . och ta bort hela enheten och tändkablarna – 1.4 liters motor

10.5 Koppla loss kontakten till insugskamaxelns lägesgivare – 1.4 liters motor

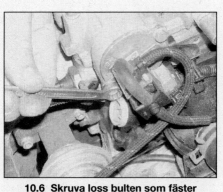

10.6 Skruva loss bulten som fäster avgasåterföringens magnetventil vid änden av kamaxelhållaren – 1.4 liters motor

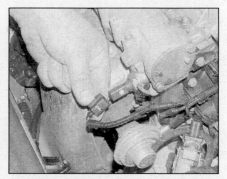

10.7a Koppla loss anslutningskontakten till oljetryckslampans brytare . . .

9 Insugskamaxelns synkr. komponenter/kamaxel-justerare (1.8 liters motorer)

Demontering och montering av drivkedjan och kedjespännaren/kamaxelns justermekanism beskrivs i avsnitt 13, som en del av proceduren för demontering och montering av kamaxeln. Kedjedreven kan inte tas loss från kamaxlarna.

10 Kamaxelhållare (1.4 och 1.6 liters motorer) – demontering och montering

Demontering

Observera: *Vid montering av kamaxelhållaren måste nya fästbultar användas. Ett lämpligt tätningsmedel (VW AMV 188 003 eller motsvarande) kommer att behövas, liksom två M6 pinnbultar (omkring 70 mm långa) – se texten.*

1 Koppla loss batteriets minusledare. **Observera**: *Läs avsnittet "Koppla ifrån batteriet" längst bak i boken innan batteriets anslutningar kopplas bort.*

2 Demontera huvudkamremmen och den sekundära kamremmen enligt beskrivningen i avsnitt 7.

3 Lossa tändkablarna från tändstiften.

Använd en krökt bit kraftig ståltråd till att dra loss kontaktdonen från tändstiften (**se bild**).

4 Lossa fästklacken och koppla loss anslutningskontakten från DIS-modulen (DIS – Distributorless Ignition System = fördelarlöst tändsystem). Lossa sedan fästbultarna och demontera DIS-modulen och tändkablarna som en enhet (**se bilder**).

5 Koppla loss kontaktdonet till insugs-kamaxelns givare (**se bild**).

6 Skruva loss bulten som fäster avgas-återföringens magnetventil vid kamaxel-hållarens ände (**se bild**). Flytta ventilen åt sidan.

7 Koppla loss anslutningskontakten från oljetryckslampans brytare, som sitter vid

främre, vänstra hörnet av kamaxelhållaren. Lossa kabelhärvan från klämman som sitter på änden av kamaxelhållaren och flytta undan kablaget (**se bilder**).

8 Ta bort den bakre kamremskåpans fästbult intill motorns högra lyftögla (**se bild**).

9 Ta bort kamaxelhållarens fästbultar genom att lossa dem stegvis och i diagonal ordningsföljd från mitten och utåt (**se bild**).

10 Lyft försiktigt av kamaxelhållaren från topplocket (**se bild**). Kamaxlarna kan demont-eras från hållaren enligt beskrivning i avsnitt 11.

Montering

11 Börja monteringen med att noggrant rengöra topplockets och kamaxelhållarens

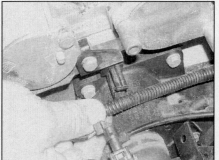

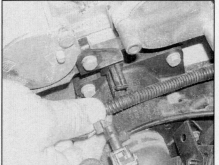

10.7b . . . och lossa sedan kablaget från klämman vid änden av kamaxelhållaren – 1.4 liters motor

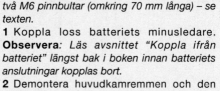

10.8 Ta bort den fästbult till bakre kamremskåpan som sitter intill den högra motorlyftöglan – 1.4 liters motor

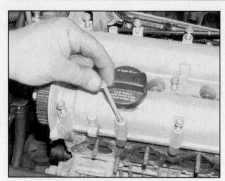

10.9 Skruva bort kamaxehållarens fästbultar . . .

10.10 . . . och lyft bort kamaxelkåpan från topplocket – 1.4 litersmotor

10.14 Stryk ett tunt, jämnt lager tätningsmedel på kamaxelhållarens fogyta mot topplocket – 1.4 liters motor

fogytor från alla spår av gamla packningsrester, gammal olja och fett. Se till att inget skräp hamnar i topplocket eller kamaxelhållaren.

12 Kontrollera att vevaxeln fortfarande är vriden ett kvarts varv (90°) moturs från ÖD-läget och att kamaxlarna är fastlåsta med låsverktyget enligt beskrivningen i avsnitt 3.

13 Kontrollera att ventilernas vipparmar är korrekt placerade mot ventilerna och ordentligt fastklämda på de hydrauliska ventillyftarna.

14 Stryk på ett tunt, jämnt lager tätningsmedel (VW AMV 188 003 eller motsvarande) på kamaxelhållarens fogyta mot topplocket **(se bild)**. Lägg inte på för tjockt med tätningsmedel eftersom överflödet kan täppa igen oljekanalerna, med skador på motorn som följd.

15 Sänk försiktigt ner kamaxelhållaren mot topplocket, tills kamaxlarna vilar på vipparmarna. Observera att kamaxelhållaren passar in över två styrstift i topplocket. För att underlätta monteringen kan man tillverka två styrpinnbultar på följande vis:

a) *Kapa huvudet på två M6-bultar och såga sedan ett spår i änden på vardera bulten, så att den kan skruvas loss med en spårskruvmejsel.*

b) *Skruva i en bult i vart och ett av de två hålen för kamaxelhållarens bultar i topplockets motställda hörn.*

c) *Sänk ner kamaxelhållaren över bultarna för att styra den på plats på topplocket.*

16 Sätt i nya fästbultar till kamaxelhållaren och dra åt dem stegvis i diagonal ordningsföljd från mitten och utåt (dvs. dra åt alla bultarna ett varv, fortsätt sedan med ytterligare ett, och så vidare). Kontrollera att kamaxelhållaren sitter rakt på topplocket när bultarna dras åt, och att hållaren griper om topplockets styrstift. I tillämpliga fall, skruva bort pinnbultarna och ersätt dem med de två återstående av kamaxelhållarens nya fästbultar när kamaxelhållaren kommit i kontakt med topplocksytan.

17 Dra åt kamaxelhållarens fästbultar till angivet moment i de två steg som anges i specifikationerna **(se bild)**.

18 Låt kamaxelhållarens tätningsmedel torka i ungefär 30 minuter innan något ytterligare arbete utförs på topplocket eller kamaxelhållaren.

19 Sätt tillbaka bulten till den bakre kamremskåpan när tätningsmedlet har torkat.

20 Återanslut kontakten till oljetryckslampans brytare. Fäst kablarna på plats med klämmorna på kamaxelhållarens kortände.

21 Montera tillbaka fästbygeln till avgasåterföringens magnetventil på kamaxelhållaren och dra åt fästbulten. Kontrollera att klacken på kamaxelhållarens ändplatta griper in i motsvarande hål i magnetventilens fästbygel.

22 Återanslut kamaxelgivarens kontaktdon.

23 Sätt tillbaka DIS-enheten och dra åt fästbultarna. Återanslut sedan DIS-enhetens anslutningskontakt och tändkablarna.

24 Sätt tillbaka den sekundära kamremmen och huvudkamremmen enligt beskrivningen i avsnitt 7.

25 Återanslut batteriets minusledare.

11 Kamaxlar (1.4 och 1.6 liters motorer) – demontering, kontroll och montering

Demontering

1 Demontera kamaxelhållaren enligt beskrivningen i avsnitt 10.

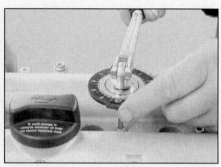

10.17 En av kamaxelhållarens fästbultar dras åt till angiven vinkel i steg 2 – 1.4 liters motor

2 Demontera kamaxeldreven. Vid osäkerhet, se avsnitt 8.

3 Om insugskamaxeln ska demonteras, lossa fästbulten och ta bort insugskamaxelns lägesgivare **(se bild)**.

4 Demontera ändplattan till den aktuella kamaxelhållaren **(se bild)**. Observera att insugskamaxelns ändplatta hålls på plats av DIS-enhetens bultar, som ju redan har skruvats bort, och att avgaskamaxelns ändplatta är fästad med tre bultar, varav en också fäster avgasåterföringens magnetventil.

5 Dra försiktigt ut kamaxeln från ändplattans ände av kamaxelhållaren. Var försiktig så att lagerytorna på kamaxeln och hållaren inte skadas när kamaxeln dras ut **(se bild på nästa sida)**.

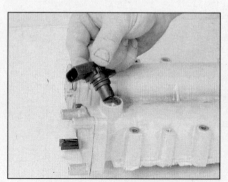

11.3 Demontera insugskamaxelns lägesgivare – 1.4 liters motor

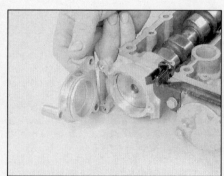

11.4 Demontera kamaxelhållarens ändplatta – 1.4 liters motor

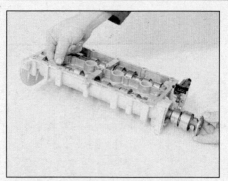

11.5 Dra ut kamaxeln ur kamaxelhållaren, i kortänden där ändplattan suttit – 1.4 liters motor

Kontroll

6 Undersök kamaxlarna och leta efter tecken på slitage på kamlobernas och axeltapparnas ytor. Normalt ska dessa ytor vara släta och mattglänsande. Leta efter repor, anfrätning och punktkorrosion, eller efter högblanka områden, något som tyder på överdrivet slitage. När kamaxelns härdade ytskikt väl brutits igenom kommer nednötningen att gå fort. Byt därför alltid delar som verkar slitna.

Observera: *Om kamlobernas toppar visar symptom på sådana här skador bör även motsvarande vipparmar kontrolleras, eftersom de antagligen också är slitna.*

7 Om kamaxelns maskinslipade ytor verkar missfärgade eller blåaktiga har de förmodligen överhettats, antagligen på grund av otillräcklig smörjning. Detta kan ha gjort kamaxeln skev, så kontrollera detta på följande vis: Placera kamaxeln mellan två V-klotsar och mät skevheten vid den mellersta axeltappen med en mätklocka. Tillverkaren har inte angett något högsta tillåtna värde för skevheten, men om kamaxeln har blivit för skev bör det märkas tydligt.

8 För att mäta kamaxelns axialspel, montera axeln i kamaxelhållaren och sätt tillbaka kamaxelns tätningsplatta på kamaxelhållarens baksida. Fäst en mätklocka vid kamaxelhållarens kamremsände och ställ in mätsonden mot kamaxeln i dennas längdriktning. Skjut kamaxeln så långt som möjligt mot kamaxelhållarens ena ände. Sätt sedan

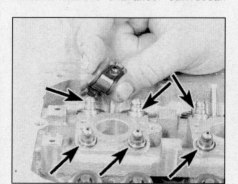

12.3 En vipparm tas loss (pilarna visar de hydrauliska ventillyftarna) – 1.4 liters motor

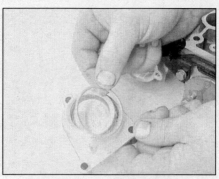

11.10 Byt O-ringen i kamaxelhållarens ändplatta – 1.4 liters motor

mätklockans mätsond mot kamaxelns ändyta och nollställ mätaren. Skjut kamaxeln så långt som möjligt mot kamaxelhållarens andra ände och anteckna mätvärdet. Bekräfta det avlästa värdet genom att skjuta tillbaka kamaxeln till ursprungsläget och kontrollera att mätklockan åter visar noll.

9 Kontrollera att det avlästa värdet för kamaxelns axialspel ligger inom de angivna toleranserna. Större slitage än detta kan ibland åtgärdas genom att man byter ändplatta till kamaxeln. Att bara någon enskild del skulle vara nött är dock föga troligt, så byte av kamaxel och kamaxelhållare bör alltid övervägas.

Montering

10 Montera i omvänd ordningsföljd mot demonteringen. Tänk på följande.
   a) Innan kamaxeln monteras ska dess främre oljetätning bytas enligt beskrivningen i avsnitt 14.
   b) Smörj kamaxelhållarens lagerytor och kamloberna innan kamaxeln/-axlarna monteras.
   c) Byt O-ringstätningen i var och en av kamaxelhållarens ändplattor *(se bild)*.
   d) Sätt tillbaka kamaxeldrevet/-en enligt beskrivningen i avsnitt 8, och tänk på att avgaskamaxelns kuggremskiva måste monteras först om båda remskivorna har demonterats.
   e) Montera kamaxelhållaren enligt beskrivningen i avsnitt 10.

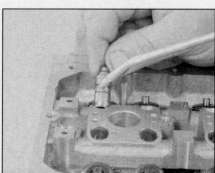

12.9 Olja in ventillyftarna innan de sätts på plats – 1.4 liters motor

12 Vipparmar och ventillyftare (1.4 och 1.6 liter) – demontering, kontroll och montering

Demontering

1 Demontera kamaxelhållaren enligt beskrivningen i avsnitt 10.
2 Håll noga ordning på komponenterna när de demonteras, så att de kan sättas tillbaka på sina ursprungliga platser.
3 Lossa vipparmarna från de hydrauliska ventillyftarna och lyft upp dem från topplocket **(se bild)**.
4 Lyft försiktigt ut ventillyftarna från loppen i topplocket. Ventillyftarna bör helst förvaras stående (uppställda i ordning) i oljebad när de är borttagna från motorn.

Kontroll

5 Kontrollera om det finns repor eller andra skador i ventillyftarnas kontaktytor mot loppen i topplocket. Kontrollera på samma sätt om ventillyftarloppen i topplocket är repade eller skadade. Om det finns tydliga repor eller skador kan det bli nödvändigt att byta topplocket och hela uppsättningen ventillyftare.
6 Undersök om ventillyftarna visar märkbara tecken på slitage eller skador. Byt ut dem om så behövs. Kontrollera att ventillyftarnas oljehål inte är igensatta.
7 Kontrollera om vipparmarnas kontaktytor mot ventil, ventillyftare och kamaxel är slitna eller skadade. Leta också efter sprickor i vipparmarna. Byt alla slitna eller skadade vipparmar.
8 Undersök kamloberna enligt beskrivningen i avsnitt 11.

Montering

9 Olja in ventillyftarna och deras lopp i topplocket och för sedan försiktigt in varje ventillyftare i sitt respektive ursprungslopp **(se bild)**.
10 Olja in ventillyftarnas kontaktytor mot vipparmarna och överdelen av ventilskaften. Sätt sedan tillbaka vipparmarna på sina ursprungliga platser och kontrollera att de är ordentligt fastklämda på ventillyftarna.
11 Kontrollera axialspelet hos vardera kamaxeln enligt beskrivningen i avsnitt 11 och montera sedan kamaxelhållaren enligt beskrivningen i avsnitt 10.

13 Kamaxlar och ventillyftare (1.8 liter) – demontering, kontroll och montering

Demontering

Observera: *Ett passande verktyg behövs för att låsa fast kamaxelns justerare eller kedjespännare under det här momentet – se texten. Ett lämpligt tätningsmedel (VW D 454 300 A2 eller motsvarande) behövs vid monteringen.*

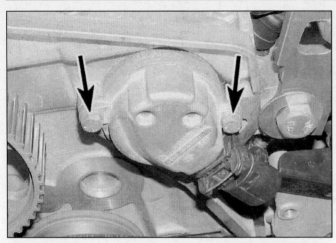

13.8 Fästbultarna till insugskamaxelns lägesgivare (vid pilarna) – 1.8 liters motor

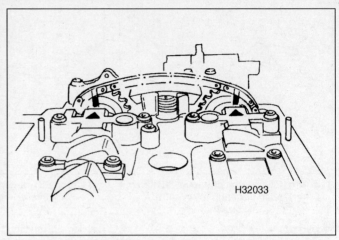

13.9 Märk insugskamaxelns drivkedja och drev i förhållande till varandra (se texten) – 1.8 liters motor

1 Koppla loss batteriets minusledare. Ta sedan bort motorns övre skyddskåpa. **Observera**: *Läs avsnittet "Koppla ifrån batteriet" längst bak i boken innan batteriets anslutningar kopplas bort.*

2 På modeller med motorkoden AGN demonteras insugsrörets överdel enligt beskrivningen i kapitel 4A.

3 Demontera den övre kamremskåpan enligt beskrivningen i avsnitt 6.

4 Vrid vevaxeln så att kolv 1 ställs i ÖD i förbränningstakten enligt beskrivningen i avsnitt 3.

5 Demontera kamaxelkåpan enligt beskrivningen i avsnitt 4.

6 Demontera kamremmen enligt beskrivningen i avsnitt 7. Observera att kamremmen inte behöver tas bort helt – det räcker att lossa den från avgaskamaxelns drev. Kontrollera att vevaxeln har vridits ett kvarts varv (90°) moturs för att ställa kolv 1 och 4 en bit nedanför ÖD i cylinderloppet. På så vis undviks risken att kolv och ventiler slår i

varandra om en kamaxel vrids medan kamremmen är borttagen.

7 Demontera avgaskamaxelns drev enligt beskrivningen i avsnitt 8.

8 Koppla loss anslutningskontakten från insugskamaxelns lägesgivare. Lossa sedan fästbultarna och ta bort givaren från topplockets framsida **(se bild)**. När givaren har tagits bort, skruva loss fästbulten och ta bort brickan och givarrotorn från änden av insugskamaxeln.

9 Rengör insugskamaxelns drivkedja och kamaxeldreven, som sitter i pilarnas riktning på ovansidan av kamaxlarnas bakre lageröverfall. Märk sedan kedjan och dreven i förhållande till varandra **(se bild)**. Märk kedjan med färg eller med en ritsspets – **använd inte** en körnare. Observera att avståndet mellan de två markeringarna måste vara 16 kedjerullar och att markeringen på avgaskamaxelns sida kommer att vara en aning förskjuten in mot mitten av topplocket.

10 Kamaxeljusteraren eller kedjespännaren,

vilket som är tillämpligt, måste nu låsas fast i läge. Volkswagens specialverktyg 3366 finns att köpa för detta ändamål. Men det är också möjligt att själv tillverka ett liknande verktyg av en gängad stav, muttrar och en liten metallskiva för att hålla justeraren hoptryckt. Håll för säkerhets skull det hemgjorda verktyget på plats med hjälp av ett buntband **(se bilder)**.

⚠️ *Varning: På modeller med variabel ventilinställning kan kamaxelns justermekanism skadas om kedjespännaren trycks ihop alltför mycket.*

11 Kontrollera om kamaxellageröverfallen är märkta och gör egna lämpliga märken om så behövs. Lageröverfallen bör vara numrerade från 1 till 6 från topplockets bakre ände (kedjeänden). Nummer 6 är alltså det gemensamma överfallet för bägge kamaxlarnas främre ändar. Skriv upp på vilken sida av lageröverfallen som markeringarna sitter, så

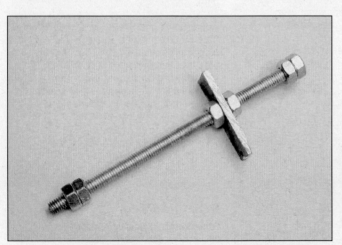

13.10a Hemgjort verktyg att låsa fast kamaxeljusteraren eller kedjespännaren med – 1.8 liters motor

13.10b Verktyget på plats, där det låser kamaxeljusteraren i hoptryckt läge (visas här med kamaxeljusteraren demonterad för tydlighetens skull) – 1.8 liters motor

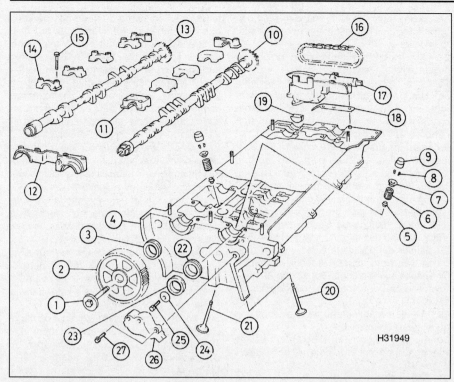

H31949

13.11 Topplockets och kamaxelns delar – 1.8 liters motorer med variabel ventilinställning

1 Kamaxeldrevets bult
2 Kamaxelns drev
3 Oljetätning
4 Topplock
5 Ventilskaftets oljetätning
6 Ventilfjäder
7 Ventilhylsa
8 Delad insatshylsa
9 Hydraulisk ventillyftare
10 Insugskamaxel

11 Insugskamaxelns
  lageröverfall
12 Främre, gemensamt
  lageröverfall
13 Avgaskamaxel
14 Avgaskamaxelns
  lageröverfall
15 Bult till kamaxelns
  lageröverfall
16 Drivkedja

17 Automatisk kamaxeljusterare
18 Gummitätning
19 Gummimuff
20 Avgasventil
21 Insugsventil
22 Oljetätning
23 Kamaxelgivarens rotor
24 Konisk packning
25 Rotorns fästbult
26 Kamaxelgivare
27 Kamaxelgivarens fästbult

att de med säkerhet kan monteras rättvända **(se bild)**.

12 Lossa stegvis bultarna till lageröverfall nr 3 och 5 på både insugs- och avgaskamaxeln. Upprepa sedan förfarandet för det dubbla lageröverfallet nr 6 och därefter för lageröverfall nr 1 på båda axlarna.

13 Lossa och ta bort bultarna till kedjespännaren/justermekanismen. På motorer med motorkod AGN, koppla också loss kontakten från kedjespännarens/justermekanismens magnetventil.

14 Lossa stegvis bultarna till lageröverfallen nr 2 och 4 på båda kamaxlarna. Lyft sedan bort bägge kamaxlarna från topplocket, tillsammans med kedjespännaren/kamaxeljustermekanismen **(se bilder)**.

15 Ta loss kedjespännaren/kamaxeljuster-

mekanismen från kedjan och ta av kedjan från kamaxeldreven. Ta bort oljetätningen från den främre änden av respektive kamaxel.

16 Lyft ut de hydrauliska ventillyftarna från sina lopp och ställ undan dem med ventilkontaktytorna nedåt, så att oljan inte rinner ut **(se bild)**. Det rekommenderas att ventillyftarna förvaras i olja så länge de är demonterade från topplocket. Håll ordning på ventillyftarna – de måste sättas tillbaka mot sina ursprungliga ventiler. Om de förväxlas kan det leda till ökat slitage vilket gör att motorn havererar i förtid.

Kontroll

17 Undersök bägge kamaxlarna för att se om ytorna hos kamlober och lager verkar slitna. Normalt ska dessa ytor vara släta och mattglänsande. Leta efter repor, anfrätning och punktkorrosion, eller efter högblanka områden som tyder på överdrivet slitage. När kamaxelns härdade ytskikt väl brutits igenom kommer nednötningen att gå fort. Byt därför alltid delar som verkar slitna. **Observera:** *Om kamlobernas toppar visar symptom på sådana här skador bör även motsvarande ventillyftare kontrolleras, eftersom den antagligen också är sliten.*

18 Om kamaxelns maskinslipade ytor verkar missfärgade eller blåaktiga har de förmodligen överhettats, antagligen på grund av otillräcklig smörjning. Detta kan ha gjort kamaxeln skev, så kontrollera detta på följande vis: Placera kamaxeln mellan två V-klotsar och mät skevheten vid den mellersta lagerytan med en mätklocka. Byt kamaxeln om värdet överskrider det som anges i specifikationerna i början av kapitlet.

19 För att mäta kamaxlarnas axialspel, sätt temporärt tillbaka dem i topplocket, sätt båda axlarnas lageröverfall nr 2 och 4 på plats och dra åt fästmuttrarna till angivet moment. Fäst en mätklocka vid kamremsänden av kamaxelhållaren och ställ in mätsonden mot den aktuella kamaxeln i dennas längdriktning. Skjut kamaxeln så långt som möjligt mot ena topplocksänden. Sätt sedan mätklockans mätsond mot kamaxelns ändyta och nollställ mätaren. Skjut kamaxeln så långt som möjligt mot topplockets andra ände och läs av mätaren. Bekräfta det avlästa värdet genom

13.14a Kamaxelns justermekanism demonteras – 1.8 liters motor

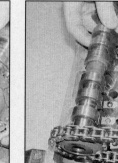

13.14b Kamaxlarna och drivkedjan lyfts ut ur topplocket – 1.8 liters motor

13.16 Lyft ut de hydrauliska ventillyftarna ur sina lopp – 1.8 liters motor

13.19 Kamaxelns axialspel kontrolleras med mätklocka – 1.8 liters motor

att skjuta tillbaka kamaxeln till ursprungsläget och kontrollera att mätklockan åter visar noll **(se bild)**. Upprepa kontrollproceduren för den återstående kamaxeln. **Observera:** *De hydrauliska ventillyftarna får inte vara monterade medan denna mätning utförs.*

20 Kontrollera att det avlästa värdet på respektive kamaxels axialspel ligger inom de angivna toleranserna. Om värdet överskrider dessa är slitaget knappast begränsat till någon enskild komponent, utan man får överväga att byta såväl kamaxlar och topplock som lageröverfall.

21 Mät sedan kamaxelns lagerspel. En metod (som är svår att utföra utan en uppsättning mikrometrar och in/utvändiga skjutmått) är att mäta ytterdiametern på kamaxlarnas lagerytor och de innerdiametrar som bildas av lageröverfallen och topplocket. Skillnaden mellan dessa två mått är lagerspelet.

22 En annan, exaktare metod är att mäta lagerspelet med hjälp av Plastigauge. Detta är en tunn, fullständigt rund plasttråd som kläms fast mellan lageröverfallet och axelns lageryta. När överfallet sedan demonteras kan bredden på den nu utplattade tråden jämföras med ett särskilt måttkort som medföljer tråden. Lagerspelet läses av direkt från måttkortet. Plastigauge kan ibland vara svårt att få tag på, men genom någon av de större leverantörerna av kvalitetsmotorprodukter bör man kunna hitta en återförsäljare. Plastigauge används på följande sätt.

23 Se till att topplocket, lageröverfallet och

kamaxelns lagerytor är fullständigt rena och torra. Lägg den aktuella kamaxeln på plats i topplocket.

24 Lägg en bit Plastigauge över var och en av kamaxelns lagerytor.

25 Montera lageröverfallen över kamaxeln och dra stegvis åt fästmuttrarna till angivet moment. **Observera:** *Vrid inte kamaxeln medan lageröverfallen sitter på plats, eftersom det påverkar mätresultatet.*

26 Lossa muttrarna och demontera försiktigt lageröverfallen igen. Lyft dem rakt upp från kamaxeln för att inte rubba Plastigaugen. Tråden ska ligga kvar på kamaxelns lageryta.

27 Håll det medföljande måttkortet mot lagerytorna i tur och ordning och mät den tillplattade Plastigauge-tråden med kortets skala. Använd den för att bestämma spelet.

28 Jämför det uppmätta kamaxelspelet med de värden som anges i specifikationerna. Om något av dem ligger utanför de angivna toleranserna bör kamaxlarna och topplocket bytas.

29 Upprepa mätningarna av spelet för den återstående kamaxeln.

30 Avsluta med att torka bort alla spår av Plastigauge från kamaxlarna och lageröverfallen.

31 Undersök om de hydrauliska ventillyftarna visar märkbara tecken på slitage eller skador. Byt om så behövs. Kontrollera att ventillyftarnas oljehål inte är igensatta.

Montering

32 Börja monteringen med att noggrant rengöra topplockets fogytor mot kedjespännaren/kamaxeljusteraren från alla spår av gamla packningsrester och tätningsmedel.

33 Lägg en ny packning mot topplocket och stryk sedan ett lager tätningsmedel av typ VW D 454 300 A2 eller motsvarande på den visade ytan **(se bild)**.

34 Smörj in de hydrauliska ventillyftarna med ren motorolja och sätt sedan tillbaka dem på sina ursprungliga platser i topplocket. Tryck in ventillyftarna tills de vidrör ventilerna och smörj sedan kamaxlarnas kontaktytor **(se bild)**.

35 Smörj kamaxlarna och topplockets lagerytor med ren motorolja.

36 Kugga i kamaxeldreven i kedjan och se

till att markeringarna som gjordes på kedja och drev innan de demonterades är i linje. Kontrollera att avståndet mellan markeringarna är 16 kedjerullar **(se bild 13.9)**. Placera kedjespännaren/kamaxeljusteraren mellan kedjebanorna och sänk sedan försiktigt ner kamaxlarna, kedjan och kedjespännaren/kamaxeljusteraren på plats i topplocket. Stöd kamaxlarnas ändar vid monteringen, så att kamloberna och lagerytorna inte skadas.

37 Kamaxlarnas oljetätningar kan monteras i detta skede, eller sättas dit senare. Doppa de nya tätningarna i motorolja och trä dem sedan på främre änden av respektive kamaxel. Se till att den släta sidan av tätningarna vetter utåt från kamaxeltapparna, och var försiktig så att tätningsflänsarna inte skadas. Placera tätningarna mot sätena i topplocket.

38 Skruva i kedjespännarens/kamaxeljusterarens fästbultar och dra åt dem till angivet moment. På motorer med kod AGN, anslut också kontakten till spännarens/justerarens magnetventil.

39 Montera lageröverfall nr 2 och 4 på bägge kamaxlarna. Kontrollera att lageröverfallen monteras rätt väg, enligt anteckningarna från demonteringen. Sätt tillbaka lageröverfallens fästbultar och dra åt dem stegvis och i diagonal ordningsföljd till angivet moment.

40 Sätt tillbaka lageröverfall nr 1 på bägge kamaxlarna (kontrollera att även dessa lageröverfall är rättvända). Sätt sedan i lageröverfallsbultarna och dra åt dem stegvis till angivet moment.

41 Ta bort verktyget som låst fast kamaxeljusteraren eller kedjespännaren (vilket som är tillämpligt).

42 Stryk ett tunt lager tätningsmedel på det gemensamma, främre lageröverfallets (lageröverfall nr 6) kontaktytor mot topplocket. Montera sedan lageröverfallet så att oljetätningarna (där sådana finns) ligger an mot sina säten **(se bild)**. Dra stegvis åt lageröverfallets fästbultar till angivet moment.

43 Sätt tillbaka lageröverfall nr 3 och 5 på bägge kamaxlarna (kontrollera att även dessa lageröverfall är rättvända). Sätt sedan i lageröverfallsbultarna och dra åt dem stegvis till angivet moment.

44 Kontrollera att markeringarna som gjordes

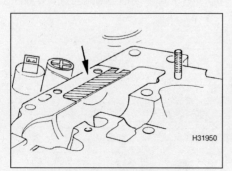

13.33 Stryk tätningsmedel på den markerade delen av packningen – 1.8 liters motor

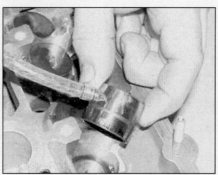

13.34 Olja in ventillyftarna innan de sätts i – 1.8 liters motor

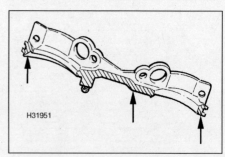

13.42 Stryk ett tunt lager tätningsmedel på de markerade delarna av det gemensamma, främre lageröverfallets fogyta – 1.8 liters motor

på kedjan och dreven före demonteringen fortfarande är i linje. I annat fall har komponenterna monterats felaktigt.

45 Montera tillbaka insugskamaxelns givarrotor och sätt tillbaka brickan och fästbulten. Dra åt fästbulten till angivet moment.

46 Montera insugskamaxelns givare mot topplocket och sätt sedan tillbaka fästbultarna och dra åt dem till angivet moment.

47 Montera avgaskamaxelns drev enligt beskrivningen i avsnitt 8 och kamremmen enligt beskrivningen i avsnitt 7.

48 Montera kamaxelkåpan enligt beskrivningen i avsnitt 4.

49 Om det inte redan gjorts, montera den övre, yttre kamremskåpan enligt beskrivningen i avsnitt 6.

50 På modeller med motorkod AGN, montera insugsrörets övre del enligt beskrivningen i kapitel 4A.

51 Montera motorns toppkåpa och återanslut batteriets minusledare.

14 Kamaxelns oljetätningar – byte

1.4 och 1.6 liters motorer

Främre oljetätningar

1 Demontera huvudkamremmen och den sekundära kamremmen enligt beskrivningen i avsnitt 7.

2 Demontera det aktuella kamaxeldrevet enligt beskrivningen i avsnitt 8.

3 Borra två diagonalt placerade små hål i den monterade oljetätningen. Var ytterst försiktig så att borren inte skadar tätningshuset eller kamaxelns tätningsyta. Skruva i två självgängande skruvar i hålen. Demontera sedan oljetätningen genom att dra skruvhuvudena utåt med hjälp av ett par tänger.

4 Rengör huset och kamaxelns tätningsyta genom att torka av dem med en luddfri trasa. Avlägsna metallspån, grader och liknande som kan orsaka läckage hos tätningen.

5 Smörj utsidan och flänsen på den nya

oljetätningen med ren motorolja och tryck in den på kamaxeln tills den hamnar ovanför sitt hus. För att undvika att skada tätningsflänsarna, linda lite tejp runt änden på kamaxeln.

6 Använd en hammare och en hylsa med lämplig diameter och knacka in tätningen rakt i huset. **Observera:** *Välj en hylsa som bara ligger an mot tätningens hårda, utvändiga yta och inte mot den inre flänsen, som lätt skadas.*

7 Montera tillbaka kamaxeldrevet enligt beskrivningen i avsnitt 8.

8 Sätt tillbaka och spänn den sekundära kamremmen och huvudkamremmen enligt beskrivningen i avsnitt 7.

Bakre oljetätningar

9 Kamaxelns bakre oljetätningar utgörs av O-ringar som ligger i spår i kamaxelhållarens bakre ändplattor.

10 Lossa fästbultarna och demontera den aktuella kamaxelns bakre ändplatta. Observera att ändplattan hålls på plats av DIS-tändmodulens fästbultar.

11 Bänd ut den gamla O-ringen ur spåret i ändplattan.

12 Stryk lite olja på den nya O-ringen och sätt försiktigt in den i spåret i ändplattan **(se bild)**.

13 Montera ändplattan (och DIS-modulen, där så är tillämpligt) och dra åt bultarna ordentligt.

1.8 liters motor

Avgaskamaxelns oljetätning

14 Demontera kamremmen enligt beskrivningen i avsnitt 7.

15 Demontera kamaxeldrevet enligt beskrivningen i avsnitt 8.

16 Fortsätt enligt beskrivningen i punkt 3 till 6.

17 Montera kamaxeldrevet enligt beskrivningen i avsnitt 8.

18 Montera och spänn kamremmen enligt beskrivningen i avsnitt 7.

Insugskamaxelns oljetätning

19 Demontera den övre kamremskåpan enligt beskrivningen i avsnitt 6.

20 Koppla loss anslutningskontakten från insugskamaxelns lägesgivare. Lossa sedan fästbultarna och ta bort givaren från topplockets framsida. När givaren har tagits bort, skruva loss fästbulten och ta bort brickan och givarrotorn från änden av insugskamaxeln.

21 Fortsätt enligt beskrivningen i punkt 3 till 6.

22 Montera tillbaka insugskamaxelns givarrotor och sätt tillbaka brickan och fästbulten. Dra åt fästbulten till angivet moment.

23 Montera insugskamaxelns givare mot topplocket och sätt sedan tillbaka fästbultarna och dra åt dem till angivet moment.

24 Montera den övre kamremskåpan enligt beskrivningen i avsnitt 6.

15 Topplock – demontering, kontroll och montering

1.4 och 1.6 liters motorer

Observera: *Motorn måste vara kall när topplocket demonteras. Till monteringen behövs nya topplocksbultar, en ny topplockspackning, nya O-ringar till insugsröret, en ny packning till avgasgrenröret och en ny packning mellan EGR-röret och gasspjällshuset.*

Demontering

1 Koppla loss batteriets minusledare. Ta sedan bort motorns övre skyddskåpa. **Observera:** *Läs avsnittet "Koppla ifrån batteriet" längst bak i boken innan batteriets anslutningar kopplas bort.*

2 Töm kylsystemet enligt beskrivningen i kapitel 1A.

3 Demontera huvudkamremmen och den sekundära kamremmen enligt beskrivningen i avsnitt 7.

4 Eftersom motorn för närvarande bärs upp med en lyft som är fästad i lyftbyglarna i topplocket, blir det nu nödvändigt att fästa en lämplig bygel vid motorblocket för att kunna hålla motorn uppe när topplocket demonteras.

5 En passande bygel kan skruvas fast i motorblocket med hjälp av distanshylsor och en lång bult som skruvas in i hålet intill kylvätskepumpen **(se bild)**. Helst bör ett andra lyftblock fästas vid lyften och justeras så att motorns tyngd tas upp av motorblockets lyftbygel innan lyftblocket som är fäst i topplocksbygeln avlägsnas. Det går också att provisoriskt stötta motorn under oljesumpen med hjälp av en garagedomkraft och en träkloss, medan lyftblocket flyttas från topplocksbygeln till bygeln som skruvats fast i motorblocket.

6 Lossa slangklämmorna och koppla loss de två kylarslangarna från kylvätskehuset vid topplockets växellådsände **(se bild)**. Lossa på

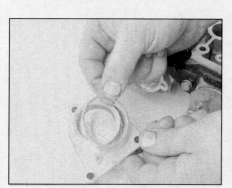

14.12 Sätt in en ny O-ring i spåret i ändplattan – 1.4 liters motor

15.5 En passande lyftbygel kan skruvas fast i motorblocket med hjälp av en lång bult som skruvas in i hålet intill kylvätskepumpen – 1.4 liters motor

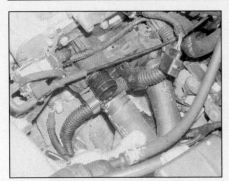

15.6 Lossa kylarslangarna från kylvätskehuset vid topplockets växellådsände – 1.4 liters motor

15.8 Skruva loss bulten som håller fast fästbygeln till oljemätstickans rör vid topplocket – 1.4 liters motor

15.9 Koppla loss EGR-röret från gasspjällshuset och ta bort packningen – 1.4 liters motor

samma sätt slangklämmorna och koppla loss de återstående tre små kylvätskeslangarna från baksidan av kylvätskehuset.

7 Demontera luftrenarenheten, med luftventileringsröret, enligt beskrivningen i kapitel 4A.

8 Lossa bulten som fäster oljemätsticksrörets fästbygel vid topplocket. Lyft upp oljemätstickans rör och vrid det åt sidan så att arbetsområdet blir fritt (se bild). Lossa kabelhärvan från klämman på mätsticksrörets fästbygel. Observera att bulten till mätsticksrörets fästbygel även låser insugsgrenröret.

9 Lossa de två fästbultarna och koppla

loss EGR-röret från gasspjällshuset. Ta loss packningen (se bild).

10 Lossa bulten som fäster EGR-rörets fästbygel vid kylvätskehuset.

11 Skruva därefter loss de sex fästbultarna (tre upptill och tre nedtill) och lyft undan insugsgrenröret från motorn (se bild). Se till att röret har ordentligt stöd i motorrummet och var noga med att inte belasta några kablar, vajrar eller slangar. Ta loss O-ringarna om de sitter löst.

12 Skruva loss kontaktdonets fästbygel från topplockets bakre, högra hörn (se bild).

13 Koppla loss anslutningskontakten från kylvätskans temperaturgivare, som sitter i kylvätskehuset vid topplockets växellåds-

ände. Lossa sedan kabelhärvornas klämmor på kylvätskehuset och flytta kablarna åt sidan (se bilder).

14 Koppla loss vakuumslangen från EGR-ventilen (se bild).

15 Koppla loss kablaget från bygeln på avgassystemets värmesköld. Skruva sedan loss fästbultarna (två övre och en nedre) och demontera värmeskölden (se bilder).

16 Koppla loss den främre delen av avgassystemet från grenröret enligt beskrivningen i kapitel 4C. Om så önskas kan avgasgrenröret demonteras på följande sätt:

a) Skruva loss anslutningsmuttern som håller fast EGR-röret vid avgasgrenröret och ta bort EGR-röret.

15.11 Lyft undan insugsgrenröret från motorn – 1.4 liters motor

15.12 Skruva loss kontaktdonets fästbygel från topplockets bakre, högra hörn – 1.4 liters motor

15.13a Koppla loss anslutningskontakten till kylvätskans temperaturgivare . . .

15.13b . . . och lossa sedan kabelhärvorna och för dem åt sidan – 1.4 liters motor

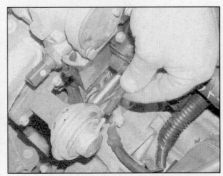

15.14 Koppla loss vakuumslangen från EGR-ventilen – 1.4 liters motor

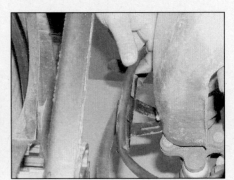

15.15a Knäpp loss kablaget från fästbygeln på avgassystemets värmesköld . . .

15.15b . . . och ta bort skölden –
1.4 liters motor

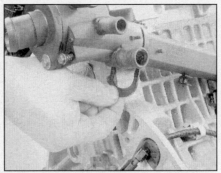

15.18 Dra ut metallklämman som fäster
kylvätskeröret vid kylvätskehuset (motorn
demonterad i bilden för tydlighets skull) –
1.4 liters motor

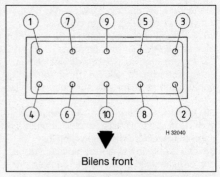

15.19a Lossningsordning för
topplocksbultarna – 1.4 och 1.6 liters
motorer

b) Lossa avgasgrenrörets fästmuttrar.
Lyft sedan bort grenröret och ta loss
packningen.
17 Demontera kamaxelhållaren enligt
beskrivningen i avsnitt 10.
18 Dra ut metallklämman som håller fast
kylvätskeröret av plast vid kylvätskehuset, vid
topplockets bakre, vänstra hörn **(se bild)**.
19 Lossa först topplocksbultarna stegvis i
den ordningsföljd som visas och skruva sedan
loss dem helt **(se bilder)**.
20 Lyft av topplocket från motorblocket när
alla bultar tagits bort **(se bild)**. Om topplocket
sitter fast, knacka på det med en mjuk klubba
för att dela fogen. **Försök inte** bända isär
fogytorna med något vasst verktyg. När
topplocket har lyfts av, lossa kylvätske-
pumpens rör från termostathuset på
topplocket.
21 Lyft av topplockspackningen från motor-
blocket.

Kontroll

22 Isärtagning och kontroll av topplocket
tas upp i del D i detta kapitel. Undersök
också O-ringen mellan kylvätskepumpens rör
och termostathuset och byt ut den om det
behövs.

Montering

23 Topplockets och motorblockets fogytor
måste vara helt rena innan topplocket sätts
tillbaka. Ta bort alla spår av packning och
sot med en skrapa. Rengör även kolvarnas

överdelar. Var särskilt försiktig med ytor av
aluminium, eftersom denna mjuka metall lätt
skadas. Se till att inget skräp hamnar i olje-
eller vattenkanalerna – detta är särskilt viktigt
när det gäller oljekretsen, eftersom sot-
partiklar kan blockera oljetillförseln till kam-
och vevaxelns lager. Försegla vattenkanaler,
oljekanaler och bulthål i motorblocket med
tejp och papper. Lägg lite fett i glipan mellan
kolvar och lopp för att förhindra att sot tränger
in. När en kolv har rengjorts, vrid vevaxeln
så att kolven sjunker ner i cylinderloppet
och torka därefter bort fett och sot med en
tygtrasa. Rengör de övriga kolvkronorna på
samma sätt.
24 Undersök om det finns hack, djupa
repor eller andra skador på topplocket eller
motorblocket. Om skadorna är små kan
de försiktigt filas bort. Större defekter kan
ibland maskinslipas, men det är ett jobb för
specialister.
25 Om topplocket verkar vara skevt, kan
detta kontrolleras med en ställinjal enligt
beskrivningen i del D i detta kapitel.
26 Kontrollera att hålen för topplocksbultarna
i vevhuset är rena och fria från olja. Sug upp
all olja som kan finnas kvar i bulthålen med en
spruta eller trasa. Att så sker är mycket viktigt
för att bultarna ska kunna dras åt till korrekt
moment, och för att undvika att motorblocket
spräcks av det hydrauliska trycket när bultarna
dras fast.

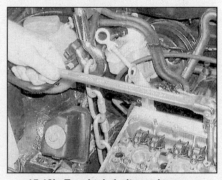

15.19b Topplocksbultarna lossas –
1.4 liters motor

27 Kontrollera att vevaxeln har vridits så att
kolv 1 och 4 befinner sig en aning nedanför
ÖD i sina lopp (se avsnitt 7). Detta undanröjer
risken för kontakt mellan kolv och ventiler
när topplocket monteras. Kontrollera också
att kamaxeldreven är låsta i ÖD-läge med
låsverktyget enligt beskrivningen i avsnitt 3.
28 Kontrollera att topplockets styrstift sitter
som de ska i motorblocket och lägg sedan
på en ny topplockspackning över stiften,
med artikelnumret uppåt. Om packningen
har en OBEN/TOP-markering ska denna vara
vänd uppåt **(se bilder)**. Observera att VW
rekommenderar att packningen bevaras i sin
förpackning ända tills den ska monteras.
29 Sänk topplocket på plats över packningen
så att det griper tag ordentligt om styrstiften.
Kontrollera att kylvätskepumpens rör förs in i

15.20 Topplocket demonteras –
1.4 liters motor

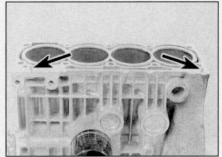

15.28a Kontrollera att styrstiften (vid
pilarna) sitter på plats i motorblocket –
1.4 liters motor

15.28b Kontrollera att artikelnumret och
märkningen OBEN/TOP på packningen är
vända uppåt – 1.4 liters motor

termostathuset när topplocket sänks på plats (använd en ny O-ring om så behövs).

30 Sätt i de nya topplocksbultarna och dra åt dem så hårt det går med fingrarna.

31 Arbeta stegvis i den ordningsföljd som visas och dra åt alla topplocksbultar till angivet moment för åtdragningssteg 1 **(se bild)**.

32 Arbeta åter stegvis i den ordningsföljd som visas och dra åt alla topplocksbultarna till angiven vinkel för åtdragningssteg 2.

33 Dra slutligen åt alla topplocksbultarna, i den ordningsföljd som visas, till angiven vinkel för åtdragningssteg 3.

34 Fäst åter lyftblocket vid motorns högra lyftögla i topplocket och justera taljan så att motorns tyngd tas upp. När motorn hänger stadigt i topplocksöglan kan lyftblocket till öglan som skruvats fast i motorblocket lossas. Skruva också loss den improviserade lyftöglan från motorblocket. Alternativt, sänk ner garagedomkraften och träblocket som stöttar oljesumpen.

35 Sätt tillbaka klämman som fäster kylvätskeröret av plast vid kylvätskehuset.

36 Montera kamaxelhållaren enligt beskrivningen i avsnitt 10.

37 Resten av monteringen sker i omvänd ordningsföljd mot demonteringen. Tänk på följande.

a) Montera avgasgrenröret och återanslut EGR-röret och/eller återanslut den främre delen av avgassystemet till grenröret enligt beskrivningen i avsnitt 4C.

b) Montera insugsgrenröret med nya O-ringar.

c) Återanslut EGR-röret till gasspjällshuset med en ny packning.

d) Sätt tillbaka den sekundära kamremmen och huvudkamremmen enligt beskrivningen i avsnitt 7.

e) Se till att alla kablar, slangar och rör återansluts och dras korrekt enligt anteckningarna från demonteringen.

f) Dra åt alla fästen till rätt moment, där så är tillämpligt.

g) Avsluta med att fylla på kylsystemet enligt beskrivningen i kapitel 1A.

1.8 liters motorer

Observera: *Motorn måste vara kall när topplocket demonteras. Nya topplocksbultar och en ny topplockspackning behövs till monteringen. För att styra topplocket på plats vid monteringen behövs några passande pinnbultar (se texten).*

Demontering

38 Följ beskrivningen i punkt 1 och 2 i detta avsnitt.

39 På modeller med motorkod AGN, demontera insugsgrenrörets överdel enligt beskrivningen i kapitel 4A.

40 Om topplocket ska demonteras utan insugsgrenröret, lossa fästbultarna och lyft undan grenröret (dess nedre del på modeller med motorkod AGN) från motorn. Se till att insugsgrenröret har ordentligt stöd i

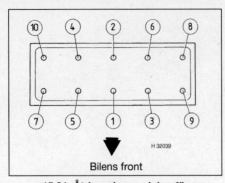

15.31 Åtdragningsordning för topplocksbultarna – 1.4 och 1.6 liters motorer

motorrummet och var noga med att inte belasta några kablar, vajrar eller slangar. Ta loss packningarna om de sitter löst.

41 Alternativt, om topplocket ska demonteras tillsammans med insugsgrenröret (dess nedre del på modeller med motorkod AGN), arbeta hela vägen runt grenröret och koppla loss alla berörda rör, slangar och kablar. Var försiktig när bränslets tillförsel- och returslang kopplas loss från bränslefördelarskenan, eftersom bränsletillförselslangen står under tryck. Vira en ren tygtrasa kring respektive slanganslutning för att kunna suga upp eventuellt bränslespill. Lossa sedan slang-klämman och dra loss den aktuella slangen från anslutningen. Kläm eller plugga igen bränsleslangarnas och anslutningarnas öppna ändar för att förhindra att smuts tränger in eller mer bränsle rinner ut.

42 Lossa slangklämmorna och koppla loss de två kylarslangarna från kylvätskehuset vid topplockets växellådsände.

43 Koppla loss anslutningskontakten till insugskamaxelns lägesgivare.

44 Koppla loss anslutningskontakten till kylvätskans temperaturgivare, som sitter i kylvätskehuset i topplockets växellådsände.

45 Koppla loss avgassystemets främre ände från grenröret eller turboaggregatet, vilket som är tillämpligt, enligt beskrivningen i kapitel 4C.

46 Demontera kamremmen enligt beskrivningen i avsnitt 7, demontera sedan spännaren enligt beskrivning i avsnitt 8.

47 Fortsätt enligt beskrivningen i punkt 4 och 5.

48 Demontera kamaxelkåpan enligt beskrivningen i avsnitt 4.

49 Arbeta runt topplocket (och grenrören där så är tillämpligt) och koppla loss alla återstående rör, kablar och slangar, så att topplocket kan demonteras. Skriv upp hur alla rör, kablar och slangar är dragna och anslutna för att underlätta återmonteringen.

50 Fortsätt enligt beskrivningen i punkt 19 till 21, men strunta i hänvisningarna till kylvätskepumpens rör, och lossa topplocksbultarna i den ordningsföljd som visas **(se bild)**.

Kontroll

51 Isärtagning och kontroll av topplocket behandlas i del D i detta kapitel.

Montering

52 Fortsätt enligt beskrivningen i punkt 23 till 27.

53 För att styra topplocket på plats, skruva in två långa pinnbultar (eller gamla topplocksbultar, med avsågade huvuden och spår utsågade i ändarna för att de ska gå att skruva loss) i hålen för topplocksbultarna på motorblockets avgassida.

54 Kontrollera att topplockets styrstift sitter som de ska i motorblocket och lägg sedan på en ny topplockspackning över stiften, med artikelnumret uppåt. Om en OBEN/TOP-markering finns ska den vara överst. Observera att VW rekommenderar att packningen bevaras i sin förpackning ända tills den ska monteras.

55 Sänk topplocket på plats över packningen så att det hamnar korrekt över styrstiften.

56 Sätt i de nya topplocksbultarna i de åtta återstående bulthålen och skruva i dem med fingrarna så långt det går.

57 Skruva loss styrpinnbultarna från motorblockets avgassida och skruva sedan i de två återstående topplocksbultarna med fingrarna så långt det går.

58 Fortsätt enligt beskrivningen i punkt 31 till 34 och dra åt topplocksbultarna i den ordningsföljd som visas **(se bild)**.

59 Resten av monteringen sker i omvänd ordningsföljd mot demonteringen. Tänk på följande.

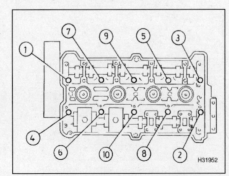

15.50 Topplocksbultarnas lossningsordning – 1.8 liters motor

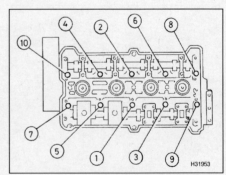

15.58 Topplocksbultarnas åtdragningsordning – 1.8 liters motor

**17.7 Oljeupptagarröret tas bort –
1.4 liters motor**

a) Se till att alla rör, kablar och slangar återansluts och dras enligt anteckningarna från demonteringen.

b) Montera kamaxelkåpan enligt beskrivningen i avsnitt 4.

c) Montera spännaren enligt beskrivning i avsnitt 8, montera sedan kamremmen enligt beskrivningen i avsnitt 7.

d) Återanslut avgassystemets främre ände till grenröret eller turboaggregatet, vilket som är tillämpligt, enligt beskrivningen i kapitel 4C.

e) I tillämpliga fall, montera insugsgrenröret med nya packningar.

f) På modeller med motorkod AGN, demontera insugsgrenrörets överdel enligt beskrivningen i kapitel 4A.

g) Dra åt alla bultar och muttrar till rätt moment, där så är tillämpligt.

h) Avsluta med att fylla på kylsystemet enligt beskrivningen i kapitel 1A.

16 Oljesump – demontering och montering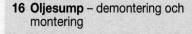

1.4 och 1.6 liters motorer

1 Fortsätt enligt beskrivningen i avsnitt 12 i del A i detta kapitel. Tänk på följande:

a) För att man ska komma åt att demontera oljesumpen måste avgassystemets främre del tas loss enligt beskrivningen i kapitel 4C.

b) För att lättare kunna styra oljesumpen på plats mot motorblockets fogyta vid monteringen kan du tillverka två styrpinnbultar. Kapa huvudet på två M6-bultar och såga ett spår i ändarna, så att de senare kan skruvas ut med en spårskruvmejsel. Skruva i styrpinnbultarna i två av oljesumpens diagonalt motställda fästbultshål. Passa in sumpen på dess plats och sätt i resten av bultarna. När oljesumpen väl hålls på plats kan styrpinnbultarna skruvas ur och de två återstående fästbultarna till sumpen skruvas i.

1.8 liters motorer

2 Fortsätt enligt beskrivningen i avsnitt 12 i del A i detta kapitel, men observera att vissa

**17.9 Oljepumpen tas bort –
1.4 liters motor**

av oljesumpens fästbultar bara går att nå med hjälp av ett förlängt spärrhandtag.

17 Oljepump (1.4 och 1.6 liters motorer) – demontering, kontroll och montering

Demontering

Observera: Vid återmonteringen behövs nya fästbultar till oljepumpen, en ny oljepumpspackning, en ny packning till oljeupptagarröret och en ny främre oljetätning till vevaxeln.

1 Demontera huvudkamremmen enligt beskrivningen i avsnitt 7.

2 Sätt tillbaka remskivebulten med en distansbricka under dess huvud för att hålla vevaxeldrevet på plats.

3 Vrid vevaxeln ett kvarts varv (90°) medurs för att ställa kolv 1 och 4 i ÖD. Kontrollera att den kugge på drevet som har en snedfasad innerkant står mitt för motsvarande märke på oljepumpshuset (se avsnitt 3).

4 Vrid vevaxeln så att dess drev ställs tre kuggar moturs från ÖD-läget. Den tredje kuggen till höger om kuggen med nedslipad ytterkant måste stå mitt för motsvarande märke på oljepumpshuset. Med denna procedur ställs vevaxeln i rätt läge för att oljepumpen ska kunna monteras tillbaka.

5 Demontera huvudkamremsspännaren enligt beskrivningen i avsnitt 8.

6 Demontera oljesumpen enligt beskrivningen i avsnitt 16.

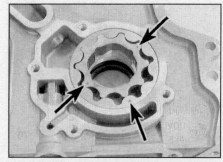

**17.12 Observera att rotorerna ska sitta så att de instansade prickarna (vid pilarna) är vända mot oljepumpskåpan –
1.4 liters motor**

**17.11 Oljepumpens bakre kåpa lyfts av –
1.4 liters motor**

7 Lossa fästbultarna och ta bort oljeupptagarröret från oljepumpen och motorblocket **(se bild)**. Ta loss packningen.

8 Demontera vevaxeldrevet och anteckna hur det sitter vänt.

9 Lossa fästbultarna och anteckna var de sitter för att underlätta återmonteringen. Ta bort oljepumpen **(se bild)**. Ta loss packningen.

Kontroll

10 Det finns inga reservdelar att köpa till oljepumpen, så om den är sliten eller trasig måste hela pumpen bytas ut.

11 För att undersöka oljepumpens rotorer, lossa fästskruvarna och lyft av den bakre oljepumpskåpan **(se bild)**.

12 Observera att rotorerna ska monteras så att de instansade prickarna i kanten av dem vetter mot oljepumpskåpan **(se bild)**.

13 Lyft ut rotorerna och undersök om de verkar slitna eller skadade. Vid minsta tecken på slitage eller skada måste hela oljepumpen bytas.

14 Smörj rotorernas kontaktytor med ren motorolja och sätt sedan tillbaka dem i pumpen, med de stansade prickarna i kanten av rotorerna vända mot pumpkåpan.

15 Sätt tillbaka pumpkåpan och dra åt skruvarna ordentligt.

16 Bänd med hjälp av en skruvmejsel loss vevaxelns oljetätning från pumpen och kasta den **(se bild)**.

17 Rengör oljetätningssätet i oljepumpen noga.

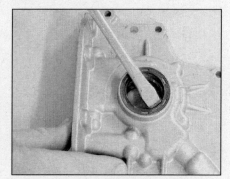

**17.16 Bänd loss vevaxelns främre oljetätning från oljepumpen –
1.4 liters motor**

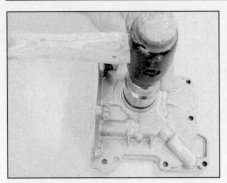

17.18 En ny oljetätning knackas på plats i oljepumpen med hjälp av en hylsa – 1.4 liters motor

18 Tryck eller knacka in en ny oljetätning på plats i oljepumpen med hjälp av en hylsa eller rörbit med lämplig diameter **(se bild)**. Kontrollera att tätningen sitter rakt inpassad i oljepumpen. Se till att hylsan eller röret bara ligger an mot tätningens hårda, yttre kant, och var försiktig så att tätningsflänsarna inte skadas. Tryck eller knacka in tätningen tills den vilar mot ansatsen inuti huset. Kontrollera att tätningens släta sida är vänd utåt.

Montering

19 Förbered monteringen genom att ta bort alla rester av gammal packning och tätningsmedel från motorblockets och oljepumpens fogytor.

17.25 Skjut oljepumpen på plats på vevaxeltappen. Lägg märke till tejpen som används för att skydda oljetätningen – 1.4 liters motor

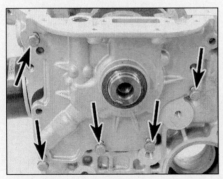

17.26 Sätt i de nya bultarna till oljepumpen på de ställen (vid pilarna) som noterades vid demonteringen – 1.4 liters motor

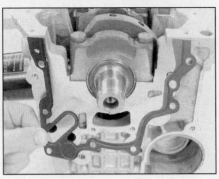

17.21 Placera en ny packning över motorblockets styrstift – 1.4 liters motor

20 Linda lite tejp runt vevaxelns främre ände för att skydda oljetätningens flänsar när oljepumpen skjuts på plats.
21 Placera en ny oljepumpspackning över motorblockets styrstift **(se bild)**.
22 Vrid den inre oljepumpsrotorn så att en av utskärningarna i kanten av dess drev hamnar mitt för strecket på den bakre oljepumpskåpan **(se bild)**.
23 Olja sparsamt in de fyra topparna på oljepumpens drivkam i vevaxelns främre ände.
24 Täck flänsarna på vevaxelns främre oljetätning med ett tunt lager ren motorolja.
25 Skjut in oljepumpen över vevaxelns främre ände tills den hakar tag om styrstiften. Var försiktig så att oljetätningen inte skadas, och se till att den inre rotorn griper om vevaxelns drivkam **(se bild)**.
26 Sätt i nya oljepumpsfästbultar enligt anteckningarna från demonteringen och dra åt dem till angivet moment **(se bild)**.
27 Ta bort tejpen från vevaxelns främre ände och sätt sedan tillbaka vevaxeldrevet med styrstiftet för remskivan vänt utåt. Sätt tillfälligt tillbaka fästbulten och brickan för att hålla drevet på plats.
28 Montera tillbaka oljeupptagarröret med en ny packning och dra åt fästbultarna till angivet moment **(se bild)**.
29 Montera oljesumpen enligt beskrivningen i avsnitt 16.
30 Montera huvudkamremsspännaren enligt beskrivningen i avsnitt 8.

17.28 Sätt i en ny packning till oljeupptagarröret – 1.4 liters motor

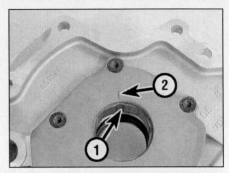

17.22 Ställ in en av utskärningarna (1) i kanten på rotordrevet mot strecket (2) på den bakre oljepumpskåpan – 1.4 liters motor

31 Sätt tillbaka huvudkamremmen enligt beskrivningen i avsnitt 7.

18 Oljepump och drivkedja (1.8 liter motor) – demontering, kontroll och montering

Följ beskrivningen i avsnitt 13 i del A i detta kapitel.

19 Svänghjul/drivplatta – demontering, kontroll och montering

1.4 och 1.6 liters motorer

1 På 1.4 och 1.6 liters motorer med manuell växellåda är kopplingstryckplattan fäst med bultar direkt i vevaxelflänsen, och det tallriksformade svänghjulet i sin tur fastskruvat i tryckplattan. Hur kopplingstryckplattan och svänghjulet demonteras och monteras beskrivs i kapitel 6.
2 På 1.4 och 1.6 liters motorer med automatväxellåda görs demontering, kontroll och montering av drivplattan enligt beskrivningen för 2.0 liters motorer i avsnitt 14 i kapitel 2A.

1.8 liters motorer

3 Följ beskrivningen för 2.0 liters motorer i avsnitt 14 i del A i detta kapitel.

20 Vevaxelns oljetätningar – byte

1.4 och 1.6 liters motorer

Främre oljetätning (kamremsänden)

1 Demontera huvudkamremmen enligt beskrivningen i avsnitt 7 och vevaxelns drev enligt beskrivningen i avsnitt 8.
2 För att ta bort oljetätningen utan att demontera oljepumpen, borra två små, diagonalt placerade hål i tätningen, skruva i självgängande skruvar, ta tag i skruvhuvudena med ett par tänger och dra utåt.

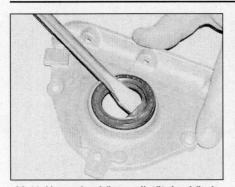

20.11 Vevaxelns främre oljetätning bänds ut ur sitt hus med en skruvmejsel – 1.8 liters motor

20.14 En ny, främre oljetätning till vevaxeln knackas på plats med hjälp av en hylsa – 1.8 liters motor

3 Oljetätningen kan också demonteras tillsammans med oljepumpen, enligt beskrivningen i avsnitt 17.
4 Rengör oljetätningssätet i oljepumpen noga.
5 Linda lite tejp kring vevaxeländen för att skydda oljetätningens flänsar när tätningen monteras.
6 Sätt in en ny oljetätning i oljepumpen genom att trycka eller knacka den på plats med hjälp av en skruvhylsa eller rörbit av lämplig diameter. Se till att hylsan eller röret bara ligger an mot tätningens hårda, yttre kant, och var försiktig så att tätningsflänsarna inte skadas. Tryck eller knacka in tätningen tills den vilar mot ansatsen inuti oljepumpen. Kontrollera att tätningens släta sida är vänd utåt.
7 Montera vevaxeldrevet enligt beskrivningen i avsnitt 8 och huvudkamremmen enligt beskrivningen i avsnitt 7.

Bakre oljetätning (svänghjulets/drivplattans ände)

8 Vevaxelns bakre oljetätning ingår som en oskiljbar del av huset. Denna måste bytas som en enhet, tillsammans med vevaxelns varvtals-/lägesgivarhjul. Givarhjulet är fästat vid oljetätnings-/husenheten och tryckinpassat mot vevaxelflänsen. Volkswagens specialverktyg T10017 krävs för att montera enheten, och vi har vid försök i verkstaden funnit att det är omöjligt att ställa in givarhjulet exakt på vevaxeln utan detta verktyg (det finns ingen styrsprint och inga inställningsmärken). Om givarhjulet inte är exakt inställt på vevaxeln kommer vevaxelns varvtals-/lägesgivare att skicka felaktiga ÖD-värden till motorns elektroniska styrenhet, och motorn kommer då inte att gå som den ska (det kan till och med hända att den inte går alls). Eftersom specialverktyget bara säljs till återförsäljare av Volkswagen, måste du låta en av deras verkstäder montera enheten.

1.8 liters motorer

Främre oljetätning (kamremsänden)

Observera: *Om oljetätningens hus demonteras behövs ett lämpligt tätningsmedel (VW D 176 404 A2 eller liknande) vid monteringen.*
9 Demontera kamremmen enligt beskriv-

ningen i avsnitt 7 och vevaxelns kuggdrev enligt beskrivningen i avsnitt 8.
10 För att ta bort oljetätningen utan att demontera oljetätningens hus, borra två små, diagonalt placerade hål i tätningen, skruva i självgängande skruvar, grip tag i skruvhuvudena med ett par tänger och dra utåt.
11 Alternativt, gör följande för att demontera oljetätningen tillsammans med huset:
a) *Demontera oljesumpen enligt beskrivningen i avsnitt 16. Detta krävs för att tätningen mellan oljesumpen och oljetätningens hus ska bli bra vid återmonteringen.*
b) *Skruva loss oljetätningens hus.*
c) *Placera huset på arbetsbänken och bänd loss oljetätningen från huset med en lämplig skruvmejsel (se bild). Var försiktig så att inte tätningssätet i huset skadas.*
12 Rengör oljetätningens säte i huset noga.
13 Linda lite tejp kring vevaxeländen för att skydda oljetätningens flänsar när tätningen (och, i förekommande fall, huset) monteras.
14 Montera en ny oljetätning i huset genom att trycka eller knacka den på plats med hjälp av en skruvhylsa eller rörbit av lämplig diameter **(se bild)**. Se till att hylsan eller röret bara ligger an mot tätningens hårda, yttre kant, och var försiktig så att tätningsflänsarna

inte skadas. Tryck eller knacka in tätningen tills den vilar mot ansatsen inuti huset. Kontrollera att tätningens släta sida är vänd utåt.
15 Om huset har demonterats, fortsätt på följande vis. Gå annars vidare till punkt 19.
16 Avlägsna alla spår av gammalt tätningsmedel från motorblocket och från huset till vevaxelns oljetätning. Stryk sedan en 2,0 till 3,0 mm bred sträng av tätningsmedel (VW D 176 404 A2 eller motsvarande) på husets fogyta mot motorblocket. Observera att huset måste monteras inom 5 minuter från det att tätningsmedlet strukits på **(se bild)**.
17 Montera oljetätningens hus och dra åt bultarna stegvis till angivet moment.
18 Montera oljesumpen enligt beskrivningen i avsnitt 16.
19 Montera vevaxelns drev enligt beskrivningen i avsnitt 8 och kamremmen enligt beskrivningen i avsnitt 7.

Bakre oljetätning (svänghjulets/drivplattans ände)

Observera: *Om huset redan från början är monterat med tätningsmedel, kommer ett lämpligt sådant (VW D 176 404 A2 eller motsvarande) att behövas vid monteringen.*
20 Demontera svänghjulet/drivplattan enligt beskrivningen i avsnitt 19.
21 Demontera oljesumpen enligt beskrivningen i avsnitt 16. Detta krävs för att en bra tätning ska erhållas mellan oljesumpen och oljetätningens hus vid monteringen.
22 Skruva loss oljetätningens hus med oljetätning och allt.
23 Ny oljetätning köper man i en färdig sats, där den redan är monterad i ett nytt hus.
24 Rengör motorblockets fogyta mot huset noga.
25 Om det ursprungliga huset var monterat med tätningsmedel, stryk en tunn sträng av ett lämpligt sådant (VW D 176 404 A2 eller motsvarande) på fogytan mot motorblocket hos oljetätningshuset. Observera att huset måste monteras inom 5 minuter från det att tätningsmedlet stryks på.

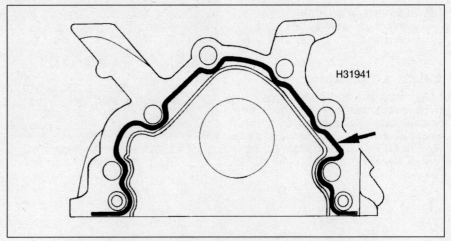

H31941

20.16 Stryk tätningsmedel på vevaxelns främre hus enligt bilden – 1.8 liters motor

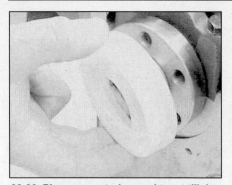

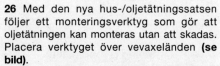

20.26 Placera monteringsverktyget till den bakre oljetätningen över vevaxeländen – 1.8 liters motor

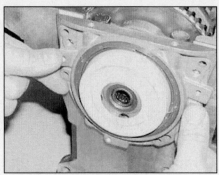

20.27 Montera oljetätnings-/husenheten över vevaxelns främre ände – 1.8 liters motor

24.2 Oljetrycksbrytarens kontaktdon kopplas loss – 1.4 liters motor

26 Med den nya hus-/oljetätningssatsen följer ett monteringsverktyg som gör att oljetätningen kan monteras utan att skadas. Placera verktyget över vevaxeländen **(se bild)**.

27 Passa försiktigt in oljetätningen/huset över vevaxelns främre ände och dra åt bultarna stegvis, i diagonal ordningsföljd, till angivet moment **(se bild)**.

28 Ta bort skyddsverktyget för oljetätningen från vevaxelns ände.

29 Montera oljesumpen enligt beskrivningen i avsnitt 16.

30 Montera svänghjulet/drivplattan enligt beskrivningen i avsnitt 19.

21 Motor-/växellådsfästen – kontroll och byte

Se avsnitt 16 i del A i detta kapitel.

22 Oljekylare – demontering och montering

Se avsnitt 17 i del A i detta kapitel.

23 Oljeövertrycksventil – demontering, kontroll och montering

1.4 och 1.6 liters motorer

1 Oljeövertrycksventilen är en integrerad del av oljepumpen. Ventilkolven och fjädern sitter på sidan av oljepumpens rotorer och kan kontrolleras när oljepumpen har demonterats från motorn och den bakre kåpan har tagits bort (se avsnitt 17). Om ventilen är skadad

eller sliten måste hela pumpenheten bytas ut; övertrycksventilens kolv och fjäder kan inte köpas separat.

1.8 liters motorer

2 Se kapitel 2A, avsnitt 18.

24 Oljetrycksvarningslampans brytare – demontering och montering

1.4 och 1.6 liters motorer

Demontering

1 Oljetrycksvarningslampans brytare sitter framtill på topplocket, på den vänstra sidan. För att komma åt brytaren, skruva loss fästbultarna och ta bort motorns toppkåpa.

2 Koppla loss kontaktdonet och torka rent området kring brytaren.

3 Skruva loss brytaren från topplocket och ta bort den tillsammans med tätningsbrickan. Om brytaren inte ska sättas tillbaka på en gång, täck över hålet i topplocket.

25.1 Oljenivå/temperaturgivare (vid pilarna)

Montering

4 Undersök om tätningsbrickan är skadad eller sliten och byt ut den om så behövs.

5 Montera brytaren tillsammans med tätningsbrickan och dra åt den till specificerat moment.

6 Sätt tillbaka kontaktdonet och montera tillbaka motorns kåpa. Kontrollera motorns oljenivå och fyll på om så behövs (se *Veckokontroller*).

1.8 liters motor

7 Se kapitel 2A, avsnitt 19.

25 Oljenivå/temperaturgivare – demontering och montering

Demontering

1 Oljenivå/temperaturgivare sitter på sumpens undersida **(se bild)**.

2 Dränera motoroljan enligt beskrivningen i kapitel 1A.

3 Koppla loss kontaktdonet, och rengör området runt givaren.

4 Skruva loss de tre fästbultar och ta bort givaren.

Montering

5 Undersök tätningsbrickan efter tecken på skada eller åldrande, och byt ut om det behövs.

6 Montera tillbaka brytaren och dra åt fästbultarna till angivet moment.

7 Återanslut kontaktdonet ordentligt, fyll sedan motorn med olja, enligt beskrivningen i kapitel 1A.

8 Avsluta med att kontrollera oljenivån och fyll på om det behövs, enligt beskrivningen i *Veckokontroller*.

Kapitel 2 Del C:
Reparationer med motorn kvar i bilen – dieselmotorer

Innehåll

Svårighetsgrader

| Enkelt, passar novisen med lite erfarenhet | Ganska enkelt, passar nybörjaren med viss erfarenhet | Ganska svårt, passar kompetent hemmamekaniker | Svårt, passar hemmamekaniker med erfarenhet | Mycket svårt, för professionell mekaniker |

Specifikationer

Allmänt

Tillverkarens motorkoder*:
1 896 cc, direktinsprutning, utan turbo	AGP och AQM
1 896 cc, direktinsprutning, turbo	AGR, AHF, ALH och ASV
1 896 cc, pumpinsprutning, turbo	AJM, ARL, ASZ, ATD, AUY och AXR

Maximal effekt:
Motorkod AGP och AQM	50 kW vid 4 200 varv/minut
Motorkod AGR	66 kW vid 4 000 varv/minut
Motorkod ALH	66 kW vid 3 750 varv/minut
Motorkod AHF och ASV	81 kW vid 4 150 varv/minut
Motorkod ATD och AXR	74 kW vid 4 000 varv/minut
Motorkod AJM och AUY	85 kW vid 4 000 varv/minut
Motorkod ASZ	96 kW vid 4 000 varv/minut
Motorkod ARL	110 kW vid 4 000 varv/minut

Maximal vridmoment:
Motorkod AGP och AQM	133 Nm vid 2 200 - 2 600 varv/minut
Motorkod AGR och ALH.	210 Nm vid 1 900 varv/minut
Motorkod AHF och ASV	235 Nm vid 1 900 varv/minut
Motorkod ATD och AXR	240 Nm vid 1 800 - 2 400 varv/minut
Motorkod AJM	285 Nm vid 1 900 varv/minut
Motorkod ASZ och AUY	310 Nm vid 1 900 varv/minut
Motorkod ARL	320 Nm vid 1 900 varv/minut

Lopp	79,5 mm
Slaglängd	95,5 mm

Kompressionsförhållande:
AGP, AGR, AHF, ALH, AQM, ARL och ASV	19,5 : 1
ASZ, ATD och AXR	19,0 : 1
AJM och AUY	18,0 : 1

Kompressionstryck:
Lägsta kompressionstryck	Cirka 19,0 bar
Största skillnad mellan cylindrar.	Cirka 5,0 bar
Tändningsföljd	1 - 3 - 4 - 2
Placering, cylinder 1.....................................	Kamremsänden

Observera: Se "Bilens identifikationsnummer" i slutet av handboken för att se var motorkodsmarkeringarna finns.

Kamaxel

Kamaxelns axialspel (max)	0,15 mm
Kamaxellagerspel (max)	0,11 mm
Kamaxelskevhet (max)	0,01 mm

Smörjsystem

Oljepump	Kugghjulstyp, kedjedriven via vevaxeln
Oljetryck (oljetemperatur 80°C, vid 2 000 varv/minut)	2,0 bar

Åtdragningsmoment

	Nm
Fästbultar till hjälpaggregatens (generator etc.) fästbyglar	45
Drivremsspännarens fästbult	25
Bultar till vevstakslageröverfall:*	
Steg 1	30
Steg 2	Vinkeldra ytterligare 90°
Kamaxellageröverfallens muttrar	20
Kamaxelkåpans muttrar/bultar	10
Kamaxeldrevets bult	45
Kopplingstryckplattans/drivplattans fästbultar (motorkod AGP, AQM)*:	
Steg 1	60
Steg 2	Vinkeldra ytterligare 90°
Kylvätskepumpens bultar	15
Bultar, vevaxelns främre oljetätningskåpa	15
Vevaxelremskivans bultar:	
Steg 1	10
Steg 2	Vinkeldra ytterligare 90°
Bultar till vevaxelns bakre oljetätningskåpa	15
Bultar mellan vevaxelns varvtals-/lägesgivarhjul och vevaxeln*:	
Steg 1	10
Steg 2	Vinkeldra ytterligare 90°
Vevaxeldrevets bult*:	
Steg 1	120
Steg 2	Vinkeldra ytterligare 90°
Topplocksbultar*:	
Steg 1	40
Steg 2	60
Steg 3	Vinkeldra ytterligare 90°
Steg 4	Vinkeldra ytterligare 90°
Motorfästen:	
Bultar mellan höger sidas motorfäste och karossen*:	
Steg 1	40
Steg 2	Vinkeldra ytterligare 90°
Bultar (små) till höger sidas fästplatta	25
Bultar mellan höger sidas motorfäste och motorns fästbygel*:	
Steg 1	60
Steg 2	Vinkeldra ytterligare 90°
Bultar mellan höger sidas fästbygel och motorn	45
Bultar mellan vänster sidas motorfäste och karossen:	
Stora bultar*:	
Steg 1	40
Steg 2	Vinkeldra ytterligare 90°
Små bultar	25
Bultar mellan vänster sidas motorfäste och växellådan*:	
Steg 1	60
Steg 2	Vinkeldra ytterligare 90°
Bakre motor-/växellådsfäste:	
Bultar mellan fästbygel och kryssrambalk*:	
Steg 1	20
Steg 2	Vinkeldra ytterligare 90°
Bultar mellan fästbygel och växellåda*:	
Steg 1	40
Steg 2	Vinkeldra ytterligare 90°
Avgasgrenrörets muttrar	25
Muttrar, avgasrörets anslutning mot grenröret/turboaggregatet	25
Svänghjulets/drivplattans fästbultar (motorkod AGR, AHF, ALH och ASV)*:	
Steg 1	60
Steg 2	Vinkeldra ytterligare 90°
Bränsleinsprutningsventilrör, anslutningsmuttrar	25
Glödstift	15

Observera: *Använd nya bultar*

Åtdragningsmoment (fortsättning)

	Nm
Insprutningspumpens drev, bultar*:	
Steg 1	20
Steg 2	Vinkeldra ytterligare 90°
Bultar mellan insugningsrör och topplock	25
Ramlageröverfallens bultar*:	
Steg 1	65
Steg 2	Vinkeldra ytterligare 90°
Bultar mellan oljeskvalpskott och kamaxelkåpa (turbomotorer)	5
Oljekylarens hållarplatta	25
Oljeavtappningsplugg	30
Bultar mellan oljefilterhus och motorblock:	
Steg 1	15
Steg 2	Vinkeldra ytterligare 90°
Oljefilterkåpa	25
Oljeupptagarrörets fästbultar	15
Plugg till oljeövertrycksventilen	40
Brytare till varningslampa för oljetryck	25
Oljepumpens kedjespännare, bult	15
Oljepumpens fästbultar	15
Oljepumpsdrevets fästbult	25
Bult till kolvarnas oljespraymunstycke	25
Oljesump:	
Bultar mellan oljesump och motorblock	15
Bultar mellan oljesump och växellåda	45
Kamremmens överföringsremskivor	
Nedre, vänstra remskivans bult	22
Nedre, högra remskivans bult (nedanför kylvätskepumpens drev)*:	
Steg 1	40
Steg 2	Vinkeldra ytterligare 90°
Övre remskivans bult	20
Yttre kamremskåpans bultar	10
Bakre kamremskåpans bultar:	
Bult mellan kåpa och topplock	10
Bultar mellan kåpa och insprutningspump	30
Kamremsspännarvalsens fästmutter	20
Banjobult mellan turboaggregatets oljereturrör och motorblocket	40
Banjobult mellan turboaggregatets oljetillförselrör och oljefilterhuset	20

*Observera: Använd nya bultar

1 Allmän information

Så här använder du detta kapitel

Kapitel 2 är indelat i fyra delar, A, B, C och D. Reparationer som kan utföras med motorn kvar i bilen beskrivs i del A (bensinmotorer med enkel överliggande kamaxel, SOHC), del B (bensinmotorer med dubbla överliggande kamaxlar, DOHC) och del C (dieselmotorer). I del D demonteras motorn/växellådan som en enhet och där beskrivs hur motorn tas isär och renoveras.

I del A, B och C förutsätts att motorn sitter kvar i bilen med alla extra aggregat anslutna. Om motorn har tagits ut ur bilen för renovering kan du bortse från de inledande råd om isärtagningen som föregår varje moment.

Beskrivning av motorn

I detta kapitel hänvisas genomgående till de olika motortyperna med hjälp av tillverkarens kodbeteckningar. En förteckning över de motortyper som tas upp finns, tillsammans med deras kodbeteckningar, i specifikationerna.

Motorerna är raka, fyrcylindriga enheter med vattenkylning, enkel överliggande kamaxel, motorblock av gjutjärn och topplock av legerat aluminium. Samtliga är front-monterade och tvärställda, med växellådan fäst med bultar vid motorns vänstra sida.

Vevaxeln löper i fem stödlager, med tryckbrickor som reglerar vevaxelns axialspel monterade vid det mellersta ramlagret.

Kamaxeln drivs med en tandad kamrem från vevaxelns kedjedrev. På motor med kod AGP, AQM, AGR, AHF, ALH och ASV driver kamremmen även bränsleinsprutningspumpen. Kamaxeln sitter ovanpå topplocket och är fäst med lageröverfall.

Ventilerna stängs med spiralfjädrar och löper i styrhylsor som är inpressade i topplocket. Kamaxeln aktiverar ventilerna direkt, via hydrauliska ventillyftare.

Oljepumpen som är av kugghjulstyp drivs via en kedja från vevaxelns drev. Oljan sugs upp från oljesumpen genom en sil och tvingas sedan passera ett utvändigt monterat, utbytbart oljefilter. Därifrån förs den vidare till topplocket för att smörja kamaxeltappar och hydrauliska ventillyftare, och till vevhuset, där den smörjer ramlager, vevstakslager, kolvtappar och cylinderlopp. Samtliga motorer är försedda med en kylvätskeansluten oljekylare.

En pump som drivs av kamremmen cirkulerar kylvätskan. För närmare uppgifter om kylsystemet, se kapitel 3.

Reparationer som kan utföras med motorn kvar i bilen

Följande moment kan utföras utan att motorn demonteras:

a) Kompressionstryck – test.
b) Kamaxelkåpa – demontering och montering.
c) Vevaxelns remskiva – demontering och montering.
d) Kamremskåpor – demontering och montering.
e) Kamrem – demontering, montering och justering.
f) Kamremmens spännare och drev – demontering och montering.
g) Kamaxelns oljetätningar – byte.
h) Kamaxel och hydrauliska ventillyftare – demontering, kontroll och montering.
i) Topplock – demontering och montering.
j) Topplock och kolvar – sotning.
k) Oljesump – demontering och montering.
l) Oljepump – demontering, översyn och montering.
m) Vevaxelns oljetätningar – byte.
n) Motor-/växellådsfästen – kontroll och byte.

o) Svänghjul – demontering, kontroll och montering.

Observera: *Det går att ta loss kolvar och vevstakar (efter att topplocket och oljesumpen demonterats) utan att motorn tas ur bilen. Det rekommenderas dock inte. Arbeten av det slaget går lättare att utföra med motorn på arbetsbänken, enligt beskrivningen i kapitel 2D.*

2 Kompressions- och tryckförlustprov – beskrivning och tolkning

Kompressionsprov

Observera: *En kompressionsprovare för dieselmotorer krävs till detta prov.*

1 Om motorn verkar svag, eller om den misständer utan att felet kan härledas till tänd- eller bränslesystemet, kan ett kompressionsprov ge vägledning vid diagnosen. Om kompressionsprov görs regelbundet kan de ge förvarning om problem innan några andra symptom uppträder.

2 Motorn måste ha uppnått full arbetstemperatur, batteriet måste vara fulladdat och glödstiften ha tagits bort. Assistans av en medhjälpare kommer att behövas.

3 På modeller utan turbo, demontera den övre delen av insugningsröret enligt beskrivningen i avsnitt 4B.

4 Koppla loss kontaktdonet till bränsleavstängningens magnetventil vid insprutningspumpen, och lossa även bränslemängdsjusterarens kontakt. Kontaktdonet till mängdjusteraren sitter bakom oljefilterhuset (den största kontakten, närmast huset) **(se bilder)**.

5 Demontera glödstiften enligt beskrivningen i kapitel 5C.

6 Anslut en kompressionsprovare till glödstiftshålet i cylinder 1. Den typ som skruvas in i hålets gängor är att föredra.

7 Dra runt motorn några sekunder med hjälp av startmotorn, samtidigt som gaspedalen hålls nedtryckt (insugningsröret har en elektroniskt styrd klaff som är länkad till gasspjället). Efter ett eller två motorvarv bör cylindertrycket nå upp till ett högsta värde, där det stabiliseras. Anteckna det högsta värdet.

8 Upprepa provet på de återstående cylindrarna och notera trycket för var och en.

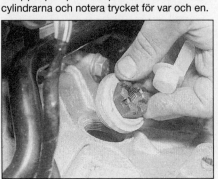

3.7a Balanshjulskåpans inspektionsplugg skruvas loss med hjälp av en stor mutter

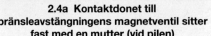

2.4a Kontaktdonet till bränsleavstängningens magnetventil sitter fast med en mutter (vid pilen)

9 Orsaken till dålig kompression är svårare att fastställa för en dieselmotor än för en bensinmotor. Effekten av att hälla olja i cylindrarna (våtprovning) ger inte något entydigt besked, eftersom det finns risk för att oljan hamnar i fördjupningen i kolvkronan i stället för att ta vägen via kolvringarna. På följande vis kan man dock få en vägledning i grova drag.

10 Trycket i alla cylindrarna bör vara i stort sett likadant. Om något värde avviker mer än vad specifikationerna anger, tyder det på ett fel. Observera att kompressionen byggs upp snabbt i en väl fungerande motor. Låg kompression under den första takten, följd av ett gradvis stigande tryck under de följande takterna, tyder på slitna kolvringar. Lågt tryck som inte höjs är ett tecken på läckande ventiler eller trasig topplockspackning (eller ett sprucket topplock).

11 Ett lågt värde hos två angränsande cylindrar beror nästan säkert på att topp-lockspackningen gått sönder mellan dem. Förekomst av kylvätska i motoroljan bekräftar detta.

12 Avsluta med att ta loss kompressionsprovaren och sätta tillbaka glödstiften enligt beskrivningen i kapitel 5C.

13 Återanslut kontakterna till bränslemängdsjusteraren och bränsleavstängningens magnetventil. Montera också (om tillämpligt) tillbaka den övre delen av insugningsröret enligt beskrivningen i kapitel 4B.

Tryckförlustprov

14 Ett tryckförlustprov mäter i vilken takt tryckluft som fylls på i cylindern läcker ut. Det är ett alternativ till kompressionsprovning,

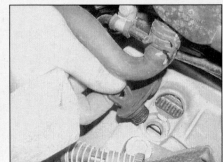

3.7b Gummiproppen tas bort från balanshjulskåpan – på bilden har luftrenaren demonterats

2.4b Anslutningskontakten till bränslemängdsjusteraren sitter bakom oljefilterhuset

och är på många sätt bättre, eftersom luften som läcker ut gör det lätt att hitta läckan (hos kolvringar, ventiler eller topplockspackning).

15 Hemmamekanikern har förmodligen inte tillgång till den utrustning som krävs för att göra ett tryckförlustprov. Om kompressionen verkar misstänkt, låt en verkstad med lämplig utrustning utföra testet.

3 Motor och ventilinställningsmärken – allmän information och användning

Allmän information

1 Övre dödpunkten, ÖD, är den högsta punkt som kolven når under sin uppåt-nedåtgående rörelse i cylindern när vevaxeln vrids. Var och en av kolvarna når ÖD såväl i slutet av kompressionstakten som i slutet av avgastakten, men i allmänhet avses med ÖD endast kolvläget under kompressionstakten. Kolv nr 1 sitter i den ände av motorn som vetter åt kamremmen.

2 Att ställa in ÖD för kolv nr 1 är en väsentlig del av många moment, till exempel demontering av kamremmen eller kamaxeln.

3 De motorer som behandlas i detta kapitel är så konstruerade, att kolv och ventiler kan kollidera om vevaxeln vrids när kamremmen är borttagen. Därför är det viktigt att se till att kamaxeln och vevaxeln inte rubbas i förhållande till varandra när kamremmen är demonterad.

Inställning av ÖD för cylinder nr 1

Motorkod AGP, AGR, AHF, ALH, AQM och ASV

Observera: *Under detta arbetsmoment kommer lämpliga verktyg för att låsa kamaxeln och bränsleinsprutningspumpens drev i läge att behövas – se texten.*

4 Ta bort kamaxelkåpan enligt beskrivningen i avsnitt 4.

5 Demontera den övre, yttre kamremskåpan enligt beskrivningen i avsnitt 6.

6 Ta bort glödstiften enligt beskrivningen i kapitel 5C, så att motorn lättare kan dras runt.

7 Skruva loss inspektionspluggen, om sådan finns, från balanshjulskåpan. Ta en stor mutter till hjälp för att skruva loss den om det behövs **(se bilder)**. Det blir mycket lättare att komma

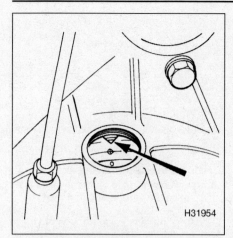

3.7c Tändningsinställningsmärket i kanten av svänghjulet (vid pilen) inställt mitt för visaren på balanshjulskåpan (manuell växellåda)

åt inspektionspluggen om luftrenaren först demonteras, vilket beskrivs i kapitel 4B.

8 Vrid vevaxeln medurs, fatta tag om vevaxelns remskivebult med en nyckel, tills tändningsinställningsmärket i kanten av svänghjulet/drivplattan hamnar mitt för

visaren på växellådan **och** tändningsinställningshålet i bränsleinsprutningsdrevet hamnar mitt för hålet i stödfästet.

9 För att motorn ska kunna låsas i ÖD-läge måste kamaxeln (inte dess drev) och bränsleinsprutningspumpens drev låsas i läge med särskilda låsverktyg. Det går att tillverka provisoriska verktyg, men med tanke på den exakta mätning och maskinbearbetning som krävs, rekommenderar vi att du lånar eller hyr en uppsättning låsverktyg från en VW-verkstad, eller köper dem av en välrenommerad verktygstillverkare **(se bild)**.

10 Stick in kanten av låsverktyget (VW-verktyg 3418) i spåret i kamaxeländen **(se bilder)**.

11 Med låsbalken fortfarande instucken, vrid kamaxeln en aning (genom att vrida vevaxeln medurs, som tidigare), så att låsbalken vippar åt ena sidan och dess ena ände kommer att ligga an mot topplocksytan. Mät nu avståndet mellan den andra änden av låsbalken och topplocket med ett bladmått.

12 Vrid tillbaka kamaxeln en aning och dra ut bladmåttet. Tanken är nu att ställa låsbalken helt vågrätt genom att sticka in ett bladmått på var sida om kamaxeln, vardera med en tjocklek på *halva* det uppmätta avståndet, mellan var sin ände av låsbalken och

topplocket. Detta gör att kamaxeln centreras och ventilinställningen hamnar i sitt grundläge **(se bild)**.

13 Stick in låssprinten (VW-verktyg 3359) genom inställningshålet i bränsleinsprutningspumpens drev, så att den fortsätter genom inställningshålet i insprutningspumpens nav och in i stödbygeln bakom navet. Detta låser bränsleinsprutningspumpen i ÖD-grundläget **(se bild)**.

14 Motorn har nu ställts in till ÖD för cylinder nr 1.

Motorkod AJM, ARL, ASZ, ATD, AUY och AXR

Observera: *VW specialverktyg (T10050) krävs för att låsa vevaxeldrevet i ÖD-läget.*

15 Demontera drivremmen/-remmarna enligt beskrivning i kapitel 1B. Demontera också drivremsspännaren.

16 Demontera vevaxelremskivan/vibrationsdämparen enligt beskrivning i avsnitt 5.

17 Demontera kamremskåporna enligt beskrivning i avsnitt 6.

18 Demontera glödstiften enligt beskrivning i kapitel 5C, för att motorn ska kunna dras runt lättare.

19 Med en nyckel eller hylsa på vevaxeldrevets bult, vrid vevaxeln i normal rotationsriktning

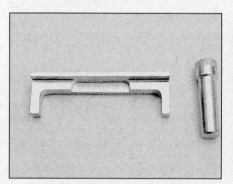

3.9 Låsverktyg för kamaxeln och bränsleinsprutningens drev

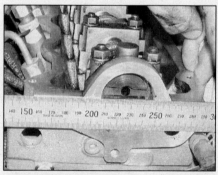

3.10a Använd en stållinjal för att bedöma när spåret i kamaxeländen står parallellt med topplocket

3.10b Skjut in låsbalken i spåret i kamaxeln

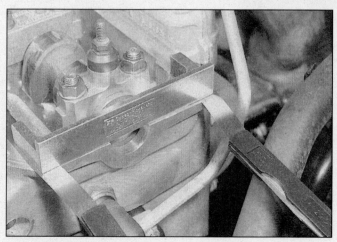

3.12 Kamaxeln centrerad och låst med låsbalk och bladmått

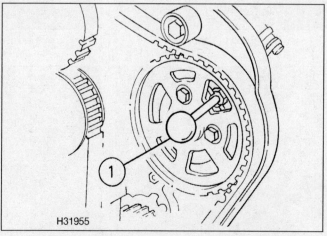

3.13 Insprutningspumpens drev låst med låssprinten (1)

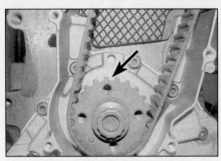

3.19a Placera vevaxeln så att markeringen på drevet är nästan vertikal (vid pilen) . . .

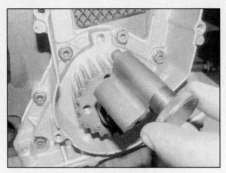

3.19b . . . sätt in VWs verktyg T10050 . . .

3.19c . . . och rikta in markeringarna (vid pilen) på verktyget och drevet

T10050 för att låsa vevaxeln, och ett 6 mm diameter stift för att låsa kamaxeln **(se bild)**. **Observera:** *Markeringen på vevaxeldrevet och markeringen på VW verktyg T10050 måste vara i linje, och samtidigt måste skaftet på verktyget T10050 gå in i hålet i vevaxelns oljetätningshus.*
22 Motorn är nu inställd till ÖD för cylinder nr 1.

3.20 Ställ in pilen bak på kamremskåpan (vid pilen) mellan klackarna på baksidan av kamaxelnavets givarhjul

3.21 Stick in ett 6 mm borr (vid pilen) genom kamaxelnavet in i topplocket för att låsa kamaxeln

4 Kamaxelkåpa – demontering och montering

(medurs) tills inställningsmarkeringen på drevets yta är nästan vertikal **(se bilder)**.
20 Pilen (märkt 4Z) på den bakre sektionen av den övre kamremskåpan hamnar mellan de

två klackarna på baksidan av kamaxelnavets givarhjul **(se bild)**.
21 Medan motorn är i den här positionen ska det vara möjligt att sticka in VW verktyg

Demontering

Motorkod AGP, AGR, AHF, ALH, AQM och ASV

1 Demontera motorns toppkåpa/-kåpor. Demonteringsdetaljerna varierar beroende på modell, men kåpans fästmuttrar sitter dolda under runda hattar som bänds ut från huvudkåpan. Om plastskruvar eller vridfästen används kan dessa tas bort med hjälp av en bredbladig skruvmejsel. Ta bort muttrarna eller skruvarna och lyft bort kåpan från motorn. Ta bort eventuella kablar eller slangar **(se bilder)**.
2 På motorer med kod AGP eller AQM, ta insugningsrörets övre del enligt beskrivningen i kapitel 4B.
3 Koppla loss ventilationsslangen från luft-intagskanalen **(se bild)**. Om så önskas kan luftningsventilen tas bort från ovansidan av kamaxelkåpan genom att man försiktigt drar den uppåt, men detta är inte nödvändigt.

4.1a Bänd ut kåporna . . .

4.1b . . . och skruva loss muttrarna under dem

4.1c På denna motor måste oljemätstickan tas bort . . .

4.1d . . . innan kåpan kan lyftas av

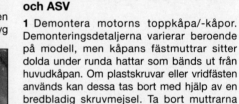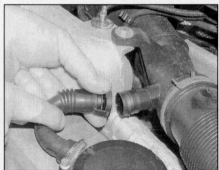

4.3 Tryckreglerventilens ventilationsslang kopplas loss

4.4a Skruva loss fästbultarna . . .

4.4b . . . och lyft av kamaxelkåpan

4.5 Ett av kåpans styrstift (vid pilen) och ett ventilationsrör (vid pilen)

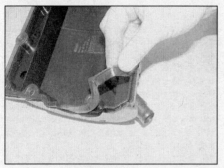

4.7 Kamaxelkåpans packning passar i ett spår i kåpan

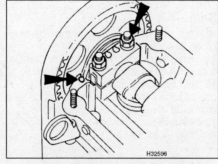

4.9a Lägg tätningsmedel på bakre och främre lageröverfallens fogytor

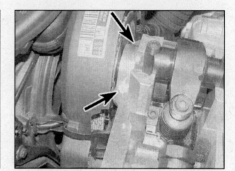

4.9b Lägg tätningsmedel på de visade punkterna på toppocket

4 Lossa fästmuttrarna/-bultarna och lyft av kamaxelkåpan från topplocket **(se bilder)**. På de flesta modeller är bultarna på baksidan väldigt svåråtkomliga – en uppsättning insexnycklar/-bits och en kulled kan komma att behövas. Ta bort packningen om den sitter löst.

Motorkod AJM, ARL, ASZ, ATD, AUY och AXR

5 Ta bort oljemätstickan och ta loss motorns toppkåpa, koppla sedan loss ventilations-slangen från kamaxelkåpan **(se bild)**.
6 Skruva loss kamaxelkåpans fästbultar och lyft undan kåpan. Om den sitter fast, försök inte att bända loss den, arbeta istället runt kåpan och knacka försiktigt på den med en mjuk klubba.
7 Ta vara på kamaxelkåpans packning **(se bild)**. Undersök packningen och byt ut den om den är skadad eller om den är uppenbart försämrad.
8 Rengör fogytorna på topplocket och kam-axelkåpan noggrant, ta bort olja och gammal packning, men var försiktig så att inte ytan skadas när du gör detta.

Montering

9 Montera kamaxelkåpan i omvänd ordning mot demonteringen. Notera följande punkter:
  a) *På alla motorkoder utom AJM, ARL, ASZ, ATD, AUY och AXR, innan kamaxelkåpan monteras, lägg lite tätningsmedel framtill och baktill på topplocket, på de två punkter där kamaxellageröverfallen är i kontakt med topplocket **(se bild)**. Se till att packningen*

sitter som den ska på topplocket, och var noga med att inte rubba den när kamaxelkåpan sänks ner på plats.
  b) *På motorkod AJM, ARL, ASZ, ATD, AUY och AXR, lägg lämpligt tätningsmedel på de punkter där kamaxellageröverfallet kommer i kontakt med topplocket **(se bild)**.*
  c) *Dra åt kamaxelkåpans fästmuttrar/bultar stegvis till angivet moment. **Observera:** På motorkod AJM, ARL, ASZ, ATD, AUY och AXR, dra åt fästmuttrarna/bultarna i rätt ordning **(se bild)**.*

5 Vevaxelns remskiva – demontering och montering

Demontering

1 Koppla loss batteriets minusledare. **Observera**: *Läs avsnittet "Koppla ifrån batteriet" längst bak i boken innan batteriets anslutningar kopplas bort.*
2 För ökad åtkomlighet, lyft upp höger sida av framvagnen och ställ den på pallbockar (se *Lyftning och stödpunkter*). Demontera hjulet.
3 Lossa fästskruvarna och ta bort motorns undre skyddskåpa/-kåpor och/eller hjul-husens innerskärmspaneler. På modeller med turbo, lossa muttern på baksidan och fästena av bricktyp längre fram. Lossa sedan klämman till luftslangen och lirka ut mellankylarens luftkanal av plast **(se bild)**.
4 I förekommande fall, dra bort kåpan i mitten av remskivan så att fästbultarna blir synliga.

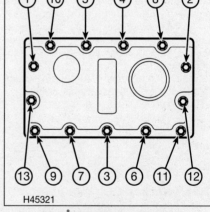

4.9c Åtdragningsordning för kamaxelkåpans bultar

5.3 Mellankylarens luftkanal demonteras för att vevaxelns remskiva ska bli åtkomlig

5.5 Vevaxelremskivans fyra bultar

5 Lossa på bultarna som håller fast vevaxelns remskiva vid drevet **(se bild)**. Om det behövs kan du hindra remskivan från att rotera genom att hålla fast drevets bult med en ring- eller hylsnyckel.

6 Demontera drivremmen enligt beskrivningen i kapitel 1B.

7 Lossa bultarna som håller fast remskivan vid drevet och ta loss remskivan.

Montering

8 Montera tillbaka remskivan över styrstiftet på vevaxelns drev och sätt i fästbultarna.

9 Montera och spänn drivremmen enligt beskrivningen i kapitel 1B.

10 Förhindra att vevaxeln vrids på samma sätt som vid demonteringen. Dra sedan åt remskivans bultar till angivet moment.

11 Sätt (efter vad som är tillämpligt) tillbaka motorns undre skyddskåpa/-kåpor, hjulhusens innerskärmar och mellankylarens lufttrumma.

12 Sätt tillbaka framhjulet, sänk ner framvagnen och anslut batteriets minuskabel.

6 Kamremskåpor – demontering och montering

Övre ytterkåpa

1 Lossa den översta delen av kamremmens ytterkåpa genom att bända upp de tre fjäderklämmorna av metall. Lyft bort kåpan från motorn.

2 Montera i omvänd ordning mot demonteringen. Tänk på att den övre kåpans underkant ska haka i kanten på mittkåpan.

Mittre ytterkåpan

3 Demontera vevaxelns remskiva enligt beskrivningen i avsnitt 5. Här antas att även den nedre kåpan tas bort om mittkåpan demonteras – om inte, ta helt enkelt bort de komponenter som beskrivs i avsnitt 5 för att komma åt vevaxelns remskiva och låt remskivan sitta kvar där den är.

4 När den övre kåpan är borttagen, skruva då loss de två bultarna i nederkanten av mittkåpan (observera att dessa bultar även

fäster den nedre kåpan). Ta bort mittkåpan från motorn, men notera först hur den passar in över den nedre kåpan.

5 Monteringen sker i omvänd ordningsföljd mot demonteringen.

Nedre ytterkåpan

6 Demontera den övre och mittre kåpan enligt beskrivningen ovan.

7 Om det inte redan är gjort, demontera vevaxelns remskiva enligt beskrivningen i avsnitt 5.

8 Skruva loss de(n) återstående bult(ar) som håller fast den nedre kåpan och lyft bort den.

9 Montera i omvänd ordningsföljd mot demonteringen och sätt mittkåpan på plats innan de två översta bultarna sätts i.

Bakre kåpa

10 Demontera den övre, mittre och nedre kåpan enligt beskrivningen ovan.

11 Demontera kamrem, spännarrulle och drev enligt beskrivningen i avsnitt 7 och 8.

12 Skruva loss fästbultarna och lyft av den inre kamremskåpan från motorändens pinnbultar och vidare ut ur motorrummet.

13 Monteringen sker i omvänd ordningsföljd mot demonteringen.

7 Kamrem – demontering, kontroll och montering

Demontering

1 Den kuggade remmens primära funktion är att driva kamaxeln, men den driver även kylvätskepumpen. På alla motorer utom de med kod AJM, ARL, ASZ, ATD, AUY och AXR driver den också bränsle-insprutningspumpen. Om remmen slirar eller går sönder under drift, störs ventilinställningen och kolvarna och ventilerna kan komma i kontakt med varandra, vilket leder till allvarliga motorskador. Det är därför viktigt att kamremmen spänns korrekt, och att man regelbundet undersöker om den är sliten eller försämrad.

2 Koppla loss kabeln från batteriets negativa pol. **Observera:** *Innan batteriet kopplas ifrån, se avsnittet "Frånkoppling av batteriet" i slutet av handboken.*

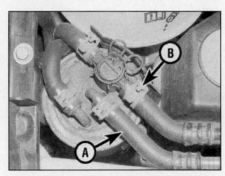

7.8 Bränsletillförsel- (A) och retur- (B) slangar vid bränslefiltret

3 På turbomodeller, demontera höger strål-kastare enligt beskrivning i kapitel 12, avsnitt 7, och luftkanalen mellan insugsgrenröret och mellankylaren enligt beskrivning i kapitel 4D.

4 Dra åt handbromsen, lyft sedan upp fram-vagnen och stötta den ordentligt på pallbockar (se *Lyftning och stödpunkter*).

5 Skruva loss fästskruvarna och ta bort kåpan/kåporna under motorn, samt högra hjulhusets innerskärm.

6 Med hjälp av en lyft, håll upp motorn/växellådan och demontera sedan höger motorfäste och motorns bakre fäste/länk enligt beskrivning i kapitel 2A.

7 Demontera drivremmen enligt beskrivning i kapitel 1B.

8 Koppla loss bränsletillförsel- och returslangarna från bränslefiltret, se kapitel 1B vid behov **(se bild)**. Märk slangarna om så behövs för att garantera korrekt återanslutning.

9 Om så behövs, för att förbättra åtkomligheten ytterligare, skruva loss vindrutespolarvätskans flaska, kylvätskebehållaren, servostyrningsvätskans behållare och bränslefiltret, och lägg dessa åt sidan, men utan att koppla loss några slangar.

10 Demontera kamremskåporna enligt beskrivning i avsnitt 6.

Motorkod AGP, AGR, AHF, ALH, AQM och ASV

11 Demontera kamaxelkåpan enligt beskriv-ning i avsnitt 4.

12 Demontera bromsservons vakuumpump enligt beskrivning i kapitel 9.

13 Vrid vevaxeln till ÖD-läget för kolv nr 1 i kompressionstakten, och lås kamaxeln och bränsleinsprutningsdrevet på plats, enligt beskrivning i avsnitt 3.

14 Om den gamla kamremmen ska sättas tillbaka, markera dess rotationsriktning så att den kan sättas tillbaka åt samma håll.

Försiktighet: Om remmen är i gott skick och därför kan användas fortsättningsvis, är det mycket viktigt att den monteras tillbaka samma väg. Annars kommer den att slitas mycket fortare och gå sönder i förtid.

15 Lossa kamremsspännarens mutter och låt spännaren rotera moturs och släppa kamremmens spänning.

16 Dra remmen från dreven, var försiktig så att den inte veckas eller vrids i onödan om den ska återanvändas.

Motorkod AJM, ARL, ASZ, ATD, AUY och AXR

Observera: *VWs tekniker använder specialverktyg T10008 till att låsa kamremsspännaren i det lossade läget. Det är möjligt att tillverka ett eget verktyg – se nedan.*

17 Ställ in motorn till ÖD-läget för cylinder nr 1 enligt beskrivning i avsnitt 3.

18 Skruva loss bulten och ta bort överföringsremskivan **(se bild)**.

19 Se nu avsnitt 8, lossa spänningen på kamremmen genom att lossa spännarens fästmutter en aning, och vrida spännaren

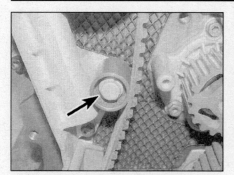

7.18 Skruva loss fästbulten (vid pilen) och ta bort överföringsremskivan

7.19a Vrid spännarens arm moturs tills den går mot stoppet (A) . . .

7.19b . . . stick sedan in låsverktyget i spåret för att låsa spännaren . . .

moturs med en låsringstång tills den går mot stoppet (A). Den kan ta några sekunder för spännarens kolv att tryckas ihop helt. Lås kolven genom att sticka in en låsplatta (VW verktyg nr T10008). Om det här specialverktyget inte finns till hands, kan man tillverka ett eget med hjälp av bifogade beskrivning **(se bilder)**. Vrid nu spännaren medurs mot stoppet (B) **(se bild)**.

20 Leta reda på tillverkarens markering för rotationsriktning på kamremmen. Om det inte finns någon, gör en egen med TippEx eller lite färg – du får inte skära eller skrapa i remmen.

Försiktighet: Om remmen är i gott skick och därför kan användas fortsättningsvis, är det mycket viktigt att den monteras tillbaka samma väg. Annars kommer den att slitas mycket fortare och gå sönder i förtid.

21 Dra loss remmen från dreven och undvik att vrida eller vika den i onödan om den ska återanvändas.

Kontroll

22 Undersök om remmen är förorenad av kylvätska eller smörjmedel. Om så är fallet, leta reda på källan till föroreningen innan arbetet går vidare. Undersök om remmen är sliten eller skadad, särskilt kring de främre kanterna av remkuggarna. Byt ut remmen om det råder någon tvekan om dess skick; kostnaden för en ny rem är obetydlig jämfört med kostnaderna för de motorskador som kan bli följden om remmen går av under drift. Remmen måste bytas ut om den har varit i drift under den körsträcka som anges i kapitel

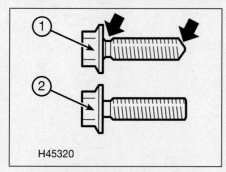

7.24 Olika typer av fästbultar till insprutningspumpens drev – typ 1 är en sträckbult som alltid måste bytas ut

1B, men det är klokt att byta ut den oavsett skick, i förebyggande syfte.

23 Om kamremmen inte ska sättas tillbaka på ett bra tag, är det en bra idé att hänga en varningsskylt på ratten, för att påminna dig själv (och andra) om att motorn inte får startas.

24 På motorkoder AGP, AGR, AHF, ALH, AQM och ASV, måste bultarna som håller insprutnings-pumpens drev till navet eventuellt bytas ut. Två typer av bultar används **(se bild)**; sträckbulten (1) kräver vinkelåtdragning och kan därför inte återanvändas när den väl har lossats. VW säger att pumpdrevet **måste** ställas om varje gång kamremmen tas bort – man kan inte bara sätta tillbaka remmen på drevet utan att utföra inställningsåtgärden. Där så är tillämpligt, införskaffa tre nya bultar innan återmonteringen påbörjas.

Montering
Motorkod AGP, AGR, AHF, ALH, AQM och ASV

25 Se till att vevaxeln och kamaxeln fort-farande är inställda på ÖD för cylinder nr 1, enligt beskrivning i avsnitt 3.

26 Se avsnitt 8 och lossa kamaxeldrevets

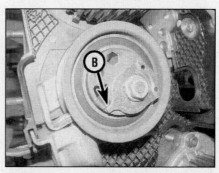

7.19c . . . och vrid spännararmen medurs tills den går mot stoppet (B)

bult ett halvt varv. Använd inte låsstaget till att hålla kamaxeln stilla; den måste tas bort innan man lossar drevbulten. Lossa drevet från kamaxelns kona genom att försiktigt knacka på det med en mjuk metalldorn som sticks in genom hålet i den bakre kamremskåpan **(se bild)**. Sätt tillbaka låsstaget (se avsnitt 3) när drevet har lossats.

27 Skruva loss de tre bultarna som håller bränsleinsprutningspumpens drev till navet på pumpen **(se bild)**, och sätt de nya bultarna på plats – **men dra inte åt** bultarna än. Placera

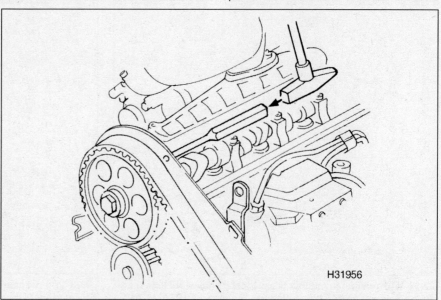

7.26 Frigör kamaxeldrevet från konan med en mjuk metalldorn

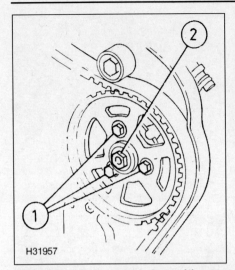

7.27 Skruva loss de tre bultarna (1) som håller bränsleinsprutningspumpen till navet

SKRUVA INTE loss muttern i mitten (2)

pumpdrevet så att fästbultarna sitter i mitten av de avlånga hålen.

⚠️ *Varning: Lossa inte pumpdrevets mittersta mutter, eftersom pumpens inställning då går förlorad och måste göras om av en VWverkstad.*

28 Montera kamremmen runt vevaxeldrevet, överföringsremskivan, kylvätskepumpens drev, insprutningspumpens drev, kamaxeldrevet och spännaren. Om så är tillämpligt, se till att montera remmen så att rotationsriktningen blir rätt. Kontrollera att remmens kuggar sätter sig ordentligt på dreven. Den övre remsträckan måste placeras under den lilla överföringsremskivan (man kan behöva justera kamaxeldrevet en aning för att detta ska gå), och remsträckan mellan spännaren

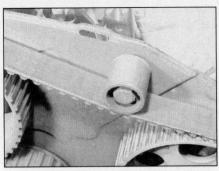

7.28 Kamremmen måste gå under den övre överföringsremskivan

och vevaxeldrevet ska placeras till höger om den lilla överföringsremskivan (från motorns kamremsände sett) **(se bild)**.

29 Kontrollera att bränsleinsprutningspumpens drev fortfarande sitter centralt i de avlånga hålen.

30 Försäkra dig om att eventuellt slack i remmen hamnar i den sektion som passerar över spännaren.

31 Se till att spännaren sitter ordentligt, med klacken på den bakre plattan placerad i spåret i den bakre kamremskåpan.

32 På motorer med kod AGR, ALH, AHF eller ASV, stick in ett lämpligt verktyg, t.ex. en vinklad låsringstång, i de två hålen i remspännarens nav, och vrid spännaren medurs tills hacket på navet är i linje med upphöjningen på den bakre plattan **(se bild)**. **Observera:** *Om spännaren vrids för långt medurs, måste den lossas helt innan den kan spännas igen.* Med spännarens markeringar i linje, dra åt spännarens mutter till angivet moment.

33 På motorer med kod AGP eller AQM, stick in en passande insexnyckel eller sexkantsbit i hålet i spännarnavet, och vrid spännaren medurs tills visaren är i linje med

mitten av urtaget i den bakre plattan **(se bild)**. **Observera:** *Om spännaren vrids för långt medurs, måste den lossas helt innan den kan spännas igen.* Med spännarens markeringar i linje, dra åt spännarens mutter till angivet moment.

34 Kontrollera att vevaxeln fortfarande är i ÖD-läget för cylinder nr 1, enligt beskrivning i avsnitt 3.

35 Se avsnitt 8 och dra åt kamaxeldrevets bult till angivet moment. Använd inte låsstaget för att hålla kamaxeln stilla; det måste tas bort innan drevets bult dras åt. Sätt tillbaka låsstaget (se avsnitt 3) när drevbulten har dragits åt.

36 Dra åt bultarna till bränsleinsprutningspumpens drev till angivet moment. På de modeller som har sträckbultar (se punkt 24), dra åt bultarna till momentet för steg 1, medan drevet hålls stilla. VW rekommenderar att man kontrollerar den dynamiska inställningen av insprutningspumpen (se kapitel 4B, avsnitt 7) innan bultarna dras åt till vinkeln för steg 2, detta kräver dock särskild VW utrustning. Om den dynamiska inställningen kontrolleras senare, dra åt bultarna ordentligt, men inte ända till vinkeln som anges för steg 2 (motorn *kan* köras med bultarna endast åtdragna till momentet för steg 1).

37 Ta bort låsstaget från kamaxeln och ta också bort inställningsstiftet från bränsleinsprutningspumpens drev.

38 Vrid motorn två hela varv i normal rotationsriktning, tills låsstaget och inställningsstiftet kan sättas in igen för att låsa motorn i ÖD för cylinder nr 1 (se avsnitt 3).

39 Kontrollera att kamremsspännarens urtag och upphöjda klack (motorkod AGR, ALH, AHF och ASV) eller visare och urtag (motorkod AGP och AQM) är i linje enligt beskrivning i punkt 32 respektive 33. Om markeringarna hamnar i linje, gå vidare till punkt 41.

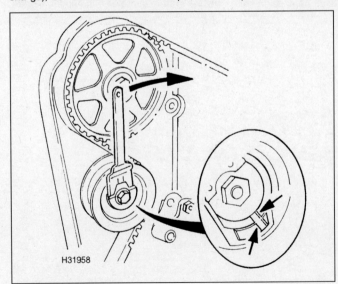

7.32 Vrid spännaren medurs tills urtaget på navet är i linje med upphöjningen på den bakre plattan – motorkod AGR, ALH, AHF och ASV

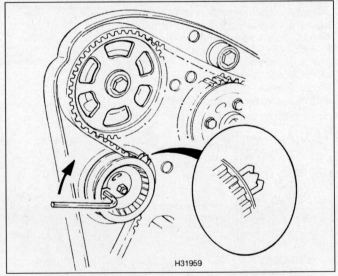

7.33 Vrid spännaren medurs tills visaren är i linje med mitten av urtaget i den bakre plattan – motorkod AGP och AQM

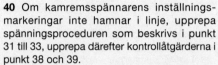

7.50 Placera kamaxeldrevet så att fästbultarna hamnar i mitten av de avlånga hålen

7.53 Sätt tillbaka överföringsremskivan

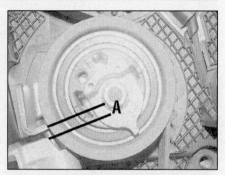

7.55 Avståndet mellan den övre kanten av spännarens hus och armen på den bakre plattan (A) måste vara 4 mm

40 Om kamremsspännarens inställningsmarkeringar inte hamnar i linje, upprepa spänningsproceduren som beskrivs i punkt 31 till 33, upprepa därefter kontrollåtgärderna i punkt 38 och 39.

41 Sätt tillbaka de mittre och nedre yttre kamremskåporna, följ beskrivningen som ges i avsnitt 6.

42 Montera vevaxelremskivan, se avsnitt 5.

43 Montera höger motorfäste enligt beskriv-ning i kapitel 1A, koppla sedan loss lyften och taljan från motorn.

44 Om det inte redan har gjorts, ta bort verktygen som låser kamaxeln och insprutningspumpens drev i ÖD-läget för kolv nr 1.

45 Fortsatt montering sker i omvänd ordning mot demonteringen. Efter avslutat arbete rekommenderar VW att den dynamiska insprutningsinställningen kontrolleras med deras särskilda utrustning. När den dynamiska inställningen har kontrollerats, kan bultarna till insprutningspumpens drev dras åt helt till vinkeln som anges för steg 2, där så är tillämpligt, och den övre, yttre kamremskåpan kan sättas tillbaka.

46 Montera kåpan under motorn och sänk sedan ner bilen på marken. Sätt också tillbaka motorns toppkåpa.

47 Återanslut batteriets negativa (jord) ledning (se kapitel 5A).

Motorkod AJM, ARL, ASZ, ATD, AUY och AXR

48 Se till att vevaxeln och kamaxeln fort-farande är i läge ÖD för cylinder nr 1, enligt beskrivning i avsnitt 3.

49 Vrid vevaxeln försiktigt moturs 90°, för att undanröja risken för kontakt mellan kolvar och ventiler. Se avsnitt 5 och lossa kamaxeldrevets bult ett halvt varv.

50 Placera kamaxeldrevet så att fästbultarna hamnar i mitten av de avlånga hålen **(se bild på nästa sida)**. Vrid vevaxeln medurs, tillbaka till ÖD-läget.

51 Lägg kamremmen löst under vevaxeldrevet. **Observera:** *Observera eventuell riktningsmarkering på remmen.*

52 Haka i kamremmens kuggar i kamaxeldrevet, lägg den sedan på plats runt spännarrullen, vevaxeldrevet och slutligen runt kylvätskepumpens drev. Se till att remkuggarna

sitter ordentligt på dreven. **Observera:** *Man kan behöva justera kamaxeldrevet en aning för att åstadkomma detta.* Undvik att böja remmen bakåt eller vrida den i onödan när du lägger remmen på plats.

53 Sätt tillbaka överföringsremskivan och dra åt bulten till angivet moment **(se bild)**.

54 Se till att eventuellt slack i remmen hamnar i den sektionen av remmen som passerar över spännarrullen.

55 Använd ett lämpligt verktyg (t.ex. låsringstång) och stick in det i de två hålen i spännarnavet, vrid spännarremskivan moturs tills låsplattan (T10008) inte längre är belastad utan kan tas bort. Vrid spännaren medurs tills det finns ett avstånd på 4 mm mellan armen på spännarens bakre platta och den övre kanten av spännarhuset **(se bild)**.

56 När spännaren hålls på plats, dra åt lås-muttern till angivet moment.

57 Dra åt kamaxeldrevets bultar till angivet moment, ta bort drevets låsstift och vevaxelns låsverktyg.

58 Med en nyckel/hylsa på vevaxelremskivans mittbult, dra runt vevaxeln två hela varv. Ställ in motorn till ÖD för cylinder nr 1 igen, enligt beskrivning i avsnitt 3 och kontrollera att kamaxeldrevets låsstift (3359 eller 6 mm stag) fortfarande kan stickas in, och att avståndet mellan armen på spännarens bakre platta och den övre kanten av spännarhuset är korrekt. Om spännaravståndet är inkorrekt, utför spänningsmomentet igen (punkt 55 och 56). Om kamaxeldrevets stift inte kan stickas in, lossa fästbultarna, vrid **navet** tills stiftet

passar, och dra åt drevets fästbultar till angivet moment.

59 Resten av monteringen sker i omvänd ordning mot demonteringen. Vid montering av den nedre kamremskåpan och drivremmens remskiva, notera att remskivans fästhål är förskjutna och gör att remskivan bara kan monteras på ett sätt – dra åt bultarna till angivet moment.

8 Kamremsspännare och drev – demontering och montering

Demontering av kamremsspännare

1 Demontera kamremmen enligt beskrivning i avsnitt 7.

Motorkod AGP, AGR, AHF, ALH, AQM och ASV

2 Skruva loss kamremsspännarens mutter och ta bort spännaren från motorn **(se bild)**.

3 När spännaren sätts tillbaka på motorn, se till att klacken på spännarens bakre platta går in i motsvarande urtag i den bakre kamremskåpan, sätt sedan tillbaka muttern **(se bild)**.

Motorkod AJM, ARL, ASZ, ATD, AUY och AXR

4 Lossa spänningen på kamremmen genom att lossa spännarens mutter en aning, och vrida spännaren moturs med en låsringstång tills den når stoppet (A i punkt 19 i avsnitt 7).

8.2 Kamremsspännarens mutter (vid pilen)

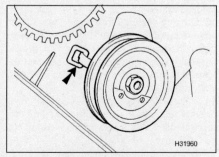

8.3 Se till att klacken på spännarens bakre platta går in i urtaget i den bakre kamremskåpan

8.17 En ny fästbult till vevaxeldrevet

8.22 Demontering av kamaxeldrevet

8.28 Ett egentillverkat verktyg används till att hålla fast kamaxelnavet

Det kan ta några sekunder för spännarens kolv att tryckas ihop helt. Lås kolven genom att sticka in en låsplatta (VW verktyg nr T10008). Om det speciella verktyget inte finns till hands, kan ett alternativ tillverkas med hjälp av bilden. Vrid nu spännaren medurs till stoppet (B i punkt 19 i avsnitt 7).

5 Skruva loss fästmuttern helt och ta bort spännarremskivan.

6 För att demontera spännarkolven och huset, ta bort den högra kåpan, och spännarhusets fästbultar.

Montering av kamremsspännare

7 Montera och spänn kamremmen enligt beskrivning i avsnitt 7.

Överföringsremskivor

Observera: *På motorkoder AGP, AGR, AHF, ALH, AQM och ASV, om den nedre högra överföringsremskivan demonteras, behövs en ny fästbult vid monteringen.*

8 Demontera kamremmen enligt beskrivning i avsnitt 7.

9 Skruva loss fästbulten/muttern till relevant överföringsremskiva och ta bort remskivan.

10 Sätt tillbaka remskivan och dra åt fäst-bulten (där så är tillämpligt, använd en ny bult vid montering av den nedre högra remskivan) eller muttern till angivet moment.

11 Montera och spänn kamremmen enligt beskrivning i avsnitt 7.

Vevaxeldrev

Observera: *En ny fästbult måste användas till vevaxeldrevet vid monteringen.*

12 Demontera kamremmen enligt beskrivningen i avsnitt 7.

13 Drevets fästbult måste nu lossas, och vevaxeln måste hållas stilla när drevets bult skruvas loss. För att hålla fast drevet, tillverka ett lämpligt verktyg och sätt fast det i drevet med två bultar som skruvas in i två av vevaxelremskivans bulthål.

14 Håll fast drevet med verktyget och lossa drevets fästbult. Var försiktig – bulten sitter mycket hårt. **Låt inte** vevaxeln vridas när bulten lossas.

15 Skruva loss bulten och dra loss drevet från vevaxeländen. Notera åt vilket håll drevets upphöjda nav är vänt.

16 Påbörja monteringen genom att placera

drevet på vevaxelns ände, med det upphöjda navet vänt som tidigare.

17 Sätt i en ny fästbult till drevet, håll sedan fast drevet på samma sätt som vid demonteringen, och dra åt bulten till angivet moment, i de två steg som specificeras **(se bild)**.

18 Montera kamremmen enligt beskrivning i avsnitt 7.

Demontering av kamaxeldrev

19 Demontera kamremmen enligt beskrivningen i avsnitt 7.

20 Kamaxeldrevets bult/-ar måste nu lossas. Använd inte inställningslåsstaget till att hålla kamaxeln stilla; den måste tas bort innan drevets bult lossas. För att undanröja risken för kontakt mellan kolvar och ventiler, vrid vevaxeln 90° moturs så att alla kolvar dras halvvägs upp i sina lopp.

Motorkod AGP, AGR, AHF, ALH, AQM och ASV

21 När drevets bult är lossad, lossa drevet från kamaxelns kona genom att försiktigt knacka på den med en mjuk metalldorn, som sticks in genom hålet i den bakre kamremskåpan. Sätt tillbaka inställningslåsstaget (se avsnitt 3) när drevet har lossats.

22 Skruva loss drevets bult och ta ut den, dra sedan loss drevet från änden av kamaxeln. Notera vilken väg det sitter **(se bild)**.

Motorkod AJM, ARL, ASZ, ATD, AUY och AXR

23 Skruva loss och ta bort de tre fästbultarna och ta bort kamaxeldrevet från kamaxelnavet.

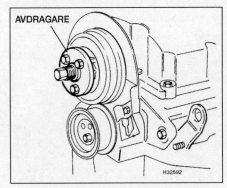

8.29 Sätt fast en trearmad avdragare på navet och dra åt avdragaren jämnt tills navet lossnar från kamaxeln

Montering av kamaxeldrev

24 Montera drevet och se till att det hamnar rätt väg.

25 Sätt i drevets bult/-ar och dra åt dem för hand tills vidare.

26 Om vevaxeln har vridits (se punkt 20), vrid tillbaka den 90°, tillbaka till ÖD-läget. Sätt tillbaka och spänn kamremmen enligt beskrivning i avsnitt 7.

Kamaxelnav

Motorkod AJM, ARL, ASZ, ATD, AUY och AXR

Observera: *VWs tekniker använder specialverktyg T10051 till att hålla fast navet, men det är även möjligt att tillverka ett alternativt verktyg – se nedan.*

27 Demontera kamaxeldrevet enligt tidigare beskrivning i det här avsnittet.

28 Sätt fast specialverktyg T10051 i de tre hålen i navets yta för att förhindra att navet roterar. Om detta verktyg inte finns till hands, tillverka ett passande alternativ. Medan verktyget hålls fast, skruva loss navets mittbult ungefär två varv **(se bild)**.

29 Låt mittbulten sitta kvar och fäst VWs verktyg T10052 (eller en liknande trearmad avdragare) i navet, och dra åt avdragaren jämnt tills navet lossnar från konfästet på kamaxeln **(se bild)**.

30 Se till att kamaxelns konfäste och navets mitt är rena och torra, placera navet på konan och notera att den inbyggda kilen i navets kona måste hamna i linje med kilen i kamaxelns kona **(se bild)**.

8.30 Den inbyggda kilen i navets kona måste vara i linje med kilspåret i kamaxelkonan (vid pilen)

9.6 Kontrollera kamaxellageröverfallens markeringar (vid pilarna)

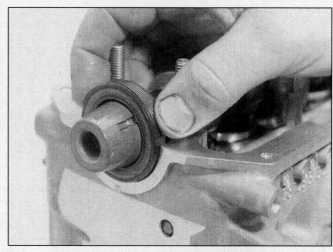

9.11 Demontera kamaxelns oljetätning

31 Håll navet i den här positionen med verktyg T10051 (eller motsvarande, hemmatillverkat verktyg), och dra åt mittbulten till angivet moment.
32 Resten av monteringen sker i omvänd ordning mot demonteringen.

Bränsleinsprutningspumpens drev

Motorkod AGP, AGR, AHF, ALH, AQM och ASV

Observera: *Nya fästbultar till pumpdrevet måste användas vid monteringen.*
33 Demontera kamremmen enligt beskrivning i avsnitt 7.
34 Skruva loss och ta bort de tre bultarna som håller bränsleinsprutningspumpens drev till navet på pumpen. Bultarna kan kastas, eftersom nya måste användas vid monteringen.

⚠️ **Varning: Lossa inte muttern i mitten av pumpdrevet, eftersom pumpens inställning då går för-lorad, och måste göras om av en VW-verkstad.**

35 Ta tillfälligt bort verktyget som används till att låsa insprutningspumpens drev och nav i ÖD-läget, dra sedan loss drevet från navet, notera vilken väg det sitter. Sätt tillbaka låsverktyget på pumpnavet när drevet har tagits bort.
36 För att montera drevet, ta igen bort låsverktyget från navet, sätt tillbaka drevet och se till att det hamnar rätt väg.
37 Om så behövs, vrid drevet tills låsverktyget kan stickas in genom drevet och navet och gå in i pumpens stödfäste.
38 Sätt i drevets nya fästbultar, vrid sedan drevet så att bultarna placeras mitt i de avlånga hålen. Dra bara åt bultarna för hand tills vidare.
39 Sätt tillbaka och spänn kamremmen enligt beskrivning i avsnitt 7.

Kylvätskepumpens drev

40 Kylvätskepumpens drev sitter ihop med

kylvätskepumpen. Se kapitel 3 för information om demontering av pumpen.

9 Kamaxel och hydrauliska ventillyftare – demontering, kontroll och montering

Observera: *En ny kamaxeloljetätning behövs vid monteringen.*

Demontering

1 Vrid vevaxeln till ÖD-läget för kolv nr 1 i kompressionstakten, och lås kamaxeln och bränsleinsprutningsdrevet i det läget, enligt beskrivning i avsnitt 3.
2 Demontera kamremmen enligt beskrivning i avsnitt 7.
3 Demontera kamaxeldrevet enligt beskrivning i avsnitt 8.
4 Demontera bromsvakuum-/tandempumpen enligt beskrivning i kapitel 9.
5 På motorkoder AJM, ARL, ASZ, ATD, AUY och AXR, demontera bränsle-spridarnas vipparmar enligt beskrivning i avsnitt 21.
6 Kontrollera om kamaxellageröverfallen har identifikationsmarkeringar **(se bild)**. Lageröver-fallen är vanligtvis märkta med sina respektive cylindernummer. Om du inte hittar några markeringar, gör egna med en rits eller en körnare. Överfallen ska vara numrerade från 1 till 5, där nr 1 är närmast motorns kamrems-ände. Notera på vilken sida av överfallen som markeringarna är/görs, så att de kan sättas tillbaka rätt väg.
7 På motorkoder AJM, ARL, ASZ, ATD, AUY och AXR roterar kamaxeln i skållager. När lageröverfallen tas bort, ta vara på lagerskålarna från kamaxeln. Numrera baksidan av lagren med en tuschpenna för att försäkra att, om de ska återanvändas, de sätts tillbaka på rätt platser. **Observera:** *I topplocket, under varje kamaxellageröverfall, sitter en bricka för varje topplocksbult.*
8 Skruva loss fästmuttrarna och ta bort lageröverfall nr 1, 3 och 5.

9 Arbeta stegvis i diagonal ordning, och lossa muttrarna till lageröverfall nr 2 och 4. När muttrarna lossas kommer ventilfjädrarna att trycka upp kamaxeln.
10 När muttrarna för lageröverfall nr 2 och 4 har lossats helt, lyft av överfallen.
11 Lyft försiktigt upp kamaxeln från topp-locket, håll den rak och stöttad i båda ändar, så att inte lagertapparna eller kamnockarna skadas. Ta bort oljetätningen från änden av axeln och kasta den – en ny måste användas vid monteringen **(se bild)**.
12 Lyft upp de hydrauliska ventillyftarna från loppen i topplocket, och förvara dem med ventilkontaktytan vänd nedåt, för att förhindra att olja rinner ut. Det rekommenderas att lyftarna förvaras nedsänkta i olja medan de är borttagna från topplocket. Notera var varje lyftare sitter, eftersom de måste sättas tillbaka på exakt samma plats. Om de förväxlas kommer det att leda till påskyndat slitage.
13 På motorkoder AJM, ARL, ASZ, ATD, AUY och AXR, ta bort de nedre lagerskålarna från topplocket; numrera dem på baksidan med en tuschpenna för att försäkra att, om de återanvänds, de sätts tillbaka på sina ursprungliga platser.

Kontroll

14 Med kamaxeln demonterad, undersök om lageröverfallen och lagrens säten i topplocket är slitna eller har gropar. Om slitage är uppenbart måste man förmodligen montera ett nytt topplock. Kontrollera också att oljetillförselhålen i topplocket inte är blockerade.
15 Undersök kamaxeln och leta efter tecken på slitage på lagertapparna och kamnockarna. I normala fall ska ytan vara slät och ha en matt lyster; leta efter repor, erosion eller gropar och områden som ser polerade ut, vilket tyder på kraftigt slitage. När kamaxelns härdade yta en gång har skadats, slits den väldigt fort därefter, byt därför alltid ut slitna komponenter. **Observera:** *Om ovan nämnda symptom upptäcks på topparna av kamnockarna,*

9.17 Kontrollera kamaxelns axialspel med en mätklocka

kontrollera då även motsvarande ventillyftare, eftersom de förmodligen också är slitna.

16 Om de maskinbearbetade ytorna på kamaxeln är missfärgade eller blå, är det troligt att kamaxeln har överhettats någon gång, förmodligen på grund av bristfällig smörjning. Detta kan ha gjort att axeln har kastat sig, vilket kontrolleras enligt följande: Placera kamaxeln mellan två V-block och mät sedan dess kast med hjälp av en mätklocka. Om kastet överskrider det som anges i specifikationerna, byt ut kamaxeln.

17 För att mäta kamaxelns axialspel, sätt tillfälligt tillbaka kamaxeln i topplocket, sätt tillbaka lageröverfall nr 1 och 5 och dra åt fästmuttrarna till angivet moment. Sätt fast en mätklocka i topplockets kamremsände **(se bild)**. Tryck kamaxeln så långt det går åt ena hållet i topplocket, placera mätklockans sond på änden av kamaxeln och nollställ klockan. Tryck sedan kamaxeln så långt det går åt andra hållet och notera avläsningen. Bekräfta avläsningen genom att trycka tillbaka kamaxeln till ursprungsläget och kontrollera att mätklockan visar noll. **Observera:** *De hydrauliska ventillyftarna får* **inte** *vara monterade när den här mätningen görs.*

18 Kontrollera att kamaxelns axialspel är inom de gränser som anges i specifikationerna. Om spelet överskrider angiven gräns, är det inte troligt att slitaget är begränsat till en enda komponent, så byte av kamaxel, topplock och lageröverfall måste då övervägas.

19 Kamaxellagrens spel måste nu mätas. Detta är svårt utan en uppsättning mikrometrar eller interna/externa expanderande skjutmått. Mät kamaxellagertapparnas yttre diameter och den inre diametern som skapas av lageröverfallen

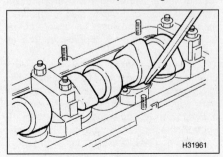

10.7 Tryck ner ventillyftaren med ett redskap av trä eller plast

(och lagerskålarna där så är tillämpligt) och lagersätena i topplocket. Skillnaden mellan dessa två mått är lagrens spel.

20 Jämför lagerspelen med siffrorna som anges i specifikationerna; om några spel ligger utanför angiven gräns, måste kamaxeln, topp-locket och lageröverfallen (och lagerskålarna där så är tillämpligt) bytas ut.

21 Undersök de hydrauliska ventillyftarna för att se om de är slitna eller skadade och byt ut dem efter behov. Kontrollera att oljehålen i lyftarna inte är blockerade.

Montering

22 Smörj lite ren motorolja på sidorna av ventillyftarna, och sätt dem på plats i sina ursprungliga lopp i topplocket. Tryck ner dem tills de kommer i kontakt med ventilerna, smörj sedan kontaktytorna mot kamnockarna.

23 Smörj kamaxelns och topplockets lager-tappar (och lagerskålar där så är tillämpligt) med ren motorolja.

24 Sänk försiktigt ner kamaxeln på plats i topplocket och se till att kamnockarna för cylinder nr 1 pekar uppåt.

25 Montera en ny oljetätning på änden av kamaxeln. Se till att den slutna änden av tätningen är vänd mot den ände av kamaxeln där kamaxeldrevet sitter, och var noga med att inte skada tätningsläppen. Placera tätningen mot sätet i topplocket.

26 Olja den övre ytan av kamaxellagertapparna (och lagerskålarna där så är tillämpligt), sätt sedan lageröverfall nr 2 och 4 på plats. Se till att de monteras rätt väg och på rätt platser (se punkt 6), dra sedan stegvis åt fästmuttrarna, i diagonal ordning, till angivet moment. När muttrarna dras åt tvingas kamaxeln ner mot ventilfjädrarnas tryck.

27 Montera lageröverfall 1, 3 och 5 över kamaxeln och dra stegvis åt muttrarna till angivet moment. Notera att man kan behöva hjälpa överfall nr 5 på plats genom att knacka lätt på änden av kamaxeln.

28 Montera kamaxeldrevet enligt beskrivning i avsnitt 8.

29 Montera och spänn kamremmen enligt beskrivning i avsnitt 7.

30 Montera vakuum-/tandempumpen enligt beskrivning i kapitel 9.

10 Hydrauliska ventillyftare – test

1 Starta motorn och låt den gå tills den uppnått normal arbetstemperatur.

2 Öka varvtalet till omkring 2 500 varv/minut under 2 minuter.

3 Om någon av de hydrauliska ventillyftarna slamrar, gör följande kontroller.

4 Ta bort kamaxelkåpan enligt beskrivningen i avsnitt 4.

5 Vrid runt vevaxeln med hjälp av en nyckel som griper om vevaxeldrevets bult, tills spetsen på kamloben ovanför den ventillyftare som ska kontrolleras pekar rakt uppåt.

6 Kontrollera med ett bladmått spelrummet mellan ventillyftarens ovansida och kamloben. Om spelet överskrider 0,1 mm måste ventillyftaren bytas. Om spelet är mindre än 0,1 mm, eller om det inte finns något spel alls, fortsätt på följande vis.

7 Tryck ner ventillyftaren med ett verktyg av trä eller plast **(se bild)**. Om spelrummet överskrider 1,0 mm innan ventillyftaren kommer i kontakt med ventilskaftet måste ventillyftaren bytas.

8 Avsluta med att montera kamaxelkåpan enligt beskrivningen i avsnitt 4.

11 Kamaxelns oljetätningar – byte

Främre oljetätning

1 Demontera kamremmen enligt beskrivningen i avsnitt 7.

2 Demontera kamaxeldrevet och dess nav enligt beskrivningen i avsnitt 8.

3 Borra två diagonalt motställda små hål i den befintliga oljetätningen. Var ytterst försiktig så att borren inte skadar huset eller kamaxelns tätningsyta. Skruva i två självgängande skruvar i hålen. Dra sedan ut oljetätningen genom att dra i skruvhuvudena med tång.

4 Torka rent huset och kamaxelns tätningsyta med en luddfri trasa. Avlägsna metallspån, grader och liknande som kan orsaka läckage hos tätningen.

5 Smörj utsidan och flänsen på den nya oljetätningen med ren motorolja och tryck in den på kamaxeln tills den hamnar ovanför sitt hus. Linda lite tejp om kamaxeländen för att undvika att skada tätningsflänsarna.

6 Använd en hammare och en hylsa med lämplig diameter till att knacka in tätningen vinkelrätt i huset. **Observera:** *Välj en hylsa som bara ligger an mot tätningens hårda, utvändiga yta och inte mot den inre flänsen, som lätt skadas.*

7 Montera kamaxelns drev och dess nav, enligt beskrivningen i avsnitt 8.

8 Montera och spänn kamremmen enligt beskrivningen i avsnitt 7.

Bakre oljetätning

9 Kamaxelns bakre oljetätning utgörs av tätningen till bromssystemets vakuumpump. Se kapitel 9 beträffande bromsvakuum-pumpens demontering och montering.

12 Topplock – demontering, kontroll och montering

Observera: *Topplocket måste demonteras med kall motor. Nya topplocksbultar och en ny topplockspackning behövs vid monteringen, och lämpliga pinnbultar behövs för att styra topplocket på plats – se texten.*

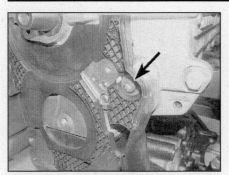

12.6a Där så är tillämpligt, skruva loss bulten (vid pilen) från den inre kåpan. . .

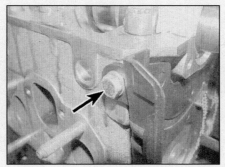

12.6b . . . och den (vid pilen) på sidan av kåpan

12.7 Använd två muttrar som låses mot varandra till att skruva loss spännarens fästpinnbult

Demontering

1 Koppla loss kabeln från batteriets negativa pol och ta bort motorns toppkåpa. **Observera:** *Innan batteriet kopplas ifrån, se avsnittet "Frånkoppling av batteriet" längst bak i den här boken.*

2 Tappa av kylsystemet och motoroljan enligt beskrivning i kapitel 1B.

3 Demontera kamaxelkåpan enligt beskrivning i avsnitt 4.

4 Demontera kamremmen enligt beskrivning i avsnitt 7.

5 Demontera kamaxeldrevet och kamremsspännaren enligt beskrivning i avsnitt 8.

6 Där så är tillämpligt, skruva loss bulten/bultarna som håller den bakre kamremskåpan till topplocket **(se bilder)**.

7 Med hjälp av två passande muttrar som låses mot varandra, skruva loss kamremsspännarens fästpinnbult från topplocket **(se bild)**.

8 Om motorn för närvarande stöttas av motorlyft och talja ansluten till lyftöglor på topplocket, måste man nu sätta fast en passande bygel på motorblocket, så att motorn fortfarande kan hållas upp när topplocket demonteras. Alternativt kan motorn stöttas underifrån, med en garagedomkraft och ett träblock placerat under oljesumpen.

Motorkod AGP, AGR, AHF, ALH, AQM och ASV

9 Lossa klämman och koppla loss kylarens övre slang från framsidan av kylvätskehuset,

på topplockets vänstra sida. Koppla också loss värmeslangen från baksidan av huset, och de mindre oljekylarslangarna från botten av huset. Flytta slangarna åt sidan.

10 Lossa klämman och koppla loss kyl-vätskans luftningsslang från topplockets vänstra sida.

11 Koppla loss avgassystemets främre sektion från avgasgrenröret eller turboaggregatet, efter tillämplighet, enligt beskrivning i kapitel 4D.

12 På turbomodeller, gör följande:

a) Koppla loss vakuumslangen från tryckklockan till turboladdarens wastegate.

b) Där så är tillämpligt, koppla loss laddtrycksventilens slang från turboladdaren.

c) Lossa slangklämmorna och koppla loss luftinloppskanalen från turboladdaren.

d) Lossa slangklämmorna och ta bort luftkanalen mellan turboladdaren och mellankylaren.

e) Där så är tillämpligt, skruva loss och ta bort turboladdarens stödfäste.

f) Skruva loss anslutningsbulten och koppla loss turboladdarens oljereturrör från motorblocket. Ta vara på tätningsringarna.

g) Lossa på anslutningsmuttern och koppla loss oljetillförselröret från turboladdaren. Frigör röret från eventuella fästbyglar på avgasgrenröret och topplocket.

13 Koppla loss kablaget från följande kom-ponenter och notera hur kablarna är dragna:

a) Bränsleinsprutningspumpens bränsleavstängningssolenoid (uppe på insprutningspumpen – lossa fästmuttern).

*b) Bränsleinsprutningspumpens insprutningsstartventil **(se bild)**.*

c) Insugsgrenrörets kontrollventil (turbomotorer) – bak på grenröret.

d) Kylvätsketemperaturgivare/ temperaturmätargivare (vänster ände av topplocket).

e) Bränsleinsprutarnas nållyftsgivare (bakom oljefilterhuset).

f) Glödstiftens huvudmatningsledning.

14 Koppla loss bränslespridarnas bränslespillslang.

15 Lossa anslutningsmuttrarna medan du håller fast anslutningarna med en andra nyckel, och ta bort bränslespridarrören som en enhet.

16 Koppla loss vakuumslangarna från bromsvakuumpumpen och EGR-ventilen **(se bilder)**.

17 På modeller som har en vakuumdämpare (klaff) för insugsgrenröret (se kapitel 4D, avsnitt 3), ta antingen bort dämparens behållare från fästbygeln på topplocket, eller ta bort behållaren tillsammans med fästet.

18 Gör en slutlig kontroll av att alla relevanta rör, slangar och kablar har kopplats loss och flyttats åt sidan, så att topplocket kan lyftas bort.

19 Lossa topplocksbultarna stegvis, ett varv i taget, i visad ordning **(se bild)**. Ta bort alla bultar.

20 När alla bultarna är borta, lyft upp topp-locket från motorblocket, tillsammans

12.13 Koppla loss insprutningssystemets kontaktdon (vid pilen) bakom oljefilterhuset

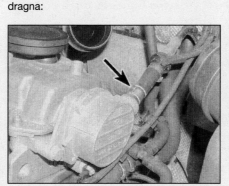

12.16a Koppla loss vakuumslangen (vid pilen) från bromsvakuumpumpen

12.16b EGR-ventil och vakuumslang (vid pilen) – turbomodeller

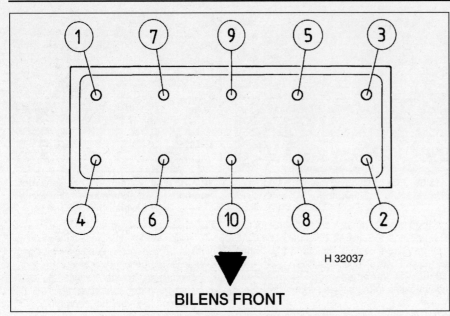

H 32037

BILENS FRONT

12.19 Lossningsordning för topplocksbultar

med grenrören (och turboladdaren om så är tillämp-ligt). Om topplocket sitter fast, knacka på det med en mjuk klubba för att bryta fogen. **Stick inte** in något verktyg för att bända i packnings-fogen.

21 Ta bort topplockspackningen från motorblocket. Kasta inte packningen än, eftersom den kommer att behövas vid bedömningen av tjockleken på den nya packningen.

22 Om så önskas kan grenrören demonteras från topplocket – se kapitel 4B (insugsgrenrör) eller 4D (avgasgrenrör).

Motorkod AJM, ARL, ASZ, ATD, AUY och AXR

Observera: *Man måste nu koppla ur den centrala kontakten för enhetsspridarna – detta kan göra att en felkod lagras av motorstyrningens ECU. Den här koden kan*

endast raderas av en VWverkstad eller annan lämpligt utrustad specialist.

23 Ta bort bulten som håller kamaxellägesgivaren till topplocket. Kablaget måste inte kopplas bort i det här läget (**se bild**).

24 Koppla loss laddluftsröret mellan insugsgrenröret och mellankylaren och lägg det åt sidan.

25 Koppla loss den centrala kontakten för enhetsspridarna (**se bild**).

26 Skruva loss de två bultarna som håller kylvätskeanslutningen till änden av topplocket (**se bild**). Man behöver inte koppla loss rören eller kablagets kontakter i det här läget.

27 Skruva loss de fyra fästbultarna och dra bort tandempumpen från topplocket, utan att koppla loss bränsle- eller vakuumslangarna (**se bild**).

28 Koppla loss och ta bort slangen som ansluter det övre kylvätskeröret till röret i änden av topplocket (**se bild**).

29 Demontera turboladdaren enligt beskriv-ning i kapitel 4D.

30 Skruva loss och ta bort bulten som håller det övre kylvätskeröret (av metall) till topplocket.

31 Koppla loss kablagets kontakter från glödstiften – om så behövs, se kapitel 5C.

32 Koppla loss vakuumrören till EGR-ventilen och grenrörets klaffmotor (**se bild**).

33 Med ett passande verktyg, skruva loss topplocksbultarna utifrån och in, jämnt och stegvis. Kontrollera att ingenting fortfarande är anslutet, och lyft sedan upp topplocket från motorblocket. Ta helst hjälp av någon

12.23 Skruva loss bulten och ta bort kamaxellägesgivaren

12.25 Koppla loss den centrala kontakten för bränslespridarna

12.26 Skruva loss de två bultarna (vid pilarna) och ta bort kylvätskeutloppet från änden av topplocket

12.27 Skruva loss tandempumpens fyra fästbultar (vid pilarna)

12.28 Koppla loss kylvätskeslangen från änden av topplocket

12.32 Koppla loss vakuumrören (vid pilarna)

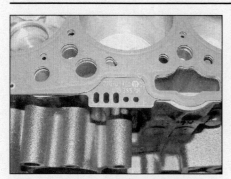

12.36 Tjockleken på topplockspackningen anges med urtag eller hål

– topplocket är tungt, särskilt om det demonteras med grenrören.

34 Ta bort packningen från motorblocket, notera styrstiften. Om stiften sitter löst, ta bort dem och förvara dem tillsammans med topplocket. Kasta inte packningen än – den kan behövas för identifiering.

Kontroll

35 Isärtagning och undersökning av topp-locket beskrivs i kapitel 2D.

Val av topplockspackning

Observera: *En mätklocka behövs för denna åtgärd.*

36 Leta efter tillverkarens märkning på den gamla topplockspackningen **(se bild)**. Den återfinns troligtvis i form av hål eller små urtag, och ett artikelnummer på kanten av packningen. Om inte nya kolvar har monterats, måste den nya packningen vara av samma typ som den gamla. I detta fall, införskaffa en ny packning och fortsätt till punkt 43.

37 Om nya kolvar har monterats som en del av en motorrenovering, eller om en ny "kort motor" ska monteras, måste kolvkronornas utstick ovanför motorblockets fogyta mot topplocket mätas i ÖD-läget. Det här måttet används sedan till att avgöra hur tjock den nya topplockspackningen måste vara.

38 Placera en mätklocka på den övre ytan (topplockspackningens fogyta) på motor-blocket och nollställ mätaren på fogytan.

39 Placera mätklockans sond på kronan på kolv nr 1 och vrid vevaxeln sakta för hand tills kolven når ÖD. Mät och notera kolvens största utstick vid ÖD **(se bild)**.

40 Upprepa på de andra kolvarna och notera alla resultat.

41 Om resultatet skiljer sig från kolv till kolv, ta den högsta siffran och använd denna till att räkna ut hur tjock den nya packningen måste vara enligt följande.

Kolvens utstick	Packningens identifikation (antal hål/urtag)
0,91 till 1,00 mm	1
0,01 till 1,10 mm	2
1,11 till 1,20 mm	3

42 Införskaffa en ny packning i enlighet med resultatet av måttagningen.

Montering

Observera: *Om en VW utbytestopp, komplett med kamaxel, ska monteras, rekommenderar tillverkaren följande:*

a) *Smörj kontaktytan mellan ventillyftare och kamnockar innan kamaxelkåpan monteras.*

b) *Ta inte bort plastskydden från de öppna ventilerna förrän precis innan topplocket ska monteras.*

c) *Dessutom, om ett nytt topplock monteras rekommenderar VW att kylvätskan byts ut.*

43 Fogytorna på topplocket och motor-blocket måste vara helt rena innan topplocket sätts tillbaka. Ta bort alla spår av packning och sot med en skrapa, och rengör också kolvtopparna. Var särskilt försiktig med aluminiumytorna, eftersom den mjuka metallen lätt kan ta skada.

44 Se till att inget skräp kommer in i olje- och vattenkanalerna – detta är särskilt viktigt för oljekretsen, eftersom sot kan blockera oljetillförseln till kamaxelns och vevaxelns lager. Täta olje- och bulthålen i motorblocket med papper och tejp.

45 För att förhindra att sot kommer in i gapet mellan kolv och lopp, lägg lite fett i gapet. När kolven har rengjorts, vrid vevaxeln så att

kolven går ner i loppet, och torka bort fett och sot med en ren tygtrasa. Rengör alla kolvkronor på samma sätt.

46 Kontrollera om topplocket och motor-blocket har hack, djupa repor eller andra skador. Om skadorna är ytliga kan de försiktigt tas bort med en fil. Allvarligare skador kan eventuellt åtgärdas med maskinbearbetning, men detta är ett jobb för en specialist.

47 Om du misstänker att topplocket är skevt, kontrollera detta med hjälp av en stållinjal, enligt beskrivning i kapitel 2D.

48 Se till att topplocksbultarnas hål i vevhuset är rena och fria från olja. Sug upp eventuell olja som är kvar i bulthålen. Detta är viktigt för att rätt åtdragningsmoment ska kunna användas, och för att inte blocket ska spricka av det hydraultryck som annars kan uppstå när bultarna dras åt.

49 Vrid vevaxeln moturs tills alla kolvar är i jämnhöjd, ungefär halvvägs ner i loppen efter ÖD-läget (se avsnitt 3). Detta undanröjer risken för kontakt mellan kolvar och ventiler när topplocket monteras.

50 Där så är tillämpligt, montera grenrören enligt beskrivningen i kapitel 4B och/eller 4D.

51 För att att styra topplocket på plats, skruva in två långa pinnbultar (eller gamla topplocksbultar med skallarna avkapade och skåror frästa i ändarna så att de kan skruvas ur med en skruvmejsel) i motorblocket **(se bild)**.

52 Se till att topplockets styrstift är på plats i motorblocket, lägg sedan den nya topplocks-packningen över stiften, med artikelnumret vänt uppåt. Där så är tillämpligt ska även markeringen OBEN/TOP vara vänd uppåt. VW rekommenderar att packningen inte tas ut ur förpackningen förrän precis innan den ska monteras.

53 Sänk ner topplocket på packningen och se till att det hamnar korrekt på styrstiften och pinnbultarna.

54 Sätt i de nya topplocksbultarna i de åtta lediga bulthålen och skruva in dem så långt det går för hand.

55 Skruva ut de två pinnbultarna från motor-

12.39 Mät kolvens utstick i ÖD-läget med en mätklocka

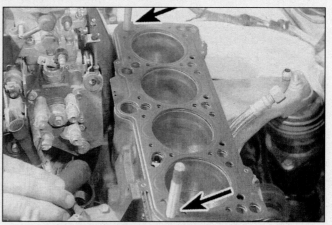

12.51 Två av de gamla topplocksbultarna (vid pilarna) kan användas som placeringshjälp

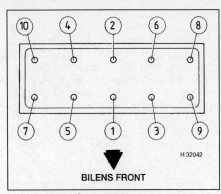

12.56a Åtdragningsordning för topplocksbultarna

BILENS FRONT

H 32042

blockets avgassida, skruva sedan in de två kvarvarande topplocksbultarna så långt det går för hand.

56 Dra åt alla topplocksbultarna, stegvis och i visad ordning, till momentet som anges för steg 1 **(se bilder)**.

57 Dra därefter åt alla bultar till momentet för steg 2, även nu stegvis och i samma ordning.

58 Dra sedan åt alla bultar till vinkeln för steg 3, i samma ordning. **(se bild)**.

59 Avsluta med att dra åt alla topplocksbultarna till den vinkel som anges för steg 4, fortfarande i samma ordning.

60 När alla topplocksbultar har dragits åt helt, vrid kamaxeln så att kamnockarna för cylinder nr 1 pekar uppåt.

61 Där så är tillämpligt, anslut lyfttaljan till lyftöglorna på topplocket och justera lyften så att den håller upp motorns vikt. När motorn hålls upp säkert i lyftöglorna, koppla loss lyfttaljan från den lyftbygel som skruvats fast i motorblocket, och skruva loss den temporära lyftbygeln från blocket. Alternativt, ta bort garagedomkraften och träblocket från under oljesumpen.

62 Resten av monteringen sker i omvänd ordning mot demonteringen. Tänk på följande.

a) Montera kamaxelkåpan enligt beskrivning i avsnitt 4.

b) På turbomodeller, använd nya tätningsringar vid anslutning av turboladdarens returrör till motorblocket.

c) Anslut avgassystemets främre sektion till avgasgrenröret eller turboladdaren, efter tillämplighet, enligt beskrivning i kapitel 4D.

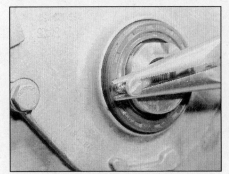

16.2 Självgängande skruvar används för att dra loss vevaxelns främre oljetätning

12.56b Topplocksbultarna dras åt med en momentnyckel

d) Montera kamremsspännaren enligt beskrivning i avsnitt 8.

e) Montera kamaxeldreven enligt beskrivning i avsnitt 8, och sätt tillbaka kamremmen enligt beskrivning i avsnitt 7.

f) På motorer utan turbo, sätt tillbaka den övre delen av insugsgrenröret enligt beskrivning i kapitel 4B.

g) Fyll på kylvätska och motorolja enligt beskrivning i kapitel 1B.

13 Oljesump – demontering och montering

Fortsätt enligt beskrivningen i avsnitt 12 i del A i detta kapitel.

14 Oljepump och drivkedja – demontering, kontroll och montering

Fortsätt enligt beskrivningen i avsnitt 13 i del A i detta kapitel.

15 Svänghjul/drivplatta/koppling- tryckplatta – demontering, kontroll, montering

Motorer utan turbo

1 Kopplingstryckplattan är fastskruvad med bultar direkt i vevaxelflänsen, och det tallriks- formade svänghjulet är fastbultat i tryck-

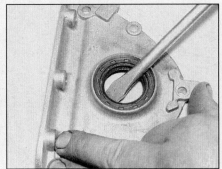

16.3 Oljetätningen bänds ut ur vevaxelns främre hus

plattan. Hur kopplingstryckplattan och svänghjulet demonteras och monteras beskrivs i kapitel 6.

Turbomotorer

2 Följ beskrivningen för 2.0 liters motorer i avsnitt 14 i del A i detta kapitel.

16 Vevaxelns oljetätningar – byte

Främre oljetätning (kamremsänden)

Observera: Oljetätningen kan vara av två olika typer – en vanlig gummitätning med en fjäder eller en teflontätning. När en ny tätning införskaffas måste den vara av samma typ som den ursprungliga tätningen. Om olje- tätningshuset demonteras behövs ett lämpligt tätningsmedel (VW D 176 404 A2 eller motsvarande) för att täta den vid åter- monteringen.

1 Demontera kamremmen enligt beskriv- ningen i avsnitt 7 och vevaxeldrevet enligt beskrivningen i avsnitt 8.

2 För att ta bort oljetätningen utan att demontera huset, borra två små, diagonalt motställda hål i tätningen, skruva i ett par självgängande skruvar och dra ut dem med en tång **(se bild)**.

3 Alternativt, demontera oljetätningen tillsammans med huset enligt följande:

a) Demontera oljesumpen enligt beskrivningen i avsnitt 13. Detta krävs för att tätningen mellan oljesumpen och oljetätningens hus ska bli bra vid återmonteringen.

b) Skruva loss oljetätningshuset.

c) Placera huset på arbetsbänken och bänd loss oljetätningen från det med en lämplig skruvmejsel. Var försiktig så att inte tätningssätet i huset skadas **(se bild)**.

4 Rengör oljetätningens säte i huset noga.

5 Linda lite tejp kring vevaxeländen för att skydda oljetätningens flänsar när tätningen (och, i förekommande fall, huset) monteras.

6 Montera en ny oljetätning i huset och tryck eller knacka den på plats med hjälp av en skruvhylsa eller rörbit av lämplig diameter. Se till att hylsan eller röret bara ligger an mot tätningens hårda, yttre kant, och var försiktig så att tätningsflänsarna

12.58 Topplocksbultarna vinkeldras

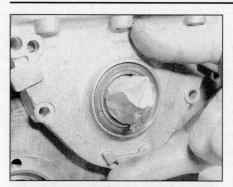

16.9 Skjut in huset över vevaxelns främre ände

16.19a Trä på oljetätnings-/husenheten över vevaxelns bakände . . .

16.17 Placera monteringsverktyget till den bakre oljetätningen över vevaxelns bakre ände

16.19b . . . och dra sedan åt fästbultarna till angivet moment

inte skadas. Tryck eller knacka in tätningen tills den vilar mot ansatsen inuti huset. Se till att tätningens slutna sida är vänd utåt.

7 Om huset har demonterats, fortsätt på följande vis. Gå annars vidare till punkt 11.

8 Avlägsna alla spår av gammalt tätningsmedel från motorblocket och från huset till vevaxelns oljetätning. Stryk sedan en 2,0 till 3,0 mm bred sträng tätningsmedel (VW D 176 404 A2 eller motsvarande) på husets fogytor mot motorblocket. Observera att huset måste monteras inom 5 minuter från det att tätningsmedlet stryks på.

9 Montera oljetätningens hus och dra åt bultarna stegvis till angivet moment **(se bild)**.

10 Montera oljesumpen enligt beskrivningen i avsnitt 13.

11 Montera vevaxelns drev enligt beskrivningen i avsnitt 8 och kamremmen enligt beskrivningen i avsnitt 7.

Bakre oljetätning (svänghjulets/ drivplattans ände)

Observera: *Oljetätningen kan vara av två olika typer – en vanlig gummitätning med en fjäder eller en teflontätning. När en ny tätning införskaffas måste den vara av samma typ som den ursprungliga tätningen. Om huset redan från början monterats med tätningsmedel, kommer ett lämpligt sådant (VW D 176 404 A2 eller motsvarande) också att behövas vid återmontering.*

12 Demontera svänghjulet/drivplattan enligt beskrivningen i avsnitt 15.

13 Demontera oljesumpen enligt beskriv-

ningen i avsnitt 13. Detta krävs för att tätningen mellan oljesumpen och tätningens hus ska bli bra vid återmonteringen.

14 Skruva loss oljetätningens hus med oljetätning och allt.

15 Ny oljetätning köper man i en färdig sats, där den redan är monterad i ett nytt hus.

16 Rengör motorblockets fogyta mot huset noga.

17 Med den nya oljetätnings-/hussatsen följer ett monteringsverktyg som gör att oljetätningen kan monteras utan att ta skada. Placera verktyget över vevaxeländen **(se bild)**.

18 Om det ursprungliga huset monterats med tätningsmedel, stryk en tunn sträng av ett lämpligt sådant (VW D 176 404 A2 eller motsvarande) på fogytan mot motorblocket på oljetätningens hus. Observera att huset måste monteras inom 5 minuter efter det att tätningsmedlet stryks på.

19 Passa försiktigt in oljetätningen/huset över vevaxelns bakre ände. Sätt sedan i fästbultarna och dra åt dem stegvis i diagonal ordningsföljd, till angivet moment **(se bilder)**.

20 Ta bort oljetätningens skyddsverktyg från änden av vevaxeln.

21 Montera oljesumpen enligt beskrivningen i avsnitt 13.

22 Montera svänghjulet/drivplattan enligt beskrivningen i avsnitt 15.

17 Motor-/växellådsfästen – kontroll och byte

Se avsnitt 16 i del A i detta kapitel.

18 Oljekylare – demontering och montering

Demontering

Observera: *Vid monteringen behövs nya tätningsringar.*

1 Oljekylaren sitter under oljefilterhuset på motorblockets framsida **(se bild)**.

2 Placera ett uppsamlingskärl under oljefiltret för att fånga upp olje- och kylvätskespill.

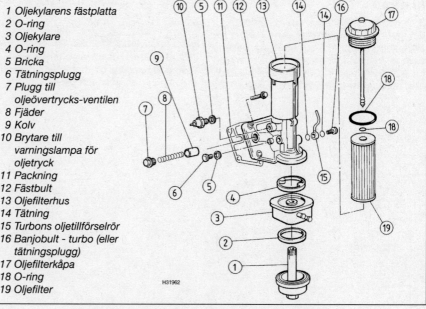

1 Oljekylarens fästplatta
2 O-ring
3 Oljekylare
4 O-ring
5 Bricka
6 Tätningsplugg
7 Plugg till oljeövertrycks-ventilen
8 Fjäder
9 Kolv
10 Brytare till varningslampa för oljetryck
11 Packning
12 Fästbult
13 Oljefilterhus
14 Tätning
15 Turbons oljetillförselrör
16 Banjobult - turbo (eller tätningsplugg)
17 Oljefilterkåpa
18 O-ring
19 Oljefilter

18.1 Monteringsdetaljer till oljefilter och oljekylare

3 Kläm ihop oljekylarens kylvätskeslangar för att minimera förlusten av kylvätska. Lossa sedan slangklämmorna och koppla loss slangarna från oljekylaren. Var beredd på kylvätskespill.

4 Skruva loss oljekylarens fästplatta från undersidan av oljefilterhuset och dra sedan av oljekylaren. Ta loss O-ringarna från oljekylarens ovan- och undersida.

Montering

5 Montera i omvänd ordningsföljd mot demonteringen. Tänk på följande:
a) Använd nya O-ringar till oljekylaren.
b) Dra åt oljekylarens fästplatta till angivet moment.
c) Avsluta med att kontrollera olje- och kylvätskenivåerna och vid behov fylla på.

19 Oljeövertrycksventil – demontering, kontroll och montering

Observera: *På motorkoder AJM, ARL, ASZ, ATD, AUY och AXR är övertrycksventilen en del av oljefilterhuset och kan inte demonteras. LOSSA INTE tätningspluggen på dessa modeller.*

Demontering

1 Oljeövertrycksventilen sitter på höger sida av oljefilterhuset **(se bild 18.1)**. Ta bort motorns toppkåpa(-or) för att komma åt ventilen.

2 Torka rent området runt övertrycksventilens plugg, lossa sedan och ta bort pluggen och tätningsringen från filterhuset. Ta ut ventilens fjäder och kolv och notera hur de sitter monterade. Om ventilen inte ska sättas tillbaka på en gång, plugga hålet i oljefilterhuset.

Kontroll

3 Undersök ventilens kolv och fjäder för att se om delarna är skadade eller slitna. I skrivande stund kan man inte få tag i de olika delarna separat; kontakta närmaste VW-återförsäljare för aktuell information. Om delarna är skadade eller slitna måste hela oljefilterhuset bytas ut.

Montering

4 Fäst kolven i den inre änden av fjädern och sätt sedan in enheten i oljefilterhuset. Se till att tätningsringen sitter ordentligt på ventilens plugg, sätt pluggen i huset och dra åt den till specificerat moment.

5 Kontrollera motoroljenivån och fyll vid behov på olja enligt beskrivningen i *Veckokontroller*. Sätt tillbaka motorns kåpa (kåpor).

20 Oljetrycksvarningslampans brytare – demontering och montering

Demontering

1 Oljetrycksvarningslampans brytare sitter på höger sida av oljefilterhuset (se bild 18.1). Demontera motorns övre kåpa (-or) för att komma åt brytaren (se avsnitt 4).

2 Koppla loss kontaktdonet och torka rent området runt brytaren.

3 Skruva loss brytaren från filterhuset och ta bort den, tillsammans med dess tätningsbricka. Om inte brytaren ska sättas tillbaka på motorn på en gång, plugga igen öppningen i oljefilterhuset.

Montering

4 Undersök om tätningsbrickan är skadad eller sliten och byt ut den om så behövs.

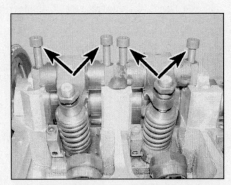

21.2 Börja med de yttre bultarna och lossa vipparmsaxelns fästbultar (vid pilarna) stegvis och jämnt

5 Sätt tillbaka brytaren och brickan och dra åt den till specificerat moment.

6 Anslut kontaktdonet. Kontrollera sedan motoroljans nivå och fyll vid behov på olja enligt beskrivningen i *Veckokontroller*. Sätt sedan tillbaka motorns kåpa (-or).

21 Pumpinsprutningens vipparmsaxel enhet – demontering och montering

Observera: *Endast motorkoder AJM, ARL, ASZ, ATD, AUY och AXR är utrustade med vipparmaxlarna..*

Demontering

1 Demontera kamaxelkåpan enligt beskrivningen i avsnitt 4. För att säkerställa att vipparmarna sätts tillbaka i sin ursprungliga position används en markeringspenna eller färg. Numrera armarna 1 till 4 där nr. 1 är närmast motorns kamrem. Om armarna inte sätts tillbaka i sina ursprungliga positioner måste den grundläggande insprutningsinställningen göras i enlighet med beskrivningen i kapitel 4B, avsnitt 5.

2 Lossa försiktigt och jämnt vipparmsaxelns fästbultar och börja med de yttre bultar. Kassera vipparmsaxlarnas bultar, nya måste monteras **(se bild)**.

Montering

3 Kontrollera försiktigt vipparmsaxelns, vipparmarnas och kamaxellageröverfallets anliggningsytor för att se om det finns spår efter onormalt slitage eller skador.

4 Se till att axelns anliggningsyta är ren. Placera vipparmsaxeln i kamaxellageröverfallen och se till att de är i ursprungsläge, om du återanvänder de ursprungliga vipparmarna.

5 Sätt in de nya vipparmsfästbultarna. Börja med de inre bultarna. Drag sedan stegvis och jämnt åt bultarna upp till vridmoment steg 1.

6 Börja med de inre bultarna och dra åt bultarna till vinkel steg 2 enligt listan i det här kapitlets Specifikationer.

7 Montera tillbaka kamaxelkåpan enligt beskrivningen i avsnitt 4.

Kapitel 2 Del D:
Motor – demontering och reparationer

Innehåll

Svårighetsgrader

Enkelt, passar novisen med lite erfarenhet 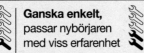	**Ganska enkelt,** passar nybörjaren med viss erfarenhet	**Ganska svårt,** passar kompetent hemmamekaniker	**Svårt,** passar hemmamekaniker med erfarenhet	**Mycket svårt,** för professionell mekaniker

Specifikationer

Topplock

Minsta tillåtna avstånd mellan ventilskaftets överdel och topplockets övre yta:

SOHC bensinmotorer (utom motorkod AVU och BFQ):
  Insugningsventiler . . . . 33,8 mm
  Avgasventiler . . . . 34,1 mm
SOHC bensinmotorer kod AVU och BFQ:
  Insugningsventiler . . . . 31,7 mm
  Avgasventiler . . . . 31,7 mm
1.4 och 1.6 liters DOHC bensinmotorer:
  Insugningsventiler . . . . 7,6 mm
  Avgasventiler . . . . 7,6 mm
1.8 liters DOHC bensinmotorer (utom motorkod AUM och AUQ):
  Yttre insugningsventiler . . . . 34,0 mm
  Mittre insugningsventiler . . . . 33,7 mm
  Avgasventiler . . . . 34,4 mm
1.8 liters DOHC bensinmotorer kod AUM och AUQ:
  Yttre insugningsventiler . . . . 31,0 mm
  Mittre insugningsventiler . . . . 32,3 mm
  Avgasventiler . . . . 31,9 mm

Topplock (forts)

Minsta tillåtna topplockshöjd:
SOHC bensinmotorer (utom motorkod AVU och BFQ) . . . . 132,6 mm
SOHC bensinmotorer kod AVU och BFQ. 132,9 mm
1.4 och 1.6 liters DOHC bensinmotorer . . . . 108,25 mm
1.8 liters DOHC bensinmotorer . . . . 139,2 mm
Dieselmotorer . . . . Ingen omarbetning tillåten
Största tillåtna skevhet på topplockspackning:
Alla motorer utom 1.4 och 1.6 liters DOHC motorer . . . . 0,1 mm
1.4 och 1.6 liters DOHC motorer . . . . 0,05 mm

Ventiler

Ventilskaftsdiameter:
SOHC bensinmotorer (utom motorkod AVU och BFQ):
Insugningsventiler. . . . . 6,92 mm
Avgasventiler . . . . 6,92 mm
SOHC bensinmotorer kod AVU och BFQ:
Insugningsventiler. . . . . 5,98 mm
Avgasventiler . . . . 5,96 mm
1.4 och 1.6 liters DOHC motorer:
Insugningsventiler. . . . . 5,973 mm
Avgasventiler . . . . 5,953 mm
1.8 liters DOHC motorer:
Insugningsventiler. . . . . 5,963 mm
Avgasventiler . . . . 5,943 mm
Ventilskaftsdiameter:
Dieselmotorer:
Insugningsventiler. . . . . 6,963 mm
Avgasventiler . . . . 6,943 mm
Ventilhuvud diameter:
SOHC motorer:
Insugningsventiler. . . . . 39,5 ± 0,15 mm
Avgasventiler . . . . 32,9 ± 0,02 mm
1.4 och 1.6 liters DOHC motorer:
Insugningsventiler. . . . . 29,5 mm
Avgasventiler . . . . 26,0 mm
1.8 liters DOHC motorer:
Insugningsventiler. . . . . 26,9 mm
Avgasventiler . . . . 29,9 mm
Dieselmotorer:
Insugningsventiler. . . . . 35,95 mm
Avgasventiler . . . . 31,45 mm
Ventillängd:
SOHC bensinmotorer (utom motorkod AVU och BFQ):
Insugningsventiler. . . . . 91,85 mm
Avgasventiler . . . . 91,15 mm
SOHC bensinmotorer kod AVU och BFQ:
Insugningsventiler. . . . . 93,85 mm
Avgasventiler . . . . 93,85 mm
1.4 och 1.6 liters DOHC motorer:
Insugningsventiler. . . . . 100,9 mm
Avgasventiler . . . . 100,5 mm
1.8 liters DOHC motorer:
Insugningsventiler. . . . . 104,84 till 105,34 mm
Avgasventiler . . . . 103,64 till 104,14 mm
Dieselmotorer:
AGR, AHF, ALH och ASV motorer:
Insugningsventiler. . . . . 96,85 mm
Avgasventiler. . . . . 96,85 mm
AGP och AQM motorer:
Insugningsventiler. . . . . 96,55 mm
Avgasventiler. . . . . 96,35 mm
AJM, ASZ, ARL, ATD, AUY och AXR motorer:
Insugningsventiler. . . . . 89,95 mm
Avgasventiler . . . . 89,95 mm
Ventilsätesvinkel (alla motorer). . . . . 45°

Vevaxel

Se "Försiktighet" i avsnitt 2 om 1,4 liters bensinmotorer

1,6 och 2,0 liters motorer:
- Ramlagertapp, diameter:
  - Grundmått:
    - Alla motorer utom 1,6 liter med kod AVU eller BFQ . . . .   54,00 mm (nominellt)
    - 1,6 liter med kod AVU eller BFQ . . . .   48,00 mm (nominellt)
  - Vevstakslagertapp, diameter:
    - Grundmått:
      - Alla utom 1,6 liter med kod AVU eller BFQ . . . .   47,80 mm (nominellt)
      - 1,6 liter med kod AVU eller BFQ . . . .   42,00 mm (nominellt)
  - Axialspel:
    - Ny . . . .   0,07 till 0,23 mm
    - Slitagegräns . . . .   0,30 mm

1,8 liters motorer:
- Ramlagertapp, diameter:
  - Grundmått . . . .   54,00 mm (nominellt)
- Vevstakslagertapp, diameter:
  - Grundmått . . . .   47,80 mm (nominellt)
- Axialspel:
  - Ny . . . .   0,07 till 0,23 mm
  - Slitagegräns . . . .   0,30 mm

Dieselmotorer:
- Ramlagertapp, diameter:
  - Grundmått . . . .   54,00 mm (nominellt)
- Vevstakslagertapp, diameter:
  - Grundmått . . . .   47,80 mm (nominellt)
- Axialspel:
  - Ny . . . .   0,07 till 0,17 mm
  - Slitagegräns . . . .   0,37 mm

Lagerspel

Se "Försiktighet" i avsnitt 2 om 1,4 liters motorer.

	Ny	Slitagegräns
1,4 liters bensinmotorer:		
Vevstakslager	0,020 till 0,061 mm	0,091 mm
1,6 liters bensinmotorer:		
Ramlager:		
Alla motorkoder utom AVU och BFQ	0,01 till 0,04 mm	0,15 mm
Motorkod AVU och BFQ	0,01 till 0,04 mm	0,07 mm
Vevstakslager:		
Alla motorkoder utom AVU och BFQ	0,01 till 0,06 mm	0,12 mm
Motorkod AVU och BFQ	0,01 till 0,05 mm	0,09 mm
1,8 liters motorer:		
Ramlager	0,01 till 0,04 mm	0,07 mm
Vevstakslager	0,01 till 0,05 mm	0,09 mm
2,0 liters motorer:		
Ramlager:		
Alla motorkoder utom AZJ	0,01 till 0,04 mm	0,15 mm
Motorkod AZJ	0,01 till 0,04 mm	0,07 mm
Vevstakslager:		
Alla motorkoder utom AZJ	0,01 till 0,06 mm	0,12 mm
Motorkod AZJ	0,01 till 0,05 mm	0,09 mm
Dieselmotorer:		
Ramlager	0,03 till 0,08 mm	0,17 mm
Vevstakslager		0,08 mm

Kolvar/vevstakar

Vevstakens spel i sidled på vevaxeltappen:
 1.6 och 2.0 liters SOHC motorer:
   Nytt . . . . 0,05 till 0,31 mm
   Slitagegräns . . . . 0,37 mm
 1.4 och 1.6 liters DOHC motorer . . . . Inget värde finns angivet
 1.8 liters DOHC motorer:
   Nytt . . . . 0,10 till 0,31 mm
   Slitagegräns . . . . 0,40 mm
 Dieselmotorer (slitagegräns) . . . . 0,37 mm

Kolvringar

Ändgap:	Nya	Slitagegräns
1,4 liters bensinmotorer:		
Övre kompressionsring	0,20 till 0,50 mm	1,0 mm
Nedre kompressionsring	0,40 till 0,70 mm	1,0 mm
Oljering	0,40 till 1,40 mm	–
1,6 och 2,0 liters motorer:		
Kompressionsringar	0,20 till 0,40 mm	0,80 mm
Oljering	0,25 till 0,50 mm	0,80 mm
1,8 liters motorer:		
Kompressionsringar	0,20 till 0,40 mm	0,8 mm
Oljering	0,25 till 0,50 mm	0,8 mm
Dieselmotorer:		
Kompressionsringar	0,20 till 0,40 mm	1,0 mm
Oljering	0,25 till 0,50 mm	1,0 mm
Spel mellan ring och spår:		
1,4 liters bensinmotorer:		
Kompressionsringar	0,04 till 0,08 mm	0,15 mm
Oljering	Kan inte mätas	
1,6 och 2,0 liters motorer:		
Kompressionsringar	0,06 till 0,09 mm	0,20 mm
Oljering	0,03 till 0,06 mm	0,15 mm
1,8 liters motorer:		
Vanliga vevstakar:		
Kompressionsringar	0,02 till 0,07 mm	0,12 mm
Oljering	0,02 till 0,06 mm	0,12 mm
Spräckta vevstakar:		
Kompressionsringar	0,06 till 0.09 mm	0,20 mm
Oljering	0,03 till 0.06 mm	0,15 mm
Dieselmotorer:		
1:a kompressionsring	0,06 till 0,09 mm	0,25 mm
2:a kompressionsring	0,05 till 0,08 mm	0,25 mm
Oljering	0,03 till 0,06 mm	0,15 mm

Kolv- och cylinderloppsdiameter

	Kolv	Cylinderlopp
1.6 liters SOHC motorer	80,965 mm	81,010 mm
2.0 liters SOHC motorer:		
Standard	82,465 mm	82,510 mm
1:a överstorlek	82,965 mm	83,010 mm
1.4 och 1.6 liters DOHC motorer:		
Standard	76,470 mm	76,510 mm
1:a överstorlek	76,720 mm	76,760 mm
2:a överstorlek	76,970 mm	77,010 mm
1.8 liters DOHC motorer:		
Standard	80,965 mm	81,010 mm
1:a överstorlek	81,465 mm	81,510 mm
Dieselmotorer:		
Standard	79,470 mm	79,510 mm
1:a överstorlek	79,720 mm	79,760 mm
2:a överstorlek	79,970 mm	80,010 mm

Åtdragningsmoment

Se kapitel 2A, 2B eller 2C, efter tillämplighet.

1 Allmän information

I den här delen av kapitel 2 finns information om hur motorn demonteras från bilen samt allmänna reparationsanvisningar för topplock, motorblock och alla andra inre komponenter i motorn.

Informationen sträcker sig från råd angående förberedelser inför renovering och inköp av reservdelar, till detaljerade beskrivningar steg-för-steg av hur man demonterar, kontrollerar, renoverar och monterar motorns inre komponenter.

Efter avsnitt 6 grundas alla instruktioner på antagandet att motorn har demonterats från bilen. Information om reparationer med motorn kvar i bilen, liksom om demontering och montering av de yttre komponenter som är nödvändiga för en fullständig översyn, finns i relevanta avsnitt i kapitel 2A, 2B och 2C samt i avsnitt 6 i detta kapitel. Hoppa över de isärtagningsbeskrivningar, i avsnitten om reparationer med motorn kvar i bilen, som inte längre är relevanta när motorn har demonterats från bilen.

Förutom åtdragningsmomenten, som ges i början av kapitel 2A, 2B eller 2C, ges alla specifikationer angående motoröversyn i början av den här delen av kapitel 2.

2 Motorrenovering – allmän information

Observera: *På 1.4 liters motorer får vevaxeln inte tas bort. Om ramlageröverfallens bultar lossas kommer motorblocket att deformeras. På 1.4 liters motorer måste hela vevaxeln/motorblocket bytas ut om vevaxel- eller ramlagerytorna är slitna eller skadade.*

1 Det är inte alltid lätt att avgöra när, eller om, en motor ska få en totalrenovering, eftersom ett antal olika faktorer måste övervägas.

2 Ett högt miltal behöver inte nödvändigtvis vara en indikation på att en renovering krävs, och inte heller utesluter ett relativt lågt miltal att en renovering behövs. Förmodligen är servicefrekvensen den viktigaste faktorn. En motor som har fått regelbundna olje- och filterbyten och annat nödvändigt underhåll, bör gå bra i många tusen mil. En vanskött motor kan däremot behöva en renovering redan på ett tidigt stadium.

3 Onormalt stor oljeåtgång är ett symptom på att kolvringar, ventiltätningar och/eller ventilstyrningar behöver åtgärdas. Kontrollera att oljeåtgången inte beror på oljeläckage innan du drar slutsatsen att ringarna och/eller styrningarna är slitna. Gör ett kompressions-prov, enligt beskrivningen i del A, B eller C i detta kapitel (efter tillämplighet), för att hitta den troliga orsaken till problemet.

4 Kontrollera oljetrycket med en mätare på oljetrycksbrytarens plats, och jämför det uppmätta värdet med det i specifikationerna (se specifikationerna i kapitel 2A, 2B och 2C). Om det är mycket lågt är troligen ram- och vevlagren och/eller oljepumpen slitna.

5 Effektförlust, ojämn gång, knackning eller metalliska motorljud, onormalt högt ljud från ventilregleringen och hög bränsleförbrukning kan också betyda att en renovering krävs, särskilt om alla dessa symptom uppträder samtidigt. Om en grundlig service inte hjälper, kan en större mekanisk genomgång vara den enda lösningen.

6 En motorrenovering innebär att man återställer alla inre delar till specifikationerna för en ny motor. Vid en renovering byts kolvarna och kolvringarna ut och nya ram- och vevlager brukar monteras (om så är möjligt). Om det behövs kan vevaxeln bytas ut för att återställa axeltapparna. Även ventilerna måste ses över, eftersom de vid det här laget sällan är i perfekt kondition. Medan motorn får en renovering kan man också passa på att göra en översyn av andra delar, t.ex. startmotorn och generatorn. Slutresultatet bör bli en motor i mycket gott skick som kan gå många problemfria mil. **Observera:** *Kritiska kylsystemskomponenter som slangar, termostat och kylvätskepump ska bytas ut vid en motorrenovering. Kylaren ska kontrolleras noggrant så att den inte är tilltäppt eller läcker. Det är även klokt att byta oljepumpen när motorn renoveras.*

7 Läs igenom hela beskrivningen för att bli bekant med omfattningen av och förutsättningarna för arbetet innan motorrenoveringen påbörjas. Att utföra en renovering av en motor är inte svårt om alla instruktioner följs noggrant, om man har de verktyg och den utrustning som krävs och följer alla instruktioner/specifikationer noga. Arbetet kan dock kräva avsevärd tid. Planera för att bilen kommer att stå stilla under minst två veckor, särskilt om delar måste tas till en verkstad för reparation eller renovering. Kontrollera att reservdelar finns tillgängliga och att alla nödvändiga specialverktyg och utrustning kan erhållas i förväg. Större delen av arbetet kan utföras med vanliga verktyg, även om ett antal precisionsmätverktyg krävs för att avgöra om delar måste bytas ut. Ofta sköter verkstaden om undersökningen av delarna och kan ge råd om renovering och byte. **Observera:** *Vänta alltid tills motorn har tagits isär helt och tills alla delar (särskilt motorblock och vevaxel) har kontrollerats innan beslut tas om vilken service och vilka reparationer som måste överlåtas till en verkstad. Skicket på dessa komponenter är den viktigaste faktorn när man beslutar om den ursprungliga motorn ska renoveras eller om en rekonditionerad motor ska köpas in. Köp därför inga reservdelar och utför inte några reparationer på andra komponenter innan dessa delar har undersökts noga.* Generellt sett är tiden den största utgiften vid en renovering, så det lönar sig inte att betala för att sätta in slitna eller undermåliga delar.

8 Slutligen ska all hantering ske med största försiktighet i en fullständigt ren arbetsmiljö för att den rekonditionerade motorn ska få en så lång och problemfri livslängd som möjligt.

3 Motor/växellåda, demontering – förberedelser och föreskrifter

Om motorn måste demonteras för renovering eller omfattande reparationsarbeten ska flera förebyggande åtgärder vidtas.

Det är mycket viktigt att man har en lämpligt plats att arbeta på. Tillräckligt stort arbetsutrymme och plats att förvara bilen krävs. Om du inte har tillgång till en verkstad eller ett garage så krävs åtminstone ett fast, plant underlag.

Det är bra om det finns några hyllor eller avläggningsytor i närheten av arbetsutrymmet som kan användas för att förvara motorkomponenter och hjälpaggregat allt eftersom de tas bort och plockas isär. Då är det lättare att hålla komponenterna rena och oskadda under arbetets gång. Om komponenterna samlas i grupper tillsammans med sina fästbultar, skruvar etc. sparar man tid och undviker förväxlingar när motorn sätts tillbaka.

Rengör motorkomponenterna och motorn innan demonteringen påbörjas. Då blir det lättare att se och att hålla verktygen rena.

Det är viktigt att ha en medhjälpare vid flera av momenten. Det finns vissa moment där en ensam person inte kan utföra alla åtgärder som krävs för att ta bort motorn från bilen på ett säkert sätt. Säkerheten är en mycket viktig faktor med tanke på de möjliga faror som medföljer den här typen av arbete. En extra person bör alltid vara beredd att hjälpa till i nödsituationer. Om detta är första gången du tar bort en motor kan det också vara till stor nytta att få hjälp och råd från en mer erfaren person.

Planera arbetet i förväg. Skaffa (köp, låna eller boka för hyrning) alla verktyg och all utrustning som kommer att behövas, redan innan arbetet påbörjas. Följande hjälpmedel gör att demonteringen och monteringen av motorn kan ske säkert och relativt enkelt: En lyft och talja – som klarar en större tyngd än motorns, fullständiga uppsättningar nycklar och hylsor enligt beskrivningen längst bak i handboken, träblock och gott om trasor och rengöringsmedel för att torka upp oljespill, kylvätska och bränsle. Ett antal plastlådor i olika storlekar är också användbara för att förvara isärtagna komponenter som hör ihop tillsammans. Se till att vara ute i god tid om någon av utrustningen måste hyras, och utför alla arbeten som går att göra utan den utrustningen i förväg. Det sparar både pengar och tid.

Planera för att bilen inte kommer att kunna användas under en längre tid, särskilt om en fullständig motorrenovering ska utföras. Läs igenom hela det här avsnittet och arbeta ut en plan som stämmer överens med dina egna erfarenheter och de verktyg, den tid och det arbetsutrymme du har tillgång till. Vissa av renoveringsarbetena måste utföras av en VW-mekaniker eller annan verkstad. Dessa verkstäder är ofta fullbokade så det är klokt att kontakta dem innan motorn demonteras eller plockas isär, för att få en uppfattning om hur lång tid det kommer att ta att få arbetet utfört.

Arbeta metodiskt med att koppla ifrån yttre komponenter när motorn tas bort från bilen. Om vajrar, kablar och slangar märks när de tas bort underlättas återmonteringen avsevärt.

Var alltid mycket försiktigt när motorn lyfts upp från motorrummet. Slarv kan leda till allvarliga skador. Om hjälp behövs är det bättre att vänta tills en medhjälpare finns tillgänglig än att riskera materiella skador och personskador genom att försöka utföra arbetet ensam. Genom att planera i förväg och ta god tid på sig kan ett arbete av den här typen klaras av framgångsrikt och utan olyckor, även om det är omfattande.

4 Motor och växellåda (SOHC bensinmotor) – demontering och montering

Demontering

1 Motorn och växellådan tas bort genom att de sänks ner som en enhet från motorrummets undersida.

2 Koppla loss batteriets minusledare. **Observera:** *Läs avsnittet "Koppla ifrån batteriet" längst bak i boken innan batteriets anslutningar kopplas bort.*

3 Lossa fästklämmorna och ta bort motorns övre skyddskåpa.

4 Töm kylsystemet enligt beskrivningen i kapitel 1A.

5 Om man vill förbättra åtkomligheten och öka utrymmet när motorn/växellådan ska demonteras kan man skruva loss och ta bort karossens främre panel enligt följande:

a) Ta bort den främre stötfångaren enligt beskrivningen i kapitel 11.
b) Koppla loss motorhuvens låsvajer från motorhuvens lås enligt beskrivningen i kapitel 11.
c) Skruva loss de fyra bultarna (två på varje sida) som fäster den främre stötfångarens hållare vid fästbyglarna på karossen.
d) Koppla loss kylfläktsbrytarens anslutningskontakt.
e) Lossa kylfläktens kontaktdon från klämmorna på fläktkåpans baksida. Sära sedan på kontaktdonets båda halvor.
f) Koppla loss strålkastarnas kontaktdon (ett kontaktdon för varje strålkastare).
g) Skruva loss de två övre bultarna som fäster karossens främre panel vid framskärmarna.
h) Gör en sista kontroll för att se till att alla kablar, slangar och rör har kopplats loss. Dra sedan den främre karosspanelen framåt och ta bort den från bilen.

6 Ta bort batteriet enligt beskrivningen i kapitel 5A. Ta sedan bort batterihyllan.

7 Tryckutjämna bränslesystemet enligt beskrivningen i kapitel 4A. Placera en ren trasa runt bränslematar- och returslang-anslutningarna på höger sida av motor-

rummet. Tryck sedan ner kontaktdonets låsflikar och koppla loss bränsleledningarnas kontaktdon. Var beredd på bränslespill och vidta lämpliga brandsäkerhetsåtgärder.

8 Koppla loss vakuumslangen från ventilen på kolfiltret på höger sida av motorrummet.

9 Koppla loss kontaktdonen från följande komponenter, beroende på modell och utrustning:

a) DIS (fördelarlöst system) tändningsmodul
b) Kamaxelgivare **(se bild)**
c) Bränsleinsprutningsventiler
d) Temperaturgivare för kylvätska **(se bild)**
e) Vevaxelns hastighets-/lägesgivare
f) Knacksensor **(se bild)**
g) EGR-ventil (avgasåterföring)
h) Sekundär luftinsprutningsmotor.
i) Brytare till varningslampan för oljetryck **(se bild)**.
j) Luftflödesmätare.
k) Gasspjällets styrning.
l) Luftkonditioneringssystemets termostatiska avstängningsbrytare (i förekommande fall).

10 Lossa slangklämmorna och ta bort luftinloppsslangen som ansluter luftflödesmätaren till gasspjällshuset.

11 Ta bort luftrenaren enligt beskrivningen i kapitel 4A.

4.9a Koppla loss kamaxelgivarens anslutningskontakt

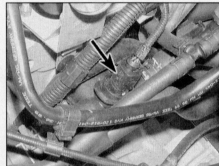

4.9b Kontaktdon till temperaturgivaren för kylvätska (vid pilen)

4.9c Anslutningskontakter till knacksensor (svart) och hastighetsgivare (grå)

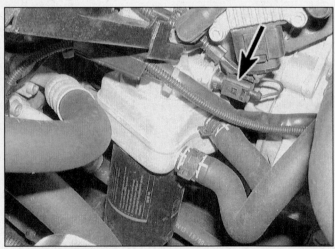

4.9d Kontaktdon till brytaren för oljetrycksvarningslampan (vid pilen)

12 Ta bort insugningsrörets övre del enligt beskrivningen i kapitel 4A.

13 På modeller med manuell växellåda, koppla loss växelväljarmekanismen från växellådan enligt beskrivningen i kapitel 7A, avsnitt 3. Ta sedan bort kopplingens slavcylinder enligt beskrivningen i kapitel 6. **Observera:** *Tryck inte ner kopplingspedalen när slavcylindern är demonterad.*

14 På modeller med automatväxellåda, koppla loss växelväljarvajern från växellådan enligt beskrivningen i kapitel 7B.

15 Ta bort drivremmen enligt beskrivningen i kapitel 1A.

16 Ta bort klämmorna som fäster servostyrningens vätsketryckrör. Detta gör att servostyrningspumpen kan tas bort från motorn utan att bränsleledningarna kopplas loss.

17 Skruva loss servostyrningspumpen från motorn enligt beskrivningen i kapitel 10, men lämna vätskeledningarna anslutna. Stötta pumpen ur vägen för arbetsutrymmet.

18 På modeller med luftkonditionering, demontera luftkonditioneringens kompressor enligt beskrivningen i kapitel 3.

 Varning: Låt en luftkonditioneringsspecialist tömma systemet innan kompressorn tas bort.

19 Arbeta runt motorn och växellådan. Notera hur alla kvarvarande slangar, rör och kablar sitter monterade och hur de är dragna, och koppla sedan loss dem så att motorn/växellådan kan tas bort.

20 Ta bort den sekundära luftinsprutningspumpen och dess fästbygel enligt beskrivningen i kapitel 4C.

21 Ta bort det bakre motorfästet enligt beskrivningen i kapitel 2A.

22 Ta bort den högra drivaxeln enligt beskrivningen i kapitel 8 och koppla loss den vänstra drivaxeln från växellådan.

23 Ta bort avgassystemets främre del enligt beskrivningen i kapitel 4C.

24 Fäst en lyft och talja i motorns lyftfästen på topplocket om det inte redan är gjort. Höj sedan upp lyften så att den precis tar upp motorns tyngd.

25 Ta bort motorns/växellådans högra och vänstra fäste enligt beskrivningen i kapitel 2A.

26 Sänk försiktigt ner motorn/växellådan under bilen. Stöd enheten med en domkraft eller på träblock. Lirka ut enheten från bilens undersida.

Motor och manuell växellåda – isärtagning

27 Skruva loss de två fästbultarna och ta bort startmotorn.

28 Om det är tillämpligt, skruva loss bulten som fäster den lilla plattan mellan motorn och växellådan vid växellådan.

29 Se till att både motorn och växellådan har ordentligt stöd och skruva sedan loss resterande bultar mellan motorn och

växellådan. Notera hur alla bultar och fästen sitter placerade.

30 Dra försiktigt bort växellådan från motorn. Se till att växellådan inte tillåts vila på den ingående axeln medan den är fäst i kopplingslamellen. Ta loss plattan mellan motorn och växellådan.

Motor och automatväxellåda – isärtagning

31 Skruva loss de två fästbultarna och ta bort startmotorn.

32 Bänd ut kåpan till momentomvandlarens muttrar från växellådans hus. Kåpan sitter bakom den vänstra drivaxelflänsen. Vrid vevaxeln för att placera en av muttrarna mellan momentomvandlaren och drivplattan i åtkomsthålet. Skruva loss muttern medan motorn hålls fast med en bredbladig skruvmejsel i kuggarna i drivplattans startkrans.

33 Använd metoden som beskrivs i föregående punkt och skruva loss de två kvarvarande muttrarna mellan momentomvandlare och drivplatta. Vrid vevaxeln en tredjedels varv i taget för att komma åt dem.

34 Se till att motorn och växellådan har ordentligt stöd och skruva sedan loss bultarna mellan motorn och växellådan. Notera hur alla bultar och fästen sitter placerade.

35 Dra försiktigt bort växellådan från motorn (var försiktig – växellådan är tung). Se till att momentomvandlaren hela tiden är helt ihakad i växellådans ingående axel. Använd en hävstång för att lossa momentomvandlaren från drivplattan om det behövs. Ta loss plattan mellan motorn och växellådan.

36 Bind fast ett stag över svänghjulskåpans främre del för att hålla momentomvandlaren på plats när växellådan tagits bort från motorn.

Motor och manuell växellåda – hopsättning och montering

37 Hopsättningen och monteringen sker i omvänd ordningsföljd mot demonteringen. Tänk på följande:

a) *Smörj räfflorna på växellådans ingående axel med lite fett med hög smältpunkt.*
b) *Se till att alla fästen som noterades vid demonteringen monteras på rätt*

5.5 Kylarens övre slang kopplas loss från termostathuset

plats med bultarna mellan motorn och växellådan.
c) *Dra åt alla fästen till rätt moment där sådant anges.*
d) *Montera motorfästena enligt beskrivningen i kapitel 2A.*
e) *Återanslut drivaxlarna till växellådan enligt beskrivningen i kapitel 8.*
f) *Om det är tillämpligt, montera den sekundära luftinsprutningspumpen och dess fästbygel enligt beskrivningen i kapitel 4C.*
g) *Om det är tillämpligt, montera luftkonditioneringskompressorn enligt beskrivningen i kapitel 3 och låt en specialist ladda systemet med köldmedium.*
h) *Montera drivremmen enligt beskrivningen i kapitel 1A.*
i) *Montera insugningsrörets övre del enligt beskrivningen i kapitel 4A.*
j) *Se till att alla kablar, slangar och rör återansluts och dras korrekt på det sätt som noterades vid demonteringen.*
k) *Se till att bränsleledningarna återansluts korrekt. Ledningarna är färgkodade, vit för matning och blå för retur.*
l) *Avsluta med att fylla på kylsystemet enligt beskrivningen i kapitel 1A.*

Motor och automatväxellåda – hopsättning och montering

38 Följ beskrivningen i punkt 37, men observera följande extra punkter:

a) *När momentomvandlaren monteras, se till att båda drevstiften hakar i växellådans vätskepump.*
b) *Återanslut växelvajern och justera den om det behövs enligt beskrivningen i kapitel 7B.*
c) *Avsluta med att kontrollera automatväxellådans vätskenivå och vid behov fylla på enligt beskrivningen i kapitel 1A.*

---

5 Motor och växellåda (DOHC bensinmotor) – demontering och montering

1.4 och 1.6 liters motorer

Demontering

1 Motorn och växellådan tas bort genom att de lyfts ut som en enhet från motorrummets översida.

2 För att komma åt bättre, lyft upp framvagnen och ställ den stadigt på pallbockar (se *Lyftning och stödpunkter*). Ta bort hjulen.

3 Arbeta under bilens framvagn. Ta bort fästskruvarna och dra bort motorns undre skyddskåpa/-kåpor.

4 Töm kylsystemet enligt beskrivningen i kapitel 1A.

5 Lossa slangklämmorna och koppla loss kylarens övre och nedre slang samt de tre mindre kylvätskeslangarna från termostathuset **(se bild)**.

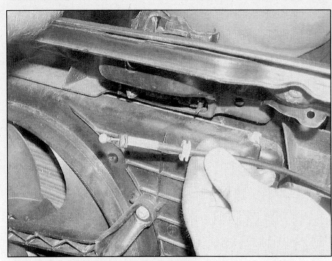

5.8a Koppla loss motorhuvens låsvajer från låset

5.8b Skruva loss de två bultarna på var sida som håller
stötfångarfästet vid fästbyglarna på karossen

6 Koppla loss kylarens övre slang från kylaren och flytta slangenheten mot motorrummets bakre del, ur vägen för motorn.
7 Koppla loss batteriets minusledare.
Observera: *Läs avsnittet "Koppla ifrån batteriet" längst bak i boken innan batteriets anslutningar kopplas bort.*
8 För att förbättra åtkomligheten och öka utrymmet när motorn/växellådan ska demonteras måste man skruva loss och ta bort karossens främre panel enligt följande:

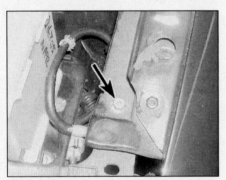

5.8c Skruva loss den övre bulten (vid pilen) på var sida, som fäster karossens främre panel vid framskärmarna

a) Ta bort den främre stötfångaren enligt beskrivningen i kapitel 11.
b) Koppla loss motorhuvens låsvajer från motorhuvens lås enligt beskrivningen i kapitel 11 (se bild).
c) Skruva loss de fyra bultarna (två på varje sida) som fäster det främre stötfångarfästet vid fästbyglarna på karossen (se bild).
d) Koppla loss kylfläktsbrytarens anslutningskontakt.
e) Lossa kylfläktens kontaktdon från klämmorna på fläktkåpans baksida. Sära sedan på kontaktdonets båda halvor.
f) Koppla loss strålkastarnas kontaktdon (ett kontaktdon för varje strålkastare).
g) Skruva loss de två övre bultarna som fäster karossens främre panel vid framskärmarna (se bild).
h) Gör en sista kontroll för att se till att alla kablar, slangar och rör har kopplats loss. Dra sedan den främre karosspanelen framåt och ta bort den från bilen.
9 Ta bort batteriet enligt beskrivningen i kapitel 5A. Koppla sedan loss startmotorns huvudmatarkabel från batteriets positiva anslutningsbox.

10 Lossa alla berörda kablar och slangar från klämmorna på batterihyllan. Lossa sedan de fyra fästbultarna och ta bort batterihyllan **(se bilder)**.
11 Om det är tillämpligt, lossa gasvajern från överdelen av luftrenaren. Lossa sedan vajern från stödfästet och gasspjällets länkage enligt beskrivningen i kapitel 4A.
12 Ta bort luftrenaren enligt beskrivningen i kapitel 4A.
13 Tryckutjämna bränslesystemet enligt beskrivningen i kapitel 4A. Placera en ren trasa runt bränslematar- och returslanganslutningarna på höger sida av motorrummet. Tryck sedan ner kontaktdonets låsflikar och koppla loss bränsleledningarnas kontaktdon **(se bild)**. Var beredd på bränslespill och vidta lämpliga brandsäkerhetsåtgärder.
14 Koppla loss kolfilterslangen från insugningsröret **(se bild)**.
15 Koppla loss bromsservons vakuumslang från insugningsröret. Koppla sedan loss avgasåterföringens (EGR) vakuumrör från servons vakuumslang och flytta servons vakuumslang åt sidan, ur vägen för motorn **(se bilder)**.

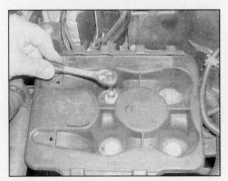

5.10a Skruva loss de fyra fästbultarna . . .

5.10b . . . och ta bort batterihyllan

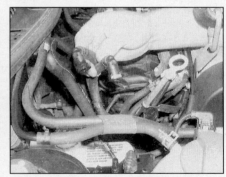

5.13 Koppla loss
bränsleledningsanslutningarna

5.14 Koppla loss kolfilterslangen från insugningsröret

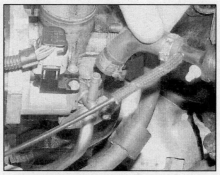

5.15a Koppla loss bromsservons vakuumslang från insugningsröret . . .

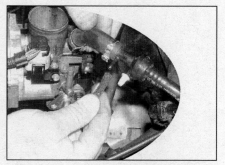

5.15b . . . och koppla sedan loss EGR-vakuumröret från servons vakuumslang

16 Lossa vevaxelns hastighets-/lägesgivares kontaktdon från fästbygeln som sitter nedanför fästet till oljemätstickans rör. Sära sedan på kontaktdonets två delar. Lossa givarkablaget från fästbygeln på motorns baksida.

17 Koppla loss följande kontaktdon:
a) *DIS (fördelarlöst tändsystem) tändningsmodul*
b) *Kamaxelgivaren*
c) *Gasspjällets styrning (se bild)*
d) *Temperaturgivaren för kylvätska*
e) *Brytaren till varningslampan för oljetryck (se bild)*
f) *EGR (avgasåterföring) magnetventil*
g) *Bränsleinsprutningsventiler (se bild)*

18 Bänd upp kåporna och lossa bränsle-insprutningsventilernas kablage från kabel-huset **(se bild)**.

19 På modeller med manuell växellåda, koppla loss växelväljarmekanismen från växellådan enligt följande:
a) *Skruva loss klämmuttern och bulten som fäster växelföraren vid länkagets klämhylsa (se bild).*
b) *Bänd loss gummikåpan. Bänd sedan loss klämman som fäster växellänkaget vid styrbulten som sitter på kryssrambalken (se bilder).*
c) *Dra försiktigt bort länkaget från styrbulten på kryssrambalken. Haka sedan loss och ta bort styrbultshylsan och motvikten. Notera hur den sitter monterad (se bild på nästa sida).*

5.17a Koppla loss kontaktdonet till gasspjällets styrenhet . . .

5.17b . . . kontaktdonet till varningslampan för oljetryck . . .

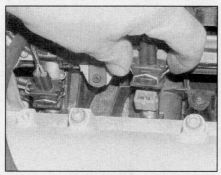

5.17c . . . och bränsleinsprutningens kontaktdon

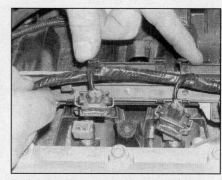

5.18 Lossa bränsleinsprutningens kablage från huset

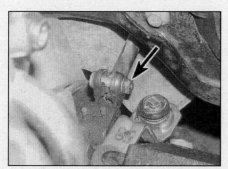

5.19a Ta bort klämmuttern och bulten (vid pilen) som fäster växelföraren vid länkagets klämhylsa

5.19b Bänd loss gummikåpan . . .

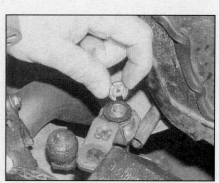

5.19c . . . bänd sedan loss klämman som fäster växellänkaget vid styrbulten . . .

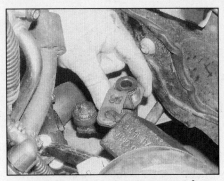

5.19d . . . och dra bort länkaget från styrbulten på kryssrambalken

5.21 Kontaktdonet till insugningsrörets tryckgivare (sedd från bilens undersida)

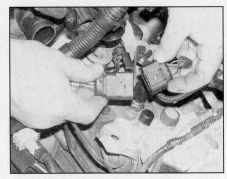

5.22 Sära på kontaktdonets båda halvor

5.23 Koppla loss backljusbrytarens kontaktdon . . .

5.24 . . . och lossa sedan kabelhärvan från motorns/växellådans fäste

5.25 Koppla loss anslutningskontakten till hastighetsmätarens givare

20 På modeller med automatväxellåda, koppla loss växelväljarvajern från växellådan, enligt beskrivningen i kapitel 7B.
21 Arbeta under bilen. Koppla loss kontaktdonet till insugningsrörets tryckgivare (till höger framtill på insugningsrörets undersida) **(se bild)**.
22 Lossa lambdasondens kontaktdon från fästbygeln ovanpå växellådan och skilj kontaktdonets båda halvor åt **(se bild)**.
23 Koppla loss backljusbrytarens kontaktdon **(se bild)**.
24 Lossa lambdasondens och backljusbrytarens kabelhärva från motorns/växellådans vänstra fäste **(se bild)**.
25 Koppla loss anslutningskontakten till hastighetsmätargivaren (på växellådans baksida), och lossa givarkablaget från motorns/växellådans vänstra fäste **(se bild)**.

26 Arbeta nu under bilen och koppla loss knacksensorns kontaktdon. Det är svårt att komma åt, men åtkomligheten kan förbättras om termostathuset skruvas loss från topplockets vänstra sida och om kylvätskeröret av plast som ansluter kylvätskepumpen till termostathuset tas bort (dra bort plaströret från kylvätskepumpen). Om kontaktdonet är svårt att få loss kan det vara nödvändigt att ta bort insugningsröret för att kunna komma åt, enligt beskrivningen i kapitel 4A.
27 Lossa fästbultarna till servostyrningspumpens remskiva. Ta sedan bort servostyrningspumpens drivrem enligt beskrivningen i kapitel 1A, avsnitt 24.
28 Skruva loss servostyrningens vätskerör från fästbygeln på motorns framsida.
29 Skruva loss servostyrningspumpens remskiva. Ta sedan bort pumpen från motorn

enligt beskrivningen i kapitel 10, och bind upp pumpen vid karossen med ståltråd, kabelklämmor eller liknande **(se bild)**. Observera att vätskeslangarna inte behöver kopplas loss från pumpen.
30 På modeller med luftkonditionering, ta bort luftkonditioneringskompressorn enligt beskrivningen i kapitel 3.

⚠️ *Varning: Luftkonditioneringssystemet måste tömmas av en specialist innan kompressorn tas bort.*

31 Lossa generatorns kontaktdon från fästbygeln ovanpå växellådan. Ta sedan isär kontaktdonets båda halvor **(se bild)**.
32 Skjut kabelhuset från fästbygeln som sitter fäst vid startmotorns övre fästbult **(se bild)**.

5.29 Skruva loss servostyrningspumpen från motorn

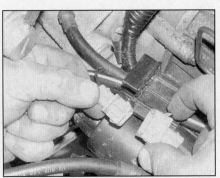

5.31 Sära på kontaktdonets båda halvor

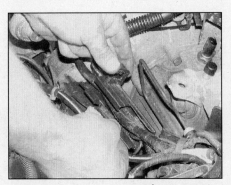

5.32 Dra bort kabelhuset från fästbygeln som sitter fäst vid startmotorns fästbult

5.33 Koppla loss startmotorns kontaktdon

5.34 Koppla loss jordkabeln från växellådan

33 Koppla loss startmotorns kontaktdon (se bild).
34 Skruva loss fästmuttern och koppla loss jordkabeln från växellådan (se bild).
35 Koppla loss generatorns anslutningskontakt. Skruva sedan loss fästmuttrarna och koppla loss de återstående två kablarna från generatorn (se bild).
36 På modeller med manuell växellåda, skruva loss kopplingens slavcylinder från växellådan, enligt beskrivningen i kapitel 6 om det behövs, och flytta slavcylindern åt sidan, ur vägen för motorn. Använd kabelklämmor eller ett kraftigt gummiband för att hålla kvar kolven i slavcylindern.

 Varning: Tryck inte ner kopplingspedalen när slavcylindern är demonterad.

37 Lossa kylvätskebehållarens slang från fästbygeln på motorns baksida.
38 Anslut lyft och talja i motorns lyftfästen på topplocket. Hissa sedan upp lyften precis så att den tar upp motorns och växellådans tyngd. Beroende på vilken typ av lyft och talja som används kan det vara nödvändigt att ta bort motorhuven – se kapitel 11 för närmare information.
39 Gå nu runt motorn och växellådan och gör

en sista kontroll för att se till att alla relevanta kablar, slangar och rör har kopplats loss så att motorn/växellådan kan tas bort.
40 Ta bort motorns bakre fäste enligt beskrivningen i kapitel 2B.
41 Koppla loss den främre delen av avgassystemet från grenröret enligt beskrivningen i kapitel 4C.
42 Skruva loss drivaxlarnas inre ändar från flänsarna på växellådan enligt beskrivningen i kapitel 8 (se bild). Stötta drivaxlarnas fria ändar med ståltråd eller snöre – låt dem inte hålla upp sin egen tyngd.
43 Skruva loss de två fästskruvarna och flytta kylvätskebehållaren åt sidan, ur vägen för arbetsutrymme.
44 Skruva loss fästskruven och flytta servostyrningens oljebehållaren åt sidan, ur vägen för arbetsutrymme.
45 Skruva loss servostyrningens vätskerör från fästbygeln på växellådans vänstra sida.
46 Ta bort det högra motorfästet, enligt beskrivningen i kapitel 2B.
47 Skruva loss de tre bultarna som fäster motorns/växellådans vänstra fäste vid växellådan (se bild). Fästet kan lämnas fastskruvat i karossen.
48 Ta hjälp av en assistent. Frigör motorn/växellådan från omgivande komponenter i

motorrummet och lyft upp enheten med lyften (se bild).
49 När enheten har lyfts upp så att den går fri från bilen ska den sänkas ner på en bänk eller på träblock på verkstadsgolvet.
50 Ta isär motorn och växellådan enligt följande.

Motor och manuell växellåda – isärtagning

51 Skruva loss de två fästbultarna och ta bort startmotorn.
52 Skruva loss bulten som fäster den lilla

5.35 Koppla loss generatorns anslutningskontakt

5.42 Skruva loss drivaxlarna från växellådans flänsar

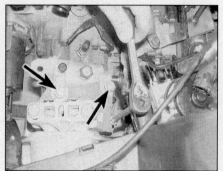
5.47 Skruva loss de tre bultarna som fäster motorns/växellådans fäste vid växellådan

5.48 Lyft bort motorn/växellådan från bilen

5.52 Ta bort den lilla plattan mellan motorn och växellådan

5.66a En av motorkåpans hållare tas bort

5.66b Motorkåpans främre del tas bort

plattan mellan motorn och växellådan vid växellådan (se bild).

53 Se till att både motorn och växellådan har ordentligt stöd och skruva sedan loss resterande bultar mellan motorn och växellådan. Notera hur alla bultar och fästen sitter placerade.

54 Dra försiktigt bort växellådan från motorn. Se till att växellådan inte tillåts vila på den ingående axeln medan den är fäst i kopplingslamellen.

Motor och automatväxellåda – isärtagning

55 Skruva loss de två fästbultarna och ta bort startmotorn.

56 Bänd ut kåpan till momentomvandlarens muttrar från växellådans hus. På 1.4 liters modeller sitter kåpan ovanför den högra drivaxelflänsen, och på 1.6 liters motorer sitter kåpan bakom den vänstra drivaxelflänsen. Vrid vevaxeln för att placera en av muttrarna mellan momentomvandlaren och drivplattan i åtkomsthålet. Skruva loss muttern medan motorn hålls fast med en bredbladig skruvmejsel i kuggarna i drivplattans startkrans.

57 Använd metoden som beskrivs i föregående punkt och skruva loss de två kvarvarande muttrarna mellan momentomvandlaren och drivplattan. Vrid vevaxeln en tredjedels varv i taget för att komma åt muttrarna.

58 Se till att motorn och växellådan har ordentligt stöd och skruva sedan loss bultarna mellan motorn och växellådan. Notera noggrant hur alla bultar och fästen sitter placerade.

59 Dra försiktigt bort växellådan från motorn (var försiktig – växellådan är tung). Se till att momentomvandlaren hela tiden är helt ihakad i växellådans ingående axel. Använd en spak för att lossa momentomvandlaren från drivplattan om det behövs. Ta loss plattan mellan motorn och växellådan.

60 Bind fast ett stag över svänghjulskåpans främre del för att hålla momentomvandlaren på plats när växellådan tagits bort från motorn.

Motor och manuell växellåda – hopsättning och montering

61 Sätt ihop och montera i omvänd ordningsföljd mot demonteringen. Tänk på följande:

a) Smörj räfflorna på växellådans ingående axel med lite fett med hög smältpunkt.

b) Observera att tappen ovanpå plattan mellan växellådan och motorn går in bakom vevaxelns bakre oljetätningshus.

c) Se till att alla fästen som noterades vid demonteringen monteras på rätt plats med bultarna mellan motorn och växellådan.

d) Dra åt alla fästen till rätt moment där sådant anges.

e) Montera motorfästena enligt beskrivningen i kapitel 2B.

f) Återanslut drivaxlarna till växellådan enligt beskrivningen i kapitel 8.

g) Om det är tillämpligt, montera luftkonditioneringskompressorn enligt beskrivningen i kapitel 3 och låt en specialist fylla systemet med köldmedium.

h) Montera drivremmen enligt beskrivningen i kapitel 1A.

i) Se till att alla kablar, slangar och rör återansluts och dras korrekt på det sätt som noterades vid demonteringen.

j) Om det är tillämpligt, använd nya O-ringar vid återmonteringen av plaströret mellan kylvätskepumpen och kylvätskehuset.

k) Se till att bränsleledningarna återansluts korrekt. Ledningarna är färgkodade, vit för matning och blå för retur.

l) Avsluta med att fylla på kylsystemet enligt beskrivningen i kapitel 1A.

Motor och automatväxellåda – hopsättning och montering

62 Följ beskrivningen i punkt 61, men observera följande extra punkter:

a) När momentomvandlaren monteras, se till att båda drivstiften hakar i växellådans vätskepump.

b) Återanslut växelvajern och justera den om det behövs enligt beskrivningen i kapitel 7B.

c) Avsluta med att kontrollera automatväxellådans vätskenivå och fyll på om så behövs enligt beskrivningen i kapitel 1A.

1.8 liters motorer

Demontering

63 Motorn och växellådan tas bort genom att de sänks ner som en enhet från motorrummets undersida.

64 Koppla loss batteriets minusledare. **Observera:** Läs avsnittet "Koppla ifrån batteriet" längst bak i boken innan batteriets anslutningar kopplas bort.

65 Om man vill förbättra åtkomligheten och öka utrymmet när motorn/växellådan ska demonteras kan man skruva loss och ta bort karossens främre panel enligt följande:

a) Ta bort den främre stötfångaren enligt beskrivningen i kapitel 11.

b) Koppla loss motorhuvens låsvajer från motorhuvens lås enligt beskrivningen i kapitel 11.

c) Skruva loss de fyra bultarna (två på varje sida) som fäster den främre stötfångarens hållare vid fästbyglarna på karossen.

d) Koppla loss kylfläktsbrytarens anslutningskontakt.

e) Lossa kylfläktens kontaktdon från klämmorna på fläktkåpans baksida. Sära sedan på kontaktdonets båda halvor.

f) Koppla loss strålkastarnas kontaktdon (ett kontaktdon för varje strålkastare).

g) Skruva loss de två övre bultarna som fäster karossens främre panel vid framskärmarna.

h) Gör en sista kontroll för att se till att alla kablar, slangar och rör har kopplats loss. Dra sedan den främre karosspanelen framåt och ta bort den från bilen.

66 Ta bort motorns övre skyddskåpa/-kåpor. Demonteringsdetaljerna varierar beroende på modell, men kåpans fästmuttrar sitter dolda under runda hattar som bänds ut från huvudkåpan. Om plastskruvar eller vridfästen används kan dessa tas bort med hjälp av en bredbladig skruvmejsel. Ta bort muttrarna eller skruvarna och lyft bort kåpan från motorn. Lossa eventuella kablar eller slangar (se bilder).

67 Ta bort luftrenaren enligt beskrivningen i kapitel 4A.

68 Arbeta runt motorn och växellådan. Koppla loss alla relevanta vakuumslangar och

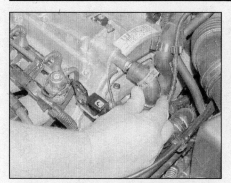

5.68 Ventilationsslangen kopplas loss från kamaxelkåpan

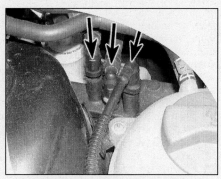

5.69 Bränsletillförsel-, retur- och ventilationsslangarnas anslutningar (vid pilarna)

5.70 Kolfilterslangen kopplas loss från gasspjällshuset

ventilationsslangar för att underlätta borttagningen av motorn (se bild). Notera hur slangarna sitter placerade och hur de är dragna för att underlätta monteringen.

69 Tryckutjämna bränslesystemet enligt beskrivningen i kapitel 4A. Placera en ren trasa runt bränslematar- och returslanganslutningarna på höger sida av motorrummet. Tryck sedan ner kontaktdonets låsflikar och koppla loss bränsleledningarnas kontaktdon (se bild). Var beredd på bränslespill och vidta lämpliga brandsäkerhetsåtgärder.

70 Koppla loss vakuumslangen från ventilen på kolfiltret på höger sida av motorrummet (se bild).

71 Ta bort luftintagsledningen som ansluter luftflödesmätaren vid gasspjällshuset på modeller utan turbo, eller luftintagsledningen som ansluter luftflödesmätaren till turboaggregatet på modeller med turbo.

72 På modeller med turbo, ta bort luftintagsledningen som ansluter mellankylaren till gasspjällshuset.

73 På modeller med manuell växellåda, koppla loss växelväljarmekanismen från växellådan enligt beskrivningen i punkt 19. Ta sedan bort kopplingens slavcylinder enligt beskrivningen i kapitel 6.

Observera: Tryck inte ner kopplingspedalen när slavcylindern är demonterad.

74 Dra åt handbromsen. Lyft sedan upp framvagnen och ställ den på pallbockar (se Lyftning och stödpunkter). Observera att bilen måste lyftas upp för att motorn/växellådan ska kunna tas bort under bilen.

75 Ta bort fästskruvarna och/eller klämmorna och ta bort motorns undre skyddskåpa/-kåpor.

76 På modeller med automatväxellåda, koppla loss växelväljarvajern från växellådan enligt beskrivningen i kapitel 7B.

77 Töm kylsystemet enligt beskrivningen i kapitel 1A.

78 Lossa slangklämmorna och koppla loss kylarens övre och nedre slang från motorn.

79 Koppla loss anslutningskontakten från temperaturgivaren för kylvätska.

80 Ta bort motorns bakre fäste enligt beskrivningen i kapitel 2B.

81 Koppla loss alla relevanta kablar från växellådan, generatorn och startmotorn. Notera hur kablarna är placerade och dragna för att underlätta monteringen.

82 Ta bort avgassystemets främre del enligt beskrivningen i kapitel 4C.

83 Demontera drivremmen enligt beskrivningen i kapitel 1A.

84 Ta bort klämmorna som fäster servostyrningens vätsketrycksrör. Detta gör att servostyrningspumpen kan tas bort från motorn utan att bränsleledningarna kopplas loss.

85 Skruva loss servostyrningspumpen från motorn enligt beskrivningen i kapitel 10, men lämna vätskeledningarna anslutna. Stötta pumpen ur vägen för arbetsutrymmet.

86 Arbeta runt motorn och växellådan. Notera hur alla kvarvarande slangar, rör och kablar sitter monterade och hur de är dragna, och koppla sedan loss dem så att motorn/växellådan kan tas bort.

87 Ta bort den högra drivaxeln enligt beskrivningen i kapitel 8 och koppla loss den vänstra drivaxeln från växellådan.

88 På modeller med luftkonditionering, ta bort luftkonditioneringens kompressor enligt beskrivningen i kapitel 3.

 Varning: Låt en luftkonditioneringsspecialist tömma systemet innan kompressorn tas bort.

89 Fäst en lyft och talja i motorns lyftfästen på topplocket om det inte redan är gjort. Höj sedan upp lyften så att den precis tar upp motorns tyngd.

90 Ta bort motorns/växellådans högra och vänstra fäste enligt beskrivningen i kapitel 2B.

91 Sänk försiktigt ner motorn/växellådan under bilen. Stöd enheten med en domkraft eller på träblock. Lirka ut enheten från bilens undersida.

Motor och manuell växellåda – isärtagning

92 Skruva loss de två fästbultarna och ta bort startmotorn.

93 Om det är tillämpligt, skruva loss bulten som fäster den lilla plattan mellan motorn och växellådan vid växellådan.

94 Se till att både motorn och växellådan har ordentligt stöd och skruva sedan loss resterande bultar mellan motorn och växellådan. Notera hur alla bultar och fästen sitter placerade.

95 Dra försiktigt bort växellådan från motorn. Se till att växellådan inte tillåts vila på den ingående axeln medan den är fäst i kopplingslamellen. Ta loss plattan mellan motorn och växellådan.

Motor och automatväxellåda – isärtagning

96 Skruva loss de två fästbultarna och ta bort startmotorn.

97 Bänd ut kåpan till momentomvandlarens muttrar från växellådans hus. Kåpan sitter bakom den vänstra drivaxelflänsen. Vrid vevaxeln för att placera en av muttrarna mellan momentomvandlaren och drivplattan i åtkomsthålet. Skruva loss muttern medan motorn hålls fast med en bredbladig skruvmejsel i kuggarna i drivplattans startkrans.

98 Använd metoden som beskrivs i föregående punkt och skruva loss de två kvarvarande muttrarna mellan momentomvandlare och drivplatta. Vrid vevaxeln en tredjedels varv i taget för att komma åt dem.

99 Se till att motorn och växellådan har ordentligt stöd och skruva sedan bort bultarna mellan motorn och växellådan. Notera hur alla bultar och fästen sitter placerade.

100 Dra försiktigt bort växellådan från motorn (var försiktig – växellådan är tung). Se till att momentomvandlaren hela tiden är helt ihakad i växellådans ingående axel. Bänd med ett lämpligt stag för att lossa momentomvandlaren från drivplattan om det behövs. Ta loss plattan mellan motorn och växellådan.

101 Bind fast ett stag över svänghjulskåpans främre del för att hålla momentomvandlaren på plats när växellådan tagits bort från motorn.

Motor och manuell växellåda – hopsättning och montering

102 Sätt ihop och montera i omvänd ordningsföljd mot demonteringen. Tänk på följande:

a) Smörj räfflorna på växellådans ingående axel med lite fett med hög smältpunkt.

b) Se till att alla fästen som noterades vid demonteringen monteras på rätt plats med bultarna mellan motorn och växellådan.

c) Dra åt alla fästen till rätt moment där sådant anges.

d) Montera motorfästena enligt beskrivningen i kapitel 2B.

e) Återanslut drivaxlarna till växellådan enligt beskrivningen i kapitel 8.

f) Om det är tillämpligt, montera luftkonditioneringskompressorn enligt beskrivningen i kapitel 3 och låt en specialist ladda systemet med köldmedium.

g) Montera drivremmen enligt beskrivningen i kapitel 1A.

h) Montera avgassystemets främre del enligt beskrivningen i kapitel 4C.

i) Se till att alla kablar, slangar och rör återansluts och dras korrekt på det sätt som noterades vid demonteringen.

j) Se till att bränsleledningarna återansluts korrekt. Ledningarna är färgkodade, vit för matning och blå för retur.

k) Avsluta med att fylla på kylsystemet enligt beskrivningen i kapitel 1A.

Motor och automatväxellåda – hopsättning och montering

103 Följ beskrivningen i punkt 102, men observera följande extra punkter:

a) När momentomvandlaren monteras, se till att båda drivstiften hakar i växellådans vätskepump.

b) Återanslut växelvajern och justera den om det behövs enligt beskrivningen i kapitel 7B.

c) Avsluta med att kontrollera automatväxellådans vätskenivå. Om så behövs, fyll på olja enligt beskrivningen i kapitel 1A.

6 Motor och växellåda (dieselmotor) – demontering och montering

Demontering

1 Motorn och växellådan tas bort genom att de sänks ner som en enhet från motorrummets undersida.

2 Koppla loss batteriets minusledning. **Observera:** Läs avsnittet "Koppla ifrån batteriet" längst bak i boken innan batteriets anslutningar kopplas bort.

3 Ta bort motorns övre skyddskåpa/-kåpor. Demonteringsdetaljerna varierar beroende på modell, men kåpans fästmuttrar sitter dolda under runda hattar som bänds ut från huvudkåpan. Om plastskruvar eller

vridfästen används kan dessa tas bort med hjälp av en bredbladig skruvmejsel. Ta bort muttrarna eller skruvarna och lyft bort kåpan från motorn. Ta bort eventuella kablar eller slangar.

4 Ta bort batteriet enligt beskrivningen i kapitel 5A. Ta sedan bort batterihyllan.

5 Om man vill förbättra åtkomligheten och öka utrymmet när motorn/växellådan ska demonteras kan man skruva loss och ta bort karossens främre panel enligt följande:

a) Ta bort den främre stötfångaren enligt beskrivningen i kapitel 11.

b) Koppla loss motorhuvens låsvajer från motorhuvens lås enligt beskrivningen i kapitel 11.

c) Skruva loss de fyra bultarna (två på varje sida) som fäster den främre stötfångarens hållare vid fästbyglarna på karossen.

d) Koppla loss kylfläktsbrytarens anslutningskontakt.

e) Lossa kylfläktens kontaktdon från klämmorna på fläktkåpans baksida. Sära sedan på kontaktdonets båda halvor.

f) Koppla loss strålkastarnas kontaktdon (ett kontaktdon för varje strålkastare).

g) Skruva loss de två övre bultarna som fäster karossens främre panel vid framskärmarna.

f) Gör en sista kontroll för att se till att alla kablar, slangar och rör har kopplats loss. Dra sedan den främre karosspanelen framåt och ta bort den från bilen.

6 Demontera luftrenaren enligt beskrivningen i kapitel 4B.

7 På modeller med turbo, koppla loss luftkanalen mellan mellankylaren och insugningsröret från insugningsröret.

8 Koppla loss bränsletillförsel- och returslangarna vid bränslefiltret. Var beredd på bränslespill. Plugga igen slangarnas och anslutningarnas öppna ändar för att hindra smuts från att tränga in och för att minska ytterligare bränslespill.

9 På modeller med manuell växellåda, koppla loss växelväljarmekanismen från växellådan enligt beskrivningen i kapitel 7A, avsnitt 3. Ta sedan bort kopplingens slavcylinder enligt beskrivningen i kapitel 6. **Observera:** Tryck inte ner kopplingspedalen när slavcylindern är demonterad.

6.15 Kylvätskeslangar vid inloppskröken på motorns vänstra sida

10 På modeller med automatväxellåda, koppla loss växelväljarvajern från växellådan, enligt beskrivningen i kapitel 7B.

11 Dra åt handbromsen. Lyft sedan upp framvagnen och ställ den på pallbockar (se Lyftning och stödpunkter).

12 Ta bort fästskruvarna och/eller klämmorna och ta bort motorns undre skyddskåpa/-kåpor.

13 Töm kylsystemet enligt beskrivningen i kapitel 1B.

14 Om det inte redan är gjort, koppla loss kontaktdonen från kylfläkten och kylfkläktsbrytaren (sitter i kylaren).

15 Lossa slangklämmorna och koppla loss kylarens övre och nedre slang från motorn (se bild).

16 Ta bort det bakre motorfästet enligt beskrivningen i kapitel 2C.

17 Arbeta runt motorn och växellådan. Notera hur alla kvarvarande slangar, rör och kablar sitter monterade och hur de är dragna och koppla sedan loss dem så att motorn/växellådan kan tas bort (se bilder).

18 Ta bort avgassystemets främre del enligt beskrivningen i kapitel 4D.

19 Demontera drivremmen enligt beskrivningen i kapitel 1B.

20 Ta bort klämmorna som fäster servostyrningens vätsketrycksrör. Detta gör att servostyrningspumpen kan tas bort från motorn utan att bränsleledningarna kopplas loss.

21 Skruva loss servostyrningspumpen från motorn enligt beskrivningen i kapitel 10, men

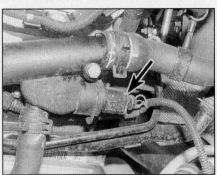

6.17a Anslutningskontakt till temperaturgivaren för kylvätska (vid pilen)

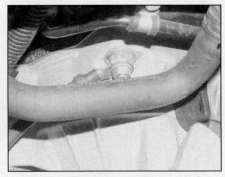

6.17b Jordledningens fästpunkt på balanshjulskåpan

lämna vätskeledningarna anslutna. Stötta pumpen ur vägen för arbetsutrymmet.
22 Ta bort den högra drivaxeln enligt beskrivningen i kapitel 8 och koppla loss den vänstra drivaxeln från växellådan.
23 På modeller med luftkonditionering, ta bort luftkonditioneringens kompressor enligt beskrivningen i kapitel 3.

> *Varning: Låt en luftkonditioneringsspecialist tömma systemet innan kompressorn tas bort.*

24 Fäst en lyft och talja i motorns lyftfästen på topplocket om det inte redan är gjort. Höj sedan upp lyften så att den precis tar upp motorns tyngd.
25 Ta bort motorns/växellådans högra och vänstra fäste enligt beskrivningen i kapitel 2C.
26 Sänk försiktigt ner motorn/växellådan under bilen. Stöd enheten med en domkraft eller på träblock. Lirka ut enheten från bilens undersida.

Motor och manuell växellåda – isärtagning

27 Skruva loss de två fästbultarna och ta bort startmotorn.
28 Om det är tillämpligt, skruva loss bulten som fäster den lilla plattan mellan motorn och växellådan vid växellådan.
29 Se till att både motorn och växellådan har ordentligt stöd och skruva sedan loss resterande bultar mellan motorn och växellådan. Notera hur alla bultar och fästen sitter placerade.
30 Dra försiktigt bort växellådan från motorn. Se till att växellådan inte tillåts vila på den ingående axeln medan den är fäst i kopplingslamellen. Ta loss plattan mellan motorn och växellådan.

Motor och automatväxellåda – isärtagning

31 Skruva loss de två fästbultarna och ta bort startmotorn.
32 Bänd ut kåpan till momentomvandlarens muttrar från växellådans hus. Kåpan sitter bakom den vänstra drivaxelflänsen. Vrid vevaxeln för att placera en av muttrarna mellan momentomvandlaren och drivplattan i åtkomsthålet. Skruva loss muttern medan motorn hålls fast med en bredbladig skruvmejsel i kuggarna i drivplattans startkrans.
33 Använd metoden som beskrivs i föregående punkt och skruva loss de två kvarvarande muttrarna mellan momentomvandlare och drivplatta. Vrid vevaxeln en tredjedels varv i taget för att komma åt dem.
34 Se till att motorn och växellådan har ordentligt stöd och skruva sedan bort bultarna mellan motorn och växellådan. Notera hur alla bultar och fästen sitter placerade.
35 Dra försiktigt bort växellådan från motorn (var försiktig – växellådan är tung). Se till att

momentomvandlaren hela tiden är helt ihakad i växellådans ingående axel. Använd en hävarm till att lossa momentomvandlaren från drivplattan. Ta loss plattan mellan motorn och växellådan.
36 Bind fast ett stag över balanshjulskåpans främre del för att hålla momentomvandlaren på plats när växellådan tagits bort från motorn.

Motor och manuell växellåda – hopsättning och montering

37 Sätt ihop och montera i omvänd ordningsföljd mot demonteringen. Tänk på följande:
 a) Smörj räfflorna på växellådans ingående axel med lite fett med hög smältpunkt.
 b) Se till att alla fästen som noterades vid demonteringen monteras på rätt plats med bultarna mellan motorn och växellådan.
 c) Dra åt alla fästen till rätt moment där sådant anges.
 d) Montera motorfästena enligt beskrivningen i kapitel 2C.
 e) Montera den högra drivaxeln och återanslut drivaxlarna till växellådan enligt beskrivningen i kapitel 8.
 f) Om det är tillämpligt, montera luftkonditioneringskompressorn enligt beskrivningen i kapitel 3 och låt en specialist fylla systemet med köldmedium.
 g) Montera drivremmen enligt beskrivningen i kapitel 1B.
 h) Montera avgassystemets främre del enligt beskrivningen i kapitel 4D.
 i) Se till att alla kablar, slangar och rör återansluts och dras korrekt på det sätt som noterades vid demonteringen.
 j) Se till att bränsleledningarna återansluts korrekt. Ledningarna är färgkodade, vit för matning och blå för retur.
 k) Montera kopplingens slavcylinder enligt beskrivningen i kapitel 6, och återanslut växelväljarmekanismen till växellådan enligt beskrivningen i kapitel 7A.
 l) Avsluta med att fylla på kylsystemet enligt beskrivningen i kapitel 1B.

Motor och automatväxellåda – hopsättning och montering

38 Fortsätt enligt beskrivningen i punkt 37, men observera följande extra punkter:
 a) När momentomvandlaren monteras, se till att båda drivstiften hakar i växellådans vätskepump.
 b) Återanslut växelvajern och justera den om det behövs enligt beskrivningen i kapitel 7B.
 c) Avsluta med att kontrollera automatväxellådans vätskenivå. Om så behövs, fyll på olja enligt beskrivningen i kapitel 1B.

7 Motorrenovering – preliminär information

1 Det är mycket lättare att ta isär motorn och arbeta med den om den sitter fäst i ett portabelt motorställ. Sådana ställ går oftast att hyra i verktygsbutiker. Innan motorn monteras i ett ställ ska svänghjulet tas bort, så att ställets bultar kan skruvas in i änden av motorblocket/vevhuset. **Observera:** *Mät inte cylinderloppen när motorn sitter fast i ett sådant här ställ.*
2 Om inget ställ finns tillgängligt går det att ta isär motorn när den ligger på block på en stadig arbetsbänk eller på golvet. Var mycket noga med att inte stöta eller tappa motorn vid arbete utan ett motorställ.
3 Om du tänker skaffa en rekonditionerad motor måste alla hjälpaggregat tas bort först, så att de kan flyttas över till ersättningsmotorn (precis som om du skulle göra hela renoveringen själv). Till dessa komponenter hör följande (det kan vara nödvändigt att flytta över ytterligare komponenter, som oljemätstickan/-röret, oljefilterhuset etc. beroende på vilka komponenter som följer med den rekonditionerade motorn):

Bensinmotorer
 a) Generator (inklusive fästbyglar) och startmotor (kapitel 5A).
 b) Tändsystemets komponenter inklusive alla givare, tändkablar och tändstift (kapitel 1A och 5B).
 c) Bränsleinsprutningssystemets komponenter (kapitel 4A).
 d) Alla elektriska brytare, manövreringsenheter och givare samt motorns kabelhärva (kapitel 3, 4A och 5B).
 e) Insugningsrör och avgasgrenrör, samt turboaggregat (efter tillämplighet) (kapitel 4C).
 f) Motorfästen (kapitel 2A eller 2B).
 g) Kopplingens komponenter (kapitel 6).
 h) Oljeavskiljare (i förekommande fall).

Dieselmotorer
 a) Generator (inklusive fästbyglar) och startmotor (kapitel 5A).
 b) Glödstifts-/förvärmningssystemets komponenter (kapitel 5C).
 c) Alla bränslesystemets komponenter, inklusive bränsleinsprutningspump, bränsleinsprutningsventiler, alla givare och manövreringsenheter (kapitel 4B).
 d) Bromsvakuumpump (kapitel 9).
 e) Alla elektriska brytare, manövreringsenheter och givare, samt motorns kabelhärva (kapitel 3, 4B, och 5C).
 f) Insugnings- och avgasgrenrör samt turboaggregat (i förekommande fall) (kapitel 4B).
 g) Motorfästen (kapitel 2B).
 h) Kopplingens komponenter (kapitel 6).

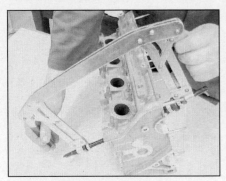

8.9a En ventilfjäder trycks ihop med en ventilfjäderbåge

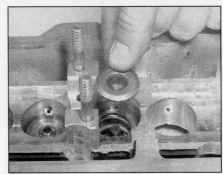

8.9b Fjäderkåpan tas bort . . .

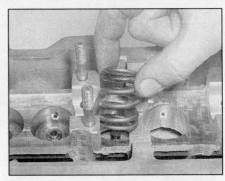

8.9c . . . och ventilfjädern – motor med enkel överliggande kamaxel (SOHC)

Alla motorer

Observera: *När de externa komponenterna demonteras från motorn, var noga med att notera detaljer som kan vara till hjälp eller av vikt vid återmonteringen. Notera hur packningar, tätningar, mellanläggsbrickor, sprintar, brickor, bultar och andra små komponenter sitter monterade.*

4 Om du ska montera en "kort" motor (motorblock/vevhus, vevaxel, kolvar och vevstakar fullständigt ihopsatta), måste även topplocket, oljesumpen, oljepumpen, kamremmen/-remmarna och kedjan (vad som är tillämpligt – tillsammans med spännare och kåpor), drivrem (tillsammans med spännare), kylvätskepump, termostathus, kylvätskeutloppsrör, oljefilterhus och eventuell oljekylare flyttas över.

5 Om motorn ska renoveras fullständigt kan den tas isär i den ordning som beskrivs nedan:

a) *Insugnings- och avgasgrenrör (se relevant del av kapitel 4).*

b) *Kamrem/-remmar, drev och spännare (se kapitel 2A, 2B eller 2C).*

c) *Insugningskamaxelns kamkedja och spännare/kamaxelns justeringsmekanism – 1.8 liters motorer (se kapitel 2B).*

d) *Topplock (se kapitel 2A, 2B eller 2C).*

e) *Svänghjul/drivplatta (se kapitel 2A, 2B eller 2C).*

f) *Oljesump (se kapitel 2A, 2B eller 2C).*

g) *Oljepump (se kapitel 2A, 2B eller 2C).*

h) *Kolvar/vevstakar (se avsnitt 11).*

i) *Vevaxel (se avsnitt 12).*

8 Topplock – isärtagning

Observera: *En ventilfjäderbåge behövs till den här åtgärden.*

SOHC bensinmotorer

1 Fortsätt enligt följande när topplocket har tagits bort enligt beskrivningen i del A i detta kapitel.

2 Ta bort insugnings- och avgasgrenröret enligt beskrivningen i kapitel 4A respektive 4C.

3 Ta bort kamaxeln och de hydrauliska ventillyftarna, enligt beskrivningen i del A i detta kapitel.

4 Om så önskas, skruva loss kylvätskehuset från topplockets baksida och ta loss tätningen.

5 Om det inte redan är gjort, ta bort kamaxelgivaren enligt beskrivningen i kapitel 4A, avsnitt 5.

6 Skruva loss fästmuttern och ta loss brickan. Ta sedan bort kamremsspännarens remskiva från pinnbulten på topplocket.

7 Skruva loss alla kvarvarande fästen och/

eller motorlyftfästen från topplocket enligt önskemål. Notera hur de sitter placerade för att underlätta återmonteringen.

8 Vänd på topplocket och lägg det på sidan.

9 Tryck ihop varje ventilfjäder i tur och ordning med en ventilfjäderbåge tills de delade insatshylsorna kan tas bort. Lossa bågen och lyft bort fjäderkåpan och fjädern. Om ventilfjäderkåpan inte lossnar så att de delade insatshylsorna syns när ventilfjäderbågen är nedskruvad, knacka lätt ovanpå verktyget med en lätt hammare direkt över fjäderkåpan **(se bilder)**.

10 Använd en tång eller ett demonteringsverktyg och ta försiktigt ut ventilskaftets oljetätning från ventilstyrningens överdel **(se bild)**.

11 Dra bort ventilen från topplockets packningssida **(se bild)**.

12 Det är av största vikt att varje ventil förvaras tillsammans med tillhörande hylsor, kåpa, fjäder och fjädersäte. Ventilerna ska också hållas i rätt ordningsföljd, om de inte är så slitna att de måste bytas ut.

> **HAYNES TiPS** *Om ventilenheterna ska återanvändas bör varje enhet placeras i en märkt plastpåse eller liknande behållare. Märk varje påse från 1 till 8. Observera att ventil nr 1 sitter närmast topplockets kamremsände.*

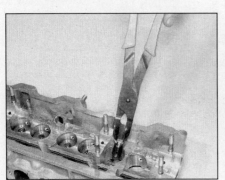

8.10a Ett demonteringsverktyg används . . .

8.10b . . . till att ta bort ventilskaftens oljetätningar – SOHC motor

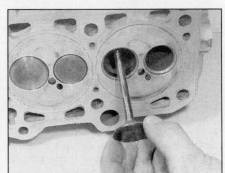

8.11 En ventil tas bort – SOHC motor

1.4 och 1.6 liters DOHC bensinmotorer

13 Fortsätt enligt följande efter det att topplocket har tagits bort enligt beskrivningen i del B i detta kapitel.

14 Ta bort insugnings- och avgasgrenröret enligt beskrivningen i kapitel 4A respektive 4C.

15 Skruva loss fästbulten och ta bort den sekundära kamremsspännaren från topplockets kamremsände.

16 Skruva loss alla kvarvarande fästen och/eller motorlyftfästen från topplocket enligt önskemål. Notera hur de sitter placerade för att underlätta återmonteringen.

17 Fortsätt enligt beskrivningen i punkt 8 till 12, men se till att ventilerna märks med både insug eller avgas och nummer.

1.8 liters DOHC bensinmotorer

18 Fortsätt enligt följande efter det att topplocket har tagits bort enligt beskrivningen i del B i detta kapitel.

19 Ta bort insugnings- och avgasgrenröret (och turboaggregatet, i förekommande fall) enligt beskrivningen i kapitel 4A och 4C.

20 Demontera kamaxlarna och de hydrauliska ventillyftarna enligt beskrivningen i del B i detta kapitel.

21 Skruva loss alla kvarvarande fästen och/eller motorlyftfästen från topplocket enligt önskemål. Notera hur de sitter placerade för att underlätta återmonteringen.

22 Fortsätt enligt beskrivningen i punkt 8 till 12, men se till att ventilerna märks med både insug eller avgas och nummer.

Dieselmotorer

23 Fortsätt enligt följande efter det att topplocket har tagits bort enligt beskrivningen i del C i detta kapitel.

24 Ta bort insugnings- och avgasgrenröret (och turboaggregatet, i förekommande fall) enligt beskrivningen i kapitel 4B och 4D.

25 Ta bort kamaxeln och de hydrauliska ventillyftarna, enligt beskrivningen i del C i detta kapitel.

26 Ta bort glödstiften enligt beskrivningen i kapitel 5C.

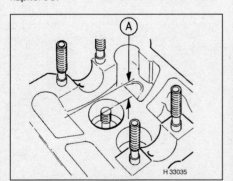

9.6 Mät avståndet (A) mellan ventilskaftets övre yta och topplocket

27 Ta bort bränsleinsprutningsventilerna enligt beskrivningen i kapitel 4B.

28 Skruva loss muttern och ta bort kamremsspännarens remskiva från pinnbulten på topplockets kamremsände.

29 Skruva loss alla kvarvarande fästen och/eller motorlyftfästen från topplocket enligt önskemål. Notera hur de sitter placerade för att underlätta återmonteringen.

30 Fortsätt enligt beskrivningen i punkt 8 till 12.

9 Topplock och ventiler – rengöring och kontroll

1 Om topplock och ventilkomponenter rengörs noga och sedan kontrolleras, går det att avgöra hur mycket arbete som måste läggas ner på ventilerna under motorrenoveringen. **Observera:** *Om motorn har blivit kraftigt överhettad är det säkrast att anta att topplocket är skevt – leta noga efter tecken på detta.*

Rengöring

2 Använd en lämplig fettlösare och ta bort alla spår av oljeavlagringar från topplocket. Var extra noga med kamaxellagerytorna, de hydrauliska ventillyftarnas lopp, ventilstyrningarna och smörjkanalerna. Skrapa bort alla packningsrester från fogytorna. Var noga med att inte repa dem. Om smärgelduk används, använd inte en av lägre grad än 100. Vänd på topplocket och använd ett trubbigt blad för att skrapa bort sotavlagringar från förbränningskammare och portar. Tvätta till sist hela topplockets gjutgods med ett lämpligt lösningsmedel för att ta bort kvarvarande avlagringar.

3 Rengör ventilhuvudena och skaften med en fin stålborste (eller en eldriven stålborste). Om ventilen är täckt med kraftiga sotavlagringar ska först det värsta skrapas bort med ett trubbigt blad och resten tas bort med stålborsten.

4 Rengör resten av komponenterna noggrant med lösningsmedel och låt dem torka helt.

9.7 Kontrollera om topplockspackningens yta är skev

Kasta oljetätningarna, eftersom nya måste användas när topplocket sätts ihop.

Kontroll

Topplock

Observera: *Om ventilsätena ska slipas om får inte maxvärdena för omslipning överskridas (maxvärdena tillåter endast minimal omslipning för att skapa en perfekt tätning mellan ventilen och sätet). Om maxvärdena överskrids är det inte säkert att de hydrauliska ventillyftarna fungerar som de ska och då måste topplocket bytas ut. I punkt 6 finns information om hur man beräknar högsta tillåtna omslipningsmått.*

5 Undersök topplocksgjutningen noga och leta efter eventuella skador eller sprickor som har uppstått. Sprickor upptäcks ofta vid kylvätske- eller oljeläckage. Var särskilt noga med områdena runt ventilsätena och tändstifts-/bränsleinsprutningshålen. Om sprickor upptäcks i det här området anger VW att topplocket kan återanvändas på dieselmotorer och SOHC bensinmotorer, under förutsättning att sprickorna inte är mer än 0,5 mm breda på dieselmotorer, eller 0,3 mm breda på SOHC bensinmotorer. Allvarligare skador betyder att topplockets gjutgods måste bytas ut.

6 Lätt punktkorroderade eller anvulkade ventilsäten kan repareras genom finslipning av ventilerna vid hopsättningen, enligt beskrivningen längre fram i detta kapitel. Kraftigt slitna eller skadade ventilsäten kan återställas genom fräsning, men det högsta tillåtna omslipningsmåttet får **inte** överskridas. Det ger endast utrymme för minimal omslipning (se anmärkningen i början av punkt 5). Det högsta tillåtna omslipningsmåttet beräknas enligt följande **(se bild):**

a) Om en ny ventil ska monteras ska den nya ventilen användas för följande beräkning.

b) Sätt i ventilen i topplockets styrning och tryck den stadigt på plats på sätet.

c) Lägg en stållinjal över topplockets övre yta. Mät avståndet mellan ventilskaftets övre sida och topplockets ovansida. Notera det uppmätta värdet.

d) Leta upp värdet för minsta tillåtna mått mellan ventilskaftets övre yta och topplockets ovansida i specifikationerna.

e) Ta nu det uppmätta värdet och dra ifrån värdet för minsta tillåtna avstånd för att få högsta tillåtna omarbetningsmått. Till exempel: Uppmätt avstånd (34,4 mm) minus minsta tillåtna värde (34,0 mm) = högsta tillåtna omarbetningsmått (0,4 mm).

7 Kontrollera om packningsytorna är skeva med hjälp av en stållinjal eller en uppsättning bladmått. Mät en gång på längden av grenrörets fogyta/-ytor. Mät flera gånger tvärs över topplockspackningens yta för att fastställa graden av skevhet överallt **(se bild)**. Jämför de uppmätta värdena med värdena i specifikationerna.

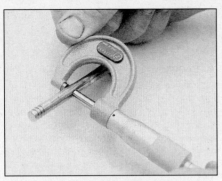

9.11 Mät ventilskaftens diameter med en mikrometer

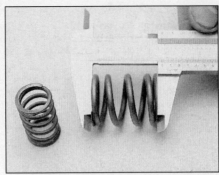

9.14 Mät varje ventilfjäders fria längd

9.15 Kontrollera att ventilfjädern är rak

8 På bensinmotorer, om topplockets skevhet överskrider den angivna gränsen kan det eventuellt slipas om på en professionell verkstad, förutsatt att minsta tillåtna topplockshöjd upprätthålls.

9 På dieselmotorer, om topplocket skevhet överskrider den angivna gränsen måste topplocket bytas ut.

Kamaxel

10 Beskrivning av hur kamaxeln kontrolleras finns i del A, B eller C i detta kapitel.

Ventiler och tillhörande komponenter

Observera: *För alla motorer gäller att ventilhuvudena inte kan fräsas om, men de kan däremot finslipas in i sina säten med slippasta. På 1.8 liters bensinmotorer måste de gamla ventilerna tas om hand noga, (kasta dem inte som vanligt skräp), eftersom ventilskaften är fyllda med natrium. Fråga en återvinningsstationen om råd.*

11 Undersök varje ventil noga och leta efter tecken på slitage. Undersök om ventilskaften har slitagekanter, repor eller variationer i diametern. Mät diametern på flera punkter längs ventilskaften med en mikrometer och jämför med siffrorna i specifikationerna **(se bild)**.

12 Ventilhuvudena får inte vara spruckna, ha kraftig punktkorrosion eller vara förkolnade. Observera att lätt punktkorrosion på ventilhuvudet kan åtgärdas genom inslipning av ventilerna vid hopsättningen, enligt beskrivningen i avsnitt 10.

13 Kontrollera att ventilskaftets ändyta inte har kraftig punktkorrosion eller några hack. Sådana skador kan orsakas av defekta hydrauliska ventillyftare.

14 Använd skjutmått och mät den fria längden på varje ventilfjäder. Eftersom tillverkaren inte anger någon siffra är det enda sättet att kontrollera fjäderlängderna att jämföra med nya komponenter. Observera att ventilfjädrarna oftast byts ut vid en större motorrenovering **(se bild)**.

15 Ställ varje fjäder på änden på en platt yta, mot en vinkelhake **(se bild)**. Undersök om fjädern är rak och byt ut den om den verkar skev.

16 Byt ut ventilskaftens oljetätningar oavsett skick.

10 Topplock – hopsättning

Observera: *En ventilfjäderbåge behövs till den här åtgärden.*

SOHC bensinmotorer

1 För att tätningen mellan ventilerna och sätena ska bli lufttät måste ventilerna slipas in. Till detta behövs fin och grov slippasta och ett slipverktyg. Sådana verktyg finns både i form av en stav med gummisugkopp i änden och ett automatiskt verktyg som drivs av ett roterande elverktyg.

2 Smörj en liten mängd *fin* slippasta på ventilhuvudets tätningsyta. Vänd på topplocket så att förbränningskamrarna riktas uppåt och sätt i ventilen i korrekt styrning. Fäst slipverktyget på ventilhuvudet och slipa in ventilen i sätet med en roterande rörelse, fram och tillbaka. Lyft ventilen då och då och vrid den för att fördela om slippastan **(se bild)**.

3 Fortsätt arbetet tills fogen mellan ventilen och sätet är försedd med en obruten mattgrå ring som är lika bred runt om, på båda ytorna. Upprepa arbetet på resten av ventilerna.

4 Om ventilerna och sätena är så kraftigt angripna av punktkorrosion att grov slipmassa måste användas, får man inte glömma bort att det finns ett högsta tillåtna mått för omslipning för både ventiler och säten. I specifikationerna i början av det här kapitlet anges minsta tillåtna mått från änden av ventilskaftet till topplockets övre yta (se avsnitt 9, punkt 6). Om minimimåttet överskrids på grund av för kraftig inslipning i ventilsätet kan inte de hydrauliska ventillyftarna fungera korrekt och topplocket måste bytas ut.

5 Förutsatt att reparationen är genomförbar, arbeta enligt beskrivningen ovan men använd grov slippasta i början, tills ventilen och sätet har en matt yta. Tvätta bort den grova slippastan med lösningsmedel och upprepa proceduren med den finare slippastan för att få rätt yta.

6 När alla ventiler har slipats in ska alla spår av slippasta tas bort från topplocket och ventilerna med lösningsmedel. Låt sedan topplocket och ventilerna torka helt.

7 Vänd topplocket så att det ligger på sidan.

8 Arbeta med en ventil i taget. Smörj ventilskaftet med ren motorolja och sätt i ventilen i styrningen. Montera en av de skyddande plasthylsorna som följer med de nya ventilskaftsoljetätningarna över ventilskaftets ände. Då skyddas oljetätningen under monteringen **(se bilder)**.

9 Doppa en ny ventilskaftstätning i ren motorolja och tryck den försiktigt över ventilskaftet och över ventilstyrningen. Var noga med att inte skada skafttätningen när den monteras. Använd en lång hylsnyckel eller ett speciellt monteringsverktyg för att trycka in tätningen ordentligt på plats **(se bild)**. Ta bort skyddshylsan från ventilskaftet.

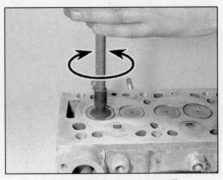

10.2 Inslipning av en ventil

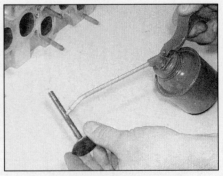

10.8a Smörj ventilskaftet med ren motorolja – SOHC motor

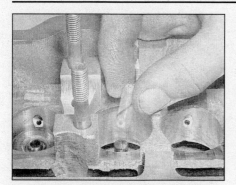

10.8b En skyddande hylsa monteras över ventilskaftet innan skafttätningen monteras – SOHC motor

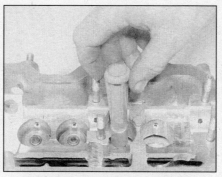

10.9 Ett särskilt monteringsverktyg används för att montera ventilskaftets oljetätning – SOHC motor

10.10 En ventilfjäder monteras – SOHC motor

10 Placera ventilfjädern över ventilskaftet. Se till att fjäderns nedre ände hamnar korrekt på topplocket **(se bild)**.
11 Montera det övre fjädersätet över fjäderns överdel. Använd sedan en ventilfjäderbåge och tryck ihop fjädern tills det övre sätet trycks in bakom hylsspåren bakom ventilskaftet. Montera de delade insatshylsorna. Lossa gradvis fjäderbågen och kontrollera att insatshylsorna sitter kvar som de ska när fjädern fjädrar ut. Vid korrekt montering ska det övre fjädersätet tvinga in insatshylsorna ordentligt i spåren i änden av ventilskaftet **(se bilder)**.

HAYNES TiPS *Använd en liten klick fett för att hålla hylsorna på plats på ventilskaftet medan fjäderbågen lossas.*

12 Upprepa arbetet med återstående ventiluppsättningar. Se till att alla komponenter sätts tillbaka på sina ursprungliga platser. Slå till änden av varje ventilskaft med en klubba så att komponenterna sätter sig ordentligt efter monteringen. Använd en bit trä som mellanlägg för att skydda skaftet från skador. Kontrollera att de delade insatshylsorna sitter ordentligt placerade i spåren i ventilskaftens ändar.
13 Montera alla fästbyglar och/eller motorlyftfästen på sina ursprungliga platser, enligt de anteckningar som gjordes innan monteringen.

14 Montera kamremsspännarens remskiva och fäst den med muttern och brickan.
15 Om det är tillämpligt, montera kamaxelgivaren enligt beskrivningen i kapitel 4A, avsnitt 5.
16 Om det är tillämpligt, montera kylvätskehuset på topplockets baksida med en ny tätning.
17 Montera kamaxeln och de hydrauliska ventillyftarna enligt beskrivningen i del A i detta kapitel.
18 Montera insugnings- och avgasgrenröret enligt beskrivningen i kapitel 4A och 4C.

1.4 och 1.6 liters DOHC bensinmotorer
19 Följ beskrivningen i punkt 1 till 13 **(se bilder)**.

10.11b Använd lite fett för att hålla hylsorna i spåret – SOHC motor

20 Montera den sekundära kamremsspännaren och sätt sedan tillbaka fästbulten.

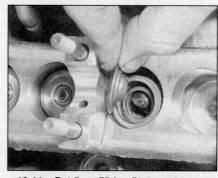

10.11a Det övre fjädersätet monteras – SOHC motor

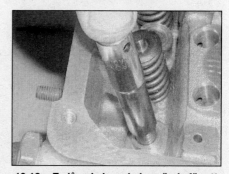

10.19a En lång hylsnyckel används för att montera ventilskaftets oljetätning – 1.4 liters DOHC motor

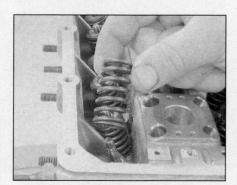

10.19b En ventilfjäder monteras . . .

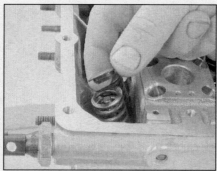

10.19c . . . och därefter det övre fjädersätet – 1.4 liters DOHC motor

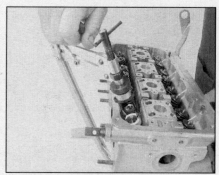

10.19d En ventilfjäder trycks ihop med en ventilfjäderbåge – 1.4 liters DOHC motor

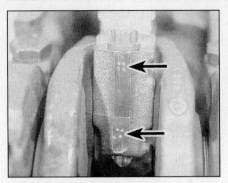

11.3 Märk vevlageröverfallen och vevstakarna med cylindernummer (vid pilarna)

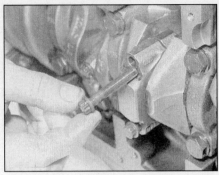

11.6a Skruva loss vevstakslageröverfallets bultar . . .

11.6b . . . och ta bort överfallet

21 Montera insugnings- och avgasgrenrören enligt beskrivningen i kapitel 4A och 4C.

1.8 liters DOHC motorer

22 Följ beskrivningen i punkt 1 till 13.
23 Montera de hydrauliska ventillyftarna och kamaxlarna enligt beskrivningen i del B i detta kapitel.
24 Montera insugnings- och avgasgrenröret enligt beskrivningen i kapitel 4A och 4C.

Dieselmotorer

25 Fortsätt enligt beskrivningen i punkt 1 till 13.
26 Montera kamremsspännarens remskiva på pinnbulten på topplocket och sätt tillbaka fästmuttern.
27 Montera bränsleinsprutningsventilerna enligt beskrivningen i kapitel 4B.
28 Montera glödstiften enligt beskrivningen i kapitel 5C.
29 Montera de hydrauliska ventillyftarna och kamaxeln enligt beskrivningen i del C i detta kapitel.
30 Montera insugnings- och avgasgrenröret (och turboaggregatet, i förekommande fall), enligt beskrivningen i kapitel 4B.

11 Kolvar och vevstakar – demontering

1 Gör följande beroende på motortyp:
 a) På SOHC bensinmotorer, ta bort topplocket, oljesumpen och oljeskvalpskottet, samt oljepumpen och oljeupptagarröret, enligt beskrivningen i del A i detta kapitel. *Observera: På 2,0 liters AZJ motorer måste man demontera balansaxelenheten.*
 b) På 1.4 och 1.6 liters DOHC bensinmotorer, ta bort topplocket, oljesumpen och oljeupptagarröret enligt beskrivningen i del B i detta kapitel.
 c) På 1.8 liters DOHC motorer, ta bort topplocket, oljesumpen och oljeskvalpskottet, samt oljepumpen och oljeupptagarröret, enligt beskrivningen i del B i detta kapitel.
 d) På dieselmotorer, ta bort topplocket,

oljesumpen och oljeskvalpskottet samt oljepumpen och oljeupptagarröret, enligt beskrivningen i del C i detta kapitel.
2 Undersök cylinderloppens överdelar och leta efter slitagekanter där kolvarna når övre dödpunkt. Kanterna måste tas bort, annars kan kolvarna skadas när de trycks ut ur loppen. Använd en avskrapare eller kantbrotsch för att ta bort kanterna. Sådana åsar är tecken på kraftigt slitna cylinderlopp.
3 Kontrollera om vevstakarna och vevlageröverfallen har identifikationsmarkeringar. Både vevstakarna och överfallen ska vara märkta med cylindernummer på ena sidan. Observera att cylinder nr 1 sitter i motorns kamremsände. Om det inte finns några markeringar, använd en hammare och körnare, färg eller liknande och märk varje vevstake och vevstakslageröverfall med respektive cylindernummer. Notera på vilken sida av vevstakarna och överfallen markeringarna görs **(se bild)**.
4 Kontrollera på samma sätt om kolvkronorna har riktningsmarkeringar. En pil på varje kolvkrona ska peka mot motorns kamremsände. Ibland kan det här märket vara dolt av sotavlagringar. I så fall ska kolvkronan rengöras så att det går att se märket. Om riktningspilen har slitits ut så att den inte syns, gör en lämplig markering på kolvkronan med en ritsspets. Gör inga djupa skåror i kolvkronan, men se till att märket är lätt att se.
5 Vrid vevaxeln så att kolv nr 1 och 4 hamnar i nedre dödpunkt.

6 Skruva loss bultarna eller muttrarna (efter tillämplighet) från vevstakslageröverfallet till kolv nr 1. Lyft bort överfallet och ta loss den nedre lagerskålshalvan. Tejpa ihop överfallet och lagerskålen om lagerskålarna ska återanvändas. Observera att om lagerskålarna ska återanvändas måste de sättas tillbaka på sin ursprungliga vevstake och överfall **(se bilder)**.
7 Där lageröverfallen är fästa med muttrar, vira in bultarnas gängade ändar med isoleringstejp för att hindra dem från att repa vevtappar och lopp när kolvarna tas bort **(se bild)**.
8 Använd ett hammarskaft. Tryck upp kolven i loppet och ta bort den från motorblockets översida. Om det är tillämpligt, var noga med att inte skada kolvens kyloljemunstycken i motorblocket när kolven/vevstaken tas bort. Ta loss den övre lagerskålen och tejpa fast den vid vevstaken så att den inte kommer bort.
9 Montera vevlageröverfallet löst på vevstaken och fäst med bultar/muttrar – då blir det lättare att hålla komponenterna i rätt ordning.
10 Ta bort kolvenhet nr 4 på samma sätt.
11 Vrid vevaxeln så mycket som behövs för att kolv nr 2 och 3 ska hamna i nedre dödpunkt och ta sedan bort dem på samma sätt.
12 Om det är tillämpligt, ta bort fästbultarna och dra bort kolvens kyloljemunstycken från motorblockets undersida **(se bilder)**.

11.7 Linda in bultarnas gängade ändar med tejp

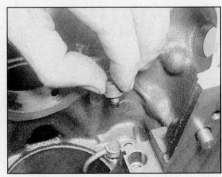

11.12a Ta bort fästbultarna . . .

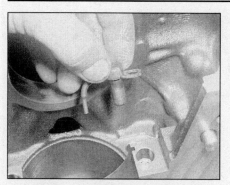

11.12b ... och dra bort kolvarnas kyloljemunstycken

12 Vevaxel – demontering

⚠️ **Varning: På 1.4 liters motorer får vevaxeln inte tas bort. Om ramlageröverfallets bultar lossas kommer motorblocket att deformeras. På 1.4 liters motorer måste hela vevaxeln/motorblocket bytas ut om vevaxel- eller ramlagerytorna är slitna eller skadade. Följande rutiner gäller alla motorer utom 1.4 liters motorer.**

Observera: *Om inget arbete måste utföras på kolvarna och vevstakarna behöver inte kolvarna tryckas ut ur cylinderloppen. Kolvarna ska då bara tryckas upp så långt i loppen att de är ur vägen för vevaxeltapparna.*

1 Fortsätt enligt följande beroende på motortyp:

a) *På SOHC bensinmotorer, ta bort kamremmen och vevaxeldrevet, oljesumpen och oljeskvalpskottet, oljepumpen och oljeupptagarröret, svänghjulet/drivplattan, samt det främre och bakre vevaxeloljetätningshuset, enligt beskrivningen i del A i detta kapitel.* **Observera:** *På 2,0 liters AZJ motorer måste man demontera balansaxelenheten.*

b) *På 1.6 liters DOHC bensinmotorer, ta bort huvudkamremmen, oljesumpen, oljepumpen och oljeupptagarröret, svänghjulet/drivplattan samt det*

bakre vevaxeloljetätningshuset, enligt beskrivningen i del B i detta kapitel.

c) *På 1.8 liters DOHC bensinmotorer, ta bort kamremmen och vevaxeldrevet, oljesumpen och oljeskvalpskottet, oljepumpen och oljeupptagarröret, svänghjulet/drivplattan samt det främre och bakre vevaxeloljetätningshuset, enligt beskrivningen i del B i detta kapitel.*

d) *På dieselmotorer, ta bort kamremmen och vevaxeldrevet, oljesumpen och oljeskvalpskottet, oljepumpen och oljeupptagarröret, svänghjulet/drivplattan samt det främre och bakre vevaxeloljetätningshuset, enligt beskrivningen i del C i detta kapitel.*

2 Ta bort kolvarna och vevstakarna eller koppla loss dem från vevaxeln, enligt beskrivningen i avsnitt 11 (se anmärkningen i början av detta avsnitt).

3 Kontrollera vevaxelns axialspel enligt beskrivningen i avsnitt 15. Fortsätt sedan enligt följande.

4 Ramlageröverfallen ska vara numrerade från 1 till 5 från motorns kamremsände. Om de nya lageröverfallen inte är märkta ska det märkas enligt ovan med en körnare. Notera åt vilket håll märkena sitter för att monteringen ska bli korrekt.

5 Skruva loss ramlageröverfallets bultar och lyft bort varje överfall. Om överfallen sitter fast, knacka på dem med en mjuk klubba för att lossa dem från motorblocket **(se bilder)**. Ta loss de nedre lagerskålarna och tejpa fast dem vid överfallen för att hålla reda på dem.

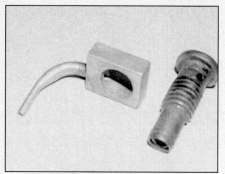

11.12c Kolvkylmunstycke och hållare

6 På 1.6 liters DOHC bensinmotorer och på dieselmotorer, ta loss de nedre halvorna av de tryckbrickor som reglerar vevaxelns axialspel från sidorna av ramlageröverfall nr 3. Notera hur de sitter placerade.

7 Lyft vevaxeln från motorblocket **(se bild)**. Var försiktig, vevaxeln är tung. På motorer med hastighets-/lägesgivare på vevaxelns bakre del, lägg vevaxeln på träblock. Låt **inte** vevaxeln vila på givarhjulet.

8 Ta loss de övre lagerskålarna från motorblocket och tejpa ihop dem med respektive överfall så att de inte blandas ihop eller försvinner. Ta på samma sätt loss de övre tryckbrickshalvorna till vevaxelns axialspelsreglage och notera hur de sitter placerade.

9 På motorer med ett hastighets-/lägesgivarhjul på vevaxelns bakre del, skruva loss fästbultarna och ta bort givarhjulet. Notera åt vilket håll det sitter monterat.

13 Motorblock/vevhus – rengöring och kontroll

Rengöring

1 Ta bort alla yttre komponenter och elektriska brytare/givare från motorblocket, inklusive fästbyglar, kylvätskepump, oljefilter/kylarhus etc. Vid en fullständig rengöring ska helst hylspluggarna tas bort. Borra ett litet hål i varje plugg och sätt i en självgängande skruv i hålet. Ta sedan ut pluggen genom att dra ut skruven med en tång, eller genom att använda en glidhammare.

2 Skrapa bort alla packnings- och tätningsrester från motorblocket/vevhuset. Var noga med att inte skada tätningsytorna.

3 Ta bort alla pluggar från oljeledningarna (i förekommande fall). Pluggarna sitter ofta mycket hårt och kan behöva borras ut så att hålen måste gängas om. Använd nya pluggar när motorn monteras ihop.

4 Om gjutgodset är mycket smutsigt bör det ångtvättas. Rengör därefter alla oljehål och oljeledningar en gång till. Spola alla inre passager med varmt vatten tills vattnet rinner ut är rent. Torka noga och applicera ett tunt lager olja på alla fogytor och cylinderlopp

12.5a Lossa ...

12.5b ... och ta bort ramlageröverfallsbultarna

12.7 Vevaxeln lyfts bort från motorblocket

13.7 Rengör motorblockets gängor med hjälp av en gängtapp

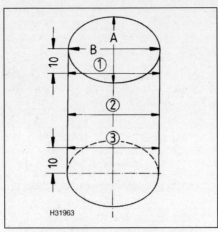

13.14 Cylinderloppets mätpunkter

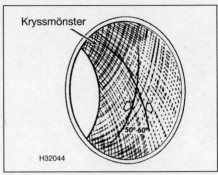

13.19 Cylinderloppets heningsmönster

för att skydda mot rost. Använd om möjligt tryckluft för att skynda på torkningen och blåsa rent i alla oljehål och kanaler.

 Varning: Använd alltid skyddsglasögon vid arbete med tryckluft.

5 Om gjutgodset inte är speciellt smutsigt räcker det att tvätta det med hett tvålvatten och en styv borste. Var noggrann vid rengöringen. Oavsett vilken rengöringsmetod som används ska alla oljehål och gallerier rengöras mycket noga och alla komponenter torkas ordentligt. Skydda cylinderloppen mot rost enligt beskrivningen ovan.

6 Om det är tillämpligt, kontrollera om kolvens kyloljemunstycken **(se bild 11.12a och 11.12b)** är skadade och byt ut dem om det behövs. Försäkra dig också om att inte oljesprayhålet och oljepassagerna är igentäppta.

7 Alla gängade hål måste vara rena för att momentvärdena vid hopsättningen ska bli korrekta. Rengör gängorna genom att köra en gängtapp med rätt storlek i varje hål för att ta bort rost, korrosion, gängtätningsmassa eller slam, och för att återställa skadade gängor **(se bild)**. Använd om möjligt tryckluft för att rengöra hålen från de avlagringar som uppstår vid detta arbete. **Observera:** *Var extra noga med att tömma ut all rengöringsvätska från de gängade bottenhålen eftersom gjutgodset kan spräckas av trycket om en bult skruvas in i ett hål med vätska.*

 Ett bra alternativ är att spruta in vattenavvisande smörjmedel i varje hål, med den långa pip som vanligtvis medföljer.

 Varning: Använd skyddsglasögon när hålen rengörs med tryckluft.

8 När de nya hylspluggarnas fogytor har täckts med lämplig tätningsmassa ska de monteras på motorblocket. Se till att de drivs rakt in och sitter ordentligt, annars kan läckage uppstå.

 En stor hylsa med en yttre diameter som passar precis i hylspluggen kan användas för att driva in pluggen på sin plats.

9 Applicera lämpligt tätningsmedel på de nya oljeledningspluggarna, och sätt in dem i hålen i motorblocket. Dra åt dem ordentligt.

10 Om motorn inte ska monteras ihop på en gång bör den täckas över med en stor plastpåse så att den hålls ren. Skydda alla fogytor och cylinderlopp för att förhindra att rost uppstår.

Kontroll

11 Undersök gjutgodset och leta efter sprickor och korrosion. Leta efter skadade gängor i hålen. Om inre vattenläckor har förekommit kan det vara klokt att låta en motorrenoveringsspecialist kontrollera motorblocket/vevhuset med professionell utrustning. Om defekter upptäcks, låt byta ut eller om möjligt reparera komponenterna.

12 Kontrollera cylinderloppen och leta efter repor. Om skador hittas, undersök också motsvarande kolvar (se avsnitt 14 i detta kapitel). Om skadorna inte har hunnit bli omfattande kan det vara möjligt att renovera motorblocket genom att borra om det. Fråga en verkstad om råd.

13 För att det ska gå att göra en korrekt uppskattning av slitaget i cylinderloppen måste deras diameter mätas på flera punkter enligt följande. Placera en cylinderloppsmätare i lopp nr 1 och mät på tre ställen i linje med vevaxelns axel. Ett mått ska tas i loppets överdel, ungefär 10 mm nedanför kanten, ett mått halvvägs ner i loppet och ett ungefär 10 mm ovanför loppets botten. **Observera:** *Ställ motorblocket rakt på en arbetsbänk under mätningen. Om motorn är monterad i ett ställ kan de uppmätta värdena bli felaktiga.*

14 Vrid loppmätaren 90°, så att den är i rät vinkel mot vevaxelns axel och upprepa mätningarna som anges i punkt 13 **(se bild)**.

Anteckna alla sex måtten och jämför dem med uppgifterna i specifikationerna. Om någon cylinder överskrider högsta tillåtna loppdiameter måste *alla fyra* cylindrarna borras om och kolvar med överstorlek monteras.

15 Använd kolvdiametermåtten (se avsnitt 14) för att beräkna spelrummet mellan kolv och lopp. Siffrorna går inte att få tag på från tillverkaren, så fråga en VW-återförsäljare eller en motorrenoveringsspecialist.

16 Placera motorblocket på en jämn arbetsyta med vevhuset nedåt. Använd en stållinjal och en uppsättning bladmått för att mäta skevheten på topplockets fogyta åt båda hållen. Om måttet överskrider det angivna värdet kan det vara möjligt att reparera topplocket genom omslipning. Fråga en VW-återförsäljare eller en bilverkstad om råd.

17 Innan motorn kan monteras ihop måste cylinderloppen henas. Det arbetet kräver användning av ett brynande verktyg för att skapa ett fint kryssmönster på loppets inre yta. Strukturen gör att kolvringarna sätter sig som de ska, så att tätningen mellan kolven och cylindern blir bra. Det finns två typer av heningsverktyg för hemmamekanikern. Båda drivs av roterande elverktyg, som t.ex. en borrmaskin. Flaskborsttypen är en styv, cylindrisk borste med slipstenar i ändarna av borsten. Den vanligaste typen av heningsverktyg har stenar fästa vid fjäderbelastade ben. För den oerfarne hemmamekanikern är det lättare att få bra resultat med flaskborsttypen. **Observera:** *Om du inte vill hena cylinderloppen själv finns det verkstäder som kan göra arbetet till ett överkomligt pris.*

18 Utför heningen enligt följande; du behöver ett heningsverktyg, en borrmaskin, rena trasor, heningsolja och skyddsglasögon.

19 Montera heningsverktyget i borrchucken. Smörj cylinderloppen med heningsolja och placera heningsverktyget i det första loppet. Tryck ihop stenarna så att verktyget passar i loppet. Starta borren och för den sedan upp och ner i loppet i sådan takt att ett fint kryssmönster bildas på ytan. Mönsterlinjerna ska vanligtvis korsa varandra i 50 till 60° vinkel **(se bild)**, men vissa kolvringstillverkare anger

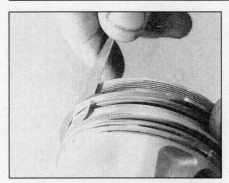

14.2 Gamla bladmått kan användas för att hindra kolvringarna från att falla ner i tomma spår

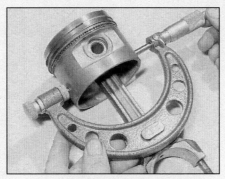

14.7 Kolvdiametern mäts med en mikrometer

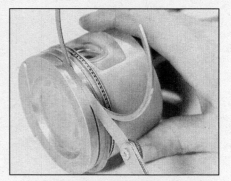

14.16 Spelet mellan kolvringen och spåret mäts med ett bladmått

en annan vinkel. Kontrollera dokumentationen som följer med de nya ringarna.

 Varning: Använd skydds-glasögon för att skydda ögonen mot partiklar som flyger från heningsverktyget.

20 Använd mycket olja under heningen. Ta inte bort mer material än vad som är nödvändigt för att skapa den önskade ytan. Heningsverktyget får inte dras upp ur loppet medan det fortfarande roterar. Fortsätt röra verktyget uppåt/nedåt tills det slutar rotera. Dra sedan upp verktyget medan chucken vrids för hand, i den normala rotations-riktningen.

21 Torka bort oljan och järnfilspånen med en trasa och fortsätt med nästa lopp. När alla fyra loppen har henats ska hela motorblocket rengöras noga med varmt såpvatten för att ta bort alla spår av heningsolja och avlagringar. Motorblocket är rent när en ren trasa som fuktats i ny motorolja inte blir grå när den dras längs loppet.

22 Applicera ett tunt lager motorolja på fogytorna och cylinderloppen för att skydda dem mot rost.

23 Montera alla komponenter som togs bort i punkt 1.

14 Kolvar och vevstakar – rengöring och kontroll

Rengöring

1 Innan kontrollen kan fortsätta måste kolvarna/vevstakarna rengöras, och de ursprungliga kolvringarna tas bort från kolvarna.

2 Bänd försiktigt ut de gamla ringarna och dra upp dem över kolvarna. Använd två eller tre gamla bladmått för att hindra att ringarna fastnar i tomma spår **(se bild)**. Var noga med att inte repa kolven med ringändarna. Ringarna är sköra och går sönder om de bänds ut för långt. De är också mycket vassa, så skydda händerna. Observera att den tredje ringen innehåller en expander. Förvara varje

ringuppsättning tillsammans med respektive kolv, om de gamla ringarna ska återanvändas. Notera åt vilket håll varje ring sitter för att garantera korrekt återmontering.

3 Skrapa bort allt sot från kolvens ovansida. En handhållen stålborste eller ett stycke fin smärgelduk kan användas när de grövsta avlagringarna skrapats bort.

4 Ta bort sotet från ringspåren i kolven med en gammal ring. Bryt av ringen på mitten för att göra detta (var försiktig så att du inte skär dig, kolvringar är vassa). Se till att bara skrapa bort sotet. Var mycket försiktig så att inte metallytan repas.

5 När avlagringarna har tagits bort, rengör kolven/vevstaken med fotogen eller annat lämpligt lösningsmedel, och torka ordentligt. Se till att oljereturhålen i ringspåren är fria.

Kontroll

6 Om kolvarna och cylinderloppen inte är mycket skadade eller slitna, och om motorblocket inte behöver borras om, kan de gamla kolvarna återanvändas.

7 Använd en mikrometer och mät diametern på alla fyra kolvarna vid en punkt 10 mm från mantelns nederkant, i rät vinkel mot kolv-tappens axel **(se bild)**. Jämför de uppmätta värdena med värdena i specifikationerna. Observera att kolvarnas storleksgrader finns instansade på kolvkronorna.

8 Om kolvdiametern är fel för den aktuella storleken måste den bytas ut. **Observera:** *Om motorblocket har borrats om vid en tidigare renovering kan kolvar med överstorlek redan finnas monterade.* Anteckna alla måtten och använd dem för att jämföra kolvspelen med cylinderloppsmåtten från avsnitt 13.

9 Normalt kolvslitage märks som ett jämnt vertikalt slitage på kolvens tryckytor, och på att den övre ringen sitter en aning löst i sitt spår. Nya kolvringar ska alltid användas när motorn sätts ihop.

10 Undersök varje kolv noga och leta efter sprickor runt manteln, runt kolvtappshålen och mellan ringspåren.

11 Leta efter repor på kolvmanteln, hål i kolvkronan och brända områden på kanten

av kronan. Om manteln är repad eller nött kan det bero på att motorn har överhettats och/eller på onormal förbränning som orsakat för höga arbetstemperaturer. Undersök kyl- och smörjsystemen noga.

12 Brännmärken på kolvsidorna visar att genomblåsning ägt rum.

13 Ett hål i kolvkronan eller brända områden i kanten av kolvkronan är tecken på att onormal förbränning (förtändning eller tändningsknack) har ägt rum.

14 Om något av ovanstående problem före-ligger måste orsakerna undersökas och åtgärdas, annars kommer de nya delarna också att skadas. Problemen kan orsakas av felaktig tändningsinställning/inställning av insprutningspumpen, insugsluftläckor eller felaktig luft-/bränsleblandning (bensin-motorer), eller en defekt bränsleinsprutnings-ventil (dieselmotorer).

15 Punktkorrosion på kolven tyder på att kylvätska har läckt in i förbränningskammaren och/eller vevhuset. Även här måste den bakomliggande orsaken åtgärdas, annars kan problemet bestå i den ombyggda motorn.

16 Placera en ny kolvring i det aktuella spåret och mät spelet mellan ringen och spåret med ett bladmått **(se bild)**. Observera att ringarna har olika bredd, så se till att använda rätt ring till spåret. Jämför måtten med de som anges i specifikationerna. Om spelen ligger utanför de tolererade värdena måste kolven bytas ut. Bekräfta detta genom att kontrollera bredden på kolvringen med en mikrometer.

17 Nya kolvar kan köpas från en VW-återförsäljare.

18 Undersök varje vevstake noga efter tecken på skador, som sprickor runt vev-stakslagren. Kontrollera att vevstaken inte är böjd eller skev. Det är högst otroligt att den är skadad såvida inte motorn har skurit eller överhettats. Noggrann kontroll av vevstaken och dess komponenter kan endast utföras av en VW-återförsäljare eller en specialist på motorreparationer med tillgång till nödvändig utrustning.

19 Kolvtapparna är av flottörtyp och sitter fästa med två låsringar. Kolvarna kan skiljas från vevstakarna enligt följande.

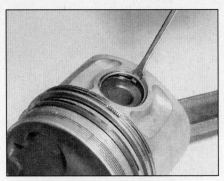

14.20a Använd en liten flatbladig skruvmejsel för att bända ut låsringen . . .

14.20b . . . tryck sedan ut kolvtappen och sära på kolven och vevstaken

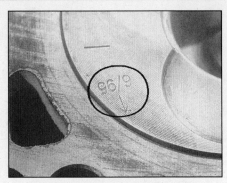

14.23a Kolvkronan är märkt med en pil som måste peka mot motorns kamremsände

20 Använd en liten flatbladig skruvmejsel, bänd ut låsringarna och tryck ut kolvtappen **(se bilder)**. Det ska räcka med handkraft för att ta bort tappen. Märk kolven och vevstaken så att hopsättningen blir korrekt. Kasta låsringarna – nya **måste** användas vid återmonteringen. Om kolvtappen är svår att ta bort kan kolven värmas till 60°C med varmt vatten. Kolvens expansion gör det då lättare att sära på de båda komponenterna.

21 Undersök kolvtappen och lagret i vevstakens smala ände efter tecken på slitage eller skador. Det ska gå att trycka in kolvtappen genom vevstaksbussningen för hand, utan märkbart spel. Slitage kan åtgärdas genom att både tappen och bussningen byts ut. Demonteringen av bussningen ska dock överlåtas till en specialist. Ett pressverktyg behövs och den nya bussningen måste brotschas noggrant.

22 Undersök alla komponenter och skaffa alla nya delar från en VW-återförsäljare. Om nya kolvar köps in levereras de med kolvtappar och låsringar. Låsringar kan även köpas separat.

23 Kolvens placering i förhållande till vevstaken måste vara korrekt när de sätts ihop. Kolvkronan är märkt med en pil (som kan vara dold under sotavlagringar). Pilen måste peka mot motorns kamremsände när kolven installeras. Vevstaken och dess lageröverfall är försedda med urholkningar i ena sidan, nära fogytorna. Dessa urholkningar

måste vara riktade åt samma håll som pilen på kolvkronan (d.v.s. mot motorns kamrems-ände) vid korrekt montering. Montera ihop de två komponenterna så att detta krav tillgodoses **(se bilder)**.

24 Applicera lite ren motorolja på kolvtappen. Skjut in den i kolven och genom vevstakens smala ände. Kontrollera att kolven svänger fritt på vevstaken. Fäst sedan kolvtappen på sin plats med två nya låsringar. Se till att varje låsring sitter korrekt i sitt spår i kolven.

25 Upprepa rengöringen och kontrollen med återstående kolvar och vevstakar.

---

15 Vevaxel – kontroll av vevaxelns axialspel och undersökning

Kontroll av vevaxelns axialspel

1 Om vevaxelns axialspel ska kontrolleras måste detta göras när vevaxeln sitter kvar i motorblocket/vevhuset, men kan röra sig fritt (se avsnitt 12).

2 Kontrollera axialspelet med en mätklocka som har kontakt med vevaxelns ände. Tryck vevaxeln helt åt ena hållet och nollställ mätklockan. Tryck sedan vevaxeln helt åt andra hållet och kontrollera axialspelet. Resultatet kan jämföras med värdet i specifikationerna och ger en fingervisning om ifall tryckbrickorna måste bytas **(se bild)**.

Observera att alla tryckbrickor måste ha samma tjocklek.

3 Om ingen mätklocka finns tillgänglig kan ett bladmått användas. Tryck först vevaxeln helt mot motorns svänghjulsände. Använd sedan bladmått för att mäta avståndet mellan sidan på vevtapp nr 3 och tryckbrickornas halvor **(se bild)**.

Undersökning

4 Rengör vevaxeln med fotogen eller lämpligt lösningsmedel och torka den, helst med tryckluft om det är möjligt. Var noga med att rengöra oljehålen med piprensare eller liknande så att de inte är igensatta.

⚠️ *Varning: Bär skyddsglasögon vid arbete med tryckluft.*

5 Undersök ram- och vevlagertapparna och leta efter tecken på ojämnt slitage, repor, punktkorrosion och sprickbildning.

6 Vevstakslagerslitage visar sig genom ett tydligt metalliskt knackningsljud när motorn är igång (särskilt tydligt när motorn arbetar i låga varvtal) och viss minskning av oljetrycket.

7 Ramlagerslitage visar sig genom att motorn vibrerar och mullrar kraftigt, något som stegvis förvärras när motorvarvtalet ökar, och vid minskat oljetryck.

8 Undersök lagertapparna efter ojämnheter genom att dra ett finger lätt över lagerytan. Ojämnheter (som åtföljs av uppenbart

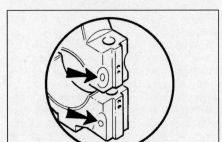

14.23b Urholkningarna (vid pilarna) i vevstaken och lageröverfallet måste vara riktade mot motorns kamremsände

15.2 Vevaxelns axialspel kontrolleras med en mätklocka

15.3 Vevaxelns axialspel mäts med bladmått

lagerslitage) indikerar att vevaxeln måste borras om (om möjligt) eller bytas ut.

9 Om vevaxeln har borrats om, leta efter borrskägg runt vevaxelns oljehål (hålen är oftast fasade, så borrskägg bör inte vara ett problem om inte omborrningen är slarvigt utförd). Ta bort eventuella borrskägg med en fin fil eller skrapa, och rengör oljehålen noga enligt beskrivningen ovan.

10 Använd en mikrometer och mät diametern på ram- och vevlagertapparna. Jämför sedan de uppmätta värdena med värdena i specifikationerna **(se bild)**. Genom att mäta diametern på flera ställen runt varje axeltapp kan man avgöra om axeltappen är rund eller inte. Utför mätningen i båda ändarna av axeltappen, nära vevarmarna, för att avgöra om axeltappen är konisk.

11 Undersök oljetätningarnas kontaktytor i var ände av vevaxeln och leta efter tecken på slitage och skador. Om en tätning har slitit ett djupt spår i vevaxelytan måste en motorrenoveringsspecialist kontaktas. Det kan vara möjligt att reparera skadan, men annars måste vevaxeln bytas ut mot en ny.

12 Om vevaxeltapparna inte redan har borrats om kan det vara möjligt att renovera vevaxeln, och att montera skålar med överstorlek (se avsnitt 19). Om vevaxeln är sliten ner till de angivna gränsvärdena och det inte går att få tag på skålar med överstorlek, måste axeln bytas ut. Fråga en VW-återförsäljare eller motorspecialist om vilka reservdelar som finns att köpa.

16 Ram- och vevlager – kontroll

Kontroll

1 Även om ram- och vevlagren ska bytas vid motorrenoveringen, bör de gamla lagren behållas och undersökas noga, eftersom de kan ge värdefull information om motorns skick **(se bild)**.

2 Lagerhaverier kan uppstå på grund av dålig smörjning, smuts eller andra främmande partiklar, överbelastning av motorn eller korrosion. Oavsett vilken orsaken till lagerhaveriet är måste felet korrigeras innan motorn monteras ihop, för att förhindra att problemet uppstår igen.

3 När lagerskålarna ska undersökas ska de först tas bort från motorblocket/vevhuset, ramlageröverfallen, vevstakarna och vevstakslageröverfallen. Lägg ut dem på en ren yta i samma ordning som de sitter placerade på motorn. Genom att göra det kan man se vilken vevaxeltapp som orsakat lagerproblemen. Rör *inte* vid någon av skålarnas inre lagerytor med fingrarna vid kontrollen, eftersom den ömtåliga ytan lätt kan repas.

4 Smuts och andra främmande partiklar kan komma in i motorn på flera olika sätt. Smuts

15.10 Använd en mikrometer för att mäta diametern på varje vevaxellagertapp

kan till exempel finnas kvar i motorn från hopsättningen, eller komma in genom filter eller vevhusventilationssystemet. Smuts kan hamna i oljan och därmed tränga in i lagren. Metallspån från slipning och normalt slitage förekommer ofta. Slipmedel finns ibland kvar i motorn efter en renovering, speciellt om delarna inte rengjorts noga på rätt sätt. Sådana främmande föremål bäddas ofta så småningom in i det mjuka lagermaterialet och är lätta att upptäcka. Stora partiklar bäddas inte in i lagret, men repar lagret och axeltappen. Det bästa sättet att förebygga den här orsaken till lagerhaveri är att rengöra alla delar mycket noggrant och att hålla allting skinande rent vid återmonteringen av motorn. Täta och regelbundna oljebyten är också att rekommendera.

5 Dålig smörjning kan ha flera orsaker. Överhettning (som tunnar ut oljan), överbelastning (som tränger undan olja från lagerytan) och oljeläckage (på grund av för stora lagerspel, sliten oljepump eller höga motorvarv) kan orsaka problemet. Även

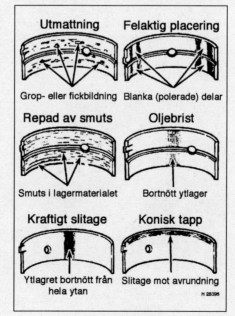

16.1 Lagerslitage

igensatta oljekanaler, som vanligen beror på felinpassade oljehål i en lagerskål, stryper oljetillförseln till ett lager och förstör det. Om ett lagerhaveri beror på oljebrist, slits eller pressas lagermaterialet bort från lagrets stålstödplatta. Temperaturen kan stiga så mycket att stålplattan blir blå av överhettning.

6 Körsättet kan också påverka lagrens livslängd betydligt. Full gas från låga varv (segdragning) belastar lagren mycket hårt och tenderar att pressa ut oljefilmen. Dessa belastningar kan få lagren att böja sig, vilket leder till fina sprickor i lagerytorna (utmattning). Till sist kommer lagermaterialet att gå i bitar och slitas bort från stålplattan.

7 Att enbart köra korta sträckor leder till korrosion på lagren, eftersom motorn aldrig hinner bli tillräckligt varm för att driva bort kondensvatten och korrosiva gaser. Dessa produkter samlas istället i motoroljan och bildar syra och slam. När oljan sedan leds till motorlagren angriper syran lagermaterialet.

8 Felaktig montering av lagren vid hopmonteringen av motorn leder också till lagerhaveri. Hårt sittande lager ger otillräckligt lagerspel, vilket resulterar i att oljan inte kommer fram. Smuts eller främmande partiklar som fastnat bakom en lagerskål kan resultera i högre punkter på lagret, vilket i sin tur leder till haveri.

9 Rör *inte* någon av skålarnas inre lageryta med fingrarna vid hopsättningen eftersom det då finns risk för att den ömtåliga ytan repas eller smutsas ned.

10 Som nämndes i början av detta avsnitt ska lagerskålarna alltid bytas ut vid en motorrenovering. Att inte göra det är dålig ekonomi.

Att välja ram- och vevlager

11 Ram- och vevlager för motorerna som beskrivs i detta kapitel finns att köpa i standardstorlekar och i ett utbud av understorlekar för att passa efterslipade vevaxlar. Ytterligare information finns i specifikationerna.

12 Spelet behöver kontrolleras när vevaxeln återmonteras med sina nya lager (se avsnitt 19 och 20).

17 Motorrenovering – ordningsföljd vid hopsättning

1 Innan hopsättningen/monteringen påbörjas, läs igenom hela monteringsordningen för att bli bekant med de arbeten som ska utföras och för att kontrollera att alla nödvändiga delar och verktyg för återmontering av motorn finns till hands. Förutom alla normala verktyg och annat material behövs gänglåsmassa. Dessutom behövs en tub med lämpligt tätningsmedel till de fogytor som monteras utan packningar.

2 För att spara tid och undvika problem kan

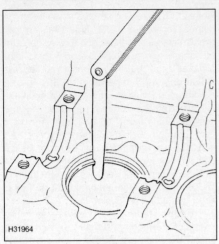

18.4 Kolvringens ändgap kontrolleras med ett bladmått

hopmonteringen av motorn utföras i den ordning som anges nedan. Se del A, B, eller C i detta kapitel om inte annat anges. Använd om möjligt nya packningar och tätningar när de olika komponenterna återmonteras.
a) Vevaxel (avsnitt 19).
b) Kolvar/vevstakar (avsnitt 20).
c) Oljepump.
d) Oljesump.
e) Svänghjul/drivplatta.
f) Topplock.
g) Kamrem(-remmar), spännare och drev.
h) Motorns yttre komponenter.

3 På det här stadiet ska alla motorkomponenter vara helt rena och torra med alla fel reparerade. Komponenterna ska läggas ut på en fullständigt ren arbetsyta (eller i separata behållare).

18 Kolvringar – montering

1 Innan de nya kolvringarna monteras måste ringarnas ändgap kontrolleras enligt följande.
2 Lägg ut kolvarna/vevstakarna och de nya kolvringsuppsättningarna så att ringarna paras ihop med samma kolv och cylinder vid ändgapsmätningen som vid den efterföljande hopmonteringen.
3 Sätt i den övre ringen i den första cylindern och tryck ner den i loppet med kolvens överdel. Då hålls ringen i rätt vinkel mot cylinderväggarna. Placera ringen ungefär 15 mm från cylinderloppets botten, vid den nedre gränsen för ringens rörelsebana. Observera att den övre ringen och den andra kompressionsringen är olika.
4 Mät ändgapet med bladmått och jämför måtten med värdena i specifikationerna **(se bild)**.
5 Om gapet är för litet (föga troligt om VW:s originaldelar används), måste det förstoras, annars kan ringändarna komma i kontakt med varandra när motorn är igång, med allvarliga

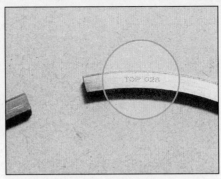

18.9 Kolvringens "TOP"-markering

skador som följd. Helst ska nya kolvringar med korrekt ändgap monteras. Som en sista utväg kan ändgapet förstoras genom att ringändarna filas ned försiktigt med en fin fil. Fäst filen i ett skruvstäd med mjuka käftar och för ringen över filen så att ändarna har kontakt med filytan. Rör sedan långsamt ringen för att ta bort material från ringändarna. Var försiktig, kolvringar är vassa och går lätt sönder.
6 Med nya kolvringar är det mycket ovanligt att ändgapet är för stort. Om gapet ändå är för stort, kontrollera att de inköpta ringarna är av rätt typ och storlek för motorn och för den aktuella cylinderloppsstorleken.
7 Upprepa kontrollen för varje ring i den första cylindern, och sedan för ringarna i de övriga cylindrarna. Kom ihåg att hålla ihop ringar, kolvar och cylindrar.
8 När ringarnas ändgap har kontrollerats och eventuellt justerats kan ringarna monteras på kolvarna.
9 Montera kolvringarna med samma teknik som användes vid demonteringen. Montera den nedre ringen (oljeringen) först, och arbeta sedan uppåt. Observera att det kan finnas oljekontrollringar med två eller tre sektioner. Om en ring i två sektioner finns monterad ska först expandern monteras och sedan ringen. Se till att ringarna monteras åt korrekt håll. Ringarnas ovansidor ska vara märkta med "TOP" **(se bild)**. Förskjut kolvringsgapen så att de hamnar med 120° mellanrum.

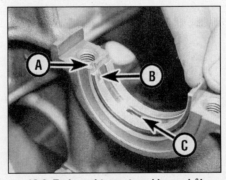

19.3 En korrekt monterad lagerskål
A Urholkning i motorblocket
B Tapp på lagerskålen
C Oljehål

Observera: Följ alltid instruktionerna som följer med de nya kolvringsuppsättningarna. Olika tillverkare kan ange olika tillvägagångssätt. Förväxla inte den övre och den andra kompressionsringen; de ser olika ut i genomskärning.

19 Vevaxel – montering och kontroll av ramlagerspel

Kontroll av ramlagerspel

1 Spelet kan kontrolleras med de ursprungliga lagerskålarna. Det är dock bäst att använda en ny uppsättning, eftersom de uppnådda resultaten blir mer exakt. Om nya lagerskålar används, se till att ta bort allt skyddsfett med fotogen.
2 Rengör lagerskålarnas baksidor och lagersätena i både motorblocket/vevhuset och ramlageröverfallen.
3 Arbeta med motorblocket placerat på en ren arbetsyta med vevhuset uppåt. Tryck in lagerskålarna på sina platser och se till att fliken på varje skål hakar i hacket i motorblocket eller lageröverfallet, samt att oljehålen i motorblocket och lagerskålen är i linje med varandra **(se bild)**. Var noga med att inte vidröra skålarnas lagerytor med fingrarna. Om de ursprungliga lagerskålarna används vid kontrollen måste de monteras på sina ursprungliga platser.
4 Montera de halva tryckbrickorna som reglerar vevaxelns axialspel på sidorna av lagerplats nr 3. Håll dem på plats med lite fett. Se till att tryckbrickorna sitter korrekt i de maskinslipade fördjupningarna, med oljespåren utåt.
5 Spelet kan kontrolleras på två sätt.
6 En metod (som är svår att utföra utan en uppsättning invändiga mikrometrar eller invändiga/utvändiga skjutmått) är att montera ramlageröverfallen på motorblocket/vevhuset, med lagerskålarna på plats. När de ursprungliga överfallsfästbultarna dragits åt till angivet moment mäts sedan den inre diametern på varje ihopsatt par lagerskålar. Om diametern på motsvarande vevaxeltapp mäts och sedan subtraheras från måttet på lagrets inre diameter, motsvarar differensen ramlagerspelet.
7 Den andra (och noggrannare) metoden är att använda en produkt som heter Plastigauge. Detta består av en tunn, fullständigt rund plasttråd som kläms fast mellan lagerskålen och axeltappen. När skålen demonteras kan bredden på den nu utplattade tråden jämföras med ett särskilt måttkort som medföljer satsen. Lagerspelet läses av direkt från måttkortet. Fråga personalen i en större tillbehörsbutik om var det går att få tag på Plastigauge. Plastigauge används på följande sätt.
8 När ramlagrets övre skålar och de

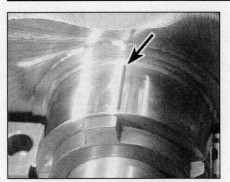

19.9 Lägg en bit Plastigauge på varje axeltapp, i linje med vevaxeln

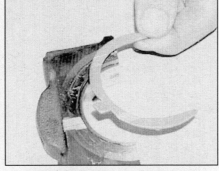

19.10 Montera de tryckbrickor som reglerar vevaxelns axialspel – 1.6 liters DOHC bensinmotor och dieselmotor

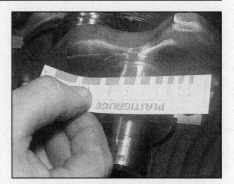

19.13 Mät bredden på den tillplattade Plastigauge-biten med den medföljande skalan

tryckbrickor som reglerar axialspelet sitter på plats ska vevaxeln försiktigt läggas på plats. Använd inte något smörjmedel. Vevaxeltapparna och lagerskålarna måste vara helt rena och torra.

9 Skär till ett antal bitar Plastigauge med lagom längd (de ska vara något kortare än längden på ramlagren) och lägg en bit på varje vevaxeltapp **(se bild)**.

10 När ramlagrets nedre skålar är på plats, montera ramlageröverfallen och se till att de sitter åt rätt håll enligt anteckningarna från demonteringen. På 1.6 liters DOHC bensinmotorer och på dieselmotorer, montera de halva tryckbrickorna som reglerar vevaxelns axialspel på sidorna av lageröverfall nr 3 **(se bild)**. Håll dem på plats med lite fett. Se till att tryckbrickorna sitter korrekt i de maskinslipade fördjupningarna, med oljespåren utåt.

11 Börja med det mittersta ramlagret (nr 3) och arbeta utåt. Dra åt de ursprungliga ramlageröverfallsbultarna stegvis till angivet moment (på motorer där två steg anges för överfallsbultens åtdragningsmoment ska bultarna bara dras åt till steg 1). Var noga med att inte rubba Plastigaugen, och vrid *inte* vevaxeln någon gång under arbetet.

12 Skruva stegvis loss ramlageröverfallsbultarna och lyft försiktigt bort överfallen. Håll överfallen i rätt ordning. Var även nu noga med att inte rubba Plastigauge-remsorna eller vrida vevaxeln. Om något av lageröverfallen är svårt att ta bort kan det lossas genom att man

knackar på det försiktigt med en mjuk klubba.

13 Jämför bredden på de hoptryckta Plastigauge-bitarna på varje axeltapp med skalan som följde med förpackningen och läs av ramlagerspelet **(se bild)**. Jämför det uppmätta spelet med värdet i specifikationerna i början av kapitlet.

14 Om spelet avviker från det värde som anges i specifikationerna, kan det bero på att lagerskålarna har fel storlek (eller är mycket slitna, om de gamla skålarna återanvänds). Kontrollera att ingen smuts eller olja hamnat mellan lagerskålarna och överfallen eller motorblocket när spelrummet mättes, innan de gamla skålarna döms ut. Om Plastigauge-remsan är bredare i ena änden än den andra kan det bero på att axeltappen är konisk.

15 Om spelet inte stämmer överens med värdet i specifikationerna ska det uppmätta värdet användas för att beräkna vilken grad av lagerskålar som behövs. När lagerspelet beräknas är det alltid bättre med ett lagerspel som ligger i nedre gränsen av de tillåtna värdena, så att det finns utrymme för framtida slitage. Fråga en VW-återförsäljare om vilka lagerskålar som finns tillgängliga.

16 Skaffa lagerskålar av rätt grad, om det behövs, och upprepa sedan lagerspelskontrollen enligt beskrivningen ovan.

17 Avsluta med att försiktigt skrapa bort alla spår av Plastigauge från vevaxeln och lagerskålarna. Använd naglarna eller en trä- eller plastskrapa för att inte repa lagerytorna.

Slutlig montering av vevaxeln

18 Lyft försiktigt ut vevaxeln från motorblocket igen och torka av lagerskålarnas ytor i vevaxeln och lageröverfallen.

19 Om det är tillämpligt, montera vevaxelns hastighets-/lägesgivarhjul på vevaxelns bakre ände och dra åt fästbultarna till angivet moment. Se till att givarhjulet sitter korrekt enligt anteckningarna som gjordes innan demonteringen.

20 Täck lagerskålarna i vevhuset generöst med ren motorolja av angiven grad **(se bild)**. Se till att lagerskålarna fortfarande sitter korrekt på sina platser.

21 Sänk ner vevaxeln på sin plats så att vevtappen för cylinder nr 1 är i nedre dödpunkt, färdig för montering av kolv nr 1. Se till att tryckbrickshalvorna för reglering av vevaxelns axialspel som sitter på sidorna av ramlagerplats nr 3, sitter kvar på sina platser. Var noga med att inte skada vevaxelns hastighets-/lägesgivarhjul (i förekommande fall) när vevaxeln sänks ner på sin plats.

22 Smörj de nedre lagerskålarna i ramlageröverfallen med ren motorolja. På 1.6 liters DOHC bensinmotorer och på dieselmotorer, se till att tryckbrickshalvorna som reglerar vevaxelns axialspel fortfarande sitter korrekt på sidorna av lageröverfall nr 3 **(se bilder)**.

23 Montera ramlageröverfallen i korrekt ordning och riktning. Lageröverfall nr 1 måste vara vid motorns kamremsände och urtagen

19.20 Smörj de övre lagerskålarna

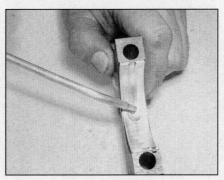

19.22a Smörj de nedre lagerskålarna . . .

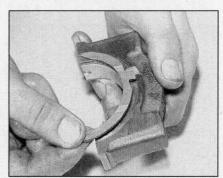

19.22b . . . och se till att tryckbrickorna sitter korrekt – 1.6 liters DOHC bensinmotorer och dieselmotorer

19.23 Ramlageröverfall nr 1 monteras

för lagerskålsflikar i vevhuset och lager-överfallen måste ligga intill varandra **(se bild)**. Sätt i lageröverfallsbultarna (använd nya bultar om det behövs – se *Åtdragningsmoment* i specifikationerna), och dra endast åt dem för hand.

24 Arbeta från det mittersta lageröverfallet och utåt och dra åt lageröverfallsbultarna till angivet moment. På motorer där två steg anges för åtdragningsmomentet ska alla bultar först dras åt till momentet för steg 1. Börja sedan om och dra åt all bultarna till momentet för steg 2 **(se bilder)**.

25 Kontrollera att vevaxeln roterar fritt genom att vrida den för hand. Om motstånd känns ska lagerspelet kontrolleras igen enligt beskrivningen ovan.

26 Kontrollera vevaxelns axialspel enligt beskrivningen i början av avsnitt 15. Om vevaxelns tryckytor har kontrollerats och nya tryckbrickor monterats, ska axialspelet vara inom de angivna värdena.

27 Montera kolvarna och vevstakarna eller anslut dem till vevaxeln enligt beskrivningen i avsnitt 20.

28 Fortsätt enligt följande beroende på motortyp:

a) *På SOHC bensinmotorer, montera vevaxelns främre och bakre oljetätningshus, svänghjulet/drivplattan, oljepumpen och oljeupptagarröret, oljesumpen och oljeskvalpskottet, samt vevaxeldrevet och kamremmen, enligt beskrivningen i del A i detta kapitel.*

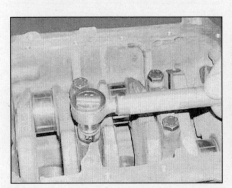

19.24a Dra åt ramlageröverfallets bultar till angivet moment . . .

Observera: På 2,0 liters AZJ motorer måste även balansaxelenheten monteras.

b) *På 1.6 liters DOHC bensinmotorer, montera vevaxelns bakre oljetätningshus, svänghjulet/drivplattan, oljepumpen och oljeupptagarröret, oljesumpen och huvudkamremmen, enligt beskrivningen i del B i detta kapitel.*

c) *På 1.8 liters DOHC bensinmotorer, montera vevaxelns främre och bakre oljetätningshus, svänghjulet/drivplattan, oljepumpen och oljeupptagarröret, oljesumpen och oljeskvalpskottet, samt vevaxeldrevet och kamremmen, enligt beskrivningen i del B i detta kapitel.*

d) *På dieselmotorer, montera vevaxelns främre och bakre oljetätningshus, svänghjulet/drivplattan, oljepumpen och oljeupptagarröret, oljesumpen och oljeskvalpskottet, samt vevaxeldrevet och kamremmen, enligt beskrivningen i del C i detta kapitel.*

20 Kolvar och vevstakar – montering och kontroll av vevlagerspel

Observera: *En kolvringskompressor behövs till den här åtgärden.*

Kontroll av vevlagerspel

Observera: *På det här stadiet förutsätts att vevaxeln har återmonterats på motorn enligt beskrivningen i avsnitt 19.*

1 Spelet kan kontrolleras med hjälp av de ursprungliga lagerskålarna. Det är dock bäst att använda en ny uppsättning, eftersom de uppnådda resultaten blir mer slutgiltiga.

2 Rengör lagerskålarnas baksidor och lager-sätena i både vevstakarna och vevstaks-lageröverfallen.

3 Tryck in lagerskålarna på sina platser och se till att fliken på varje skål fäster i hacket i vevstaken eller överfallet. Var noga med att inte vidröra skålarnas lagerytor med fingrarna. Om de ursprungliga lagerskålarna används vid kontrollen måste de monteras på sina ursprungliga platser. Spelet kan kontrolleras på två sätt.

19.24b . . . och sedan till angiven vinkel

4 En metod är att montera tillbaka vevstaks-lageröverfallet på vevstaken (använd märkena eller anteckningarna som gjordes vid demonteringen för att de skulle monteras tillbaka åt rätt håll), med lagerskålarna på plats. När de ursprungliga överfalls-fästbultarna eller muttrarna (vad som är tillämpligt) är korrekt åtdragna används sedan en invändig mikrometer eller ett skjutmått för att mäta den inre diametern på varje hopsatt par lagerskålar. Om diametern på mot-svarande vevaxeltapp mäts och sedan subtraheras från måttet på lagrets inre diameter, motsvarar differensen vevlager-spelet.

5 Den andra och noggrannare metoden är att använda en produkt som heter Plastigauge (se avsnitt 19).

6 Se till att lagerskålarna är korrekt monterade. Placera en bit Plastigauge på varje (rengjord) vevtapp.

7 Montera de (rena) kolvarna/vevstakarna på vevaxeln (enligt beskrivningen längre fram i detta avsnitt), och montera vevstakslager-överfallen. Använd markeringarna eller anteckningarna som gjordes vid demonteringen så att de monteras åt rätt håll.

8 Montera lageröverfallsbultarna eller muttrarna (efter tillämplighet) och dra åt till angivet moment (på motorer där två steg anges för överfallsbultarnas åtdragnings-moment ska bultarna bara dras åt till momentet för steg 1). Var noga med att inte rubba Plastigauge-remsan eller att vrida vevstaken under åtdragningen.

9 Ta isär enheterna utan att vrida vevstakarna eller rubba den pressade Plastigauge-remsan. Använd skalan på Plastigauge-förpackningen för att avgöra vevlagerspelet.

10 Om spelet avviker från det värde som anges i specifikationerna, kan det bero på att lagerskålarna har fel storlek (eller är mycket slitna, om de gamla skålarna återanvänds). Se till att ingen smuts eller olja fanns mellan lagerskålarna och överfallen eller vevstakarna när spelet mättes. Om Plastigauge-remsan är bredare i ena änden än den andra kan det bero på att axeltappen är konisk.

11 Avsluta med att försiktigt skrapa bort alla spår av Plastigauge från vevaxeln och lagerskålarna. Använd naglarna eller något annat föremål som inte kan repa lagerytorna.

Slutlig montering av kolvarna/vevstakarna

12 Observera att följande beskrivning förutsätter att vevaxelns ramlageröverfall sitter på plats.

13 Om det är tillämpligt, montera kolvarnas kyloljemunstycken från undersidan av motor-blocket och dra åt fästbultarna till angivet moment.

14 På motorer där vevstakslageröverfallen är fästa med muttrar, montera nya bultar på vevstakarna. Knacka ut de gamla bultarna ur vevstakarna med en mjuk klubba, och knacka in de nya bultarna på plats.

15 Se till att lagerskålarna är korrekt

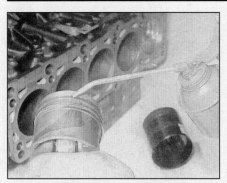

20.16a Smörj kolvarna ...

20.16b ... och vevstakslagrens övre lagerskålar med ren motorolja

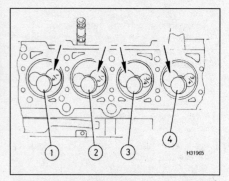

20.19 Kolvarnas placering och kodning på dieselmotorer

monterade, enligt beskrivningen i början av detta avsnitt. Om nya lagerskålar används, se till att allt skyddsfett tagits bort med fotogen. Torka rent skålarna och vevstakarna med en luddfri trasa.

16 Smörj cylinderloppen, kolvarna, kolvringarna och de övre lagerskålarna med ren motorolja **(se bilder)**. Lägg ut alla kolvar/ vevstakar i rätt ordning på en ren arbetsyta. Om lageröverfallen är fästa med muttrar, vira in bultarnas gängade ändar med isoleringstejp för att förhindra att de repar vevtapparna och loppen när kolvarna monteras.

17 Börja med kolv/vevstake nr 1. Se till att kolvringarnas gap fortfarande är utspridda enligt beskrivningen i avsnitt 18. Fäst sedan ringarna på plats med en kolvringskompressor.

18 Sätt i kolven/vevstaken i överdelen av cylinder nr 1. Sänk ner storänden först och styr den för att skydda cylinderloppen. Om det finns oljemunstycken i botten av loppen måste man vara noga med att inte skada dem när vevstakarna styrs över vevtapparna.

19 Se till att kolvens placering i cylindern är korrekt. Kolvkronan, vevstaken och vevstakslageröverfallet har markeringar som måste peka mot motorns kamremsände när kolven monteras i loppet. Se avsnitt 14 för ytterligare information. På dieselmotorer är kolvkronorna särskilt utformade för att förbättra motorns förbränningsegenskaper. På grund av detta skiljer sig kolv nr 1 och 2 från kolv nr 3 och 4. När de är korrekt monterade måste de

större insugningsventilskamrarna på kolv nr 1 och 2 vara riktade mot motorns svänghjuls-/ drivplatteände, och de större insugningsventilskamrarna på de övriga kolvarna måste vara riktade mot motorns kamremsände. Nya kolvar är försedda med nummer på kronorna som anger kolvtyp. 1/2 anger kolv 1 eller 2, 3/4 anger kolv 3 eller 4 **(se bild)**.

20 Använd en träkloss eller ett hammarskaft på kolvkronan och knacka in enheten i cylindern tills kolvkronan är helt i nivå med cylinderns överdel **(se bild)**.

21 Se till att lagerskålen fortfarande sitter korrekt i vevstaken. Smörj sedan vevtappen och de båda lagerskålarna generöst med ren motorolja.

22 Knacka ner kolven/vevstaken i loppet och över vevtappen. Var noga med att inte repa cylinderloppet. På motorer där vevlageröverfallen är fästa med muttrar, ta bort isoleringstejpen från vevstaksbultarnas gängade ändar. Smörj bultgängorna med olja. På motorer där vevlageröverfallen är fästa med bultar ska även bultskallarnas undersidor smörjas med olja.

23 Montera vevstakslageröverfallen och dra åt fästmuttrarna eller bultarna (vad som är tillämpligt) för hand till att börja med. Vevstaken och dess lageröverfall är försedda med urholkningar i ena sidan, nära fogytorna. Dessa urholkningar måste vara riktade åt samma håll som pilen på kolvkronan (dvs. mot motorns kamremsände) vid korrekt montering **(se bild 14.23b)**. Sätt ihop de båda

komponenterna i enlighet med ovanstående krav.

24 Dra åt fästbultarna eller muttrarna (vad som är tillämpligt) till angivet moment, i de två steg som anges i specifikationerna **(se bilder)**.

25 Montera de kvarvarande kolvarna/ vevstakarna på samma sätt.

26 Vrid vevaxeln för hand. Kontrollera att den vrids obehindrat. Viss styvhet är normalt om nya delar har monterats, men den ska inte kärva eller sitta hårt på några ställen.

27 På dieselmotorer, om nya kolvar har monterats eller om en ny "kort" motor har monterats, måste den utskjutande delen av kolvkronorna ovanför motorblockets topplocksfogyta mätas i övre dödpunkt. Detta mått används för att bestämma hur tjock den nya topplockspackningen behöver vara. Det beskrivna arbetet är en del av momentet *Topplock – demontering, kontroll och montering* som beskrivs i kapitel 2C.

28 Fortsätt enligt följande beroende på motortyp:

a) *På SOHC bensinmotorer, montera oljepumpen och oljeupptagarröret, oljesumpen och oljeskvalpskottet samt topplocket, enligt beskrivningen i del A i detta kapitel.* **Observera:** *På 2,0 liters AZJ motorer måste även balansaxelenheten monteras.*

b) *På 1.4 och 1.6 liters OHC bensinmotorer, montera oljeupptagarröret, oljesumpen och topplocket, enligt beskrivningen i del B i detta kapitel.*

20.20 Knacka in kolven i loppet med ett hammarskaft

20.24a Dra åt vevstakslageröverfallens bultar/muttrar till angivet moment ...

20.24b ... och sedan till angiven vinkel

c) *På 1.8 liters DOHC motorer, montera oljepumpen och oljeupptagarröret, oljesumpen och oljesvkalpskottet samt topplocket, enligt beskrivningen i del B i detta kapitel.*

d) *På dieselmotorer, montera oljepumpen och oljeupptagarröret, oljesumpen och oljeskvalpskottet samt topplocket, enligt beskrivningen i del C i detta kapitel.*

21 Motor – start efter renovering och hopsättning

1 Montera resten av motorkomponenterna i den ordning som anges i avsnitt 7. Montera motorn på bilen enligt beskrivningen i relevant avsnitt i detta kapitel. Kontrollera motoroljans och kylvätskans nivå ännu en gång och gör en sista kontroll av allt som återanslutits. Se till att det inte finns några verktyg eller trasor kvar i motorrummet.

2 Återanslut batterikablarna enligt beskrivningen i avsnittet *Koppla ifrån batteriet* i slutet av handboken.

Modeller med bensinmotor

3 Ta bort tändstiften enligt beskrivningen i kapitel 1A.

4 Motorn måste ha dödkopplats så att den kan vridas runt med startmotorn utan att starta. Avaktivera bränslepumpen genom att koppla loss bränslepumpens kraftrelä från reläpanelen enligt beskrivningen i kapitel 12, samt avaktivera tändsystemet genom att koppla loss kablaget från det fördelarlösa tändningssystemets modul (DIS) eller spolarna, vad som är tillämpligt.

Varning: Det är viktigt att bränslesystemet avaktiveras för att inte katalysatorn ska ta skada.

5 Vrid motorn med startmotorn tills oljetryckets varningslampa slocknar. Om lampan inte har slocknat efter flera sekunders runddraging ska motoroljenivån och oljefiltret kontrolleras. Om oljenivån är som den ska och filtret sitter korrekt, kontrollera att oljetrycksbrytaren sitter ordentligt. Fortsätt inte arbetet förrän du är säker på att olja pumpas runt i motorn med tillräckligt tryck.

6 Montera tändstiften och återanslut kablaget vid bränslepumpsreläet och DIS-modulen eller spolarna.

Modeller med dieselmotor

7 Koppla loss det elektriska kablaget från bränsleavstängningsventilen på insprutningspumpen. Se kapitel 4B för ytterligare information.

8 Vrid runt motorn med startmotorn tills varningslampan för oljetryck slocknar.

9 Om lampan inte slocknar efter flera sekunders runddragning, kontrollera att motoroljenivån är korrekt och att oljefiltret sitter ordentligt. Om oljenivån är som den ska och filtret sitter korrekt, kontrollera att oljetrycksbrytaren sitter ordentligt. Fortsätt inte arbetet förrän du är säker på att olja pumpas runt i motorn med tillräckligt tryck.

10 Återanslut bränsleavstängningsventilens kabel.

Alla modeller

11 Starta motorn, men tänk på att runddragningstiden kan vara längre än vanligt om bränslesystemets komponenter har rubbats.

12 Låt motorn gå på tomgång och undersök om det förekommer läckage av bränsle, vatten eller olja. Bli inte orolig om det luktar konstigt och börjar ryka när komponenterna värms upp och oljeavlagringarna bränns bort.

13 Förutsatt att allt är som det ska, låt motorn gå på tomgång tills varmt vatten börjar cirkulera genom den övre slangen.

14 På dieselmotorer kod AGP, AGR, AHF, ALH, AQM och ASV, kontrollera bränsleinsprutningspumpens inställning och motorns tomgångshastighet, enligt beskrivning i kapitel 4B.

15 Kontrollera oljans och kylvätskans nivå efter några minuter, och fyll på om det behövs.

16 Man behöver inte efterdra topplocksbultarna när motorn har körts efter hopsättningen.

17 Om nya kolvar, ringar eller vevaxellager har monterats måste motorn behandlas som om den var ny och köras in under minst 1 000 km. Kör *inte* motorn på full gas, och låt den inte arbeta vid låga varvtal på någon växel. Vi rekommenderar att oljan och oljefiltret byts efter denna period.

Kapitel 3
Kyl-, värme- och luftkonditioneringssystem

Innehåll

Svårighetsgrader

Enkelt, passar novisen med lite erfarenhet	**Ganska enkelt,** passar nybörjaren med viss erfarenhet	**Ganska svårt,** passar kompetent hemmamekaniker	**Svårt,** passar hemmamekaniker med erfarenhet 	**Mycket svårt,** för professionell mekaniker

Specifikationer

Kylsystemets trycklock
Öppningstryck:
Alla motorer . . . .   1,4 till 1,6 bar

Termostat
1.4 och 1.6 liters DOHC motorer:
Börjar öppnas. . . . .   86°C
Helt öppen . . . .   98°C
1.6 liters SOHC motorer:
Motorkod AEH och AKL:
  Börjar öppnas. . . . .   84°C
  Minsta öppningslyft . . . .   7 mm
Motorkod APF:
  Börjar öppnas. . . . .   105°C
  Minsta öppningslyft . . . .   7 mm
  Värmeelementets motstånd . . . .   14 till 16 ohm
1.8 liters motor:
Börjar öppnas. . . . .   87°C
Helt öppen . . . .   102 °C
2.0 liters motorer:
Börjar öppnas. . . . .   86°C
Helt öppen . . . .   102°C
1.9 liters dieselmotorer:
Börjar öppnas. . . . .   85°C
Helt öppen . . . .   105°C

Kylfläkt

Fläktlägen:

1:a hastighetens inkoppling	92 till 97°C
1:a hastighetens urkoppling	91 till 84°C
2:a hastighetens inkoppling	99 till 105°C
2:a hastighetens urkoppling	98 till 91°C

Åtdragningsmoment

	Nm
Kylvätskepumphus/kylvätskepump till motor, bultar:	
1.4 och 1.6 liters DOHC motorer	20
Alla andra motorer	15
Kylvätskeförgreningshus	
1.6 liter SOHC motor med kod APF	10
Fästbultar till instrumentbrädans tvärbalk	25
Bultar till kylfläktskåpan	10
Kylarens fästbultar	10
Termostatkåpans bultar	10
Bultar mellan termostathus och motor (1.4 liters och 1.6 liters DOHC motorer)	10

1 Allmän information och föreskrifter

Motorn använder ett trycksatt kylsystem som består av pump, en aluminiumkylare med horisontell vätskegenomströmning, elektrisk kylfläkt, termostat och värmepaket samt förbindelseslangar. Systemet fungerar enligt följande. Kall kylvätska från kylaren passerar genom slangen till kylvätskepumpen och pumpas därifrån runt i motorblockets och topplockets kylkanaler. När cylinderloppen, förbränningsytorna och ventilsätena kylts når kylvätskan undersidan av termostaten, som är stängd. Kylvätskan passerar därefter värmeenheten och återvänder via motorblocket till den kamremsdrivna kylvätskepumpen.

När motorn är kall cirkulerar kylvätskan bara genom motorblocket, topplocket, expansionskärlet och värmeenheten. När kylvätskan når en viss temperatur öppnas termostaten och kylvätskan passerar vidare till kylaren. När kylvätskan cirkulerar genom kylaren kyls den ner av den luft som strömmar in i motorn när bilen rör sig framåt. Luftflödet förstärks vid behov med de(n) elektriska kylfläkten/-fläktarna. När kylvätskan lämnar kylaren är den nedkyld och kretsloppet upprepas.

En termostatbrytare styr de(n) elektriska kylfläkten/-fläktarna som sitter på kylarens baksida. Vid en förinställd kylvätsketemperatur startar brytaren fläkten/fläktarna.

Se avsnitt 12 för information om det luftkonditioneringssystem som finns på vissa modeller.

För att ge bättre bränsleekonomi och minska avgasutsläppen, har 1.6 liters motorn (kod APF) utrustats med ett elektroniskt kartlagt kylvätskesystem. Syftet med detta är att ställa in motorns arbetstemperatur efter graden av motorbelastning. Detta uppnår man genom att låta termostatens och kylfläktens/-fläktarnas funktion regleras av motor-styrningsenheten. Termostaten styrs av ett inbyggt, elektriskt värmeelement. Det här systemet gör att motorns arbetstemperatur kan ställas in enligt de beskrivningar som finns inlagda i motorstyrningsenheten, och på så vis anpassas till motorns totala effekt-utveckling och belastning.

Kylvätsketemperaturinformation för mätaren i instrumentpanelen och för bränslesystemet ges av en temperaturgivare monterad i kylvätskeslangkontakten längs ute till vänster på topplocket (1,6 liters SOHC-motorer, 1,8 OCH 2,0 liters bensin- och dieselmotorer), eller på undersidan av termostathuset (1,4 liters och 1,6 liters DOHC-motor).

Föreskrifter

 Varning: Försök inte ta loss expansionskärlets påfyllningslock eller rubba någon del av kylsystemet medan motorn är varm, eftersom risken för skållning är stor. Om expansionskärlets påfyllningslock måste tas av innan motorn och kylaren har svalnat helt (detta rekommenderas dock inte), måste trycket i kylsystemet först utjämnas. Täck över locket med en tjock tygtrasa för att undvika brännskador. Skruva sedan sakta loss påfyllningslocket tills det hörs ett pysande ljud. När pysandet upphört, vilket tyder på att trycket minskat, fortsätt att skruva loss locket tills det kan tas loss helt. Hörs ytterligare pysljud, vänta tills det försvinner innan locket tas av helt. Håll hela tiden ett respektfullt avstånd till påfyllningshålet.

Låt inte frostskyddsmedel komma i kontakt med huden eller lackerade ytor på bilen. Spola omedelbart bort eventuellt spill med stora mängder vatten. Lämna aldrig frostskyddsvätska i en öppen behållare eller i en pöl på uppfarten eller garagegolvet. Småbarn och husdjur kan lockas av den söta lukten och frostskyddsvätska kan vara dödlig vid förtäring.

Om motorn är varm, kan den elektriska kylfläkten starta även om motorn inte är igång. Var därför noga med att hålla undan händer, långt hår och löst hängande kläder vid arbete i motorrummet.

Se avsnitt 12 för ytterligare säkerhetsåtgärder vid arbete på modeller med luftkonditionering.

2 Kylsystemets slangar – losskoppling och byte

Observera*: Se varningarna i avsnitt 1 innan du fortsätter.*

1 Om kontrollerna som beskrivs i berörda delar av kapitel 1 avslöjar någon trasig slang, måste den bytas på följande sätt.

2 Töm först kylsystemet enligt beskrivningen i kapitel 1A eller 1B. Om det inte är dags att byta kylvätskan ännu, kan den återanvändas om den samlas upp i ett rent kärl.

3 För att koppla loss en slang lossar man först slangklämmorna och skjuter in dem på slangen, förbi ändarna på anslutningsrören. Lirka sedan försiktigt loss slangen.

4 För att koppla loss kylarens in- och utloppsslangar, tryck in slangen mot dess anslutning, dra ut fjäderklämman och dra loss slangen från anslutningen **(se bild)**. Observera

2.4 Dra ut fästklämman

att in- och utloppsanslutningarna på kylaren är ömtåliga. Ta inte i för hårt för att dra loss slangarna. Om en slang sitter fast hårt, pröva med att vrida slangändarna innan du försöker dra loss dem.

 HAYNES TiPS *Om inget annat hjälper, skär upp slangen på längden med en vass kniv. Även om detta kan verka dyrt om slangen är i gott skick i övrigt, så är det bättre än att tvingas köpa en ny kylare.*

5 När en slang ska sättas fast, skjut först in klämmorna på slangen, varefter slangen lirkas på plats. Om de ursprungliga slangklämmorna är av klammertyp, är det en bra idé att byta dem till skruvklämmor när slangen ska sättas tillbaka. Om slangen är stel kan den smörjas med lite tvållösning, eller mjukas upp genom att den sänks ner i varmt vatten.
6 Kontrollera att slangen har dragits rätt och kräng ändarna på plats. Dra sedan de slangklämmor som sitter på slangen förbi förtjockingen i respektive anslutningsände och lås fast slangändarna.
7 Innan en in- eller utloppsslang ansluts till kylaren måste anslutningens O-ring bytas, oavsett skick. Dessa trycks på plats på kylaranslutningarna.
8 Fyll på kylsystemet enligt beskrivningen i kapitel 1A eller 1B.
9 Leta noga efter läckor så snart någon del av kylsystemet har rubbats.

3 Kylare – demontering, kontroll och montering

 HAYNES TiPS *Om anledningen till att kylaren demonteras är att den läcker, tänk på att mindre läckor ofta kan kureras med kylaren på plats med hjälp av kylartätningsmedel.*

Modeller utan luftkonditionering

Demontering

1 Koppla loss batteriets minusledare. **Observera:** *Innan batteriet kopplas ifrån, se "Koppla ifrån batteriet" i referensavsnittet längst bak i boken.*
2 Töm kylsystemet enligt tillämpliga anvisningar i kapitel 1.
3 Ta bort den främre stötfångarens kåpa enligt beskrivningen i kapitel 11.
4 Bänd loss tätningskåporna, om sådana finns. Lossa fästskruvarna/-muttrarna och demontera motorkåpan/-kåporna. Koppla loss den övre och nedre kylarslangen. Se vid behov avsnitt 2.
5 Koppla loss den elektriska kylfläktens

3.8a Lossa kylfläktens skruvar (vid pilarna)

kontaktdon och lossa kablaget från kylfläktskåpan.
6 Koppla loss anslutningskontakten från kylfläktens brytare i kylaren.
7 Se kapitel 2D, avsnitt 4, punkt 5 och ta bort frontpanelen tillsammans med strålkastare, kylare och kylflälkt.
8 Skruva loss de fyra torxskruvarna som fäster kåpan vid kylaren. Lossa vid behov även de tre skruvarna och demontera kylfläkten från kåpan **(se bilder)**.
9 Lossa de fyra torxskruvarna från utsidan av frontpanelen och lyft bort kylaren från insidan av panelen. Anteckna var kylarens fyra gummifästkuddar ska sitta **(se bilder)**.

Kontroll

10 Om kylaren har demonterats för att den misstänks vara igensatt, ska den spolas igenom bakvägen enligt beskrivningen i tillämpliga delar av kapitel 1.
11 Rensa bort smuts och skräp från kylarflänsarna med hjälp av tryckluft (använd skyddsglasögon) eller en mjuk borste. Var försiktig, eftersom flänsarna har vassa kanter och lätt skadas.
12 Vid behov kan en kylarspecialist utföra ett "flödestest" på kylaren för att undersöka om den är tilltäppt invändigt.
13 En läckande kylare måste lämnas till en specialist för permanent lagning. Försök inte svetsa eller löda en läckande kylare, eftersom det kan skada den.
14 Om kylaren ska skickas iväg för att lagas eller bytas, bör kylfläktsbrytaren först demonteras.

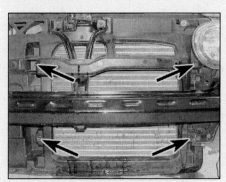

3.9a Lossa kylarens fästskruvar (vid pilarna)

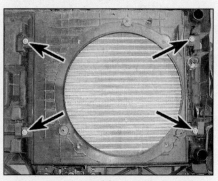

3.8b Lossa kylarkåpans skruvar (vid pilarna)

Montering

15 Monteringen sker i omvänd ordningsföljd mot demonteringen. Avsluta med att fylla på kylsystemet med rätt sorts frostskyddsvätska, enligt beskrivningen i tillämpliga delar av kapitel 1.

Modeller med luftkonditionering

 Varning: Försök inte koppla loss kylmedieledningarna – se varningarna i avsnitt 12.

Demontering

16 Fortsätt enligt beskrivningen i punkt 1 till 6.
17 Skruva loss de fyra bultarna som håller kylaren till frontpanelen. Se kapitel 2D, avsnitt 4, punkt 5 och ta bort frontpanelen tillsammans med strålkastare etc.
18 Lossa de fyra skruvar som fäster kondensorn vid kylaren. Ta bort hållarklämmorna från kylmedierören och ta loss kondensorn från kylaren.
19 Fäst upp kondensorn mot innerskärmen eller något annat lämpligt stöd med buntband (eller liknande). Var noga med att inte sträcka, vika eller böja kylmedieslangarna/-rören.
20 Lyft försiktigt loss kylaren nedåt och ut ur motorrummet, komplett med kylfläkt(ar) och kåpa. Var försiktig så att inte kylaren eller omgivande komponenter skadas.
21 Om så önskas, lossa kylfläktskåpans fyra fästbultar och ta loss kåpan.

3.9b Kylarens gummifästen

4.3 Koppla loss slangen

4.4a Demontera termostaten . . .

4.4b . . . och ta loss tätningen

Kontroll

22 Fortsätt enligt beskrivningen i punkt 10 till 14.

Montering

23 Montera i omvänd ordningsföljd mot demonteringen. Se till att alla slangar och allt kablage ansluts ordentligt på rätt platser. Avslutningsvis, fyll på kylsystemet med rätt typ av kylvätska enligt beskrivningen i relevant del av kapitel 1.

4 Termostat – demontering, kontroll och montering

1.4 och 1.6 liters DOHC motorer

Demontering

1 Termostaten sitter i ett hus till vänster på topplocket.
2 Töm kylsystemet enligt beskrivningen i kapitel 1A.
3 Lossa de fyra insexskruvarna och ta bort motorkåpan. Lossa fästklämman och dra loss kylvätskeslangen från termostathuset **(se bild)**.

4 Skruva loss de två fästskruvarna och ta loss termostatkåpan. Anteckna var alla eventuella fästbyglar som hålls fast av skruvarna ska sitta och lyft sedan ut termostaten. Ta loss O-ringen om den är lös **(se bilder)**.

Kontroll

5 Ett grovt test av termostaten kan göras genom att man hänger den i ett snöre i ett kärl fullt med vatten, men utan att den vidrör kärlets väggar. Värm upp vattnet till kokpunkten – termostaten ska öppnas när vattnet kokar upp. Om inte måste den bytas.
6 Med hjälp av en termometer kan termostatens exakta öppningstemperatur fastställas, och jämföras med värdena i specifikationerna. Öppningstemperaturen finns också angiven på termostaten.
7 En termostat som inte stängs när vattnet svalnar måste också bytas.

Montering

8 Montera i omvänd ordningsföljd mot demonteringen. Tänk på följande.
  a) *Montera termostaten med en ny O-ring.*
  b) *Fyll på kylsystemet med rätt mängd och typ av kylvätska enligt beskrivningen i kapitel 1A.*

1.6 liters SOHC motorer utom motorkod APF, alla 1.8 och 2.0 liters bensinmotorer

Demontering

9 Termostaten sitter bakom en anslutningsfläns på motorblockets framsida.
10 Töm kylsystemet enligt beskrivningen i kapitel 1.
11 Bänd loss tätningskåporna, skruva loss fästmuttrarna och ta bort motorkåpan/-kåporna. Lossa fästklämman och koppla loss kylvätskeslangen från termostatkåpan/anslutningsflänsen **(se bild)**.
12 Skruva loss de två fästbultarna och ta loss termostatkåpan/anslutningsflänsen. Anteckna var alla eventuella fästbyglar som hålls fast av bultarna ska sitta och lyft sedan ut termostaten. Ta loss O-ringen om den sitter löst.

Kontroll

13 Fortsätt enligt beskrivningen i punkt 5 till 7.

Montering

14 Montera i omvänd ordningsföljd mot demonteringen. Tänk på följande.
  a) *Montera termostaten med en ny O-ring.*
  b) *Termostaten ska monteras med stödet nästan lodrätt.*
  c) *Kontrollera att alla fästen som enligt anteckningarna från demonteringen ska sitta på termostatkåpans bultar är på plats.*
  d) *Fyll på kylsystemet med rätt mängd och typ av kylvätska enligt beskrivningen i kapitel 1A.*

1.6 liters SOHC motor med motorkod APF

Demontering

15 Termostaten sitter i kylvätskans förgreningshus, som är fastbultat mot vänster ände av topplocket.
16 Töm kylsystemet enligt beskrivningen i kapitel 1A.
17 Bänd loss tätningskåporna, skruva loss fästmuttrarna och ta bort motorkåporna. Lossa fästklämman och dra loss kylvätskeslangen från termostatkåpan **(se bild 8.4)**.

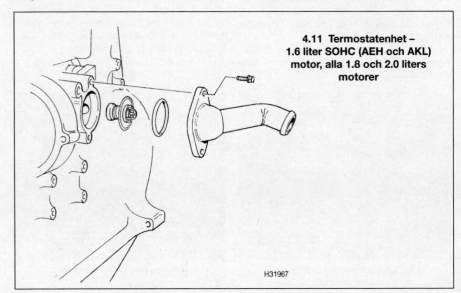

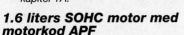

4.11 Termostatenhet – 1.6 liter SOHC (AEH och AKL) motor, alla 1.8 och 2.0 liters motorer

H31967

18 Koppla loss det elektriska kontaktdonet från termostatens värmeelement.
19 Lossa de två fästbultarna och ta bort termostaten/kåpan. Det går inte att sära på termostaten och kåpan.

Kontroll

20 Sänk ner termostaten i kallvatten och iakttag den stora ventilskivan (alldeles intill värmeelementet). Det får inte finnas någon glipa mellan ventilskivan och ventilsätet.
21 Koppla värmeelementets anslutningar till en 12 V likströmskälla. Anslutningen närmast termostaten ska anslutas till minuspolen och den andra anslutningen till pluspolen. Sänk försiktigt ner termostaten i ett kärl med kokande kylvätska. Den minsta höjning som specifikationerna anger för termostaten bör uppnås efter 10 minuter.
22 Värmeelementet kan testas genom att man mäter motståndet mellan de båda polanslutningarna med en multimeter och jämför värdet med vad som anges i specifikationerna.

Montering

23 Montera i omvänd ordningsföljd mot demonteringen. Tänk på följande.
a) *Montera termostaten med en ny tätning till kåpan.*
b) *Kontrollera att alla fästen som enligt anteckningarna från demonteringen ska sitta på termostatkåpans bultar är på plats.*
c) *Fyll på kylsystemet med rätt mängd och typ av kylvätska enligt beskrivningen i kapitel 1A.*

Dieselmotorer

Demontering

24 Termostaten sitter bakom en anslutningsfläns på motorblockets framsida, vid kamremsänden.
25 Töm kylsystemet enligt beskrivningen i kapitel 1B. Bänd ut tätningskåporna, lossa fästmuttrarna och ta bort motorkåporna.
26 Lossa fästklämman och koppla loss kylvätskeslangen från termostatkåpan/anslutningsflänsen.
27 Lossa de två fästbultarna och ta bort temostatkåpan/anslutningsflänsen tillsammans med termostaten. Anteckna var alla

eventuella fästen som hålls på plats av bultarna ska sitta. Ta loss O-ringen om den är lös **(se bilder)**.
28 För att ta bort termostaten från kåpan, vrid den 90° moturs och dra ut den från kåpan.

Kontroll

29 Följ beskrivningen i punkt 5 till 7.

Montering

30 Montera i omvänd ordningsföljd mot demonteringen. Tänk på följande.
a) *Montera termostaten med en ny O-ring.*
b) *Sätt in termostaten i kåpan och vrid den 90° medurs.*
c) *Termostaten ska monteras med stödet nästan lodrätt.*
d) *Kontrollera att alla fästen som enligt anteckningarna från demonteringen ska hållas fast av termostatkåpans bultar är på plats.*
e) *Fyll på kylsystemet med rätt mängd och typ av kylvätska enligt beskrivningen i kapitel 1A.*

5 Elektrisk kylfläkt – kontroll, demontering och montering

Modeller utan luftkonditionering – utom 1.6 liters SOHC motorer med motorkod APF

Kontroll

1 Beroende på bilmodell, kan en eller två kylfläktar vara monterade. Strömmen till kylfläkten går via tändningslåset, kylfläktens styrenhet (där sådan finns), reläet/reläerna och säkringen/smältsäkringen (se kapitel 12). Strömkretsen avslutas med kylfläktens termostatbrytare, som sitter i vänster ände av kylaren. Kylfläkten har två hastighetslägen. Termostatbrytaren består i själva verket av två brytare, en för fläktläge 1 och en för fläktläge 2. Kylfläktskretsen testas på följande sätt, men tänk på att både kretsen för läge 1 och för läge 2 ska kontrolleras (se kopplingsscheman i slutet av kapitel 12).

2 Om en fläkt inte tycks fungera, kontrollera först säkringarna/smältsäkringarna. Om de är hela, varmkör motorn tills den uppnår normal arbetstemperatur och låt den sedan gå på tomgång. Om fläkten inte slås på inom några minuter, stäng av tändningen och koppla loss anslutningskontakten från kylfläktsbrytaren. Koppla förbi de två berörda kontakterna i kontaktdonet med en bit kabel och slå på tändningen. Om fläkten går igång är brytaren förmodligen trasig och måste bytas.
3 Om brytaren verkar fungera, kan fläktmotorn kontrolleras genom att dess kontaktdon kopplas loss och att en 12-volts strömkälla i stället ansluts direkt till motorns polanslutningar. Om motorn är defekt måste den bytas, eftersom inga reservdelar finns att tillgå.
4 Om fläkten fortfarande inte fungerar, kontrollera kylfläktskretsens kablar (kapitel 12). Kontrollera att det inte är brott på någon kabel, och att alla anslutningar är rena och fria från korrosion.
5 Om kylfläkten är utrustad med styrenhet, och det inte går att hitta något fel på säkringarna/smältsäkringarna, kablarna, fläktbrytaren eller fläktmotorn, är det antagligen styrenheten som är defekt. Att testa styrenheten bör överlåtas till en VW-verkstad eller annan specialist. Om enheten är defekt måste den bytas.

Demontering

6 Koppla loss batteriets minusledare. **Observera:** *Innan batteriet kopplas ifrån, se "Koppla ifrån batteriet" i referensavsnittet längst bak i boken.*
7 Bänd loss tätningskåporna (där sådana finns), lossa fästskruvarna/-muttrarna och demontera motorkåpan/-kåporna.
8 Koppla loss anslutningskontakten från kylfläktsmotorn och skjut ut kontaktdonet från hållaren.
9 Lossa de tre torxskruvar som fäster fläkten vid kylarkåpan och lirka kylfläkten uppåt och ut ur motorrummet. Var försiktig så att kylaren inte skadas **(se bild 3.8a)**.

Montering

10 Monteringen sker i omvänd ordningsföljd mot demonteringen.

1.6 liter SOHC motor med motorkod APF och alla modeller med luftkonditionering

Kontroll

11 Följ beskrivningen i punkterna 1 till 5. **Observera:** *På modeller med luftkonditionering finns det dessutom en andra brytare (som sitter i en av kylvätskans returslangar/-hus på topplocket). Denna brytare styr kylfläktens hastighetsläge 3.*

Demontering

12 Demontera kylaren enligt beskrivningen i avsnitt 3.
13 Koppla loss kontaktdonet från baksidan av kylfläktsmotorn.

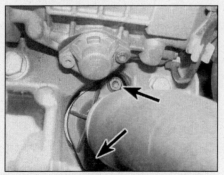

4.27a Termostatkåpans skruvar (vid pilarna)

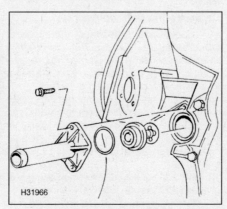

4.27b Termostatenhet – dieselmotorer

6.6 Skruva loss brytaren

6.18 Koppla loss givaren

14 Skruva loss motorns fästmuttrar och ta bort kylfläktsenheten från kylarkåpan.

Montering

15 Montera i omvänd ordning mot demonteringen, men montera tillbaka kylaren enligt beskrivningen i avsnitt 3, och fyll på kylsystemet med rätt typ av kylvätska enligt beskrivningen i den tillämpliga delen av kapitel 1. Avsluta med att kontrollera att kylfläkten/-fläktarna fungerar.

6 Kylsystemets elektriska brytare och givare – kontroll, demontering och montering

Termostatbrytare till elektrisk kylfläkt – alla modeller utom 1.6 liters SOHC motor med kod APF

Observera: *På 1.6 liters SOHC motorer med kod APF styrs kylfläktens/-fläktarnas funktion av motorstyrningsenheten. Termostatbrytaren är där ersatt med en temperaturgivare för kylarutloppet.*

Kontroll

1 Hur brytaren testas beskrivs i avsnitt 5, som en del av testproceduren för den elektriska kylfläkten.

Demontering och montering

2 Brytaren sitter på vänster sida av kylaren. Motorn och kylaren ska vara kalla när brytaren tas bort.
3 Koppla loss batteriets minusledare. **Observera:** *Se "Koppla ifrån batteriet" i referensavsnittet i slutet på handboken innan batteriet kopplas ifrån.* Bänd loss tätningskåporna om så behövs. Lossa fästskruvarna/-muttrarna och demontera motorkåpan/-kåporna.
4 Töm kylaren till under brytarens nivå (enligt beskrivningen i kapitel 1A), eller se till att ha en lämplig plugg till hands för att täppa till hålet i kylaren medan brytaren är demonterad. Om en plugg används, var mycket noga med att inte skada kylaren. Använd heller inte något som gör att det kan komma in främmande partiklar i kylaren.
5 Koppla loss anslutningskontakten från brytaren.

6 Skruva försiktigt loss brytaren från kylaren **(se bild)**.
7 Montera i omvänd ordningsföljd mot demonteringen. Stryk lite lämpligt fett på brytarens gängor och dra åt den ordentligt. Avsluta med att fylla kylsystemet med rätt typ och mängd kylvätska enligt beskrivningen i kapitel 1A, eller fylla på enligt beskrivningen i *Veckokontroller*.
8 Starta motorn och låt den gå varm. Kontrollera att kylfläkten går igång och fungerar som den ska.

Temperaturgivare för kylvätska – 1.4 och 1.6 liters DOHC motorer

Kontroll

9 Givaren sitter fast med en klämma i undersidan av termostathuset till vänster på topplocket.
10 Givaren innehåller en termistor, det vill säga en elektronisk komponent vars elektriska motstånd minskar i en bestämd takt, efter hand som dess temperatur stiger. När kylvätskan är kall är motståndet i givaren högt, vilket stryper strömflödet genom visaren. Visarnålen pekar då mot skalans "kalla" ände. Inga värden för resistansen vid olika temperaturer finns angivna. Det enda sättet att noggrant kontrollera givaren är därför med hjälp av speciell testutrustning, så uppgiften bör överlåtas till en VW-verkstad eller annan specialist. Om givaren är defekt måste den bytas.

Demontering och montering

11 Koppla loss batteriets minusledare. **Observera:** *Se "Koppla ifrån batteriet" i referensavsnittet i slutet på handboken innan batteriet kopplas ifrån.* Lossa de fyra insexskruvarna och ta bort motorkåpan.
12 Koppla loss anslutningskontakten från givaren på undersidan av termostathuset, som sitter till vänster på topplocket. Töm ut en del av kylvätskan, så att vätskenivån hamnar under givaren (enligt beskrivningen i kapitel 1A).
13 Dra försiktigt loss fästklämman och dra ut givaren från huset. Ta loss O-ringen.
14 Montera i omvänd ordningsföljd mot demonteringen. Tänk på följande.
  a) Montera givaren med en ny O-ring.

b) Fyll på kylsystemet enligt beskrivningen i kapitel 1A, eller fyll på enligt beskrivningen i "Veckokontroller".

Temperaturgivare för kylvätska - 1.6 liters SOHC motorer utom motorkod APF, alla 1.8 och 2.0 liters bensinmotorer

Kontroll

15 Följ anvisningarna i punkt 10. Observera att givaren sitter fast med en klämma i ovansidan av slangskarvstycket, som sitter fastbultat i vänster topplocksände.

Demontering och montering

16 Givaren är infästad med en klämma på ovansidan av slangskarvstycket, som sitter till vänster på topplocket.
17 Koppla loss batteriets minusledare. **Observera:** *Se "Koppla ifrån batteriet" i referensavsnittet i slutet på handboken innan batteriet kopplas ifrån.* Bänd ut tätningskåporna, skruva loss fästmuttrarna och ta bort motorkåpan/-kåporna.
18 Koppla loss anslutningskontakten från givaren **(se bild)**.
19 Töm ut en del av kylvätskan, så att vätskenivån hamnar under givaren (enligt beskrivningen i kapitel 1A).
20 Dra försiktigt loss fästklämman och dra ut givaren ur huset. Ta loss O-ringen.
21 Montera i omvänd ordningsföljd mot demonteringen. Tänk på följande.
  a) Montera givaren med en ny O-ring.
  b) Fyll på kylsystemet enligt beskrivningen i kapitel 1A, eller fyll på enligt beskrivningen i "Veckokontroller".

Temperaturgivare för kylvätska – 1.6 liters SOHC motor med kod APF

Kontroll

22 Eftersom denna motor har ett "elektroniskt kartlagt kylsystem", finns det två temperaturgivare för kylvätskan. Den ena sitter fast med en klämma i den övre kammaren hos kylvätskans förgreningshus, som är fastskruvat i vänster ände av topplocket. Den andra sitter däremot inskruvad i vänster sida av kylaren, för att övervaka kylarens utloppstemperatur. Bägge givarna sänder direkt till motorstyrningsenheten.
23 Ingen testinformation finns tillgänglig för någon av givarna. Den enda metoden för kontroll är därför med hjälp av ett särskilt diagnostiskt testverktyg. Kontroll bör därför överlåtas till en VW-verkstad eller annan specialist. Om givaren är defekt måste den bytas ut.

Demontering och montering – givare i kylvätskans förgreningshus

24 Följ beskrivningen i punkt 17 till 21, men observera att kylvätskans temperaturgivare är monterad i den övre kammaren på kylvätskans förgreningshus, vilket i sin tur är fastskruvat till vänster på topplocket.

**6.30 Temperaturgivare för kylvätska –
dieselmotorer**

Demontering och montering – kylarens utloppstemperaturgivare –

25 Koppla loss batteriets minusledare. **Observera:** *Innan batteriet kopplas ifrån, se "Koppla ifrån batteriet" i referensavsnittet längst bak i boken.*
26 Koppla loss anslutningskontakten från givaren på kylarens vänstra sida och töm kylsystemet till givarens nivå enligt beskrivningen i kapitel 1A.
27 Skruva loss givaren från kylaren.
28 Montera i omvänd ordningsföljd mot demonteringen. Stryk lite lämpligt fett på brytarens gängor och dra åt den ordentligt. Avsluta med att fylla kylsystemet med rätt typ och mängd kylvätska enligt beskrivningen i kapitel 1A, eller fylla på enligt beskrivningen i *Veckokontroller*.

Dieselmotorer

Kontroll

29 Följ anvisningarna i punkt 10, men observera att givaren sitter fast med en klämma i den bakre delen av slangskarvstycket, som sitter fastskruvat till vänster på topplocket.

Demontering och montering

30 Följ anvisningarna i punkt 17 till 21, men observera att givaren sitter fast med en klämma i baksidan av slangskarvstycket, som sitter fastskruvat till vänster på topplocket **(se bild)**.

7.4 Kylvätskepumpen demonteras

7 Kylvätskepump – demontering och montering

Observera: *Reservdelspumpar för kylvätskan kan ha en annorlunda utformning, som gör att de inte kräver packningar. Använd då något lämpligt tätningsmedel.*

1.4 och 1.6 liters DOHC motorer
Demontering
1 Töm kylsystemet enligt beskrivningen i kapitel 1A.
2 Demontera kamremmen enligt beskrivningen i kapitel 2B. Om remmen ska återanvändas, anteckna dess rotationsriktning.
3 Demontera kamremmens tomgångsvals och den bakre kamremskåpan.
4 Lossa kylvätskepumpens fästbultar och ta bort pumpen från motorblocket. Om pumpen är defekt måste den bytas **(se bild)**.

Montering
5 Montera i omvänd ordningsföljd mot demonteringen. Tänk på följande.
a) *Montera pumpen med en ny packning (se anmärkningen ovan).*
b) *Fyll på kylsystemet enligt beskrivningen i kapitel 1A.*

1.6 liters SOHC och alla 1.8 och 2.0 liters motorer
Demontering
6 Töm kylsystemet enligt beskrivningen i kapitel 1A.
7 Demontera kamremmen enligt beskrivningen i kapitel 2A eller 2B. Tänk på följande.
a) *Den nedre delen av kamremsskyddet behöver inte tas bort.*
b) *Kamremmen ska lämnas på plats på vevaxeldrevet.*
c) *Täck över kamremmen med en trasa för att skydda den från kylvätska.*

8 Lossa de två fästbultarna och demontera kamremmens bakre skyddskåpa.
9 Lossa de återstående fästbultarna och ta bort kylvätskepumpen från motorblocket. Om pumpen är defekt måste den bytas.

Montering
10 Montera i omvänd ordningsföljd mot demonteringen. Tänk på följande.
a) *Montera kylvätskepumpen med en ny O-ring.*
b) *Smörj O-ringen med kylvätska.*
c) *Montera pumpen med den gjutna tappen nedåt.*
d) *Fyll på kylsystemet enligt beskrivningen i kapitel 1A.*

Dieselmotorer
Demontering
11 Töm kylsystemet enligt beskrivningen i kapitel 1B.
12 Demontera kamremmen enligt beskrivningen i kapitel 2C. Tänk på följande.
a) *Den nedre delen av kamremsskyddet behöver inte tas bort.*
b) *Kamremmen ska lämnas på plats på vevaxeldrevet.*
c) *Täck över kamremmen med en trasa för att skydda den från kylvätska.*
13 Skruva loss kamremmens överföringsremskiva och tryck den ungefär 30 mm nedåt.
14 Lossa kylvätskepumpens fästbultar och ta bort pumpen från motorblocket. Om pumpen är defekt måste den bytas **(se bild)**.

Montering
15 Montera i omvänd ordningsföljd mot demonteringen. Tänk på följande.
a) *Montera kylvätskepumpen med en ny O-ring.*
b) *Smörj O-ringen med kylvätska.*
c) *Montera pumpen med den gjutna tappen nedåt.*
d) *Fyll på kylsystemet enligt beskrivningen i kapitel 1B.*

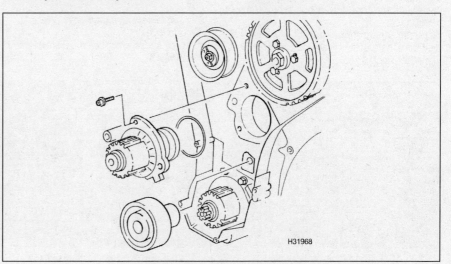

7.14 Kylvätskepump – dieselmotorer

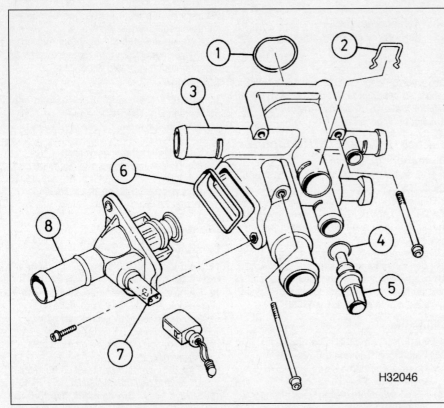

H32046

8.4 Kylvätskans förgreningshus – 1.6 liters SOHC motor med motorkod APF

1 O-ring	4 O-ring	7 Termostatens
2 Fästklämma	5 Temperaturgivare	värmeenhetsanslutning
3 Förgreningshus	6 Tätningsring	8 Termostat och hus

8 Kylvätskans förgreningshus (1.6 liter SOHC med kod APF) – demontering och montering

Demontering

1 Töm kylsystemet enligt beskrivningen i kapitel 1A. Bänd ut tätningskåporna, skruva loss fästmuttrarna och ta bort motorkåpan/-kåporna.
2 Lossa anslutningskontakterna till kylvätskans temperaturgivare och termostatens värmeelement.

3 Lossa fästklämmorna och koppla loss de fem kylvätskeslangarna från förgreningshuset.
4 Skruva loss de tre bultarna och demontera förgreningshuset. Ta loss O-ringen **(se bild)**.

Montering

5 Montera i omvänd ordningsföljd mot demonteringen. Tänk på följande:
a) Montera förgreningshuset med en ny O-ring.
b) Dra åt husets fästbultar till angivet moment.
c) Fyll på kylsystemet enligt beskrivningen i kapitel 1A.

10.2 Bänd loss täckpanelen

10.4 Skruva loss torxskruvarna

9 Värme- och ventilationssystem – allmän information

1 Värme-/ventilationssystemet består av en fläktmotor (i passagerarutrymmet) med fyra hastigheter, ventiler riktade mot ansiktshöjd i mitten och bägge ändar av instrumentbrädan, samt fläkttrummor till förar- och passagerar-platsernas benutrymmen.
2 Reglageenheten sitter i instrumentbrädan, och reglagen styr klaffventiler som riktar och blandar luftströmmen genom de olika delarna av värme-/ventilationssystemet. Klaff-ventilerna sitter i luftfördelarhuset, som är den centrala fördelarenhet varifrån luften leds till de olika kanalerna och munstyckena.
3 Kalluften kommer in i systemet genom grillen i motorrummets bakkant. På vissa modeller (beroende på specifikationerna) sitter ett pollenfilter i ventilationsintaget för att förhindra att damm, sot, pollen och sporer i luften kommer in i bilen.
4 Luftströmmen, som kan förstärkas med fläkten, passerar sedan genom de olika ventilationstrummorna enligt reglagens inställningar. Den gamla luften släpps ut genom kanaler under bakrutan. När man vill ha varmluft leds den kalla luften genom värmepaketet, som värms upp av motorns kylvätska.
5 Vid behov kan den yttre lufttillförseln stängas av, och luften i kupéutrymmet cirkuleras. Detta kan vara praktiskt om man vill slippa att få in obehaglig lukt utifrån i bilen, men bör bara utnyttjas under korta stunder, eftersom den instängda luften i bilen snabbt blir dålig.

10 Värme-/ventilations-systemets komponenter – demontering och montering

Modeller utan luftkonditionering

Reglage för värme/ventilation

1 Koppla loss batteriets minusledare. **Observera:** Innan batteriet kopplas ifrån, se "Koppla ifrån batteriet" i referensavsnittet längst bak i boken.
2 Bänd försiktigt loss värmereglagepanelens täckpanel **(se bild)**.
3 Demontera mittkonsolen och instrument-brädans nedre dekorpanel på passagerar-sidan enligt beskrivningen i kapitel 11.
4 Lossa de fyra torxskruvarna och skjut in reglageenheten i instrumentbrädan. Lirka reglageenheten nedåt och ut från instrument-brädan **(se bild)**.
5 Lossa klämmorna till styrvajrarna och koppla loss var och en av vajrarna från reglageenheten, men notera först var alla vajrar ska sitta och hur de är dragna. För att slippa förväxlingar vid monteringen, märk upp varje vajer när den kopplas loss. Vajerhöljena

10.5 Tryck ner låstungan och vik upp fästklämman

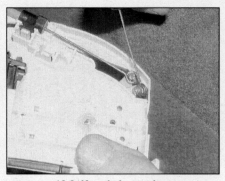

10.9 Koppla loss vajern

10.15 Bänd loss fästklämman

lossas genom att man helt enkelt trycker på låstungan och lyfter upp fästklämmorna **(se bild)**.

6 Montera i omvänd ordningsföljd mot demonteringen. Kontrollera att reglagevajrarna ligger rätt och har anslutits till styrpanelen enligt anteckningarna från demonteringen. Lås vajerhöljena på plats med klämmorna och kontrollera att alla vred/skjutreglage fungerar som de ska, innan omkopplarens fästplatta och dekorplattan monteras tillbaka.

Reglagevajrar för värme/ventilation

7 Demontera reglageenheten för värme/ventilation från instrumentbrädan enligt den

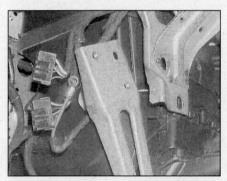

10.17 Ta bort den mittre fästbygeln

tidigare beskrivningen. Koppla loss den aktuella vajern från reglageenheten.
8 Demontera instrumentbrädans nedre panel på höger sida för att komma åt värmereglagevajerns anslutningar på värme-/ventilationsfördelarenheten.
9 Följ vajern bakom instrumentbrädan. Anteckna hur den dragits och koppla loss den från armen på luftfördelar-/fläktmotorhuset. Observera att samma metod för fastsättning har använts som på reglageenheten **(se bild)**.
10 Montera den nya vajern och kontrollera att den dras rätt väg och inte har snott sig eller på annat sätt hindras från att löpa fritt. Vajerhöljeshylsorna är färgmärkta för att underlätta monteringen.
  a) *Mittenklaff till vridreglage:*
     Grå (högerstyrd),
     Gul (vänsterstyrd)
  b) *Fotbrunns-/avfrostningsklaff till*
     vridreglage: Svart (högerstyrd),
     Grön (vänsterstyrd)
  c) *Temperaturklaff till vridreglage:*
     Vit (högerstyrd),
     Beige (vänsterstyrd)
11 Anslut vajern till reglageenheten och luftfördelar-/fläktmotorhuset och kontrollera att vajerhöljets klämma fästs ordentligt.
12 Kontrollera att reglagevredet fungerar som det ska och montera sedan tillbaka reglageenheten enligt den tidigare beskrivningen i detta avsnitt. Sätt slutligen tillbaka instrumentbrädans dekorpanel.

Värmepaket

13 Skruva loss expansionskärlets lock (se varningen i avsnitt 1) för att utjämna eventuellt övertryck i kylsystemet. Dra sedan åt locket ordentligt igen.
14 Ta bort motorns skyddskåpa/-kåpor. Kläm igen de båda kylvätskeslangarna så nära torpedväggen som möjligt för att minimera kylvätskespillet. Alternativt, töm kylsystemet enligt tillämpliga anvisningar i kapitel 1.
15 Koppla loss bägge slangarna från värmepaketets anslutningar mitt på motorrummets torpedvägg och bänd upp fästklämmorna så att de låses i öppet läge. Dra loss slangarna från anslutningarna **(se bild)**.
16 Demontera instrumentbrädan enligt beskrivningen i kapitel 11.
17 Lossa de tre fästbultarna och ta bort fästbygeln mellan instrumentbrädans tvärbalk och mittentunneln **(se bild)**.
18 Ta bort den nedre lufttrummans anslutningsstycke genom att lirka ut det till höger under rattstången **(se bild)**.
19 Lossa de två stödfästen för kabelhärvor som sitter fast med torxskruvar på ömse sidor om rattstången **(se bild)**.
20 Anteckna var kabelhärvornas olika fästklämmor sitter och släpp loss de olika härvorna från instrumentbrädans tvärbalk.
21 Lossa reläplattans fästmuttrar och lyft försiktigt bort plattan från pinnbultarna **(se bild)**.

10.18 Lyft lufttrumman åt höger

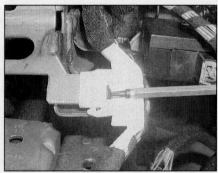

10.19 Lossa torxskruven

10.21 Lossa fästmuttrarna (vid pilarna)

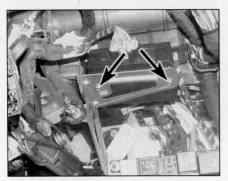

10.22 Skruva loss den elektroniska styrmodulens fästskruvar (vid pilarna)

10.25 Skruva loss tvärbalksbulten (vid pilen)

10.26 Lossa de två torxskruvarna

22 Lossa fästskruvarna till den elektroniska styrmodulen (se bild).
23 Koppla loss passagerarsidans krock-kudde. Krockkudden bör redan ha desarmerats då instrumentbrädan togs loss.
24 Demontera torkarmotorn och dess länksystem enligt beskrivningen i kapitel 12.
25 Skruva genom öppningen för torkar-motorn loss fästbulten till instrumentbrädans tvärbalk (se bild).
26 Skruva loss de två torxskruvar som fäster det övre stödfästet vid instrumentbrädans tvärbalk (se bild).
27 Lossa klämmorna och ta loss det mellersta luftmunstycket från instrument-brädans tvärbalk.

28 Skruva loss jordanslutningarna från tvär-balken (se bild).
29 Underlätta återmonteringen genom att göra inställningsmarkeringar där tvärbalken sitter fast vid sina stödfästen.
30 Skruva loss rattstångens tre fästbultar. Låt en medhjälpare hålla uppe rattstången medan tvärbalken demonteras (se bilder).
31 Lossa tvärbalkens fyra fästbultar, två i vardera änden, och maka ut tvärbalken ur kupéutrymmet (se bild).
32 Stötta rattstången genom att binda upp den i tvärbalkens övre stödfäste (se bild).
33 Skruva inifrån motorrummet loss värme-enhetens tre fästmuttrar. Ta bort brickorna (se bild).

34 Öppna kabelhärvans hållare och lossa härvan från ovansidan av värmeenheten.
35 Koppla loss anslutningskontakten från anslutningen på varmluftskanalen.
36 Demontera den nedre panelen på passagerarsidans dörrstolpe enligt beskriv-ningen i kapitel 11, avsnitt 28.
37 Koppla loss jordkabeln från nedre delen av dörrstolpen (se bild).
38 Dra försiktigt loss värmeenheten från torpedväggen, och koppla samtidigt loss kabelhärvan till krockkudden från hållaren på värmeenhetens framsida (se bild). Var beredd på kylvätskespill när enheten lyfts ut ur kupéutrymmet.

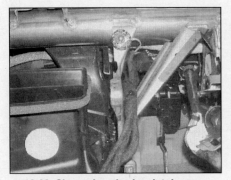

10.28 Skruva loss jordanslutningarna

10.30a Lossa rattstångens stående fästbultar ...

10.30b ... och den liggande bulten

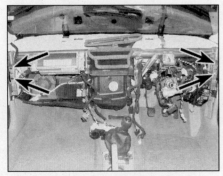

10.31 Lossa tvärbalkens bultar (vid pilarna)

10.32 Bind upp rattstången vid fästet

10.33 Värmeenhetens fästbultar (vid pilarna)

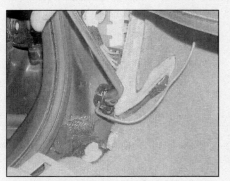

10.37 Skruva loss jordanslutningen

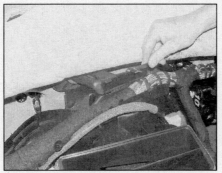

10.38 Ta loss kablaget från hållaren

10.39a Lossa skruvarna . . .

39 Placera värmeenheten på arbetsbänken, lossa de två fästskruvarna och lyft försiktigt ut värmepaketet ur huset **(se bilder)**.
40 Montera i omvänd ordningsföljd mot demonteringen. Tänk på följande:

a) *Undersök packningen mellan värmepaketets rör och torpedväggen. Byt den om det behövs.*

b) *Var försiktig när värmepaketet skjuts tillbaka in i huset, så att inte dess flänsar skadas.*

c) *Kom ihåg att lägga tillbaka kabelhärvan till krockkuddens elektroniska styrmodul i hållaren på framsidan av värmeenheten när denna återmonteras.*

d) *Kontrollera att alla kablar har dragits och anslutits korrekt.*

e) *Se till att klämmorna till luftkanalerna sitter ordentligt fast.*

f) *Kontrollera att stödfästet till pedalerna häktar i som det ska när tvärbalken monteras tillbaka.*

g) *Utnyttja de tidigare gjorda inställningsmärkena vid monteringen av instrumentbrädans tvärbalk.*

h) *Dra åt fästbultarna till instrumentbrädans tvärbalk till angivet moment.*

i) *Montera instrumentbrädan enligt beskrivningen i kapitel 11.*

j) *Avsluta med att kontrollera kylvätskenivån och fyll vid behov på enligt beskrivningen för veckokontroller.*

Värmefläktens motor

41 Koppla loss batteriets minusledare. **Observera:** *Innan batteriet kopplas loss, se "Koppla ifrån batteriet" i referensavsnittet längst bak i boken.*
42 Demontera handskfacket på passagerarsidan enligt beskrivningen i kapitel 11, avsnitt 28.
43 Sträck in handen under instrumentbrädan och koppla loss fläktmotorns anslutningskontakt, samt seriemotståndskontakten under fläktmotorhuset **(se bilder)**.
44 Skruva loss seriemotståndets två fästskruvar och ta bort motståndet **(se bild)**.
45 Lossa de tre fästskruvarna och demontera fläktmotorkåpan.
46 Dra fläktmotorn nedåt och dra ut den ur huset.
47 Montera i omvänd ordningsföljd mot demonteringen.

Värmefläktsmotorns motstånd

48 Koppla loss batteriets minusledare. **Observera:** *Innan batteriet kopplas ifrån, se "Koppla ifrån batteriet" i referensavsnittet längst bak i boken.*
49 Lossa de två fästskruvarna och demontera instrumentbrädans nedre täckpanel i passagerarsidans fotbrunn.
50 Sträck upp handen bakom instrumentbrädan och koppla loss motståndets kontaktdon.
51 Lossa de två fästskruvarna och lyft ut motståndet ur sitt hus **(se bild 10.44)**.

10.39b . . . och lyft ut värmepaketet

52 Montera i omvänd ordningsföljd mot demonteringen.

Klaffstyrningsmotor för frisk-/cirkulationsluft

53 Demontera handskfacket på passagerarsidan enligt beskrivningen i kapitel 11, avsnitt 28.
54 Koppla loss anslutningskontakten till motorn vid änden av värmeenheten, intill fläktmotorn.
55 Lossa fästskruven på undersidan av motorn.
56 Sväng ner motorn och koppla loss den från luftklaffsarmen.
57 Montera i omvänd ordningsföljd mot demonteringen.

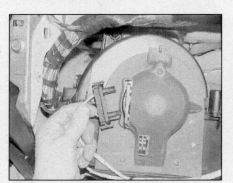

10.43a Koppla loss fläktmotorn . . .

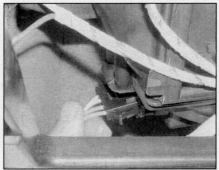

10.43b . . . och motståndet

10.44 Lossa motståndets skruvar

Modeller med luftkonditionering

Värmereglageenhet

58 Förfarandet är detsamma som beskrivits för modeller utan luftkonditionering tidigare i detta avsnitt.

Värmeväxlare

59 På modeller med luftkonditionering går det inte att demontera värmepaketet utan att öppna köldmediekretsen (se avsnitt 12). Uppgiften måste därför överlåtas till en VW-verkstad eller luftkonditioneringsspecialist.

Värmefläktens motor

60 Förfarandet är detsamma som beskrivits för modeller utan luftkonditionering tidigare i detta avsnitt.

Värmefläktsmotorns motstånd

61 Förfarandet är detsamma som beskrivits för modeller utan luftkonditionering tidigare i detta avsnitt.

11 Värme-/ventilations-systemets ventiler – demontering och montering

Förar- och passagerarplatsens sidoventiler

1 För att demontera en ventil, bänd försiktigt loss den från sin infattning med en liten spårskruvmejsel **(se bild)**. Var noga med att inte skada den omgivande dekoren.
2 För att sätta tillbaka ventilen, skjut försiktigt in den på sin plats tills låsklämmorna snäpper fast.

Instrumentbrädans mittenventiler

3 Fortsätt enligt tidigare beskrivning för sidoventilerna på förar- och passagerar-platsen, men observera att varje ventil måste bändas loss stegvis från båda sidorna för att släppa från infattningen.

12 Luftkonditioneringssystem – allmän information och föreskrifter

Allmän information

Vissa modeller har luftkonditioneringssystem som tillval. Detta sänker den inkommande luftens temperatur och fuktighet, vilket snabbt tar bort imma från rutorna och gör luften behagligare.

Kyldelen hos systemet fungerar på samma sätt som ett kylskåp. Köldmedium i gasform sugs in i en remdriven kompressor och passerar sedan en kondensor som sitter på framsidan av kylaren. Där avgår värme och köldmediet övergår i vätskeform. Vätskan

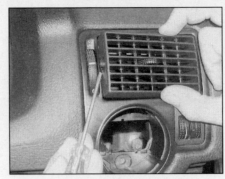

11.1 Bänd försiktigt loss ventilen

passerar genom en expansionsventil till en förångare, där den övergår från vätska under högt tryck till gas under lågt tryck. Denna övergång medför en temperatursänkning, som kyler förångaren. Köldmediet återvänder till kompressorn och cykeln börjar om på nytt.

Luft som har blåsts genom förångaren fortsätter till luftfördelarenheten, där den blandas med varmluft som passerat värmepaketet för att ge önskad temperatur i passagerarutrymmet.

Värmedelen hos systemet fungerar på samma sätt som på modeller utan luft-konditionering (se avsnitt 89).

Funktionen hos systemet styrs elektroniskt av kylvätsketemperaturbrytare (se avsnitt 6) och tryckbrytare i kompressorns högtrycks-ledning. Alla eventuella problem med systemet bör därför överlämnas till en VW-verkstad eller luftkonditioneringsspecialist.

Föreskrifter

⚠️ **Varning: Enligt lag måste man vara ackrediterad av Svedak för att få utföra arbeten på luftkonditioneringssystemet. Kylkretsen innehåller ett köldmedium, vilket gör det farligt att koppla loss någon del av systemet utan specialkunskaper och specialutrustning. Om det stänker på huden kan det orsaka köldskador. Det är i sig inte giftigt, men kan bilda en giftig gas vid kontakt med öppen eld (inklusive cigarettglöd). Okontrollerat utsläpp av köldmedium är farligt och kan skada miljön.**

Använd inte luftkonditioneringssystemet om det har låg köldmedienivå, eftersom kompressorn kan skadas.

Om ett luftkonditioneringssystem finns monterat, är det viktigt att speciella säkerhetsprocedurer följs vid arbete med någon del av systemet, dess kring-komponenter eller över huvud taget enheter som kräver att systemet kopplas loss. Om systemet måste kopplas loss, överlåt detta arbete till din VW-verkstad eller en specialist på luftkonditioneringsanläggningar.

13 Luftkonditionerings-systemets komponenter – demontering och montering

⚠️ **Varning: Försök inte öppna köldmediekretsen. Se föreskrifterna i avsnitt 12.**

1 Det enda arbete som enkelt går att utföra utan att släppa ut köldmedium är byte av kompressorns drivrem, vilket behandlas i tillämplig del av kapitel 1. Alla andra arbeten måste överlåtas till en VW-verkstad eller specialist på luftkonditioneringsanläggningar.
2 Om så behövs kan kompressorn skruvas loss och flyttas åt sidan, sedan drivremmen har tagits bort. Slangarna får dock inte kopplas loss.

14 Climatronic-systemets komponenter – demontering och montering

Allmän information

1 Climatronic-systemet som finns på vissa modeller samarbetar med värme- och luftkonditioneringssystemet för att med automatik hålla en förvald innertemperatur i bilen. De enda delar som lätt kan demonteras utan att köldmedium släpps ut är följande:

Givare för solgenomstrålning

2 Koppla loss batteriets minusledare. **Observera:** *Innan batteriet kopplas ifrån, se "Koppla ifrån batteriet" i referensavsnittet längst bak i boken.*
3 Bänd försiktigt loss givaren från det mellersta avfrostningsmunstycket.
4 Koppla loss anslutningskontakten och ta bort givaren.
5 Montera i omvänd ordningsföljd mot demonteringen.

Temperaturgivare för ventil i benutrymme

6 Koppla loss batteriets minusledare. **Observera:** *Innan batteriet kopplas ifrån, se "Koppla ifrån batteriet" i referensavsnittet längst bak i boken.*
7 Demontera panelen under rattstången.
8 Koppla loss anslutningskontakten från givaren.
9 Vrid givaren 90° och dra ut den ur huset.
10 Montera i omvänd ordningsföljd mot demonteringen.

Reglage- och displayenhet

11 Förfarandet är detsamma som beskrivs i avsnitt 10 för modeller utan luftkonditionering, med skillnaden att det inte finns några vajrar att koppla loss.

Kapitel 4 Del A:
Bränslesystem – bensinmotorer

Innehåll

Svårighetsgrader

Enkelt, passar novisen med lite erfarenhet	Ganska enkelt, passar nybörjaren med viss erfarenhet	Ganska svårt, passar kompetent hemmamekaniker	Svårt, passar hemmamekaniker med erfarenhet	Mycket svårt, för professionell mekaniker

Specifikationer

Systemtyp*

1.4 liters motorer:
  Motorkod AHW och AKQ ....   Magneti-Marelli 4AV eller 4CV
  Motorkod APE, AXP och BCA ....   Bosch Motronic ME7.5.10
1.6 liters SOHC motorer:
  Motorkod AEH och AKL:
    Modeller med farthållare...............................   Simos 2.2
    Modeller utan farthållare..............................   Simos 2.1
  Motorkod APF, AVU och BFQ.............................   Simos 3.3
1.6 liters DOHC motorer:
  Utom motorkod AZD och BCB...........................   Magneti-Marelli 4LV
  Motorkod AZD och BCB ....   Magneti-Marelli 4MV
1.8 liters motorer:
  Motorkod AGN.......................................   Bosch Motronic M3.8.5
  Motorkod AGU.......................................   Bosch Motronic M3.8.3
  Motorkod AQA, ARZ, AUM och AUQ......................   Bosch Motronic ME7.5
2.0 liters motorer:
  Motorkod APK och AQY.................................   Bosch Motronic M5.8.2 eller M5.9.2
  Motorkod AZH och AZJ ....   Bosch Motronic ME7.5

*Se kapitel 2A eller 2B för en lista över motorkoder.

Bränslesystem

Bränslepump, typ..   Elektrisk, nedsänkt i bränsletanken
Bränslepumpens matningsfrekvens...........................   400 cm³/min (batterispänning 12,5 V)
Reglerat bränsletryck ....   2,5 bar
Motorns tomgångsvarvtal (ej justerbart, elektronisk styrning):
  Motorkoder:
    AHW och AKQ ....   700 till 800 varv/minut
    APE, AXP och BCA ....   650 till 850 varv/minut
    AEH och AKL ....   760 till 880 varv/minut
    APF, AVU och BFQ ....   640 till 900 varv/minut
    ATN, AUS, AZD och BCB ....   630 till 730 varv/minut
    AGN ....   760 till 880 varv/minut
    AGU och AQA.......................................   800 till 920 varv/minut

Motorns tomgångsvarvtal (ej justerbart, elektronisk styrning) (forts):
   Motorkoder:
      ARZ, AUM och AUG:
         Manuell växellåda . . . .   700 till 820 varv/minut
         Automatväxellåda . . . .   640 till 760 varv/minut
      APK och AQY . . . .   760 till 880 varv/minut
      AZH och AZJ . . . .   740 till 820 varv/minut
Tomgångens CO-halt (icke justerbar, elektroniskt reglerad) . . . .   högst 0,5 %
Insprutningsventilens elektriska motstånd (typiskt) . . . .   12 till 17 Ohm

Rekommenderat bränsle
Lägsta oktantal:
   Alla modeller utom motorkod ATN, AUS, AUQ, AZD och BCB . . . . .   95 oktan blyfri (91 oktan blyfri kan användas, men med försämrade prestanda)

   Motorkod ATN, AUS, AUQ, AZD och BCB . . . .   98 oktan blyfri (95 oktan blyfri kan användas, men med försämrade prestanda)

Åtdragningsmoment   Nm

Alla modeller
Fästbultar till bränsletankens fästband   25
Knacksensor.   20
Lambdasond (syresensor)   50

1.4 och 1.6 liters DOHC motorer
Bränslefördelarskenans fästbultar   10
Bultar mellan insugningsrör och topplock   20
Termostathusets bultar.   10
Gasspjällshusets fästbultar   10

1.6 liters SOHC motor
Luftrenarens 'fästbultar'   10
Insugningsrörets fäste:
   Till topplock   15
   Till insugningsrör   8
Skruvar mellan insugningsrörets övre och nedre del   3
Muttrar/bultar mellan insugningsrör och topplock   15
Gasspjällshusets fästbultar   8

1.8 liters motorer utan turbo
Luftrenarens 'fästbultar'   10
Kamaxelgivarens inre elements fästbultar   25
Bränslefördelarskenans fästbultar   10
Insugsluftens temperaturgivares fästbult   10
Skruvar mellan insugningsrörets övre och nedre del   10
Muttrar/bultar mellan insugningsrör och topplock   10
Gasspjällshusets fästbultar   10

1.8 liters turbo
Luftrenarens 'fästbultar'   10
Kamaxelgivarens inre elements fästbultar   25
Bränslefördelarskenans fästbultar   10
Insugsluftens temperaturgivares fästbult   10
Insugningsrörets stödfäste:
   Till motorblock:
      Motorkod ARZ   45
      Alla övriga motorer   20
   Till insugningsrör:
      Motorkod ARZ   20
      Alla övriga motorer   10
Muttrar/bultar mellan insugningsrör och topplock   10
Gasspjällshusets fästbultar   10

2.0 liter
Bränslefördelarskenans fästbultar   10
Skruvar mellan insugningsrörets övre och nedre del   10
Muttrar/bultar mellan insugningsrör och topplock   10
Gasspjällshusets fästbultar   10

1 Allmän information och föreskrifter

Allmän information

De system som beskrivs i det här kapitlet är alla självständiga motorstyrningssystem som reglerar både bränsleinsprutning och tändning. Det här kapitlet behandlar endast bränslesystemets komponenter – se kapitel 4C för information om turboaggregat, avgassystem och avgasreningssystem, och kapitel 5B för information om tändsystem.

Bränsleinsprutningssystemet består av en bränsletank, en elektrisk bränslepump/nivågivarenhet, ett bränslefilter, bränsletillförsel- och returslangar, ett gasspjällshus, en bränslefördelarskena, en bränsletrycksregulator, fyra elektroniska bränsleinsprutningsventiler och en elektronisk styrenhet (ECU) med givare, manövreringsenheter och kablage. De bränslesystem som används är ganska likartade, men detaljerna kan skilja sig en hel del, särskilt mellan vilka givare som används och hur insugningsröret är utformat.

Bränslepumpen är nedsänkt i bränslet i tanken. Den matar bränsle konstant genom ett kassettfilter till bränslefördelarskenan, under ett något högre tryck än vad som behövs. Bränsletrycksregulatorn håller ett konstant bränsletryck till bränsleinsprutningsventilerna och matar tillbaka överflödigt bränsle till tanken via returledningen. Detta konstanta flödessystem hjälper också till att reducera bränsletemperaturen och förebygga förångning.

Bränsleinsprutningsventilerna öppnas och stängs av en elektronisk styrenhet (ECU) som beräknar insprutningens synkronisering och varaktighet beroende på motorvarvtalet, vevaxelns/kamaxelns position, gasspjällets position och öppningsfrekvens, insugningsrörets undertryck, insugsluftens temperatur, kylvätskans temperatur, bilens hastighet och avgasernas syreinnehåll. All denna information samlas in av givare på och runt motorn.

På 2.0 liters modeller sitter varje bränsleinsprutningsventil i ett eget hölje, i vilket en liten mängd insugslufts matas in. Vid insprutningsventilens spets blandas luften med bränslet till en finfördelad bränslesprej.

Vissa 1.6, 1.8 och 2.0 liters modeller kan också vara försedda med ett sekundärt luftinsprutningssystem som matar luft till avgaserna, för bättre förbränning av eventuellt oförbränt bränsle vid uppvärmning av motorn. Denna process gör också att katalysatorn värms upp snabbare till effektiv arbetstemperatur. Se kapitel 4C för mer information.

Insugsluft matas till motorn via luftrenaren, som innehåller ett utbytbart pappersfilter. På vissa modeller utan turbo regleras insugs-

luftens temperatur med en ventil på luftrenarens huvudinsug, som blandar luft med utomhustemperatur med varm luft från avgasgrenröret.

Temperaturen och trycket hos den luft som sugs in i gasspjällshuset mäts av en givare på insugningsröret eller av luftflödesmätaren på luftrenaren. Informationen används av ECU:n för att finjustera bränslebehovet i olika situationer. Turbomotorer har ytterligare en lufttemperaturgivare efter gasspjällshuset, som känner av temperaturen hos (den komprimerade) luften efter att den har passerat turboaggregatet och mellankylaren.

På 1.6 liters SOHC motorer och på 1.8 liters motorer utan turbo finns ett insugningsrör med varierbar längd. I insugningsröret sitter en vakuumstyrd klaff som delar insugsluften mellan två vägar av olika längd genom insugningsröret. Genom att styra insugsluften på detta sätt kan man ändra motorns momentegenskaper vid olika motorvarvtal och belastningar.

Tomgångsstyrningen sker delvis med hjälp av gasspjällets elektroniska lägesgivare i gasspjällshuset, delvis med tändsystemet, som finjusterar tomgångsvarvtalet genom att ändra tändningsinställningen. Resultatet blir att manuell justering av motorns tomgångsvarvtal varken är nödvändig eller möjlig.

Avgasernas syreinnehåll övervakas konstant av ECU:n via en lambdasond på den främre delen av avgasröret. På alla utom de tidigaste 1.4 och 1.6 liters motorerna finns två lambdasonder, en före katalysatorn och en efter. Detta förbättrar givarnas svarstid och noggrannhet, och ECU:n kontrollerar att omvandlaren fungerar korrekt genom att jämföra signalerna från givarna. ECU:n använder informationen från givaren/givarna för att ändra insprutningens synkronisering och varaktighet för optimal luft-/bränsleblandning. Ett resultat av detta är att manuell justering av avgasernas CO-halt vid tomgång varken är nödvändig eller möjlig. Alla modeller är försedda med katalysator – se kapitel 4C.

ECU:n styr funktionen hos det kolfilterförsedda avdunstningsregleringssystemet, i förekommande fall – se kapitel 4C för mer information.

Observera att feldiagnos av de motorstyrningssystem som beskrivs i det här kapitlet endast är möjlig med särskild elektronisk testutrustning. Problem med systemens funktion bör därför hänvisas till en VW-återförsäljare. När felet har identifierats kan komponenter bytas efter behov enligt de anvisningar som beskrivs i följande avsnitt.

Föreskrifter

Varning: Bensin är extremt brandfarlig – stor försiktighet måste iakttas vid arbete på någon del av bränslesystemet.
Rök inte och låt ingen öppen låga eller nakna glödlampor komma i närheten av arbetsutrymmet. Tänk på att apparater

som använder tändlåga, t.ex. värmepannor och vissa torktumlare, också kan utgöra en brandfara. Ha alltid en brandsläckare av lämplig typ till hands, och ta reda på hur den fungerar innan du börjar arbeta. Använd skyddsglasögon när du arbetar med bränslesystemet, och tvätta omedelbart bort eventuellt bränslespill från huden med tvål och vatten. Glöm inte att bränsleångor är lika farliga som flytande bränsle – om möjligt ännu farligare. En behållare som har tömts på flytande bränsle innehåller fortfarande explosiva ångor.

Många av de arbetsmoment som beskrivs i det här kapitlet innebär att man kopplar loss bränsleledningarna, vilket kan medföra bränslespill. Läs varningstexten ovan och informationen i "Säkerheten främst!" i början av denna handbok, innan arbetet påbörjas.

Ett visst bränsletryck finns alltid kvar i bränslesystemet, också långt efter att motorn har stängts av. Detta tryck måste utjämnas på ett kontrollerat sätt innan något arbete kan utföras på komponenterna i bränslesystemet – se beskrivningen i avsnitt 9 för ytterligare information.

Var extra noga med att hålla rent vid arbete med bränslesystemets komponenter. Smuts i bränslesystemet kan orsaka blockeringar med skadliga inverkningar på motorn som följd.

Med tanke på den personliga säkerheten och för att skydda utrustningen, bör den negativa anslutningen kopplas bort från batteripolen i många av de arbetsmoment som beskrivs i det här kapitlet. Detta eliminerar i första hand risken för oavsiktlig kortslutning under arbetet. Det förhindrar dessutom skador på elektroniska komponenter (t.ex. givare, manövreringsenheter, elektroniska styrenheter) som är särskilt känsliga för strömtoppar som kan orsakas av losskoppling eller återanslutning av kabelhärvan när strömmen är ansluten. Se "Koppla ifrån batteriet" i slutet av handboken.

2 Luftrenare och insugningssystem – demontering och montering

Demontering

1 Om det är tillämpligt och/eller om det behövs för att skapa åtkomlighet, ta bort motorns övre skyddskåpa/-kåpor. Demonteringsförfarandet varierar beroende på modell, men kåpans fästmuttrar sitter dolda under runda lock som bänds ut från huvudkåpan. Om plastskruvar eller vridfästen används kan dessa tas bort med hjälp av en bredbladig skruvmejsel. Ta bort muttrarna eller

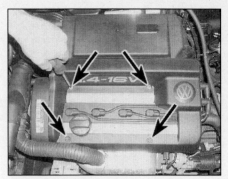

2.1a Skruva loss hållarna (vid pilarna) . . .

2.1b . . . och ta bort motorns övre skyddskåpa – 1.4 liters motor

2.2 Koppla loss ventilationsslangen från luftrenaren

skruvarna och lyft bort kåpan från motorn. Ta bort eventuellt kablage eller slangar **(se bilder)**.

1,4 och 1,6 liters DOHC motorer

Observera: *På 1,4 liters och 1,6 liters DOHC motorkoder AZD, BCA och BCB, är luftfiltret inbyggd i motorns övre skyddskåpa. Se kapitel 1A, avsnitt 29 för information.*

2 Koppla loss ventilationsslangen från luft-renarens högra sida **(se bild)**.
3 På äldre 1.4 liters motorer, lossa gasvajern från luftrenarens främre och bakre sidor **(se bild)**.
4 Bänd ut det rektangulära locket från luftrenarens ovansida och ta bort fästskruven därunder **(se bilder)**.
5 Skruva loss mittenskruven på luftrenarens framsida **(se bild)**.
6 På äldre 1.4 liters motorer, ta bort de två

skruvarna som håller fast luftintagstrumman vid fästbygeln på motorfästet, och lossa slangklämman som håller fast varmlufts-slangen vid avgasgrenröret **(se bilder)**.

7 Dra upp luftrenaren så att den lossnar från det högra bakre fästet. Lossa luftintagspipen från varmluftsslangen och lyft upp enheten ur motorn **(se bild)**. Ta loss tätningen över

2.3 Lossa gasvajern från luftrenaren

2.4a Bänd ut och ta bort det rektangulära locket . . .

2.4b . . . och skruva loss skruven under det

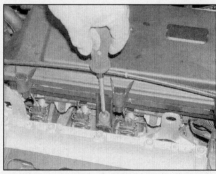

2.5 Ta bort skruven på luftrenarens framsida

2.6a Ta bort skruvarna som håller fast luftintagstrumman

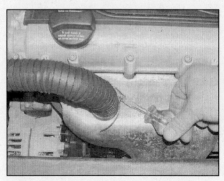

2.6b Lossa varmluftsslangens klämma . . .

2.6c . . . och ta bort slangen från insugningsrörets kåpa

2.7 Skruva loss luftrenarenheten – 1.4 liters modeller

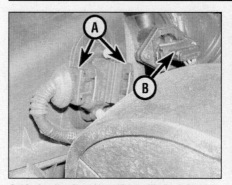

2.10 Anslutningskontakter till tändningens effektsteg (A) och luftflödesmätaren (B)

gasspjällshusets luftintag och kontrollera dess skick. Byt ut den om den är skadad.

8 På 1.6 och nyare 1.4 liters motorer kan luftintagstrumman tas bort från motorfästet genom att fästskruvarna tas bort och varmluftsslangen lossas från rörhöljet.

Alla övriga motorer

9 Koppla loss anslutningskontakten från luftflödesmätaren.

10 På modeller med turbo, koppla loss de två anslutningskontakterna från tändningens effektsteg på luftrenarens baksida **(se bild)**.

11 På 1.6 liters modeller (motorkod APF, AVU och BFQ), koppla loss den smala EGR-slangen (avgasåterföring) från luftrenaren.

12 Koppla i förekommande fall loss den tjocka luftintagsslangen som går till den sekundära luftpumpen. Lossa slangen och ändbeslaget genom att klämma ihop tapparna.

13 På modeller utan turbo, lossa slang-klämman som håller fast varmluftsslangen vid luftrenarens lock och koppla loss slangen.

14 Lossa slangklämman som håller fast luftflödesmätaren vid luftintagstrumman **(se bild)**.

15 Lossa alla slangar, kablage, etc, som är fästa vid luftrenaren, och notera hur de är dragna för att underlätta återmonteringen.

16 Ta bort de två skruvarna som håller fast luftrenarens lock och haka loss det från de främre klämmorna, tillsammans med luft-flödesmätaren **(se bilder)**. Lyft ut luftfiltret.

17 Luftrenarens undre hälft hålls på plats med två skruvar – en på framsidan och en

2.14 Koppla loss luftintagstrumman från luftflödesmätaren

på baksidan. Ta bort skruvarna och lyft ut luftrenaren. Lossa samtidigt luftintagspipen från sin plats.

18 På modeller med turbo kan resten av luftintagstrumman tas bort vid behov genom att slangklämmorna lossas och anslutnings-kontakten kopplas bort från den laddtrycks-reglerande magnetventilen. Notera hur alla slangar sitter placerade innan de kopplas loss – märk slangarna om det behövs, för att underlätta återmonteringen.

Montering

19 Montera i omvänd ordningsföljd mot demonteringen. Tänk på följande:

a) Om tillämpligt, se till att luftfiltret monteras korrekt. Se kapitel 1A om det behövs.

b) Det är mycket viktigt att tätningen mellan luftrenaren och gasspjällshuset (1.4 och 1.6 liters DOHC motorer) eller mellan luftflödesmätaren och luftintagstrumman (övriga motorer) är lufttät. Kontrollera tätningens skick enligt beskrivningen i punkt 7 eller dra åt slangklämman ordentligt.

3 Insugsluftens temperaturregleringssystem– allmän information

Observera: Detta system finns inte i 1.8 liters motorer.

1 Insugningsluftens temperaturreglerings-

system består av en temperaturstyrd klaff-ventil, monterad i ett eget hus i luftrenarens luftintagsstrumma eller i luftrenarens lock, samt en kanal till luftsamlarplåten för varmluft ovanför avgasgrenröret.

2 Temperaturgivaren i klaffventilhuset känner av insugsluftens temperatur och öppnar ventilen när en angiven undre gräns har nåtts. När klaffventilen öppnas blandas varmluft från avgasgrenröret med insugsluften.

3 Allt eftersom insugsluftens temperatur stiger, stänger givaren klaffen stegvis, tills varmluftstillförseln från avgasgrenröret stryps helt och endast luft av utomhustemperatur släpps in till luftrenaren.

4 När kanalerna tas bort från temperatur-styrningens klaffventilhus blir givaren synlig. Givarens funktion kan testas med en hårtork och lämplig kylsprej.

4 Gasvajer – demontering, montering och justering

Observera: De flesta modeller har ingen accelerationskabel. Istället har de ett elektroniskt styrt arrangemang ibland kallat Electronic Power Control (EPC), E-Gas eller ett 'fly-by-wire -spjäll. Spjällpositionssensorn på gaspedalen är kopplad till en motor (positionerare) via ECU. Motorn öppnar och stänger spjällventilen.

Demontering

1 Om det är tillämpligt och/eller om det behövs för att skapa åtkomlighet, ta bort motorns övre skyddskåpa/-kåpor. Demonteringsförfarandet varierar beroende på modell, men kåpans fästmuttrar sitter dolda under runda lock som bänds ut från huvudkåpan. Om plastskruvar eller vridfästen används kan dessa tas bort med hjälp av en bredbladig skruvmejsel. Ta bort muttrarna eller skruvarna och lyft bort kåpan från motorn. Ta bort eventuellt kablage eller slangar.

2 Vid gasspjällshuset, håll gasspjället öppet och koppla loss den inre gasvajern från gasspjällsspindeln **(se bilder)**.

2.16a Lossa fästskruvarna . . .

2.16b . . . och ta bort luftrenarens lock

4.2a Håll gasspjället öppet för hand . . .

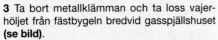

4.2b . . . och koppla loss gasvajerns inre ände

4.3 Lossa gasvajern från fästbygeln

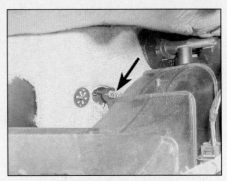

4.4 Gasvajerns ändbeslag (vid pilen) – sett med handskfacket borttaget

3 Ta bort metallklämman och ta loss vajerhöljet från fästbygeln bredvid gasspjällshuset **(se bild)**.
4 På högerstyrda modeller, ta bort handskfacket enligt beskrivningen i kapitel 11, avsnitt 28. Gaspedalen har ett förlängningsstag som sträcker sig tvärs över bilen, och man kan komma åt det genom att sträcka sig över värmeenhetens hus. Låt vid behov en medhjälpare röra på pedalen så att du kan se var staget är **(se bild)**
5 På vänsterstyrda modeller, se kapitel 11, avsnitt 28, och ta bort instrumentbrädans panel under rattstången.
6 Tryck ner gaspedalen lätt och koppla loss gasvajerns ände från pedalens förlängningsstag. Lossa i förekommande fall motvikten från pedalens ovansida om det är svårt att komma åt.

7 Där vajern passerar genom torpedväggen, skruva loss kåpan från den tvådelade genomföringen så att vajern kan röras obehindrat.
8 Lossa vajern från fästklämmorna och styr den genom genomföringen i torpedväggen.

Montering
9 Montera gasvajern i omvänd ordningsföljd mot demonteringen.

Justering
10 Fäst vajerhöljet i fästbygeln på gasspjällshuset genom att sätta i metallklämman i ett av urtagen, så att gasspjället precis vidrör ändstoppet när gaspedalen är helt nedtryckt **(se bild)**.

5 Bränslesystemets komponenter – demontering och montering

Observera: *Läs särkerhetsföreskrifterna i avsnitt 1 innan du börjar arbeta med någon del av bränslesystemet. Motorstyrningssystemets givare hör mer direkt till tändsystemet, och information om dessa finns därför i kapitel 5B.*

Gasspjällshus
Demontering
1 På 1.8 och 2.0 liters modeller utan turbo värms gasspjällshuset med kylvätska, så när det ska tas bort måste även två kylvätskerör kopplas loss. Även om kylsystemet har tömts enligt beskrivningen i kapitel 1A har

förmodligen inte rören till gasspjällshuset tömts, så det finns risk för spill. Om kylvätskan inte ska återanvändas kan det vara bättre att inte tömma systemet, men var beredd på att plugga igen rören så fort de kopplats loss.
2 På modeller utan turbo, ta bort luftrenaren enligt beskrivningen i avsnitt 2.
3 På modeller med turbo, ta bort motorns övre skyddskåpa/-kåpor. Demonteringsförfarandet varierar beroende på modell, men kåpans fästmuttrar sitter dolda under runda lock som bänds ut från huvudkåpan. Om plastskruvar eller vridfästen används kan dessa tas bort med hjälp av en bredbladig skruvmejsel. Ta bort muttrarna eller skruvarna och lyft bort kåpan från motorn. Ta bort eventuellt kablage eller slangar.
4 Efter tillämplighet, koppla loss gasvajern från gasspjällsspindeln enligt beskrivningen i avsnitt 4.
5 Koppla loss batteriets minusledare och flytta bort ledaren från polen. **Observera:** *Se först "Koppla ifrån batteriet" i slutet av boken.*
6 Koppla loss slangen till kolfiltret från porten på gasspjällshuset. Koppla även loss bromsservons vakuumslang, om sådan finns **(se bilder)**.
7 Koppla loss kontaktdonet från gasspjällets potentiometer **(se bild)**.
8 I förekommande fall, koppla loss kylvätskerören från gasspjällshuset och anteckna noga hur de sitter. Var beredd på kylvätskespill och plugga igen rörändarna så fort som möjligt.

4.10 Metallklämman sätts på plats med en tång

5.6a Koppla loss vakuumslangen från kolfiltret . . .

5.6b . . . och bromsservon

5.7 Koppla loss kontaktdonet från gasspjällshuset

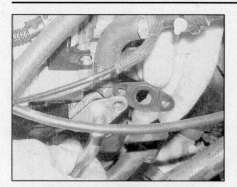

5.9 Skruva loss EGR-systemets rörflänsbultar, öppna leden och ta loss packningen

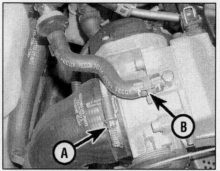

5.10 Gasspjällshus – turbomodeller. Luftintagets slangklämma (A) och kolfilterslang (B)

5.14a Lossa hållarna . . .

9 På 1.4 och 1.6 liters motorer med motorkod APF, AVU och BFQ, skruva loss de två bultarna som håller fast EGR-systemets metallrör. Skilj rörflänsen från gasspjällshuset och ta loss packningen – en ny packning måste användas vid återmonteringen **(se bild)**.
10 På modeller med turbo, lossa slang-klämman och ta bort den stora luftintags-trumman från gasspjällshuset **(se bild)**.
11 Skruva loss de genomgående bultarna och lyft bort gasspjällshuset från insugnings-röret. På 1.4 liters motorer, ta loss den fläns som EGR-röret är fastsatt vid. Notera dess riktning. Ta loss och kasta packningen/packningarna. Observera att på vissa modeller håller en av bultarna fast gasspjälls-husets jordledning.

Montering
12 Montera i omvänd ordningsföljd mot demonteringen. Tänk på följande:
a) Använd en ny packning mellan gasspjällshuset och insugningsröret.
b) Dra åt gasspjällshusets genomgående bultar jämnt till angivet moment, för att förebygga luftläckor.
c) Se till att alla slangar och elektriska kontaktdon sätts tillbaka ordentligt.
d) Efter tillämplighet, kontrollera gasvajern och justera den vid behov enligt beskrivningen i avsnitt 4.

Bränsleinsprutningsventiler och bränslefördelarskena
Observera: Läs säkerhetsföreskrifterna i avsnitt 1 innan du börjar arbeta med någon del av bränslesystemet. Om en insprutningsventil misstänks vara defekt kan det vara värt att prova ett passande rengöringsmedel innan insprutningsventilerna skruvas loss. Medlet tillsätts i bensinen i tanken, och rengör insprutningsventilerna under körning.

Demontering
13 Koppla loss batteriets minusledare och flytta bort ledaren från polen. **Observera:** Se först "Koppla ifrån batteriet" i slutet av boken.
14 Demontera motorns toppkåpa/-kåpor, om så är tillämpligt. Demonteringsförfarandet varierar beroende på modell, men kåpans fästmuttrar sitter dolda under runda lock som bänds ut från huvudkåpan. Om plastskruvar eller vridfästen används kan dessa tas bort

med hjälp av en bredbladig skruvmejsel. Ta bort muttrarna eller skruvarna och lyft bort kåpan från motorn. Ta bort eventuellt kablage eller slangar **(se bilder)**.
15 På 1.6 och 2.0 liters SOHC motorer och på 1.8 liters motorer utan turbo, ta bort den övre delen av insugningsröret enligt beskrivningen i avsnitt 10.
16 Koppla loss insprutningsventilernas kablagekontakter. Sätt etiketter på dem för att underlätta återmonteringen. Lossa kabel-härvans klämmor från den övre delen av bränslefördelarskenan och lägg härvan åt sidan **(se bilder)**.
17 Tryckutjämna bränslesystemet enligt beskrivningen i avsnitt 9.
18 Koppla loss vakuumslangen från porten på bränsletrycksregulatorn **(se bild)**.

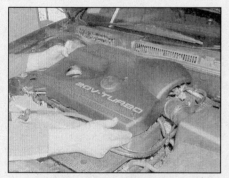

5.14b . . . och ta bort motors huvudkåpa . . .

5.14c . . . och främre kåpa – turbomodell

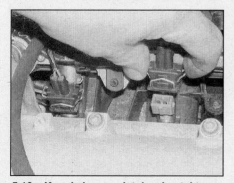

5.16a Koppla loss anslutningskontakterna från insprutningsventilerna . . .

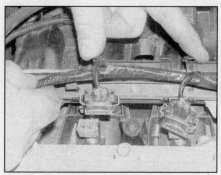

5.16b . . . och lossa sedan kabelhärvan från bränslefördelarskenan

5.18 Koppla loss tryckregulatorns vakuumslang

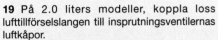

5.20a Lossa bränsleslangens snabbkoppling genom att klämma ihop spärrarna . . .

5.20b . . . eller lossa fjäderklämmorna som håller fast slangarna vid bränslefördelarskenan

5.21 En av bränslefördelarskenans fästbultar

19 På 2.0 liters modeller, koppla loss lufttillförselslangen till insprutningsventilernas luftkåpor.

20 Kläm ihop snabbkopplingarnas spärrar och koppla loss bränsletillförsel- och returslangarna från sina fästen i torpedväggen. Alternativt, lossa fjäderklämmorna som håller fast slangarna vid bränslefördelarskenan **(se bilder)**. Anteckna *noga* var slangarna sitter. Tillförselslangen är märkt med en svart eller vit pil och returslangen är märkt med en blå pil.

21 Skruva loss bränslefördelarskenans fästbultar **(se bild)**. Lyft sedan försiktigt bort skenan från insugningsröret, tillsammans med insprutningsventilerna. Ta loss insprutningsventilernas nedre O-ringstätningar där de kommer ut från insugningsröret.

22 Insprutningsventilerna kan tas bort från bränslefördelarskenan en och en genom att respektive metallklämma tas bort och ventilen sedan lirkas bort från skenan. Ta loss insprutningsventilernas övre O-ringstätningar.

23 Ta vid behov bort bränsletrycksregulatorn enligt beskrivningen i relevant underavsnitt.

24 Kontrollera insprutningsventilens elektriska resistans med en multimeter och jämför värdet med det i specifikationerna.

Montering

25 Sätt tillbaka insprutningsventilerna och bränslefördelarskenan i omvänd ordning mot demonteringen. Tänk på följande:

a) Byt insprutningsventilernas O-ringstätningar om de är slitna eller skadade.

b) Se till att insprutningsventilernas fästklämmor sitter ordentligt.

c) Var noga med att sätta tillbaka bränsletillförsel- och returslangarna korrekt – se färgkoderna som anges i punkt 20.

d) Kontrollera att alla vakuumanslutningar och elektriska anslutningar återställs korrekt och säkert.

e) Avsluta med att noga leta efter bränsleläckage innan bilen används igen.

Bränsletrycksregulator

Observera: *Läs sårkerhetsföreskrifterna i avsnitt 1 innan du börjar arbeta med någon del av bränslesystemet.*

Demontering

26 Koppla loss batteriets minusledare och flytta bort ledaren från polen. **Observera:** *Se först "Koppla ifrån batteriet" i slutet av handboken.*

27 Tryckutjämna bränslesystemet enligt beskrivningen i avsnitt 9.

28 Demontera motorns toppkåpa/-kåpor, i förekommande fall. Demonteringsförfarandet varierar beroende på modell, men kåpans fästmuttrar sitter dolda under runda lock som bänds ut från huvudkåpan. Om plastskruvar eller vridfästen används kan dessa tas bort med hjälp av en bredbladig skruvmejsel. Ta bort muttrarna eller skruvarna och lyft bort kåpan från motorn. Ta bort eventuellt kablage eller slangar.

29 Koppla loss vakuumslangen från porten under (eller på sidan av) bränsletrycksregulatorn **(se bild)**.

30 Lossa fjäderklämman och koppla tillfälligt loss bränsletillförselslangen från bränslefördelarskenans ände. På så sätt kan det mesta av bränslet i regulatorn tömmas ut. Var beredd på bränslespill. Placera en liten behållare och några gamla trasor under bränsleregulatorhuset. Återanslut slangen när bränslet är uttömt.

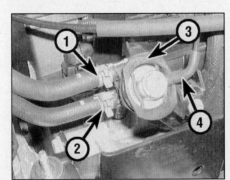

5.29 Bränsletrycksregulator – 1.6 liters motor med enkel överliggande kamaxel

1 Bränsletillförselslang
2 Bränslereturslang
3 Fjäderklämma
4 Vakuumslang

Observera: *Tillförselslangen är märkt med en svart eller vit pil.*

31 På 1.4 och 1.6 liters DOHC motorer, ta bort regulatorkragens fästskruv och lyft av kragen. Lyft ut regulatorn och ta loss O-ringstätningarna.

32 På alla andra motorer, dra bort fjäderklämman från ovansidan av regulatorhuset och lyft ut regulatorn. Ta loss O-ringstätningarna.

Montering

33 Montera bränsletrycksregulatorn i omvänd ordning mot demonteringen. Tänk på följande:

a) Byt O-ringstätningarna om de verkar vara slitna eller skadade.

b) Se till att regulatorns fästklämma sitter ordentligt, eller att kragen är korrekt monterad och skruven ordentligt åtdragen.

c) Sätt tillbaka regulatorns vakuumslang ordentligt.

Gasspjällets potentiometer/justerare

34 Potentiometern (eller motorn/justeraren på modeller med elektroniskt styrt gasspjäll) anpassas till gasspjällshuset vid tillverkningen, och går inte att köpa separat – om den går sönder måste man skaffa en hel ny gasspjällshusenhet. Enheten kan i och för sig tas ut från huset genom att fästskruvarna skruvas loss, men detta skadar tätningen mellan de två delarna, och nya tätningar verkar inte finnas som reservdelar.

Gasspjällets lägesgivare

35 På modeller med vanlig gasvajer har potentiometern, som är ansluten till gasspjällshuset, samma funktion som gasspjällets lägesgivare. Som vi tidigare har nämnt går inte potentiometern att köpa separat.

36 På modeller med elektroniskt styrt gasspjäll är lägesgivaren inbyggd i gaspedalen. Pedalenheten kan tas bort (efter att den nedre instrumentbrädan på förarsidan tagits bort – kapitel 11, avsnitt 28) genom att givarens anslutningskontakt kopplas loss

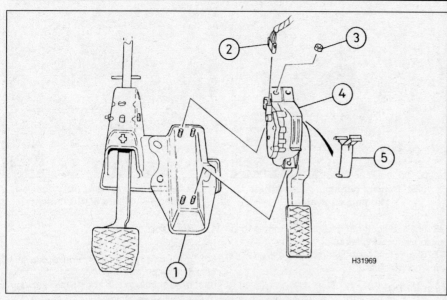

5.36 Gaspedal och gasspjällägesgivare

1 Fästbygel
2 Lägesgivarens kontaktdon
3 Fästmuttrar
4 Lägesgivare
5 Hållare för fotbrunnens kåpa

och muttrarna som håller fast pedalen vid fästbygeln skruvas loss **(se bild)**.

Insugsluftens temperatur-/ tryckgivare

37 Alla modeller utom de med 1.4 och 1.6 liters DOHC motorer har en lufttemperaturgivare inbyggd i luftflödesmätaren. Den här givaren utgör en del av luftflödesmätaren och kan inte bytas separat. På 1.8 liters motorer är ytterligare en lufttemperaturgivare monterad på insugningsröret. Denna kan bytas enligt beskrivningen nedan.

Demontering – 1.4 och 1.6 liters DOHC motorer

38 Givaren är ansluten till insugningsrörets högra sida (sett från förarplatsen) **(se bild 10.6)**.
39 Koppla loss batteriets minusledare och flytta bort ledaren från polen. **Observera:** *Se först "Koppla ifrån batteriet" i slutet av* handboken. Koppla loss kontaktdonet från givaren **(se bild)**.
40 Ta bort de två fästskruvarna och dra bort givaren från insugningsröret. Ta loss O-ringstätningarna och styrplattan om den är lös – notera hur plattan är monterad.

Demontering – 1.8 liters motorer

41 Givaren sitter på insugningsröret, bredvid gasspjällshuset.
42 Koppla loss batteriets minusledare och flytta bort ledaren från polen. **Observera:** *Se först "Koppla ifrån batteriet" i slutet av handboken.* Koppla loss kontaktdonet från givaren **(se bild)**.
43 Skruva loss givarens fästbult och dra loss givaren från röret. Ta loss O-ringstätningen.

Montering

44 Montera i omvänd ordningsföljd mot demonteringen. Tänk på följande:

a) På 1.4 och 1.6 liters motorer, montera styrplattan och byt O-ringstätningarna vid behov. Dra åt givarens fästskruvar ordentligt.
b) På 1.8 liters motorer, byt O-ringstätningen om den verkar skadad. Dra åt givarens bult till angivet moment.

Hastighetsgivare

45 Hastighetsgivaren är monterad på växellådan, bredvid växlingens länksystem – se kapitel 7A. Förväxla inte givaren med backljusbrytaren, som har ett mindre kontaktdon.

Temperaturgivare för kylvätska

46 Se kapitel 3, avsnitt 6.

Lambdasond
Demontering

47 Alla modeller har en lambdasond som sitter på det främre avgasröret eller grenröret, framför katalysatorn. De flesta modeller har ytterligare en lambdasond som sitter efter katalysatorn. Se kapitel 4C för mer information.
48 Koppla loss batteriets minusledare och flytta bort ledaren från polen. **Observera:** *Se först "Koppla ifrån batteriet" i slutet av handboken.*

⚠ **Varning: Arbete med lambdasonden bör endast ske när motorn (och därmed avgassystemet) är helt kall.** *Särskilt katalysatorn är mycket varm en lång tid efter att motorn har stängts av.*

49 Följ kabelhärvan bakåt från lambdasonden till kontaktdonet och koppla loss det **(se bild)**. I normala fall är anslutningskontakten till den främre sonden svart, och den till den bakre sonden brun. Lossa givarens kablage från eventuella fästklämmor. Notera hur kablarna är dragna.
50 På vissa modeller går det att komma åt den främre sonden uppifrån, medan den bakre sonden (där sådan finns) endast är

5.39 Koppla loss kontaktdonet till insugningsrörets tryckgivare (sedd från bilens undersida)

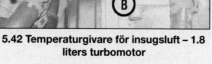

5.42 Temperaturgivare för insugsluft – 1.8 liters turbomotor
Kontaktdon (A) och fästbult (B)

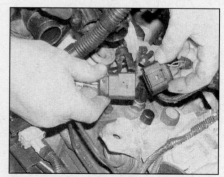

5.49 Sära på de två halvorna av lambdasondens kontaktdon – ovanför växellådan på denna modell

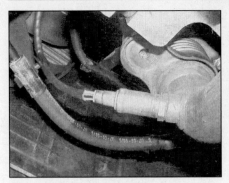

**5.50 Lambdasondens plats –
1.4 liters motor**

**5.54 Bänd ut gummiproppen för att
komma åt givaren**

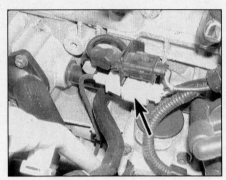

**5.56 Varvtalsgivarens kontaktdon (vid
pilen) – 1.6 liters SOHC motor**

åtkomlig underifrån **(se bild)**. På vissa modeller kan man lättare komma åt en sond som är monterad på det främre avgasröret om man skruvar loss kåpan från den högra drivaxelns inre drivknut.
51 Skruva loss sonden. Var försiktig så att den inte skadas. **Observera:** *Eftersom en kabel fortfarande är ansluten till sonden när den har tagits loss måste sonden skruvas loss med en öppen hylsa, om du inte har en fast nyckel av passande storlek.*

Montering
52 Applicera lite värmetåligt antikärvningsfett på sondens gängor. Undvik att få fett på spetsen.
53 Sätt tillbaka sonden och dra åt den till angivet vridmoment. Återanslut kabelhärvan.

Varvtalsgivare
Demontering
54 På 1.4 och 1.6 liters DOHC motorer sitter varvtalsgivaren på motorblockets bakre vänstra sida, bredvid balanshjulskåpan. Den är mycket svår att komma åt. Bänd ut gummiproppen för att komma åt givaren **(se bild)**.
55 På alla andra motorer sitter varvtalsgivaren på motorblockets främre vänstra sida, i närheten av fogytan mellan motorblocket och balanshjulskåpan, bredvid oljefiltret. För att komma åt lättare, töm vid behov ut motoroljan och ta bort oljefiltret och kylaren enligt beskrivningen i kapitel 1A.

56 Följ kablaget från givaren och koppla loss kablagekontakten **(se bild)**.
57 Skruva loss fästbulten och dra loss givaren från motorblocket.

Montering
58 Montera i omvänd ordningsföljd mot demonteringen.

Kamaxelgivare
1.4 och 1.6 liters DOHC motorer
Demontering
59 Demontera motorns toppkåpa/-kåpor, i förekommande fall. Demonteringsdetaljerna varierar beroende på modell, men kåpans fästmuttrar sitter dolda under runda lock som bänds ut från huvudkåpan. Om plastskruvar eller vridfästen används kan dessa tas bort med hjälp av en bredbladig skruvmejsel. Ta bort muttrarna eller skruvarna och lyft bort kåpan från motorn. Ta bort eventuellt kablage eller slangar.
60 Ta bort oljepåfyllningslocket.
61 Ta bort de fyra skruvarna som håller fast kåpan över kamaxelhuset och lyft bort kåpan från motorn.
62 Dra upp kontaktdonet från givaren. Den sitter bredvid motorlyftöglan **(se bild)**.
63 Skruva loss givarens fästbult och dra ut givaren ur kamaxelhuset.

Montering
64 Montera i omvänd ordningsföljd mot demonteringen.

1.8 liters motorer
Demontering
65 Ta bort den yttre kamremskåpan enligt beskrivningen i kapitel 2B.
66 Lossa klämman och koppla loss kablagets multikontakt från givaren.
67 Skruva loss fästbultarna och dra bort givaren från topplocket. Skruva vid behov loss mittenbulten och ta bort det inre elementet och kåpan. Notera hur de är monterade.
Montering
68 Montera i omvänd ordningsföljd mot demonteringen. Dra åt fästbultarna ordentligt.
1.6 och 2.0 liters SOHC motorer
Demontering
69 Ta bort kamaxeldrevet enligt beskrivningen i kapitel 2A.
70 Notera givarens plats och märk den vid behov i förhållande till topplocket. Koppla loss kablaget från givaren **(se bild)**.
71 Skruva loss den inre kamremskåpan från topplocket.
72 Skruva loss de återstående bultarna och ta bort givaren från topplocket.
Montering
73 Montera i omvänd ordningsföljd mot demonteringen. Se till att givarens basplatta är centrerad innan du drar åt fästbultarna.

Kopplingspedalens brytare
74 På 1.6, 1.8 och 2.0 liters motorer sitter kopplingsbrytaren på kopplingspedalen. Den sänder en signal till ECU:n. Brytarens syfte är att avaktivera gasspjällets stängningsdämpare vid växling så att motorvarvtalet sjunker snabbare när gaspedalen släpps än det annars skulle ha gjort. Brytaren avaktiverar också eventuell farthållare när pedalen trycks ner.

Demontering
75 För att ta bort brytaren, ta först bort instrumentbrädans nedre klädselpanel på förarsidan, enligt beskrivningen i kapitel 11, avsnitt 28.
76 Leta reda på brytarens anslutningskontakt framför kopplingspedalen och koppla loss den.
77 Lossa brytarens fästtappar och dra bort den från pedalen.

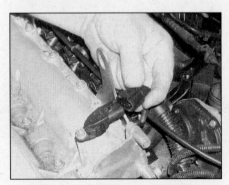

**5.62 Koppla loss kamaxelgivaren –
1.4 liters motor**

**5.70 Koppla loss kamaxelgivaren –
1.6 liters SOHC motor**

5.85 ECU:ns ena anslutningskontakt kopplas loss

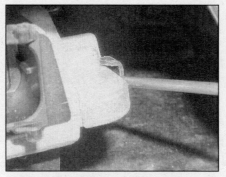

5.86a Det är lättare att ta bort ECU:n om den här låsklämman lossas först

5.86b Ta bort ECU:n

Montering

78 Vid återmontering av brytaren, dra först ut dess tryckkolv helt, håll ner kopplingspedalen och passa in den på plats. Släpp upp pedalen när brytaren sitter på plats – då justeras brytarens inställning. Vidare montering sker i omvänd ordningsföljd mot demonteringen.

Servostyrningens tryckbrytare

79 När ratten är vriden till, eller nära, fullt utslag belastas servostyrningspumpen hårdare. Eftersom pumpen drivs av motorn kan det leda till att motorns tomgångsvarvtal sjunker, vilket i sin tur kan leda till motorstopp. Tryckbrytaren på pumpen känner av ökningen av systemets vätsketryck och ger signal till ECU:n, som ökar tomgångsvarvtalet tillfälligt för att kompensera den extra belastningen.

Demontering

80 Tryckbrytaren är fastskruvad i överdelen av servostyrningspumpens vätsketillförsel-anslutning, och är lättast åtkomlig underifrån.
81 Koppla loss anslutningskontakten från brytarens ovansida.
82 Håll fast den smala anslutningsmuttern med en nyckel, och skruva loss tryckbrytaren från anslutningen med en annan. Ta loss eventuell tätningsbricka. Var beredd på vätskespill när brytaren skruvas loss. Täck den öppna anslutningen när brytaren är borttagen för att förhindra att smuts kommer in.

Montering

83 Montera i omvänd ordningsföljd mot demonteringen. Tänk på följande:
 a) Sätt på en ny tätningsbricka, om det är tillämpligt. Dra åt brytaren ordentligt. Håll fast anslutningsmuttern som vid borttagningen.
 b) Fyll på servostyrningssystemet enligt beskrivningen i "Veckokontroller". Om mycket vätska har runnit ut, lufta systemet enligt beskrivningen i kapitel 10.
 c) Avsluta med att starta motorn och låta en medhjälpare vrida ratten åt vänster och höger med fullt utslag, medan du kontrollerar om det läcker runt brytaren.

Elektronisk styrenhet (ECU)

Demontering

Varning: Vänta alltid i minst 30 sekunder efter att tändningen stängts av innan kablaget kopplas bort från ECU:n. När kablaget kopplas loss raderas alla inlärda värden, även om mycket av felminnets innehåll behålls. När kablaget har återanslutits måste grundinställningarna återställas av en VW-återförsäljare med hjälp av ett särskilt kontrollinstrument. Observera även att om ECU:n byts ut måste den nya enhetens identifikation överföras till motorlåsningssystemets styrenhet av en VW-återförsäljare.
84 ECU:n sitter centralt bakom motor-rummets torpedvägg, under en av vindrute-torpedplåtarna. Ta bort torkararmarna och torpedplåten på samma sätt som vid demontering och montering av vindrutetorkar-motorn, som beskrivs i kapitel 12.
85 Lossa låsklämman eller -spaken på varje ECU-kontaktdon och koppla loss kontakten. På de flesta modeller finns två separata kontakter som ska kopplas loss **(se bild)**.
86 Tryck styrenheten åt höger så att fäst-klämman lossnar och dra bort enheten. Klämman till höger om enheten kan också lossas med en skruvmejsel **(se bilder)**.

Montering

87 Montera i omvänd ordningsföljd mot demonteringen. Tryck enheten åt vänster när den är på plats, för att fästa den. Tänk på kommentarerna i varningen ovan. ECU:n fungerar inte korrekt förrän den har kodats elektroniskt.

Altitudgivare – 1.8 liters motor med kod AGU

Demontering

88 Altitudgivaren sitter på motorrummets torpedvägg, bakom luftrenarhuset.
89 Koppla loss kontaktdonet från givaren, lossa sedan fästskruvarna och ta bort givaren.

Montering

90 Montering sker i omvänd ordning mot demonteringen.

Kamkedjejusterarens magnetventil – 1.8 liters motor med kod AGN

91 Magnetventilen utgör en del av insugs-kamaxelns kedjejusterare/spännare. I skrivande stund är det oklart om magnet-ventilen kan köpas separat. Kontakta närmaste VW-återförsäljare för information Kedjejusteraren/spännaren demonteras tillsammans med kamaxlarna (se kapital 2B, avsnitt 13).

6 Bränslefilter – byte

Observera: *Läs särkerhetsföreskrifterna i avsnitt 1 innan du börjar arbeta med någon del av bränslesystemet.*
1 Tryckutjämna bränslesystemet enligt beskrivningen i avsnitt 9. Kom emellertid ihåg att detta endast lättar på bränsletrycket, vilket minskar risken för att bränsle sprutar ut när anslutningarna tas bort – bränsle kommer ändå att rinna ut vid filterbytet, så vidta nödvändiga åtgärder.
2 Bränslefiltret sitter framför bränsletanken, till höger på bilens undersida **(se bild)**.
3 Lyft upp bakvagnens högra sida och stöd den på en pallbock (se *Lyftning och stödpunkter*). Se till att pallbocken inte hindrar åtkomsten till filtret.

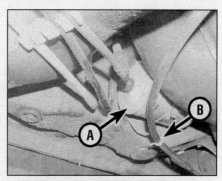

6.2 Bränslefiltret (A) sitter framför bränsletanken. Observera handbromsvajerns kabelklämma (B)

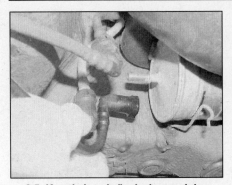

6.5 Koppla loss bränsleslangen i den främre änden av filtret

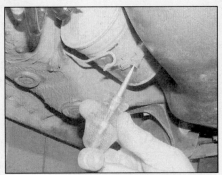

6.7 Lossa filtrets fästklämma

7.5a Lossa och ta bort skruvarna . . .

4 Haka loss handbromsvajern från kabel-klämman för att ytterligare förbättra åtkomligheten.
5 Koppla loss bränsleslangarna i filtrets båda ändar. Notera hur de sitter för att underlätta återmonteringen. Anslutningarna är av snabb-låstyp och kopplas loss genom att spärrarna kläms ihop **(se bild)**. För att få bättre plats kan det vara nödvändigt att lossa slangarna från klämmorna på bilens undersida. Båda filter-slangarna ska vara svarta.
6 Filtret hålls på plats med en stor slang-klämma. Innan du tar bort filtret, leta reda på pilen som anger bränsleflödets riktning – i det här fallet framåt. Det nya filtret måste monteras åt samma håll.
7 Lossa fästklämman och skjut ut filtret **(se bild)**. Försök att hålla filtret så rakt som möjligt för att spilla så lite bränsle som möjligt. Var försiktig med det gamla filtret – även om bränslet i det tappas ut är filterelementet fullt med bränsle och mycket eldfarligt.
8 Passa in det nya filtret på plats. Se till att flödespilen pekar framåt. Dra åt klämmans skruv ordentligt, utan att för den skull klämma ihop filterhuset.
9 Anslut bränsleslangarna till filtrets ändar enligt dina tidigare noteringar. Tryck fast slangarna helt på filtrets rör och spänn vid behov fast dem på bilens undersida. Haka fast handbromsvajern om den har lossats.
10 Sänk ner bilen, starta motorn och leta efter tecken på bränsleläckage vid filtrets ändar.

7 Bränslepump och bränslemätargivare – demontering och montering

Observera: *Läs säkerhetsföreskrifterna i avsnitt 1 innan du börjar arbeta med någon del av bränslesystemet.*

 Varning: Undvik direkt hudkontakt med bränsle. Använd skyddskläder och handskar vid arbete med bränslesystemets komponenter. Se till att arbetsutrymmet är väl ventilerat för att förhindra ansamling av bränsleångor.

Allmän information

1 Bränslepumpen och bränslemätargivaren sitter i samma enhet, som är monterad ovanför bränsletanken. Man kommer åt den via en lucka i golvet i bagageutrymmet. Enheten sticker in i bränsletanken och när den tas bort exponeras tankens innehåll för luft.

Demontering

2 Tryckutjämna bränslesystemet (avsnitt 9).
3 Se till att bilen står plant. Koppla sedan loss batteriets minusledare och flytta bort ledaren från polen. **Observera:** *Se först "Koppla ifrån batteriet" i slutet av handboken.*
4 Fäll fram baksätet och lyft bort mattan från lastutrymmet.
5 Skruva loss luckans fästskruvar och lyft bort luckan **(se bilder)**.

7.5b . . . och lyft ut luckan

6 Koppla loss kabelhärvans kontaktdon från pumpen/givarenheten **(se bild)**.
7 Torka upp eventuellt spillt bränsle runt tillförsel- och returbränsleslangarna med en trasa. Lossa sedan slangklämmorna genom att klämma ihop spärren och koppla bort slangarna från portarna på givarenheten **(se bild)**. Observera pilmarkeringarna på tillförsel- och returportarna – markera bränsleslangarna på samma sätt. Tillförselröret är svart och kan ha vita markeringar. Returröret är blått, eller har blå markeringar.
8 Notera riktningsmärkenas position. Skruva sedan loss plastringen och lyft bort den **(se bild)**. Använd en vattenpumpsavdragare, om sådan finns. Ta loss flänsen och tätningen.
9 Lyft ut pumpen/givarenheten och håll den ovanför bränslet i tanken tills överflödigt bränsle har runnit ut **(se bild)**.

7.6 Koppla loss pumpens/givarenhetens kontaktdon

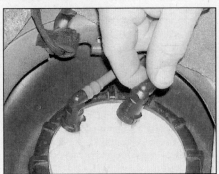

7.7 Koppla loss bränsletillförselslangen

7.8 Skruva loss ringen

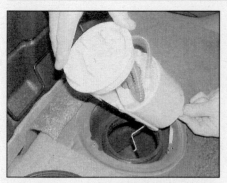

7.9 Lyft ut enheten och låt bränslet rinna ner i tanken

7.12 Ta loss gummitätningen om den inte följde med enheten. Kontrollera dess skick

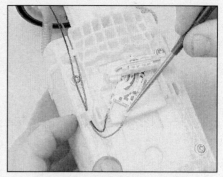

7.14a Lossa försiktigt kablarnas anslutningar . . .

10 Ta bort pump-/givarenheten från bilen och lägg den på en bit absorberande kartong eller en trasa. Kontrollera flottören på änden av givarenhetens svängarm och undersök om punkteringar uppstått eller om bränsle trängt in i den – byt ut enheten om den är skadad.
11 Enhetens bränsleupptagare är fjäderbelastad så att den alltid drar upp bränsle från tankens lägsta del. Kontrollera att upptagaren kan röra sig fritt under fjäderbelastning i förhållande till givarenheten.
12 Undersök gummitätningen till bränsletankens öppning och leta efter tecken på förslitning – byt den vid behov **(se bild)**.
13 Undersök givarenhetens kontakt och spår. Torka bort eventuell smuts och skräp som kan ha samlats och leta efter sprickor i spåret.
14 Vid behov kan givarenheten skiljas från enheten på följande sätt: Koppla loss de två smala kablarna (notera hur de sitter placerade), ta sedan bort de fyra skruvarna och ta bort enheten genom att skjuta den nedåt **(se bilder)**.
15 Enhetens topplatta kan tas bort genom att plastspärrarna på sidorna lossas. Ta loss den stora fjädern som sitter på en pigg på plattans undersida **(se bilder)**.

Montering

16 Sätt tillbaka pumpen/givarenheten genom att följa demonteringsanvisningarna i omvänd ordning. Tänk på följande:
a) Böj inte flottörarmen.

b) Smörj utsidan på tanköppningens gummitätning med rent bränsle eller smörjsprej för att underlätta monteringen. Om ingen ny tätning behövs bör den ursprungliga tätningen lämnas kvar på pumpenheten till monteringen. När enheten nästan kommit på plats, skjut ner tätningen och sätt den på tanköppningens kant. Skjut sedan enheten helt på plats.
c) Pilmarkeringarna på givarenheten och på åtkomstöppningen måste riktas mot varandra **(se bild)**.
d) Återanslut bränsleslangarna till respektive portar – observera riktningspilarna och följ beskrivningen i punkt 7. Returporten är märkt R, och tillförselporten är märkt V. På vissa modeller finns pilar som anger flödesriktningen. Se till att bränsleslangsbeslagen snäpper på plats.
e) Avsluta med att kontrollera att alla rör är ordentligt fastsatta vid tanken.
f) Innan åtkomstluckan monteras och baksätet fälls tillbaka, låt motorn gå och leta efter bränsleläckage.

8 Bränsletank – demontering och montering

Observera: Läs särkerhetsföreskrifterna i avsnitt 1 innan du börjar arbeta med någon del av bränslesystemet.

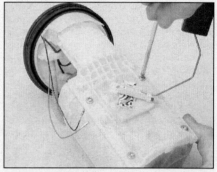

7.14b . . . ta sedan bort de fyra skruvarna och ta bort givarenheten

Demontering

1 Innan tanken kan tas bort måste den tömmas på så mycket bränsle som möjligt. Eftersom det inte finns någon avtappningsplugg är det enklast att utföra denna åtgärd när tanken nästan är tom.
2 Öppna tankluckan och skruva loss locket – låt locket sitta löst på plats.
3 Koppla loss batteriets minusledare och flytta bort ledaren från polen. **Observera:** Se först "Koppla ifrån batteriet" i slutet av handboken. Sug upp allt bränsle från tankens botten med en handpump eller sifon.
4 Lossa det högra bakhjulets bultar, lyft upp bilens bakvagn och ta bort hjulet.
5 Ta bort hjulhusets innerskärm enligt beskrivningen i kapitel 11, avsnitt 24.

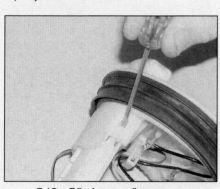

7.15a Bänd upp spärrarna . . .

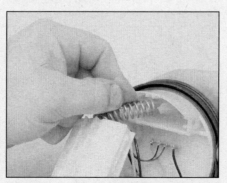

7.15b . . . och ta loss fjädern som sitter under plattan

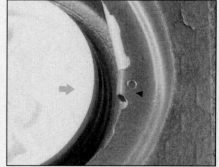

7.16 Pilmarkeringarna på pumpen/ givarenheten och öppningen riktade mot varandra

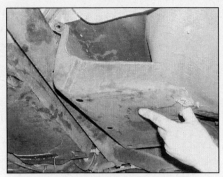

8.8a Skruva loss bränsletankskåporna bakom . . .

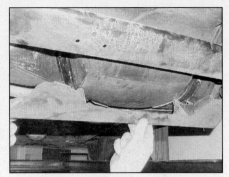

8.8b . . . och framför bakaxeln

a) När tanken lyfts tillbaka, se till att gummifästena hamnar på rätt plats, och kontrollera att ingen av slangarna kläms mellan tanken och bilen.

b) Se till att alla rör och slangar dras rätt och inte veckas och att de fästs ordentligt med sina fästklämmor.

c) Återanslut jordledningen till kontakten på påfyllningsröret.

d) Dra åt tankbandens fästbultar till angivet moment.

e) Avsluta med att fylla tanken med bränsle och noga leta efter tecken på läckage innan bilen körs.

6 Förbättra åtkomligheten till överdelen av bränslepumpen/givarenheten enligt beskrivningen i avsnitt 7, och koppla loss kabel-härvan från pumpens/givarenhetens ovansida vid multikontakten.

7 Skruva loss fästskruven till bränslepåfyllningsrörets klaffenhet (mitt emot klaffens gångjärn) och lossa klaffenheten. Ta loss gummitätningen som sitter runt påfyllningsröret.

8 Bränsletanken skyddas underifrån av en eller flera plastkåpor – projektbilen hade en framför och en bakom bakaxeln. Kåporna sitter fast med låsbrickor (som kan lossas med en skruvmejsel) eller vanliga muttrar. Ta bort hållarna till bränsletankens kåpa. Observera att de 'vanliga' muttrarna är **vänstergängade** – de skruvas med andra ord bort **medurs**. Ta bort kåporna från tankbandets pinnbultar och lyft bort dem från bilens undersida **(se bilder)**.

9 Skruva loss det bakre ljuddämparfästet och sänk försiktigt ner avgassystemets bakre del. Se kapitel 4C för instruktioner. Eftersom bakaxeln måste tas bort (eller åtminstone sänkas) för att tanken ska kunna tas bort, kan det vara bäst att ta bort avgassystemets bakre del helt.

10 Ta bort muttrarna eller låsbrickorna som håller fast bränsletankens avgasvärmesköld och ta bort skölden från avgasröret.

11 På tankens framsida, koppla loss bränslereturslangen och ventilröret. Notera hur de sitter för att underlätta återmonteringen. Anslutningarna är av snabblåstyp och kopplas loss genom att spärrarna kläms ihop.

Returslangen är blå och ventilröret är vitt **(se bild)**. Koppla också loss bränsletillförsel-slangen från bränslefiltrets tanksida.

12 Ta bort bakaxeln enligt instruktionerna i kapitel 10. För att det ska gå att ta bort tanken kan det räcka med att axeln sänks, i stället för att den tas bort helt.

13 Placera en garagedomkraft under tankens mitt. Lägg en träkloss mellan domkraftshuvudet och tanken för att skydda tankens yta. Lyft upp domkraften tills den precis tar upp tankens tyngd.

14 Lossa och ta bort fästbultarna och koppla loss banden på tankens fram- och baksida **(se bild)**. Observera att banden är olika långa. Förväxla dem inte.

15 Sänk ner domkraften och tanken från bilens undersida. Koppla loss påfyllningsrören och utloppsröret från bränslefiltret när tanken sänks ner. Koppla loss kolfiltrets ventilationsrör från porten på påfyllningsröret när det blir synligt. Leta upp jordledningen och koppla loss den från kontakten på påfyllningsröret.

16 Om tanken är förorenad av avlagringar eller vatten, ta bort bränslepumpen/givarenheten (se avsnitt 7) och skölj tanken med rent bränsle. Tanken är formsprutad i ett syntetmaterial och ska bytas ut om den blir skadad. I vissa fall kan det emellertid vara möjligt att laga mindre läckor eller skador. Rådfråga en specialist innan du försöker laga bränsletanken.

Montering

17 Montera i omvänd ordningsföljd mot demonteringen. Tänk på följande:

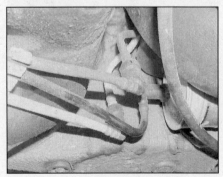

8.11 Bränsleslangsanslutningar framför bränsletanken

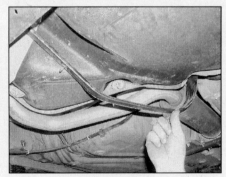

8.14 Skruva loss det ena bränsletanksbandet

9 Bränsleinsprutningssystem – tryckutjämning

Observera: Läs särkerhetsföreskrifterna i avsnitt 1 innan du börjar arbeta med någon del av bränslesystemet.

⚠️ **Varning: Följande procedur utjämnar bara trycket i bränslesystemet. Kom ihåg att det fortfarande finns bränsle kvar i systemets komponenter och vidta nödvändiga säkerhetsåtgärder innan någon del kopplas loss.**

1 Bränslesystemet som beskrivs i denna del består av en tankmonterad bränslepump, ett bränslefilter, bränsleinsprutningsventiler, en bränsletrycksregulator samt metallrör och böjliga slangar mellan dessa olika komponenter. Alla komponenter innehåller bränsle som är under tryck när motorn är igång och/eller när tändningen är påslagen. Trycket ligger kvar en tid efter det att tändningen slagits av. Systemet måste tryckutjämnas innan något arbete utförs på någon av dessa komponenter. Helst bör motorn få svalna helt innan arbetet påbörjas.

2 Leta reda på och demontera bränslepumpsreläet enligt beskrivningen i kapitel 12. Alternativt, ta bort bränslepumpssäkringen från säkringsdosan.

3 Med bränslepumpen avaktiverad, dra runt motorn i ungefär tio sekunder. Det kan hända att motorn tänder och går ett tag. Låt den då fortsätta tills den stannar. Under runddragningen bör bränsleinsprutningsventilerna öppnas så många gånger att bränsletrycket sänks avsevärt, och risken för att bränsle sprutar ut när en bränsleledning demonteras minskas.

4 Koppla loss batteriets minusledare och flytta bort ledaren från polen. **Observera:** Se först "Koppla ifrån batteriet" i slutet av handboken.

5 Ställ en lämplig behållare under anslutningen som ska lossas. Var beredd med en stor trasa för att torka upp bränsle som hamnar utanför behållaren.

6 Öppna anslutningen långsamt för att undvika en plötslig trycksänkning. Håll trasan runt anslutningen för att suga upp eventuellt utsprutande bränsle. När trycket har utjämnats kan bränsleledningen kopplas loss. Plugga igen ledningarna för att minimera bränslespill och förhindra att smuts kommer in i bränslesystemet.

10 Insugningsrör och tillhörande komponenter – demontering och montering

Observera: *Läs särkerhetsföreskrifterna i avsnitt 1 innan du börjar arbeta med någon del av bränslesystemet.*

1 Insugningsrörets utformning varierar avsevärt mellan olika motortyper. På modeller med 1.6 liters SOHC motor, 2.0 liters motorer samt på 1.8 liters motorer utan turbo är insugningsröret i två delar – den övre delen tas bort vid diverse rutinåtgärder. Alla övriga motorer har ett rör i ett stycke. Se respektive underavsnitt nedan.

Insugningsrör i ett stycke

Demontering

2 Koppla loss batteriets minusledare och flytta bort ledaren från polen. **Observera:** *Se först "Koppla ifrån batteriet" i slutet av handboken.*
3 Ta bort gasspjällshuset från insugningsröret enligt beskrivningen i avsnitt 5. Huset behöver inte skruvas loss från röret, utan kan tas bort tillsammans med det, men alla förbindelser till huset måste kopplas loss.
4 Koppla loss vakuumslangarna till bränsle-trycksregulatorn och bromsservon (om de sitter kvar). Notera hur slangarna sitter för att underlätta återmonteringen.
5 För att insugningsröret ska kunna tas bort helt och för att det lättare ska gå att komma åt rörets fästbultar, ta bort bränslefördelar-skenan och insprutningsventilerna enligt beskrivningen i avsnitt 5. Om röret ska tas bort som en del av en annan procedur (t.ex. demontering av topplock eller motor) behöver bränslefördelarskenan inte tas bort.
6 Koppla loss anslutningskontakten från temperatur-/tryckgivaren för insugsluft. Se vid behov avsnitt 5 för mer information **(se bild)**.
7 På 1.8 liters motorer, skruva loss insugningsrörets stödfäste från motorblocket. På motorer med motorkod ARZ, skruva loss fästbygeln till den sekundära luftintagsventilen från insugningsrörets framsida (se kapitel 4C, avsnitt 5, för anvisningar).
8 Lossa bultarna stegvis (muttrar och bultar på 1.8 liters motorer) och ta bort röret från topplocket **(se bilder)**. Ta loss packningen på 1.6 och 1.8 liters motorer, eller de fyra tätningarna på 1.4 liters motorer – alla bör bytas när insugningsröret sätts tillbaka.

Montering

9 Montera i omvänd ordningsföljd mot demonteringen. Använd en ny packning eller nya tätningar, efter tillämplighet, och dra åt fästbultarna (och muttrarna) till angivet moment. Det är mycket viktigt att inga läckor förekommer vid fogen.

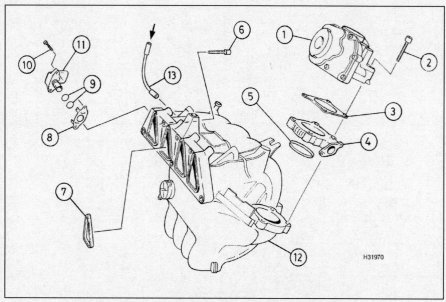

10.6 Insugningsrör i ett stycke – 1.4 liters DOHC motor

1 Gasspjällshus	6 Insugningsrörets bult	11 Insugsluftens temperatur-/
2 Gasspjällshusets bult	7 Insugningsrörets tätning	tryckgivare
3 Packning	8 Styrplåt	12 Insugningsrör
4 EGR-rörets fläns	9 O-ringar	13 Bränsletrycksregulatorns
5 Tätning	10 Skruv	vakuumslang

Tvådelade insugningsrör – övre delen

Demontering

10 Koppla loss batteriets minusledare och flytta bort ledaren från polen. **Observera:** *Se först "Koppla ifrån batteriet" i slutet av handboken.*
11 Ta bort gasspjällshuset från insugnings-röret enligt beskrivningen i avsnitt 5. Huset behöver inte skruvas loss från röret, utan kan tas bort tillsammans med det, men alla förbindelser till huset måste kopplas loss. I förekommande fall, lossa gasvajern helt från insugningsröret och lägg den åt sidan.
12 Lossa slangklämman och koppla loss bromsservons vakuumslang från insugnings-rörets sida (1.6 liter) eller baksida (1.8 och 2.0 liter) **(se bild)**.

13 På 2.0 liters motorer, skruva loss den bult som håller fast klämman till kolfilterslangen på insugningsrörets baksida **(se bild på nästa sida)**.

10.8a En av insugningsrörets fästbultar lossas (vid pilen)

10.8b Ta loss insugningsröret från topplocket – 1.4 liters DOHC motorer

10.12 Koppla loss bromsservons vakuumslang – 1.6 liters SOHC motorer

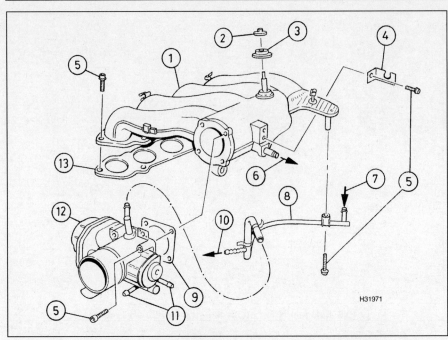

10.13 Insugningsrörets övre del – 2.0 liters motor

1 Insugningsrörets övre del
2 Skruvbricka
3 Gummibussning (till motorns övre skyddskåpa)
4 Gasvajerns stödfäste
5 Stödfästets bult
6 Bromsservoanslutning
7 Från kolfilter
8 Kolfilterslang
9 Gasspjällshusets packning
10 Till insugningskanalen
11 Kylvätskeslangarnas anslutningar
12 Gasspjällshus
13 Insugningsrörets packning

14 På 1.6 liters motorer, koppla loss anslutningskontakten från insugningsrörets omkopplingsspjäll till höger **(se bild)**.

15 På tidiga 1.6 och 1.8 liters modeller, ta bort de två bultarna och brickorna från fästbygeln under gasspjällshusets fästfläns. Ta loss gummifästena från fästbygeln om de sitter löst **(se bilder)**.

16 På nyare 1.6 liters motorer, skruva loss muttern från stödfästet på insugningsrörets baksida. Ta loss bulten och brickan. Alternativt, skruva loss de två bultarna som håller fast stödfästet vid motorblocket.

17 Följ bränsletrycksregulatorns vakuum-slang bakåt, och lossa den från insugnings-rörets bas. Koppla loss vakuumslangen från bränsletrycksregulatorn **(se bilder)**.

18 Titta runt insugningsrörets övre del, och lossa alla slangar eller kablar som fortfarande är anslutna **(se bild)**.

19 Ta bort skruvarna som håller ihop insugningsrörets övre och nedre delar. På 1.6 liters motorer, ta också bort plast-pluggarna från flänsarna på insugningsrörets sidor. Bänd loss pluggarna som på bilden – tryck inte mittendelen inåt, eftersom den kan falla in i själva insugningsröret **(se bilder)**.

20 På 1.6 liters motorer, bänd försiktigt ut plastflikarna (där pluggarna sitter) så att monteringsstiften lossnar. Flytta sedan insugningsrörets övre del bakåt så att de fyra

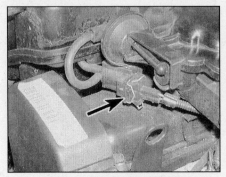

10.14 Anslutningskontakt till insugningsrörets omkopplingsspjäll (vid pilen)

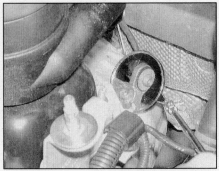

10.15a En av insugningsrörets fästbygelbultar – sedd med hjälp av en liten spegel

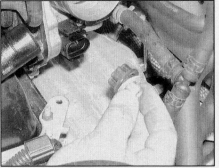

10.15b En av fästbygelbultarna borttagen, med bricka och gummifäste

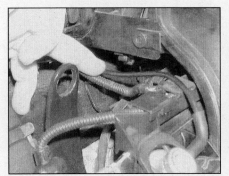

10.17a Lossa vakuumslangen från insugningsrörets bas . . .

10.17b . . . och koppla loss den vid bränsletrycksregulatorn

10.18 På denna 1.6 liters modell, lossa kolfilterslangen från rörets ovansida

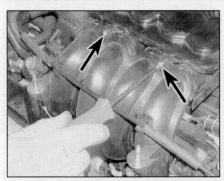

10.19a Skruva loss de två skruvarna (vid pilarna) som håller ihop de två delarna . . .

10.19b . . . och bänd ut plastpluggarna – 1.6 liters motor

10.20a Bänd flikarna utåt över stiften . . .

10.20b . . . dra den övre delen bakåt och lyft bort den

portarna på den undre delen lossnar – ta loss de fyra tätningarna. Lyft upp insugningsröret och lyft ut det ur motorrummet **(se bilder)**.
21 På 1.8 och 2.0 liters motorer, lyft bort insugningsrörets övre del från den nedre, och ta bort den från motorrummet. Ta loss de två tätningarna (1.8 liter) eller packningen (2.0 liter) **(se bild)**.

Montering

22 Montera i omvänd ordningsföljd mot demonteringen. Byt tätningar eller packningar om det behövs, och dra åt bultarna mellan den övre och nedre delen till angivet moment. Det är mycket viktigt att inga läckor förekommer vid fogen.

Tvådelade insugningsrör – undre delen

Demontering

23 Ta bort insugningsrörets övre del enligt beskrivningen ovan.
24 För att röret ska kunna tas bort helt, och för att det ska gå lättare att komma åt dess fästbultar, ta bort bränslefördelarskenan och insprutningsventilerna enligt beskrivningen i avsnitt 5. Om den nedre delen ska tas bort tillsammans med skenan måste åtminstone bränsleledningarna och insprutnings- ventilernas kablage kopplas loss.
25 På 1.6 liters modeller, koppla loss

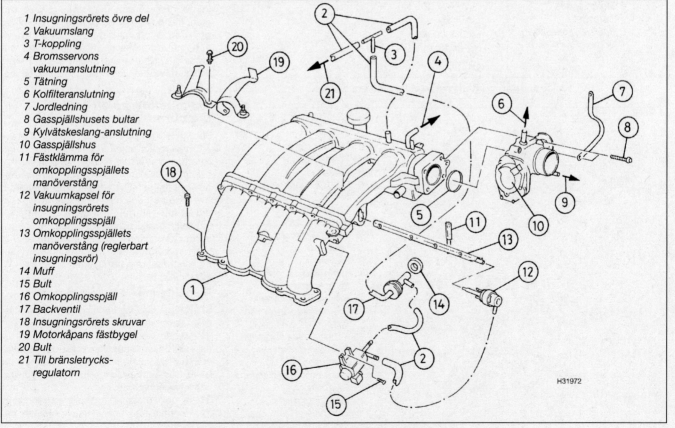

1 Insugningsrörets övre del
2 Vakuumslang
3 T-koppling
4 Bromsservons vakuumanslutning
5 Tätning
6 Kolfilteranslutning
7 Jordledning
8 Gasspjällshusets bultar
9 Kylvätskeslang-anslutning
10 Gasspjällshus
11 Fästklämma för omkopplingsspjällets manöverstång
12 Vakuumkapsel för insugningsrörets omkopplingsspjäll
13 Omkopplingsspjällets manöverstång (reglerbart insugningsrör)
14 Muff
15 Bult
16 Omkopplingsspjäll
17 Backventil
18 Insugningsrörets skruvar
19 Motorkåpans fästbygel
20 Bult
21 Till bränsletrycks- regulatorn

H31972

10.21 Insugningsrörets övre del – 1.8 liters motor

10.27 Lossa gasvajern – 1.6 liters SOHC motorer

10.28a Skruva loss muttrarna och bultarna . . .

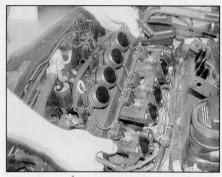

10.28b . . . och ta bort insugningsrörets nedre del

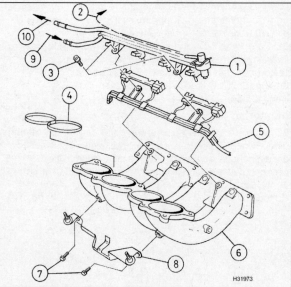

1 Bränslefördelar-
  skena och
  insprutningsventiler
2 Vakuumanslutning till
  övre del
3 Bränslefördelar-
  skenans fästbult
4 Tätning (mellan övre
  och nedre del)
5 Kabelhärvans
  styrkanal
6 Insugningsrörets
  nedre del
7 Fästbygelbultar
8 Motorkåpans
  fästbygel
9 Bränsletillförselslang
10 Bränslereturslang

10.28c Insugningsrörets nedre del – 1.8 liters motor

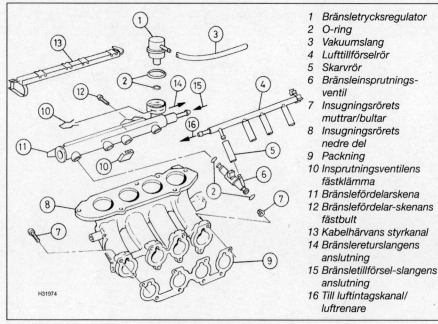

1 Bränsletrycksregulator
2 O-ring
3 Vakuumslang
4 Lufttillförselrör
5 Skarvrör
6 Bränsleinsprutnings-
  ventil
7 Insugningsrörets
  muttrar/bultar
8 Insugningsrörets
  nedre del
9 Packning
10 Insprutningsventilens
  fästklämma
11 Bränslefördelarskena
12 Bränslefördelar-skenans
  fästbult
13 Kabelhärvans styrkanal
14 Bränslereturslangens
  anslutning
15 Bränsletillförsel-slangens
  anslutning
16 Till luftintagskanal/
  luftrenare

10.28d Insugningsrörets nedre del – 2.0 liters motor

anslutningskontakten från kamaxelgivaren på motorns högra sida **(se bild 5.70)**.
26 På 1.6 liters SOHC motor med motorkod APF och 2.0 liters motor med motorkod AQY, måste den sekundära luftinsprutningens pump demonteras från insugningsrörets främre del – se kapitel 4C.
27 Titta runt insugningsröret och lossa alla slangar eller kablar som fortfarande är anslutna **(se bild)**.
28 Lossa muttrarna och bultarna stegvis och dra bort röret från topplocket **(se bilder)**. Ta loss de fyra tätningarna på 1.6 och 1.8 liters motorer, eller packningen på 2.0 liters motorer – de bör alla bytas vid återmonteringen.

Montering

29 Montera i omvänd ordningsföljd mot demonteringen. Byt tätningar eller packningar om det behövs, och dra åt muttrarna och bultarna mellan insugningsröret och topplocket till angivet moment. Det är mycket viktigt att inga läckor förekommer vid fogen.

Insugningsrörets omkopplingsspjäll och membranenhet

30 Modeller med 1.6 liters SOHC motor eller 1.8 liters motor utan turbo har ett insugnings-rör med varierbar längd, som beskrivs i avsnitt 1. Nedan beskrivs hur man tar bort omkopplingsspjället och membranenheten – ytterligare demontering är inte möjlig. Om det verkar vara fel på systemet, kontrollera om vakuumslangarna är skadade, samt se till att manöverstången kan röra sig fritt – smörj om det behövs. Mer noggranna kontroller av systemet måste överlåtas åt en VW-återförsäljare.

Demontering – 1.6 liters motorer

31 Koppla loss vakuumslangen från ventilen eller membranenheten, efter tillämplighet.
32 Membranenhetens manöverstång har ett kulledat beslag som kläms fast på manöver-stången på insugningsrörets vänstra sida. Bänd loss ändbeslaget från manöverstången och lossa enheten.
33 Ta bort omkopplingsspjället genom att först koppla loss anslutningskontakten från det **(se bild 10.14)**.
34 Lossa ventilen från insugningsrörets

undersida och koppla loss vakuumslangen när ventilen tas bort.

Demontering – 1.8 liters motorer

35 Koppla loss vakuumslangen från ventilen eller membranenheten, efter tillämplighet.
36 Membranenheten hålls på plats med två klämmor på insugningsrörets vänstra sida. Bänd försiktigt loss enheten.
37 Manöverstången kan tas bort efter att fästklämman dragits bort. Du kommer åt klämman mellan de mittre armarna på det övre insugningsröret **(se bild 10.21)**. Ta bort klämman och dra bort stången på insugningsrörets vänstra sida (från förarplatsen sett).
38 Ta bort omkopplingsspjället genom att först koppla loss anslutningskontakten.
39 Ta bort skruven som håller fast spjället vid insugningsrörets undersida, och koppla loss vakuumslangen när spjället tas bort.

Montering

40 Montera i omvänd ordningsföljd mot demonteringen.

11 Bränsleinsprutningssystem – kontroll och justering

1 Om ett fel inträffar i bränsleinsprutningssystemet, kontrollera först att systemets alla kontaktdon är ordentligt anslutna och fria från korrosion. Kontrollera sedan att felet inte beror på dåligt underhåll. Kontrollera att luftfiltret är rent, att tändstiften är i gott skick och har korrekt elektrodavstånd, att

cylindrarnas kompressionstryck är korrekt, att tändsystemets kablage är i gott skick och sitter ordentligt, samt att motorns ventilationsslangar är rena och oskadade. Se kapitel 1A, kapitel 2A eller 2B och kapitel 5B.
2 Om dessa kontroller inte avslöjar orsaken till problemet bör bilen lämnas till en VW-verkstad för kontroll. Det finns ett diagnosuttag i motorstyrningssystemets kabelhärva, där man kan ansluta särskild elektronisk testutrustning (kontaktdonet sitter bakom en klädselpanel ovanför den främre askkoppen – panelen kan tas bort). Testutrustningen kan 'fråga' motorstyrnings-systemets ECU elektroniskt och läsa av dess lagrade felkoder.
3 Det går bara att avläsa felkoder från ECU:n med en särskild felkodsläsare. VW-verkstäder har givetvis sådana läsare, men de går också att få tag på hos andra leverantörer, inklusive Haynes. Det är knappast kostnadseffektivt för den private ägaren att köpa en felkodsläsare, men en välutrustad bilverkstad har en sådan.
4 Med denna utrustning går det snabbt och enkelt att hitta fel, även om de uppträder periodiskt. Det tar tid att testa alla systemkomponenter var för sig för att hitta felet, och det är inte säkert att man lyckas (särskilt om felet bara uppträder ibland). Risken är också stor att man skadar ECU:ns interna komponenter.
5 Erfarna hemmamekaniker som har en noggrann varvräknare och en välkalibrerad avgasanalyserare kan kontrollera avgasernas CO-halt och motorns tomgångsvarvtal. Om dessa värden skiljer sig från de som anges i specifikationerna måste bilen tas till en VW-verkstad för analys. Varken luft-/bränsleblandningen (avgasernas CO-halt) eller

motorns tomgångsvarvtal går att justera manuellt. Felaktiga testresultat anger att systemet behöver underhållas (eventuellt att insprutningsventiler behöver rengöras) eller att det föreligger ett fel i bränsleinsprutningssystemet.

12 Farthållarsystem - allmän information

1 Vissa modeller kan vara utrustade med farthållarsystem, där föraren väljer en hastighet som systemet försöker upprätthålla oavsett backar etc.
2 När önskad hastighet har ställts in styrs systemet helt av motorstyrningens ECU, som kontrollerar hastigheten via gasspjällshuset.
3 Systemet tar emot signaler från varvtalsgivaren (se avsnitt 5) och hastighetsgivaren (på växellådans utgående axel).
4 Systemet avaktiveras när man trampar på kopplingen eller bromspedalen, då en signal inkommer från kopplingspedalens brytare (avsnitt 5) eller bromsljusens brytare (kapitel 9).
5 Farthållarens brytare utgör en del av rattstångens kombinationsbrytare, som kan tas bort enligt beskrivningen i kapitel 12.
6 Problem med systemet som inte beror på fel på kablaget eller de komponenter som omnämns i detta avsnitt bör överlämnas till en VW-återförsäljare. Om problem skulle uppstå bör bilen först lämnas till en verkstad som har en felkodsläsare för elektronisk feldiagnos – se avsnitt 11.

Anteckningar

Kapitel 4 Del B:
Bränslesystem – dieselmotorer

Innehåll

Svårighetsgrader

Enkelt, passar novisen med lite erfarenhet	Ganska enkelt, passar nybörjaren med viss erfarenhet	Ganska svårt, passar kompetent hemmamekaniker	Svårt, passar hemmamekaniker med erfarenhet	Mycket svårt, för professionell mekaniker

Specifikationer

Allmänt

System typ:
Motorkod AGP och AQM . . . . Direktinsprutning, elektronisk styrenhet, utan turbo
Motorkod AGR, AHF, ALH och ASV . . . . Direktinsprutning, elektronisk styrenhet, med turbo
Motorkod AJM, ARL, ASZ, ATD, AUY och AXR . . . . Direktinsprutning, elektronisk styrenhet, pumpinsprutningsventiler, med turbo
Tändfjöld . . . . 1 - 3 - 4 - 2
Maximalt motorvarvtal . . . . E/T (ECU-styrt)
Motorns tomgångsvarvtal (ECU-styrt):
Motorkod AGP, AGR, AHF, ALH, AQM och ASV . . . . 900 ± 30 varv/minut
Motorkod AJM, ARL, ASZ, ATD, AUY och AXR:
    Manuell växellåda . . . . 900 ± 40 varv/minut
    Automatväxellåda . . . . 830 ± 40 varv/minut

Bränslespridare

Insprutningstryck:
Motorkod AGP, AGR, AHF och AQM . . . . minst 170 bar
Motorkod ALH och ASV . . . . minst 200 bar
Motorkod AJM, ARL, ASZ, ATD, AUY och AXR . . . . 180 till 2050 bar

Tandempump

Bränsletryck vid 1500 varv/min . . . . 3,5 bar

Turboaggregat

Typ . . . . Garrett eller KKK

Åtdragningsmoment

	Nm
Bränsleavstängningsventil	40
EGR-rörets flänsbultar	25
EGR-ventilens fästbultar:	
Motorkod AGR, ALH, AHF och ASV	25
Motorkod AJM, ARL, ASZ, ATD, AUY och AXR	10
EGR-ventilens klämbult (ej turbo)	10
Insprutningspumpens huvud, bränsleanslutningsrör	45
Insprutningspumpens drev:	
Steg 1	20
Steg 2	Vinkeldra ytterligare 90°
Insprutningspump till stödfäste, bultar	25
Insugsgrenrörets klaffhus till grenröret	10
Insugsgrenrör till topplock	25
Insugsgrenrörets över del (motorkod AQM, AGP):	
Till främre fästbygel	20
Till nedre del	15
Pumpspridarnas vipparmsaxel, bultar*:	
Steg 1	20
Steg 2	Vinkeldra ytterligare 90°
Spridarnas klämbult:	
Motorkod AGP, AGR, AHF, ALH, AQM och ASV	20
Motorkod AJM, ARL, ASZ, ATD, AUY och AXR *:	
Steg 1	12
Steg 2	Vinkeldra ytterligare 270°
Spridarrörets anslutningsmutter	25
Tandempumpens bultar:	
Övre	20
Nedre	10
Turboladdarens oljereturrör till motorblocket:	
Motorkod AGP, AGR, AHF, ALH, AQM och ASV	30
Motorkod AJM, ARL, ASZ, ATD, AUY och AXR	40
Turboladdare till katalysator	25
Turboladdare till avgasgrenrör*	25

* Använd nya bultar/muttrar

1 Allmän information och föreskrifter

Allmän information

Två olika typer av bränsleinsprutnings-system finns på de motorer som behandlas i den här boken. Båda systemen är direkt-insprutningssystem, men de skiljer sig åt när det gäller hur bränslet levereras till bränsle-spridarna. Båda systemen består av en bränsletank, ett bränslefilter med en inbyggd vattenavskiljare monterat i motorrummet, bränsletillförsel- och returledningar och fyra bränslespridare.

På motorkoder AGP, AGR, AHF, ALH, AGM och ASV trycksätts bränslet av en insprutningspump, och insprutningsstarten styrs av motorstyrnings-systemets ECU och en solenoidventil på insprutningspumpen. Pumpen drivs med halva vevaxelhastigheten av kamremmen. Bränsle dras från bränsletanken genom filtret vid insprutningspumpen, som sedan fördelar bränslet under mycket högt tryck till bränsle-spridarna via separata tillförselrör. På motorer med kod AJM, ARL, ASZ, ATD, AUY och AXR levereras bränslet av en kam-axeldriven "tandempump" vid lågt tryck till spridarna (som kallas "enhets-spridare"). En "vipparmsenhet", monterad

ovanför kamlager-överfallen använder en extra uppsättning kamnockar till att trycka ner toppen av varje spridare en gång per tändcykel. Denna utformning skapar mycket högre spridartryck. Den exakta inställningen av förinsprutningen och huvudinsprutningen styrs av motor-styrningens ECU och en solenoid på varje spridare. Resultatet av det här systemet är förbättrat motorvridmoment och bättre effekt, bättre förbränningseffektivitet och lägre avgasutsläpp. Alla motorer utom AGP och AQM är utrustade med turbo.

Direktinsprutningssystemet styrs elektron-iskt av ett motorstyrningssystem, som består av en elektronisk styrenhet (ECU) och dess tillhörande givare/sensorer, aktiverare och kablage.

På motorkoder AGP, AGR, AHF, ALH, AGM och ASV ställs den grundläggande insprutningsinställ-ningen in mekaniskt via pumpens placering i sin fästbygel. Dynamisk inställning och insprutningstid styrs av ECU och beror på information om motorhastighet, gasspjällets läge och öppningshastighet, insugsluftflödet, insugsluftens temperatur, kylvätsketemperatur, bränsletemperatur, atmosfärstryck (altitud) och grenrörsvakuum, som mottas från givare på och runt motorn. "Closed loop" styrning av insprutningsinställningen uppnås med hjälp av en nållyftgivare. Det är spridare nr 3 som är utrustad med nållyftsgivaren. Tvåstegs

spridare används, vilket förbättrar motorns förbränningsegenskaper, leder till tystare gång och förbättrade avgasutsläpp.

ECU styr också avgasåterföringen (EGR-systemet) (kapitel 4D), turbons laddtrycks-styrning (kapitel 4D) och glödstiftens styr-system (kapitel 5C).

På modeller utan turbo sitter en elektriskt styrd klaffventil på insugsgrenröret för att öka vakuumet när motorhastigheten är lägre än 2200 varv/min; detta behövs för att EGR-systemet ska fungera effektivt.

På turbomodeller stängs klaffventilen på insugsgrenröret av ECU i tre sekunder när motorn slås av, för att minimera luftintaget när motorn slår av. Detta minimerar vibrationerna som kan kännas när kolvarna kommer upp mot den stora mängden komprimerad luft som finns i förbränningskamrarna. En vakuumbehållare monterad framtill på motorn levererar vakuum till en vakuumkapsel som styr klaffen (se bilder).

Det bör noteras att felsökning av ett diesel motorstyrningssystem endast kan göras med särskild elektronisk testutrustning. Problem med systemets funktion bör därför överlämnas till en Skodaverkstad eller annan lämpligt utrustad specialist för bedömning. När felet har fastställts kan man med hjälp av följande instruktioner för demontering och montering byta ut aktuella komponenter.

1.7a Vakuumbehållare till insugningsrörets klaffventil

Föreskrifter

Många av de moment som beskrivs i det här kapitlet omfattar losskoppling av bränsleledningar, vilket kan orsaka ett visst bränslespill. Innan arbetet påbörjas, läs varningarna nedan och informationen i *Säkerheten främst!* i början av den här hand-boken.

⚠️ *Varning: Undvik alltid direkt hud-kontakt med diesel vid arbete på någon del av bränslesystemet – ha på dig skyddande kläder och handskar när du hanterar bränslesystemets komponenter. Se till att arbetsområdet är väl ventilerat för att förhindra att dieselångor samlas.*
• *Bränslespridare arbetar under extremt höga tryck och bränslestrålen som*

1.7b Vakuumkapsel på insugningsröret under avgasåterföringsventilen

produc-eras vid munstycket kan tränga igenom huden, med risk för dödlig utgång. När du arbetar med trycksatta spridare, var noga med att inte utsätta någon del av kroppen för bränslespray. Det rekommenderas att en specialist utför eventuellt trycktest av bränslesystemets komponenter.
• *Under inga omständigheter får diesel komma i kontakt med kylvätskeslangarna – torka omedelbart bort eventuellt spill. Slangar som har utsatts för bränsle under en längre tid bör bytas ut.*
• *Diesel bränslesystem är särskilt känsliga för intrång av smuts, luft och vatten. Var ytterst noga med renligheten vid arbete på bränslesystemet, för att förhindra smutsintrång. Rengör noggrant området runt bränsleanslutningarna innan de kopplas*

loss. Använd endast luddfria trasor och rent bränsle vid rengöringen.
• *Förvara isärtagna delar i förseglade behållare för att undvika att de blir smutsiga och förhindra uppkomst av kondens.*

2 Luftrenarhus – demontering och montering

Demontering

1 Lossa klämmorna (eller fjäderklämmorna) och koppla loss luftkanalen från luftrenarenheten eller luftflödesmätaren (efter tillämplighet) **(se bild)**.
2 På modeller utan turbo, koppla loss anslutningskontakten från givaren för insugsluftens temperatur på baksidan av luftrenarens lock.
3 På modeller med turbo, koppla loss anslutningskontakten från luftflödesmätaren. Koppla även loss vakuumslangen under luftflödesmätarens kontaktdon **(se bilder)**.
4 Lossa alla slangar, kablage etc, som är fästa vid luftrenaren, och notera hur de sitter för att underlätta återmonteringen.
5 Ta bort de två skruvarna som håller fast luftrenarens lock och haka loss den från de främre klämmorna, tillsammans med luftflödesmätaren på modeller med turbo. Lyft ut luftfiltret.
6 Luftrenarens undre hälft hålls på plats med två skruvar – en på framsidan och en på baksidan. Ta bort skruvarna och lyft ut luftrenaren. Lossa samtidigt luftintagspipen från sin plats. Om man vill kan luftrenarens lock få sitta kvar, och luftrenaren tas bort hel **(se bild)**.
7 Vid behov kan resten av luftintagskanalerna tas bort genom att fästklämmorna lossas. Vissa delar av insugningskanalen är fastsatta med bultar **(se bild)**. Mer information om hur kanaler till mellankylaren tas bort på modeller med turbo finns i kapitel 4D.

Montering

8 Sätt tillbaka luftrenaren i omvänd ordningsföljd mot demonteringen.

2.1 Lossa fjäderklämman och koppla loss luftintagskanalen

2.3a Koppla loss luftflödesmätarens anslutningskontakt . . .

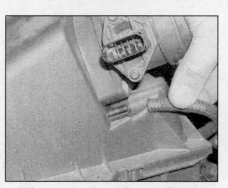

2.3b . . . och vakuumslangen därunder

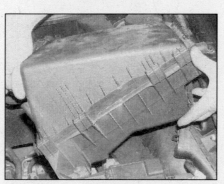

2.6 Om man vill kan luftrenaren tas bort som en hel enhet

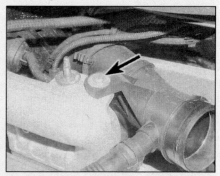

2.7 Fästbult för luftintagskanal (vid pilen) – turbomotor

3 Gasvajer – allmän information

Dieselmodeller har ingen gasvajer, utan använder i stället ett elektroniskt styrt gasspjäll. Gasspjällets lägesgivare vid gaspedalen är länkad till motorstyrningens ECU, som justerar mängden bränsle som sprutas in, och därmed motorvarvtalet. Med hjälp av diverse givare kan ECU:n ställa in mängden bränsle som sprutas in och pumpens synkronisering (insprutningens start) – se avsnitt 4.

4 Diesel motorstyrnings-system – demontering och montering av komponenter

Gasspjällets lägesgivare

1 Lägesgivaren är inbyggd i gaspedalen. Pedalenheten kan tas bort (efter att den nedre instrumentbrädespanelen på förarsidan avlägsnats – kapitel 11, avsnitt 28) genom att man kopplar loss givarens anslutningskontakt och skruvar loss muttrarna som håller fast pedalen vid dess fästbygel – se kapitel 4A, avsnitt 5. Beroende på typ av växellåda, kan en separat givare vara monterad med två skruvar ovanför pedalens fästbygel (se bild).

Temperaturgivare för kylvätska

Demontering

2 Töm ut cirka en fjärdedel av kylvätskan ur motorn enligt instruktionerna i kapitel 1B. Var i annat fall beredd på kylvätskespill när givaren tas bort.
3 Om det behövs för att komma åt, ta bort motorns övre skyddskåpa/-kåpor. Demonteringsdetaljerna varierar beroende på modell, men kåpans fästmuttrar sitter dolda under runda hattar som bänds ut från huvudkåpan. Ta bort muttrarna och lyft bort kåpan från motorn. Ta bort eventuellt kablage eller slangar.
4 Givaren sitter på det övre kylvätske-utloppets vinkel, framför topplocket. Koppla loss givarens kablage vid kontaktdonet (se bild).
5 Ta bort fästklämman och ta ut givaren ur huset. Ta loss O-ringstätningen.

Montering

6 Sätt tillbaka temperaturgivaren för kyl-vätska i omvänd ordning mot demonteringen. Använd en ny O-ringstätning. Fyll på kylsystemet enligt instruktionerna i kapitel 1B eller *Veckokontroller*.

Bränsletemperaturgivare

7 Bränsletemperaturgivaren är inbyggd i bränslemängdsjusteraren, som sitter ovanpå insprutningspumpen. Enligt den information som finns i skrivande stund går det inte att få tag på en givare separat.

Insugsluftens temperaturgivare

Demontering – modeller utan turbo

8 Givaren sitter på baksidan av luftrenarens övre kåpa.

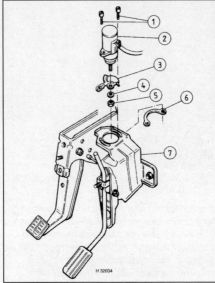

4.1 En typ av gasspjällslägesgivare
Observera: *En annan typ av givare visas i kapitel 4A, bild 5.36*

1 Fästskruvar	4 Fjäderbricka
2 Gasspjällets lägesgivare	5 Låsmutter
3 Vajerlyftkam	6 Gängad hållare
	7 Fästbygel

9 Koppla loss givarens anslutningskontakt, ta bort fästklämman och ta sedan bort givaren. Ta loss O-ringstätningen.

Demontering – turbomodeller

10 Alla modeller har en lufttemperaturgivare i luftflödesmätaren. Givaren är inbyggd i luftflödesmätaren och kan inte bytas separat. Ytterligare en lufttemperatur-/tryckgivare sitter antingen på mellankylarens ovansida eller på luftslangen mellan mellankylaren och insugningsröret. Den kan bytas enligt beskrivningen nedan.
11 Följ luftslangen bakåt från insugningsröret till den punkt där den passerar genom inner-skärmen.

4.4 Kontaktdon till temperaturgivare för kylvätska (vid pilen)

12 Om givaren sitter på slangen, koppla loss anslutningskontakten, ta bort de två fäst-skruvarna och dra bort givaren. Ta loss O-ringstätningen.
13 Om givaren sitter på mellankylaren, ta bort höger strålkastare enligt beskrivningen i kapitel 12, avsnitt 7. Givaren kan sedan tas bort på samma sätt som den slangmonterade typen.

Montering

14 Sätt tillbaka temperaturgivaren för insugsluft i omvänd ordning mot demont-eringen. Använd en ny O-ringstätning.

Varvtalsgivare

Demontering

15 Varvtalsgivaren sitter på det främre motorblocket, bredvid fogytan mellan motor-blocket och balanshjulskåpan.
16 Om det behövs för att skapa åtkomlighet, ta bort motorns övre skyddskåpa/-kåpor. Demonteringsdetaljerna varierar beroende på modell, men kåpans fästmuttrar sitter dolda under runda hattar som bänds ut från huvudkåpan. Ta bort muttrarna och lyft bort kåpan från motorn. Ta bort eventuellt kablage eller slangar.
17 Följ kablaget bakåt från givaren och koppla loss det vid kontakten bakom oljefilterhuset (se bild).

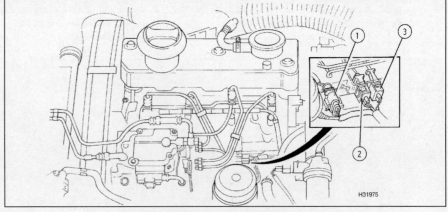

4.17 Kontaktdon bakom oljefilterhuset

1 Bränsletemperaturgivare, mängdjusterare, avstängningsventil och insprutningsstartventil   *2 Varvtalsgivare*   *3 Nållyftsgivare*

18 Skruva loss fästskruven och dra loss givaren från motorblocket.

Montering

19 Sätt tillbaka givaren i omvänd ordning mot demonteringen.

Luftflödesmätare (turbomodeller)

Demontering

20 Lossa klämmorna och koppla loss luftkanalen från luftflödesmätaren på luftrenarhusets baksida, enligt beskrivningen i avsnitt 2.
21 Koppla loss kablaget från luftflödesmätaren samt vakuumslangen under kontaktdonet (se avsnitt 2).
22 Ta bort fästskruvarna och ta ut mätaren ur luftrenarhuset. Ta loss O-ringstätningen.
Varning: Hantera luftflödesmätaren varsamt – dess interna komponenter är mycket ömtåliga.

Montering

23 Monteringen sker i omvänd ordningsföljd mot demonteringen. Byt O-ringstätningen om den verkar skadad.

Givare för absolut tryck (altitud)

24 Givaren för absolut tryck är en inbyggd del av ECU:n, och kan därför inte bytas separat.

Insugningsrörets klaffhus

Demontering – alla modeller

25 Om det behövs för att skapa åtkomlighet, ta bort motorns övre skyddskåpa/-kåpor. Demonteringsdetaljerna varierar beroende på modell, men kåpans fästmuttrar sitter dolda under runda hattar som bänds ut från huvudkåpan. Ta bort muttrarna och lyft bort kåpan från motorn. Ta bort eventuellt kablage eller slangar.
26 Lossa klämman (eller fjäderklämman) och koppla loss luftventileringsröret från klaffhuset.
27 Koppla loss slangen från husets ovansida.

Demontering – modeller utan turbo

28 Koppla loss klaffstyrmotorns anslutningskontakt från husets framsida.
29 Skruva loss husets fyra fästbultar och ta bort huset från insugningsröret. Ta loss O-ringstätningen.

Demontering – turbomodeller

30 Skruva loss de två bultarna som håller fast EGR-rörets fläns vid husets bas. Dela flänsen något från huset och ta loss packningen – belasta inte EGR-röret.
31 Följ slangen bakåt från klaffvakuumenheten till magnetventilen och koppla loss slangen från ventilen **(se bild)**. Vakuum-enheten kan demonteras tillsammans med huset.
32 Koppla loss magnetventilen på vakuumkapseln till insugningsrörets klaffstyrning. Koppla loss anslutningskontakten och vakuumslangen från magnetventilen, och ta bort den **(se bilder)**.

4.31 Avgasåterföringens magnetventils plats på motorrummets torpedvägg

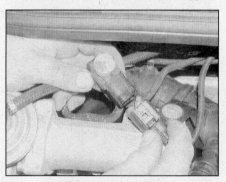

4.32b ... och koppla loss anslutningskontakten

33 Skruva loss husets tre fästbultar och ta bort huset från insugningsröret. Ta loss O-ringstätningen.

Montering

34 Monteringen sker i omvänd ordningsföljd mot demonteringen. Byt O-ringstätningen om den verkar skadad.

Kopplingens och bromspedalens brytare

Demontering

35 Kopplingens och bromspedalens brytare sitter i fästbyglar direkt ovanför respektive pedal.
36 Bromspedalbrytaren fungerar som en säkerhetsanordning om något problem skulle uppstå med gaspedalens lägesgivare. Om bromspedalbrytaren trycks ner medan gaspedalen hålls i samma position, sjunker motorvarvtalet till tomgång. Därför kan en defekt eller feljusterad bromspedalbrytare leda till körproblem.
37 Kopplingspedalens brytare får insprutningspumpen att tillfälligt minska effekten när kopplingen trycks ner, för jämnare växling.
38 För att ta bort endera brytaren, börja med att ta bort klädselpanelen från undersidan av instrumentbrädan vid rattstången, enligt beskrivningen i kapitel 11, avsnitt 28. Detta gör det lättare att komma åt pedalenheten.
39 Du kan ta bort brytarna genom att lossa dem från sina fästen och koppla loss anslutningskontakterna.

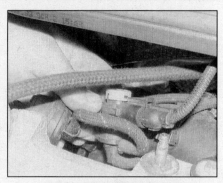

4.32a Lossa insugningsrörets klaffmagnetventil ...

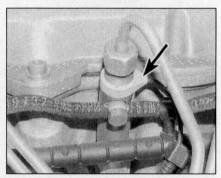

4.41 Insprutningsventil nr 3 - nållyftsgivare vid pilen

Montering

40 Monteringen sker i omvänd ordningsföljd mot demonteringen. Avslutningsvis måste brytarnas inställning kontrolleras elektroniskt med särskild testutrustning – rådfråga en VW-återförsäljare.

Nållyftsgivare

41 Nållyftsgivaren är inbyggd i insprutningsventil nr 3 **(se bild)**. I avsnitt 5 finns information om hur den demonteras och återmonteras.

Elektronisk styrenhet (ECU)

Demontering

Varning: Vänta alltid i minst 30 sekunder efter att tändningen stängts av innan kablaget kopplas bort från ECU:n. När kablaget kopplas loss raderas alla inlärda värden, även om mycket av felminnets innehåll behålls. När kablaget har återanslutits måste grundinställningarna återställas av en VW-verkstad med hjälp av ett särskilt kontrollinstrument. Observera även att om ECU:n byts ut måste den nya enhetens identifikation överföras till startspärrens (immobiliserns) styrenhet av en VW-verkstad.

42 ECU:n sitter centralt bakom motor-rummets torpedvägg, under en av vindrute-torpedplåtarna. Ta bort torkararmarna och torpedplåten på samma sätt som vid demontering och montering av vindrute-torkarmotorn, som beskrivs i kapitel 12.
43 Lossa låsklämman eller -spaken

5.7 Insprutningsventilernas röranslutningar på insprutningspumpen

på ECU:ns kontaktdon och koppla loss kontakten. På de flesta modeller finns två separata kontakter som ska kopplas loss.
44 Tryck styrenheten åt höger så att fästklämman lossnar och dra bort enheten.

Montering

45 Monteringen sker i omvänd ordningsföljd mot demonteringen. Tryck enheten åt vänster när den är på plats för att fästa den. Tänk på kommentarerna i varningen ovan – ECU:n fungerar inte korrekt förrän den har kodats elektroniskt.

5 Insprutningsventiler – allmän information, demontering och montering

Varning: Var extremt försiktig vid arbete på bränsle-insprutningsventilerna. Utsätt aldrig händerna eller någon annan kroppsdel för strålarna från en insprutningsventil. Bränslestrålen från munstycket arbetar under högt tryck och kan tränga igenom huden, vilket kan få livsfarliga följder. Allt arbete som innefattar testning av insprutnings-ventilerna under tryck bör utföras av en VW-verkstad eller bränsleinsprutnings-specialist. Läs säkerhetsföreskrifterna i avsnitt 1 i detta kapitel innan du fortsätter.

Allmän information

1 Insprutningsventilerna förslits med tiden, och det kan vara rimligt att renovera eller byta dem efter ungefär 100 000 km. Noggrann kontroll, översyn och kalibrering av ventilerna måste överlåtas till en specialist.
2 En defekt insprutningsventil som knackar eller ryker går att hitta utan isärtagning på följande sätt.
3 Kör motorn på snabbtomgång. Lossa insprutningsventilernas anslutningar en i taget, och placera en trasa runt anslutningen för att fånga upp eventuellt spill. Var försiktig så att du inte får bränsle på huden. När anslutningen på den felande ventilen lossas upphör knackingarna eller rykandet. **Observera:** Detta test är inte möjligt på motorer utrustade med pumpinsprutningsventiler (motorkoder AJM, ARL, ASZ, ATD, AUY och AXR).

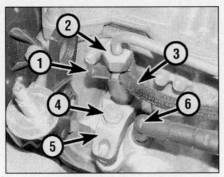

5.10 Insprutningsventil nr 1

1 Överfall	5 Fästplatta
2 Anslutningsmutter	6 Glödstiftets
3 Spillrör	kontaktdon
4 Fästbult	

Demontering

Observera: *Akta så att inte smuts kommer in i insprutningsventilerna eller bränslerören. Tappa inte insprutningsventilerna och skada inte nålarna vid spetsarna. Insprutnings-ventilerna är precisionstillverkade och måste hanteras mycket varsamt.*

Motorkoder AGP, AQM, AGR, AHF, ALH och ASV

4 På modeller utan turbo, ta bort den övre delen av insugningsröret enligt beskrivningen i avsnitt 9.
5 Täck generatorn med en ren trasa eller plastpåse för att skydda den mot bränslespill.
6 Rengör noga runt insprutningsventilerna och röranslutningsmuttrarna och koppla loss returröret från insprutningsventilen.
7 Torka rent röranslutningarna och lossa sedan anslutningsmuttern som håller fast respektive insprutningsventilrör vid varje insprutningsventil samt de anslutningsmuttrar som håller fast rören vid insprutningspumpens baksida (rören tas bort som en sammansatt enhet). När du lossar anslutningsmuttrarna vid pumpen, håll emot adaptern med en lämplig fast nyckel så att den inte skruvas loss från pumpen **(se bild)**.
8 När anslutningsmuttrarna är bortskruvade, ta bort insprutningsventilrören från motorn. Täck över insprutningsventilen och rör-anslutningarna så att det inte kommer smuts i systemet.

 HAYNES TiPS *Klipp av fingertopparna på en gammal gummihandske och fäst dem över de öppna anslutningarna med gummiband, för att förhindra att det tränger in smuts.*

9 Koppla loss kablaget till nållyftsgivaren på insprutningsventil nr 3.
10 Skruva loss fästmuttern/bulten och ta loss brickan, fästplattan och fästansatsen **(se bild)**. Notera alla komponenters position för återmonteringen. Dra bort insprutnings-ventilen från topplocket och ta loss värme-

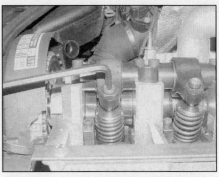

5.13 Skruva loss justeringsskruven tills vipparmen ligger mot insprutningsventilens tryckstift

sköldens bricka – nya brickor måste skaffas till återmonteringen.

Motorkoder AJM, ARL, ASZ, ATD, AUY och AXR

11 Ta bort den övre kamremskåpan och kamaxelkåpan enligt beskrivningen i Kapitel 2C.
12 Med hjälp av en skruv- eller hylsnyckel vrids vevaxelns remskiva tills vipparmen till den injektor, som skall tas bort är i sin högsta punkt, dvs. injektorns tryckfjäder står under det minsta trycket.
13 Lossa låsmuttern till inställningsskruven i änden på vipparmen ovanför injektorn. Skruva ut inställningsskruven tills vipparmen ligger mot injektorns tryckstift **(se bild)**.
14 Lossa försiktigt och jämnt vipparmsaxelns fästbultar och börja med de yttre bultar. Lyft bort vipparmsaxeln. Kontrollera kontaktytan till varje inställningsskruv. Byt ut alla inställningsskruvar som visar tecken på slitage.
15 Ta bort fästblocket, som håller fast bulten och ta bort blocket från sidan av injektorn **(se bild)**.
16 Använd en liten skruvmejsel och bänd försiktigt loss kontaktdonet från insprutaren.
17 VW-tekniker använder sig av en slidhammare (verktyg nr. T10055) för att dra av injektorn från cylinderhuvudet. Det är en glidhammare som hakar i insprutningsventilens sida. Om du inte har tillgång till detta verktyg kan du tillverka ett eget med hjälp av en kort bit vinkeljärn, en bit

5.15 Ta bort spännblockets fästbult (markerad med pil)

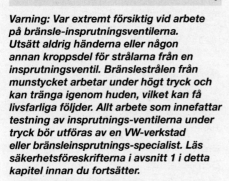

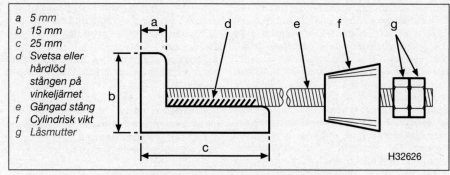

a 5 mm
b 15 mm
c 25 mm
d Svetsa eller
   hårdlöd
   stången på
   vinkeljärnet
e Gängad stång
f Cylindrisk vikt
g Låsmutter

H32626

5.17a Demonteringsverktyg för enhetsspridare

5.17b Placera glidhammaren/verktyget i spåret på insprutningsventilens sida, och dra ut insprutningsventilen

gängstag, en cylindrisk vikt och två låsmuttrar. Svetsa/hårdlöd staget på vinkeljärnet, låt vikten glida på staget och lås ihop de båda muttrarna i stagets ände som stopp för vikten **(se bild)**. Placera glidhammaren/verktyget i skåran på insprutningsventilens sida och dra ut insprutningsventilen med hjälp av några försiktiga slag. Ta loss låsringen, värmeskyddet och O-ringarna och kassera dem. Vid återmonteringen måste du använda nya **(se bild)**.

18 Vid behov kan injektorns kabelhärva/skena tas bort från cylinderhuvudet genom att ta bort de två fästmuttrarna eller bultarna på baksidan av huvudet. För att förhindra att kontaktdonen skadar topplockets gjutdelar när enheten tas bort, sätt i kontaktdonen i förvaringsspåren i plastkablageskenan. Tryck försiktigt enheten bakåt och ut ur formen **(se bilder)**.

Montering
Motorkoder
AGP, AQM, AGR, AHF, ALH och ASV

19 Sätt insprutningsventilen på plats. Använd en ny värmesköldsbricka. Se till att insprutningsventilen med nållyftsgivaren sitter på position nr 3 (nr 1 är i kamremsänden av motorn).

20 Montera fästansatsen och fästplattan, sätt tillbaka muttern/bulten (efter tillämplighet) och dra åt till specificerat moment.

21 Återanslut kablaget till nållyftsgivaren på insprutningsventil nr 3.

22 Sätt tillbaka insprutningsventilrören och dra åt anslutningsmuttrarna till angivet moment. Sätt tillbaka eventuella klämmor som satt på rören enligt noteringarna.

23 Återanslut returröret till insprutningsventilen.

24 På modeller utan turbo, sätt tillbaka den övre delen av insugningsröret enligt beskrivningen i avsnitt 9.

25 Återanslut batteriets negativa pol (jord) (se kapitel 5A), starta motorn och kontrollera att den går som den ska.

Motorkoder
AJM, ARL, ASZ, ATD, AUY och AXR

26 Innan du sätter tillbaka insprutningsventilerna måste du byta de

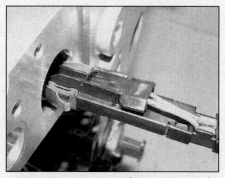

5.18a Skruva loss de båda muttrarna på topplocket och låt insprutningshylsan/skenan glida ut

tre O-ringarna, värmeisoleringsbrickan och klämman. På grund av det höga insprutningstrycket är det mycket viktigt att O-ringarna monteras utan att vridas. VW rekommenderar användningen av tre speciella monteringshylsor för att installera O-ringarna i rät vinkel. Det kan vara klokt att överlåta bytet av O-ringar till en VW-återförsäljare eller lämpligt utrustad specialiserad insprutningsverkstad istället för att riskera läckor **(se bild)**.

27 När du har bytt O-ringarna, sätt dit värmeskölden och fäst den med låsringen **(se bild)**.

28 Smörj in O-ringarna med ren motorolja och tryck ner insprutningsventilen jämnt i topplocket, ända till stoppet.

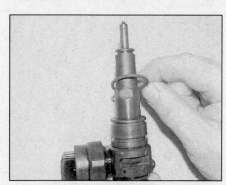

5.26 Var noga med att injektorns O-ringar monteras utan att vridas

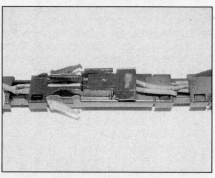

5.18b Insprutningsventilernas kontaktdon glider in i hylsan/skenan för att förhindra att de skadas när enheten tas bort/sätts in i topplocket

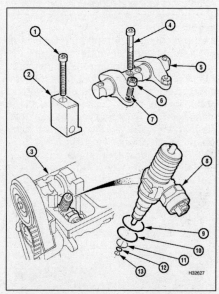

H32627

5.27 Enhetsinjektor – motorkoder AJM, ARL, ASZ, ATD, AUY och AXR

1 Bult
2 Spännblock
3 Topplock
4 Bult
5 Vipparm
6 Mutter
7 Justerare
8 Enhetsinjektor
9 O-ring
10 O-ring
11 O-ring
12 Värmesköld
13 Låsring

6.8 Bränslereturanslutning bakom insprutningspumpen

29 Sätt dit ett spännblock längs med insprutningsventilen, men handdra endast den nya fästbulten på det här stadiet.

30 Det är viktigt att insprutningsventilerna placeras i rät vinkel mot spännblocket. För att uppnå detta mäts avståndet från topplockets bakre yta till injektorns rundade del **(se bilder)**. Måtten (a) är följande:

Cylinder 1 = 332,2 ± 0,08 mm
Cylinder 2 = 244,2 ± 0,08 mm
Cylinder 3 = 152,8 ± 0,08 mm
Cylinder 4 = 64,8 ± 0,08 mm

31 Så snart injektorn/-orerna är korrekt inställda dras fästbulten åt till angivet vridmoment steg ett och steg två vinkelåtdragningsinställning. **Observera:** Om en insprutningsventil har bytts är det viktigt att justeringsskruven, låsmuttern för motsvarande vipparmar och kulstift byts samtidigt. Kylstiften dras helt enkelt ut från insprutningsventilens fjäderkåpa. Det sitter en O-ring i varje fjäderkåpa som hindrar kulstiften från att ramla ut.

32 Stryk ut litet fett (VW nr G000 100) på kontaktytan till varje vipparm och montera tillbaka vipparmsaxelenheten på kamaxellageröverfallet. Drag åt fästbultarna enligt följande. Börja inifrån och ut och dra åt bultarna för hand. Dra sedan åt bultarna, inifrån och ut, till åtdragningsmomentet för steg ett. Vinkeldra slutligen bultarna, inifrån och ut, till inställningen för steg två.

33 Följande procedur krävs endast om en injektor har tagits bort och sedan

monterats tillbaka/bytts ut. Anslut en DTI-mätare (indikatorklocka) på topplockets övre yta och placera DTI-sonden mot justeringsskruvens övre del **(se bild)**. Vrid vevaxeln tills vipparmsrullen är i det högsta läget på motsvarande kamlob, och justeringsskruven är i det lägsta. När detta läge har uppnåtts, ta bort mätklockan och skruva i justeringsskruven tills det tar emot ordentligt och insprutningsventilens fjäder inte kan tryckas ihop mer. Vrid justeringsskruven **moturs** 225° och dra åt låsmuttern till angivet moment. Upprepa denna procedur för alla injektorer, som har monterats tillbaka.

34 Återanslut anslutningskontakten till insprutningsventilen.

35 Montera tillbaka kamaxelkåpan och den övre kamremskåpan, enligt beskrivningen i kapitel 2C.

36 Starta motorn och kontrollera att den fungerar som den ska.

6 Insprutningspump – demontering och montering

Observera: Bara på motorkoder AGP, AGR, AHF, ALH, AQM och ASV

Observera: Efter montering av insprutningspumpen måste man kontrollera inställningen av insprutningsstarten. Detta styrs av ECU:n och påverkas av flera andra motorparametrar, inklusive kylvätskans temperatur och motorns varvtal och position. Även om justeringen sker mekaniskt, kan kontrollen endast utföras av en VW-verkstad, eftersom särskild elektronisk testutrustning måste kopplas till ECU:n.

Demontering

1 Koppla loss batteriets minusledare och flytta bort ledaren från polen. **Observera:** Se först "Koppla ifrån batteriet" i slutet av handboken.

2 Ta bort luftrenaren och tillhörande kanaler enligt beskrivningen i avsnitt 2.

3 Ta bort motorns övre skyddskåpa/-kåpor. Demonteringsdetaljerna varierar beroende på modell, men kåpans fästmuttrar sitter

dolda under runda hattar som bänds ut från huvudkåpan. Ta bort muttrarna och lyft bort kåpan från motorn. Ta bort eventuellt kablage eller slangar.

4 På modeller utan turbo, ta bort den övre delen av insugningsröret enligt beskrivningen i avsnitt 9.

5 På modeller med turbo, koppla loss mellankylarens luftslang från insugningsröret.

6 Demontera bromsservots vakuumpump enligt beskrivningen i kapitel 9.

7 Gör följande, enligt beskrivningen i kapitel 2C:

  a) Ta bort kamaxelkåpan och den/de yttre kamremskåpan/-kåporna.
  b) Ställ in motorn till ÖD för cylinder nr 1.
  c) Ta bort kamremmen från kamaxelns och bränsleinsprutningspumpens drev.
  d) Ta bort insprutningspumpens drev.

8 Torka runt röranslutningarna vid pumpen och insprutningsventilerna **(se bild)**.

9 Med hjälp av en skruvnyckel, lossa de fasta bränslerörsanslutningarna vid baksidan av insprutningspumpen och vid insprutningsventilerna. Lyft bort bränslerörsenheten från motorn.

Varning: Var beredd på ett visst bränsleläckage och placera trasor under anslutningarna. Överbelasta inte de fasta bränslerören när du tar bort dem.

10 Täck de öppna rören och portarna så att inte smuts och läckande bränsle kan komma in **(se Haynes tips 1)**.

11 Lossa banjobultarna för bränsletillförsel och retur vid insprutningspumpens portar. Vidta åtgärder mot spill. Täck de öppna rören och portarna så att inte smuts och läckande bränsle tränger in **(se Haynes tips 2)**.

12 Koppla loss de tre kontaktdonen bakom oljefilterhuset **(se bild 4.17)**. Två av dem går till nållyftsgivaren och varvtalsgivaren, och den största går till bränsleavstängningsventilen/insprutningsstartventilen och mängdjusterarmodulen. Koppla loss anslutningskontakterna från fästbygeln – märk dem för att underlätta återmonteringen.

13 Skruva loss den bult som håller fast insprutningspumpen vid den bakre fästbygeln **(se bild)**.

Varning: Lossa inte pumpfördelarens huvudbultar, eftersom det kan orsaka stor invändig skada på insprutningspumpen.

14 Skruva loss de tre muttrar/bultar som håller fast insprutningspumpen vid den främre fästbygeln. Observera att där låsbultar används hålls de två yttre bultarna fast med fästbyglar av metall. Stöd pumphuset när det sista fästet tas bort. Kontrollera att ingenting är anslutet till insprutningspumpen och lyft bort den från motorn.

Montering

15 Passa in insprutningspumpen mot motorn och sätt sedan i fästmuttrarna/-bultarna och dra åt till angivet moment.

16 Prima insprutningspumpen genom att

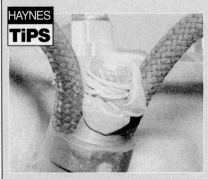

1 Klipp av fingertopparna på ett par gamla gummihandskar och sätt dem över bränsleportarna med gummiband

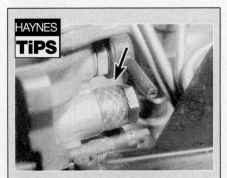

2 Sätt en kort slangbit över banjobulten (vid pilen) så att hålen täcks, och sätt sedan tillbaka bulten på insprutningspumpens port

1 Drevets bultar
2 Insprutningspumpens drev
3 Navmutter (lossa inte)
4 Bränsletillförsels-anslutning
5 Insprutningspump
6 Magnetventil för
  bränsleavstängning
7 Bränslereturanslutning
8 Bränslereturrör
9 Anslutningsmutter
10 Insprutningsventilernas rör
11 Insprutningsventilens
  röranslutning
12 Bult till insprutnings-
  pumpens fästbygel
13 Insprutningsventil nr 3
  (med nållyftsgivare)
14 Insprutningsventilens
  fästbult
15 Fästplatta
16 Fästhylsa
17 Värmesköld
18 Fästbult
19 Insprutningsstartventil
20 Filter
21 O-ring

22 Bult till insprutnings-
  pumpens fästbygel
23 Täckkåpa för
  tändningskontroll
24 Hylsmutter
25 Fästbygel
26 Fästbult

H31976

6.13 Bränsleinsprutningspumpens delar

montera en liten tratt i bränslereturrörets anslutning och fylla på med ren dieselolja. Lägg rena torra trasor runt anslutningen för att ta upp eventuellt spill.

17 Anslut matningsrören till insprutningsventilerna och insprutningspumpens överdel, och dra sedan åt anslutningarna till angivet moment med en skiftnyckel.

18 Anslut bränsletillförsel- och returrören med nya tätningsbrickor, dra sedan åt banjobultarna till angivet moment. **Observera:** *Banjobulten till bränslereturröret har mindre innerdiameter än den till bränsletillförselledningen och är märkt OUT.*

19 Resten av monteringen sker i omvänd ordningsföljd mot demonteringen. Avslutningsvis måste insprutningsstarten kontrolleras dynamiskt och vid behov justeras av en VW-verkstad.

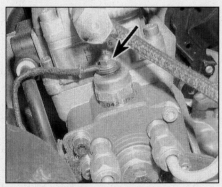

8.6 Kontaktdonet till bränsleavstängningens magnetventil sitter fast med en mutter (vid pilen)

7 Synkronisering av bränsleinsprutningspump – kontroll och inställning

Observera: *Bara på motorkoder AGP, AGR, AHF, ALH, AQM och ASV*
Bränsleinsprutningspumpens synkronisering kan endast kontrolleras och ställas in med särskild testutrustning. Rådfråga en VW-verkstad.

8 Magnetventil för bränsleavstängning – demontering och montering

Observera: *Bara på motorkoder AGP, AGR, AHF, ALH, AQM och ASV*

Allmän information

1 Bränsleavstängningsventilen gör det möjligt att stänga av motorn elektromekaniskt. När tändningen slås av bryts strömmen till magnetventilen – detta får ventiltryckkolven att sjunka, vilket stänger huvudbränsletillförseln i pumpen och därmed stannar motorn.

2 Om avstängningsmagnetventilen fastnar i öppet läge går det i teorin inte att stänga av motorn. Om detta skulle inträffa, lägg an både fot- och handbroms hårt, lägg i högsta växeln och släpp långsamt upp kopplingen tills motorn stannar.

3 Om avstängningsventilen fastnar i stängt läge går det inte att starta motorn.

4 Observera att magnetventilen är länkad till startspärren (immobiliser), som gör det

omöjligt att starta motorn om inte systemet avaktiveras av föraren.

Demontering

5 Bränsleavstängningsventilen sitter på insprutningspumpens övre, bakre del.

6 Skruva loss fästmuttern och koppla loss kablaget från ventilens ovansida **(se bild)**.

7 Skruva loss och ta bort ventilhuset från insprutningspumpen. Ta loss tätningen och tryckkolven.

Montering

8 Monteringen sker i omvänd ordning mot demonteringen, med en ny tätning.

9 Insugningsrör – demontering och montering

Modeller utan turbo

Övre del – demontering

1 Ta bort motorns övre skyddskåpa/-kåpor. Demonteringsdetaljerna varierar beroende på modell, men kåpans fästmuttrar sitter dolda under runda hattar som bänds ut från huvudkåpan. Ta bort muttrarna och lyft bort kåpan från motorn. Ta bort eventuellt kablage eller slangar.

2 Ta bort klaffhuset från insugningsröret enligt beskrivningen i avsnitt 4. Om man vill går det att ta bort grenrörets övre del med klaffhuset kvar – i så fall måste alla anslutningar till huset kopplas loss enligt beskrivningen i avsnitt 4, men husets fästbultar kan få sitta kvar.

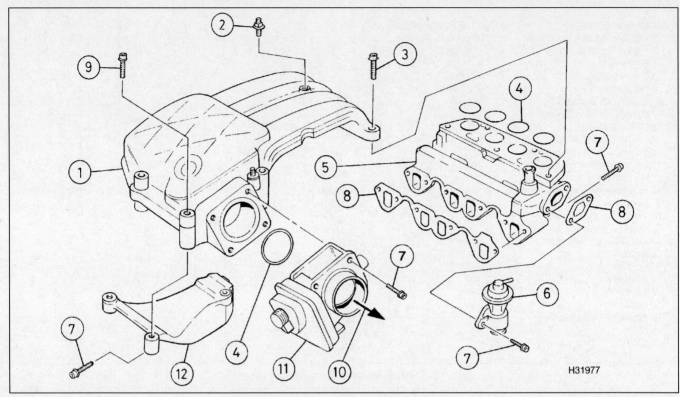

9.3 Insugningsrörets delar – motor utan turbo

1 Insugningsrörets övre del
2 Pinnbult till motorkåpans fäste
3 Bult mellan övre och nedre del
4 Tätning

5 Insugningsrörets nedre del
6 EGR-ventil
7 Fästbult
8 Packning

9 Övre delen till fästbygeln
10 Till luftrenare
11 Insugningsrörets klaffhus
12 Främre fästbygel

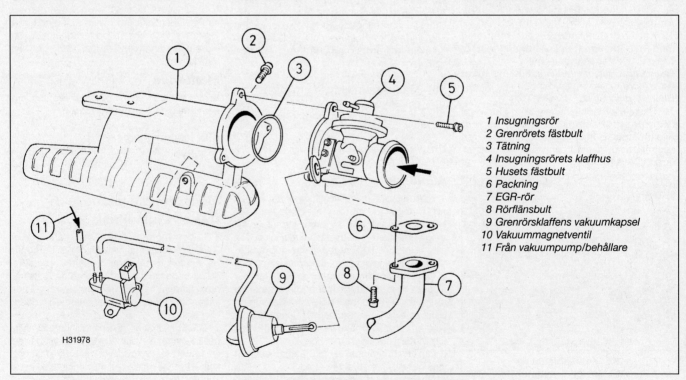

1 Insugningsrör
2 Grenrörets fästbult
3 Tätning
4 Insugningsrörets klaffhus
5 Husets fästbult
6 Packning
7 EGR-rör
8 Rörflänsbult
9 Grenrörsklaffens vakuumkapsel
10 Vakuummagnetventil
11 Från vakuumpump/behållare

9.14 Insugningsrörets delar – motor med turbo

3 Skruva loss de tre bultar som håller fast grenrörets övre del vid den främre fästbygeln **(se bild)**. Observera att den bakre bulten är längre än de andra två, samt att den har en bricka.

4 Skruva loss de fem bultar som håller fast grenrörets övre del vid den nedre, på baksidan av motorn. Mittbulten är längre än de andra fyra.

5 Kontrollera runt grenröret att det inte finns några slangar eller kablar anslutna, och lyft sedan försiktigt bort det. Ta loss de fyra stora O-ringstätningarna från grenrörets portar.

6 Om det behövs kan grenrörets främre fästbygel också tas bort. Den är fäst vid topplocket med två bultar. Det är emellertid mycket svårt att komma åt bultarna så länge oljefilterhuset och insprutningsrören sitter på plats.

Övre del – återmontering

7 Återmonteringen sker i omvänd ordning mot demonteringen, med fyra nya O-ringstätningar på grenrörsportarna. Dra åt alla bultar till angivet moment.

Nedre del – demontering

8 Ta bort grenrörets övre del enligt tidigare beskrivning i detta avsnitt.

9 Skruva loss EGR-ventilens (avgasåterföringsventilens) två fästbultar från grenrörets vänstra sida, skilj leden och flytta bort ventilen något från grenröret, utan att belasta EGR-röret. Ta loss EGR-ventilens packning och kasta den. En ny måste användas vid monteringen.

10 Stöd grenröret och skruva sedan loss de sex fästbultarna. Skilj grenrörets nedre del från topplocket och ta loss packningen.

Nedre del – återmontering

11 Monteringen sker i omvänd ordningsföljd mot demonteringen. Se till att fogytorna är rena. Använd nya packningar och dra åt alla bultar till angivet moment.

Motorkoder AGR, AHF, ALH och ASV

Demontering

12 Ta bort motorns övre skyddskåpa/-kåpor. Demonteringsdetaljerna varierar beroende på modell, men kåpans fästmuttrar sitter dolda under runda hattar som bänds ut från huvudkåpan. Ta bort muttrarna och lyft bort kåpan från motorn. Ta bort eventuellt kablage eller slangar.

13 Ta bort klaffhuset från insugningsröret enligt beskrivningen i avsnitt 4. Om man vill, går det att ta bort grenrörets övre del med klaffhuset kvar – i så fall måste alla anslutningar till huset kopplas loss enligt beskrivningen i avsnitt 4, men husets fästbultar kan få sitta kvar.

14 Koppla loss anslutningskontakten från vakuumenhetens magnetventil och koppla loss kablaget från grenröret **(se bild)**.

15 Stöd grenröret och skruva sedan loss de

sex fästbultarna. Skilj grenröret från topplocket och ta loss packningen.

Montering

16 Monteringen sker i omvänd ordningsföljd mot demonteringen. Se till att fogytorna är rena. Använd en ny packning och dra åt grenrörets bultar till angivet moment.

Motorkoder AJM, ARL, ASZ, ATD, AUY och AXR

Demontering

17 Lossa och ta bort motorns övre skyddskåpa.

18 Skruva loss bultarna som håller fast EGR röret vid insugsgrenrörets spjäll.

19 Ta bort fästskruvarna och separera insugsgrenrörets klaffenhet från insugsgrenröret (se avsnitt 14). Ta bort O-ringen.

20 Skruva loss EGR röret från avgasgrenröret. På modeller med automatisk växellåda skall också de tre fästbultarna lossas. För bort EGR-kylaren från insugsgrenröret.

21 Ta bort värmeskyddet från grenröret, skruva sedan loss fästmuttrarna/bultarna och ta bort insugningsröret från topplocket. Ta loss packningarna från insugningsröret **(se bild)**.

Montering

22 Monteringen utförs i omvänd ordningsföljd mot demonteringen, använd nya packningar på grenröret, avgasåterföringsrör och grenrörsklaffenheten.

10 Bränslefilter – byte

Observera: *Läs säkerhetsföreskrifterna i avsnitt 1 innan du börjar arbeta med någon del av bränslesystemet.*
Se kapitel 1B.

11 Bränslemätargivare – demontering och montering

Observera: *Läs säkerhetsföreskrifterna i avsnitt 1 innan du börjar arbeta med någon del av bränslesystemet.*

Varning: Undvik direkt hudkontakt med bränsle. Använd skyddskläder och handskar vid arbete med bränslesystemets komponenter. Se till att arbetsutrymmet är välventilerat för att förhindra ansamling av bränsleångor.

1 Bränslemätargivaren sitter ovanpå bränsletanken. Man kommer åt den via en lucka i golvet i bagageutrymmet. Enheten sticker in i bränsletanken och när den tas bort exponeras tankens innehåll för luft.

2 Se kapitel 4A, avsnitt 7, för anvisningar om demontering och montering. På bensinmodeller är mätargivaren kombinerad med bränslepumpen, så ignorera hänvisningar till bränslepumpen.

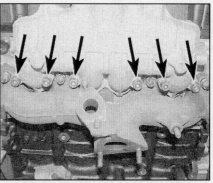

9.21 Skruva loss insugningsrörets fästbultar (markerade med pil)

12 Bränsletank – demontering och montering

Observera: *Läs säkerhetsföreskrifterna i avsnitt 1 innan du börjar arbeta med någon del av bränslesystemet.*

1 Se anvisningarna i kapitel 4A, avsnitt 8. Det finns inget ventilrör att koppla loss på tankens framsida – i stället kopplas (det svarta) bränsletillförselröret loss, tillsammans med (det blå) returröret.

13 Bränsletandempump – test, demontering och montering

Observera: *Endast motorkoder AJM, ARL, ASZ, ATD, AUY och AXR är utrustade med en tandembränslepump.*

Observera: *När den det centrala kontaktdonet för pumpinsprutningsventiler lossas kan det hända att en felkod loggas av motorstyrningen ECU. Denna kod kan tas bort av en VW-återförsäljare eller lämpligt utrustad specialistverkstad.*

Demontering

1 Lossa motorns övre skyddskåpa.

2 Lossa laddluftröret, och flytta det åt sidan. Lossa det centrala kontaktdonet för pumpinsprutningsventiler **(se bild)**.

3 Lossa fästklämman (om en sådan finns,) och

13.2 Koppla bort injektorkontaktdonen

lossa bromsservoröret från tandempumpen **(se bild)**.

4 Lossa bränsleförsörjningsslangen (markerad vit) från tandempumpen **(se bild 13.3)**. Var beredd på bränslespill.

5 Skruva loss de fyra fästbultarna och dra bort tandempumpen från topplocket **(se bild 13.3)**. När pumpen lyfts upp lossas bränslereturslangen (markerad blå). Var beredd på bränslespill. Det finns inga delar som kan åtgärdas inuti tandempumpen. Om det är fel på pumpen måste den bytas ut.

Montering

6 Återanslut bränslereturslangen till pumpen och sätt tillbaka pumpen på topplocket, använd nya gummitätningar. Se till att pumpens kugghjul hakar i urtaget i kamaxeln **(se bild)**.

7 Skruva i pumpens fästbultar och dra åt dem till angivet moment.

8 Sätt tillbaka bränsleförsörjningsslangen och bromsservoslangen på pumpen.

9 Återanslut det centrala kontaktdonet för pumpinsprutningsventiler.

10 Montera tillbaka laddluftröret.

11 Lossa bränslefiltret returslang (markerad blå) och anslut slangen till en handvakuumpump. Kör vakuumpumpen tills bränsle kommer ut ur returslangen. Detta flödar tandempumpen. Var noga med att inte släppa in bränsle i vakuumpumpen. Återanslut returslangen till bränslefiltret.

12 Sätt tillbaka motorns övre skyddskåpa.

13 Låt en VW-återförsäljare eller annan specialistverkstad läsa ut och tömma ECU:s felminne.

14 Insugsgrenrör omkopplingsklaff och ventil – borttagning och ditsättning

Observera: *Endast motorkoder AJM, ARL, ASZ, ATD, AUY och AXR.*

Omkastningsspjällhus och vakuumstyrdel

Demontering

1 Eftersom dieselmotorer har ett mycket högt

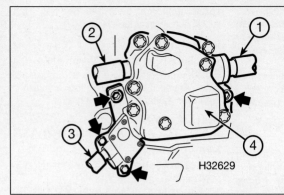

1 Bromsservoslang
2 Bränsleförsörjningsslang
3 Bränslereturslangen
4 Tandempump

13.3 Bränsletandempumpens fästbultar (markerade med pil)

kompressionsförhållande, trycker kolvarna fortfarande ihop en stor mängd luft i några varv när motorn stängs av, vilket gör att motorenheten skakar lite. Insugsgrenrörets omkastningsspjäll finns i insugsflänsens hus, som är fastbultat i insugsgrenröret. När tändningslåset vrids till läget off styr motorns ECU-styrda ventil ut spjället, som stänger av lufttillförseln till cylindrarna. Därför trycker kolvarna ihop mycket lite luft och motor stannar mjukt. Spjället måste öppnas igen ungefär tre sekunder efter det att tändningen slås av. Avgasåterföringsventilen (EGR-ventilen) är också inbyggd i spjällhuset.

2 Om den är ditsatt lossas motorns övre skyddskåpa och tas bort.

3 Lossa fästklämmorna och lossa luftinsläppet från insugsgrenrörets flänshus.

4 Ta bort de två fästbultarna och lossa EGR-röret från undersidan av inloppsflänsen. Ta loss packningen.

5 Lossa vakuumröret till manöverorganet. Lossa vakuumröret till EGR-ventilen.

6 Skruva loss de tre fästbultar och ta bort insugningsrörets flänshus. Kassera O-ringstätningen, en ny en måste användas vid återmonteringen **(se bild)**.

7 Även fast det går att ta bort vakuummanöverdonet från inloppsflänshuset genom att skruva ut de två fästbultarna och ta bort manöverarmen från klaffspindeln fanns insugsgrenrörets fläns endast som en

komplett enhet med vakuummanövrerare och EGR-ventil vid den tidpunkt när detta skrevs. Fråga VW-återförsäljaren.

Montering

8 Monteringen utförs i omvänd ordningsföljd mot demonteringen. Dra åt bultarna till insugningsgrenrörets spjällhus bultar till angivet moment.

Omkastningsventil

Demontering

9 Omkastningsventilen styr vakuumtillförseln till omkastningsspjället. Elmatningen till ventilen kontrolleras av motorstyrningens ECU. När startnyckeln vrids till läget off skickar ECU:n till ventilen som låter vakuumet stänga spjället. ungefär tre sekunder senare avbryts strömförsörjningen till ventilen, vakuumet till manöverdonet kollapsar, och spjället öppnas.

10 Ventilen sitter på motorrummets höger sida, på luftfilterhusets överdel. Notera hur de sitter och lossa vakuumrören från ventilen **(se bild)**.

11 Koppla loss kontaktdonet från ventilen.

12 Skruva loss fästskruven och ta bort ventilen.

Montering

13 Monteringen utförs i omvänd ordningsföljd mot demonteringen.

13.6 Se till att tandempumpens kugghjul hakar i spåret på kamaxeln korrekt

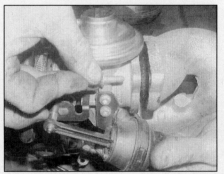

14.6 Skruva loss de tre fästbultar och ta bort insugningsrörets flänshus.

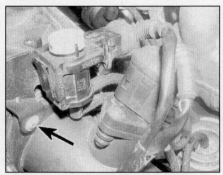

14.10 Lossa vakuumrören och skruva bort skruven till klaffstyrningen till insugsgrenrörets ventilfäste (markerad med pil)

Kapitel 4 Del C:
Avgas- och avgasreningssystem – bensinmotorer

Innehåll

Svårighetsgrader

Enkelt, passar novisen med lite erfarenhet		**Ganska enkelt,** passar nybörjaren med viss erfarenhet		**Ganska svårt,** passar kompetent hemmamekaniker		**Svårt,** passar hemmamekaniker med erfarenhet		**Mycket svårt,** för professionell mekaniker	

Specifikationer

Åtdragningsmoment	Nm
Kylvätskerörets banjobultar	35
EGR-rörets flänsbultar till gasspjällshuset	10
EGR-rörets flänsmuttrar – 1.6 liters SOHC motor, kod APF, AVU och BFQ	25
EGR-rörets fästbultar:	
1.6 liter SOHC motor, kod APF, AVU och BFQ	25
Alla övriga motorer	10
EGR-rörets anslutningsmutter:	
1.4 liters motor, kod AHW, AKQ, AXP och BCA	35
1.6 liters SOHC motor, kod APF, AVU och BFQ	60
EGR-ventilens fästbultar/genomgående bultar:	
1.4 liters motorer:	
Motorkod AHW och AKQ	10
Motorkod APF, AXP och BCA	20
1.6 liter DOHC motor	20
Avgassystemets klämmuttrar	40
Avgasgrenrörets muttrar*	25
Avgasgrenrörets stödfäste vid motorn	25
Muttrar mellan avgasgrenröret och främre avgasröret*	40
Muttrar och bultar till avgassystemets fästbyglar	25
Mellankylarens fästbultar	10
Oljetillförselrörets banjobultar	30
Lambdasond	50
Sekundära luftadapterplattans fästbultar	10
Sekundära luftkombinationsventilens fästbultar	10
Sekundärluftrörets anslutningsmuttrar	25
Turboaggregatets stödfäste vid motorn	25
Muttrar mellan turboaggregatet och främre avgasröret**	40
Bultar mellan turboaggregat och grenrör**	30
Bultar mellan turboaggregat och stödfäste	30

*Använd nya muttrar
**Använd fästmassa på gängorna

1 Allmän information

Avgasreningssystem

Alla bensinmodeller styrs av motorstyrningssystem som är programmerade för bästa kompromiss mellan körbarhet, bränsleförbrukning och avgasutsläpp. Dessutom finns ett antal andra system som minimerar andra skadliga utsläpp. Bland annat finns ett styrsystem för vevhusutsläpp som reducerar föroreningar från motorns smörjningssystem, och en katalysator som reducerar avgasföroreningar. Ett avdunstningsregleringssystem reducerar utsläpp av kolvätegaser från bränsletanken.

Vevhusventilation

För att minska utsläppen av oförbrända kolväten från vevhuset är motorn förseglad och genomblåsningsgaser och oljeångor sugs från vevhuset, genom en oljeavskiljare, till insugningskanalen, där de förbränns i motorn.

Vid högt undertryck i grenröret sugs gaserna ut ur vevhuset. Vid lågt undertryck i grenröret tvingas gaserna ut ur vevhuset av det (relativt) högre vevhustrycket. Om motorn är sliten gör det ökade vevhustrycket (som orsakas av ökad genomblåsning) att en del av flödet går tillbaka, oavsett grenrörets skick.

Avgasrening

För att minimera mängden föroreningar som släpps ut i atmosfären har alla bensinmodellers avgassystem en trevägskatalysator. Bränslesystemet är av sluten typ, där en lambdasond i avgassystemet ger motorstyrningssystemet (ECU) konstant feedback, så att ECU:n kan justera luft-/bränsleblandningen för optimal förbränning.

Alla 1.4 och 1.6 liters DOHC modeller (utom med motorkod AHW) har två katalysatorer. 1.4 liters modeller med motorkod AKQ har en mikrokatalysator i det främre avgasröret, före huvudkatalysatorn, medan senare modeller har en förkatalysator inbyggd i avgasgrenröret. Detta syns på att (den första) lambdasonden är inskruvad i grenröret.

Lambdasonden har ett inbyggt värmeelement som styrs av ECU:n via ett relä, som snabbt ändrar sondens spets till optimal arbetstemperatur. Sondens spets är syrekänslig, och skickar en spänningssignal till ECU:n som varierar efter mängden syre i avgaserna. Om insugets luft-/bränsleblandning är för hög blir avgaserna syrefattiga, så att lambdasonden skickar en signal med låg spänning. Spänningen ökar allt eftersom blandningen blir svagare och mängden syre i avgaserna ökar. Högsta omvandlingseffekt av alla viktigare föroreningar uppnås om insugets luft-/bränsleblandning hålls på kemiskt rätt nivå för fullständig bensinförbränning, med 14,7 delar (efter vikt) luft mot 1 del bränsle (detta

kallas stökiometriskt förhållande). Vid det här förhållandet ändras sondens utgångsspänning i stora steg. ECU:n använder signalförändringen som referenspunkt och justerar luft-/bränsleblandningen därefter genom att ändra bränsleinsprutningsventilens pulslängd.

De flesta senare modeller har två sonder – en före och en efter huvudkatalysatorn. Detta möjliggör effektivare övervakning av avgaserna och snabbare respons. Katalysatorns allmänna effektivitet kan också kontrolleras. Mer information om demontering och montering av lambdasonden finns i kapitel 4A, avsnitt 5.

Ett avgasåterföringssystem (EGR) finns även på vissa 1.4 och 1.6 liters modeller. Detta system minskar nivån av kväveoxider som produceras vid förbränningen, genom att under vissa motorförhållanden återföra en del av avgaserna till insugningsröret via en kolvventil. Systemet styrs elektroniskt av ECU:n.

Modeller med 1.6 liters SOHC motor (kod APF), 1.8 liters (kod ARZ) och 2.0 liters (kod AQY) motorer har ett sekundärt luftsystem, för att reducera kallstartsavgaser medan katalysatorn värms upp. Systemet består av en elektrisk luftpump som drar luft från luftrenaren och ett system med ventiler. När motorn är kall pumpas luft in i ytterligare rörsystem i avgasgrenröret, där den blandas med avgaserna. Detta höjer avgasernas temperatur, vilket ökar förbränningen av föroreningarna. Den extra värmen gör också att katalysatorn snabbare värms upp till rätt arbetstemperatur. När motorkylvätskans temperatur är tillräckligt hög och katalysatorn arbetar normalt, stänger ECU:n av systemet.

Avdunstningsreglering

För att minimera utsläpp av oförbrända kolväten, har alla bensinmodeller ett avdunstningsregleringssystem. Bränsletankens påfyllningslock är förseglat och ett kolfilter under den högra skärmen samlar upp bensinångorna från bränslet i tanken. Ångorna sparas tills de kan sugas ut ur kolfiltret (under kontroll av bränsleinsprutnings-/tändsystemets ECU) via rensventilen/-ventilerna till insugningskanalen, där de förbränns i motorn.

För att motorn ska fungera bra när det är kallt och/eller vid tomgång, samt för att

skydda katalysatorn från skador vid en alltför mättad blandning, öppnar inte ECU:n rensstyrningsventilerna förrän motorn är uppvärmd och under belastning. Magnetventilen stängs då av och på så att ångorna kan dras in i insugskanalen.

Avgassystem

På de flesta modeller består avgassystemet av avgasgrenröret (med lambdasond), det främre avgasröret, katalysatorn (med sekundär lambdasond på de flesta modeller), mellanrör och ljuddämpare, samt bakre avgasrör och ljuddämpare. Systemens detaljer skiljer sig åt beroende på motor – t.ex. hur katalysatorn inkorporeras i systemet. På de flesta modeller är katalysatorn inbyggd i det främre avgasröret, men på vissa 1.4 liters motorer är katalysatorn inbyggd i grenröret. På andra modeller är det främre avgasröret och katalysatorn skilda åt. På modeller med turbo sitter turboaggregatet på avgasgrenröret och drivs av avgaserna.

Systemet är fäst med olika metallfästbyglar som sitter inskruvade i bilens golv, med vibrationsdämpare av gummi för att minska skrammel.

2 Avdunstningsregleringssystem – information och komponentbyte

1 Avdunstningsregleringssystemet består av rensventil, filter med aktivt kol och en mängd anslutande vakuumslangar.
2 Rensventilen och kolfiltret sitter till höger i motorrummet, framför kylvätskans expansionskärl (se bild).
3 Se till att tändningen är avslagen och koppla sedan loss kabelhärvan från rensventilens kontaktdon (se bild).
4 Dra bort den större slangen (som leder till gasspjällshuset). Rensventilen kan nu bändas loss från kolfiltret om det behövs. Bänd ut det runda ändbeslaget som den mindre slangen (till tankventilen) är ansluten till (se bilder).
5 Skruva loss fästbulten och lyft ut kolfiltret ur dess nedre fäste, notera hur det var monterat och ta bort det från motorrummet (se bild).
6 Monteringen sker i omvänd ordningsföljd mot demonteringen.

2.2 Kolfiltrets plats på den högra innerskärmen – pilen visar fästbulten

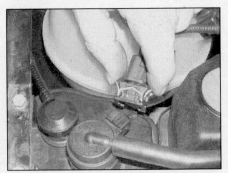

2.3 Koppla loss rensventilens kontaktdon

2.4a Dra bort den större slangen från rensventilen . . .

2.4b . . . och ta bort rensventilen om så behövs

2.4c Bänd ut ändbeslaget på tankens ventilationsslang

3 Vevhusventilationssystem – allmän information

1 Styrsystemet för vevhusets ventilation består av slangar mellan vevhuset och luftrenaren eller insugningsröret. Vissa bensinmotorer har också en oljeavskiljare, som ofta sitter långt bak i motorn (se bild).
2 Systemet behöver ingen annan översyn än regelbunden kontroll av att slangar, ventiler och oljeavskiljare inte är blockerade samt att de i övrigt är i gott skick.

4 Avgasåterföringssystem (EGR) – demontering av komponenter

1 EGR-systemet består av EGR-ventilen, modulatorventilen (magnetventilen) och en serie anslutande vakuumslangar.
2 EGR-ventilen sitter på en flänsfog vid avgasgrenröret och är ansluten med ett metallrör till en andra flänsfog vid gasspjällshuset.
3 Demontera motorns toppkåpa/-kåpor för att komma åt lättare. Demonteringsdetaljerna varierar beroende på modell, men kåpans fästmuttrar sitter dolda under runda lock som bänds ut från huvudkåpan. Om plastskruvar

eller vridfästen används kan dessa tas bort med hjälp av en bredbladig skruvmejsel. Ta bort muttrarna eller skruvarna och lyft bort kåpan från motorn. Ta bort eventuellt kablage eller slangar.

EGR magnetventil

1.4 liters motorer med motorkod AHW och AKQ

4 Leta upp EGR-ventilen på motorns främre vänstra sida, på avgasgrenröret. Magnetventilen sitter bredvid EGR-ventilen, på en fästbygel som är fastsatt vid kamaxelhållarens ände.
5 Koppla loss anslutningskontakten från magnetventilen.
6 Koppla loss vakuumslangen som går till

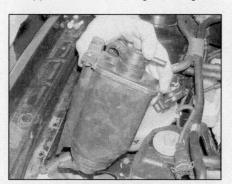

2.5 Ta bort kolfiltret

EGR-ventilen och den andra vakuumslangen på magnetventilens bas. De mindre slangarna behöver inte tas bort.
7 Skruva loss magnetventilens fästbult och ta bort ventilen från motorn (se bilder).
8 Monteringen sker i omvänd ordningsföljd mot demonteringen. Se till att slangarna och anslutningskontakten återansluts ordentligt och korrekt.

EGR-ventil

1.4 liters motorer med motorkod AHW och AKQ

9 Koppla loss vakuumslangen från porten på EGR-ventilen (se bild).
10 Följ metallröret från ventilen till gasspjällshuset och skruva loss rörets fästbult(ar) samt

3.1 Oljeavskiljare på motorns baksida (sedd med motorn borttagen)

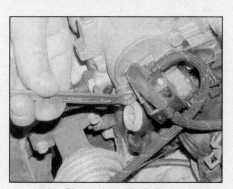

4.7a Skruva loss fästbulten . . .

4.7b . . . och ta bort magnetventilen från motorn

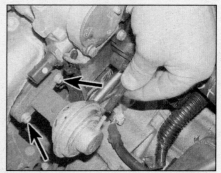

4.9 Koppla loss vakuumslangen från EGR-ventilen – pilarna visar fästbultarna

4.10 Dela på EGR-röret vid gasspjällshuset och ta loss packningen

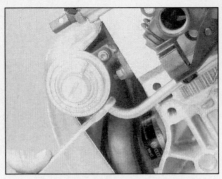

4.11a Skruva loss anslutningsmuttern vid EGR-ventilen . . .

4.11b . . . och ta bort EGR-röret (motorn borttagen på bilden)

1 Gasspjällshusets bult
2 Gasspjällshus
3 Packning
4 Fästfläns
5 Tätning
6 EGR-ventil
7 Vinkeladapterns bult
8 Vinkeladapter
9 EGR-rörets bultar
10 Genomgående bult
11 Vakuumslang
12 EGR-rör

H31979

4.15 EGR-ventilens delar – 1.4 liter med kod APE och AXP och 1.6 liter DOHC

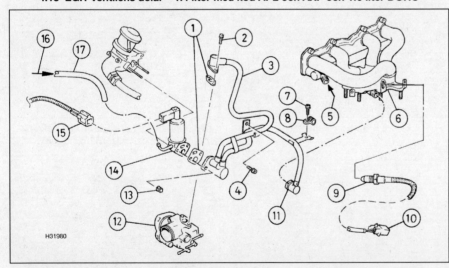

H31980

4.20 EGR-ventilens delar – 1.6 liters SOHC motorer med kod APF, AVU och BFQ

1 Packning	6 Lambdasondens anslutn.	12 Gasspjällshus
2 EGR-rörets flänsbult	7 Fästbult	13 EGR-rörets flänsmutter
3 EGR-rör	8 Kabelklämma lambdasond	14 EGR-ventil
4 Fästbult	9 Lambdasond	15 EGR-systemets kontaktdon
5 Avgasgrenrörets anslutning	10 Lambdasondens kontakt	16 Från luftfiltret
till EGR-röret	11 EGR-rörets anslutning	17 Luftslang

de två flänsbultarna vid gasspjällshuset (se bild).

11 Skruva loss den stora anslutningsmuttern som håller fast metallröret vid EGR-ventilen (se bilder). Om muttern inte går att lossa enkelt är det bättre att ta bort de två bultarna som håller fast ventilen vid grenröret och sedan skruva loss ventilen från metallröret.

12 Skruva loss EGR-ventilens två fästbultar och ta bort ventilen från grenröret. Ta loss packningen – en ny måste användas vid monteringen.

13 Monteringen sker i omvänd ordningsföljd mot demonteringen. Använd en ny packning och dra åt fästbultarna och anslutningsmuttern till angivet moment. Avsluta med att köra motorn och leta efter tecken på bränsleläckage vid ventilen.

1.4 liters motorer med motorkod APE och AXP och 1.6 liters DOHC motorer

14 Koppla loss vakuumslangen från porten på EGR-ventilen.

15 Stöd EGR-ventilen och skruva sedan loss de två genomgående bultarna som håller fast EGR-rörets fläns vid ventilen (se bild). Ta bort ventilen och ta loss packningarna som sitter vid sidan om den.

16 Om så behövs, skruva loss de två bultarna som håller fast vinkeladaptern vid avgasgrenröret. Ta bort adaptern från grenröret och ta loss packningen.

17 Monteringen sker i omvänd ordningsföljd mot demonteringen. Använd nya packningar och dra åt fästbultarna och anslutningsmuttrarna till angivet moment. Avsluta med att köra motorn och leta efter tecken på bränsleläckage.

1.6 liters SOHC motorer med motorkod APF, AVU and BFQ

18 Koppla loss luftslangen och anslutningskontakten från EGR-ventilen.

19 Skruva loss de två muttrarna från EGR-rörets fläns vid EGR-ventilen.

20 Följ EGR-röret från ventilen och skruva loss rörfästbulten (se bild). Skruva loss anslutningsmuttern vid avgasgrenröret och koppla loss EGR-röret från grenröret. Skruva loss de två bultarna vid gasspjällshusets fläns

**5.1a Sekundärt luftinsprutningssystem –
1.6 liters SOHC motor med motorkod APF,
AVU och BFQ**

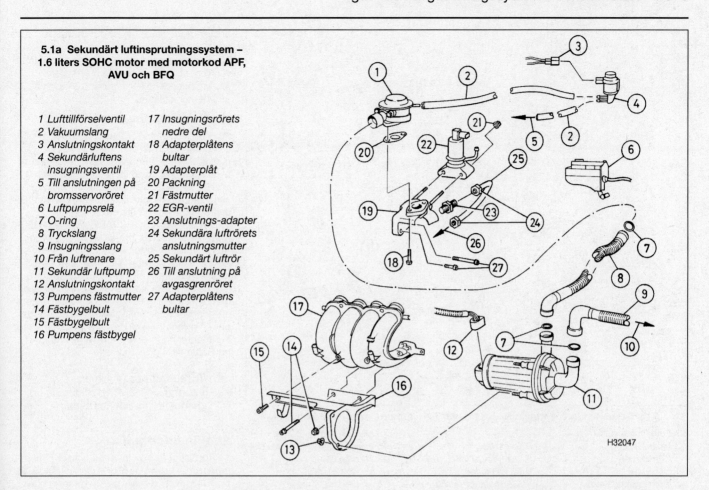

1 Lufttillförselventil	17 Insugningsrörets
2 Vakuumslang	nedre del
3 Anslutningskontakt	18 Adapterplåtens
4 Sekundärluftens	bultar
insugningsventil	19 Adapterplåt
5 Till anslutningen på	20 Packning
bromsservoröret	21 Fästmutter
6 Luftpumpsrelä	22 EGR-ventil
7 O-ring	23 Anslutnings-adapter
8 Tryckslang	24 Sekundära luftrörets
9 Insugningsslang	anslutningsmutter
10 Från luftrenare	25 Sekundärt luftrör
11 Sekundär luftpump	26 Till anslutning på
12 Anslutningskontakt	avgasgrenröret
13 Pumpens fästmutter	27 Adapterplåtens
14 Fästbygelbult	bultar
15 Fästbygelbult	
16 Pumpens fästbygel	

H32047

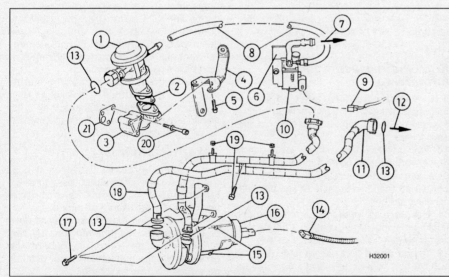

5.1b Sekundärt luftinsprutningssystem – 1.8 liters motor

1 Lufttillförselventil	8 Vakuumslang	15 Pumpens fästmuttrar
2 Packning	9 Kontaktdon	16 Sekundär luftpump
3 Adapterplåt	10 Sekundärluftens	17 Fästbygelns bultar
4 Monteringsfläns	insugningsventil	18 Tryckslang
5 Monteringsflänsens bultar	11 Insugningsslang	19 Fästmuttrar/-bultar
6 Fästbygel (på	12 Till luftrenare	20 Adapterplåtens bultar
insugningsröret)	13 O-ring	21 Packning
7 Till vakuumbehållaren	14 Kontaktdon	

H32001

och dela fogen. Förutom lambdasondens
kabelhärva som fortfarande sitter fast, kan nu
EGR-rören tas bort utan risk för skada.
21 Flytta EGR-rörets fläns vid EGR-ventilen
åt sidan, från de två pinnbultarna. Ta loss
packningen. Dra bort EGR-ventilen från pinn-
bultarna.
22 Monteringen sker i omvänd ordningsföljd
mot demonteringen. Använd nya packningar
och dra åt EGR-rörets fäste till angivet
moment. Avsluta med att köra motorn och
leta efter tecken på bränsleläckage.

5 Sekundärt luftinsprutnings-
system – information och
komponentbyte

1 Det sekundära luftinsprutningssystemet (kallas
även 'luftpulssystem' eller 'puls-air') består av
en elektriskt styrd luftpump (som hämtar luft
från luftrenaren), ett relä för luftpumpen, en
vakuumstyrd kombinerad luft-tillförselventil, en
magnetventil som reglerar vakuumtillförseln samt
ett rörsystem som för luften till avgasgrenröret.
Mer information om hur systemet fungerar finns
i avsnitt 1 **(se bilder)**.

Luftpump

2 Luftpumpen sitter på en fästbygel på

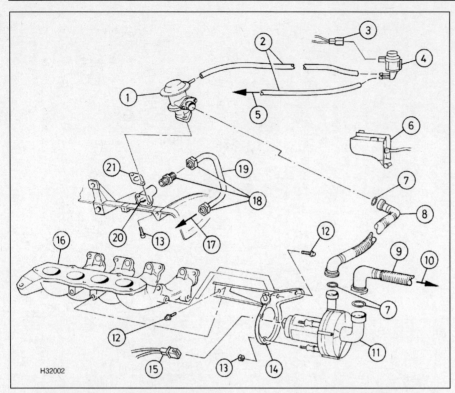

5.1c Sekundärt luftinsprutningssystem – 2.0 liters motorer med motorkod AQY

1 Lufttillförselventil
2 Vakuumslang
3 Kontaktdon
4 Sekundär
   luftinsugningsventil
5 Till anslutningen på
   bromsservons vakuumrör
6 Sekundärt luftpumprelä
7 O-ring
8 Tryckslang
9 Insugningsslang
10 Till luftrenare
11 Sekundär luftpump
12 Fästbygelns bultar
13 Fästbult
14 Luftpumpens fästbygel
15 Kontaktdon
16 Insugningsrörets nedre del
17 Till anslutning på
   avgasgrenröret
18 Anslutningsmutter
19 Sekundärt luftrör
20 Varmluftsuppsamlingsplåt
21 Packning

insugningsrörets nedre del. Det går lättare att komma åt pumpen om man först tar bort motorns övre skyddskåpa.
3 Koppla loss luftslangarna på pumpens ovansida genom att klämma ihop spärrarna på ändbeslagen och dra slangarna uppåt. Ta loss O-ringstätningen från varje slang – nya tätningar bör användas vid återmontering. Slangarna har olika dimensioner, så de kan inte monteras felaktigt.
4 Koppla loss anslutningskontakten från luftpumpen.
5 Skruva loss muttrarna/muttrarna och bultarna (efter tillämplighet) som håller pumpen till fästbygeln och dra ut pumpen ur fästbygeln.
6 Om det behövs kan fästbygeln tas bort från insugningsröret. Fästbygeln sitter fast med två bultar och en mutter, eller med tre bultar, beroende på modell. Om tre bultar används har de ofta olika längd, så notera deras plats.
7 Monteringen sker i omvänd ordningsföljd mot demonteringen.

Luftpumpsrelä
8 Reläet är ett av alla de som sitter i motor-rummets säkrings- och relähus – se kapitel 12 för mer information.

Kombinationsventil för lufttillförsel
9 Kombinationsventilen sitter på avgasgrenrörets ovansida. Det går lättare att komma åt ventilen om man först tar bort motorns övre skyddskåpa.
10 På 2.0 liters (AQY) motorer, lossa och ta bort muttrarna som håller fast värmeskölden över avgasgrenröret. Då kan skölden tas bort så att man kan komma åt kombinatins-ventilens fästbultar.
11 Koppla loss vakuumslangen och den tjocka luftslangen från ventilen – luftslangen lossas genom att ändbeslaget kläms ihop.
12 Ta bort de två fästbultarna under ventilen och lyft bort ventilen från fästflänsen. Ta loss packningen.
13 Monteringen sker i omvänd ordningsföljd mot demonteringen. Använd en ny packning och dra åt fästbultarna till angivet moment.

Vakuummagnetventil
14 Magnetventilen sitter i motorrummets bakre del, nära kombinationsventilen.
15 Koppla loss anslutningskontakten och vakuumrören från ventilen – notera till vilka

portar som rören är monterade, för att underlätta återmonteringen.
16 Skruva loss bultarna eller koppla loss ventilen, och ta bort den från fästbygeln.
17 Monteringen sker i omvänd ordningsföljd mot demonteringen.

Andra komponenter
18 På 1.6 liters SOHC (APF, AVU och BFQ) motorer och 2.0 liters (AQY) motorer passerar luften från kombinationsventilen till avgasgrenröret via ett metallrör. Röret kan tas bort genom att anslutningsmuttrarna i ändarna skruvas loss. Anslutningsmuttrarna dras åt till angivet moment vid återmontering.
19 På 1.6 liters SOHC (APF, AVU och BFQ) motorer och 1.8 liters (ARZ, AUM och AUQ) motorer sitter kombinations-ventilen på en vinkeladapter som skruvas fast på avgasgrenröret. Vinkeln kan tas bort om det behövs (om kombinationsventilen först demonteras enligt beskrivningen ovan) genom att adapterns fästbultar skruvas loss. Ta loss packningen. Använd en ny packning vid återmonteringen och dra åt vinkeladapterns fästbultar till angivet moment.

6 Turboaggregat – allmän information, säkerhetsåtgärder, demontering och montering

Allmän information
1 Turboaggregat finns på alla 1.8 liters motorer (utom motorkod AGN). Det är monterat direkt på avgasgrenröret. Aggregatet smörjs via ett oljetillförselrör från motoroljefiltrets fäste. Oljan går tillbaka till oljesumpen via ett returrör. Turboaggregatet har separat övertrycksventil och vakuum-aktiverat membran, som används för att styra laddtrycket på insugningsröret.
2 Turboaggregatets inre komponenter snurrar mycket fort och är mycket känsliga för föroreningar. Även små smutspartiklar kan orsaka stor skada, särskilt om de slår emot känsliga turbinbladen.

Säkerhetsåtgärder
Turboaggregatet arbetar vid extremt höga hastigheter och temperaturer. Vissa försiktig-hetsåtgärder måste vidtas för att undvika personskador och skador på turbon.
Kör inte turbon när någon av dess delar är exponerade. Främmande föremål som faller ner på de roterande bladen kan orsaka allvarliga materiella skador och (om de skjuts iväg) personskador.
Täck över turboaggregatets luftintagskanaler för att förhindra att smuts tränger in. Använd endast luddfria trasor vid rengöringen.
Varva inte motorn omedelbart efter start, särskilt inte om den är kall. Låt oljan cirkulera i några sekunder.
Låt alltid motorn sakta ner till tomgångshastighet innan den stängs av. Rusa inte motorn precis innan du

stänger av, då fortsätter turbon att gå utan smörjning.

Låt motorn gå på tomgång i flera minuter innan den slås av efter körning vid hög hastighet.

Följ de rekommenderade intervallen för olje- och filterbyte och använd en välkänd olja av angiven kvalitet. Bristfälliga oljebyten eller användning av olja av låg kvalitet kan leda till sotavlagringar på turboaxeln som i sin tur kan leda till att turbon går sönder. Rengör området runt alla oljerörsanslutningar noga innan de kopplas loss, för att hindra att smuts tränger in. Förvara isärtagna komponenter i en försluten behållare så att de hålls rena.

Demontering

Varning: Rengör området runt alla oljerörsanslutningar noga innan de kopplas loss. Förvara isärtagna komponenter i en försluten behållare så att de hålls rena. Täck

över turboaggregatets luftintagskanaler för att förhindra att smuts tränger in. Använd endast luddfria trasor vid rengöringen.

3 Dra åt handbromsen, lyft sedan upp framvagnen och ställ den på pallbockar (se *Lyftning och stödpunkter*). Ta bort motor-rummets undre skyddskåpa.

4 Demontera motorns toppkåpa/-kåpor, där sådan(a) finns. Demonteringsdetaljerna varierar beroende på modell, men kåpans fästmuttrar sitter under runda lock som bänds ut från huvudkåpan. Om plastskruvar eller vridfästen används kan dessa tas bort med en bredbladig skruvmejsel. Ta bort muttrarna eller skruvarna och lyft av kåpan från motorn. Ta bort eventuellt kablage eller slangar.

5 Lossa klämmorna och koppla loss luft-slangarna till och från turboaggregatet.

6 Skruva loss de två bultarna som håller fast värmeskölden ovanför turboaggregatet. Ta bort skölden (se bild).

7 Ta bort skruven som håller fast luftintagets

rörstump vid turboaggregatet. Dra ut rörstumpen ur turboaggregatet, och ta loss O-ringstätningen (en ny tätning måste användas vid montering).

8 Skruva loss anslutningsbulten och koppla loss oljetillförselröret från turboaggregatets ovansida. Ta loss tätningsbrickorna. Notera i vilken ordning de sitter monterade. Räkna med lite oljespill när röret tas bort. Plugga igen eller täck över röret och öppningen för att förhindra att damm och smuts tränger in. Ta bort den lilla bulten som fäster rörets fästbygel och flytta röret åt sidan.

9 Turboaggregatets hus är vattenkylt, så när man tar loss det måste man koppla loss två kylvätskerör. Även om kylsystemet har tömts enligt beskrivningen i kapitel 1A har förmodligen inte rören tömts, så det finns risk för spill. Om kylvätskan inte ska bytas kan det därför vara bättre att inte tömma systemet, men var beredd på att plugga igen rören när de har kopplats loss.

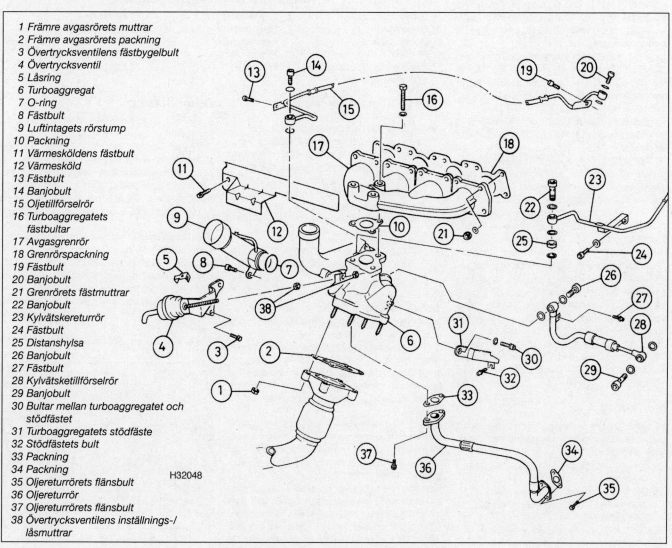

1 Främre avgasrörets muttrar
2 Främre avgasrörets packning
3 Övertrycksventilens fästbygelbult
4 Övertrycksventil
5 Låsring
6 Turboaggregat
7 O-ring
8 Fästbult
9 Luftintagets rörstump
10 Packning
11 Värmesköldens fästbult
12 Värmesköld
13 Fästbult
14 Banjobult
15 Oljetillförselrör
16 Turboaggregatets fästbultar
17 Avgasgrenrör
18 Grenrörspackning
19 Fästbult
20 Banjobult
21 Grenrörets fästmuttrar
22 Banjobult
23 Kylvätskereturrör
24 Fästbult
25 Distanshylsa
26 Banjobult
27 Fästbult
28 Kylvätsketillförselrör
29 Banjobult
30 Bultar mellan turboaggregatet och stödfästet
31 Turboaggregatets stödfäste
32 Stödfästets bult
33 Packning
34 Packning
35 Oljereturrörets flänsbult
36 Oljereturrör
37 Oljereturrörets flänsbult
38 Övertrycksventilens inställnings-/låsmuttrar

H32048

6.6 Turboaggregat och tillhörande komponenter

10 Skruva loss anslutningsbultarna och koppla loss anslutningarna till tillförsel- och returrören för kylvätska från turboaggregatets fram- och ovansida. Ta loss tätningsbrickorna och notera i vilken ordning de sitter. Ta bort den lilla bulten som håller fast tillförselrörets fästbygel och flytta röret åt sidan.

11 Det är särskilt svårt att komma åt anslutningen till tillförselröret för kylvätska – det kan vara lättare att skruva loss rörets anslutningsbult i andra änden och ta bort turboaggregatet tillsammans med tillförselröret. Beroende på hur mycket som behöver tas isär kan det vara bra att i alla fall skruva loss den andra anslutningsbulten (på tillförselröret) eller fästbulten (på returröret) och flytta rören åt sidan (eller ta bort dem helt).

12 Notera de två vakuumslangarnas plats och koppla sedan loss dem från övertrycksventilens vakuumstyrenhet.

13 Skruva loss de fyra muttrarna som håller fast det främre avgasröret vid turboaggregatets bas. Ta loss det främre avgasröret och ta loss packningen (en ny ska användas vid monteringen). Om muttrarna är i dåligt skick är det bäst att skaffa nya till återmonteringen.

14 Skruva loss de två bultarna som håller fast oljereturröret vid turboaggregatets bas. Räkna med lite oljespill när röret kopplas loss, och ta bort packningen (en ny måste användas vid monteringen).

15 Skruva loss muttern och bulten som håller fast turboaggregatet vid motorblockets stödfäste.

16 Turboaggregatet är fäst vid avgasgrenröret med tre bultar som tas bort ovanifrån. Stöd turboaggregatet (det är tungt) och lossa och ta bort de tre bultarna (nya bultar ska användas vid hopsättningen). Lirka ut turboaggregatet och övertrycksventilen som en enhet från motorns baksida och ta bort dem från motorrummet. Ta loss packningen mellan grenröret och turboaggregatet och kasta den. En ny måste användas vid monteringen.

17 Du bör inte skilja övertrycksventilen från turboaggregatet utan att först rådfråga en VW-återförsäljare eller turbospecialist, eftersom inställningarna kan gå förlorade. Om övertrycksventilens inställning rubbas kan bilens prestanda försämras eller motorn skadas.

Montering

18 Sätt tillbaka turboaggregatet genom att följa demonteringsanvisningarna baklänges. Tänk på följande:

a) Byt alla packningar, tätningsbrickor och O-ringar.

b) Byt turboaggregatets tre fästbultar och eventuella självlåsande muttrar (med nyloninsats).

c) Fyll turboaggregatet med ny olja från en oljekanna innan oljetillförselröret återansluts.

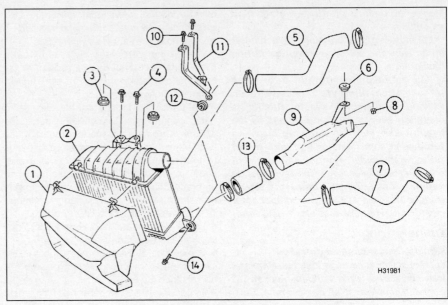

H31981

7.3 Mellankylare och tillhörande komponenter

1 Luftintagskanal	6 Gummifäste	10 Fästbult
2 Mellankylare	7 Slang till	11 Fästbygel
3 Gummifäste	turboaggregat	12 Gummifäste
4 Fästbult	8 Fästmutter	13 Anslutningsslang
5 Slang mellan mellankylare	9 Plastkanal	14 Fästbult
och gasspjällshus		

d) Dra åt alla muttrar och bultar till rätt moment, om ett sådant anges.

e) Se till att luftslangens klämmor dras åt ordentligt för att förhindra luftläckor.

f) När motorn startas efter återmonteringen måste den gå på tomgång i ungefär en minut så att oljan hinner cirkulera runt i turbinskaftslagren. Leta efter tecken på läckage av olja eller kylvätska vid de relevanta anslutningarna.

7 Mellankylare – allmän information, demontering och montering

1 Mellankylaren är i praktiken en 'luftkylare', som kyler den trycksatta insugsluften innan den kommer in i motorn.

2 När turboaggregatet komprimerar insugsluften, blir en sidoeffekt att luften värms upp, vilket gör att den expanderar. Om insugsluften kan kylas, kan en större effektiv luftvolym sugas in, och motorn ger därmed större effekt.

3 Den komprimerade luften från turboaggregatet, som normalt skulle matas direkt till insugningsröret, leds istället runt motorn till mellankylarens nederdel (se bild). Mellankylaren sitter längst fram i motorrummet, i luftflödet. Den uppvärmda luften som kommer in längst ner i enheten stiger uppåt och kyls av luftflödet över mellankylarens flänsar, som i den vanliga motorkylaren. När den avkylda luften når mellankylarens övre del leds den till gasspjällshuset.

Demontering

4 Mellankylaren sitter under det högra främre hjulhuset.

5 För att komma åt mellankylaren, ta bort stötfångaren enligt beskrivningen i kapitel 11, samt höger strålkastare enligt beskrivningen i kapitel 12, avsnitt 7. Om hjulhusets innerskärm tas loss blir det ännu lättare att komma åt, men det ska inte vara nödvändigt (se bilder).

6 Arbeta i motorrummet och lossa slangklämmorna från de luftslangar som leder till och från mellankylaren. Koppla loss slangarna där de försvinner in under innerskärmen (se bild). På vissa modeller används stora fjäderklämmor, som måste lossas genom att fjäderändarna kläms ihop – en polygriptång är perfekt för ändamålet.

7 Arbeta under hjulhuset, koppla loss

7.5a Hjulhusets innerskärm tas bort

7.5b Mellankylaren sedd under det högra främre hjulhuset

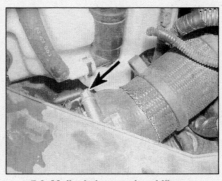

7.6 Mellankylarens slangklämma (vid pilen) – sedd uppifrån

7.7 Koppla loss luftkanalen från mellankylarens framsida

luftkanalen från de två stiften på mellankylarens framsida och ta loss kanalen (se bild).

8 Leta reda på mellankylarens fästbultar på den inre skärmen. Det finns två på ovansidan och ytterligare två på sidan (se bild). Lossa de två övre bultarna och ta bort de två på sidan.

9 Lossa slangklämmorna och koppla loss mellankylarens slangar under hjulhuset om det behövs (se bild).

10 Skruva loss den bakre muttern och hållarna av bricktyp längre fram, och lossa luftkanalen av plast under hjulhuset (se bilder).

11 Ta bort fästbulten som håller fast mellan-

kylaren vid den nedre fästbygeln i hjulhuset (se bild).

12 Stöd mellankylaren underifrån och ta bort de två övre fästbultarna. Flytta ut mellankylaren från hjulhuset, försiktigt så att kylflänsarna inte skadas. Ta loss gummimuffarna från de tre fästbultarna.

13 Leta efter skador på mellankylaren och kontrollera om luftslangarna är spruckna.

Montering

14 Monteringen sker i omvänd ordningsföljd mot demonteringen. Se till att luftslangens klämmor dras åt ordentligt vid återmonteringen för att förhindra luftläckor.

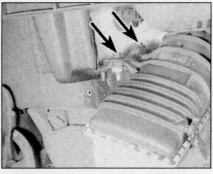

7.8 Mellankylarens övre fästbultar (vid pilarna)

7.9 Mellankylarens ena slang lossas med en polygrip

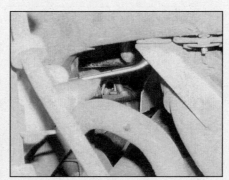

7.10a Skruva loss den bakre muttern . . .

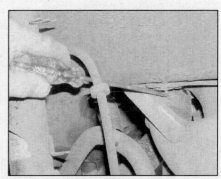

7.10b . . . de brickformade hållarna längre fram . . .

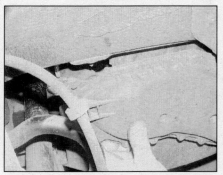

7.10c . . . och lirka ut luftkanalen av plast . . .

7.10d . . . från bilens undersida

7.11 Mellankylarens nedre fästbult (vid pilen)

8.3 Dra bort varmluftslangen från grenrörets värmesköld

8 Avgasgrenrör – demontering och montering

Demontering

1 Demontera motorns toppkåpa/-kåpor, där sådan(a) finns. Demonteringsdetaljerna varierar beroende på modell, men kåpans fästmuttrar sitter dolda under runda lock som bänds ut från huvudkåpan. Om plastskruvar eller vridfästen används kan dessa tas bort med hjälp av en bredbladig skruvmejsel. Ta bort muttrarna eller skruvarna och lyft bort kåpan från motorn. Ta bort eventuellt kablage eller slangar.

1.4 och 1.6 liters DOHC motorer

2 Dra åt handbromsen. Lyft sedan upp framvagnen och ställ den på pallbockar (se *Lyftning och stödpunkter*).

3 Dra bort varmluftslangen (till luftrenaren) från grenrörets värmesköld och lägg den åt sidan **(se bild)**.

4 Skruva loss de två övre bultarna som håller fast värmeskölden vid grenröret **(se bild)**. Vissa modeller kan ha ytterligare ett par bultar som håller fast värmeskölden vid motorns övre skyddskåpa – dessa tas också bort.

5 Skruva loss de två bultarna på framsidan av grenrörets värmesköld som håller fast en liten rörformad kabelfästbygel. Det kan vara lättare att komma åt bultarna underifrån. Ta loss fästbygeln och koppla loss lambdasondens

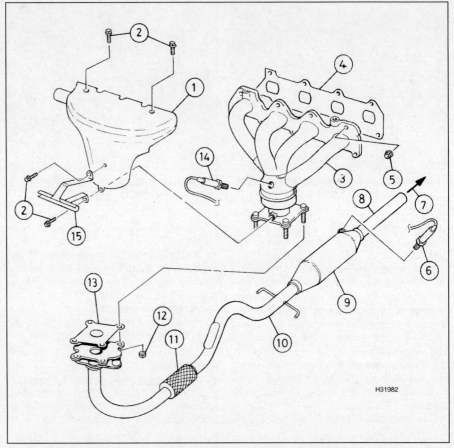

H31982

8.4 Avgasgrenrör och främre avgasrör – 1.4 och 1.6 liters DOHC motorer

1 Värmesköld	7 Till mittre ljuddämpare	12 Mutter mellan grenrör och
2 Värmesköldens bultar	8 Markering för klämmans	främre avgasrör
3 Avgasgrenrör	position	13 Främre avgasrörets
4 Grenrörspackning	9 Katalysator	packning
5 Grenrörets fästmutter	10 Främre rör	14 Lambdasond 1
6 Lambdasond 2	11 Böjlig del	15 Kabelhärvans styrkanal

kablage från den (i förekommande fall) **(se bild)**.

6 Ta bort värmeskölden från grenröret och ta bort den från motorrummet **(se bild)**.

7 På modeller med lambdasond inskruvad i grenröret, följ kablaget från sonden runt motorns framsida till kontakten, som bör sitta ovanför växellådan. Koppla loss anslutnings-

kontakten och frigör kablaget från eventuella fästklämmor eller liknande **(se bild)**. Det är bäst att ta bort grenröret med sonden på plats, men man måste vara försiktig så att den inte skadas.

8 Skruva loss de två bultarna som håller fast EGR-röret och -ventilen vid grenröret. Ta isär fogen/fogarna och ta loss packningen/

8.5 Lossa lambdasondens kablage från den rörformade fästbygeln

8.6 Ta loss grenrörets värmesköld

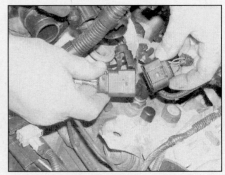

8.7 Koppla loss lambdasondens anslutningskontakt

8.9 Två av muttrarna mellan grenröret och främre avgasröret

packningarna. Akta så att inte EGR-röret skadas när grenröret tas bort – det kan vara bättre att ta bort rörets fästbult och de två bultarna som håller fast rörflänsen vid gasspjällshuset.

9 Arbeta underifrån och skruva loss de fyra muttrarna som håller fast grenröret vid avgassystemets främre del **(se bild)**. Använd en stålborste och mycket rostlösningsolja om pinnbultarna är rostiga. Om en mutter sitter fast får den inte tvingas runt. Dra åt muttern ett halvt varv, applicera lite mer genomträngande olja på pinnbultsgängorna, vänta i några sekunder så att oljan hinner verka och lossa sedan gradvis muttern ett varv. Upprepa detta tills muttern har lossnat.

10 Skilj det främre avgasröret från grenröret och ta loss packningen (en ny packning måste användas vid hopsättningen). När det här är gjort bör det främre röret stöttas på en pallbock så att inte avgassystemet eller lambdasondskablaget belastas (ta helst bort avgassystemets främre del helt enligt beskrivningen i avsnitt 9).

11 Skruva loss grenrörets fästmuttrar enligt anvisningarna i punkt 9. I vissa fall kan pinnbultarna följa med muttrarna. Detta innebär inga större problem om pinnbultarna kan sättas tillbaka om de är i gott skick. Helst ska dock en fullständig uppsättning grenrörs-pinnbultar och -muttrar (och bultar mellan grenröret och det främre avgasröret) skaffas, eftersom de gamla troligen inte längre är i perfekt skick.

12 Ta bort brickorna och dra bort grenröret från topplocket. Ta loss packningen från pinnbultarna.

1.8 liters motorer med turbo

13 Lossa klämmorna och koppla loss lufttillförselslangarna till och från turbo-aggregatet.

14 Skruva loss de två bultarna som håller fast värmeskölden ovanför turboaggregatet. Ta bort skölden **(se bild 6.6)**.

15 Skruva loss de tre bultarna som håller fast turboaggregatet vid avgasgrenröret ovanifrån. Ta loss brickorna. Observera att nya bultar måste användas vid återmonteringen.

16 På motorer med kod ARZ, koppla loss den sekundära luftslangen och vakuum-slangen från ventilen ovanför grenrörets

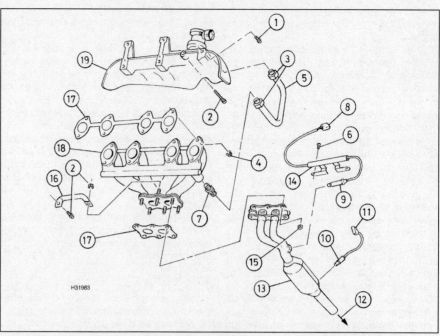

8.25 Avgasgrenrör och främre avgasrör – 2.0 liters motorer

1 Värmeskölden bult	8 Lambdasondens	14 Kablagets styrkanal
2 Fästmutter/-bult	anslutningskontakt	15 Mutter mellan grenrör
3 Anslutningsmutter	9 Lambdasond 1	och främre avgasrör
4 Avgasgrenrörets fästmutter	10 Lambdasondens	16 Grenrörets stödfäste
5 Sekundärt luftrör	anslutningskontakt	17 Packning
6 Bult till kabelfästbygel	11 Lambdasond 2	18 Avgasgrenrör
7 Sekundära luftrörets	12 Till mittre ljuddämpare	19 Värmesköld
anslutning	13 Katalysator	

värmesköld. Det större slangfästet lossas genom att tapparna kläms ihop. Ta loss O-ringstätningen. Den måste bytas vid återmonteringen. Skruva loss de två bultarna underifrån som håller fast den sekundära luftventilen vid dess fästbygel på avgas-grenröret, och lyft bort ventilen. Ta loss packningen – en ny måste användas vid monteringen.

17 Skruva loss grenrörets fästmuttrar. Använd stora mängder genomträngande olja om pinnbultarna är rostiga. Om en mutter sitter fast får den inte tvingas runt. Dra åt muttern ett halvt varv, applicera lite mer genomträngande olja på pinnbultsgängorna, vänta i några sekunder så att oljan hinner verka, och lossa sedan gradvis muttern ett varv. Upprepa detta tills muttern har lossnat.

18 I vissa fall följer grenrörets pinnbultar med muttrarna ut – det gör inte så mycket och pinnbultarna kan sättas tillbaka om de är i gott skick. Helst ska dock en fullständig upp-sättning grenrörspinnbultar och -muttrar skaffas, eftersom de gamla troligen inte längre är i perfekt skick.

19 Ta bort brickorna och dra sedan bort grenröret från topplocket och turbo-aggregatet. Ta loss packningarna från pinnbultarna och turboaggregatets fogyta.

20 Om turboaggregatets omgivning gör det omöjligt att dra bort grenröret, skruva loss muttern och bulten som håller fast turbo-

aggregatet vid motorblockets fästbygel och sänk ner turboaggregatet något. Se i så fall till att turboaggregatets vikt inte belastar det främre avgasröret – se också till att turboaggregatets olje- och kylvätskerör inte belastas. Om det är absolut nödvändigt, ta bort turboaggregatet helt enligt beskrivningen i avsnitt 6.

1.6 liters SOHC motorer (kod APF, AVU och BFQ) och 2.0 liters motorer

21 För att lättare komma åt avgasgrenröret, ta bort den övre delen av insugningsröret enligt beskrivningen i kapitel 4A.

22 Dra åt handbromsen. Lyft sedan upp framvagnen och ställ den på pallbockar (se *Lyftning och stödpunkter*).

23 Koppla loss den sekundära luftslangen och vakuumslangen från ventilen ovanför grenrörets värmesköld. Det större slangfästet lossas genom att tapparna kläms ihop. Ta loss O-ringstätningen. Den måste bytas vid återmonteringen.

24 Skruva loss de två bultarna som håller fast den sekundära luftventilen vid avgasgren-rörets fläns, och lyft bort ventilen. Ta loss packningen – en ny måste användas vid monteringen.

25 Skruva loss de stora anslutningsmuttrarna från ändarna av det sekundära luftröret på grenrörets ovansida, och skilj röret från skarvarna **(se bild)**.

26 Skruva loss bultarna som håller fast värmeskölden ovanför avgasgrenröret och ta bort skölden.

27 Följ kablaget från lambdasonden runt motorns framsida till kontakten, som ska gå att nå underifrån på höger sida.

28 Om det behövs, ta bort kåpan till den högra drivaxelns inre drivknut, öppna den fyrkantiga luckan på baksidan av hjulhuset (där kabelhärvan försvinner) och koppla loss sondens anslutningskontakt. På vissa modeller, observera att det kan vara nödvändigt att ta bort den högra drivaxeln enligt beskrivningen i kapitel 8. Frigör sondens kablage från eventuella fästklämmor eller liknande. På modeller där lambdasonden är påskruvad i grenröret måste man vara försiktig så att inte sonden skadas när grenröret tas bort.

29 På 1.6 liters motorer, skruva loss den stora anslutningsmuttern från EGR-röret vid grenrörets bas. Det rekommenderas att man skruvar loss rörets fästbult och de två flänsbultarna vid gasspjällshuset och flyttar EGR-röret och ventilen åt sidan. Om hela enheten ska tas bort måste du även koppla loss anslutningskontakten och vakuumslangen från EGR-ventilen.

30 Arbeta underifrån och skruva loss de sex muttrar som håller fast det främre avgasröret vid grenröret (läs anvisningarna i punkt 17 och 18).

31 Sänk ner det främre avgasröret tills grenrörets pinnbultar frigörs och ta loss packningen. När det här är gjort bör det främre röret stödjas på en pallbock så att inte avgassystemet eller lambdasondskablaget belastas (ta helst bort avgassystemets främre del helt enligt beskrivningen i avsnitt 9).

32 För att ta bort grenrörets stödfäste, skruva antingen loss muttern ovanför flänsen mellan grenröret och det främre avgasröret, eller (enklare) ta bort den bult som håller fast fästbygeln vid motorns baksida.

33 Skruva stegvis loss grenrörets fästmuttrar (läs anvisningarna i punkt 17 och 18). Observera att två av muttrarna också håller ett kabelstödfäste – ta bort fästbygeln från topplockets pinnbult, och notera hur de sitter.

34 Ta loss brickorna och dra bort grenröret från topplockets pinnbultar. Ta loss grenrörspackningen, som måste bytas ut.

1.6 liters SOHC motorer med motorkod AEH och AKL

35 För att lättare komma åt avgasgrenröret, ta bort den övre delen av insugningsröret enligt beskrivningen i kapitel 4A.

36 Dra åt handbromsen. Lyft sedan upp framvagnen och ställ den på pallbockar (se *Lyftning och stödpunkter*).

37 Skruva loss muttrarna som håller fast värmeskölden ovanför avgasgrenröret och ta bort skölden.

38 Arbeta underifrån och skruva loss de sex muttrar som håller fast det främre avgasröret vid grenröret (läs anvisningarna i punkt 17

och 18). Det går lättare att komma åt om man tar bort kåpan från den högra drivaxelns inre drivknut.

39 Sänk ner det främre avgasröret tills grenrörets pinnbultar frigörs och ta loss packningen. När det här är gjort bör det främre röret stöttas på en pallbock så att inte avgassystemet eller lambdasondskablaget belastas (ta helst bort avgassystemets främre del helt enligt beskrivningen i avsnitt 9).

40 Skruva stegvis loss grenrörets fästmuttrar (läs anvisningarna i punkt 17 och 18. Observera att två av muttrarna också håller ett kabelstödfäste – ta bort fästbygeln från topplockets pinnbult och notera hur den sitter.

41 Ta loss brickorna och dra bort grenröret från topplockets pinnbultar. Ta bort grenrörspackningen – en ny måste användas vid monteringen.

Montering

42 Monteringen sker i omvänd ordningsföljd mot demonteringen. Tänk på följande:

a) Montera alltid nya packningar och tätningar.

b) Om några pinnbultar gick sönder vid demonteringen ska resterna av pinnbultarna borras ut och nya bultar och muttrar monteras.

c) Vi rekommenderar att nya pinnbultar och muttrar alltid används, även om de gamla gick att ta bort utan svårigheter. Det kan hända att de inte inte klarar att dras åt igen. Nya komponenter är också mycket lättare att ta bort, om det skulle behövas längre fram.

d) Om de gamla pinnbultarna återanvänds ska gängorna rengöras noga så att alla spår av rost försvinner.

e) Dra åt grenrörets fästmuttrar till angivet moment.

---

9 Avgassystem – byte av komponenter

⚠️ *Varning: Låt avgassystemet svalna ordentligt innan arbetet påbörjas. Observera att särskilt katalysatorn arbetar vid mycket höga temperaturer. Använd skyddshandskar om det finns risk för att systemet fortfarande är varmt. Var försiktig så att inte lambdasonden/-sonderna skadas (om de sitter kvar) när avgassystemets främre del tas bort.*

Demontering

1 VW:s ursprungliga fabriksmonterade system är tvådelat. Den främre delen innehåller katalysatorn och kan tas bort helt. Den ursprungliga bakre delen går inte att ta bort i ett stycke, eftersom den passerar över bakaxeln – röret måste skäras av mellan

de mittre och bakre ljuddämparna, vid en markerad punkt på röret.

2 För att demontera en del av systemet, börja med att dra åt handbromsen. Lyft sedan upp framvagnen och ställ den på pallbockar (se *Lyftning och stödpunkter*). Alternativt kan bilen ställas över en smörjgrop eller på ramper.

Främre avgasrör och katalysator

Observera: *Där så är tillämpligt, hantera det främre avgasrörets mjuka, omflätade del försiktigt och böj den inte mer än nödvändigt.*

3 Innan avgassystemets främre del tas bort, ta reda på hur många lambdasonder som är monterade – de flesta modeller har två. Följ kablaget bakåt från varje sond och koppla loss kontaktdonet. På vissa modeller försvinner sondkablaget in bakom en panel bakom höger drivaxel, och man måste ta bort kåpan över den högra inre drivknuten (eller till och med hela drivaxeln, enligt beskrivningen i kapitel 8) för att komma åt.

4 Lossa lambdasondens kablage från eventuella klämmor eller fästbyglar och notera hur kablarna är dragna.

5 Om en ny främre del och katalysator ska monteras, skruva loss lambdasonden/-sonderna från röret. Om det finns två sonder, notera vilken som sitter var, eftersom de inte är sinsemellan utbytbara.

6 Lossa de två muttrarna på klämman bakom katalysatorn och lossa klämman så att den kan flyttas i förhållande till de främre och bakre rören **(se bild)**.

7 Skruva loss muttrarna som håller fast den främre flänsen vid avgasgrenröret eller turboaggregatet. På vissa modeller måste skärmen över den högra drivaxelns inre drivknut tas bort för att det ska gå att komma åt. Ta isär den främre fogen och flytta den nedåt så att det går att komma åt fästbultarna.

8 Stöd rörets främre del och skjut klämman bakom katalysatorn framåt eller bakåt så att fogen kan tas isär. Lossa det främre avgasröret från den bakre delen genom att vrida det något i sidled och dra framåt. När röret är loss, sänk ner det och ta bort det från bilens undersida.

9.6 Klämma mellan avgassystems främre och bakre delar

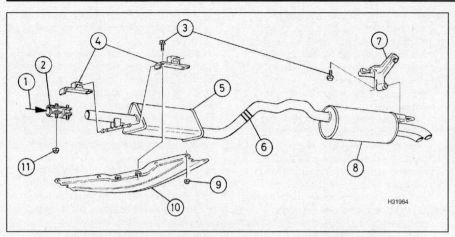

9.9 Avgassystemets bakre del och fästen – 1.6 liters SOHC motor

1 Från den främre delen
2 Avgasklämma
3 Fästbultar
4 Främre fäste till vagga
5 Mittre ljuddlämpare

6 Mittmarkering för
  kapningspunkt
7 Bakre fäste
8 Bakre ljuddämpare

9 Mutter mellan vagga och
  golv
10 Vagga
11 Klämmutter

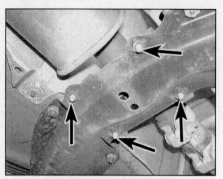

9.11 Avgassystemets mittvagga – fyra fästbygelbultar vid pilarna

Bakre rör och ljuddämpare

9 Om du arbetar med en fabriksmonterad del från VW, leta efter tre par stansmärken eller tre linjer på röret, mellan de två ljuddämparna. Mittmarkeringen anger var röret ska kapas, medan de yttre markeringarna anger var ändarna på den nya klämman ska placeras vid återmonteringen. Kapa röret vid den mittersta markeringen, så vinkelrätt som möjligt om någon av delarna ska återanvändas **(se bild)**.
10 Om den fabriksmonterade bakre delen redan har bytts ut, lossa muttrarna som håller fast klämman mellan ljuddämparna så att den går att flytta.

Mittre ljuddämpare

11 För att ta bort mittenljuddämparen, lossa först muttrarna på klämman bakom katalysatorn. Ta bort de fyra bultarna som håller fast de två fästbyglarna vid vaggan under bilen **(se bild)**. Förbättra åtkomligheten genom att även ta bort muttrarna som fäster vaggan vid bilens undersida och sedan sänka ner vaggan helt.
12 Skjut undan klämmorna på ljuddämparens ändar så att rörändarna lossar, och sänk ner ljuddämparen ur sitt läge.

Bakre ljuddämpare

13 Beroende på modell stöds den bakre ljuddämparen antingen bara längst bak eller både fram och bak av ett gummifäste fäst med bultar vid bilens undersida **(se bilder)**. Ljuddämparen sitter fast i fästena med metallstift som går in i gummidelen av varje fäste.
14 Skruva loss bultarna och lossa fästet/fästena från bilens undersida. På modeller med två ljuddämparfästen kan det räcka med att ta bort det ena och att sedan bända bort ljuddämparen från det andra fästet, men om det går bör helst båda fästena tas bort.
15 Efter tillämplighet, skjut klämman på ljuddämparens ändar så att rörändarna lossar, och sänk ner ljuddämparen ur sitt läge.

Montering

16 Monteringen av varje del sker i omvänd ordningsföljd mot demonteringen. Tänk på följande punkter:

a) Se till att alla spår av korrosion har avlägsnats från flänsarna eller rörändarna och byt ut alla packningar som behöver bytas.

b) Utformningen av klämmorna som används mellan avgassystemets sektioner tyder på att de har stor betydelse för att tätningen ska vara gastät. Montera nya klämmor om de gamla inte är i helt perfekt skick.

c) Använd markeringarna på rören som riktmärken för hur klämmorna ska sitta när de nya klämmorna monteras.

d) Undersök fästena efter tecken på skador eller åldrande och byt ut dem om det behövs.

e) Se till att eventuell tätningsmassa för avgassystemet endast används på rörfogarna som följer efter katalysatorn.

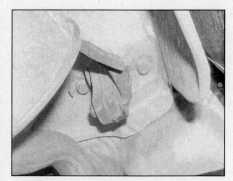

9.13a Bakre ljuddämparens fäste

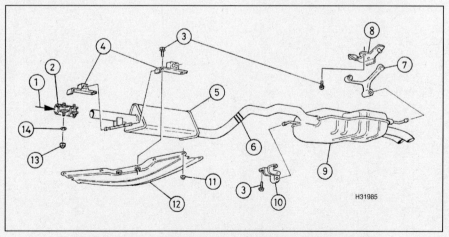

9.13b Avgassystemets bakre del och fästen – 2.0 liters modell

1 Från den främre delen
2 Avgasklämma
3 Fästbultar
4 Främre fäste till vagga
5 Mittre ljuddämpare
6 Markering för kapning

7 Bakre ljuddämparens bakre
  fäste
8 Fästbygel
9 Bakre ljuddämpare
10 Bakre ljuddämparens
   främre fäste

11 Mutter mellan vagga och
   golv
12 Vagga
13 Klämmutter
14 Bricka

f) Innan avgassystemets fästen och klämmor dras åt, kontrollera att alla gummifästen sitter korrekt placerade och att det finns tillräckligt mycket utrymme mellan avgassystemet och bilens underrede. Försök undvika onödiga vridningar av rören. Om rören ska flyttas i förhållande till varandra ska detta göras vid klämmorna.

10 Katalysator – allmän information och försiktighetsåtgärder

1 Katalysatorn är en tillförlitlig och enkel anordning som inte kräver något underhåll. Det finns dock några punkter som man bör vara medveten om för att katalysatorn skall fungera utan problem under hela sin livslängd:

a) Använd INTE blyad bensin eller bensin med blyersättning. Blyet (eller andra tillsatser) täcker över ädelmetallerna och reducerar deras katalysförmåga och förstör med tiden hela katalysatorn.

b) Underhåll alltid tänd- och bränslesystemen enligt tillverkarens schema (se kapitel 1A).

c) Om motorn börjar feltända bör bilen inte köras alls (eller åtminstone så lite som möjligt) förrän felet är åtgärdat.

d) Skjut eller dra INTE igång bilen. Det kommer att dränka katalysatorn med oförbränt bränsle, vilket gör att den kommer att överhettas när motorn startar.

e) Slå INTE av tändningen vid höga motorvarvtal, dvs. rusa inte motorn direkt innan du slår av den.

f) Använd INGA tillsatser i bränsle eller olja. De kan innehålla ämnen som skadar katalysatorn.

g) Kör INTE bilen om motorn bränner olja i så hög grad att den lämnar ett synligt spår av blå rök.

h) Tänk på att katalysatorn arbetar under mycket hög temperatur. Parkera därför INTE bilen på torrt gräs eller bland torra löv efter en lång körsträcka.

i) Tänk på att katalysatorn är ÖMTÅLIG – slå inte på den med några verktyg under servicearbetet, och hantera den varsamt om den av någon anledning behöver tas bort.

j) I vissa fall kan det lukta svavel (som ruttna ägg) om avgaserna. Det är vanligt för många bilar med katalysator, och har mer att göra med bensinens svavelinnehåll än med själva katalysatorn.

k) Katalysatorn bör hålla mellan 75 000 och 150 000 km på en välvårdad bil – när katalysatorn inte längre är effektiv måste den bytas.

Kapitel 4 Del D:
Avgas- och avgasreningssystem – dieselmotorer

Innehåll

Svårighetsgrader

Enkelt, passar novisen med lite erfarenhet	Ganska enkelt, passar nybörjaren med viss erfarenhet	Ganska svårt, passar kompetent hemmamekaniker	Svårt, passar hemmamekaniker med erfarenhet 	Mycket svårt, för professionell mekaniker

Specifikationer

Åtdragningsmoment	Nm
EGR-rörets muttrar/bultar	25
EGR-ventilens klämbult (ej turbo)	10
EGR-ventilens fästbultar:	
Motorkod AGP, AGR, AHF, ALH, AQM och ASV	25
Motorkod AJM, ARL, ASZ, ATD, AUY och AXR	10
Avgassystemets klämmuttrar	40
Avgasgrenrörets muttrar*	25
Muttrar mellan avgasgrenrör och främre avgasrör*	25
Muttrar och bultar till avgassystemets fästbyglar	25
Mellankylarens fästbultar	10
Flänsbultar på turboaggregatets oljereturrör	15
Bult till turboaggregatets oljereturanslutning	40
Turboaggregatets stödfäste på motorn	40
Muttrar mellan turboaggregat och främre avgasrör**	25
Bultar mellan turboaggregat och grenrör (byt)**	30
Bult mellan turboaggregat och fästbygel	25
Övertrycksventilens flänsbultar (motorkod AGR)**	10

*Använd nya muttrar/bultar
**Använd skruvlåsning på gängorna

1 Allmän information

Avgasreningssystem

Alla modeller med dieselmotor har ett system för att begränsa utsläpp från vevhuset och är dessutom utrustade med katalysator. Alla dieselmotorer är också utrustade med ett avgasåterföringssystem (EGR) för att minska avgasutsläpp.

Vevhusventilation

Motorn är tätad och gaser och oljedimma sugs ut från vevhuset, går genom en olje-avskiljare och förs sedan in i insugningsröret så att de förbränns av motorn under normal drift. Detta för att minska mängden oförbrända kolväten från vevhuset som släpps ut i atmosfären.

Vid högt undertryck i insugningsröret sugs gaserna ut ur vevhuset. Vid lågt undertryck i insugningsröret tvingas gaserna ut ur vevhuset av det (relativt) högre vevhustrycket. Om motorn är sliten förorsakar det ökade vevhustrycket (på grund av ökad genom-blåsning) ett visst återflöde, oberoende av vilket trycktillstånd som råder i grenröret. Alla dieselmotorer har en tryckreglerventil på kamaxelkåpan som styr gasflödet från vevhuset.

Avgasrening

Alla modeller med dieselmotor är utrustade med en oxideringskatalysator som utgör en del av avgassystemet. Katalysatorn tar bort en stor del av de kolväten, den koloxid och de partiklar som finns i avgaserna.

Alla modeller med dieselmotor är utrustade med ett avgasåterföringssystem (EGR). Detta system minskar mängden kolväten som bildas vid förbränningen genom att under vissa drifttillstånd föra tillbaka en del av avgaserna in i insugningsröret via en kolvventil. Systemet styrs av dieselmotorns elektroniska styrenhet, ECU.

Avgassystem

Avgassystemet består av avgasgrenrör, främre avgasrör med katalysator, mellanrör med ljuddämpare (modeller utan turbo) och

3.4 EGR-systemets magnetventil på motorrummets torpedvägg

bakre avgasrör med ljuddämpare. På turbo-modeller finns ett turboaggregat monterat på avgasgrenröret och det drivs av motorns avgaser.

Systemet är fäst med olika metallfästbyglar som sitter inskruvade i bilens golv, med vibrationsdämpare av gummi för att minska skrammel.

2 Vevhusventilationssystem – allmän information

1 Vevhusets ventilationssystem består av slangar som kopplar samman vevhuset med luftrenaren eller insugningsröret. Därutöver finns en tryckreglerventil monterad på kam-axelkåpan (se bild).
2 Systemet behöver ingen annan översyn än att man regelbundet kontrollerar att slangarna och tryckreglerventilen inte är blockerade och att de är i gott skick.

3 Avgasåterföringssystem (EGR) – demontering och montering av komponenter

1 EGR-systemet består av en EGR-ventil (mekanisk), en modulatorventil (magnetventil) och en rad sammanbindande vakuumslangar.
2 På modeller utan turbo är EGR-ventilen monterad på insugningsrörets flänsfog och är ansluten till avgasgrenrörets flänsfog med ett kort metallrör.
3 På modeller med turbo är EGR-ventilen en del av insugningsrörets klaffhus och den är förbunden till avgasgrenröret med ett flänsat rör.

EGR magnetventil

4 Magnetventilen/modulatorventilen är fäst på torpedväggen i bakkanten av motor-rummet (se bild). På motorer med motorkod AGR, förväxla inte EGR-systemets magnet-ventil med magnetventilen för turboladdtryck,

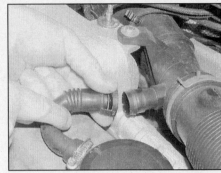

2.1 Tryckreglerventilens ventilationsslang kopplas loss

som sitter längre till vänster (sett från förar-platsen).
5 Koppla loss anslutningskontakten från magnetventilen.
6 Koppla loss vakuumslangen som går till EGR-ventilen och även den andra vakuum-slangen längst ner på magnetventilen.
7 Skruva loss magnetventilens fästbult och ta bort ventilen från motorn.
8 Montera i omvänd ordning. Se till att slangarna och anslutningskontakten ansluts ordentligt och korrekt.

EGR-ventil

9 Demontera motorns toppkåpa/-kåpor för att komma åt lättare. Demonteringsdetaljerna varierar beroende på modell, men kåpans fästmuttrar sitter dolda under runda lock som bänds ut från huvudkåpan. Om plastskruvar eller vridfästen används kan dessa tas bort med hjälp av en bredbladig skruvmejsel. Ta bort muttrarna eller skruvarna och lyft bort kåpan från motorn. Ta bort eventuellt kablage eller slangar.

Modeller utan turbo

10 Koppla loss vakuumslangen från porten på EGR-ventilen.
11 Lossa klämbulten som fäster ventilen på det korta anslutningsröret.
12 Skruva loss EGR-ventilens två fästbultar (se bild).

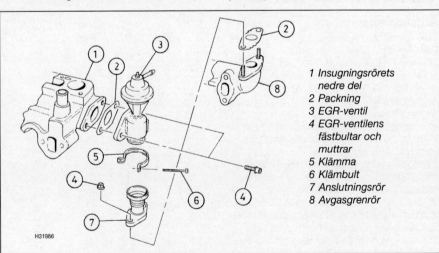

1 Insugningsrörets nedre del
2 Packning
3 EGR-ventil
4 EGR-ventilens fästbultar och muttrar
5 Klämma
6 Klämbult
7 Anslutningsrör
8 Avgasgrenrör

3.12 EGR-ventilens detaljer – modeller utan turbo

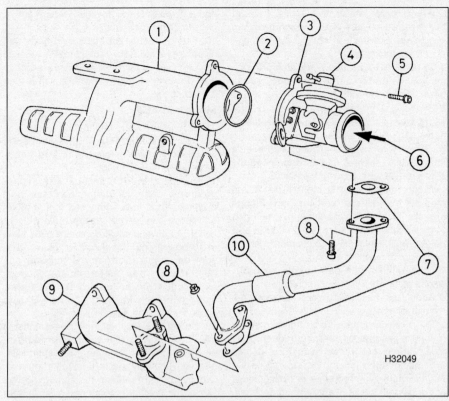

3.17 EGR-rörets fästdetaljer – turbomodeller

1 Insugningsrör	4 EGR-ventil	8 Flänsmutter/-bult
2 O-ring	5 Fästbult	9 Avgasgrenrör
3 Insugningsrörets klaffhus	6 Från mellankylaren	10 EGR-rör
	7 Packning	

13 Ta bort ventilen från insugningsrörets nedre del och ta loss packningen. Lirka ventilen uppåt ut ur klämman och anslutningsröret och ta sedan bort den.
14 Anslutningsröret kan också tas bort om så behövs. Skruva loss rörets flänsmuttrar och ta sedan bort det från avgasgrenröret. Ta loss packningen.
15 Montera i omvänd ordningsföljd mot demonteringen. Använd nya packningar där så behövs och dra åt muttrar och bultar till angivet moment.

Turbomodeller

16 EGR-ventilen är en del av insugningsrörets klaffhus och kan inte tas bort separat.
17 Om så behövs kan röret mellan huset och avgasgrenröret tas bort efter att flänsmuttrar och flänsbultar skruvats loss. Ta loss packningarna från rörets båda ändar **(se bild)**.
18 Montera röret i omvänd ordningsföljd mot demonteringen. Använd nya packningar och dra åt flänsmuttrar och flänsbultar till angivet moment.

EGR-dämpare

19 Ta bort motorns övre skyddskåpa/-kåpor för att komma åt lättare. Demonteringsdetaljerna varierar beroende på modell, men kåpans fästmuttrar sitter dolda under runda lock som bänds ut från huvudkåpan. Om plastskruvar eller vridfästen används kan dessa tas bort med hjälp av en bredbladig skruvmejsel. Ta bort muttrarna eller skruvarna och lyft bort kåpan från motorn. Ta bort eventuellt kablage eller slangar.
20 Koppla loss vakuumröret från dämparens behållare på motorns främre del.
21 Skruva loss dämparen från fästbygeln och ta ut den ur motorrummet.
22 Montera i omvänd ordningsföljd mot demonteringen.

4 Turboaggregat – allmän information och föreskrifter

Allmän information

Alla motorer utom de med motorkod AQM och AGP är utrustade med ett turboaggregat som är monterat direkt på avgasgrenröret.

Turboaggregatet ökar motorns verkningsgrad genom att öka trycket i insugningsröret så att det blir högre än det omgivande lufttrycket. Luften trycks in i cylindrarna istället för att bara sugas in. Extra bränsle tillförs av insprutningspumpen i proportion till den ökade luftmängden.

Kraften för att driva turboaggregat tas ifrån avgasflödet. Avgaserna går igenom ett specialutformat hus (turbinhuset) och sätter på så vis turbinhjulet i rotation. Turbinhjulet sitter på en axel och på den andra änden av axeln sitter ytterligare ett hjul med skovlar, vilket kallas kompressorhjul. Kompressorhjulet roterar i ett eget hus och komprimerar den ingående luften innan den går vidare till insugningsröret.

På sin väg mellan turboaggregatet och insugningsröret passerar den komprimerade luften genom en mellankylare (se avsnitt 7 för detaljer). Syftet med mellankylaren är att ta bort en del av den värme som den ingående luften tog till sig när den komprimerades. Eftersom svalare luft har högre täthet ökar det motorns verkningsgrad ytterligare att ta bort värme från luften.

Laddtrycket (trycket i insugningsröret) begränsas av en övertrycksventil som leder bort avgaserna från turbinhjulet då den aktiveras av en tryckkänslig manövreringsenhet.

Turboaxeln trycksmörjs via ett oljematningsrör som går från oljefiltrets infästning. Axeln 'flyter' på en oljebädd. Ett returrör är anslutet till oljesumpen och leder tillbaka oljan dit.

Motorer med motorkod AHF och ASV har ett så kallad 'justerbart' turboaggregat som ökar motorns avgivna effekt ytterligare jämfört med en normal turboanordning. Vid låga varvtal används klaffar för att begränsa flödesöppningen för avgaserna innan de når turbinhjulet – detta gör att flödeshastigheten genom begränsningen ökar och att turbinhjulet snabbare når optimal hastighet (därmed minskas fördröjningen av turboeffekten). Vid högre varvtal öppnar klaffarna upp flödesöppningen vilket minskar mottrycket i avgassytemet och därmed sänks bränsleförbrukningen.

Föreskrifter

Turboaggregatet arbetar vid extremt höga varvtal och temperaturer. Vissa försiktighetsåtgärder måste vidtas för att personskador och skador på turbon ska undvikas.

Kör inte turbon när någon av dess delar är exponerade. Främmande föremål som faller ner på de roterande skovlarna kan orsaka allvarliga materiella skador och (om de slungas ut) personskador.

Täck över turboaggregatets luftintagskanaler för att förhindra att smuts tränger in. Använd endast luddfria trasor vid rengöringen.

Varva inte motorn omedelbart efter start, särskilt inte om den är kall. Låt oljan cirkulera i några sekunder.

Låt alltid motorn sakta ner till tomgångshastighet innan den stängs av – varva inte motorn innan den stängs av för då fortsätter turbon att gå utan smörjning.

Låt motorn gå på tomgång i flera minuter innan motorn slås av efter körning vid hög hastighet.

Följ de rekommenderade intervallen för olje- och filterbyte och använd en välkänd olja av angiven kvalitet. Bristfälliga oljebyten eller användning av olja av låg kvalitet kan leda till sotavlagringar på turboaxeln som i sin tur kan leda till att turbon går sönder. Rengör området runt alla oljerörsanslutningar noga innan de kopplas loss, för att hindra att smuts tränger in. Förvara isärtagna komponenter i en försluten behållare så att de hålls rena.

5 Turboaggregat – demontering och montering

Demontering

1 Dra åt handbromsen. Lyft sedan upp framvagnen och ställ den på pallbockar (se *Lyftning och stödpunkter*). Ta bort motorrummets undre skyddskåpa.
2 Ta bort motorns övre skyddskåpa/-kåpor. Demonteringsdetaljerna varierar beroende på modell, men kåpans fästmuttrar sitter dolda under runda lock som bänds ut från huvudkåpan. Om plastskruvar eller vridfästen används kan dessa tas bort med hjälp av en bredbladig skruvmejsel. Ta bort muttrarna eller skruvarna och lyft bort kåpan från motorn. Ta bort eventuellt kablage eller slangar.

3 Även om det inte är nödvändigt, kan det bli lättare att komma åt turboaggregatet om insugningsröret tas bort enligt beskrivningen i Del B i detta kapitel.
4 Ta bort EGR-röret från avgasgrenröret och insugningsrörets klaffhus genom att följa beskrivningen i avsnitt 3.
5 Skruva loss de två muttrarna med brickor som håller fast värmeskölden ovanför turboaggregatet. Ta bort skölden.
6 Skruva loss anslutningsbulten och koppla loss oljetillförselröret från turboaggregatets ovansida. Ta loss tätningsbrickorna. Notera i vilken ordning de sitter monterade. Räkna med lite oljespill när röret tas bort. Plugga igen eller täck över röret och öppningen för att förhindra intrång av damm och smuts. Ta bort den lilla bulten som fäster rörets fästbygel och flytta röret åt sidan.
7 Lossa klämmorna och koppla loss luftslangarna till och från turboaggregatet.
8 Koppla loss vakuumslangen/-slangarna från övertrycksventilens vakuumstyrenhet.
9 Skruva loss muttrarna som håller fast det främre avgasröret på turboaggregatets ena sida. Ta loss det främre avgasröret och ta bort packningen (en ny ska användas vid monteringen). Om muttrarna är i dåligt skick är det bäst att skaffa nya till återmonteringen. På vissa modeller måste skärmen över den

högra drivaxelns inre drivknut tas bort för att det ska gå att komma åt.
10 Skruva loss de två bultar som håller fast oljereturröret vid turboaggregatets fot. Räkna med lite oljespill när röret kopplas loss, och ta bort packningen (en ny måste användas vid monteringen).

Motorkod AGR

11 Skruva loss anslutningsbulten, ta loss brickorna och koppla loss slangen till turboladdningens magnetventil från turboaggregatets sida **(se bild)**.
12 Turboaggregatet är fäst vid avgasgrenröret med tre bultar som tas bort ovanifrån. Stöd turboaggregatet (det är tungt) och lossa och ta bort de tre bultarna (nya bultar ska användas vid hopsättningen). Lirka ut turboaggregatet och övertrycksventilen som en enhet från motorns baksida och ta bort dem från motorrummet. Ta loss packningen mellan grenröret och turboaggregatet och kasta den. En ny måste användas vid monteringen.
13 Du bör inte skilja övertrycksventilenheten från turboaggregatet utan att först rådfråga en VW-återförsäljare eller turbospecialist, eftersom inställningarna kan gå förlorade. Om övertrycksventilens inställning rubbas kan bilens prestanda försämras eller motorn skadas.

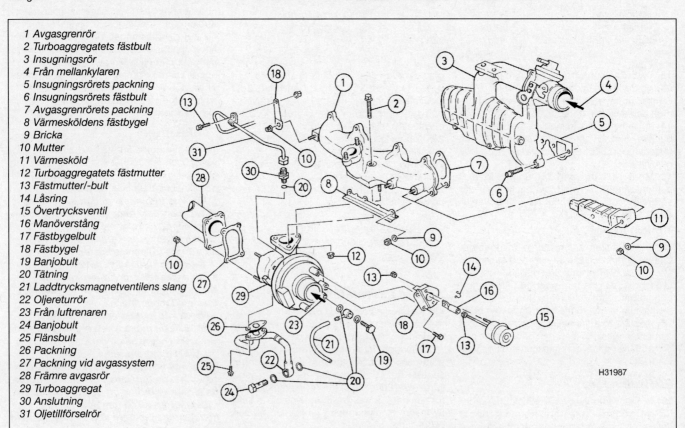

1 Avgasgrenrör
2 Turboaggregatets fästbult
3 Insugningsrör
4 Från mellankylaren
5 Insugningsrörets packning
6 Insugningsrörets fästbult
7 Avgasgrenrörets packning
8 Värmeskölden fästbygel
9 Bricka
10 Mutter
11 Värmesköld
12 Turboaggregatets fästmutter
13 Fästmutter/-bult
14 Låsring
15 Övertrycksventil
16 Manöverstång
17 Fästbygelbult
18 Fästbygel
19 Banjobult
20 Tätning
21 Laddtrycksmagnetventilens slang
22 Oljereturrör
23 Från luftrenaren
24 Banjobult
25 Flänsbult
26 Packning
27 Packning vid avgassystem
28 Främre avgasrör
29 Turboaggregat
30 Anslutning
31 Oljetillförselrör

5.11 Turboaggregat och tillhörande komponenter – motorkod AGR

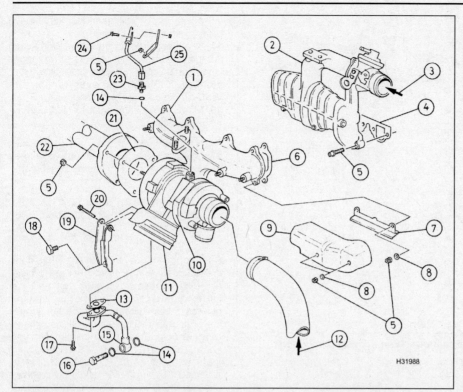

5.14 Turboaggregat och tillhörande komponenter – alla motorer utom motorkod AGR

1 Avgasgrenrör
2 Insugningsrör
3 Från mellankylaren
4 Insugningsrörets packning
5 Fästmutter/-bult
6 Avgasgrenrörets packning
7 Värmeskölens fästbygel
8 Bricka
9 Värmesköld

10 Turboaggregat
11 Övertrycksventil
12 Från luftrenare
13 Packning
14 Tätning
15 Oljereturrör
16 Banjobult
17 Flänsbult
18 Bult mellan turbons
stödfäste och motorn

19 Turbons stödfäste
20 Bult till turbons stödfäste
21 Avgasrörets packning
22 Främre avgasrör
23 Anslutning
24 Oljetillförselrörets fästbult
25 Oljetillförselrör

Alla andra motorkoder

14 Skruva loss bulten som håller fast turbo-aggregatet vid motorblockets stödfäste. Alternativt kan bulten som håller fast fästbygeln i motorblocket skruvas loss och turboaggregatet tas bort tillsammans med sitt stödfäste **(se bild)**.
15 Turboaggregatet kan inte skiljas från avgasgrenröret, så de båda måste tas bort tillsammans. Det gör dem till en skrymmande enhet – för att få tillräckligt med utrymme för bortmonteringen måste höger drivaxel först tas bort enligt beskrivningen i kapitel 8.
16 Stöd grenröret och turboaggregatet – det är en tung enhet. Skruva loss de åtta fästmuttrarna till avgasgrenröret. Lägg märke till att värmeskölens fästbygel hålls fast av en av muttrarna. Använd stora mängder genomträngande olja om pinnbultarna är rostiga. Om en mutter sitter fast får den inte tvingas runt. Dra åt muttern ett halvt varv, applicera lite mer genomträngande olja på pinnbultsgängorna, vänta i några sekunder så att oljan hinner verka, och lossa sedan gradvis muttern ett varv. Upprepa detta tills muttern har lossnat.

17 I vissa fall följer grenrörets pinnbultar med muttrarna ut – det gör inte så mycket och pinnbultarna kan sättas tillbaka om de är i gott skick. Helst ska dock en fullständig upp-sättning grenrörspinnbultar och -muttrar införskaffas, eftersom de gamla troligen inte längre är i perfekt skick.
18 Skilj försiktigt grenröret från topplocket och dra bort grenröret från pinnbultarna. För

6.1 Laddtrycksmagnetventil

ut grenröret och turboaggregatet underifrån. Ta loss grenrörspackningen från topplockets pinnbultar och kasta dem.

Montering

19 Sätt tillbaka turboaggregatet genom att följa demonteringsanvisningarna baklänges. Tänk på följande:
a) Byt alla packningar, tätningsbrickor och O-ringar.
b) På motorkod AGR ska de tre fästbultarna till turboaggregatet bytas ut.
c) Fyll turboaggregatet med ny olja från en oljekanna innan oljetillförselröret återansluts.
d) Dra åt alla muttrar och bultar till rätt moment, om ett sådant anges.
e) Se till att luftslangens klämmor dras åt ordentligt för att förhindra luftläckor.
f) När motorn startas efter återmonteringen ska den låtas gå på tomgång i ungefär en minut så att oljan hinner cirkulera runt i turbinaxellagren. Leta efter tecken på läckage av olja eller kylvätska vid de relevanta anslutningarna.

6 Turbo laddtrycksstyrsystem
– demontering och montering av komponenter

Laddtrycksmagnetventil

Demontering

1 Laddtrycksmagnetventilen sitter på torped-väggens vänstra sida **(se bild)**.
2 Koppla loss kablaget från laddtrycks-ventilen.
3 Ta bort vakuumslangarna från laddtrycks-ventilens ingångar. Notera noggrant i vilken ordning de är anslutna för att underlätta korrekt återmontering **(se bilder)**.

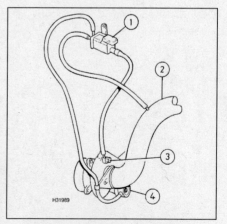

6.3a Laddtrycksmagnetventilens slanganslutningar – motorkod AGR

1 Laddtrycksmagnetventil
2 Luftslang från luftrenaren
3 Turboaggregatets slanganslutning
4 Övertrycksventil

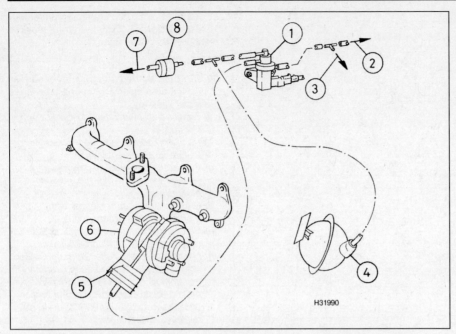

6.3b Slanganslutningar till laddtrycksmagnetventilen – andra turbomotorer

1 Laddtrycksmagnetventil	4 Vakuumbehållare	7 Till insugningsrörets
2 Till EGR-ventilen	5 Övertrycksventil	klaffventil
3 Till luftrenaren	6 Turboaggregat	8 Backventil

4 Skruva loss fästskruven och ta bort ventilen.

Montering

5 Montera i omvänd ordningsföljd mot demonteringen.

Övertrycksventil

Motorkod AGR

Demontering

6 Demontera turboaggregatet enligt beskrivningen i avsnitt 5.
7 Ta bort låsringen som håller fast övertrycksventilens manöverstång på turbons ventilarm **(se bild)**.
8 Skruva loss de tre små bultarna som håller

fast övertrycksventilens fläns på turbon och ta bort ventilen.

Montering

9 Rengör gängorna på övertrycksventilens flänsbultar och täck gängorna med lämplig låsvätska. Sätt sedan i bultarna och dra åt dem till angivet moment.
10 Om den ursprungliga övertrycksventilen monteras tillbaka, fortsätt till punkt 15.
11 Lossa manöverstångens låsmutter.
12 Vrid ventilarmen på turbon mot övertrycksventilen och håll den mot stoppet.
13 Justera längden på manöverstången längs dess gängade del så att stångens ögla

lätt passar runt ventilarmen, när ventilarmen hålls vid stoppet.
14 Skilj stången från ventilarmen. Vrid sedan stången inåt åtta hela varv så att stångens längd kortas, och dra åt stångens låsmutter.
15 Sätt tillbaka manöverstången på ventil-armen och fäst med låsringen.
16 Montera turboaggregatet enligt beskrivningen i avsnitt 5.

Alla andra motorkoder

17 Övertrycksventilen är ihopbyggd med turboaggregatet och kan inte bytas separat.

7 Mellankylare – allmän information, demontering och montering

Se kapitel 4C, avsnitt 7 – mellankylaranordningen är nästan identisk på bensin- och dieselmodeller. Det enda som skiljer är lufttemperaturgivaren som sitter antingen ovanpå mellankylaren, eller på luftslangen som går från mellankylaren till insugningsröret. Koppla i båda fallen loss anslutningskontakten från givaren. **Observera:** *Vid motorer med koderna AJM, ASZ, ARL, ATD, AUY och AXR, är laddluftkylaren fäst i kylsystemets kylare. Se kapitel 3 gällande demontering och montering av kylaren. Ta sedan bort bultarna till laddluftkylaren.*

8 Avgasgrenrör – demontering och montering

Observera: *På alla motorer utom kod AGR kan turboaggregatet inte skiljas från avgasgrenröret. Därför behandlas demontering av grenröret som en del av proceduren för demontering av turboaggregatet i avsnitt 5.*

Demontering

1 Demontera motorns toppkåpa/-kåpor. Demonteringsdetaljerna varierar beroende på modell, men kåpans fästmuttrar sitter dolda under runda lock som bänds ut från huvudkåpan. Om plastskruvar eller vridfästen används kan dessa tas bort med hjälp av en bredbladig skruvmejsel. Ta bort muttrarna eller skruvarna och lyft bort kåpan från motorn. Ta bort eventuellt kablage eller slangar.
2 Det blir betydligt lättare att komma åt avgasgrenröret (åtminstone uppifrån) om insugningsröret demonteras först, enligt beskrivningen i del B i detta kapitel.
3 På motorkod AGR måste klämmorna lossas och slangen mellan luftflödesmätaren och turboaggregatet tas bort, om detta inte redan gjorts. Koppla på liknande sätt loss och ta bort mellankylarens luftslang från insugningsröret.
4 Demontera avgasåterföringens (EGR) anslutningsrör från avgasgrenröret enligt beskrivningen i avsnitt 3. På modeller utan turbo skruvas EGR-ventilen loss från insugningsröret

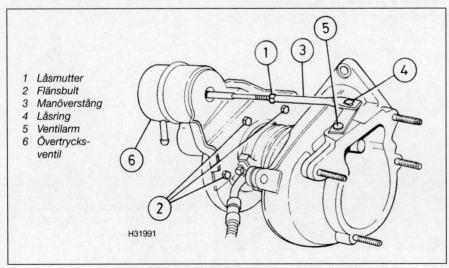

1	Låsmutter
2	Flänsbult
3	Manöverstång
4	Låsring
5	Ventilarm
6	Övertrycks-ventil

6.7 Övertrycksventilens fästdetaljer – motorkod AGR

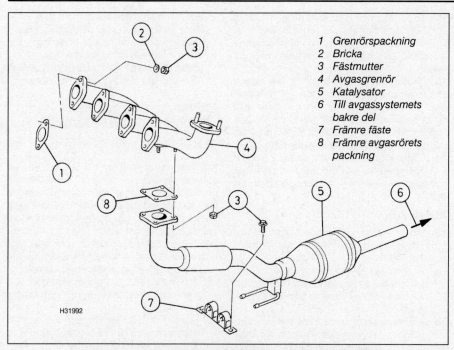

1 Grenrörspackning
2 Bricka
3 Fästmutter
4 Avgasgrenrör
5 Katalysator
6 Till avgassystemets bakre del
7 Främre fäste
8 Främre avgasrörets packning

8.5 Avgasgrenrör och främre avgasrör – modeller utan turbo

(om insugningsröret inte har demonterats) så att anslutningsröret kan tas bort.

5 Skruva loss fästmuttrarna och skilj det främre avgasröret från grenröret eller från turboaggregatet (**se bild**). Det bör gå att rucka tillräckligt på röret för att lösgöra det från pinnbultarna – om det inte gör det, lossa bultarna som håller fast avgassystemets främre fäste. På vissa modeller måste skärmen över den högra drivaxelns inre drivknut tas bort för att det ska gå att komma åt.

6 På motorkod AGR är det tillrådligt att ta bort turboaggregatet från avgasgrenröret enligt beskrivningen i avsnitt 5. Om det lämnas på plats gör turboaggregatet det svårare att komma åt grenrörsmuttrarna och enheten kan bli för skrymmande för att kunna tas bort utan ytterligare isärtagning.

7 Stöd grenröret, skruva sedan loss och ta bort grenrörets fästmuttrar och de tillhörande brickorna. Använd stora mängder genomträngande olja om pinnbultarna är rostiga. Om en mutter sitter fast får den inte tvingas runt. Dra åt muttern ett halvt varv, applicera lite mer genomträngande olja på pinnbultsgängorna, vänta i några sekunder så att oljan hinner verka, och lossa sedan gradvis muttern ett varv. Upprepa detta tills muttern har lossnat.

8 I vissa fall följer grenrörets pinnbultar med muttrarna ut – det gör inte så mycket och pinnbultarna ska sättas tillbaka om de är i gott skick. Helst ska dock en fullständig uppsättning grenrörspinnbultar och -muttrar införskaffas, eftersom de gamla troligen inte längre är i perfekt skick.

9 Skilj försiktigt grenröret från topplocket och dra bort grenröret från pinnbultarna. Dra ut grenröret underifrån. Ta loss grenrörs-

packningarna från topplockets pinnbultar och kasta dem.

Montering

10 Montera i omvänd ordningsföljd mot demonteringen. Tänk på följande:

a) Montera alltid nya packningar och tätningar.
b) Om några pinnbultar gick sönder vid demonteringen ska resterna av pinnbultarna borras ut och nya bultar och muttrar monteras.
c) Vi rekommenderar att nya pinnbultar och muttrar alltid används, även om de gamla gick att ta bort utan svårigheter. De kanske inte klarar att dras åt igen. Nya komponenter är mycket lättare att ta bort om det skulle behövas.
d) Om de gamla pinnbultarna återanvänds ska gängorna rengöras noga så att alla spår av rost försvinner.
e) Dra åt grenrörets fästmuttrar till angivet moment.

9 Avgassystem – byte av komponenter

⚠️ **Varning: Låt avgassystemet svalna ordentligt innan arbetet påbörjas. Observera att särskilt katalysatorn arbetar vid mycket höga temperaturer. Använd skyddshandskar om det finns risk för att systemet fortfarande är varmt.**

Demontering

1 Originalavgassystemet monteras i två delar i VW-fabriken. Den främre delen innehåller katalysatorn och kan tas bort helt. Den

ursprungliga bakre delen går inte att ta bort i ett stycke, eftersom den går över bakaxeln – röret måste skäras av mellan det mittre röret (eller den mittre ljuddämparen) och de bakre ljuddämparna, vid en punkt som finns markerad på röret.

2 Endast modeller utan turbo har en mellanljuddämpare; turbomodeller har ett mellanrör mellan katalysatorn och den bakre ljuddämparen.

3 För att ta bort en del av systemet, dra först åt handbromsen. Lyft sedan upp framvagnen och ställ den på pallbockar (se *Lyftning och stödpunkter*). Alternativt kan bilen ställas över en smörjgrop eller på ramper.

Främre avgasrör och katalysator

Observera: *I förekommande fall, hantera det främre avgasrörets mjuka, omlindade del försiktigt och böj den inte för mycket.*

4 Lossa de två muttrarna på klämman bakom katalysatorn och frigör klämman så att den kan flyttas i förhållande till de främre och bakre rören.

5 Ta bort bultarna som håller fast avgassystemets främre fäste (nedanför röret) vid tvärbalken.

6 Lossa och ta bort muttrarna som håller fast rörets främre fläns vid avgasgrenröret eller turboaggregatet (**se bild**). På vissa modeller måste skärmen över den högra drivaxelns inre drivknut tas bort för att det ska gå att komma åt. Lossa den främre leden och flytta den

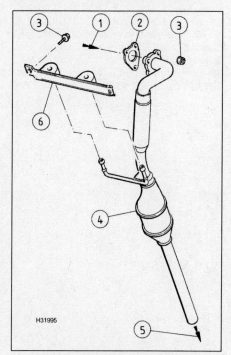

9.6 Främre avgasrör – turbomodeller

1 Från turboaggregat
2 Främre avgasrörets packning
3 Fästmutter/-bult
4 Katalysator
5 Till avgassystemets bakre del
6 Främre fäste

nedåt (eller åt sidan) så att det går att komma åt fästbultarna.

7 Stöd rörets främre del och skjut klämman bakom katalysatorn framåt eller bakåt så att fogen separeras. Lossa det främre avgasröret från den bakre delen genom att vrida det något i sidled och dra framåt. När röret lossnar, sänk ner det på marken och ta bort från bilens undersida.

Bakre rör och ljuddämpare

Observera: *Se bilderna i kapitel 4C, avsnitt 9.*
8 Vid arbete på en fabriksmonterad del från VW, leta efter tre stansmärken i par eller tre linjer på röret mellan de två ljuddämparna. Mittmarkeringen anger var röret ska kapas, medan de yttre markeringarna anger var ändarna på den nya klämman ska placeras vid återmonteringen. Kapa röret vid mitt-markeringen, så vinkelrätt som möjligt om någon av delarna ska återanvändas.
9 Om den fabriksmonterade bakre delen redan har bytts ut, lossa muttrarna som håller fast klämman mellan ljuddämparna så att det går att flytta klämman.

Mittre ljuddämpare

10 Lossa först muttrarna på klämman bakom katalysatorn för att kunna ta bort mellan-ljuddämparen. Ta bort de fyra bultar som håller fast de två fästbyglarna på mittvaggan under bilen. Förbättra åtkomligheten genom att även ta bort muttrarna som fäster vaggan vid bilens undersida och sedan sänka ner vaggan helt.
11 Dra undan klämmorna på ändarna av ljuddämpardelen för att lossa rörändarna. Sänk ner ljuddämparen från sin position.

Bakre ljuddämpare

12 Beroende på modell är den bakre ljud-dämparen fäst antingen allra längst bak,

eller både fram och bak, med ett gummifäste som är fastbultat i bilens undersida. Ljuddämparen sitter fast i fästena med metallstift som går in i gummidelen av varje fäste.
13 Skruva loss bultarna och lossa fästet/fästena från bilens undersida. På modeller med två ljuddämparfästen kan det räcka med att ta bort det ena och att sedan bända bort ljuddämparen från det andra fästet, men om det går bör helst båda fästena tas bort.
14 I förekommande fall, dra undan klämman i ljuddämparens främre del för att lossa rörändarna. Sänk ner ljuddämparen från sin plats.

Montering

15 Montera varje del i omvänd ordningsföljd mot demonteringen. Tänk på följande punkter:
  a) Se till att alla spår av korrosion har avlägsnats från flänsarna eller rörändarna och byt ut alla packningar som behöver bytas.
  b) Utformningen av klämmorna som används mellan avgassystemets sektioner tyder på att de har stor betydelse för att tätningen ska vara gastät. Montera nya klämmor om de gamla inte är i helt perfekt skick.
  c) Använd markeringarna på rören som riktmärken för hur klämmorna ska sitta när de nya klämmorna monteras.
  d) Undersök fästena efter tecken på skador eller åldrande och byt ut dem om det behövs.
  e) Se till att eventuell tätningsmassa för avgassystemet endast används på rörfogarna efter katalysatorn.
  f) Innan avgassystemets fästen och klämmor dras åt, kontrollera att alla gummifästen

sitter korrekt placerade och att det finns tillräckligt mycket utrymme mellan avgassystemet och bilens underrede. Försök undvika onödiga vridningar av rören. Om rören ska flyttas i förhållande till varandra ska detta göras vid klämmorna.

10 Katalysator – allmän information och föreskrifter

1 Dieselmodellerna är utrustade med en enklare katalysator än bensinmodellerna, men trots det måste katalysatorn hanteras med försiktighet för att problem ska undvikas. Katalysatorn är en tillförlitlig och enkel anordning som inte kräver något underhåll. Det finns dock några saker som man som ägare bör tänka på för att katalysatorn ska fungera ordentligt under hela sin livslängd:
  a) Använd INGA tillsatser i bränsle eller olja – de kan innehålla ämnen som skadar katalysatorn.
  b) Fortsätt INTE att köra motorn om den bränner motorolja i så hög grad att den lämnar ett synligt spår av blå rök.
  c) Tänk på att katalysatorn arbetar under mycket hög temperatur. Parkera därför INTE bilen på torrt gräs eller bland torra löv efter en lång körsträcka.
  d) Tänk på att katalysatorn är ÖMTÅLIG – slå inte på den med några verktyg under servicearbetet och hantera den varsamt om den av någon anledning behöver tas bort.
  e) Katalysatorn bör hålla mellan 75 000 och 150 000 km på en välvårdad bil – när katalysatorn inte längre är effektiv måste den bytas.

Kapitel 5 Del A:
Start- och laddningssystem

Innehåll

Svårighetsgrader

Enkelt, passar novisen med lite erfarenhet	**Ganska enkelt,** passar nybörjaren med viss erfarenhet	**Ganska svårt,** passar kompetent hemmamekaniker	**Svårt,** passar hemmamekaniker med erfarenhet	**Mycket svårt,** för professionell mekaniker

Specifikationer

Allmänt
Systemtyp . . . . 12 volt, negativ jord

Startmotor
Kapacitet:
    1.4, 1.6, 1.8 och 2.0 liters motorer . . . . 12V, 1,1 kW
    Alla dieselmotorer. . . . . 12V, 2,0 kW

Batteri
Kapacitet . . . . 36 till 72 Ah (beroende på modell och marknad)

Generator
Kapacitet . . . . 55, 60, 70 eller 90 A
Minsta borstlängd . . . . 5,0 mm

Åtdragningsmoment
	Nm
Generatorns fästbultar	25
Generatorns fästbygel:	
1.4 liters motorer	55
1.6, 1.8 och 2.0 liters motorer	45
Dieselmotorer	45
Batteriklämplattans bult	22
Startmotorns fästbultar	65

1 Allmän information och föreskrifter

Allmän information

Motorns elsystem består i huvudsak av laddnings- och startsystemet. Eftersom dessa fungerar tillsammans med motorn tas de upp separat från övriga elektriska funktioner som belysning, instrument etc (som tas upp i kapitel 12). För modeller med bensinmotorer finns information om tändsystemet i del B i detta kapitel och för dieselmotorer i del C.

Systemet är ett 12 volts elsystem med negativ jordning.

Batteriet kan antingen vara av låg-underhållstyp eller helt underhållsfritt (livstids-förseglat) och laddas av generatorn, som drivs av en drivrem från vevaxelns remskiva.

Startmotorn är föringreppad med en inbyggd solenoid. Vid start trycker solenoiden drevet mot svänghjulets krondrev innan startmotorn får ström. När motorn har startats förhindrar en envägskoppling motorarmaturen att drivas av motorn tills drevet kopplas ur från svänghjulet.

Ytterligare information om de olika systemen ges i relevanta avsnitt i detta kapitel. Även om vissa reparationer beskrivs här, är det normala tillvägagångssättet att byta ut defekta komponenter. De bilägare vilkas intresse sträcker sig längre än bara till byte av delar, bör skaffa en kopia av boken *Bilens elektriska och elektroniska system* från Haynes Publishing.

Föreskrifter

Varning: Det är nödvändigt att iaktta extra försiktighet vid arbete med elsystemet för att undvika skador på halvledarenheter (dioder och transistorer) och personskador. Förutom föreskrifterna i Säkerheten främst! bör följande iakttas vid arbete med systemet:

Ta alltid av ringar, klockor och liknande före arbete med elsystemet. En urladdning kan inträffa, även med batteriet urkopplat, om en komponents strömstift jordas genom ett metallföremål. Detta kan ge stötar och allvarliga brännskador.

Kasta inte om batteripolerna. Då kan komponenter som generatorn, elektroniska styrenheter eller andra komponenter med halvledarkretsar skadas så att de inte går att reparera.

Koppla aldrig loss batteripolerna, generatorn, elektriska kablar eller några testinstrument när motorn är igång.

Låt aldrig motorn dra runt generatorn när den inte är ansluten.

Testa aldrig om generatorn fungerar genom att "gnistra" med spänningskabeln mot jord.

Kontrollera alltid att batteriets negativa anslutning är bortkopplad vid arbete i det elektriska systemet.

Om motorn startas med startkablar och ett laddningsbatteri, anslut batterierna *plus till plus* och *minus till minus* (se *Starthjälp* i början av handboken). Detta gäller även vid inkoppling av batteriladdare.

Koppla ur batteriet, generatorn och komponenter som de elektroniska styr-enheterna (om tillämpligt) för att skydda dem från skador, innan elektrisk bågsvets-utrustning används på bilen.

Varning: Vissa bilradioapparater som monterats som standardutrustning av VW har en inbyggd säkerhetskod för att förhindra stöld. Om strömmen till anläggningen bryts aktiveras stöldskyddet. Även om strömmen omedelbart återställs kommer enheten inte att fungera förrän korrekt kod angetts. Om du inte känner till stöldskyddskoden ska du därför inte lossa batteriets minuspol eller ta ut anläggningen ur bilen. En VW-återförsäljare kan lämna ytterligare information om bilens eventuella säkerhetskod. Läs avsnittet "Koppla ifrån batteriet" i referensavsnittet längst bak i boken.

2 Batteri – kontroll och laddning

Standardbatteri och lågunderhållsbatteri – kontroll

1 Om bilen inte körs någon längre sträcka under året är det mödan värt att kontrollera batterielektrolytens densitet var tredje månad för att avgöra batteriets laddningsstatus. Demontera batteriet (se avsnitt 3) och ta bort cellocken/kåpan (efter tillämplighet). Använd en hydrometer för att utföra kontrollen och jämför resultatet med tabellen nedan. Observera att det i densitetsmätningen antas att den elektrolytiska temperaturen är 15°C. För varje 10°C under 15°C, dra ifrån 0,007. För varje 10°C över 15°C, lägg till 0,007. Om elektrolytnivån i någon cell är låg, fyll på till MAX-märket med destillerat vatten.

Yttertemp.	Över 25°C	Under 25°C
Fullt laddat	*1,210 till 1,230*	*1,270 till 1,290*
70 % laddat	*1,170 till 1,190*	*1,230 till 1,250*
Urladdat	*1,050 till 1,070*	*1,110 till 1,130*

2 Om batteriet misstänks vara defekt, kontrollera först elektrolytens densitet i varje cell. En variation som överstiger 0,040 mellan celler är tecken på förlust av elektrolyt eller nedbrytning av plattor.

3 Om densiteten i de olika cellerna har en avvikelse på 0,040 eller mer måste batteriet bytas. Om variationen mellan cellerna är tillfredsställande men batteriet är urladdat, ladda det enligt beskrivningen längre fram i detta avsnitt.

Underhållsfritt batteri – kontroll

4 Om ett livstidsförseglat, underhållsfritt batteri är monterat kan elektrolyten inte kontrolleras eller fyllas på. Batteriets skick kan därför bara kontrolleras med en batteri-indikator eller en voltmeter.

5 Vissa modeller innehåller ett underhållsfritt batteri med en inbyggd indikator för laddningstillstånd. Indikatorn är placerad ovanpå batterihöljet och anger batteriets skick genom att ändra färg. Om indikatorn visar grönt är batteriet i gott skick. Om indikatorns färg mörknar och slutligen blir svart måste batteriet laddas upp enligt beskrivningen längre fram i det här avsnittet. Om indikatorn är ofärgad eller gul är elektrolytnivån för låg och batteriet måste bytas ut. Försök **inte** ladda eller hjälpstarta ett batteri då indikatorn är ofärgad eller gul.

6 Om batteriet testas med hjälp av en voltmeter ska denna anslutas över batteriet och spänningen noteras. För att kontrollen ska ge korrekt utslag får batteriet inte ha laddats på något sätt under de senaste sex timmarna. Om så inte är fallet, tänd strål-kastarna under 30 sekunder och vänta sedan 5 minuter innan batteriet kontrolleras. Alla andra kretsar ska vara frånslagna, så kontrollera att dörrar och baklucka verkligen är stängda när kontrollen görs.

7 Om den uppmätta spänningen understiger 12,2 volt är batteriet urladdat, medan en spänning mellan 12,2 och 12,4 volt visar på partiell urladdning.

8 Om batteriet ska laddas, ta ut det ur bilen och ladda det enligt beskrivningen längre fram i detta avsnitt.

Standardbatteri och lågunderhållsbatteri – laddning

Observera: *Följande är endast avsett som riktlinjer. Följ alltid tillverkarens rekommend-ationer (ofta på en tryckt etikett på batteriet) när batteriet laddas.*

9 Ladda batteriet vid 10 % av batteriets effekt (t.ex. en laddning på 4,5 A för ett 45 Ah-batteri) och fortsätt ladda batteriet i samma takt tills ingen ökning av elektrolytens densitet noteras över en fyratimmarsperiod.

10 Alternativt kan en droppladdare som laddar med 1,5 ampere användas över natten.

11 Speciella snabbladdare som påstås kunna ladda batteriet på 1-2 timmar är inte att rekommendera, eftersom de kan orsaka allvarliga skador på batteriplattorna genom överhettning.

12 Observera att elektrolytens temperatur aldrig får överskrida 37,8°C.

Underhållsfritt batteri – laddning

Observera: *Följande är endast avsett som riktlinjer. Följ alltid tillverkarens rekommenda-tioner (ofta på en tryckt etikett på batteriet) när batteriet laddas.*

13 Denna batterityp tar avsevärt längre tid att ladda fullt än standardtypen. Hur lång tid det tar beror på hur urladdat batteriet är, men det kan ta ända upp till tre dagar.

14 En laddare av konstantspänningstyp krävs. Den ställs in till mellan 13,9 och 14,9 volt med en laddström som understiger

3.4a Skruva loss fästmuttrarna

3.4b Lossa fästbygeln

25 A. Med denna metod bör batteriet vara användbart inom 3 timmar med en spänning på 12,5 V, men detta gäller ett delvis urladdat batteri. Full laddning kan, som nämndes ovan, ta avsevärt längre tid.

15 Om batteriet ska laddas från att ha varit helt urladdat (mindre än 12,2 volt), bör du överlåta laddningen åt en bilverkstad, eftersom laddströmmen är högre och batteriet måste övervakas konstant under laddningen.

3 Batteri – demontering och montering

Observera: *Om fordonet har en säkerhetskodad radio, kontrollera att du har en kopia av koden innan batterikabeln kopplas ur. Om så behövs kan en "kod-sparare" eller en "minnes-sparare" användas till att lagra koden och annat relevant minne medan batteriet är bortkopplat (se "Koppla ifrån batteriet" i referensavsnittet längst bak i boken).*

Demontering

1 Batteriet sitter i det främre, vänstra hörnet i motorrummet. Om en isoleringskåpa finns, öppna denna för att komma åt batteriet.
2 Lossa klämmuttern och koppla bort batteriets minusledare (-) från polen.
3 Lyft plastkåpan från säkringshållaren överst på batteriet genom att klämma ihop låstapparna.
4 Demontera säkringshållaren genom att ta bort fästmuttern och skjuta ner fästbygeln mot

batteriet så att fästbygeln lossnar från batterikåpan **(se bilder)**.
5 Lossa klämmuttern och koppla loss den positiva ledaren från batteripolen **(se bild)**.
6 Ta bort eventuell isoleringskåpa, skruva loss bulten och ta bort batteriklämman **(se bild)**. Batteriet kan sedan lyftas ut ur motorrummet

Montering

7 Montera batteriet i omvänd ordningsföljd mot demonteringen. Dra åt klämbulten till rätt moment.

4 Generator/laddningssystem – kontroll i bilen

Observera: *Se avsnitt 1 i detta kapitel innan arbetet påbörjas.*

1 Om varningslampan för laddning inte tänds när tändningen slås på, kontrollera först att generatorns kabelanslutningar sitter ordentligt. Om lampan ändå inte tänds, kontrollera att det inte är något ledningsbrott på varningslampans kabel från generatorn till lamphållaren. Om allt är som det ska är det generatorn det är fel på. Den måste då bytas eller tas till en bilelektriker för kontroll och reparation.
2 Detsamma gäller om varningslampan för laddningen lyser upp vid tändning men sedan slocknar långsamt när motorn startas, det kan innebära förestående generatorproblem. Kontrollera allt som räknas upp i föregående

punkt och fråga en bilelektriker om inga påtagliga fel hittas.
3 Om laddningsvarningslampan tänds när motorn är igång, stäng av motorn och kontrollera att drivremmen är korrekt spänd (se kapitel 1A eller 1B) och att generatorns anslutningar sitter ordentligt. Om allt hittills är bra, kontrollera generatorns borstar och släpringar enligt beskrivningen i avsnitt 6. Kvarstår felet bör generatorn bytas ut eller tas till en bilelektriker för kontroll och reparation.
4 Om generatorns effekt verkar felaktig men varningslampan fungerar felfritt, kan den reglerade spänningen kontrolleras enligt följande:
5 Anslut en volteter mellan batteripolerna och starta motorn.
6 Öka motorvarvtalet tills voltmeterutslaget är stabilt. Den bör visa cirka 12 till 13 volt och inte mer än 14 volt.
7 Slå på så många elektriska tillbehör som möjligt (t.ex. strålkastare, uppvärmd bakruta och värmefläkt), och kontrollera att generatorn bibehåller den reglerade spänningen på cirka 13 till 14 volt.
8 Om den reglerade spänningen inte är som angetts, kan felet bero på slitna borstar, svaga borstfjädrar, defekt spänningsregulator, defekt diod, brott i faslindningen eller slitna eller skadade släpringar. Borstarna och släpringarna kan kontrolleras (se avsnitt 6), men om felet kvarstår bör generatorn bytas ut eller tas till en bilelektriker.

5 Generator – demontering och montering

Demontering

1 Koppla loss batteriets minusledare och flytta bort ledaren från polen. **Observera:** *Läs avsnittet "Koppla ifrån batteriet" längst bak i bokens referensavsnitt innan batteriets anslutningar kopplas bort.*
2 Ta bort drivremmen från generatorns remskiva (se kapitel 1A eller 1B). Markera drivremmen riktning så att den sätts tillbaka i samma läge.
3 Dra ut 2-stifts insticksskontakten från generatorn **(se bild)**.

3.5 Koppla loss pluspolen

3.6 Lossa batteriklämmans bult

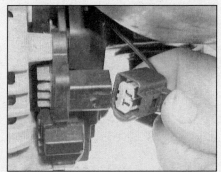

5.3 Koppla loss 2-stiftskontakten

5.5 Koppla loss den positiva ledaren

5.6 Skruva loss fästbultarna (vid pilarna)

4 Skruva loss muttern och koppla loss jordningskabeln från generatorn.
5 Ta bort skyddslocket (om sådant finns). Skruva loss och ta bort muttern och brickorna och koppla sedan loss batteriets pluskabel från generatorns kabelfäste. I förekommande fall, skruva loss muttern och ta bort kabelstyrningen **(se bild)**.
6 Skruva loss och ta bort först de nedre, och sedan de övre bultarna. Lyft sedan bort generatorn från fästbygeln **(se bild)**. Om så behövs, ta bort servostyrningspumpen för att förbättra åtkomligheten, enligt beskrivningen i kapitel 10.

Montering

7 Montera i omvänd ordningsföljd mot demonteringen. Se kapitel 1A eller 1B för uppgifter om återmontering och spänning av drivremmen. Dra åt generatorns fästbultar till angivet moment.

6 Generator – byte av borsthållare/regulator

1 Demontera generatorn enligt beskrivningen i avsnitt 5.
2 Placera generatorn på en ren arbetsyta med remskivans ovansida nedåt.
3 I förekommande fall, skruva loss skruven

och de två fästmuttrarna och lyft bort den yttre plastkåpan **(se bild)**.
4 Skruva loss de tre fästskruvarna och ta bort spänningsregulatorn **(se bilder)**.
5 Mät längden på borstkontakternas utskjutande delar **(se bild)**. Jämför måtten med värdena i specifikationerna och byt ut modulen om borstarna har slitits ner till minimigränsen.
6 Rengör och undersök släpringarnas ytor vid slutet av generatoraxeln. Om de är mycket slitna eller skadade måste generatorn bytas ut.
7 Sätt ihop generatorn i omvänd ordningsföljd mot isärtagningen. När det är klart, se avsnitt 5 och sätt tillbaka generatorn.

6.3 Ta bort den yttre kåpan

7 Startsystem – kontroll

Observera: *Se avsnitt 1 i detta kapitel innan arbetet startas.*
1 Om startmotorn inte fungerar när startnyckeln har vridits till rätt position kan det bero på följande:
 a) Batteriet är defekt.
 b) De elektriska ansutningarna mellan tändningslåset, solenoiden, batteriet och startmotorn överför inte den ström som behövs från batteriet via startmotorn till jord.
 c) Solenoiden är defekt.
 d) Startmotorn har ett mekaniskt eller elektriskt fel.
2 Slå på strålkastarna för att kontrollera batteriet. Om de försvagas efter ett par sekunder innebär det att batteriet är urladdat. Ladda (se avsnitt 2) eller byt ut batteriet. Om strålkastarna lyser skarpt, vrid om startnyckeln och kontrollera lamporna. Om de nu försvagas innebär det att strömmen når startmotorn och att felet måste ligga hos den. Om lamporna fortsätter att lysa skarpt (och inget klickande ljud hörs från startmotorns solenoid) innebär det att felet finns i strömkretsen eller solenoiden – se följande

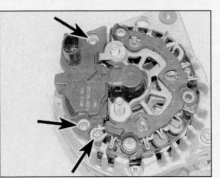

6.4a Skruva loss skruvarna (vid pilarna) . . .

6.4b . . . och ta bort borsthållaren/ regulatorn

6.5 Mät borstlängden

8.2 Skruva loss de fyra bultarna

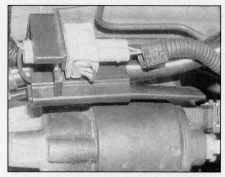

8.3 Koppla loss anslutningskontakten

8.4a Solenoidanslutningar (vid pilarna)

punkter. Om startmotorn går runt långsamt men batteriet är i gott skick, innebär det antingen att startmotorn är defekt eller också att det är hög resistans någonstans i strömkretsen.

3 Om det misstänks vara ett fel i strömkretsen, koppla bort batterikablarna (inklusive jordningen till karossen), kablaget till startmotorn/solenoiden och motorns/växellådans jordfläta. **Observera:** *Se "Koppla ifrån batteriet" i referensavsnittet i slutet på handboken innan batteriet kopplas ifrån.* Rengör anslutningarna noggrant och återanslut ledningarna och kablaget. Använd sedan en voltmeter eller en testlampa för att kontrollera att det finns full batterispänning vid batteriets plusledningsförbindelse till solenoiden samt att jordningen är felfri. Smörj vaselin runt batteripolerna för att förhindra korrosion. Korroderade anslutningar är bland de vanligaste orsakerna till fel i elsystemet.

4 Om batteriet och alla anslutningar är i gott skick, kontrollera strömkretsen genom att koppla loss kabeln från solenoidens flatstift. Anslut en voltmeter eller en testlampa mellan kabeln och en felfri jordkontakt (som batteriets minuspol) och kontrollera att kabeln fungerar när tändningslåset vrids om till startläge. Om den fungerar är strömkretsen felfri – om inte, kan kretsens kablage kontrolleras enligt beskrivningen i kapitel 12.

5 Solenoidkontakterna kan kontrolleras genom att en volteter eller en testlampa ansluts mellan batteriets positiva anslutning på startmotorns sida av solenoiden och jord. När tändningslåset har vridits till startläge ska voltmetern ge utslag eller testlampan tändas, efter tillämplighet. Om inte mätaren ger utslag (eller lampan tänds), är solenoiden defekt och måste bytas ut.

6 Är strömkretsen och solenoiden felfria måste felet ligga hos startmotorn. Det går att låta en bilverkstad renovera startmotorn, men kontrollera först om det finns reservdelar och vad de kostar. Det kan vara mer ekonomiskt att köpa en helt ny motor eller utbytesmotor.

8 Startmotor – demontering och montering

Demontering

1 Ta bort batteriet enligt beskrivningen i avsnitt 3.

2 Skruva loss de fyra fästbultarna och ta bort batteriplattan **(se bild)**.

3 Koppla loss kontakten ovanför solenoiden och dra ut den från hållaren **(se bild)**.

4 Notera hur kablaget sitter monterat och koppla bort det från solenoidens baksida. Ta bort vajrarna från styrningarna och ta sedan bort styrningarna **(se bilder)**.

5 Ta loss den övre bulten mellan startmotorn och svänghjulskåpan samt koppla ifrån jordanslutningen **(se bild)**.

6 För att komma åt bilens undersida, dra åt handbromsen, lyft upp framvagnen och ställ den på pallbockar.

7 Skruva loss fästbultarna och demontera motorns undre skyddsplåtar i mitten och till vänster.

8 Ta bort servostyrningsrörets fästbyglar/hållare och flytta dem åt sidan.

9 Skruva loss den nedre bulten mellan startmotorn och svänghjulskåpan och för ut startmotorn och solenoiden ur svänghjulskåpans öppning och nedåt ut ur motorrummet **(se bild)**.

Montering

10 Montera startmotorn i omvänd ordningsföljd mot demonteringen. Dra åt fästbultarna till angivet moment.

9 Startmotor – kontroll och översyn

Om startmotorn anses vara defekt bör den tas bort från bilen och lämnas till en bilelektriker för översyn. I de flesta fall kan nya startmotorborstar monteras till en överkomlig kostnad. Kontrollera dock kostnaden för reparationen först, eftersom det kan vara mer ekonomiskt att köpa en ny eller begagnad startmotor.

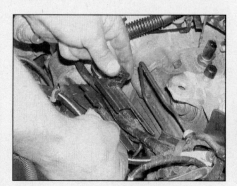

8.4b Lossa vajrarna

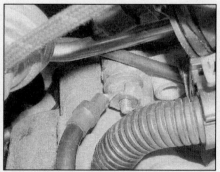

8.5 Ta bort startmotorns övre bult

8.9 Ta bort startmotorns nedre bult

Kapitel 5 Del B:
Tändsystem – bensinmotorer

Innehåll

Svårighetsgrader

Enkelt, passar novisen med lite erfarenhet	**Ganska enkelt,** passar nybörjaren med viss erfarenhet	**Ganska svårt,** passar kompetent hemmamekaniker	**Svårt,** passar hemmamekaniker med erfarenhet 	**Mycket svårt,** för professionell mekaniker

Specifikationer

Systemtyp
Se Specifikationer i kapitel 4A

Tändspole
Typ:
   Motorkod AGA, AGU, ARZ, AUM, AUQ, AZD, BCA och BCB . . . . . .   En spole per tändstift
   Alla övriga motorer . . . .   Enkel DIS-spole med fyra tändkabelsutgångar
Primärlindningsmotstånd . . . .   Ingen information tillgänglig
Sekundärt motstånd:
   En spole per tändstift . . . .   Ingen information tillgänglig
   Enkel DIS-spole . . . .   4 000 till 6 000 ohm

Tändstift
Se kapitel 1A Specifikationer

Åtdragningsmoment
	Nm
Tändspolens fästbultar (DIS-spole)	10
Knacksensorns fästbult	20
Bultar till tändningens förstärkarmodul (turbo med AGU motor)	6
Tändstift	30

1 Allmän information

Systemen Bosch Motronic, Magneti-Marelli och Simos är alla självständiga motorstyrningssystem som reglerar både bränsleinsprutning och tändning. Det här kapitlet behandlar endast komponenterna i tändsystemet – se kapitel 4A för uppgifter om komponenterna i bränslesystemet.

Det tändsystem som finns monterat i alla modeller är av en alltmer populär "strömfördelarlös" (DIS – Distributorless Ignition System) eller "statisk" typ (det finns inga rörliga delar). Trots de många olika systemnamnen och beteckningarna finns det, vad gäller tändsystem för Golf- och Boramodeller, i stort sett bara två typer av system som används. Modeller med motorkod AEH, AGN, AHW, AKL, AKQ, APE, APF, APK, AQY, ATN, AUS, AVU, AXP, AZH, AZJ och BFQ har en enkel tändspoleenhet med fyra tänd-kabeluttag, medan modeller med motorkod AGA, AGU, ARZ, AUM, AUQ, AZD, BCA och BCB har fyra separata spolar, en för varje tändstift. Därför har dessa system inget strömfördelarlock, ingen rotorarm eller (vad gäller modeller med motorkod AGA, AGU, ARZ, AUM, AUQ, AZD, BCA och BCB) tändkablar, vilket resulterar i ett enklare, mer pålitligt system som kräver mindre underhåll.

Eftersom det inte finns någon strömfördelare att justera kan inte tändinställningen justeras med konventionella medel, och funktionerna för att höja och sänka tändningen utförs av den elektroniska styrenheten (ECU).

Tändsystemet består av tändstift, tändkablar (där sådana finns), elektronisk tändspolsenhet (eller fyra separata spolar), och ECU tillsammans med tillhörande givare och kablage.

Utformningen av komponenterna varierar från system till system, men den grundläggande funktionen är densamma för alla modeller: ECU:n ger spänning till tändspolens effektsteg, vilket gör att primärlindningen i spolen magnetiseras. Matningsspänningen avbryts då och då av den elektroniska styrenheten vilket resulterar i att det primära magnetiska fältet kollapsar. Detta inducerar sedan en mycket högre spänning, högspänning, i den sekundära spolen. Denna spänning förs (via tändkablarna, där sådana finns) till tändstiftet i den cylinder som är i sin tändningstakt. Elektroderna i tändstiftet formar ett tillräckligt litet avstånd för att högspänningen ska kunna föras över som en gnista, och den resulterande gnistan tänder bränsle-/luftblandningen i cylindern. Synkroniseringen av tändningsföljden är mycket viktig och regleras endast av ECU:n.

ECU:n beräknar och kontrollerar tändinställningen först och främst med hjälp av information om motorvarvtal, vevaxelläge, kamaxelläge och insugsluftens flöde, som tas emot från givare som sitter monterade på och runt motorn. Andra parametrar som påverkar tändinställningen är gasspjällsläget och öppningstakten, temperaturen på insugsluften, temperaturen på kylvätskan och motorknackningen, som övervakas med givare monterade på motorn. Observera att de flesta av dessa givare har en dubbel roll eftersom den information de kommer med också används för att avgöra bränslebehov och optimal tändningspunkt – därför beskrivs demontering av några av dessa givare i kapitel 4A.

ECU:n beräknar motorvarvtal och vevaxelläge med hjälp av den tandade rotor som är ansluten till motorns svänghjul, och som har en varvtalsgivare vars induktionshuvud går direkt över rotorn. Medan vevaxeln (och svänghjulet) roterar passerar rotortänderna varvtalsgivaren, som skickar en puls till ECU varje gång en tand passerar. Vid läget för övre dödpunkt (ÖD) saknas en tand i rotorns kant, vilket resulterar i ett uppehåll i signalerna från givaren. ECU:n känner att det inte kommer någon puls från varvtalsgivaren vid detta läge och bestämmer på så sätt ÖD-läge för kolv nr 1. Intervallet mellan pulserna, och platsen för den saknade pulsen, gör att ECU:n kan avgöra det exakta läget för vevaxeln och dess hastighet. Kamaxelgivaren utökar informat-ionen ytterligare genom att avgöra om en särskild kolv befinner sig i sin insugnings- eller avgastakt.

Information om motorns belastning skickas till ECU:n via luftflödesmätaren (eller via insugningsrörets tryckgivare, vilket som är tillämpligt), och från gasspjällets lägesgivare. Motorbelastningen avgörs med beräkningar som grundas på mängden luft som dras in i motorn. Ytterligare information om motorns belastning skickas till ECU:n från knack-sensorn/-sensorerna. Dessa sensorer är känsliga för vibrationer och upptäcker knack-ringarna som inträffar när motorn börjar "spika" (förtända). Om förtändning inträffar sänker ECU:n stegvis tändinställningen för den cylinder som förtänder, tills förtändningen upphör. Sedan ökar ECU:n stegvis tänd-inställningen för cylindern tills den återställs till normaltillstånd eller tills förtändning inträffar igen.

De givare som övervakar temperaturen hos kylvätskan, gasspjällsläget, körhastigheten och (i förekommande fall) automatväxellådans växelläge och luftkonditioneringssystemets funktion, ger ytterligare information till ECU:n om bilens funktion. Med hjälp av alla dessa ständigt varierande uppgifter väljer ECU:n en särskild tändinställning (och ändrar den om det behövs) från en uppsättning med tändningsegenskaper som den har lagrade i minnet.

ECU:n använder också tändinställningen för att finjustera motorns tomgångsvarvtal i enlighet med signaler från servostyrningens brytare eller luftkonditioneringsbrytaren (för att förhindra motorstopp), eller om generatorns utgångsspänning blir för låg.

Om fel uppstår i systemet på grund av uteblivna signaler från någon av givarna, övergår ECU:n till ett nödprogram. På så sätt kan bilen köras även om motorns funktion och prestanda kommer att vara begränsade. En varningslampa tänds på instrumentbrädan om felet kan leda till en ökning av skadligt avgasutsläpp.

Observera att en omfattande feldiagnos av alla motorstyrningssystem som beskrivs i det här kapitlet endast är möjlig med särskild elektronisk testutrustning. Om det blir fel på en givare eller om något annat fel inträffar, lagras en felkod i ECU:ns minne. Felkoden kan bara läsas från ECU:n med hjälp av en särskild felkodsläsare. En VW-verkstad har givetvis en sådan läsare, men de går också att få tag på hos andra leverantörer. Det är knappast kostnadseffektivt för den private ägaren att köpa en felkodsläsare, men de brukar finnas hos välutrustade bilverkstäder. När felet har identifierats kan komponenter bytas efter behov enligt de anvisningar som beskrivs i följande avsnitt.

Tändspole (-spolar)

Den enkla spolen fungerar enligt principen med "tomgångs-gnistor". Spolenheten innehåller i själva verket två separata spolar – en för cylinder 1 och 4 och en annan för cylinder 2 och 3. Var och en av de två spolarna tillverkar högspänning vid båda utgångarna varje gång spänningen hos spolens primärkrets avbryts – d.v.s. cylinder 1 och 4 "tänds" alltid på en gång och sedan "tänds" cylinder 2 and 3. När detta händer kommer en av de två aktuella cylindrarna att befinna sig i kompressionstakten (och kommer att tända bränsle-/luftblandningen), medan den andra befinner sig i avgastakten – gnistan i avgastakten har inte någon effekt, därav termen "tomgångsgnista".

På övriga modeller har varje tändstift sin egen särskilda tändspole, som sitter direkt ovanpå tändstiftet (vanliga tändkablar behövs därför inte). Till skillnad från system med "tomgångsgnista", genereras på dessa modeller endast en gnista vid varje tändstift en gång per motorcykel. På motorn med kod AGU finns en separat förstärkarmodul (också kallad effektmodul eller effektsteg) i den primära kretsens lindning, mellan ECU:n och tändspolarna. På övriga motorerna finns en förstärkarmodul i varje tändspolsenhet.

2 Tändsystem – kontroll

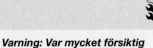 Varning: Var mycket försiktig vid arbete med systemet när tändningen är påslagen. Man kan få kraftiga elstötar från bilens tändsystem. Personer med pacemaker bör inte vistas i närheten av tändningskretsar, delar och testutrustning. Slå alltid av tändningen innan någon komponent kopplas ifrån eller återansluts och när motstånd mäts med en multimeter.

Modeller med en spole per tändstift

1 Om ett fel uppstår i motorstyrnings-systemet (bränsleinsprutning/tändning), som antas vara relaterat till tändsystemet, försäkra dig först om att felet inte beror på dålig elektrisk anslutning eller bristande underhåll. Kontrollera att luftfiltret är rent, att tändstiften är i gott skick och har rätt elektrodavstånd och att motorns ventilationsslangar inte är blockerade eller skadade. Se kapitel 1A för ytterligare information. Kontrollera också att gasvajern (om monterad) är korrekt justerad enligt beskrivningen i kapitel 4A. Om motorn går väldigt ojämnt, kontrollera kompressions-trycken enligt beskrivningen i kapitel 2A eller 2B (efter tillämplighet).

2 Om du efter dessa kontroller inte har hittat orsaken till problemet, måste bilen tas till en VW-verkstad för grundligare test. I motor-styrningssystemets krets finns ett diagnos-uttag, till vilket ett speciellt diagnostiskt instrument kan anslutas (se kapitel 4A). Testinstrumentet kan lokalisera felet snabbt och enkelt, och man slipper testa alla system-komponenter individuellt, vilket är mycket tidskrävande och också kan skada ECU:n

3 De enda kontroller av tändsystemet som kan utföras av hemmamekanikern är de som beskrivs i kapitel 1A, som rör tändstiften. Om så behövs kan systemets kablage och kontaktdon kontrolleras enligt beskrivningen i kapitel 12, under förutsättning att ECU:ns kontaktdon först kopplas loss.

Modeller med enkel DIS-spole

4 Läs informationen i punkt 1 till 3. Den enda andra troliga orsaken till problem med tändningen är tändkablarna, som länkar tändspolen till tändstiften. Undersök kablarna enligt följande. Koppla aldrig loss mer än en tändkabel i taget, för att undvika förvirring.

5 Dra av den första tändkabeln genom att dra i ändfattningen, inte i själva kabeln (om man drar i kabeln kan ledaren skadas). Titta inuti ändfattningen efter korrosion, som ser ut som ett vitt, intorkat pulver. Sätt tillbaka ändfattningen på tändstiftet och se till att den har tät passning på stiftet. Om inte, ta loss kabeln igen och kläm försiktigt ihop metall-kontakten inuti fattningen tills den kan fästas säkert på tändstiftet.

6 Använd en ren trasa och torka av hela tändkabeln för att få bort eventuella avlagringar av smuts och fett. När kabeln är ren, undersök om den är bränd, sprucken eller på annat sätt skadad. Böj inte kabeln onödigt mycket och dra inte heller i den på längden – ledaren inuti är ganska ömtålig och kan ta skada.

7 Koppla loss den andra änden av kabeln från tändspolen. Dra endast i ändfattningen. Undersök om det finns korrosion och kontrollera passningen på samma sätt som i tändstiftsänden.

8 Om en ohmmeter finns till hands, undersök kontinuiteten mellan tändkabelpolerna. Om det inte finns någon kontinuitet är kabeln defekt och måste bytas ut (som en fingervisning bör motståndet för varje kabel ligga mellan 4 och 8 kohm).

9 När kontrollen är slutförd, anslut kabeln ordentligt och kontrollera övriga kablar, en i taget, på samma sätt. Om det råder någon som helst tveksamhet om någon av tänd-kablarnas skick, byt ut kablarna som en uppsättning.

3 Tändspole/-spolar - demontering och montering

Demontering

Modeller med enkel DIS-spole

1 Tändspolen är monterad på motorns över-sida eller framsida (se bilder).

2 Se till att tändningen är avstängd (ta ur nyckeln).

3 Efter tillämplighet och/eller för att komma åt, ta bort motorns övre skyddskåpa/-kåpor. Demonteringsdetaljerna varierar beroende på modell, men kåpans fästmuttrar sitter dolda under runda hattar som bänds ut från huvudkåpan. Om plastskruvar eller vridfästen används kan dessa tas bort med hjälp av en bredbladig skruvmejsel. Ta bort muttrarna eller skruvarna och lyft bort kåpan från motorn. Ta bort eventuellt kablage eller slangar.

4 Koppla loss huvudanslutningskontakten längst ner eller på sidan av spolen (se bild).

3.1a På vissa modeller sitter spolen i motorns överdel – 1.4 liters DOHC motorer. . .

3.1b . . . medan den på andra modeller sitter i framänden, ovanför oljefilterhuset – SOHC motorer

5 De ursprungliga tändkablarna ska vara märkta från 1 till 4, efter den cylinder/tändstift de hör till (nr 1 är i motorns kamremsände). Vissa kablar är även märkta från A till D, och motsvarande märkningar finns på tänd-spolarnas anslutningar. I det här fallet motsvarar cylinder A nr 1, B nr 2 och så vidare. Om det inte finns några markeringar ska tändkablarna märkas innan de kopplas bort. Märk kablarna med färg, eller rita upp en skiss över kablarnas placeringar för att underlätta återmonteringen.

6 Koppla loss tändkablarna från tändspolens anslutningar. Skruva sedan loss de tre fäst-bultarna och ta bort spolenheten från motorn (se bilder).

3.4 Koppla loss anslutningskontakten från tändspolen

3.6a Notera hur de sitter monterade och koppla sedan loss tändkablarna . . .

3.6b . . . och skruva loss de tre insexbultarna och ta bort spolen

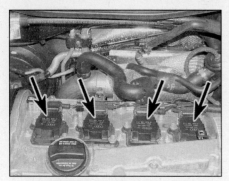

3.7 Tändspolar (vid pilarna) – 1.8 liters turbomotor

Modeller med en spole per tändstift

7 Demontering av tändspolarna på modeller med turbo behandlas i beskrivningen av tändstiftsdemontering i kapitel 1A, eftersom spolarna måste tas bort för att det ska gå att komma åt tändstiften **(se bild)**.

Montering

8 Montera i omvänd ordningsföljd mot demonteringen.
9 På modeller mod enkel DIS-spole, dra åt spolens fästbultar till angivet moment. Vid åter-montering av kablarna, använd märkena som noterades innan frånkopplingen. Om så önskas kan lite vattenavvisande medel (som WD-40) sprayas på varje anslutning när den monteras (medlet kan även användas på lågspänningskontaktdonet).

4 Tändinställning – kontroll och justering

Tändinställningen regleras av motorstyrningssystemets ECU och går inte att justera manuellt utan tillgång till särskild elektronisk testutrustning. Någon grundinställning kan inte anges eftersom tändinställningen hela tiden ändras för att reglera motorns tomgångsvarvtal (se avsnitt 1 för ytterligare information).

Bilen måste lämnas in till en VW-verkstad om tändningen behöver kontrolleras eller justeras.

5 Knacksensor (-sensorer) – demontering och montering

Demontering

1 Knacksensorn (-sensorerna) sitter på insugningsrörets sida av motorblocket. På 1.8 och 2.0 liters motorer finns två knacksensorer, medan övriga motorer har en.
2 Ta bort motorns toppkåpa (-kåpor) för att komma åt sensorerna ovanifrån. Om det är för svårt att nå dem ovanifrån, dra åt handbromsen ordentligt, lyft upp framvagnen och stöd den på pallbockar (se *Lyftning och stödpunkter*). Skruva sedan loss fästskruvarna och ta bort skölden (sköldarna) under motorn så att sensorn (sensorerna) kan nås underifrån. Det kan vara komplicerat att komma åt sensorerna, men åtkomligheten kan endast förbättras genom att insugningsröret demonteras (se kapitel 4A).
3 Koppla loss kontaktdonet från sensorn eller följ kabeln bakåt från sensorn och koppla loss kontaktdonet i den andra änden (vad som är tillämpligt) **(se bild)**.
4 Skruva loss fästbulten och ta bort sensorn från motorblocket **(se bild)**.

Montering

5 Montering sker i omvänd ordning. Kontrollera att fogytorna på sensorn och motorblocket är rena och torra. Se också till

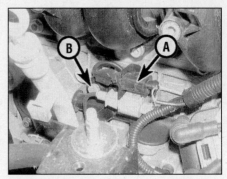

5.3 Knacksensorns kontaktdon (svart, A) och fästbult (B) – 1.6 liters motor

att fästbulten dras åt till angivet moment för att garantera korrekt funktion.

6 Tändningens förstärkarmodul (turbo med motor AGU) – demontering och montering

Demontering

1 Förstärkarmodulen är monterad bak på luftrenarhusets lock.
2 Se till att tändningen är avstängd (ta ur nyckeln).
3 Koppla loss de två anslutningskontakterna från modulen. Notera hur de sitter placerade för att underlätta monteringen (även om det verkar som om de inte kan monteras på fel sätt). Förväxla inte modulens kontakter med den till luftflödesmätaren **(se bild)**.
4 Skruva loss de två bultarna och ta bort modulen från kyldonsplattan.

Montering

5 Montera i omvänd ordningsföljd mot demonteringen. Dra åt fästbultarna till specificerat moment.

5.4 Knacksensor och fästbult – 1.4 liters motor (sett med motorn demonterad)

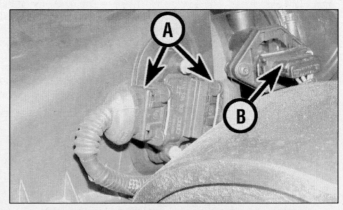

6.3 Kontaktdon till tändningens förstärkarmodul (A) och luftflödesmätare (B)

Kapitel 5 Del C:
Förvärmningssystem – dieselmotorer

Innehåll

Svårighetsgrader

Enkelt, passar novisen med lite erfarenhet	Ganska enkelt, passar nybörjaren med viss erfarenhet	Ganska svårt, passar kompetent hemmamekaniker	Svårt, passar hemmamekaniker med erfarenhet	Mycket svårt, för professionell mekaniker

Specifikationer

Glödstift
Elektrisk resistans (typexempel – inget värde angivet av VW) . . . .   1,5 ohm
Strömförbrukning (typexempel – inget värde angivet av VW) . . . .   8 A (per glödstift)

Åtdragningsmoment   Nm
Glödstift till topplock 15

1 Allmän beskrivning

För att hjälpa till vid kallstart är modellerna med dieselmotor försedda med ett förvärmningssystem med fyra glödstift, en glödstiftsstyrenhet (inbyggd i ECU), en varningslampa som är monterad på instrumentbrädan och tillhörande kablage.

Glödstiften är elektriska värmeelement i miniatyr, som är inneslutna i en metallkåpa med en sond i den ena änden och en elanslutning i den andra. Iskruvat i var och en av insugningskanalerna finns ett glödstift, som är inriktat direkt mot den inkommande bränsleinsprutningen. När glödstiftet får energi värms bränslet som passerar över det upp så att den optimala förbränningstemperaturen uppnås snabbare i förbränningskammaren.

ECU:n avgör förvärmningsperiodens längd genom att övervaka motorns temperatur via temperaturgivaren för kylvätskan, och anpassar förvärmningstiden efter rådande förhållanden.

En varningslampa på instrumentbrädan visar föraren att förvärmning pågår. Lampan slocknar när motorn har förvärmts tillräckligt

för att kunna startas. Glödstiften får dock ström i ytterligare en stund tills motorn startas. Görs inget försök att starta motorn stängs strömförsörjning till glödstiften av för att förhindra att batteriet laddas ur och glödstiften blir utbrända. Om varningslampan blinkar till eller tänds under normal körning, indikerar detta att det är något fel på dieselmotorns styrsystem. Felet bör undersökas på en VW-verkstad så snart som möjligt.

När motorn har startats fortsätter glödstiften att ge ström ytterligare en stund. Det förbättrar bränsleförbränningen medan motorn värms upp. Det gör att motorn går tystare och jämnare samt att avgasutsläppen minskas.

2 Glödstift – kontroll, demontering och montering

⚠ **Varning: Glödstiften får under inga omständigheter testas utanför motorn. Fungerar glödstiftet som det ska blir det snabbt glödhett. Tänk på det när glödstiften skruvas loss, om de precis har använts.**

Kontroll
1 Om systemet inte fungerar som det ska kan man kontrollera det genom att byta ut misstänkta komponenter mot sådana man vet fungerar. Några preliminära kontroller kan dock utföras enligt beskrivningen i följande punkter.
2 Innan systemet testas, använd en multimeter för att kontrollera att batterispänningen är minst 11,5 V.
3 Slå av tändningen. Om det behövs för att komma åt, ta bort motorns övre skyddskåpa/-kåpor. Demonteringsdetaljerna varierar beroende på modell, men kåpans fästmuttrar sitter dolda under runda hattar som bänds ut från huvudkåpan. Ta bort muttrarna och lyft bort kåpan från motorn. Lossa alla anslutna kablar eller slangar.
4 Koppla loss anslutningskontakten från temperaturgivaren för kylvätskan vid motorns vänstra sida (sett från förarsätet) – se kapitel 3, avsnitt 6 om det behövs. När givaren kopplas loss luras systemet att tro att motorn är kall, vilket krävs för att glödstiftsystemet ska aktiveras.
5 Koppla loss kontaktdonet från det glödstift som sitter bäst till och anslut en lämplig multimeter mellan kontaktdonet och jord.
6 Be en medhjälpare att slå på tändningen i cirka 20 sekunder.

7 Batterispänningen ska visas. Observera att spänningen faller till noll när förvärmningsperioden tar slut.

8 Om ingen matningsspänning märks vid glödstiftet, är antingen glödstiftsreläet (i förekommande fall) eller matningskablaget defekt. Kontrollera även att glödstiftets säkring eller smältsäkring (vanligtvis ovanpå batteriet) inte har utlösts. Har den det kan det vara tecken på ett allvarligt kablagefel. Rådfråga en VW-verkstad.

9 För att hitta ett defekt glödstift, börja med att koppla loss batteriets minusledare och lägg undan den från polen.

10 Koppla loss anslutningskontakten från glödstiftets pol. Mät resistansen mellan glödstiftets pol och motorns jord **(se bild)**. I skrivande stund finns inte någon tillgänglig information, men som regel gäller att resistans på mer än ett fåtal ohm indikerar att glödstiftet är defekt.

11 Om en lämplig amperemeter finns tillgänglig, anslut den mellan glödstiftet och dess kontaktdon, och mät den statiska strömförbrukningen (ignorera att strömstyrkan i utgångsläget är cirka 50% högre). Som regel indikerar hög strömförbrukning (eller ingen strömmatning alls) att glödstiftet är defekt.

12 Som slutlig kontroll, ta loss glödstiften

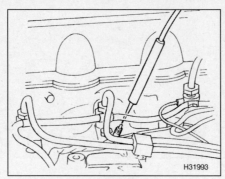

2.10 Kontroll av glödstiften med en multimeter

och undersök dem visuellt, enligt beskrivningen i nästa underavsnitt.

Demontering

Observera: *Läs varningen i början av detta avsnitt innan du fortsätter.*

13 Lossa batteriets jordledning (minuspolen) (se kapitel 5A).

14 Koppla loss kontaktdonen från glödstiften, märk dem om det behövs för att underlätta återmonteringen **(se bild)**. Glödstiftens kablage är fastsatta med klämmor på insprutningsventilernas läckrör –

2.14 Glödstiftets kontaktdon (vid pilen) för insprutningsventil 1

se till att klämmorna inte försvinner när kablaget tas bort.

15 Skruva loss glödstift(en). Det är inte lätt att komma åt glödstiften med insprutningsventilens rör på plats – ett förlängt handtag och en universalkoppling behövs troligen.

16 Se efter om glödstiftens skaft är skadade. Ett illa bränt eller förkolnat skaft kan tyda på en defekt bränsleinsprutningsventil.

Montering

17 Monteringen sker i omvänd ordning. Dra åt glödstiften till angivet moment.

Kapitel 6
Koppling

Innehåll

Svårighetsgrader

Enkelt, passar novisen med lite erfarenhet		**Ganska enkelt,** passar nybörjaren med viss erfarenhet		**Ganska svårt,** passar kompetent hemmamekaniker		**Svårt,** passar hemmamekaniker med erfarenhet		**Mycket svårt,** för professionell mekaniker	

Specifikationer

Allmänt

Typ	Enkel torrlamell, tallriksfjäder
Funktion	Hydraulisk med huvud- och slavcylindrar
Användning:	
1.4 och 1.6 liters bensinmodeller	Växellåda 02K
1.8 och 2.0 liters bensinmodeller	Växellåda 02J
Dieselmodeller utan turbo	Växellåda 02K
Dieselmodeller med turbo:	
Motorkod AJM, ARL, ASZ och AUY.....................	Växellåda 02M
Övriga motorkoder	Växellåda 02J
Lamelldiameter:	
Växellåda 02J:	
1.8 liter med kod AGN och 2.0 liter med kod APK och AQY	215 mm
Alla övriga motorer	219 mm
Växellåda 02K:	
1.4 liters motorer....................................	190 mm
1.6 liters motorer....................................	210 mm
Dieselmotorer	200 mm
Växellåda 02M	Ingen information tillgänglig

Åtdragningsmoment

	Nm
Fästmuttrar* för kopplingens huvudcylinder	25
Muttrar* för kopplingspedalens fästbygel	25
Styrmutter* för kopplingspedalen	25
Bultar för kopplingstryckplattan till vevaxeln (växellåda 02K)*:	
Steg 1	60
Steg 2	Vinkeldra ytterligare 90°
Bultar för kopplingstryckplattan till svänghjulet:	
Växellåda 02J:	
Svänghjul i ett stycke	20
Sammansatt svänghjul	13
Växellåda 02K...	20
Växellåda 02M...	22
Fästbultar för urtrampningslager / slavcylinder (02M)	12
Fästbultar för slavcylinder (02J och 02K).......................	25

Använd nya bultar/muttrar.

1 Allmän information

Kopplingen är av enkel torrlamellstyp med en tallriksfjäderstryckplatta och den är hydrauliskt manövrerad.

Modeller med 02K växellåda

Till skillnad från en vanlig koppling är kopplingstryckplattan fastsatt med bult vid flänsen på baksidan av vevaxeln. Svänghjulet är fastbultat vid tryckplattan, med lamellen mellan dem. Detta är i själva verket tvärt emot den mer konventionella utformningen där svänghjulet är fäst med bult vid vevaxelns fläns och kopplingstryckplattan är fäst med bult vid svänghjulet.

Urtrampningsmekanismen består av en metallskiva som kallas urtrampningsplatta. Den är fäst i mitten av tryckplattan med en fjäderklämma. I mitten av urtrampningsplattan finns en inbuktning i vilken kopplingens tryckstång monteras. Tryckstången går igenom mitten av växellådans ingående axel och sätts i rörelse av ett urtrampningslager som finns i växellådans ändhus. En arm trycker på lagret när axeln som den är fäst vid vrids av kopplingens slavcylinder. Kopplingsarmen trycker på tryckstången, som i sin tur trycker mitten av urtrampningsplattan inåt mot vevaxeln. Den yttre kanten på urtrampningsplattan trycker på tryckplattans fingrar och tvingar tillbaka dem mot motorn. Detta tar bort tryckplattans friktionsyta från lamellen och kopplar på så sätt bort drivningen. När kopplingspedalen släpps upp klämmer tryckplattan lamellen kraftigt mot svänghjulet och drivningen återställs.

Allt eftersom belägget på lamellen slits ner, kompenserar hydraulvätskan i kretsen automatiskt för slitaget varje gång kopplingspedalen används. Urtrampningssystemet behöver därför inte justeras.

Modeller med 02J och 02M växellåda

Tryckplattan är fastbultad vid den bakre sidan av svänghjulet, och lamellen sitter mellan tryckplattan och svänghjulets friktionsyta. Lamellens nav hakar i räfflor på växellådans ingående axel och löper fritt längs räfflorna. Friktionsbeläggets material är fastnitat på vardera sidan av lamellen. Lamellens nav har fjädrar för att fånga upp stötar i växellådan och för att se till att drivningsöverföringen blir mjuk.

På 02J växellåda, när kopplingspedalen trycks ner, flyttar slavcylinderns tryckstång den övre änden av urtrampningsarmen mot motorn, och den nedre änden av armen svänger på ett kulstift i växellådans balanshjulskåpa. På 02M växellåda är slavcylindern en del av urtrampningslagret och dessa levereras som en komplett enhet. Urtrampningslagret tvingas mot tryckplattans membranfjäderfingrar. När mitten av membranfjädern trycks in, trycks

den yttre kanten ut och frigör tryckplattan från kopplingslamellen. Därmed överförs inte längre någon drivning till växellådan.

När kopplingspedalen släpps upp tvingar tallriksfjädern tryckplattan mot belägget på lamellen. Samtidigt trycks lamellen lätt framåt längs den ingående axelns räfflor mot svänghjulet. Lamellen är nu fastklämd mellan tryckplattan och svänghjulet och då överförs drivningen.

I takt med att belägget på lamellen slits flyttas tryckplattans viloläge närmare svänghjulet. Detta resulterar i att tallriksfjäderns viloläge höjs. Hydraulsystemet behöver inte justeras eftersom hydraulvätskan i kretsen automatiskt kompenserar för slitaget varje gång kopplingspedalen används.

2 Hydraulsystem – luftning

> ⚠ **Varning: Hydraulvätskan är giftig. Tvätta därför noggrant bort vätskan omedelbart om den kommer på huden.**
> **Uppsök omedelbart läkare om vätska sväljs eller stänker i ögonen. Vissa typer av hydraulvätska är brandfarlig och kan antändas vid kontakt med varma komponenter. Hydraulvätskan tar även effektivt bort färg. Spill på lackerade ytor på kaross eller detaljer, bör tvättas bort omedelbart med stora mängder kallt vatten. Vätskan är även hygroskopisk (den kan absorbera fukt från luften) vilket gör den obrukbar. Gammal vätska kan vara förorenad och bör inte återanvändas.**

Observera: En lämplig tryckluftningsutrustning krävs för den här åtgärden.

1 Om någon del av hydraulsystemet demonteras, eller om luft oavsiktligt har kommit in i systemet, måste det luftas. Det märks att det finns luft i systemet om pedalens rörelse känns "svampig" när den trycks ner, och om det är svårt att växla.

2 Utformningen av kopplingens hydraulsystem gör att luftning inte kan utföras på vanligt sätt genom att pumpa med kopplingspedalen. För att få bort all luft i systemet måste tryckluftningsutrustning användas. Den går att få tag i från biltillbehörsbutiker till en relativt låg kostnad.

3 Tryckluftningsutrustningen ansluts till bromsarnas/kopplingens hydraulvätskebehållare enligt tillverkarens instruktioner. Systemet luftas genom luftningsskruven på kopplingens slavcylinder, som sitter ovanpå växellådshuset. Du kommer bäst åt denna genom att lyfta upp framvagnen och ställa den på pallbockar (se *Lyftning och stödpunkter*). Om det behövs, ta bort den undre skyddskåpan för att komma åt växellådan.

4 Lufta systemet tills vätskan som sprutar ut är fri från luftbubblor. Stäng luftningsskruven

och koppla sedan loss och ta bort luftningsutrustningen.

5 Kontrollera att kopplingen fungerar som den ska. Lufta igen om det fortfarande finns luft i systemet.

6 Kasta all vätska som kommit ut vid luftningen, även om den ser ren ut. Hydraulvätska absorberar fukt och om den återanvänds kan den orsaka invändig korrosion i huvud- och slavcylindrarna. Det kan i sin tur leda till ökat slitage och förstörda tätningar.

3 Kopplingspedal – demontering och montering

Demontering

1 Ta bort den nedre klädselpanelen på förarsidans instrumentbräda enligt beskrivningen i kapitel 11, avsnitt 28.

2 Gör ett verktyg som liknar det på bilden för att hålla kopplingspedalens övre mittfjäder nedtryckt **(se bild)**.

3 Tryck ner kopplingspedalen helt tills verktyget kan sättas in vid den övre mittfjädern, och hålla den nedtryckt.

4 Släpp upp kopplingspedalen och ta bort verktyget helt från den övre mittfjädern.

5 Kläm ihop tapparna på tryckstångens fästklämma och skilj pedalen från tryckstången.

6 Skruva loss muttern från pedalens styrbult.

7 Dra ut styrbulten tills pedalen kan tas bort från fästbygeln i förarens fotutrymme.

Montering

8 Montera i omvänd ordningsföljd mot demonteringen. Tänk på följande:

a) Innan återmontering påbörjas, se till att pedalens fästklämma är monterad på huvudcylinderns tryckstång.

b) Använd en ny styrbultsmutter för pedalen och dra åt muttern till angivet moment.

c) Se till att fästklämman för tryckstången mellan pedalen och huvudcylindern är fastsatt vid huvudcylinderns tryckstång innan denna återansluts till pedalen.

d) Tryck pedalen mot tryckstången för att säkra fästklämman. Se till att klämman är ordentligt fäst.

e) Avsluta med att kontrollera nivåerna och, om så behövs, fylla på broms-/kopplingsvätska.

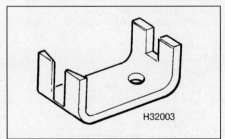

H32003

3.2 Fasthållningsverktyg till pedelens övre mittfjäder

4.10 Skruva loss pedalens fästbygelmuttrar (vid pilarna)

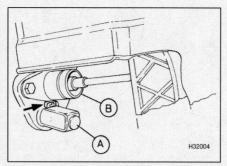

4.16 Vid montering av pedalstoppet, se till att stoppet (A) är placerat med tappen (vid pilen) närmast huvudcylindern (B)

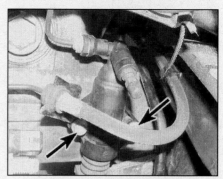

5.11 Skruva loss cylinderns fästbultar (vid pilarna)

4 Huvudcylinder – demontering, översyn och montering

Observera: *Läs varningen om faran med hydraulvätska i början av avsnitt 2 innan arbetet påbörjas.*

Demontering

1 Kopplingens huvudcylinder sitter inuti bilen på kopplings- och bromspedalernas fästbygel. Hydraulvätska för enheten kommer från bromshuvudcylinderns behållare.
2 Innan arbetet påbörjas, lägg trasor på mattan för att skydda den från vätskespill.
3 Arbeta i motorrummet, kläm ihop hydraulvätskeslangen som går från bromsvätskebehållaren till kopplingens huvudcylinder med en bromsslangklämma.
4 Sätt på liknande sätt en bromsslangklämma på gummidelen av hydraulslangen som går från huvud- till slavcylindern för att hindra hydraulvätskespill.
5 Placera en lämplig behållare eller rena trasor under huvudcylindern för att samla upp vätska som rinner ut.
6 Dra hydraulvätskans matningsslang från kopplingens huvudcylinder på torpedväggen.
7 Dra vätskeutloppsslangens fästklämma från anslutningen på huvudcylindern. Ta sedan bort röret från anslutningen. Var beredd på vätskespill.
8 Ta bort den nedre klädselpanelen på instrumentbrädan på förarsidan enligt beskrivningen i kapitel 11, avsnitt 28.
9 Skruva loss dess fästbultar och ta bort plattan som förbinder kopplingspedalens fästbygel med bromspedalens fästbygel.
10 Skruva loss de tre muttrar som håller fast kopplingspedalens fästbygel vid torpedväggen. Ta sedan bort fästbygeln **(se bild)**.
11 Pedalen måste nu kopplas loss från huvudcylinderns tryckstång genom att tapparna på fästklämman kläms ihop och tryckstången flyttas bort från pedalen.
12 Vrid kopplingspedalens stopp moturs och ta bort det från torpedväggen.
13 Tryck huvudcylindern nedåt tills den täcker pedalens stoppfäste. Se till att den

övre änden av huvudcylinderns fläns inte är täckt av pedalens mittre fjäderfäste.
14 Luta änden på huvudcylinderns tryckstång nedåt och lirka ut huvudcylindern från pedalens fästbygel. Lyft ut huvudcylindern från fotrummet. Se till att så lite vätska som möjligt spills.

Översyn

15 VW har inga reservdelar för huvudcylindern. Är huvudcylindern defekt eller sliten måste hela enheten bytas ut.

Montering

16 Montera i omvänd ordningsföljd mot demonteringen. Tänk på följande:
a) *Se till att fästklämman för tryckstången mellan pedalen och huvudcylindern är fastsatt vid huvudcylinderns tryckstång innan tryckstången återansluts till pedalen.*
b) *Tryck pedalen mot tryckstången för att säkra fästklämman. Se till att klämman fäster ordentligt.*
c) *Vid återmontering av pedalstoppet, se till att stoppet är placerat med tappen närmast huvudcylindern* **(se bild)**.
d) *Avsluta med att lufta kopplingens hydraulsystem enligt beskrivningen i avsnitt 2.*

5 Slavcylinder – demontering, översyn och montering

Observera: *Läs varningen om faran med hydraulvätska i början av avsnitt 2 innan arbetet påbörjas.*

Modeller med 02J växellåda

Demontering

1 Slavcylindern sitter ovanpå växellådshuset. Du kommer åt den via motorrummet.
2 Koppla loss växelvajern från växelspaken enligt beskrivningen i kapitel 7A, avsnitt 3.
3 Lägg rena trasor under vätskerörsanslutningen på slavcylindern för att samla upp vätskespill.

4 Dra ut vätskeslangens fästklämma från anslutningen på slavcylindern. Ta sedan bort röret från anslutningen. Lossa vätskeröret från fästbygeln och placera den på avstånd från slavcylindern. Var beredd på vätskespill.
5 Skruva loss de två bultarna som håller fast slavcylindern vid växellådshuset och ta bort slavcylindern från växellådan.

Översyn

6 VW har inga reservdelar för slavcylindern. Är slavcylindern defekt eller sliten måste hela enheten bytas ut.

Montering

7 Montera i omvänd ordningsföljd mot demonteringen. Tänk på följande:
a) *Dra åt slavcylinderns fästbultar till angivet moment.*
b) *Återanslut växelvajern till växelspaken enligt beskrivningen i kapitel 7A.*
c) *Avsluta med att lufta kopplingens hydraulsystem enligt beskrivningen i avsnitt 2.*

Modeller med 02K växellåda

Demontering

8 Slavcylindern sitter på växellådans framsida, nära husets ovansida. Du kommer åt den via motorrummet.
9 Placera en lämplig behållare under vätskerörets anslutning på slavcylindern för att samla upp vätskespill.
10 Dra ut vätskeslangens fästklämma från anslutningen på slavcylindern. Ta sedan bort röret från anslutningen. Lossa vätskeröret från fästbygeln och placera den på avstånd från slavcylindern. Var beredd på vätskespill.
11 Skruva loss de två bultar som håller fast slavcylindern vid växellådshuset. Observera att en av bultarna även håller fast hydraulvätskerörets fästbygel. Dra bort slavcylindern från växellådan **(se bild)**.

Översyn

12 VW har inga reservdelar för slavcylindern. Är slavcylindern defekt eller sliten måste hela enheten bytas ut.

5.13 Se till att styrsprintarna är korrekt inpassade (vid pilarna)

6.2a Lossa svänghjulets bultar . . .

6.2b . . . lyft sedan av svänghjulet . . .

Montering

13 Montera i omvänd ordningsföljd mot demonteringen. Tänk på följande:

a) Se till att vätskerörets fästbygel är fäst vid slavcylinderns högra bult.

b) Sätt i styrsprintarna i cylinderns tryckstång och i motsvarande hål på kopplingens drivstång **(se bild)**.

c) Dra åt slavcylinderns fästbultar till angivet moment.

d) Avsluta med att lufta kopplingens hydraulsystem enligt beskrivningen i avsnitt 2.

02M växellådan

Demontering

14 Slavcylindern är en del av utrampningslagerenheten och finns inne i

6.3a Dra loss fjäderklämman . . .

6.3b . . . och lyft ut urtrampningsplattan – 02K växellåda

växellådans balanshjulkåpa. Demontering och montering av urkopplingslagret/slavcylindern beskrivs i avsnitt 7 i detta kapitel.

6 Kopplingslamell och tryckplatta – demontering, kontroll och montering

> ⚠️ **Varning: Damm från kopplingsslitage som avlagrats på komponenterna kan innehålla hälsovådlig asbest.** BLÅS INTE bort dammet med tryckluft och ANDAS INTE in det. ANVÄND INTE bensin eller petroleumbaserade lösningsmedel för att tvätta bort dammet. Rengöringsmedel för bromssystem eller T-sprit bör användas för att spola ner dammet i en lämplig behållare. När kopplingens komponenter har torkats rena med rena trasor måste trasorna och rengörings-medlet kastas i en sluten behållare.

Modeller med 02K växellåda

Observera: Efter påfyllning behövs nya fästbultar för kopplingstryckplattan och sväng-hjulet.

Demontering

1 Demontera växellådan enligt beskrivningen i kapitel 7A.

2 Lossa svänghjulets bultar stegvis, lyft bort svänghjulet från kopplingstryckplattan och ta loss lamellen **(se bilder)**.

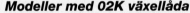

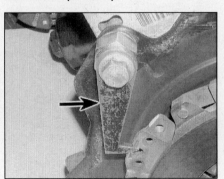

6.4 Lås tryckplattan på plats med ett verktyg liknande det som visas i bilden – 02K växellåda

6.2c . . . och ta loss lamellen – 02K växellådor

3 Dra loss fjäderklämman och lyft bort urtrampningsplattan **(se bilder)**.

4 Lås tryckplattan på plats med ett lämpligt verktyg liknande det som visas **(se bild)**.

5 Lossa stegvis tryckplattans bultar tills de kan skruvas loss för hand. Ta loss mellan-plattan **(se bild)**.

6 Lyft bort tryckplattan från vevaxelns fläns **(se bild)**. Ta bort plattan mellan motorn och växellådan om den sitter löst.

Kontroll

7 Rengör tryckplattan, lamellen och sväng-hjulet. Andas inte in dammet – det kan innehålla asbest som är hälsovådligt.

8 Undersök om fingrarna på tallriksfjädern är slitna eller repiga. Om fingrarna är nedslitna

6.5 Ta loss mellanplattan

6.6 Lyft sedan bort tryckplattan från vevaxeln – 02K växellåda

6.14a Se till att mellanplattan är på plats . . .

6.14b . . . och sätt sedan i den nya tryckplattans fästbultar – 02K växellåda

till mer än hälften av tjockleken måste hela tryckplattsenheten bytas ut mot en ny.
9 Undersök om tryckplattan är repig, missfärgad eller har sprickbildningar. Mindre repor är acceptabla, men är de större måste tryckplattsenheten bytas ut mot en ny.
10 Undersök om lamellbeläggen är slitna eller har sprickbildningar, samt om de är nedsmutsade med olja eller fett. Beläggen slits mer om de är nedslitna till, eller nära, nitarna. Kontrollera om lamellens nav och räfflor är slitna genom att testa att sätta på den på växellådans ingående axel. Byt lamellen om det behövs.
11 Undersök om svänghjulets friktionsyta har repor, sprickbildningar och missfärgning (som orsakats av överhettning). Är svänghjulet mycket skadat kan det vara möjligt att det går

6.18a Passa in svänghjulet . . .

att reparera på en verkstad, i annat fall bör det bytas.
12 Kontrollera om urtrampningsplattan är skadad och visar tecken på slitage. Byt ut den om det behövs.
13 Se till att alla delar är rena och fria från olja eller fett innan de återmonteras. Stryk på väldigt lite fett med hög smältpunkt på räfflorna i lamellnavet. Observera att nya tryckplattor och kopplingskåpor kan vara bestrukna med skyddsfett. Fettet får bara torkas bort från lamellbeläggets kontaktyta. Torkas fettet bort från övriga ytor förkortas kopplingens livslängd.

Montering

14 Om en ny tryckplatta ska monteras, torka först bort skyddsfettet, men endast från friktionsytan. Se till att plattan mellan motorn och växellådan är på plats, passa sedan ihop tryckplattan upp till vevaxelns fläns, tillsammans med mellanplattan. Montera nya fästbultar. Observera att bulthålen är förskjutna, så tryckplattan kan bara monteras i en position. Bestryk bultgängorna med en lämplig fästmassa, om de inte levereras färdigbestrukna **(se bilder)**.
15 Håll tryckplatta still med samma metod som vid demonteringen och dra åt fästbultarna stegvis till angivet moment **(se bild)**.
16 Montera urtrampningsplattan och fäst den på plats med fjäderklämman. Stryk på högtemperaturfett i mitten av plattan.
17 Smörj högtemperaturfett på räfflorna i

6.15 Lås tryckplattan på plats med det verktyg som användes vid demonteringen (vid pilen) – 02K växellåda

mitten av lamellen – se till att inte få fett på friktionsytorna.
18 Håll upp lamellen mot tryckplattan med den fjäderbelastade utbuktningen utåt (bort från vevaxeln) och passa sedan in svänghjulet. Se till att styrstiften passar in i urholkningen på kanten av tryckplattan **(se bilder)**. Montera en ny uppsättning med fästbultar på svänghjulet – skruva på det här stadiet endast i dem för hand.
19 Centrera lamellen med hjälp av ett skjutmått. Se till att det är ett jämnt avstånd mellan den yttre kanten av lamellen och svänghjulets inre kant runtom **(se bild)**.
20 Dra åt svänghjulets fästbultar diagonalt och stegvis till angivet moment **(se bild)**. Kontrollera åter att lamellen är centrerad.

6.18b . . . och se till att styrstiften (vid pilen) passar in mot tryckplattan – 02K växellåda

6.19 Centrera lamellen med hjälp av ett skjutmått . . .

6.20 . . . och dra sedan åt svänghjulets fästbultar till angivet moment – 02K växellåda

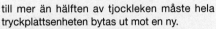

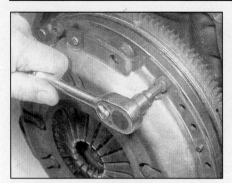

6.24 Skruva loss tryckplattans bultar . . .

6.25 . . . och lyft sedan bort tryckplattan och lamellen från svänghjulet – 02J växellåda

6.27 Placera lamellen på svänghjulet – 02J växellåda

21 Montera växellådan enligt beskrivningen i kapitel 7A.

Modeller med 02J och 02M växellåda

Demontering

22 Du kommer åt kopplingen genom att ta bort växellådan enligt beskrivningen i kapitel 7A.

23 Markera kopplingstryckplattan och svänghjulet i förhållande till varandra.

24 Håll svänghjulet still. Skruva sedan loss kopplingstryckplattans bultar stegvis i diagonal ordningsföljd med en insexnyckel **(se bild)**. Med bultarna utskruvade två eller tre varv, kontrollera att tryckplattan inte ligger an mot styrstiften. Om det behövs, använd en skruvmejsel för att lossa tryckplattan.

25 Ta bort alla bultarna, lyft därefter kopplingstryckplattan och lamellen från svänghjulet **(se bild)**.

Kontroll

26 Fortsätt enligt beskrivningen i punkt 7 till 13 (hoppa över det som handlar om urtrampningsplattan).

Montering

27 Börja hopsättningen med att sätta på lamellen på svänghjulet, med den upphöjda, torsionfjädersidan av navet utåt. Om det behövs kan centreringsverktyget (se punkt 30) på det här stadiet användas för att hålla lamellen på svänghjulet **(se bild)**.

28 Sätt på kopplingstryckplattan på lamellen och montera den på styrhylsorna **(se bild)**. Vid återmontering av originaltryckplattan, se till att märkena ligger i linje.

29 Skruva i bultarna för hand för att hålla tryckplattan på plats.

30 Lamellen måste nu vara centrerad, för att se till att växellådans ingående axel är inriktad mot styrtappens lager i vevaxeln. Använd ett ändamålsenligt verktyg, eller använd möjligen en trädorn som är utformad för att passa inuti lamellen och svänghjulets styrtappslager. Sätt in verktyget via lamellen i styrtappslagret och säkra centreringen.

31 Dra åt tryckplattans bultar stegvis och i diagonal ordningsföljd till angivet moment. Ta därefter bort centreringsvertyget **(se bild)**.

6.28 Sätt på kopplingstryckplattan över lamellen – 02J växellåda

32 Kontrollera att urtrampningslagret i balanshjulskåpan har en jämn funktion och byt det om det behövs enligt beskrivningen i avsnitt 7.

33 Montera växellådan enligt beskrivningen i avsnitt 7A.

7 Urtrampningslager och -arm – demontering, kontroll och montering

Modeller med 02J växellåda

Demontering

1 Demontera växellådan enligt beskrivningen i kapitel 7A.

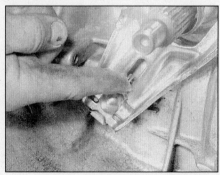

7.2 Tryck på fjäderklämman för att lossa armen från kultappen – 02J växellåda

6.31 Dra åt kopplingstryckplattans bultar – 02J växellåda

2 Bänd loss urtrampningsarmen från kultappen på växellådshuset med en skruvmejsel. Om det är svårt, skjut först undan fästfjädern från urtrampningsarmen **(se bild)**. I förekommande fall, ta bort plastskyddet från pinnbulten.

3 Skjut urtrampningslagret tillsammans med urtrampningsarmen från styrhylsan och dra tillbaka det över växellådans ingående axel **(se bild)**.

4 Ta bort urtrampningslagret från armen **(se bilder)**.

Kontroll

5 Snurra urtrampningslagret för hand och kontrollera att det roterar jämnt. Minsta tecken på att det kärvar eller går ojämnt innebär att lagret måste bytas ut. Om lagret

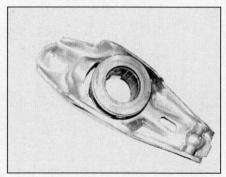

7.3 Urtrampningsarm och lager borttagna från växellådan – 02J växellåda

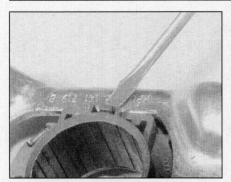

7.4a Tryck ner fasthållningstapparna med en skruvmejsel . . .

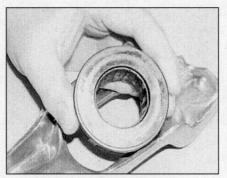

7.4b . . . och ta sedan bort urtrampningslagret från armen – 02J växellåda

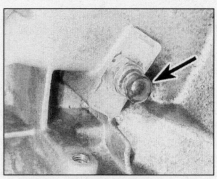

7.7 Smörj in kultappen (vid pilen) med lite fett – 02J växellåda

ska återanvändas ska det torkas rent med en torr trasa. Lagret får inte tvättas i flytande lösningsmedel, då försvinner det inre fettet.
6 Rengör urtrampningsarmen, kultappen och styrhylsan.

Montering
7 Smörj kultappen i balanshjulskåpan med molybdensulfidbaserat fett **(se bild)**. Smörj också lite fett på urtrampningslagrets yta som kommer i kontakt med tallriksfjäderns fingrar i kopplingskåpan.
8 Skjut urtrampningslagret på plats på armen.
9 Montera fästfjädern på urtrampningsarmen, tryck sedan armen mot kultappen tills fästfjädern håller den på plats **(se bilder)**.
10 Montera växellådan enligt beskrivningen i kapitel 7A.

Modeller med 02K växellåda
Demontering
11 Om växellådan inte har tagits bort, dra åt handbromsen. Lyft sedan upp framvagnen och ställ den på pallbockar (se *Lyftning och stödpunkter*). Demontera vänster hjul.
12 Skruva loss fästskruvarna och/eller lossa klämmorna, och ta bort de nedre och vänstra skyddskåporna för motorn/växellådan för att komma åt växellådans ändkåpa.
13 Skruva loss kopplingens slavcylinder enligt beskrivningen i avsnitt 5, och flytta den från kopplingens urtrampningsarm. Belasta inte hydraulvätskeledningen. Tryck inte ner kopplingspedalen medan slavcylindern är borttagen. Använd en vajer eller ett starkt

gummiband för att hålla kvar kolven i slavcylindern.
14 Placera en lämplig behållare under växellådan för att samla upp eventuell olja som spills när ändkåpan tas bort.
15 Bänd loss växellådans ändkåpa från sin plats i änden av växellådshuset med en hammare och huggmejsel eller liknande verktyg. Kasta kåpan – en ny måste användas vid monteringen **(se bilder)**.
16 Styr kopplingens urtrampningsarm tillräckligt långt bak för att urtrampningslagret ska kunna dras bort från växellådshuset **(se bild)**.
17 Om så önskas kan urtrampningstryckstången nu dras bort via den ingående axeln **(se bild på nästa sida)**.

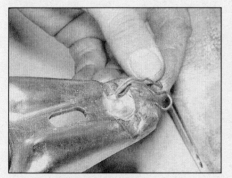

7.9a Sätt i fjädern på änden av urtrampningsarmen . . .

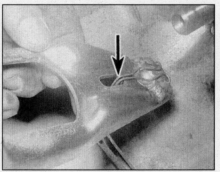

7.9b . . . och tryck i fjädern i hålet

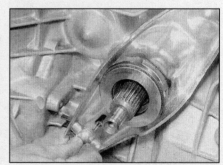

7.9c Tryck sedan urtrampningsarmen mot kultappen tills fjäderklämman håller den på plats – 02J växellåda

7.15a Använd en hammare och huggmejsel . . .

7.15b . . . för att bända loss växellådans ändkåpa från växellådshuset – 02K växellåda

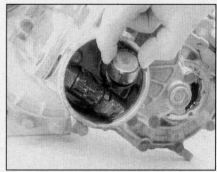

7.16 Dra ut urtrampningslagret – 02K växellåda

7.17 Dra ut urtrampningslagrets tryckstång – 02K växellåda

Kontroll

18 Snurra urtrampningslagret för hand och kontrollera att det roterar jämnt. Minsta tecken på att det kärvar eller går ojämnt innebär att lagret måste bytas ut. Om lagret ska återanvändas ska det torkas rent med en torr trasa. Lagret ska inte tvättas i flytande lösningsmedel, då försvinner det inre fettet.
19 Undersök om urtrampningstryckstången är sliten eller skadad, och torka tryckstången ren med en ren, luddfri trasa.

Montering

20 I förekommande fall, skjut urtrampnings-tryckstången bakåt på plats på den ingående axeln.
21 Skjut urtrampningslagret på plats i huset och se till att det är monterat korrekt runtom.
22 Flytta tillbaka urtrampningsarmen på plats.
23 Montera en ny ändkåpa och sätt den på plats med hjälp av en träkloss **(se bild)**. Se till att kåpan hålls rakt när den sätts på plats.
24 Sätt tillbaka kopplingens slavcylinder enligt beskrivningen i avsnitt 5 om det behövs.

7.23 En ny ändkåpa sätts på plats – 02K växellåda

25 Sätt tillbaka hjulet och sänk ner bilen.
26 Innan de undre skyddskåporna sätts tillbaka, kontrollera växellådsoljans nivå och fyll på om det behövs enligt beskrivningen i kapitel 1A eller 1B.

02M växellådan

Observera: *Urtrampningslagret och slavcylindern är en och samma enhet och kan inte bytas separat.*

Demontering

27 Ta bort växellådan enligt beskrivningen i kapitel 7A.
28 Skruva loss de tre fästbultar från urkopplingslagret/slavcylindern.
29 Ta bort urtrampnings lagret/slavcylinderenheten från växellådshuset och ta bort det över inmatningsaxeln **(se bild)**.
30 Ta bort O-ringen och inmatningsaxelns tätning. Kassera dessa. nya brickor måste användas vid återmonteringen.

Kontroll

31 Snurra urtrampningslagret för hand och kontrollera att det löper mjukt. Varje tendens till kärvning eller ojämnhet gör det nödvändigt

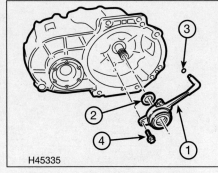

7.29 Urtrampningslager/slavcylinder – 02M växellåda

1 Urtrampningslager/slavcylinder
2 Ingående axelnstätning
3 O-ringstätning
4 Bult

att byta lagret. Om lagret ska återanvändas torkar du av det med en torr trasa lagret bör inte rengöras med flytande lösningsmedel då detta avlägsnar det invändiga fettet.
32 Kontrollera för vätskeläckor runt slavcylindern och slanganslutningen.

Montering

33 Smörj O-ringen till slavcylinderns slanganslutning med litet ren bromsvätska innan den sätts tillbaka.
34 Tryck den nya inmatningsaxeln in i sin position. Kontrollera att den sitter i rät vinkel i huset.
35 Montera tillbaka urkopplingslagret/slavcylindern och dra åt fästbultarna till angivet moment.
36 Montera tillbaka växellådan enligt beskrivningen i kapitel 7A.

Kapitel 7 Del A:
Manuell växellåda

Innehåll

Svårighetsgrader

Enkelt, passar novisen med lite erfarenhet	**Ganska enkelt,** passar nybörjaren med viss erfarenhet	**Ganska svårt,** passar kompetent hemmamekaniker	**Svårt,** passar hemmamekaniker med erfarenhet	**Mycket svårt,** för professionell mekaniker

Specifikationer

Allmänt

Typ	Tvärmonterad; framhjulsdrift med inbyggd transaxeldifferential/-slutväxel; 5 framåtväxlar, 1 backväxel
Smörjmedelskapacitet	se kapitel 1A eller 1B
Användning:	
1.4 och 1.6 liters bensinmodeller	Växellåda 02K
1.8 och 2.0 liters bensinmodeller	Växellåda 02J
Dieselmodeller utan turbo.	Växellåda 02K
Dieselmodeller med turbo:	
Motorkod AJM, ARL, ASZ och AUY	Växellåda 02M
Övriga motorkoder	Växellåda 02J

Åtdragningsmoment	**Nm**
Växelstång till väljarstag (02K växellåda)	20
Urkopplingslagerstyrning till växellåda.	20
Backljusbrytare.	20
Växellåda till motor:	
M12 bultar	80
M10 bultar (utom 02K växellåda)	40
M10 bultar (02K växellåda)	25
M7 bultar	10

2.2 Tryck ned kammen och lås den i sin position

1 Allmän information

Den manuella växellådan är fäst med bultar på motorns vänstra sida. Denna utforming har fördelen att den ger kortast möjliga drift-avstånd till framhjulen. Växellådan hamnar även i luftstömmen som går genom motorrummet, vilket ger optimal kylning. Enheten är innesluten i en aluminiumlegering.

Driften från vevaxeln överförs via kopplingen till växellådans ingående axel, som är räfflad för att ta emot kopplings-lamellen.

Alla framåtväxlar är synkroniserade. Den golvmonterade växelspaken är ansluten till växellådan, antingen med ett väljarstag eller med växelvajrar, beroende på växellådans typ. Det i sin tur påverkar väljargafflar inuti växellådan som hakar i synkroniserings-hylsorna. Hylsorna är låsta vid växellådans axlar men kan glida längs axlarna med hjälp av räfflade nav och pressa balkringarna i kontakt med respektive drev/växel. De koniska ytorna mellan balkringarna och drevet/växeln fungerar som en friktions-koppling som stegvis matchar hastigheten på synkroniseringshylsan (och därmed växel-lådans axel) med drevets/växelns. Det går därför att växla mjukt.

Drivningen överförs till differentialkardan-hjulet, som i sin tur vrider differentialhuset och planetväxlarna. På så sätt drivs även solhjul och drivaxlar. Differentialplanetväxlarnas

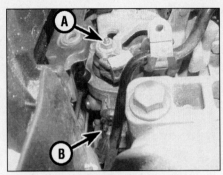

2.3 Tryck ned på (A). Tryck sedan in låsstift (B)

rotation på axeln gör att det inre hjulet kan rotera långsammare än det yttre hjulet vid kurvtagning.

I det här kapitlet behandlas femväxlade 02K växellådor, monterade på 1.4, 1.6 och 1.9 liters modeller utan turbo, och femväxlade 02J växellådor, monterade på 1.8/2.0 liters bensinmodeller och 1.9 liters turbodiesel-modeller (66 och 81 kW).

2 Växlingens länksystem (02J och 02M växellådor) – justering

Observera: *För att på ett korrekt sätt ställa in växelväljarspaken och byta kablar på 02K-växellådor krävs exakt tillverkade jiggar för att ställa in växelväljarspaken i ett referensläge. Därför rekommenderas att detta moment överlåts till et VW-verkstad.*

1 Ta bort luftrenaren enligt beskrivningen i avsnitt 2 eller kapitel 4A (bensinmotor) eller 4B (dieselmotorer).

2 Med växelväljaren i neutralläge trycks de båda låskammarna (en på varje kabel) framåt för att trycka ihop fjädrarna. Vrid dem medurs (sett från förarsätet) för att låsa dem i sin position **(se bild)**.

3 Tryck ned väljaraxeln överst i växellådan och tryck in låsstiftet i växellådan tills det hakar i och väljaraxeln inte kan röra sig **(se bild)**. **Observera:** *På modeller med växellådor från 19/05/03 och senare har låsstiftet en 90° i slutet på stången. Detta låsstift skall också vridas medurs samtidigt som det trycks in i växellådan tills det hakar i.*

4 Arbeta inuti bilen och lossa försiktigt växelspaksdamasken från mittkonsolen. När den är i neutralläge flyttas växelspaken så långt det går åt vänster. För in låsstiftet (eller borrskär akta dig för vassa kanter vid användning av borrskär) genom hålet i botten på växelspaken och in i hålet i huset **(se bild)**.

5 När du arbetar baktills i motorutrymmet vrider du de två låskamrarna på kablarna moturs så att fjädrarna släpper tillbaka dem i sin position och låser kablarna **(se bild)**.

6 Med kabelinställningssetet kan låsstiftet dras tillbaka ut ur växellådan och till sin ursprungliga position. **Observera:** *På modeller med växellådor från 19/05/03 och senare måste låsstiftet också vridas moturs, samtidigt som det dras ur, tills det lossar.*

7 Inne i bilen tas låsstiftet bort från växelspaken. Kontrollera sedan väljarmekanismens funktion. När växelspaken är i neutralläge skall den vara i mitten för att välja 3:an eller 4:an. Växelspaksdamasken kan nu sättas tillbaka på mittkonsolen.

8 Montera tillbaka luftrenaren enligt beskrivningen i relevant kapitel 4A eller 4B.

3 Manuell växellåda – demontering och montering

Demontering

1 Parkera bilen på fast, jämn mark. Se till att det finns ordentligt med plats runt bilen. Dra åt handbromsen och klossa bakhjulen.

2 Lyft upp framvagnen och stöd den ordentligt på pallbockar (se *Lyftning och stödpunkter*). I förekommande fall, ta bort motorns/växellådans undre skyddskåpa. Ställ en lämplig behållare under växellådan. Skruva sedan loss avtappningspluggen och låt växel-lådsoljan rinna ut.

3 Skruva loss fästmuttrarna och ta bort motorkåpan/-kåporna.

4 Koppla loss minusledningen (jord). **Observera:** *Se avsnittet "Koppla ifrån batteriet" i slutet av handboken innan batteriet kopplas loss.*

5 Se tillämplig del av kapitel 4 och ta bort luftrenarbehållaren och luftintagsslangen.

6 Lossa lambdasondens kontaktdon och dra ut det från fästbygeln **(se bild)**. koppla ifrån backljusbrytaren **(se bild 5.7)**.

2.4 Låsa växelspaken i positionen med ett borrskär (markerad med pil)

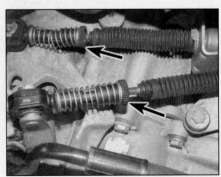

2.5 Lossa de två låskammarna (markerade med pil) så att de går tillbaka i position

3.6 Koppla loss lambdasonden

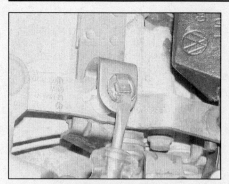
3.8a Ta bort låsringen . . .

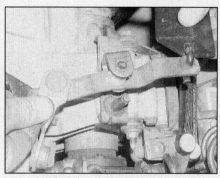
3.8b . . . och mellanarmen

3.9a Bänd loss kopplingsstagen . . .

3.9b . . . och det vänstra väljarstaget

3.10 Dra loss fästbygeln komplett med väljarstagen

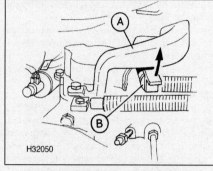
3.12 Växelvajer (B) och motvikt (A)

02K växellåda

7 Koppla loss det främre växelväljarstaget från växelspaken.
8 Ta bort låsringen och dra bort den mellersta armen och väljarstaget **(se bilder)**.
9 Bänd loss kopplingsstagen och vänster väljarstag med en spårskruvmejsel **(se bilder)**.
10 Skruva loss fästbygeln från växellådshuset och dra bort den tillsammans med kopplingsstagen **(se bild)**.
11 Ta bort de två fästbultarna och ta bort kopplingens slavcylinder (se kapitel 6) utan att lossa hydraulröret.

02J växellåda

12 Notera var ändarna på växelvajrarna sitter och koppla loss dem tillsammans med

motvikten. Observera att växelvajern kopplas loss genom att fästtappen lyfts uppåt **(se bild)**.
13 Skruva loss de två fästbultarna till växelvajrarnas stödfäste och lyft bort vajrarna från växellådan.
14 Ta bort de två fästbultarna och ta bort kopplingens slavcylinder (se kapitel 6) utan att lossa hydraulröret.

02M växellådan

15 Lossa låsklämmorna **(se bild)** och lossa växelväljarkablarna från växelväljarspaken.
16 Ta bort fästklämmorna och ta bort växelvajern från fästbygeln **(se bild)**.

Alla modeller

17 Skruva loss de två fästbultarna och dra

undan kopplingens slavcylinder utan att ta bort hydraulröret, enligt beskrivningen i kapitel 6.
18 Demontera startmotorn enligt beskrivningen i kapitel 5A.
19 Notera jordkabelns plats på fästbulten mellan växellådan och motorn. Skruva sedan loss och ta bort bulten
20 Skruva loss den övre fästbulten mellan växellådan och motorn.
21 Lyft motorn med en lämplig lyftanordning.
22 Skruva loss servostyrningens fästbygel **(se bild)**.
23 På modeller med 02K växellåda, skruva loss de fem fästbultarna och dra loss den vänstra fästbygeln från växellådan **(se bild)**. På modeller med 02J växellåda, skruva loss bultarna som håller fast växellådans vänstra

3.15 Lossa de två fästklämmor (markerade med pil)

3.16 Ta bort de två fästklammor (markerade med pilar)

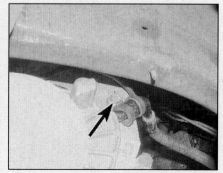
3.22 Skruva loss fästbygeln (vid pilen)

3.23a Skruva loss de fem bultarna (vid pilarna)

stödfäste samt de två fästbultarna vid växellådan **(se bild)**.

24 Koppla ifrån givaren till den elektroniska hastighetsmätaren från baksidan av växellådan **(se bild 6.5)**.

25 Ta bort den högra drivknutens skyddskåpa från motorn, om sådan finns.

26 Använd en spårnyckel, skruva loss bultarna som fäster drivaxlarna i växellådans utgående flänsar. Fäst höger drivaxel åt sidan. Fäst vänster drivaxel vid krängningshämmaren så att den hålls så högt som möjligt. Ta alternativt bort vänster drivaxel helt och hållet enligt beskrivningen i kapitel 8.

27 Om tillämpligt, skruva loss fästbulten och dra bort svänghjulets lilla skyddsplåt vid höger utgående axelfläns **(se bild)**.

28 Lossa klämman som håller ihop mellanröret på avgassystemet med den bakre delen, enligt beskrivningen i kapitel 4C eller 4D. Därigenom kan motorn röras framåt och bakåt medan växellådan demonteras respektive sätts på plats. På så sätt måste inte avgasröret tas isär.

29 Skruva loss de fyra fästbultarna och ta bort det nedre växellådsfästet **(se bild)**.

30 Sänk motor- och växellådsenheten något och stöd växellådan med en garagedomkraft. Ställ domkraften så att den kan dras ut från bilens vänstra sida.

31 Skruva loss de kvarvarande nedre fästbultarna mellan växellådan och motorn.

32 Dra försiktigt växellådan rakt bort från motorn och se till att dess tyngd inte vid något tillfälle vilar på kopplingens lamellnav.

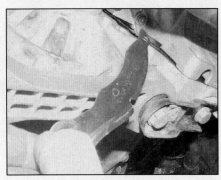

3.27 Ta bort skyddsplåten

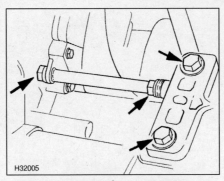

3.23b Ta bort växellådans fästbultar och bultarna till stödfästet (vid pilarna)

 Varning: Stötta växellådan för att se till att den står stadigt på domkraftshuvudet. Håll växellådan i samma nivå tills den ingående axeln helt har dragits bort från kopplingslamellen.

33 När växellådan är fri från styrstiften och kopplingsdelarna kan växellådan sänkas till marken och dras bort från bilens undersida.

Montering

34 Monteringen av växellådan sker i stort sett i omvänd ordningsföljd mot demonteringen. Tänk dock på följande:

a) På modeller med 02J växellåda, innan växellådan monteras, stick in en M8x35 bult i hålet ovanför slavcylinderns öppning med kopplingens urtrampningsarm tryckt mot växellådshuset, för att låsa armen denna position. Ta bort bulten när växellådan är på plats igen.

b) Stryk fett som tål hög temperatur på lamellnavets räfflor. Se till att inte få fett på friktionsytorna.

c) För att justera växellådan i förhållande till svänghjulet dras motorn framåt en aning medan växellådan förs på plats.

d) Dra åt bultarna mellan växellådan och motorn till angivet moment

e) Se kapitel 2A, 2B eller 2C (efter tillämplighet) och dra åt motorfästenas bultar till angivet moment.

f) Se kapitel 8 och dra åt drivaxelbultarna till angivet moment.

g) Sätt tillbaka slavcylindern enligt instruktionerna i kapitel 6.

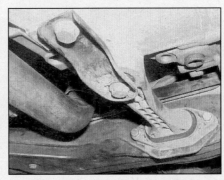

3.28 Skruva loss det nedre fästet

h) Avsluta med att kontrollera växlingens länksystem/vajerjusteringen (om möjligt) enligt beskrivningen i avsnitt 2.

i) Fyll växellådan med olja av rätt mängd och kvalitet. Se "Smörjmedel och vätskor" samt kapitel 1A eller 1B, efter tillämplighet.

j) På modeller med 02J växellåda, sätt i en M8x35 bult i hålet ovanför öppningen för slavcylindern medan kopplingsarmen trycks mot växellådshuset så att armen låses i den positionen, innan växellådan monteras tillbaka. Ta bort bulten när växellådan monterats.

4 Manuell växellåda, översyn – allmän information

Att renovera en manuell växellåda är en komplicerad (och ofta dyr) uppgift för hemmamekanikern och den kräver att man har tillgång till viss specialutrustning. Arbetet innebär att man tar isär och sätter ihop många små delar, man måste mäta spel exakt och, om det behövs, justera dem genom att välja mellanlägg och distansbrickor. Reservdelar till växellådans inre delar är ofta svåra att få tag på och i många fall mycket dyra. Om det blir något fel på växellådan eller om den ger missljud ifrån sig är det därför bäst att den lämnas in för översyn hos en specialist, eller att en renoverad växellåda inskaffas.

Under förutsättning att det finns tillgång till specialverktyg och att jobbet utförs noggrant steg för steg, så att inget glöms bort, är det dock inte omöjligt för en erfaren mekaniker att renovera en växellåda.

De verktyg som krävs för en översyn är låsringstänger för inre och yttre låsringar, lageravdragare, glidhammare, en uppsättning pinndorn, mätklocka (indikatorklocka) och möjligen en hydraulisk press. Dessutom krävs en stor, stadig arbetsbänk och ett skruvstäd.

Notera mycket noggrant under isärtagningen hur varje del sitter så att hopsättningen blir lättare och mer precis.

Det underlättar om du har en aning om var felet sitter innan växellådan tas isär. Vissa problem kan härledas till vissa avgränsade områden i växellådan, vilket kan göra det enklare att undersöka och byta ut delar. Se avsnittet *Felsökning* i denna handbok för mer information.

5 Backljusbrytare – kontroll, demontering och montering

Kontroll

1 Se till att tändningslåset står i avstängt läge.

2 Koppla loss kablaget vid backljusbrytarens kontaktdon. Brytaren sitter på växellådshusets ovansida.

3 Anslut en ledningsprovare, eller en multimeter som ställs in för att mäta resistans, till backljusbrytarens stift.

4 Brytaren står öppen utom när backväxeln ligger i, så när någon annan växel ligger i ska provaren/mätaren indikera en öppen krets eller oändlig resistans. När backväxeln ligger i ska brytaren sluta och provaren/mätaren indikera sluten krets eller ingen resistans.

5 Om backljusbrytaren inte fungerar som den ska, måste den bytas.

Demontering

6 Se till att tändningslåset står i avstängt läge.

7 Koppla loss kablaget vid backljusbrytarens kontaktdon **(se bild)**.

8 På modeller med 02K växellåda, skruva loss brytaren från växellådshuset och ta loss tätningsringen. På modeller med 02J växellåda, skruva loss de två fästbultarna och lyft bort brytaren från ovansidan av växelspaksmekanismens hus **(se bild)**.

Montering

9 Monteringen sker i omvänd ordningsföljd mot demonteringen.

6 Hastighetsgivare/ hastighetsmätardrev – demontering och montering

Allmän information

1 Alla växellådor har elektronisk överföring av information till hastighetsmätaren. Enheten mäter rotationshastigheten på växellådans slutväxel och omvandlar informationen till en elektronisk signal som sedan skickas till hastighetsmätarens modul i instrumentpanelen. På vissa modeller används signalen även av motorstyrningssystemets ECU.

Demontering

2 Se till att tändningslåset står i avstängt läge.

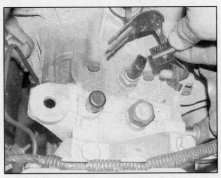

5.7 Koppla ifrån backljusbrytaren – 02K växellåda

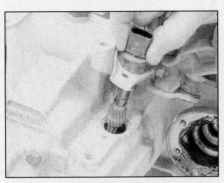

6.5 Dra loss hastighetsmätargivaren – 02K växellåda

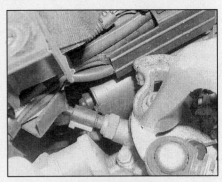

5.8 Backljusbrytare – 02J växellåda

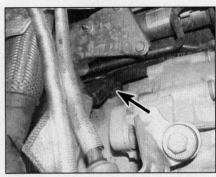

6.6 Hastighetsgivare – 02M växellåda

3 Sök reda på hastighetsmätargivaren på ovansidan av växellådshusets bakre del och koppla loss kablaget från kontaktdonet.

4 På 02J växellådan sitter hastighetsmätargivaren rakt ovanför hastighetsmätardrevet. Håll vid behov fast huset med en nyckel. Skruva sedan loss hastighetsmätargivaren från ovansidan av drevhuset och ta loss brickan. Om det behövs, skruva loss drevhuset och dra loss det tillsammans med drevet.

5 På 02K växellådan hålls hastighetsmätar-givar- och drevenheten fast med en enda skruv. Skruva loss fästskruven med en insexnyckel och dra loss enheten från växellådshuset. Ta loss packningen om en sådan finns **(se bild)**.

6 På växellådan 02M är omvandlaren baktills i växellådan **(se bild)**.

Montering

7 Montera i omvänd ordningsföljd mot demonteringen.

Notes

Kapitel 7 Del B:
Automatväxellåda

Innehåll

Svårighetsgrader

Enkelt, passar novisen med lite erfarenhet	**Ganska enkelt,** passar nybörjaren med viss erfarenhet	**Ganska svårt,** passar kompetent hemmamekaniker	**Svårt,** passar hemmamekaniker med erfarenhet	**Mycket svårt,** för professionell mekaniker

Specifikationer

Allmänt

Växellådans typnummer:
4 framåtlägen	01M
5 framåtlägen	09A
Beskrivning...	Elektro-hydrauliskt styrd planetväxellåda med fyra eller fem framåtlagen och ett backläge. Kraftöverföring via en hydrokinetisk momentomvandlare. Kopplingslåsning som kontrolleras av den elektroniska styrenheten (ECU) på alla fyra framåtväxlarna. Växellägen som styrs av ECU:n med hjälp av "fuzzy logic"
Automatväxellådans vätsketyp	Se *Smörjmedel och vätskor*
Automatväxellådans vätskevolym	Se kapitel 1A eller 1B

Utväxling (typisk)

1:an	2,714:1
2:an	1,441 : 1
3:an	1,000 : 1
4:an	0,742 : 1
Back...	2,884 : 1

Åtdragningsmoment

	Nm
Oljetrågsbultar	12
Hastighetsgivarens fästbult	10
Växelväljarvajerns låsbult.................................	8
Muttrar mellan momentomvandlare och drivplatta	60
Bultar mellan balanshjulskåpa och motor:	
M10 bultar	60
M12 bultar	80
M10 bultar mellan balanshjulskåpa och motorns oljesump..........	25
Bultar mellan växellådsfästets distans och växellådshöljet	40 plus 90°
Fästbult till växellådans hastighetsgivare......................	10

1 Allmän information

VW:s automatväxellåda av typen 01M har fyra växellägen framåt (och ett backläge). Den automatiska växlingen styrs elektroniskt i stället för hydrauliskt, som på de tidigare, konventionella typerna. Fördelen med elektronisk styrning är att man får ett snabbare gensvar vid växlingarna. Den elektroniska styrenheten (ECU) utnyttjar "fuzzy logic" för att bestämma växlingslägena. I stället för att växla upp eller ner vid förutbestämda lägen, tar ECU:n hänsyn till flera påverkande faktorer innan den beslutar om upp- eller nedväxling. Bland dessa faktorer ingår motorns varvtal, "drivmotståndet" (motorns belastning), bromspedalens läge, gasspjällets läge och hur snabbt gaspedalens läge ändras. Detta ger ett nästan obegränsat antal växlingslägen, som kan skräddarsys av ECU:n för att motsvara både sportiga och ekonomiska körstilar. Det finns också en kickdown-funktion för att ge en snabbare acceleration när så krävs.

Transmissionen består av tre huvudenheter, nämligen momentomvandlaren, som är ansluten direkt till motorn, slutväxeln, där differentialenheten ingår, och planetväxellådan med sina flerlamellskopplingar och bromsband. Transmissionen smörjs med automatväxellådsolja. Tillverkaren anger att den är livstidsfylld, och alltså inte i behov av återkommande oljebyten. Det finns heller inget enkelt sätt för hemmamekanikern att kontrollera oljenivån – detta kräver en VW-verkstad med tillgång till specialutrustning för att kunna övervaka vätsketemperaturen (se kapitel 1A eller 1B).

Hos momentomvandlaren finns en automatisk låsfunktion som omöjliggör att omvandlaren slirar i något av de fyra växellägena framåt. Detta förbättrar både prestanda och ekonomi.

En annan funktion hos denna växellåda är växelspakslåset, med vilket växelspaken kan ställas i läge P eller N när motorn är igång och hastigheten lägre än ca 5 km/tim. Under dessa betingelser måste bromspedalen tryckas ner för att det ska gå att lämna P- eller N-läget. För att detta system ska fungera måste därför brytaren till bromsljusen fungera felfritt – se kapitel 9.

Växellådans kickdownfunktion, som innebär att en lägre växel (om möjligt) läggs i vid full gas, styrs antingen av gaspedalens lägesgivare (modeller utan gasvajer), eller av en brytare i gasvajern. (modeller med gasvajer) (se kapitel 4A eller 4B för information). På modeller med gasvajer är ingen annan justering av kickdownbrytaren möjlig än kontroll av att gasvajern är korrekt justerad.

Ett startspärrsrelä förhindrar att starmotorn

går igång när växellådan inte står i P- eller N-läge. Reläet sitter ovanför huvudsäkrings-/reläpanelen (se kapitel 12) och är märkt med 175.

Vissa modeller är också utrustade med en säkerhetsanordning som låser växellådan i läge P när startnyckeln dras ur (se avsnitt 5).

Transmissionen är försedd med en elektronisk hastighetsgivare. Denna mäter rotationshastigheten på växellådans slutväxel och omvandlar informationen till en elektronisk signal, som sedan skickas till hastighetsmätarens modul i instrumentpanelen. Signalen fungerar också som inmatning till motorstyrningssystemet ECU.

Ett feldiagnossystem är inbyggt i styrenheten, men för att utföra en analys krävs specialutrustning. Det finns också ett nöddrivläge, där bara 1:an, 3:an och backväxeln kan läggas i. Hur som helst är det viktigt att alla eventuella fel på växellådan lokaliseras och åtgärdas så snart som möjligt. Dröjsmål kommer bara att medföra ytterligare problem. En VW-verkstad kan efterfråga lagrade felkoder hos den elektroniska styrenhetens felminne, och på det viset snabbt bestämma felet. Så snart felet har åtgärdats och alla felkoder rensats bort, bör växellådan fungera normalt igen.

Behovet av speciell testutrustning, komplexiteten hos vissa av delarna och kravet på pedantiskt renlighet när man utför arbeten på automatväxellådor gör att det är svårt för ägarenatt utföra särskilt mycket på egen hand. Att försöka reparera slutväxelns differential rekommenderas inte heller. De flesta större reparationer och renoveringsarbeten bör överlåtas till en VW-verkstad, där man har den utrustning som krävs för feldiagnos och reparationer. Informationen i detta kapitel beskriver därför bara hur växellådan demonteras och monteras som en komplett enhet. Demontering, montering och justering av gasvajern beskrivs också.

Om det skulle uppstå ett fel på växellådan, kontakta en VW-verkstad eller växellådsspecialist innan växellådan demonteras från bilen, eftersom de flesta feldiagnoser kan utföras med växellådan på plats.

2 Automatväxellåda – demontering och montering

Demontering

1 Parkera bilen på fast, jämn mark. Se till att du har ordentligt med plats att gå runt. Dra åt handbromsen och klossa bakhjulen.
2 Lossa framhjulsbultarna och navmuttern/-bulten på vänster sidas drivaxel. Lyft sedan upp framvagnen och ställ den på pallbockar (se *Lyftning och stödpunkter*). Demontera framhjulen. Lämna tillräckligt stor frihöjd under bilen för att växellådan ska kunna lyftas ur.
3 Lossa motorhuven från sina gångjärn enligt beskrivningen i kapitel 11.
4 Demontera motorns ljuddämparkåpa, om sådan finns.
5 Koppla loss batteriets minusledare och flytta bort den från polen. **Observera**: *Innan batteriet kopplas loss, se "Koppla ifrån batteriet" i referensdelen längst bak i boken.*
6 Ta bort batteriet enligt beskrivningen i kapitel 5A och demontera sedan batterihyllan.
7 På modeller där luftfilterhuset sitter till vänster i motorrummet demonteras hela luftfilterhuset och luftintagskanalen enligt tillämpliga delar av kapitel 4.
8 Koppla loss kontaktdonen från magnetventilerna, hastighetsgivaren, flerfunktionsbrytaren och växellådans hastighetsgivare **(se bild)**.
9 Ta bort kabelhärvan från hållaren på växellådan och lägg den åt sidan.
10 Demontera servostyrningens fästbygel, komplett med hållaren för kabelhärvan.
11 Ställ växelspaken i läge P. Bänd sedan med hjälp av en skruvmejsel loss växelvajerns ände från väljararmen och skruva loss stödfästet **(se bild)**. Flytta vajern åt sidan.

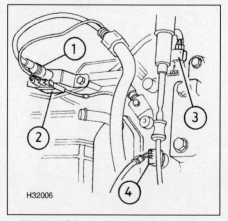

2.8 Växellådans elektriska anslutningar
1 Magnetventiler
2 Hastighetsgivare
3 Flerfunktionsbrytare
4 Växellådans hastighetsgivare

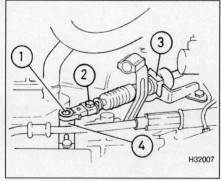

2.11 Växelvajer
1 Växelvajer   3 Låsring
2 Mutter   4 Växelspak

12 Lossa jordkabeln från den övre bulten mellan växellådan och motorn.

13 Demontera startmotorn enligt instruktionerna i kapitel 5A.

14 Kläm ihop kylvätskeslangarna till automatväxellådans oljekylning med hjälp av bromsslangklämmor. Lossa fästklämmorna och koppla loss slangarna från kylaren.

15 Lossa de övre fästbultarna mellan motorn och växellådan.

16 Stöd motorn med en lyft eller stötta som anbringas mot framskärmens invändiga kanaler. Beroende på motortyp, demontera tillfälligt de komponenter som sitter i vägen för att kunna fästa motorlyften.

17 Demontera den vänsta, högra och mellersta sektionen av motorns undre skyddskåpa, om sådan finns. På turbodieselmodeller, demontera röret mellan mellankylaren och turboaggregatet enligt beskrivningen i kapitel 4D.

18 Skruva loss de fyra fästbultarna och ta bort skyddsplåten till växellådans oljetråg.

19 På 1.4 liters modeller, koppla loss lambdasondens kontaktdon från fästbygeln på växellådans framsida och skruva loss fästbygeln.

20 I förekommande fall, demontera skyddskåpan till den högra, inre drivknuten med hjälp av en insexnyckel.

21 Följ beskrivningen i kapitel 8 och lossa båda drivaxlarna från växellådsflänsarna. Även om det inte är absolut nödvändigt, har vi upptäckt att det går mycket lättare att demontera växellådan om vänster drivaxel tas bort helt.

22 Följ tillämpliga delar av kapitel 2 för att lossa de fyra fästbultarna och demontera det bakre fästet från undersidan av bilen.

23 Lossa klämmorna till täckkåpan intill den högra växellådsflänsen och dra runt motorn tills en av muttrarna mellan momentomvandlaren och drivplattan syns. Skruva loss muttern och hindra samtidigt motorn från att rotera med en bredbladig skruvmejsel, instucken mellan kuggarna på drivplattans startkrans, som syns genom öppningen i startmotorn. Lossa de två återstående muttrarna. De kommer fram om motorn vrids ett tredjedels varv mellan dem.

24 Följ de relevanta anvisningarna i kapitel 4 för att lossa det främre avgasröret från mellanröret.

25 Placera en garagedomkraft under växellådan och höj upp den så mycket att den nätt och jämt tar upp tyngden.

26 Lossa de två bultar som håller fast det vänstra växellådsfästet vid den trekantiga distansbrickan. Sänk växellådan ungefär 60 mm genom att reglera såväl motorlyften/stöttan som garagedomkraften. Skruva loss den mutter och de två bultar som återstår och ta bort växellådans distansbricka.

27 Lossa de nedre bultar som fäster balanshjulskåpan vid motorn. Anteckna var de respektive bultarna ska sitta, eftersom de är olika grova och långa.

28 Kontrollera att alla fixturer och anslutningar är fria från växellådan. Låt en medhjälpare styra och stötta upp växellådan medan den demonteras.

29 Växellådan sitter på styrstift i motorblocket, och om den har fastnat kan det bli nödvändigt att försiktigt knacka och bända loss den från stiften för att kunna skilja den från motorn. När växellådan väl lossats från styrstiften, sväng ut den från motorn och sänk ner den ur motorrummet.

 Varning: Stötta växellådan för att se till att den står stadigt på domkraftshuvudet. Se till att momentomvandlaren sitter kvar i sitt läge på axeln i momentomvandlarhuset.

30 Med växellådan demonterad, skruva fast en passande stång och distans tvärs över framsidan av momentomvandlarhuset för att hålla kvar momentomvandlaren i sitt läge.

Montering

31 Monteringen sker i omvänd ordningsföljd mot demonteringen, men tänk på följande:

a) *När växellådan sätts ihop med motorn ska styrstiften sitta på plats, och växellådan vara vinkelrätt inställd mot dem innan den skjuts in helt mot motorn. När momentomvandlaren monteras ska drivstiften i mitten av momentomvandlarens nav gripa in i slitsarna i innerhjulet på automatväxellådans oljepump.*

b) *Dra åt alla fästbultar till angivet moment.*

c) *Återanslut och justera växelvajern enligt beskrivningen i avsnitt 4.*

d) *Avsluta med att kontrollera växellådans oljenivå (se kapitel 1A eller 1B).*

e) *Om en ny växellåda har monterats, kan det bli nödvändigt att göra en elektronisk "synkronisering" av dess ECU med motorstyrningens ECU, för att den ska fungera riktigt – fråga din VW-verkstad till råds.*

3 Automatväxellåda, renovering – allmän information

När ett fel uppstår måste man först fastställa om det är av elektriskt, mekaniskt eller hydrauliskt slag, innan man kan börja fundera på reparation. För att ställa diagnos måste man i detalj känna till hur växellådan fungerar och är uppbyggd, och dessutom ha tillgång till speciell testutrustning, vilket får anses ligga utom ramarna för denna handbok. Det är därför av största vikt att fel på automatväxellådan får bedömas av en VW-verkstad.

Observera att en krånglande växellåda inte bör demonteras innan den har blivit undersökt på verkstad, eftersom feldiagnosen ska utföras med växellådan på plats.

4 Växelvajer – demontering, montering och justering

Demontering

1 Koppla loss batteriets minusledare och flytta bort ledaren från polen. **Observera:** *Innan batteriet kopplas ifrån, se "Koppla ifrån batteriet" i referensdelen längst bak i boken.*

2 Lyft upp framvagnen och ställ den på pallbockar (se *Lyftning och stödpunkter*). Se till att det finns tillräcklig frihöjd för att arbeta under bilen.

3 Ställ växelspaken i läge P.

4 Bänd loss växelvajerns ände från väljararmen på växellådan och ta bort spärringen som håller fast vajerhöljet vid stödfästet.

5 Följ de relevanta anvisningarna i kapitel 4 för att lossa det främre avgasröret från mellanröret.

6 Demontera mittunnelns värmesköld från undersidan av bilen för att komma åt växelspakshuset.

7 Lossa fästbultarna och ta bort kåpan från växelspakshuset **(se sprängskiss på nästa sida)**.

8 Bänd loss vajeränden från spaken med en skruvmejsel.

9 Ta bort låsringen som fäster vajerhöljet vid växelspakshuset och dra ut vajern från huset.

Montering

10 Sätt tillbaka växelvajern genom att följa demonteringsanvisningarna baklänges. Tänk på följande:

a) *Fetta in vajerns ändbeslag något innan vajern monteras.*

b) *Kontrollera att vajern dragits enligt anteckningarna från demonteringen, och att den är ordentligt säkrad med spärringarna.*

c) *Var noga med att inte böja eller vika vajern.*

d) *Justera vajern enligt beskrivningen nedan innan dess växellådsände återansluts.*

e) *Använd nya låsringar när vajerhöljet fästs vid växelspakshuset och stödfästet.*

f) *Byt alltid tätningen till växelspakshusets kåpa.*

Justering

11 Inne i bilen, flytta växelspaken till läge P.

12 På växellådan, lossa vajerns låsbult vid kultappshylsan. Skjut in vajerns kultappshylsa på väljararmen. Dra åt vajerns låsbult till angivet moment.

13 Kontrollera att växelspaken fungerar genom att gå igenom alla växellägen och kontrollera att samtliga växlar kan läggas i mjukt och utan eftersläpning.

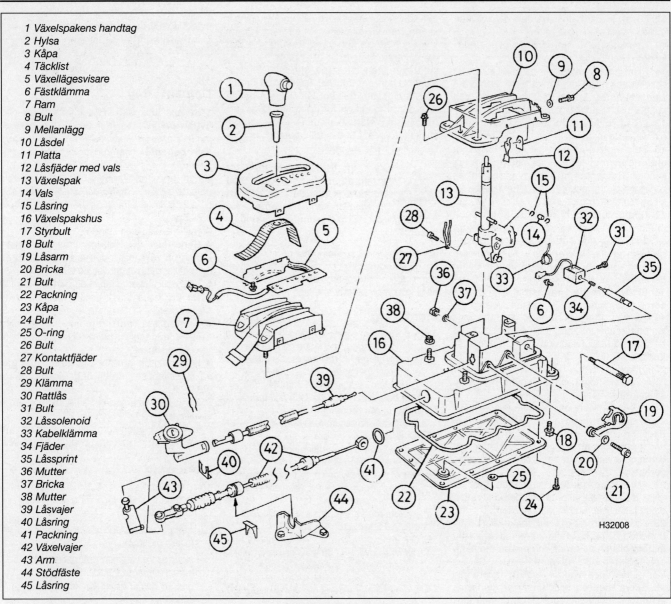

1 Växelspakens handtag
2 Hylsa
3 Kåpa
4 Täcklist
5 Växellägesvisare
6 Fästklämma
7 Ram
8 Bult
9 Mellanlägg
10 Låsdel
11 Platta
12 Låsfjäder med vals
13 Växelspak
14 Vals
15 Låsring
16 Växelspakshus
17 Styrbult
18 Bult
19 Låsarm
20 Bricka
21 Bult
22 Packning
23 Kåpa
24 Bult
25 O-ring
26 Bult
27 Kontaktfjäder
28 Bult
29 Klämma
30 Rattlås
31 Bult
32 Låssolenoid
33 Kabelklämma
34 Fjäder
35 Låssprint
36 Mutter
37 Bricka
38 Mutter
39 Låsvajer
40 Låsring
41 Packning
42 Växelvajer
43 Arm
44 Stödfäste
45 Låsring

4.7 Växelspaksenhet

5 Startnyckelns parkeringslåssystem – beskrivning och vajerbyte

Beskrivning

1 Detta är en säkerhetsfunktion som ska förhindra att bilen lämnas med växellådan i något annat läge än P. Startnyckeln kan inte tas ut ur tändningslåset om inte P-läge är ilagt, och när nyckeln är urtagen kan inget annat växelläge än P väljas.
2 Denna funktion aktiveras via en vajer som är fästad vid växelspakens länksystem och vid tändningslåset **(se bild 4.7)**.

Låsvajer

Demontering

3 Koppla loss batteriets minusledare och flytta bort ledaren från polen. **Observera:** *Innan batteriet kopplas ifrån, se "Koppla ifrån batteriet" i referensdelen längst bak i boken.*
4 Demontera panelen under instrumentbrädan, till höger om rattstången, enligt anvisningarna i kapitel 11, avsnitt 28.
5 Följ anvisningarna i kapitel 10 och demontera ratten och övre och nedre rattstångskåpa för att komma åt tändningslåset
6 Vrid på tändningen och flytta växelspaken till läge P.
7 Bänd loss vajerns fästklämma från tändningslåset och dra bort vajern från huset.

8 Vid växelspaken, tryck ner växelspaksmanschetten med två skruvmejslar och dra av handtaget från spaken.
9 Demontera mittkonsolen enligt beskrivningen i kapitel 11.
10 Dra loss vajerns ändbeslag från spaken. Dra sedan ut vajerhöljet genom att klämma ihop flikarna vid dess ändbeslag.
11 Låsvajern kan nu tas bort från bilen. Skriv noga upp vajerns dragning och ta bort all eventuell dekor som sitter i vägen när vajern ska demonteras.

Montering

12 Montera i omvänd ordningsföljd mot demonteringen. Kontrollera att mekanismen fungerar som den ska.

Kapitel 8
Drivaxlar

Innehåll

Svårighetsgrader

Enkelt, passar novisen med lite erfarenhet	**Ganska enkelt,** passar nybörjaren med viss erfarenhet	**Ganska svårt,** passar kompetent hemmamekaniker	**Svårt,** passar hemmamekaniker med erfarenhet	**Mycket svårt,** för professionell mekaniker

Specifikationer

Smörjning

Typ av fett... VAG G 000 603

Mängd fett per drivknut:

Yttre drivknut (alla modeller):

Drivknutens diameter 81,0 mm........................... 80 g

Drivknutens diameter 90,0 mm........................... 120 g

Inre drivknut – modeller med automatväxellåda (inre drivknut av trebenstyp):

Modeller med fastpressad metallkåpa (se text) .... 180 g

Modeller med metallkåpa fäst med flikar (se text) .... 120 g

Inre drivknut – modeller med manuell växellåda:

1.6 liters DOHC motorer (inre drivknut av trebenstyp):

Modeller med fastpressad metallkåpa (se text) .... 180 g

Modeller med metallkåpa fäst med flikar (se text) .... 120 g

Alla övriga modeller (inre drivknut av kulburstyp):

Drivknutens diameter 94,0 mm......................... 90 g

Drivknutens diameter 100,0 mm....................... 120 g

Åtdragningsmoment — Nm

Flänsbultar mellan drivaxel och växellåda:

M8 40

M10 80

Navbult:*

Steg 1 250

Steg 2 .... Vinkeldra ytterligare 90°

Steg 3 .... Lossa bulten ett halvt varv (180°)

Steg 4 .... Rotera hjulet ett halvt varv (180°)

Steg 5 250

Steg 6 .... Vinkeldra ytterligare 90°

Navmutter:*

Steg 1 300

Steg 2 .... Lossa muttern ett halvt varv (180°)

Steg 3 50

Steg 4 .... Vinkeldra ytterligare 45°

Bultar mellan länkarm och spindelled:

Steg 1 20

Steg 2 .... Vinkeldra ytterligare 90°

Använd en ny mutter/bult

1 Allmän information

Drivkraft överförs från differentialen till framhjulen via två drivaxlar av stål (solida eller ihåliga beroende på modell). Båda drivaxlarna är räfflade i sina ytterändar för att passa ihop med hjulnaven, och de är fästa vid navet med en stor mutter. Inneränden av varje drivaxel är fastbultad vid växellådans drevfläns.

Drivknutar sitter monterade på ändarna av drivaxlarna för att se till att drivkraften överförs mjukt och effektivt i alla möjliga vinklar, allt eftersom hjulen rör sig upp och ner med fjädringen och vrids från sida till sida av styrningen. På alla modeller med manuell växellåda, utom modeller med 1.6 liters motorer med dubbla överliggande kamaxlar (DOHC), är både de inre och yttre drivknutarna av kulburstyp. På 1.6 liters DOHC motorer och på alla modeller med automatväxellåda, är den yttre drivknuten av kulburstyp men den inre av trebenstyp.

Gummi- eller plastdamasker är fästa över de båda drivknutarna med stålklämmor. Damaskerna innehåller fett som smörjer drivknutarna, och skyddar dem från smuts och avlagringar.

2 Drivaxlar – demontering och montering

Observera: *En ny navmutter måste användas vid monteringen.*

Demontering

Observera: *På modeller med automatväxellåda kan det vara nödvändigt att skruva loss motorns/växellådans bakre fäste från kryssrambalken och lyfta motorn något för att det ska gå att dra bort vänster drivaxel.*

1 Ta bort navkapseln och dra åt handbromsen. Lossa sedan relevant navmutter/bult medan bilen står på alla fyra hjulen. Observera att muttern/bulten sitter mycket hårt och att ett förlängningsskaft antagligen behövs för att underlätta arbetet. Lossa också hjulbultarna.

2 Dra åt handbromsen. Lyft sedan upp framvagnen och ställ den på pallbockar (se *Lyftning och stödpunkter*). Demontera relevant framhjul.

3 Ta bort fästskruvarna och/eller klämmorna och ta bort de undre skyddskåporna under motorn/växellådan för att komma åt drivaxlarna. Om det behövs, skruva även loss värmeskölden från växellådans hus för att förbättra åtkomligheten till drivaxelns inre knut **(se bild)**.

4 Använd ett räfflat verktyg och lossa och ta bort bultarna som fäster den inre drivknuten vid växellådans fläns. Ta sedan loss fästplattorna under bultarna, i förekommande fall **(se bild)**.

Varning: Stöd drivaxeln genom att binda upp den med ståltråd eller snöre. Låt den inte hänga fritt, då kan knuten skadas.

5 Använd en märkpenna eller en ritsspets och rita ut konturerna runt änden av fjädringens länkarm på länkarmens spindelled för att märka ut spindelledens rätta läge.

6 Skruva loss fästbultarna till länkarmens spindelled och ta bort fästplattan/navenheten från överdelen av länkarmen. **Observera:** *På vissa modeller är spindelledens inre fästbultshål avlångt. På dessa modeller kan den inre fästbulten lossas så att fästplattan och bulten kan lämnas på plats i armen och spindelleden tas bort från bulten.*

7 Skruva loss navmuttern/bultern.

8 Dra försiktigt hjulspindeln utåt och dra bort drivaxelns yttre drivknut från navet. Drivknuten kan sitta riktigt hårt i navet. Knacka i så fall ut knuten ur navet med en mjuk klubba (montera navmuttern på änden av drivaxeln för att skydda gängorna). Om det inte går att få loss drivaxeln från navet måste knuten pressas ut med ett passande verktyg som skruvas fast vid navet.

9 Lirka ut drivaxeln från bilen undersida och (i förekommande fall) ta loss packningen från änden av den inre drivknuten. Kasta packningen – en ny ska användas vid monteringen.

Varning: Låt inte bilen vila på alla fyra hjulen när en eller båda drivaxlarna är borttagna, då kan hjullagren skadas.

10 Om bilen absolut måste flyttas ska drivaxelns/-axlarnas ytterändar tillfälligt stickas in i naven och drivaxelns fästmuttrar dras åt. Om så sker måste drivaxelns/-axlarnas innerändar stöttas, t.ex. genom att de binds upp med snören i underredet.

Montering

11 Se till att växellådans fläns och den inre drivknutens fogytor är rena och torra. Om det behövs, montera en ny packning på knuten genom att dra bort skyddsfolien och fästa den på plats.

12 Se till att den yttre drivknutens och navets spår är rena och torra. Täck spåren på den yttre drivknuten, gängorna på änden av den yttre drivknuten, spåren i navet och navmutterns fogyta med ett tunt lager olja.

2.3 Ta bort värmeskölden

13 Lirka in drivaxel på plats och fäst den yttre drivknuten i navet. Montera den nya navmuttern/bultern och använd den för att dra knuten helt på plats.

14 Passa in spindelleden till fjädringens länkarm, länkarmen och fästplattan/navet. Montera sedan de nya fästbultarna till länkarmens spindelled och dra åt dem till angivet moment. Använd märkena som gjordes vid demonteringen för att se till att spindelleden placeras korrekt.

15 Passa in drivaxelns inre drivknut med växellådans fläns och montera fästbultarna och (i förekommande fall) plattorna. Dra åt fästbultarna till angivet moment.

16 Om det är tillämpligt (se anmärkningen i början av detta avsnitt), montera nya bultar mellan motorns/växellådans fäste och kryss-rambalken och dra åt dem till angivet moment (se relevant del av kapitel 2).

17 Se till att den yttre knuten dras helt på plats. Montera sedan hjulet och sänk ner bilen.

18 Dra åt drivaxelmuttern/bultern i de fyra steg som anges i specifikationerna.

19 När drivaxelmuttern/bultern är korrekt åtdragen, dra åt hjulbultarna till angivet moment (se relevant del av kapitel 1) och montera eventuell hjulsida.

3 Drivaxelns gummidamasker – byte

1 Demontera drivaxeln från bilen enligt beskrivningen i avsnitt 2. Fortsätt enligt beskrivningen under relevant underrubrik. Drivaxlar med inre drivknut av trebenstyp känns igen på formen av den inre drivknuten. Drivaxelns fästbultshål sitter i flikar som sticker ut från knuten, vilket ger den en yttre form av en sexuddig stjärna, i motsats till den mjuka runda form som kulbursknutar har **(se bilder)**.

Yttre drivknutsdamask

2 Fäst drivaxeln i ett skruvstäd med mjuka käftar och lossa damaskens två yttre fästklämmor. Om det behövs kan klämmorna klippas loss.

2.4 Flänsbulten mellan drivaxeln och växellådan lossas

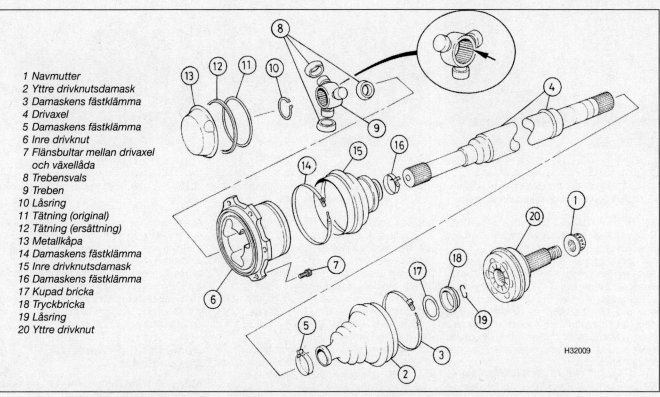

1 Navmutter
2 Yttre drivknutsdamask
3 Damaskens fästklämma
4 Drivaxel
5 Damaskens fästklämma
6 Inre drivknut
7 Flänsbultar mellan drivaxel
  och växellåda
8 Trebensvals
9 Treben
10 Låsring
11 Tätning (original)
12 Tätning (ersättning)
13 Metallkåpa
14 Damaskens fästklämma
15 Inre drivknutsdamask
16 Damaskens fästklämma
17 Kupad bricka
18 Tryckbricka
19 Låsring
20 Yttre drivknut

3.1a Drivaxelns komponenter – modell med fastpressad metallkåpa över den inre drivknutens inre ände

3 Dra ner gummidamasken över axeln för att komma åt drivknuten, och ös ur överflödigt fett.
4 Använd en mjuk klubba och knacka bort knuten från drivaxeln.
5 Ta bort låsringen från drivaxelspåret och dra bort tryckbrickan och den kupade brickan.

Observera åt vilket håll den sitter monterad.
6 Dra bort gummidamasken från drivaxeln och kasta den.
7 Rengör drivknuten/-knutarna noga med fotogen eller lämpligt lösningsmedel, och torka ordentligt. Gör en undersökning enligt följande.

8 Flytta den inre spårade delen från sida till sida för att komma åt respektive kula i överdelen av dess spår. Undersök kulorna och leta efter sprickor, plana ytor eller tecken på punktkorrosion.
9 Undersök kulspåren på den inre och yttre delen. Om spåren har breddats kommer

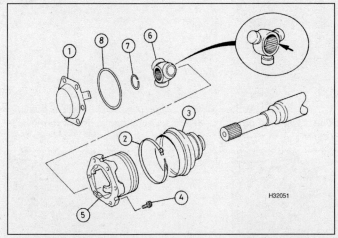

3.1b Den inre drivknutens komponenter – modeller där kåpan på den inre änden av den inre drivknuten är fäst med flikar

1 Metallkåpa
2 Damaskens fästklämma
3 Inre drivknutsdamask
4 Flänsbultar mellan drivaxel och
  växellåda
5 Inre drivknut

6 Trebens-/valsenhet (den
  pilmärkta, fasade änden är
  vänd mot drivaxeln)
7 Låsring
8 Tätning

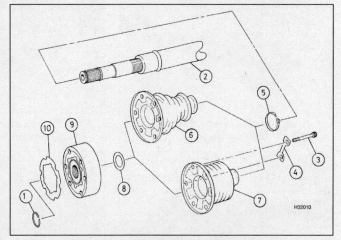

3.1c Inre drivaxelns komponenter – modeller med manuell växellåda (utom modeller med 1.6 liters DOHC motor

1 Låsring
2 Drivaxel
3 Flänsbultar mellan drivaxel och
  växellåda
4 Bultspännbricka
5 Damaskens fästklämma

6 Inre drivknutsdamask
7 Inre drivknutsdamask (alternativ
  typ)
8 Kupad bricka
9 Inre drivknut
10 Packning

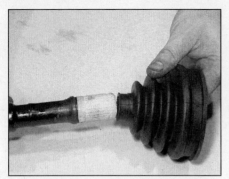

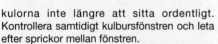
3.11 Tejpa över drivaxelspåren. Skjut sedan den nya damasken längs axeln

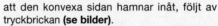
3.13a Skjut på den kupade brickan med den konvexa sidan inåt . . .

3.13b . . . och skjut sedan på tryckbrickan

kulorna inte längre att sitta ordentligt. Kontrollera samtidigt kulbursfönstren och leta efter sprickor mellan fönstren.

10 Om någon av drivknutskomponenterna är sliten eller skadad måste hela drivknutsenheten bytas ut. Om drivknutens skick är tillfredsställande, skaffa en ny damask och nya fästklämmor, en drivknutslåsring och korrekt typ av fett. Fett följer ofta med drivknutsrenoveringssatsen. Om så inte är fallet ska ett molybdendisulfidfett av hög kvalitet användas.

11 Tejpa över spåren på drivaxeländen för att skydda den nya damasken när den förs på plats (**se bild**).

12 Skjut den nya damasken över drivaxeländen och ta sedan bort skyddstejpen från drivaxelspåren.

13 Skjut på den kupade brickan och se till

att den konvexa sidan hamnar inåt, följt av tryckbrickan (**se bilder**).

14 Montera en ny låsring på drivaxeln, Knacka sedan på drivknuten på drivaxeln tills låsringen fäster i spåret (**se bilder**). Se till att drivknuten hålls fast ordentligt av låsringen.

15 Packa knuten med fett av angiven typ. Arbeta in fettet ordentligt i lagerspåren medan knuten vrids, och fyll gummidamasken med det fett som blir kvar.

16 För damasken över drivknuten och se till att damaskläpparna är korrekt placerade på både drivaxeln och drivknuten. Lyft damaskens yttre tätningsläpp för att släppa ut övertryck från damasken (**se bild**).

17 Montera den stora fästklämman av metall på damasken. Dra åt klämman så hårt som möjligt och placera klämmans hakar i sina spår. Ta bort eventuellt spel från damaskens

fästklämma genom att försiktigt trycka ihop klämmans upphöjda del. Om ett specialverktyg inte finns tillgängligt kan en sidavbitare användas. Var noga med att inte klippa av klämman (**se bilder**). Fäst den lilla fästklämman på samma sätt.

18 Kontrollera att drivknuten kan röra sig fritt i alla riktningar. Montera sedan drivaxeln i bilen enligt beskrivningen i avsnitt 2.

Damask till drivknut av trebenstyp

Modeller med fastpressad metallkåpa på drivknutens inre ände

19 Den här typen av drivknut känns igen på den fastpressade metallkåpan som sitter över änden på drivknutens yttre del (**se bild 3.1a**). Kåpan är rund. På modeller där

3.14a Montera den nya låsringen i drivaxelspåret . . .

3.14b . . . placera sedan drivknuten på drivaxelns räfflor. . .

3.14c . . . och knacka drivknuten över drivaxeln

3.16 Placera damasken på den yttre drivknuten och drivaxeln. Lyft sedan damaskens inre läpp för att släppa ut övertryck

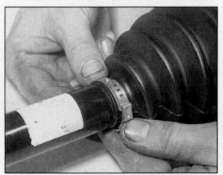
3.17a Tryck ihop den upphöjda delen av damaskens fästklämma . . .

3.17b . . . men var noga med att inte skära igenom klämman

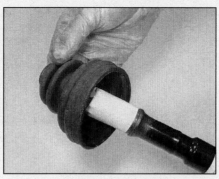

3.32 Undersök trebensvalsarna och den yttre delen och leta efter tecken på slitage

3.34a Tejpa över drivaxelns räfflor för att skydda den nya damasken. . .

3.34b . . . och för sedan damasken helt över drivaxelkanten

den inre drivknutsdamasken har bytts ut finns ingen metallkåpa och i så fall känns den här typen av drivknut igen vid isärtagningen på att trebensvalsaran sitter löst på trebenet och lätt lossnar (om valsarna sitter fästa vid trebenet, fortsätt enligt beskrivningen i punkt 45 till 61).

20 Lossa den yttre drivknutsdamaskens två fästklämmor. Om det behövs kan klämmorna klippas loss. Skjut ner gummidamasken längs axeln, bort från drivknutens yttre del.

21 Fäst försiktigt drivknutens yttre del i ett skruvstäd med mjuka käftar.

22 Driv in en skruvmejsel genom sidan av metallkåpan, över änden på drivknutens yttre del. Använd sedan skruvmejseln för att bända bort kåpan från den yttre delen. Om kåpan inte kan bändas loss, driv in en andra skruvmejsel på motsatt sida och använd sedan båda skruvmejslarna för att bända loss kåpan.

23 Ös bort överflödigt fett från drivknuten. Ta sedan bort O-ringen från spåret i änden av drivknutens yttre del.

24 Använd en passande märkpenna eller ritsspets och gör inställningsmärken mellan drivaxeländen, trebensenheten och den yttre delen.

25 Stöd drivaxeln och drivknuten och dra bort den yttre delen från skruvstädet. Se till att valsarna inte ramlar av från trebenet när enheten tas bort från skruvstädet.

26 För försiktigt ner drivknutens yttre del längs drivaxeln, bort från drivknuten. Se till att valsarna stannar kvar på trebenet.

27 Märk valsarna och trebenets ben så att valsarna kan återmonteras på sina ursprungliga platser. Lyft sedan bort valsarna och lägg dem åt sidan på en ren torr yta.

28 Ta bort låsringen från drivaxeländen.

29 Tryck eller driv bort drivaxeln från trebenet. Var mycket försiktig så att inte valsarmarnas ytor skadas.

30 Skjut ut den yttre delen och gummi-damasken från drivaxeländen.

31 Rengör drivknutskomponenterna noga med fotogen eller ett lämpligt lösningsmedel och torka ordentligt. Inspektera bilen enligt följande.

32 Undersök trebensvalsarna och drivknutens yttre del och leta efter tecken på slitage, punktkorrosion eller skavning på fogytorna.

Kontrollera att drivknutsvalsarna roterar obehindrat utan att kärva **(se bild)**.

33 Om valsarna eller den yttre delen visar tecken på slitage eller skada måste hela drivaxeln bytas ut eftersom drivknuten inte kan köpas separat. Om drivknutens skick är tillfredsställande, skaffa en renoveringssats med en ny damask, fästklämmor, låsring och fett av rätt typ och mängd.

34 Tejpa över spåren på drivaxeländen för att skydda den nya damasken när den förs på plats. Skjut sedan den nya damasken och fästklämmorna samt drivknutens yttre del över drivaxeländen **(se bilder)**. Ta bort skyddstejpen från drivaxelspåren.

35 Tryck eller driv trebenet över drivaxeländen tills den har kontakt med sitt stopp. Se till att märkena som gjordes på drivaxeländen och trebenet vid isärtagningen passas in mot varandra. Observera att den fasade kanten på trebenets inre spårning ska vara riktad mot drivaxeln.

36 Montera den nya låsringen för att hålla kvar trebenet på drivaxeländen.

37 Montera valsarna i trebenet. Se till att de monteras på sina ursprungliga platser enligt noteringarna som gjordes vid demonteringen.

38 Arbeta in 90 gram av fettet (ungefär hälften) som följde med renoveringssatsen i den inre änden av drivknutens yttre del. Skjut sedan den yttre delen över trebenet och se till att märkena som gjordes vid isärtagningen passas in mot varandra. Kläm sedan fast den yttre delen i skruvstädet.

39 Arbeta in resten av fettet som följde med

renoveringssatsen i bakdelen av drivknutens yttre del **(se bild)**.

40 Skjut gummidamasken uppför drivaxeln över drivknutens yttre del. Fäst den med den stora klämman enligt beskrivning i punkt 17.

41 Lyft damaskens ytterände för att släppa ut övertryck ur damasken. Fäst sedan damaskens yttre fästklämma på sin plats på samma sätt som ovan **(se bild)**.

42 Kontrollera att fettet i drivknutens yttre del är jämnt fördelat runt trebensvalsarna.

43 Torka bort allt överflödigt fett från den inre ytan på drivknutens yttre del. Montera sedan O-ringen med rektangulär profil, som följer med renoveringssatsen, i spåret i den inre ytan på drivknutens yttre del. Tätningens rektangulära profil fungerar som fettätning och ersätter metallkåpan som bändes bort vid isärtagningen.

44 Kontrollera att drivknuten rör sig fritt i alla riktningar. Montera sedan drivaxeln på bilen enligt beskrivningen i avsnitt 2. Fäst tillfälligt tejp över den öppna änden av drivknutens yttre del för att hindra trebenet från att tryckas tillbaka ner längs drivaxeln vid monteringen **(se bild på nästa sida)**. Ta bort tejpen just innan drivaxelns inre ände ansluts till växellådan.

Modeller där metallkåpan på drivknutens inre ände är fäst med flikar

45 Den här typen av drivknut känns igen på metallkåpan som sitter över änden på drivknutens yttre del **(se bild 3.1b)**. Kåpan

3.39 Arbeta in fett i drivknutens yttre del

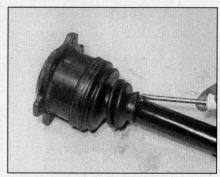

3.41 Lyft damaskens yttre ände för att jämna ut lufttrycket

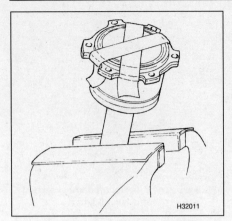

3.44 Tejpa över drivknutens ände

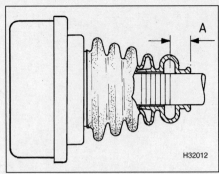

3.72 Monteringsläge för den inre
drivknutsdamasken på vänster drivaxel
A = 17,0 mm

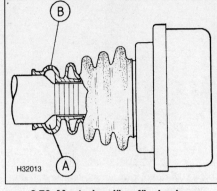

3.76 Monteringsläge för den inre
drivknutsdamasken på höger drivaxel

A Ventilkammare i damask   B Ventilhål

sitter över änden på den yttre delens fläns, och flänsbultarna mellan drivaxeln och växellådan går igenom kåpan. Kåpan är fäst vid den yttre delens fläns med tre flikar. Om kåpan är fastpressad eller om det inte finns någon kåpa, fortsätt enligt beskrivningen i punkt 19 till 44.

46 Fortsätt enligt beskrivningen i punkt 20 och 21.

47 Använd en skruvmejsel och bänd upp flikarna till metallkåpan över änden av drivknutens yttre del. Bänd bort kåpan från drivknutens yttre del.

48 Fortsätt enligt beskrivningen i punkt 23 och 24.

49 Stöd drivaxeln och knuten och dra bort den yttre delen från skruvstädet. Skjut ner drivknutens yttre del längs drivaxeln, bort från drivknuten.

50 Ta bort låsringen från drivaxeländen.

51 Tryck eller driv bort drivaxeln från trebenet. Var noga med att inte skada valsarna.

52 Fortsätt enligt beskrivningen i punkt 30 till 36. Var noga med att inte skada valsarna när trebenet återmonteras.

53 Arbeta in 60 gram av fettet (ungefär hälften) som följde med renoveringssatsen i den inre änden av drivknutens yttre del. Skjut sedan den yttre delen över trebenet och se till att märkena som gjordes vid isärtagningen passas in mot varandra. Kläm sedan fast den yttre delen i skruvstädet.

54 Arbeta in resten av fettet som följde med renoveringssatsen i bakdelen av drivknutens yttre del.

55 Skjut gummidamasken uppför drivaxeln och över drivknutens yttre del. Se till att damaskänden hamnar i spåret i knutens yttre del och fäst den med den stora klämman enligt beskrivningen i punkt 17.

56 Lyft damaskens ytterände för att släppa ut övertryck ur damasken. Fäst sedan damaskens yttre fästklämma på sin plats på samma sätt som ovan.

57 Kontrollera att fettet i drivknutens yttre del är jämnt fördelat runt trebensvalsarna.

58 Torka bort allt överflödigt fett från den inre ytan på drivknutens yttre del. Montera sedan O-ringen, som följer med renoveringssatsen, i

spåret i den inre ytan på drivknutens yttre del.

59 Montera den nya kåpan, som följer med renoveringssatsen, på den inre änden av drivknutens yttre del. Se till att bulthålen i den yttre delen och kåpan passas in mot varandra.

60 Fäst kåpan genom att böja fästflikarna runt kanten på den yttre delens fläns.

61 Kontrollera att drivaxelleden kan röra sig fritt i alla riktningar. Montera sedan drivaxeln i bilen enligt beskrivningen i avsnitt 2.

Inre drivknut av kulburstyp

62 Fäst drivaxeln i ett skruvstäd med mjuka käftar. Lossa sedan damaskens yttre fästklämma som fäster damasken vid drivaxeln. Om det behövs kan klämman klippas loss.

63 Använd en hammare och en liten dorn och driv försiktigt damaskens inre ände från drivknutens yttre del.

64 Dra ner damasken över drivaxeln för att komma åt drivknuten, och ös ur överflödigt fett.

65 Ta bort låsringen från drivaxeländen.

66 Tryck eller driv bort drivaxeln från drivknuten. Var noga med att inte skada drivknuten. Ta loss den kupade brickan som sitter mellan drivknuten och damasken.

67 Dra bort damasken från drivaxeländen.

68 Fortsätt enligt beskrivningen ovan i punkt 7 till 12.

69 Dra den kupade brickan över drivaxeln och se till att den konvexa sidan hamnar innerst.

70 Montera drivknuten på änden av drivaxeln. Observera att den fasade kanten på drivknutens inre spårning ska vara riktad mot drivaxeln. Driv eller tryck in drivknuten på sin plats tills den har kontakt med klacken på drivaxeln.

71 Montera en ny låsring för att hålla kvar drivknuten på drivaxeländen.

72 Om arbete utförs på den vänstra drivaxeln, märk ut hur damaskens ytterkant är placerad på drivaxeln med tejp eller färg. Repa inte drivaxelns yta **(se bild)**.

73 Packa drivknuten med den rekommenderade mängden fett (se specifikationerna).

Packa sedan damasken med rekommenderad mängd fett.

74 Skjut upp damasken längs drivaxeln och tryck eller driv damaskens inre ände över drivknutens yttre del.

75 Om arbete utförs på den vänstra drivaxeln, skjut damaskens yttre ände på plats med hjälp av märket som gjordes tidigare (se punkt 72). Fäst sedan damaskens yttre fästklämma på sin plats enligt beskrivningen i punkt 17.

76 Om arbete utförs på den högra drivaxeln, skjut damaskens yttre ände i position på drivaxeln enligt det sätt som visas. Fäst sedan damaskens yttre fästklämma på sin plats enligt beskrivningen i punkt 17 **(se bild)**.

77 Kontrollera att drivknuten kan röra sig fritt i alla riktningar. Montera sedan drivaxeln i bilen enligt beskrivningen i avsnitt 2.

4 Drivaxlar, översyn – allmän information

Om någon av kontrollerna som beskrivs i kapitel 1A eller 1B avslöjar slitage i någon drivknut, ta först bort hjulsidan/navkapseln och kontrollera att navmuttern sitter ordentligt. Om muttern sitter löst, skaffa en ny mutter och dra åt den till angivet moment (se avsnitt 2). Om muttern sitter hårt, montera navkapseln/hjulsidan och upprepa kontrollen på den andra navmuttern.

Kör bilen och lyssna efter ett metalliskt klickande ljud från framvagnen när den körs sakta i en cirkel med fullt rattutslag. Om ett klickande ljud hörs är det ett tecken på slitage i den yttre drivknuten. Det betyder att drivknuten måste bytas ut.

Om vibrationer som ökar med hastigheten känns i hela bilen vid acceleration kan det bero på slitage i de inre drivknutarna.

Undersök om drivknutarna är slitna genom att ta bort drivaxlarna och sedan ta isär dem enligt beskrivningen i avsnitt 3. Om slitage eller fritt spel upptäcks måste drivknuten bytas ut. Fråga en VW-återförsäljare om tillgången på drivaxelkomponenter.

Kapitel 9
Bromssystem

Innehåll

Svårighetsgrader

Enkelt, passar novisen med lite erfarenhet	**Ganska enkelt,** passar nybörjaren med viss erfarenhet	**Ganska svårt,** passar kompetent hemmamekaniker	**Svårt,** passar hemmamekaniker med erfarenhet	**Mycket svårt,** för professionell mekaniker

Specifikationer

Främre bromsar

Bromsok:
    Alla modeller utom 1.8 liters turbo och diesel kod ASZ och ARL . . .   FSIII
    1.8 liters turbo och diesel kod ASZ och ARL FN3
Skivans diameter:
    Alla modeller utom 1.8 liters turbo och diesel kod ASZ och ARL . . .   256 eller 280 mm
    1.8 liters turbo och diesel kod ASZ och ARL . . . .   288 eller 312 mm
Skivtjocklek:
    Ny:
        Alla modeller utom 1.8 liters turbo och diesel kod ASZ och ARL. .   22,0 mm
        1.8 liters turbo och diesel kod ASZ och ARL . . . .   25,0 mm
    Minsta tillåtna tjocklek:
        Alla modeller utom 1.8 liters turbo och diesel kod ASZ och ARL. .   19,0 mm
        1.8 liters turbo och diesel kod ASZ och ARL . . . .   25,0 mm
Maximalt kast. . . . .   0,1 mm
Bromsklossarnas tjocklek (alla modeller):
    Ny . . . .   14,0 mm
    Minimum. . . . .   7,0 mm (inklusive stödplatta)
Spel mellan ABS-givare och rotor . . . .   0,3 mm

Bakre skivbromsar

Skivdiameter. . . . . 232 mm
Skivtjocklek:
  Ny . . . . 9,0 mm
  Minimitjocklek. . . . . 7,0 mm
Maximalt kast . . . . 0,1 mm
Bromsklossarnas tjocklek (alla modeller):
  Ny . . . . 12,0 mm
  Minimum. . . . . 7,5 mm (inklusive stödplatta)

Åtdragningsmoment

	Nm
Muttrar mellan ABS-styrenhetens fästbygel och skärm.	20
ABS-styrenhetens fästbultar	8
ABS-systemets hjulgivares fästbultar	8
Bromspedalens styraxelsmutter.	20
Främre bromsok:	
Styrsprintsbultar.	28
Fästbygelbultar.	125
Främre bromsskivans sköld	10
Huvudcylinderns fästmuttrar	20
Bakre bromsok:	
Styrsprintsbultar.	35
Fästbygelbultar*	65
Hjulbultar	120
Servons fästmuttrar	20
Servons vakuumpump (dieselmodeller)	20
Servoenhet elektrisk vakuumpump (dieselmodeller)	8

Använd nya bultar

1 Allmän information och föreskrifter

Allmän information

Bromssystemet är servoassisterat med dubbla hydraulkretsar. Systemet är ordnat så att varje krets reglerar ett framhjul och ett bakhjul från en tandemhuvudcylinder. Under normala förhållanden arbetar de båda kretsarna tillsammans, men om ett fel uppstår i den ena kretsen finns det fortfarande full bromsverkan på två hjul.

Alla Golf- och Boramodeller som behandlas i den här handboken är utrustade med skivbromsar både fram och bak. ABS är standard på alla modeller (se avsnitt 19 för ytterligare information om ABS-systemets funktion).

De främre skivbromsarna aktiveras av bromsok med enkla kolvar, som garanterar jämnt tryck på alla bromsklossar.

Bakbromsarna aktiveras av bromsok med enkla kolvar, som innehåller oberoende mekaniska handbromsmekanismer.

Föreskrifter

Arbeta noggrant och metodiskt när någon del av systemet servas. Iakttag alltid fullständig renlighet när någon del av systemet ses över. Byt alltid ut komponenter som är i tvivelaktigt skick axelvis (om det är tillämpligt). Använd endast VW-reservdelar eller åtminstone delar av erkänt god kvalitet. Läs varningarna i "Säkerheten främst!" och i relevanta punkter i detta kapitel som rör asbestdamm och bromsvätska.

2 Bromssystem – luftning

⚠️ *Varning: Bromsvätskan är giftig. Tvätta noggrant bort vätskan omedelbart vid hudkontakt och sök omedelbar läkarhjälp om vätska sväljs eller hamnar i ögonen. Vissa typer av bromsvätska är brandfarlig och kan antändas vid kontakt med varma komponenter. När någon del av bromssystemet servas är det säkrast att alltid anta att vätskan ÄR eldfarlig, och att vidta brandsäkerhetsåtgärder på samma sätt som när bränsle hanteras. Bromsvätska är även ett effektivt färgborttagningsmedel och angriper plast. Vid spill ska vätskan sköljas bort omedelbart med stora mängder rent vatten. Bromsvätska är också hygroskopisk (den absorberar luftens fuktighet) och gammal olja kan vara förorenad och oduglig för användning. Vid påfyllning eller byte ska alltid rekommenderad typ användas och den måste komma från en förseglad nyligen öppnad förpackning.*

Allmänt

1 Ett bromssystem kan inte fungera som det ska förrän all luft har avlägsnats från komponenterna och kretsen. Detta görs genom att systemet luftas.

2 Tillsätt endast ren, oanvänd bromsvätska av rekommenderad typ under luftningen. Återanvänd aldrig vätska som redan har tömts ur systemet. Se till att det finns tillräckligt med vätska i beredskap innan luftningen påbörjas.

3 Om det är risk för att olämplig vätska redan finns i systemet ska bromskomponenterna och kretsen spolas helt med ren vätska av korrekt typ, och alla tätningar i de olika komponenterna ska bytas ut.

4 Om bromsvätska har runnit ur systemet eller om luft har trängt in på grund av en läcka, måste felet åtgärdas innan arbetet återupptas.

5 Parkera bilen på plant underlag. Klossa sedan hjulen och lägg ur handbromsen.

6 Kontrollera att alla rör och slangar sitter säkert, att anslutningarna är täta och att luftningsskruvarna är stängda. Tvätta bort all smuts runt luftningsskruvarna.

7 Skruva loss huvudcylinderbehållarens lock och fyll på behållaren till maxmarkeringen. Montera locket löst. Kom ihåg att hålla vätskenivån över minmarkeringen under hela arbetet, annars är det risk för att ytterligare luft tränger in i systemet.

8 Det finns ett antal luftningssatser (för en person) att köpa i bilbehörsbutiker. Vi rekommenderar att en sådan sats används, eftersom de underlättar luftningen avsevärt och minskar risken för att luft och vätska dras tillbaka in i systemet. Om det inte går att få tag på en sådan sats återstår bara den vanliga tvåmansmetoden som beskrivs i detalj nedan.

9 Om en luftningssats ska användas, förbered bilen enligt beskrivningen ovan och följ sedan instruktionerna som medföljer luftningssatsen, eftersom metoden kan variera något mellan olika luftningssatser. En generell beskrivning ges dock nedan i relevant underavsnitt.

10 Oavsett vilken metod som används måste arbetet utföras i samma ordningsföljd (punkt

11 och 12) för att all luft säkert ska tömmas ut ur systemet.

Luftning – ordningsföljd

11 Om systemet endast är delvis frånkopplat och lämpliga åtgärder vidtagits för att minimera vätskeförlusten, ska det räcka att bara lufta den delen av systemet.

12 Om hela systemet ska luftas ska det göras i följande ordningsföljd:

Mark 20 IE system (se avsnitt 19)

a) Höger bakbroms.
b) Vänster bakbroms.
c) Höger frambroms.
d) Vänster frambroms.

Mark 60 system (se avsnitt 19)

a) Vänster frambroms.
b) Höger frambroms.
c) Vänster bakbroms.
d) Höger bakbroms.

Om hydraulvätskan har gått torr i någon av behållarens kamrar måste systemet förluftas enligt nedan innan den luftning, som beskrivs ovan utförs:

a) På RHD-modeller luftas den primära och sekundära kretsluftningsskruven på bromsens huvudcylinder.
b) På RHD- och LHD-modeller luftas bromsen vänster och höger fram samtidigt.
c) På RHD- och LHD-modeller luftas bromsen vänster och höger bak samtidigt.

 Varning: Luftningsskruvarna till ABS-systemets hydraulkrets ska inte öppnas under några omständigheter.

Luftning – vanlig tvåmansmetod

13 Följande utrustning behövs: En ren glasburk av lämplig storlek, en lämplig bit plast- eller gummislang som sluter tätt över luftningsskruven, och en ringnyckel som passar skruven. En medhjälpare behövs också.

14 Ta bort dammkåpan från den första skruven i ordningen **(se bild)**. Montera nyckeln och slangen på skruven. Placera slangens andra ände i glasburken och häll i så mycket vätska att slangänden täcks.

15 Se till att huvudcylinderbehållarens vätskenivå hålls över minmarkeringen under hela arbetet.

16 Låt medhjälparen trycka ner bromspedalen helt flera gånger för att bygga upp ett tryck, och sedan hålla den nedtrampad.

17 Skruva loss luftningsskruven (ungefär ett varv) medan pedaltrycket upprätthålls och låt den trycksatta vätskan och luften flöda ner i burken. Medhjälparen ska behålla pedaltrycket och följa pedalen hela vägen ner till golvet om så behövs. Pedalen får inte släppas upp förrän medhjälparen blir tillsagd att göra det. Dra åt luftningsskruven igen när flödet upphör. Låt medhjälparen släppa upp pedalen långsamt och kontrollera behållarens vätskenivå igen.

18 Upprepa stegen som beskrivs i punkt 16 och 17 tills vätskan som rinner ut från luftningsskruven är fri från bubblor. Om

huvudcylindern har tömts och fyllts på igen och luft töms ut från den första skruven i ordningen, ska en paus på ungefär fem sekunder göras mellan varje cykel så att huvudcylinderns passager hinner fyllas på igen.

19 När inga fler luftbubblor syns ska luftningsskruven dras åt ordentligt. Ta sedan bort slangen och nyckeln och montera dammkåpan. Dra inte åt luftningsskruven för hårt.

20 Upprepa proceduren på de kvarvarande skruvarna i ordningsföljden tills all luft har tömts ur systemet och bromspedalen känns fast igen.

Luftning – med luftningssats med envägsventil

21 Dessa luftningssatser består av en bit slang försedd med en envägsventil för att förhindra att luft och vätska dras tillbaka in i systemet. Vissa satser levereras även med en genomskinlig behållare som kan placeras så att luftbubblorna lättare ses flöda från slangänden.

22 Luftningssatsen ansluts till luftningsskruven, som sedan kan öppnas. Återvänd till förarsätet, tryck ner bromspedalen mjukt och stadigt och släpp sedan långsamt upp den igen. Detta upprepas tills vätskan som rinner ut är fri från luftbubblor **(se bild)**.

23 Observera att dessa luftningssatser underlättar arbetet så mycket att man lätt glömmer huvudcylinderbehållarens vätskenivå. Se till att nivån hela tiden ligger över minmarkeringen.

Luftning – med tryckluftssats

24 Dessa luftningssatser ska ofta användas tillsammans med tryckluften i reservhjulet. Observera dock att trycket i reservhjulet antagligen behöver minskas till under 1,0 bar. Se instruktionerna som följer med luftnings-satsen.

25 Genom att ansluta en trycksatt, vätskefylld behållare till huvudcylinderbehållaren kan luftningen utföras genom att man helt enkelt öppnar skruvarna i tur och ordning (i den angivna ordningsföljden) och låter vätskan flöda ut tills den inte längre innehåller några luftbubblor.

26 Den här metoden har fördelen att den stora vätskebehållaren fungerar som ett extra hinder mot att luft dras in i systemet under luftningen.

2.22 Bromsarna luftas med en luftningssats med envägsventil

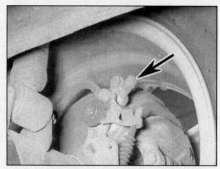

2.14 Ta bort dammkåpan (vid pilen) från den första skruven i ordningen

27 Tryckluftning är särskilt effektivt när man luftar komplicerade system, eller när hela systemet luftas på en gång vid rutinmässiga vätskebyten.

Alla metoder

28 Skölj bort allt vätskespill, dra åt luftningsskruvarna ordentligt och sätt tillbaka dammkåporna när luftningen är avslutad och pedalen känns fast igen.

29 Kontrollera bromsvätskenivån i huvudcylinderbehållaren och fyll på om det behövs (se *Veckokontroller*).

30 Kassera all bromsvätska som har tappats ur systemet. Den lämpar sig inte för återanvändning.

31 Kontrollera bromspedalkänslan. Om pedalens rörelse känns svampig finns det luft kvar i systemet och ytterligare luftning behövs. Om systemet inte är helt luftat efter ett rimligt antal upprepningar av luftningen kan det bero på slitna huvudcylindertätningar.

3 Bromsrör och -slangar – byte

Observera: *Se anmärkningen i avsnitt 2 om riskerna med bromsvätska.*

1 Om något rör eller någon slang ska bytas ut kan vätskeförlusten minimeras genom att huvudcylinderbehållarens lock skruvas loss och sedan skruvas på igen över en bit plastfolie så att en lufttät tätning bildas. Alternativt kan slangar tätas med lämpliga bromsslangskläммor. Bromsrörsanslutningar i metall kan eller pluggas igen eller täckas över direkt när de kopplas loss. Var då noga med att inte låta smuts tränga in i systemet. Placera trasor under alla anslutningar som ska kopplas loss för att fånga upp vätskespill.

2 Om en slang ska kopplas loss ska, om tillämpligt, bromsrörsanslutningens mutter skruvas loss innan fjäderklämman som fäster slangen i fästbygeln tas bort.

3 Använd helst en bromsrörsnyckel av lämplig storlek när anslutningsmuttrarna skruvas loss. Sådana finns att köpa i de flesta större motortillbehörsbutiker. Finns ingen sådan nyckel tillgänglig måste en tättsittande öppen nyckel användas, även om det innebär att hårt sittande eller korroderade muttrar kan runddras om nyckeln slinter. Skulle det hända är ofta en självlåsande tång det enda sättet att skruva loss en envis anslutning, men i så fall måste röret och de skadade muttrarna bytas ut vid hopsättningen. Rengör alltid anslutningen och området runt den innan den kopplas loss. Om en komponent med mer än en anslutning kopplas loss ska noggranna anteckningar göras om anslutningarna innan de rubbas.

4 Nya bromsrör i rätt längd och med anslutningsmuttrar och trattändar på plats kan köpas hos VW-återförsäljare. Allt som sedan behöver göras innan det nya röret kan monteras är att böja det till rätt form med det gamla röret som mall. Alternativt kan de flesta motortillbehörsbutiker tillhandahålla bromsrör, men det kräver extremt noggranna mätningar av originalet för att ersättningsröret ska få rätt längd. Det bästa är oftast att ta med sig originalröret till butiken som mall.

5 Dra inte åt anslutningsmuttrarna för hårt vid monteringen. Det krävs ingen överdriven kraft för att åstadkomma en bra fog.

6 Se till att rören och slangarna är korrekt dragna, utan veck, och att de sitter ordentligt fästa i sina klämmor eller fästbyglar. Ta bort plastfolien från behållaren efter monteringen, och lufta bromssystemet enligt beskrivningen i avsnitt 2. Skölja bort allt vätskespill och leta noga efter vätskeläckage.

4 Främre bromsklossar – demontering, kontroll och montering

⚠️ **Varning: Byt BÅDA bromsklossuppsättningarna samtidigt. Byt ALDRIG ut bromsklossarna på bara ett hjul eftersom det kan leda till ojämn bromsverkan. Observera även att dammet från bromsklossarnas slitage kan innehålla hälsovådlig asbest. Blås aldrig bort det med tryckluft och andas INTE in det. En godkänd ansiktsmask bör bäras vid arbete med bromsarna. ANVÄND INTE bensin eller bensinbaserade lösningsmedel för att rengöra bromskomponenter. Använd endast bromsrengöringsmedel eller T-sprit.**

FSIII bromsok

Demontering

1 Dra åt handbromsen. Lyft sedan upp framvagnen och ställ den på pallbockar (se *Lyftning och stödpunkter*). Demontera framhjulen.

2 Följ bromsklosslitagegivarens kablage (i förekommande fall) från bromsklossarna och koppla loss det från kontaktdonet. Notera hur kablaget är draget och lossa det från alla relevanta fästklämmor.

3 Förbättra åtkomligheten genom att skruva loss fästbultarna och ta bort luftavskiljarskölden från bromsoket, om det är tillämpligt.

4 Ta bort de två skyddslocken av gummi och skruva loss bromsokens två

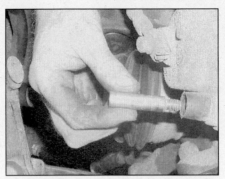

4.4 Ta bort bromsokets styrsprintar

styrsprintar från bromsoket med en sexkantsnyckel **(se bild)**. Lyft sedan bort bromsoket från bromsklossarna och navet och bind upp det vid fjäderbenet med en bit ståltråd. Låt inte bromsoket hänga utan stöd i bromsslangarna.

5 Dra bort de två bromsklossarna från hjulspindeln. Notera hur de ska sitta monterade. Om bromsklossarna ska återmonteras ska de märkas så att de monteras på sina ursprungliga platser.

Kontroll

6 Mät först tjockleken på varje bromskloss (inklusive stödplattan). Om någon bromskloss är sliten ner till den angivna minimitjockleken, eller mindre, på någon punkt måste alla fyra bromsklossarna bytas ut. Dessutom ska klossarna bytas ut om de är förorenade med olja eller fett. Det finns inget bra sätt att avfetta bromsklossbelägg när de en gång förorenats. Om någon av bromsklossarna är ojämnt sliten eller förorenad av olja eller fett, ska orsaken spåras och åtgärdas innan hopsättningen. Nya bromsklossuppsättningar finns att köpa hos VW-återförsäljare.

7 Om bromsklossarna fortfarande fungerar ska de rengöras noga med en ren, fin stålborste eller liknande. Var noga med sidorna och baksidan av metallstödplattan. Rengör spåren i beläggen (om det är tillämpligt), och plocka ut alla större inbäddade partiklar av smuts. Rengör bromsklossplatserna i bromsokshuset/fästbygeln noga.

8 Innan bromsklossarna monteras,

4.10 Den inre bromsklossen är märkt med "Piston side"

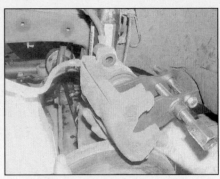

4.9 Öppna luftningsskruven när kolven trycks tillbaka in i bromsoket

kontrollera att styrstiften glider obehindrat i bromsokshusens bussningar och att de sitter åt någorlunda hårt. Borsta bort dammet och smutsen från bromsoket och kolven, men andas *inte* in det eftersom det är hälsovådligt. Undersök dammtätningen runt kolven och leta efter tecken på skador, och undersök kolven efter tecken på vätskeläckage, korrosion eller skador. Om någon av dessa komponenter måste åtgärdas, se avsnitt 5.

Montering

Observera: *Kontrollera bromsvätskan i huvudcylindern noga medan kolven dras ut. Om vätskenivån stiger över maxmarkeringen ska överflödet sugas bort med en hävert eller tas bort genom ett plaströr som ansluts till luftningsskruven. Eftersom vätskan är giftig får den INTE sugas bort med munnen – använd en bollspruta eller liknande.*

9 Om nya bromsklossar ska monteras måste bromsokskolven tryckas tillbaka in i cylindern för att de ska få plats. Använd antingen en G-klämma eller liknande, eller passande träbitar som hävverktyg. Hindra att smuts tränger in i ABS-magnetventilerna genom att ansluta ett rör till avluftningsskruven. Öppna sedan skruven medan kolven trycks tillbaka, och låt den överflödiga vätskan flöda ner genom röret till en lämplig behållare **(se bild)**.

10 Montera de nya bromsklossarna i bromsoket. Den inre bromsklossen (kolvsidan) är märkt "Piston side" **(se bild)**.

11 Placera bromsoket över bromsklossarna. Se till att tappen på bromsoket fäster korrekt mot hjulspindeln **(se bild)**. För kablaget till

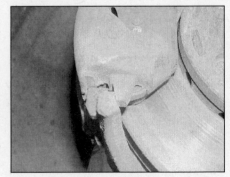

4.11 Se till att bromsklossarna och oket placeras korrekt på hjulspindeln

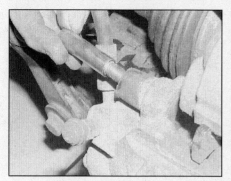

4.12 Sätt i styrsprintarna

4.19 Bänd bort fjädern från bromsokshuset

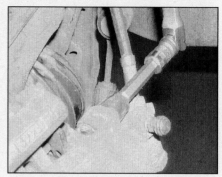

4.20 Skruva loss bromsokssprintarna

bromsklossvarningsgivaren (i förekommande fall) genom bromsoksöppningen.

12 Tryck in bromsoket på plats tillräckligt långt för att det ska gå att montera bromsokets styrsprintar. Dra åt styrsprintarna till angivet moment **(se bild)**. *Observera: Använd inte för kraftigt tryck på bromsoket, då kommer bromsklossfjädrarna att deformeras så att bromsarna börjar låta illa.*

13 Om det är tillämpligt, återanslut bromsklosslitagegivarens kontaktdon. Se till att kablaget är korrekt draget. Montera luftavskiljarskölden på bromsoket, om tillämpligt.

14 Tryck ner bromspedalen upprepade gånger tills bromsklossarna pressas ordentligt mot bromsskivorna och normalt (ickeassisterat) pedaltryck återställs.

15 Upprepa ovanstående procedur på det återstående främre bromsoket.

16 Montera hjulen. Sänk sedan ner bilen till marken och dra åt hjulbultarna till angivet moment.

17 Nya bromsklossar ger inte full bromsverkan förrän de har bäddats in. Var beredd på detta och undvik hårda inbromsningar i möjligaste mån de första 15 milen efter att bromsklossarna har bytts ut.

FN3 bromsok

Demontering

18 Följ beskrivningen i punkt 1 och 2.

19 Använd en skruvmejsel och bänd loss bromsklossens fästfjäder från bromsokshuset **(se bild)**.

20 Ta bort de två skyddslocken av gummi och skruva loss bromsokets två styrsprintar från bromsoket med en sexkantsnyckel **(se bild)**. Lyft sedan bort bromsoket från bromsklossarna och navet och bind upp det vid fjäderbenet med en bit ståltråd. Låt inte bromsoket hänga utan stöd i bromsslangarna.

21 Dra bort de två bromsklossarna från bromsokets fästbygel. Om bromsklossarna ska återmonteras ska de märkas så att de monteras på sina ursprungliga platser. Koppla loss bromsklosslitagegivarens kontaktdon, om det är tillämpligt.

Kontroll

22 Undersök bromsklossarna och bromsoket enligt beskrivningen ovan i punkt 6 till 8. Om nya bromsklossar ska monteras, se punkt 9 innan kolven trycks tillbaka in i bromsoket.

Montering

23 Ta bort eventuell skyddsfolie från den yttre bromsklossens bromssköld. Montera den yttre bromsklossen i bromsokets fästbygel. Se till att bromsklossbelägget ligger mot bromsskivan. Montera den inre bromsklossen (kolvsidan) i bromsoket. Om de gamla klossarna ska monteras måste de sättas tillbaka på sina ursprungliga platser enligt noteringarna som gjordes vid demonteringen. Den inre bromsklossen har en fästklämma som fäster i urtaget i kolven. Observera att bromsklossen med slitagegivarens kablage (i förekommande fall) ska monteras som inre bromskloss. Nya bromsklossar är märkta med

en pil på stödplattan som anger rotationsriktningen. Sådana bromsklossar ska monteras med pilarna riktade mot marken **(se bilder)**.

24 Tryck in bromsoket på plats. Sätt i styrsprintarna och dra åt dem till angivet moment **(se bild)**.

25 Montera bromsklossens fästfjäder i bromsokshuset **(se bild)**.

26 Om det är tillämpligt, återanslut bromsklosslitagegivarens kontaktdon och se till att kablaget är korrekt draget.

27 Tryck ner bromspedalen upprepade gånger tills bromsklossarna pressas ordentligt mot bromsskivorna och normalt (ickeassisterat) pedaltryck återställs.

28 Upprepa ovanstående procedur på det återstående främre bromsoket.

4.23a Montera den yttre bromsklossen på bromsokets fästbygel

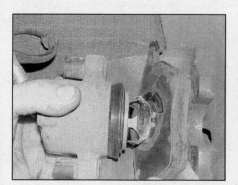

4.23b Montera den inre bromsklossen

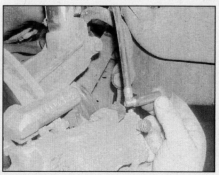

4.24 Montera bromsokets styrsprintar

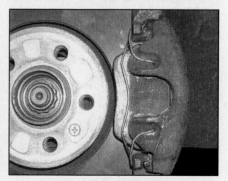

4.25 Montera fästfjädern

29 Montera hjulen. Sänk sedan ner bilen till marken och dra åt hjulbultarna till angivet moment.
30 Kontrollera bromsvätskenivån enligt beskrivningen i *Veckokontroller*.
31 Nya bromsklossar ger inte full broms-verkan förrän de har bäddats in. Var beredd på detta och undvik hårda inbromsningar i möjligaste mån de första 15 milen efter att bromsklossarna har bytts ut.

5 Främre bromsok – demontering, översyn och montering

Observera: *Innan arbetet påbörjas, läs anmärkningen i början av avsnitt 2 angående farorna med bromsvätska, och varningen i början av avsnitt 4 angående farorna med asbestdamm.*

Demontering

1 Dra åt handbromsen. Lyft sedan upp framvagnen och ställ den på pallbockar (se *Lyftning och stödpunkter*). Demontera det relevanta hjulet.
2 Minimera vätskeförlusten genom att först ta bort huvudcylinderbehållarens lock och sedan skruva på den igen över en bit plastfolie så att en lufttät tätning bildas. Alternativt kan en bromsslangsklämma, en G-klämma eller liknande användas för att klämma ihop slangen.
3 Rengör området runt anslutningen. Lossa sedan bromsslangsanslutningens mutter.
4 Demontera bromsklossarna enligt beskriv-ningen i avsnitt 4.
5 Skruva loss bromsoket från änden av bromsslangen och ta bort det från bilen.

Översyn

6 Lägg bromsoket på arbetsbänken och torka bort allt damm och smuts. *Men undvik att andas in dammet eftersom det är hälsovådligt.*
7 Dra bort den delvis utskjutna kolven från bromsokshuset och ta bort dammtätningen.

 Om kolven inte kan dras bort för hand kan den tryckas ut med hjälp av tryckluft genom bromsslangs-anslutningens hål. Endast ett lågt tryck behövs, som det från en fotpump. Var försiktig så du inte klämmer dig mellan kolven och bromsoket när kolven skjuts ut.

8 Använd en liten skruvmejsel och ta ut kolvens hydraultätning. Var noga med att inte skada bromsoksloppet **(se bild)**.
9 Rengör alla komponenter noggrant. Använd endast T-sprit, isopropylalkohol eller ren bromsvätska som rengöringsmedel. Använd aldrig mineralbaserade lösningsmedel som bensin eller fotogen eftersom de angriper

bromssystemets gummidelar. Torka delarna omedelbart med tryckluft eller med en ren luddfri trasa. Använd tryckluft för att blåsa rent vätskepassagerna.
10 Kontrollera alla komponenter och byt ut de som är slitna eller skadade. Kontrollera särskilt cylinderloppet och kolven. Dessa ska bytas ut om de är repiga, slitna eller korroderade (observera att detta innebär att hela bromsokshuset måste bytas ut). Kontrollera på samma sätt skicket på mellan-läggsbrickorna/styrsprintarna och deras bussningar/lopp (efter tillämplighet). Båda mellanläggsbrickorna/sprintarna ska vara oskadda och (när de är rengjorda) sitta någorlunda hårt i loppen. Om det råder minsta tvivel om skicket på någon komponent ska den bytas ut.
11 Om enheten lämpar sig för ytterligare användning ska en passande reparationssats införskaffas. Komponenterna kan köpas i olika kombinationer hos VW-återförsäljare.
12 Byt alltid ut alla gummitätningar, damm-kåpor och lock som rubbats vid isärtagningen. De ska aldrig återanvändas.
13 Se till att alla komponenter är rena och torra vid hopsättningen.
14 Täck kolven och den nya kolvtätningen med ett tunt lager bromskomponentmassa (VW artikelnr G 052 150 A2). Sådan massa bör medfölja VW:s bromsoksrenoveringssats.
15 Montera den nya kolvtätningen. Lirka in den i cylinderloppets spår för hand (använd inga verktyg). Montera den nya damm-tätningen på kolven. Montera sedan kolven i cylinderloppet med en vridande rörelse. Se till att kolven går rakt in i loppet. Tryck in kolven helt i loppet och tryck sedan in damm-tätningen i bromsokshuset.

Montering

16 Skruva på bromsoket helt på slang-anslutningen.
17 Montera bromsklossarna enligt beskriv-ningen i avsnitt 4.
18 Dra åt bromsrörsanslutningens mutter ordentligt.
19 Ta bort bromsslangklämman/plastfolien. Lufta sedan bromssystemet enligt beskriv-ningen i avsnitt 2. Observera att det endast ska vara nödvändigt att lufta relevant frambroms,

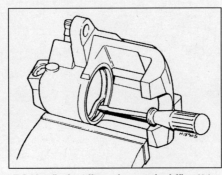

5.8 Använd en liten skruvmejsel för att ta loss bromsokskolvens tätning

under förutsättning att åtgärder vidtagits för att minimera bromsvätskespill.
20 Montera hjulet. Sänk sedan ner bilen på marken och dra åt hjulbultarna till angivet moment.

6 Bromsskiva – kontroll, demontering och montering

Observera: *Se anmärkningen i början av avsnitt 4 angående farorna med asbestdamm innan arbetet påbörjas.*

Främre bromsskiva

Kontroll

Observera: *Om någon av skivorna behöver bytas ut ska BÅDA skivorna bytas ut samtidigt, så att bromsarna verkar jämnt på båda sidor. Nya bromsklossar ska också monteras.*

1 Dra åt handbromsen. Lyft sedan upp fram-vagnen och ställ den på pallbockar (se *Lyftning och stödpunkter*). Demontera relevant framhjul.
2 Vrid bromsskivan långsamt så att den kan undersökas fullständigt på båda sidor. Ta bort bromsklossarna om åtkomligheten till de inre ytorna måste förbättras. Lätta repor är normalt i området som är i kontakt med bromsklossarna, men om kraftiga repor eller sprickor förekommer måste skivan bytas ut.
3 Det är normalt med en kant av rost och bromsdamm runt skivan. Denna kan skrapas bort om det behövs. Om en sarg har byggts upp på grund av kraftigt slitage av området som är i kontakt med bromsklossen, måste skivtjockleken mätas med mikrometer. Mät på flera punkter runt skivan, och på insidan och utsidan av området som är i kontakt med bromsklossen. Om skivan någonstans har slitits ner till den angivna minimitjockleken eller under måste den bytas ut.
4 Om skivan misstänks ha slagit sig kan skevheten kontrolleras. Använd antingen en mätklocka som fästs på en fast punkt medan skivan roteras, eller använd bladmått för att mäta spelet mellan flera punkter av skivan och en fast punkt, som t.ex. bromsokets fäst-bygel. Om de uppmätta värdena är lika höga eller högre än det angivna maxvärdet, är skivan kraftigt skev och måste bytas ut. Det kan dock löna sig att först kontrollera om navlaget är i gott skick (kapitel 1A, avsnitt 15 eller kapitel 1B, avsnitt 16, efter tillämplighet). Om skevheten är kraftig måste skivan bytas ut **(se bild)**.
5 Undersök skivan och leta efter sprickor, särskilt runt hjulbultshålen, och andra tecken på slitage eller skador. Byt ut den om det behövs.

Demontering

6 Demontera bromsklossarna enligt beskriv-ningen i avsnitt 4.
7 På modeller med främre bromsok av typen FN3, skruva loss de två bultarna som fäster

6.4 Skivtjockleken mäts med en mätklocka

bromsokets fästbygel vid navhållaren. Dra sedan bort bromsoksenheten från skivan. Bind upp bromsoket vid framfjädringens spiralfjäder med ståltråd eller snöre, för att undvika att bromsslangen belastas.

8 Använd krita eller målarfärg för att märka ut förhållandet mellan skivan och navet. Skruva sedan loss skruven som fäster bromsskivan vid navet och ta bort skivan **(se bild)**. Om den sitter hårt, applicera genomträngande vätska och knacka försiktigt på dess baksida med en mjuk hammare eller plastklubba. Om för mycket kraft används kan skivan skadas.

Montering

9 Montera i omvänd ordningsföljd mot demonteringen. Tänk på följande:
a) Se till att skivans och navets fogytor är rena och plana.
b) Rikta in märkena som gjordes vid demonteringen (om det är tillämpligt) och dra åt skivans fästskruv ordentligt.
c) Om en ny skiva har monterats, använd ett lämpligt lösningsmedel för att torka bort eventuellt skyddslager från skivan innan bromsoket återmonteras.
d) På modeller med bromsok av typen FN3, skjut bromsoket på plats över skivan och se till att bromsklossarna passerar skivans sidor. Dra åt fästbultarna till bromsokets fästbygel till angivet moment.
e) Montera bromsklossarna enligt beskrivningen i avsnitt 4.
f) Montera hjulet. Sänk sedan ner bilen på marken och dra åt hjulbultarna till angivet moment. Avsluta med att trycka ner bromspedalen upprepade gånger tills normalt (oassisterat) pedaltryck återställs.

Bakre bromsskiva

Kontroll

Observera: Om någon av skivorna behöver bytas ut ska BÅDA skivorna bytas ut samtidigt, så att bromsarna verkar jämnt på båda sidor. Nya bromsklossar ska också monteras.

10 Klossa framhjulen ordentligt. Lyft sedan upp bakvagnen och ställ den på pallbockar. Demontera relevant bakhjul.
11 Undersök skivan enligt beskrivningen i punkt 2 till 5.

6.8 Skruva loss skivans fästskruv

Demontering

12 Skruva loss de två bultarna som håller fast bromsokets fästbygel. Dra sedan bort bromsoksenheten från skivan. Bind upp bromsoket vid bakfjädringens spiralfjäder med ståltråd eller snöre, för att undvika att bromsslangen belastas.
13 Använd krita eller målarfärg för att märka ut förhållandet mellan skivan och navet. Ta sedan bort skruven som fäster bromsskivan vid navet och ta bort skivan **(se bild)**. Om den sitter hårt, applicera genomträngande vätska och knacka försiktigt på dess baksida med en mjuk hammare eller plastklubba. Om för mycket kraft används kan skivan skadas.

Montering

14 Montera i omvänd ordningsföljd mot demonteringen. Tänk på följande:
a) Se till att skivans och navets fogytor är rena och plana.
b) Rikta in märkena som gjordes vid demonteringen (om det är tillämpligt) och dra åt skivans fästskruv ordentligt.
c) Om en ny skiva har monterats, använd ett lämpligt lösningsmedel för att torka bort eventuellt skyddslager från skivan innan bromsoket återmonteras.
d) Skjut bromsoket på plats över skivan. Se till att bromsklossarna hamnar på var sin sida om skivan. Dra åt fästbultarna till bromsokets fästbygel till angivet moment. Om nya skivor har monterats och det inte finns tillräckligt med spel mellan bromsklossarna för att passa den nya, tjockare bromsskivan, kan det vara

6.13 Lyft bort skivan

nödvändigt att trycka tillbaka kolven in i bromsokshuset enligt beskrivningen i avsnitt 8.
e) Montera hjulet. Sänk sedan ner bilen på marken och dra åt hjulbultarna till angivet moment. Avsluta med att trycka ner bromspedalen upprepade gånger tills normalt (oassisterat) pedaltryck återställs.

7 Främre bromssköld – demontering och montering

Demontering

1 Ta bort bromsskivan enligt beskrivningen i avsnitt 6.
2 Skruva loss fästbultarna och ta bort bromsskölden.

Montering

3 Montera i omvänd ordningsföljd mot demonteringen. Dra åt sköldens fästbultar till angivet moment. Montera bromsskivan enligt beskrivningen i avsnitt 6.

8 Bakre bromsklossar – demontering, kontroll och montering

Observera: Innan arbetet påbörjas, se anmärkningen i början av avsnitt 4 angående farorna med asbestdamm. Vid monteringen ska nya fästbultar användas till bromsoket.

Demontering

1 Klossa framhjulen. Lyft sedan upp bakvagnen och ställ den på pallbockar (se Lyftning och stödpunkter). Demontera bakhjulen.
2 Lossa handbromsvajern och koppla loss den från bromsoket enligt beskrivningen i avsnitt 16.
3 Skruva loss bromsokets fästbultar. Använd en smal öppen nyckel för att hindra styrsprintarna från att rotera **(se bild)**. Kasta fästbultarna – nya bultar måste användas vid monteringen.
4 Lyft bort bromsoket från bromsklossarna och bind upp det vid fjäderbenet med en bit

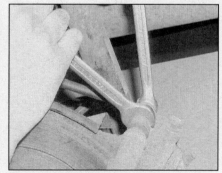

8.3 Håll mot fästbultarna

8.4 Ta bort bromsoket

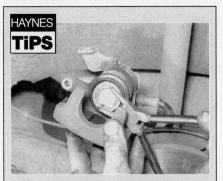

Om inget specialverktyg finns tillgängligt kan kolven skruvas tillbaka in i bromsoket med en låsringstång

11 Skjut bromsoket på plats över bromsklossarna.
12 Tryck bromsoket på plats. Montera sedan de nya fästbultarna och dra åt dem till angivet moment medan styrsprinten hålls fast med en öppen nyckel **(se bild)**.
13 Tryck ner bromspedalen upprepade gånger tills bromsklossarna pressas ordentligt mot bromsskivorna och normalt (icke-assisterat) pedaltryck återställs.
14 Upprepa ovanstående procedur på det återstående bakre bromsoket.
15 Återanslut handbromsvajrarna till bromsoken och justera handbromsen enligt beskrivningen i avsnitt 14.
16 Montera hjulen. Sänk sedan ner bilen till marken och dra åt hjulbultarna till angivet moment.
17 Kontrollera bromsvätskenivån enligt beskrivningen i *Veckokontroller.*
18 Nya bromsklossar ger inte full bromsverkan förrän de har bäddats in. Var beredd på detta och undvik hårda inbromsningar i möjligaste mån de första 15 milen efter att bromsklossarna har bytts ut.

ståltråd **(se bild)**. Låt inte bromsoket hänga utan stöd i bromsslangarna.
5 Dra bort de två bromsklossarna från bromsokets fästbygel och ta loss klossarnas ljuddämpningsmellanlägg från fästbygeln. Notera åt vilket håll de ska sitta.

Kontroll

6 Mät först tjockleken på varje bromskloss (inklusive stödplattan). Om någon kloss är sliten ner till den angivna minimitjockleken eller mindre på någon punkt, måste **alla fyra** bromsklossarna bytas ut. Dessutom ska klossarna bytas ut om de är förorenade med olja eller fett. Det finns inget bra sätt att avfetta bromsklossbelägg när de en gång förorenats. Om någon av bromsklossarna är ojämnt sliten eller förorenad av olja eller fett, måste orsaken spåras och åtgärdas innan hopsättningen. Nya bromsklossar finns att köpa hos VW-återförsäljare.
7 Om bromsklossarna fortfarande fungerar, ska de rengöras noga med en ren, fin stålborste eller liknande. Var noga med sidorna och baksidan av metallstödplattan. Rengör spåren i beläggen (om det är tillämpligt), och plocka ut alla större inbäddade partiklar av smuts. Rengör bromsklossplatserna i bromsokshuset/fästbygeln noga.
8 Innan bromsklossarna monteras, kontrollera att styrsprintarna kan glida i bromsoksfästbygeln och att styrsprintarnas gummidamasker är oskadda. Borsta bort dammet och smutsen från bromsoket och kolven, men andas **inte** in det eftersom det är hälsovådligt.

Undersök dammtätningen runt kolven och leta efter tecken på skador, och undersök kolven efter tecken på vätskeläckage, korrosion eller skador. Om någon av dessa komponenter måste åtgärdas, se avsnitt 9.

Montering

Observera: *Kontrollera bromsvätskan i huvudcylindern noga medan kolven dras ut. Om vätskenivån stiger över maxnivån ska överflödet sugas bort eller tas bort genom ett plaströr som ansluts till luftningsskruven. Eftersom vätskan är giftig får den INTE sugas bort med munnen – använd en bollspruta eller liknande.*
9 Om nya bromsklossar ska monteras kanske det är nödvändigt att dra tillbaka kolven helt genom att rotera den medurs samtidigt som den trycks in i bromsoksloppet **(se Haynes tips)**. Hindra att smuts tränger in i ABS-magnetventilerna genom att ansluta ett rör till avluftningsskruven. Öppna sedan skruven medan kolven trycks tillbaka, och låt den överflödiga vätskan flöda ner genom röret till en lämplig behållare.
10 Montera bromsklossarnas ljuddämpande mellanlägg på bromsokets fästbygel och se till att de är korrekt placerade. Montera bromsklossarna i fästbygeln. Se till att bromsklossbeläggen ligger emot bromsskivan. Ta bort skyddsfolien från den yttre bromsklossens stödplatta **(se bilder)**.

9 Bakre bromsok – demontering, översyn och montering

Observera: *Innan arbetet påbörjas, läs anmärkningen i början av avsnitt 2 angående farorna med bromsvätska, och varningen i början av avsnitt 4 angående farorna med asbestdamm.*

Demontering

1 Klossa framhjulen. Lyft upp bakvagnen och ställ den på pallbockar (se *Lyftning och stödpunkter*) och ta bort relevant bakhjul.
2 Minimera vätskeförlusten genom att först ta bort huvudcylinderbehållarens lock och sedan skruva på den igen över en bit plastfolie så att en lufttät tätning bildas. Alternativt kan en bromsslangklämma, en G-klämma eller liknande användas för att klämma ihop slangen.
3 Rengör området runt anslutningen på bromsoket. Lossa sedan bromsslangsanslutningens mutter.

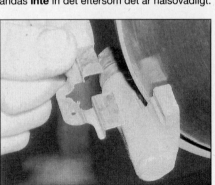

8.10a Montera de ljuddämpande mellanläggen

8.10b Montera bromsklossarna

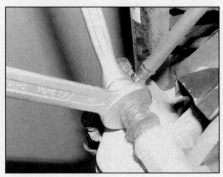

8.12 Håll styrsprinten medan fästbulten dras åt

4 Demontera bromsklossarna enligt beskrivningen i avsnitt 8.
5 Skruva loss bromsoket från änden av slangen och ta bort det från bilen.

Renovering

Observera: Detgårinteattrenoverabroms-okets handbromsmekanism. Om mekanismen är defekt eller om vätska läcker från handbromsspakens tätning måste hela bromsoket bytas ut.
6 Lägg bromsoket på arbetsbänken och torka bort allt damm och smuts. Men undvik att andas in dammet eftersom det är hälsovådligt.
7 Bänd försiktigt ut dammtätningen från bromsoksloppet med en liten skruvmejsel. Var noga med att inte skada kolven.
8 Ta bort kolven från bromsoksloppet genom att vrida den moturs. Detta kan endast göras med en låsringstång som fäster i bromsokskolvens spår. När kolven kan vridas obehindrat men inte kommer ut längre kan den tas bort för hand.

Om kolven inte kan dras bort för hand kan den tryckas ut med hjälp av tryckluft genom bromsslangsanslutningens hål. Endast ett lågt tryck behövs, som det från en fotpump. Var försiktig så du inte klämmer dig mellan kolven och bromsoket när kolven skjuts ut.

9 Använd en liten skruvmejsel och ta ut kolvens tätning(ar). Var noga med att inte skada bromsoksloppet.
10 Dra bort styrsprintarna från bromsokets fästbygel och ta bort styrhylsdamaskerna.
11 Rengör alla komponenter noggrant. Använd endast T-sprit, isopropylalkohol eller ren bromsvätska som rengöringsmedel. Använd aldrig mineralbaserade lösningsmedel som bensin eller fotogen eftersom de angriper bromssystemets gummidelar. Torka delarna omedelbart med tryckluft eller med en ren luddfri trasa. Använd tryckluft för att blåsa rent vätskepassagerna.

12 Kontrollera alla komponenter och byt ut de som är slitna eller skadade. Kontrollera särskilt cylinderloppet och kolven. Dessa ska bytas ut om de är repiga, slitna eller korroderade (observera att detta innebär att hela bromsokshuset måste bytas ut). Kontrollera på samma sätt skicket på mellanläggsbrickorna/styrsprintarna och deras bussningar/lopp (efter tillämplighet). Båda mellanläggsbrickorna/sprintarna ska vara oskadda och (när de är rengjorda) sitta någorlunda hårt i loppen. Om det råder minsta tvivel om skicket på någon komponent ska den bytas ut.
13 Om enheten lämpar sig för ytterligare användning ska en passande reparationssats införskaffas. Komponenterna kan köpas i olika kombinationer hos VW-återförsäljare.
14 Byt alltid ut alla gummitätningar, dammkåpor och lock som rubbats vid isärtagningen. Dessa ska aldrig återanvändas.
15 Se till att alla komponenter är rena och torra vid hopsättningen.
16 Smörj ett tunt lager bromskomponentmassa (VW artikelnr G 052 150 A2) på kolven, tätningen och bromsoksloppet. Sådan massa bör medfölja renoveringssatsen. Montera den nya kolvtätningen. Lirka in den i cylinderloppets spår för hand (använd inga verktyg).
17 Montera den nya dammtätningen i kolvspåret. Montera sedan kolvenheten. Vrid kolven medurs med samma metod som användes vid isärtagningen tills den är helt inne i bromsoksloppet.
18 Tryck fast dammtätningen på dess plats i bromsokshuset.
19 Applicera det fett som följde med renoveringssatsen, eller kopparbaserat bromsfett alternativt antikärvningsmassa, på styrsprintarna. Montera de nya damaskerna på styrsprintarna och montera sprintarna i bromsokets fästbygel. Se till att damaskerna placeras korrekt i spåren på både sprintarna och bromsoksfästbygeln.
20 Innan monteringen, fyll bromsoket med ny bromsvätska genom att lossa avluftningsskruven och pumpa runt vätskan i bromsoket tills vätskan som rinner ut från anslutningshålet är fri från luftbubblor.

Montering

21 Skruva på bromsoket helt på slanganslutningen.
22 Montera bromsklossarna enligt beskrivningen i punkt 10 till 12 i avsnitt 8.
23 Dra åt bromsrörsanslutningens mutter ordentligt.
24 Ta bort bromsslangsklämman från slangen eller plastfolien från vätskebehållaren. Lufta sedan bromssystemet enligt beskrivningen i avsnitt 2. Observera att det endast ska vara nödvändigt att lufta relevant bakbroms, under förutsättning att åtgärder vidtagits för att minimera bromsvätskespill.
25 Anslut handbromsvajern till bromsoket och justera handbromsen enligt beskrivningen i avsnitt 14.
26 Montera hjulet. Sänk sedan ner bilen på marken och dra åt hjulbultarna till angivet moment. Kontrollera bromsvätskenivån enligt beskrivningen i avsnittet Veckokontroller.

10 Bromspedal – demontering och montering

Demontering

1 Koppla bort batteriets minusledare. **Observera:** Se först avsnittet "Koppla ifrån batteriet" i slutet av handboken.
2 Ta bort förarsidans nedre instrumentbrädespaneler och klädselpanelen under instrumentbrädan enligt beskrivningen i kapitel 11, avsnitt 28.
3 Skruva loss de två fästskruvarna och ta bort anslutningsplattan mellan kopplings- och bromspedalen, om det är tillämpligt.
4 Ta bort bromsljusbrytaren enligt beskrivningen i avsnitt 18.
5 Nu måste bromspedalen lossas från kulan på vakuumservons tryckstång. Det finns ett specialverktyg från VW för den här åtgärden, men ett improviserat alternativ kan användas på det sätt som visas **(se bild)**. Observera att plasttapparna i pedalen sitter mycket hårt och inte kan lossas för hand. Lossa fästtapparna med hjälp av verktyget och dra bort pedalen från servons tryckstång **(se bilder)**.

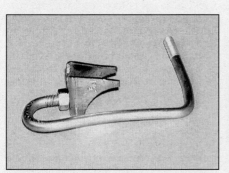
10.5a Ett improviserat specialverktyg tillverkat av en modifierad avgasklämma används för att lossa bromspedalen från servons tryckstång

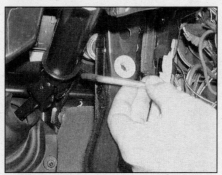
10.5b Använd verktyget för att lossa bromspedalen från servons tryckstång

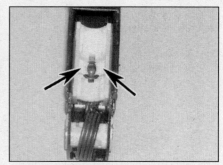
10.5c Bromspedalen sedd bakifrån (pedalen demonterad). Plasttapparna som fäster pedalen vid servons tryckstång visas vid pilarna

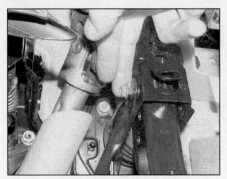
10.6 Skruva loss fästbygelns mutter

10.7 Lossa de fem fästmuttrarna

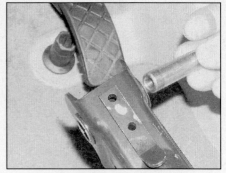
10.8 Ta loss pivåbussningen

6 Skruva loss och ta bort pedalfästbygelns fästmutter **(se bild)**.
7 Lossa de fem muttrarna som fäster pedalfästbygeln vid torpedväggen/servon så mycket att det går att rubba fästbygeln en aning. Ta inte bort muttrarna helt **(se bild)**.
8 Skruva loss pivåskaftsmuttern och dra pivåskaftet åt höger, tills pedalen är fri. Ta bort pedalen och ta loss bussningen **(se bild)**.
9 Rengör alla komponenter noga och byt ut de som är slitna eller skadade.

Montering

10 Applicera lite flerfunktionsfett på pivåskaftet och pedalens lagerytor före monteringen.
11 Bänd bort pedalens fästbygel från torpedväggen med en skruvmejsel **(se bild)**.
12 Dra ner servoenhetens tryckstång och lirka samtidigt in pedalen på plats. Se till att pivåbussningen placeras korrekt.
13 Dra åt pedalfästbygelns fem fästmuttrar ordentligt och montera fästbygelns stödfästmutter.
14 Håll servoenhetens tryckstång och tryck tillbaka pedalen på tryckstångskulan. Se till att pedalen fästs ordentligt på tryckstången.
15 Sätt i pedalens styrbult och dra åt fästmuttern till angivet moment.
16 Montera bromsljusbrytaren enligt beskrivningen i avsnitt 18.
17 Montera anslutningsplattan mellan kopplings- och bromspedalen om det är tillämpligt, och dra åt de två fästbultarna ordentligt.
18 Montera instrumentbrädans paneler enligt beskrivningen i kapitel 11, avsnitt 28.

11 Servoenhet – kontroll, demontering och montering

Kontroll

1 Testa servoenhetens funktion genom att trycka ner fotbromsen flera gånger för att släppa ut vakuumet. Starta sedan motorn medan pedalen hålls fast nedtryckt. När motorn startar ska pedalen ge efter märkbart medan vakuumet byggs upp. Låt motorn gå i minst två minuter och stäng sedan av den.

Om bromspedalen trycks ner ska den nu kännas normal men om den trampas ner flera gånger ska den kännas allt fastare och pedalvägen ska minska vid varje nedtrampning.
2 Om servon inte fungerar enligt beskrivningen måste först servons backventil kontrolleras enligt beskrivningen i avsnitt 12. På dieselmodeller ska även vakuumpumpens funktion kontrolleras enligt beskrivningen i avsnitt 22.
3 Om servon fortfarande inte fungerar som den ska ligger felet i själva servoenheten. Servon kan inte repareras; om den är trasig måste den bytas ut.

Demontering

Observera: *På modeller utrustade med ABS går det inte att ta bort vakuumservon utan att först ta bort hydraulenheten (se avsnitt 20). Därför ska demontering och montering av servon överlåtas till en VW-mekaniker. Vid monteringen ska en ny packning användas till servon.*

4 Ta bort huvudcylindern enligt beskrivningen i avsnitt 13.
5 Om det är tillämpligt, ta bort värmeskölden från servon. Lirka sedan försiktigt ut vakuumslangen från tätningsmuffen i servons främre del.
6 Koppla loss servons vakuumgivare (i förekommande fall).
7 Ta bort förarsidans nedre instrumentbrädespaneler och klädselpanelen under instrumentbrädan enligt beskrivningen i kapitel 11, avsnitt 28.
8 Ta bort bromsljusbrytaren enligt beskrivningen i avsnitt 18.
9 Skruva loss de två fästskruvarna och ta bort anslutningsplattan mellan kopplings- och bromspedalen, om en sådan finns (gäller endast modeller med manuell växellåda).
10 Nu måste bromspedalen lossas från kulan på vakuumservons tryckstång. Det finns ett särskilt VW-verktyg för den här uppgiften, men ett provisoriskt verktyg kan användas som alternativ. Observera att plasttapparna i pedalen sitter mycket hårt och inte kan lossas för hand. Lossa fästtapparna och dra bort pedalen från servons tryckstång med hjälp av verktyget **(se bild 10.5A)**.
11 Arbeta i benutrymmet igen. Skruva loss

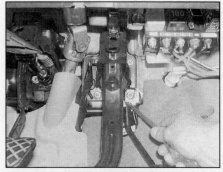
10.11 Bänd bort fästbygeln från torpedväggen

de fem muttrarna som fäster servon vid torpedväggen. Arbeta sedan i motorrummet och lirka bort servon från sin plats. Observera packningen som sitter monterad på enhetens bakre del **(se bild 10.7)**. Observera att på vissa modeller kan insugningsröret behöva tas bort (se kapitel 4A) för att det ska gå att dra bort servon.

Montering

12 Kontrollera tätningsmuffen till servons vakuumslang och leta efter tecken på skador eller åldrande. Byt ut den om det behövs.
13 Montera en ny packning på servons bakre del och sätt tillbaka servon i motorrummet.
14 Arbeta inuti bilen. Se till att servoenhetens tryckstång hakar i bromspedalen korrekt, tryck sedan ner pedalen över tryckstångens kula. Kontrollera att kulan sitter ordentligt ihakad. Montera sedan servons fästmuttrar och dra åt dem till angivet moment.
15 Montera anslutningsplattan mellan kopplingspedalen och bromspedalen om den har tagits bort. Dra åt skruvarna ordentligt (endast modeller med manuell växellåda).
16 Montera bromsljusbrytaren enligt beskrivningen i avsnitt 18.
17 Montera instrumentbrädans paneler.
18 Sätt försiktigt tillbaka vakuumslangen på plats i servon. Var mycket noga med att inte rubba tätningsmuffen. Montera värmeskölden på servon och återanslut vakuumgivarens anslutningskontakt (i förekommande fall).
19 Montera huvudcylindern enligt beskrivningen i avsnitt 13 i detta kapitel.

20 Om det är tillämpligt, montera insugnings-röret enligt beskrivningen i kapitel 4A.
21 Avsluta med att starta motorn och leta efter luftläckor i anslutningen mellan vakuum-slangen och servon. Kontrollera att broms-systemet fungerar.

12 Servons backventil – kontroll, demontering och montering

1 Backventilen sitter i vakuumslangen mellan insugningsröret och bromsservon. Om ventilen ska bytas ut måste hela slang-/ventil-enheten bytas ut.

Demontering

2 Lirka ut vakuumslangen från servoenheten. Var noga med att inte rubba muffen.
3 Notera hur slangen är dragen. Lossa sedan fästklämman/-klämmorna och koppla loss motstående ände av slangen från grenröret/pumpslangen och ta bort den från bilen.

Kontroll

4 Undersök backventilen och vakuumslangen efter tecken på skador och byt ut dem om det behövs.
5 Ventilen kan testas genom att man blåser igenom den åt båda hållen. Luften ska endast kunna komma igenom åt ena hållet, när man blåser från ventilens servoände. Byt ventilen om så inte är fallet.
6 Undersök servons gummitätningsmuff och leta efter tecken på slitage eller åldrande. Byt ut den om det behövs.

Montering

7 Se till att tätningsmuffen monteras korrekt på servon.
8 Lirka slanganslutningen på plats i servon. Var mycket noga med att inte rubba eller skada muffen.
9 Se till att slangen är korrekt dragen och anslut den till insugningsröret/pumpslangen. Se till att slangen fästs ordentligt i fäst-klämmorna.
10 Avsluta med att starta motorn och leta efter luftläckage mellan ventilen och servon.

13 Huvudcylinder – demontering, översyn och montering

Observera: *Se varningen i början av avsnitt 2 angående farorna med bromsvätska innan arbetet påbörjas. En ny O-ringstätning ska användas till huvudcylindern vid monteringen.*

Demontering

1 På modeller med ABS måste ABS-systemets hydraulenhet tas bort innan huvudcylindern kan demonteras.

 Varning: Demontering och montering av hydraulenheten ska överlåtas till en VW-mekaniker. Var mycket noga

med att inte låta någon vätska rinna ut ur enheten när rören kopplas loss. Om vätskan tillåts rinna ut kan luft komma in i enheten och orsaka blockeringar som gör att hydraulenheten slutar fungera.
2 Koppla loss batteriets minusledare. **Observera:** *Se "Koppla ifrån batteriet" i referensavsnittet i slutet på handboken innan batteriet kopplas ifrån.* Ta bort luftintags-kanalerna om det behövs för att förbättra åtkomligheten till huvudcylindern.
3 Ta bort huvudcylinderbehållarens lock (koppla loss anslutningskontakten från bromsvätskenivågivaren), och sug ut broms-vätskan från behållaren. **Observera:** *Sug inte ut vätskan med munnen eftersom den är giftig. Använd en bollspruta eller liknande.*
4 Torka rent området runt bromsrörs-anslutningarna på sidan av huvudcylindern och placera absorberande trasor under röranslutningarna för att fånga upp läckande vätska. Notera hur anslutning-arna ska sitta monterade. Skruva sedan loss anslutnings-muttrarna och dra försiktigt bort rören. Plugga igen eller tejpa över rörändarna och huvud-cylinderns öppningar för att minimera bromsvätskespill och hindra smuts från att tränga in i systemet. Tvätta omedelbart bort allt oljespill med kallt vatten.
5 Koppla loss tillförselslangen till kopplingens huvudcylinder från bromsbehållaren och plugga igen den **(se bild 13.7)**.
6 På bilar utrustade med elektronisk stabilisering (se kapitel 10), koppla loss de två tryckgivarna från huvudcylinderns undersida.
7 Skruva loss de två muttrarna och brickorna som fäster huvudcylindern vid vakuumservon. Ta bort värmeskölden (i förekommande fall) och dra sedan bort enheten från motor-rummet **(se bild)**. Ta bort O-ringen från huvudcylinderns baksida och kasta den.

Renovering

8 Om huvudcylindern är defekt måste den bytas ut. Renoveringssatser finns inte att köpa hos VW, så cylindern måste behandlas som en sluten enhet.
9 De enda komponenter som kan bytas ut är tätningarna till vätskebehållaren. Om dessa visar tecken på åldrande ska fästsprinten dras ut, behållaren dras bort och de gamla tätningarna tas bort. Smörj de nya tätningarna med ren bromsvätska och tryck in dem i huvudcylinderns portar. Lirka in vätske-behållaren på sin plats, tryck fast den helt och sätt i fästsprinten.

Montering

10 Ta bort alla spår av smuts från huvud-cylinderns och servons fogytor. Montera en ny O-ring i spåret på huvudcylinderhuset.
11 Montera huvudcylindern på servon och se till att servons tryckstång går in mitt i huvudcylinderns lopp. Montera värmeskölden (i förekommande fall) samt huvudcylinderns fästmuttrar och brickor och dra åt dem till angivet moment.
12 Torka rent bromsrörsanslutningarna.

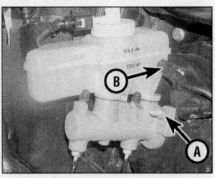

13.7 Bromscylinderns muttrar (A), och kopplingscylinderns matningsslang (B)

Anslut dem sedan till huvudcylinderportarna och dra åt dem ordentligt.
13 På bilar med elektronisk stabilisering (ESP), återanslut tryckgivarna till huvud-cylinderns undersida.
14 Återanslut tillförselslangen till kopplingens huvudcylinder till behållaren.
15 Fyll på huvudcylinderbehållaren med ny vätska och lufta hela bromssystemet enligt beskrivningen i avsnitt 2.

14 Handbroms – justering

1 Kontrollera handbromsinställningen genom att först trampa ner bromspedalen ordentligt flera gånger tills korrekt avstånd uppnås mellan bromskloss och bromsskiva, och sedan lägga i och lägga ur handbromsen flera gånger.
2 Använd normal kraft och dra åt hand-bromsen helt. Räkna antalet klick som hörs från handbromsens spärrhaksmekanism. Om inställningen är korrekt ska ungefär 4 till 7 klick höras innan handbromsen är helt åtdragen. Justera enligt följande om så inte är fallet.
3 Ta bort handbromskåpan eller mittkonsolen (se kapitel 11), efter tillämplighet, för att komma åt handbromsspaken.
4 Klossa framhjulen. Lyft sedan upp bak-vagnen och ställ den på pallbockar.
5 Lägg ur handbromsen helt. Lossa hand-bromsens justeringsmutter tills de båda bakre bromsokens handbromsarmar ligger mot sina stopp **(se bild)**.

14.5 Lossa justeringsmuttern

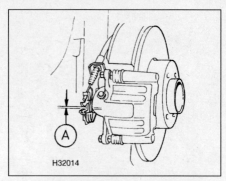

14.6 Vrid justeringsmuttern tills ett avstånd (A) på mellan 1,0 och 1,5 mm kan ses mellan bromsokets handbromsarm och stoppet

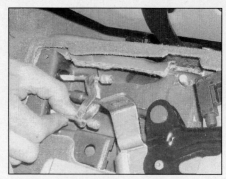

15.4 Haka loss vajern

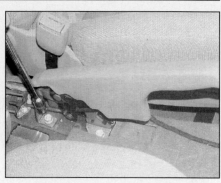

15.5 Skruva loss fästmuttrarna

6 Dra nu åt justeringsmuttrarna tills de båda handbromsarmarna precis flyttas från broms-oksstoppen. Se till att avståndet mellan varje bromsoks handbromsarm och dess stopp är mellan 1,0 och 1,5 mm. Och se till att det vänstra och det högra avståndet är lika stort **(se bild)**. Kontrollera att båda hjulen/skivorna kan rotera fritt. Kontrollera sedan justeringen genom att dra åt handbromsen helt och räkna antalet klick från spärrhaken (se punkt 2). Justera igen om det behövs.

7 När justeringen är korrekt, montera hand-bromskåpan eller mittkonsolen (vad som är tillämpligt).

15 Handbromsspak – demontering och montering

Demontering

1 Ta bort mittkonsolen enligt beskrivningen i kapitel 11.

2 Om så önskas, ta bort handbromsspakens damask genom att trycka ner fästfliken med en skruvmejsel och sedan dra bort damasken från spaken.

3 Koppla loss anslutningskontakten från brytaren till handbromsens varningslampa.

4 Lossa handbromsvajerns justermutter tillräckligt mycket för att vajerändarna ska kunna kopplas loss från utjämningsplattan **(se bild)**.

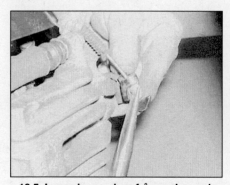

16.5 Lossa innervajern från spaken och dra bort vajern från bromsoket

5 Skruva loss de tre fästmuttrarna och dra bort spaken **(se bild)**.

Montering

6 Montera i omvänd ordningsföljd mot demonteringen. Tänk på följande:

a) Justera handbromsen enligt beskrivningen i avsnitt 14, innan handbromsdamasken återmonteras.

b) Kontrollera att brytaren till handbromsens varningslampa fungerar innan mittkonsolen monteras.

16 Handbromsvajrar – demontering och montering

Demontering

1 Ta bort mittkonsolen enligt beskrivningen i kapitel 11, för att komma åt handbroms-spaken. Handbromsvajern består av två delar, en högerdel och en vänsterdel, som är länkade till spaken med en utjämningsplatta. Varje del kan tas bort separat.

2 Lossa handbromsvajrarnas justerings-mutter tillräckligt mycket för att vajerändarna ska kunna kopplas loss från utjämnings-plattan.

3 Klossa framhjulen, lyft upp bakvagnen och ställ den på pallbockar.

4 Arbeta längs med vajern. Notera hur den

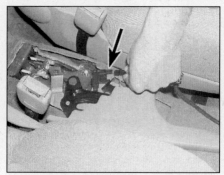

17.4 Handbromsens varningsbrytare (vid pilen)

är dragen och lossa den från alla relevanta styrningar och fästklämmor.

5 Haka loss innervajern från bromsokets handbromsspak. Ta sedan bort vajerhöljets fästklämma och haka loss vajern från broms-oket **(se bild)**. Dra bort vajern från bilens undersida.

Montering

6 Montera i omvänd ordningsföljd mot demonteringen. Tänk på följande.

a) När handbromsvajerns skida placeras i styrningen på den bakre hjälparmen, måste vajerns klämring ligga i mitten av klämman.

b) Justera handbromsen enligt beskrivningen i avsnitt 14 innan mittkonsolen monteras.

17 Brytare till handbromsens varningslampa – demontering och montering

Demontering

1 Koppla loss batteriets minusledare. **Observera:** Se avsnittet "Koppla ifrån batteriet" i slutet av handboken innan batteriet kopplas loss.

2 Ta bort mittkonsolen. Se beskrivningen i kapitel 11 om det behövs.

3 Koppla loss anslutningskontakten från brytaren.

4 Kläm ihop fästtapparna och dra bort brytaren från handbromsspaken **(se bild)**.

Montering

5 Montera i omvänd ordningsföljd mot demonteringen.

18 Bromsljusbrytare – demontering och montering

Demontering

1 Bromsljusbrytaren är placerad på pedal-fästbygeln under instrumentbrädan. Koppla

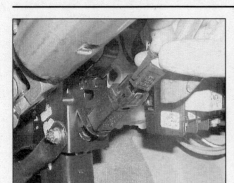

18.3 Koppla loss kontaktdonet från brytaren

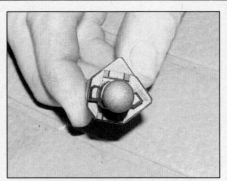

18.6 Passa in tappen med motsvarande utskärning i fästbygeln

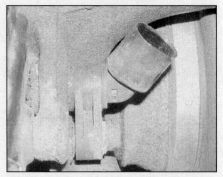

20.4 Koppla loss hjulhastighetsgivaren

loss batteriets minusledare. **Observera:** Se avsnittet *"Koppla ifrån batteriet" i slutet av handboken innan batteriet kopplas loss.*

2 Arbeta i förarsidans benutrymme och ta bort den nedre instrumenbrädespanelen, se kapitel 11, avsnitt 28.

3 Koppla loss kontaktdonet från brytaren bakom instrumentbrädan **(se bild)**.

4 Vrid brytaren 90° och lossa den från fästbygeln.

Montering

5 Dra ut bromsljusbrytarens kolv helt innan installationen.

6 Tryck ner bromspedalen helt och håll den nere. Lirka sedan in brytaren på plats. Passa in brytarens tapp med motsvarande urskärning i fästbygeln **(se bild)**. Fäst brytaren genom att trycka in den i fästbygeln och vrida den 90°. Släpp sedan upp bromspedalen.

7 Återanslut kontaktdonet och kontrollera att bromsljusen fungerar. Bromsljusen ska tändas när bromspedalen tryckts ner ungefär 5 mm. Om brytaren inte fungerar korrekt är den defekt och måste bytas. Ingen justering är möjlig.

8 Avsluta med att montera den nedre instrumentbrädespanelen.

19 Låsningsfria bromsar (ABS) – allmän information och föreskrifter

Observera: *På modeller med antispinnsystem har ABS-enheten dubbla funktioner. Den kontrollerar både de låsningsfria bromsarna (ABS) och det elektroniska differentialspärr-systemet (EDL).*

ABS är standard på de modeller, som beskrivs i denna handbok; i systemet ingår också EBD (Electronic Brake Distribution) vilket innebär att bromsarna fördelar bromskraften fram och bak beroende på vikten. Två typer av ABS är monterade: Mark 20 IE och Mark 60 **(se bilder)**. Systemet består av en hydraulisk enhet (som innehåller de hydrauliska magnetventilerna och ackumulatorerna), den elektriskt drivna vätskereturpumpen, fyra väghjulssensorer (en för varje hjul) och den elektroniska styrmodulen (ECM). Syftet med systemet är att förhindra att hjulen låser sig vid hård inbromsning. Detta uppnås genom att bromsen lossas automatiskt på relevant hjul, följt av att man bromsar igen.

Magnetventilerna styrs av styrmodulen, som får signaler från de fyra hjulgivarna vilka registrerar rotationshastigheten på varje hjul. Genom att jämföra hastighetssignalerna kan styrmodulen avgöra hur snabbt bilen färdas. Den kan sedan använda detta hastighets-

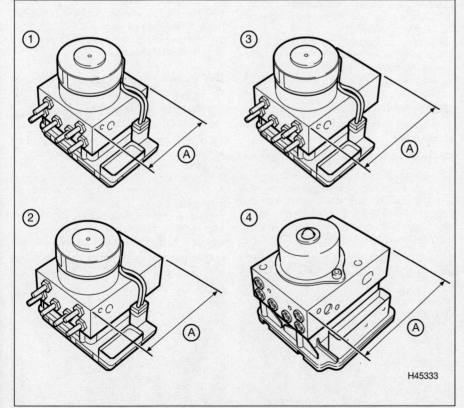

19.1a Åtskiljande funktioner på Mark 20 IE ABS hydraulenheten
1 ABS version (A = 100 mm)
2 ABS/EDL version (A = 130 mm)
3 ABS/EDL/TCS version (A = 130 mm)
4 ABS/EDL/TCS/ESP version (A = 135 mm)

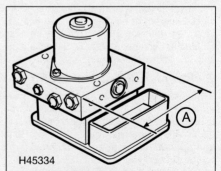

19.1b Åtskiljande funktioner på Mark 60 ABS hydraulenheten
1 ABS/EDL/TCS/ESP version (A = 100 mm)

värde för att avgöra om ett hjul tappar farten onormalt snabbt i jämförelse med bilens hastighet, och på så sätt märka när ett hjul håller på att låsa sig. Under normala förhållanden fungerar systemet på samma sätt som ett bromssystem utan ABS.

Om styrmodulen märker att ett hjul håller på att låsa sig aktiveras den relevanta magnetventilen i hydraulenheten. Denna isolerar sedan det drabbade hjulets bromsok från huvudcylindern så att hydraultrycket stängs in.

Om hjulets rotationshastighet fortsätter att minska onormalt snabbt slår styrmodulen på en eldriven returpump, som pumpar tillbaka hydraulvätskan till huvudcylindern. Då försvinner trycket på bromsoket så att bromsen släpps. När hjulets rotationshastighet normaliserats stannar pumpen. Magnetventilen öppnas då så att huvudcylinderns hydraultryck åter appliceras på bromsoket, som då aktiverar bromsen igen. Den här cykeln kan upprepas upp till 10 gånger i sekunden.

Magnetventilen och returpumpen skapar pulser i hydraulkretsen. När ABS-systemet arbetar kan dessa pulser kännas genom bromspedalen.

ABS-systemets funktion är helt beroende på elektriska signaler. För att förhindra att systemet reagerar på felaktiga signaler finns en inbyggd säkerhetskrets som kontrollerar alla signaler som styrmodulen tar emot. Om en felaktig signal eller låg batterispänning upptäcks stängs ABS-systemet automatiskt av och varningslampan på instrumentbrädan tänds för att informera föraren om att ABS-system inte längre fungerar. Normal bromsning fungerar dock fortfarande.

Om ett fel uppstår i ABS-systemet måste bilen lämnas till en VW-verkstad för feldiagnos och reparation.

20 Låsningsfria bromsar (ABS) – demontering och montering av komponenter

Hydraulenhet

1 Demontering och montering av hydraulenheten ska överlåtas till en VW-mekaniker. Var mycket noga med att inte låta någon vätska rinna ut ur enheten när rören kopplas loss. Om vätskan tillåts rinna ut kan luft komma in i enheten och orsaka blockeringar som gör att hydraulenheten slutar fungera.

Elektronisk styrmodul (ECM)

2 Styrmodulen sitter monterad under hydraulenheten. Även om den kan skiljas från hydraulenheten bör detta arbete överlåtas till en VW-mekaniker på grund av de ömtåliga komponenterna och de höga kraven på fullständig renlighet.

Främre hjulgivare

Demontering

3 Klossa bakhjulen och dra åt handbromsen

ordentligt. Lyft sedan upp framvagnen och ställ den på pallbockar (se *Lyftning och stödpunkter*). Demontera relevant framhjul.
4 Koppla loss det elektriska kontaktdonet från givaren genom att försiktigt lyfta upp fästfliken och dra ut kontaktdonet från givaren **(se bild)**.
5 Skruva loss sexkantsbulten som fäster givaren vid hjulspindeln. Ta sedan bort givaren från bilen.

Montering

6 Se till att givarens och hjulspindelns tätningsytor är rena.
7 Applicera ett tunt lager flerfunktionsfett (VW rekommenderar smörjmedel G 000 650 – finns att köpa hos återförsäljare) på fästhålets inre ytor. Montera sedan givaren på hjulspindeln. Montera fästbulten och dra åt den till angivet moment.
8 Se till att givarens kablage är korrekt draget och sitter fäst i alla nödvändiga klämmor, och återanslut kontaktdonet.
9 Montera hjulet. Sänk sedan ner bilen på marken och dra åt hjulbultarna till angivet moment.

Bakre hjulgivare

Demontering

10 Klossa framhjulen. Lyft sedan upp bakvagnen och ställ den på pallbockar (se *Lyftning och stödpunkter*). Demontera det relevanta hjulet.
11 Ta bort givaren enligt beskrivningen i punkt 4 och 5. Observera följande.
a) *Givarna sitter monterade på de bakre axeltappshållarna.*
b) *Lägg ett tunt lager flerfunktionsfett på givarfästhålets inre ytor innan monteringen (VW rekommenderar smörjmedel G 000 650 – finns att köpa hos återförsäljare).*

Montering

12 Montera givaren enligt beskrivningen ovan i punkt 6 till 8.

Främre magnetmotståndsringar

13 De främre magnetmotståndsringarna är inbyggda i hjulnaven. Undersök ringarna och leta efter skador som trasiga eller avbrutna kuggar. Om ringarna behöver bytas måste hela navenheten ersättas och lagren bytas ut enligt beskrivningen i kapitel 10.

21.2 Skruva loss pumpens fästmuttrar och bult

Bakre magnetmotståndsringar

14 De bakre magnetmotståndsringarna är inbyggda i de bakre hjulnaven. Undersök ringarna och leta efter skador som trasiga eller avbrutna kuggar. Om de behöver bytas, ta bort bromsskivan enligt beskrivningen i avsnitt 6. Byt sedan ut navet och lagren enligt beskrivningen i kapitel 10.

21 Servons vakuumpump (dieselmodeller) – demontering och montering

Demontering

Observera: *En ny O-ringstätning måste användas till pumpen vid monteringen.*
1 Lossa fästklämman och koppla loss vakuumslangen från pumpens överdel.
2 Skruva loss pumpens fästbult och de två fästmuttrarna **(se bild)**.
3 Dra bort vakuumpumpen från topplocket och ta loss O-ringstätningen. Kasta O-ringen – en ny ska användas vid monteringen.

Montering

4 Montera den nya O-ringen på vakuumpumpen och applicera lite olja på O-ringen för att underlätta installationen.
5 Lirka in vakuumpumpen på plats. Se till att urtaget i pumpens drev är i linje med klacken på pumpens drivaxel **(se bild)**.
6 Montera pumpens fästmuttrar och bult och dra åt till angivet moment.
7 Återanslut vakuumslangen till pumpen och fäst den med fästklämman.

22 Servons vakuumpump (dieselmodeller) – kontroll och översyn

1 En vakuummätare kan användas för att kontrollera om bromssystemets vakuumpump fungerar.
2 Koppla loss vakuumröret från pumpen. Anslut sedan mätaren till pumpanslutningen med en bit slang.
3 Starta motorn och låt den gå på tomgång. Mät sedan vakuumet som skapats av pumpen. Efter en minut ska värdet vara minst

21.5 Passa in drevet mot kamaxeln

ca 500 mm Hg. Om det uppmätta vakuumet är mindre än så är pumpen troligen defekt. Låt dock en VW-mekaniker titta på pumpen innan den döms ut.

4 Det går inte att renovera vakuumpumpen eftersom inga av dess större komponenter går att köpa separat. Om pumpen är defekt måste hela pumpenheten bytas ut.

23 Servoenhet elektrisk vakuumpump (dieselmodeller) – test, demontering och montering

Observera: *Den elektriska vakuumpumpen finns bara på modeller med ABS, EDL, TCS och ESP.*

Kontroll

1 När motorn är avstängd tryck bromspedalen ned flera gånger för att tömma ut vakuumet ur servoenheten. Pedalen blir hård.

2 Starta motorn, och tryck bromspedalen långsamt ned. Ett ljudligt "klick" skall höras när den elektriska vakuumpumpen aktiveras. Pedalen går då lättare att trycka ned. En bekräftelse på att pumpen fungerar kan ges av en medhjälpare, som rör vid pumpen när pedalen trycks ned.

3 Pumpen kan inte renoveras. Om den är defekt måste den bytas ut.

Demontering

4 Den elektriska bromsvakuumpumpen finns till vänster på den främre kryssrambalken till fjädringen. Dra åt handbromsen. Lyft sedan upp framvagnen och ställ den på pallbockar (se *Lyftning och stödpunkter*). Demontera vänster framhjul.

5 Lossa kablaget från vakuumpumpen.

6 Skruva loss fästbultarna från den hydrauliska enhetsfästbygeln. Lossa sedan vakuumslangen från pumpen.

7 Ta loss bultarna till fästbygeln på fjädringens kryssrambalk och ta bort vakuumpumpen.

Montering

8 Monteringen sker i omvänd ordning, och dra åt fästbultarna/muttrarna till angivet moment.

Anteckningar

Kapitel 10
Fjädring och styrning

Innehåll

Svårighetsgrader

Enkelt, passar novisen med lite erfarenhet	**Ganska enkelt,** passar nybörjaren med viss erfarenhet	**Ganska svårt,** passar kompetent hemmamekaniker	**Svårt,** passar hemmamekaniker med erfarenhet	**Mycket svårt,** för professionell mekaniker

Specifikationer

Framfjädring
Typ .... Oberoende med MacPherson-fjäderben med inbyggda spiralfjädrar och teleskopiska stötdämpare. Krängningshämmare monterad på alla modeller

Bakfjädring
Typ .... Tvärgående torsionsstavsaxel med hjälparmar. Separata, gasfyllda, teleskopiska stötdämpare och spiralfjädrar. Krängningshämmare monterad på alla modeller

Styrning
Typ .... Kuggstång och drev. Servostyrning standard
Servostyrningsvätska................................. Se Smörjmedel och vätskor
Servostyrningens hydraulsystem – volym .... 0,7 till 0,9 liter

Hjulinställning och styrvinklar*

Framhjul:

Cambervinkel:

Standardfjädring	-30' ± 30'
Sportfjädring	-33' ± 30'
Fjädring för tung last	-16' ± 30'
Högsta skillnad mellan sidorna (alla modeller)	30'

Castervinkel:

Standardfjädring	7° 40' ± 30'
Sportfjädring	7° 50' ± 30'
Fjädring för tung last	7° 15' ± 30'
Största skillnad mellan sidorna (alla modeller)	30'
Toe-inställning	0° ± 10'

Toe-ut i svängar (20° vänster eller höger):

Standardfjädring	-1° 30' ± 20'
Sportfjädring	-1° 31' ± 20'
Fjädring för tung last	-1° 27' ± 20'

Bakhjul:

Cambervinkel	-1° 27' ± 10'
Största skillnad mellan sidorna	30'

Toe-inställning:

Standardfjädring	20' ± 10'
Sportfjädring	25' ± 10'
Fjädring för tung last	10' +10'/-7'

Fråga en VW-återförsäljare om de senaste rekommendationerna.

Hjul

Typ	Aluminiumfälgar

Däck

Storlek	175/80R14, 195/65R15, 205/60R15, 205/55R16, 225/45R17 och 225/40ZR18
Tryck	se *Veckokontroller*

Åtdragningsmoment

Nm

Framfjädring

Krängningshämmare:

Bultar mellan fästklammer och kryssrambalk	25
Mutter till bult mellan anslutningslänk och krängningshämmare*	30
Bult mellan anslutningslänk och länkarm	45
Navmutter/bult*	Se kapitel 8

Länkarm:

Styr-/fästbultar*:

Steg 1	70
Steg 2	Vinkeldra 90°

Bultar mellan länkarm och spindelled*:

Steg 1	20
Steg 2	Vinkeldra 90°
Spindelledens mutter*	45

Fjäderben*:

Mutter till nedre krampans mutter*:

Steg 1	60
Steg 2	Vinkeldra 90°
Övre fästmutter*	60
Fjädersätets fästmutter	60
Stänkskydd till hjulhus	10

Bultar mellan kryssrambalk och underrede*:

Steg 1	100
Steg 2	Vinkeldra 90°

Bilens nivågivare:

Popnitskruv mellan givare och underrede	8
Givarlänk till länkarm	6

Åtdragningsmoment

Nm

Bakfjädring

Bakaxelns fästbultar och muttrar*	80
Navmutter*	175
Stötdämpare:	
Nedre fästbult och mutter*	60
Övre fästbultar*	75
Mutter mellan stötdämpare och övre fäste	25
Axeltappens bultar*	60
Bilens nivågivare till hjälparm	20
Bultar mellan vibrationsdämpare och bakaxel*:	
Steg 1	20
Steg 2	Vinkeldra 45°

Styrning

Servostyrningspumpens fästbultar	25
Servostyrningspumpens tryckslanganslutning, bult	30
Klämbult till rattstångens universalkoppling*	30
Rattstång:	
Övre fästbultar	25
Nedre fästbultens mutter	10
Vätskerörsanslutningar, bultar*:	
M14 anslutningsbult	40
M16 anslutningsbult	45
Styrväxelns fästbultar*:	
Steg 1	20
Steg 2	Vinkeldra 90°
Rattens bult	50
Styrstagets spindelledsmutter*	45
Styrstagets spindelleds låsmutter	50
Styrstagets inre spindelled till styrväxelns kuggstång	75

Hjul

Hjulbultar	120

Byt ut bult/mutter varje gång den tas bort

1 Allmän information

Den oberoende framfjädringen har MacPherson fjäderben, med spiralfjädrar och inbyggda teleskopiska stötdämpare. Fjäderbenen sitter på tvärgående länkarmar, som har inre fästbussningar av gummi och spindelleder i ytterändarna. Framhjulens lagerhus som innehåller hjullagren, bromsoken och nav-/skivenheterna, är fästa vid fjäderbenen med klämbultar och anslutna till länkarmarna via spindellederna. En främre krängningshämmare finns på alla modeller. Krängningshämmaren är fäst med gummifästen och är ansluten till de båda länkarmarna med korta länkar.

Bakfjädringen består av en torsionstavsaxel med teleskopiska stötdämpare och spiralfjädrar. En krängningshämmare är inbyggd i bakaxelbalken.

Säkerhetsrattstången har en mellanaxel i sin nedre ände. Mellanaxeln är ansluten till både rattstången och styrväxeln via universalkopplingar, men axeln utgör en del av rattstången och kan inte tas bort separat. Både den inre rattstången och mellanaxeln har försvagade sektioner som kollapsar vid en större frontalkrock. Den yttre rattstången är också teleskopisk med två delar, för att underlätta rattinställning.

Styrväxeln sitter monterad på den främre kryssrambalken, och den är ansluten till styrarmarna, som skjuter ut bakåt från hjullagerhusen, via två styrstag med spindelleder i ändarna. Styrstagsändarna är fastskruvade vid styrstagen för att det ska gå att justera framhjulens toe-inställning.

Servostyrning är standard på alla modeller. Det hydrauliska styrsystemet drivs av en remdriven pump, som i sin tur drivs av vevaxelns remskiva.

Modeller med låsningsfria bromsar (ABS) kan även vara utrustade med antispinnsystem (TCS), elektronisk differentialspärr (EDL) och elektronisk stabilisering (ESP).

Antispinnsystemet hindrar framhjulen från att förlora drivkraft vid acceleration genom att minska motoreffekten. Systemet aktiveras automatiskt när motorn startas, och det använder ABS-systemets givare för att följa framhjulens rotationshastigheter.

Det elektroniska stabiliseringssystemet utökar ABS-systemets, antispinnsystemets och det elektroniska differentialspärrsystemets funktioner till att minska hjulspinn under svåra körförhållanden. Systemet gör detta genom att använda mycket känsliga givare som följer bilens hastighet, bilens rörelse i sidled, bromstrycket och framhjulens styrvinkel. Om bilen t.ex. håller på att överstyra kommer bromsen att verka på det främre yttre hjulet för att korrigera situationen. Om bilen håller på att understyra kommer bromsen att verka på det bakre, inre hjulet. Framhjulens styrvinklar bevakas av en vinkelgivare på rattstångens övre del.

Antispinnsystemet och den elektroniska stabiliseringen ska alltid vara aktiva, förutom vid körning med snökedjor eller vid körning i snö eller på löst underlag, då visst hjulspinn är en fördel. Den elektroniska stabiliseringens brytare sitter mitt på instrumentbrädan.

Vissa modeller är även utrustade med en elektronisk differentialspärr som minskar ojämn dragning från framhjulen. Om ett framhjul roterar 100 varv/minut eller mer snabbare än det andra hjulet, kommer det snabbare hjulet att saktas ned genom att bromsen läggs an. Systemet är inte detsamma som ett vanligt differentialspärrsystem, där själva differentialdreven spärras. Eftersom systemet verkar på en frambroms kommer systemet att stängas av om en bromsskiva skulle överhettas, och sedan vara avstängt tills skivan har svalnat igen. Ingen varningslampa visar om systemet har stängts av. Precis som antispinnsystemet använder det elektriska differentialsystemet ABS-systemets givare för att övervaka framhjulens hastighet.

2.3 Drivaxelns fästmutter skruvas loss

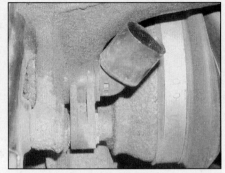

2.4 ABS-systemets hjulgivare på insidan av hjullagerhuset

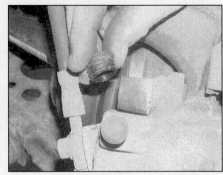

2.5a Ta bort kåporna . . .

2 Framhjulets lagerhus – demontering och montering

Observera: *Alla självlåsande muttrar och bultar som rubbas vid demonteringen måste bytas.*

Demontering

1 Ta bort navkapseln/hjulsidan och lossa drivaxelns fästmutter (navmutter) medan bilen står med alla fyra hjul på marken. Lossa även hjulbultarna.
2 Dra åt handbromsen. Lyft sedan upp framvagnen och ställ den på pallbockar (se *Lyftning och stödpunkter*). Ta bort framhjulet och ta bort stänkskyddet under motorrummet.

3 Skruva loss drivaxelns fästmutter **(se bild)**.
4 Ta bort ABS-systemets hjulgivare enligt beskrivningen i kapitel 9 **(se bild)**.
5 Demontera bromsskivan enligt beskrivningen i kapitel 9, avsnitt 6 **(se bilder)**. Den här åtgärden inkluderar demontering av bromsoket. Koppla dock **inte** bort den hydrauliska bromsslangen från bromsoket. Bind upp bromsoket vid framfjädringens spiralfjäder med ståltråd eller snöre, för att undvika att hydraulbromsslangen belastas.
6 Skruva loss stänkskyddet från hjullagerhuset.
7 Lossa muttern som fäster styrstagets spindelled vid hjullagerhuset. Gör detta genom att fästa en ringnyckel vid muttern och sedan hålla spindelledens stift på plats med en insexnyckel. När muttern är borttagen kan

det gå att lossa spindelleden från lagerhuset genom att vrida spindelledens stift med en insexnyckel. Om inte, lämna muttern fastskruvad bara några varv för att skydda gängorna. Använd sedan en spindelledsavdragare för att lossa spindelleden. Ta bort muttern helt när den fasade delen har lossats.
8 Skruva loss fästbultarna mellan framfjädringens nedre spindelled och länkarmen och ta bort fästplattan från länkarmens övre del. Använd nu en mjuk klubba för att knacka bort drivaxeln från navets räfflor medan hjullagerhusets nedre ände dras ut. Om drivaxeln sitter hårt på räfflorna kan det vara nödvändigt att använda en avdragare som bultas fast vid navet för att ta bort den **(se bilder)**.

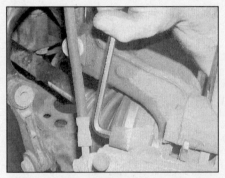

2.5b . . . och lossa styrsprintarna med en insexnyckel

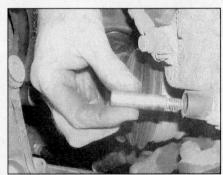

2.5c Ta bort styrsprintarna . . .

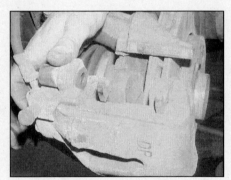

2.5d . . . dra bort bromsoket . . .

2.5e . . . skruva sedan loss skruvarna. . .

2.5f . . . och ta bort bromsskivan

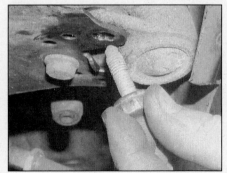

2.8a Skruva loss bultarna . . .

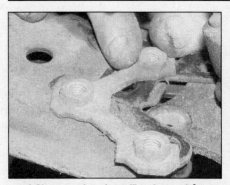

2.8b ... och ta bort fästplattan från överdelen av länkarmen

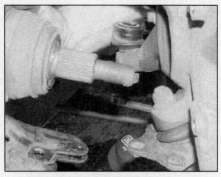

2.8c Dra ut hjullagerhuset och lossa drivaxeln från navet

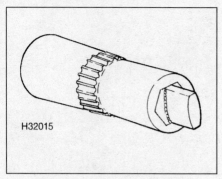

2.10a Verktyg som används av VW-mekaniker för att öppna hjullagerhuset

9 Observera åt vilket håll den sitter monterad, skruva sedan loss muttern och ta bort klämbulten som håller fast hjullagerhuset vid fjäderbenets nedre del.
10 Hjullagerhuset måste nu kopplas loss från fjäderbenet. VW-mekaniker gör detta genom att sticka in ett specialverktyg i det delade hjullagerhuset och vrida det 90° för att öppna klämman. Ett liknande verktyg kan göras av en gammal skruvmejsel, eller så kan en passande huggmejsel drivas in i skarven som en kil. Tryck in hjullagerhusets överdel något. Tryck det sedan neråt från fjäderbenets nedre del **(se bilder)**.

Montering

11 Kom ihåg att alla självlåsande muttrar och bultar som rubbas vid demonteringen alltid måste bytas ut.
12 Se till att spårningen på drivaxelns yttre drivknut och nav är rena och torra. Smörj sedan spårningen med ny motorolja. Smörj även navets gängor och fogyta med olja.
13 Lyft hjullagerenheten på plats och fäst navet i spårningen på drivaxelns ytterände. Sätt på den nya navmuttern och dra åt den för hand tills vidare.
14 Fäst hjullagerhuset i fjäderbenets nederdel. Se till att hålet i sidoplattan är i linje med hålen i det delade huset. Ta bort verktyget som användes för att öppna fogen.
15 Sätt i klämbulten mellan fjäderbenet och

hjullagerhuset framifrån och montera den nya fästmuttern. Dra åt muttern till angivet moment.
16 Montera länkarmens spindelled och fästplatta och dra åt bultarna till angivet moment.
17 Montera styrstagets spindelled vid hjullagerhuset. Montera sedan en ny fästmutter och dra åt den till angivet moment. Om det behövs, håll spindelledsstiftet med en insexnyckel medan muttern dras åt.
18 Montera stänkskyddet och dra åt bultarna.
19 Montera bromsskivan och bromsoket enligt beskrivningen i kapitel 9.
20 Montera ABS-systemets hjulgivare enligt beskrivningen i kapitel 9, avsnitt 20.
21 Se till att den yttre drivknuten dras helt in i navet. Montera sedan hjulet och stänkskyddet. Sänk ner bilen och dra åt hjulbultarna.
22 Dra åt drivaxelns fästmutter (navmuttern) i de steg som anges i specifikationerna. Vi rekommenderar att en momentgradskiva används för korrekt åtdragningsvinkel.

3 Främre hjullager – byte

Observera: *Lagret är ett förseglat dubbelradigt kullager som är förinställt och*

färdigsmort och inte kräver något underhåll. En press behövs dock för att ta bort lagret. Om ett sådant verktyg inte finns tillgängligt kan ett stort skruvstäd och mellanlägg (t.ex. stora hylsor) fungera som ersättning. De inre lagerspåren är presspassade på navet och om den inre banan stannar på navet när den andra pressas ut måste en lageravdragare användas för att få bort den. Observera att lagret blir obrukbart när det har tagits bort.
1 Ta bort hjullagerhuset enligt beskrivningen i avsnitt 2.
2 Stöd hjullagerhuset ordentligt på block eller i ett skruvstäd. Använd en bit metallrör som endast vilar mot navets innerände och tryck ut navet ur lagret. Om det yttre lagrets inre lagerbana sitter kvar på navet ska det tas bort med en lageravdragare. Var noga med att inte skada ABS-rotorn som sitter fastsvetsad vid navet.
3 Dra ut lagrets låsring från utsidan av hjullagerhuset.
4 Stötta hjullagerhusets yttre yta ordentligt. Använd ett metallrör och tryck ut hela lagerenheten ur hjullagerhuset.
5 Rengör navet och hjullagerhuset noga. Ta bort alla spår av smuts och fett och putsa bort alla skägg eller kanter som kan hindra hopsättningen. Leta efter sprickor och andra tecken på slitage eller skador och byt ut dem om det behövs. Vi rekommenderar att låsringen byts ut oavsett dess skick.

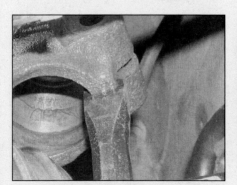

2.10b En huggmejsel används till att öppna hjullagerhuset och lossa fjäderbenet

2.10c Hjullagerhuset dras bort från fjäderbenets nederdel

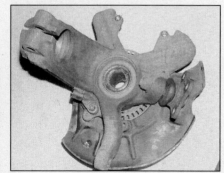

2.10d Hjullagerhus

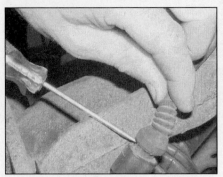

4.4a Koppla loss kablaget från ABS-hjulgivaren . . .

4.4b . . . och lossa kablaget från fjäderbensstödet

4.5 Klämbulten som fäster hjullagerhuset vid fjäderbenet tas bort

6 Vid hopsättningen, applicera ett tunt lager molybdendisulfidfett (VW rekommenderar Molykote, som finns hos återförsäljare) på den yttre lagerbanan och hjullagerhusets lageryta.
7 Stöd hjullagerhuset ordentligt och placera lagret i navet. Tryck lagret helt på plats och se till att det går rakt in i navet. Använd en bit metallrör eller hylsa som endast vilar på den yttre lagerbanan.
8 När lagret sitter korrekt ska det fästas på plats med den nya låsringen. Se till att den placeras korrekt i spåret i hjullagerhuset.
9 Stöd navets yttre yta och placera hjullagerhuslagrets inre bana över navänden. Tryck fast lagret på navet med ett metallrör eller hylsa som endast vilar på navlagrets

4.7a Använd en insexnyckel för att hålla kolvstången stilla medan den övre fästmuttern skruvas loss

ytterbana, tills lagret sitter mot navklacken. Kontrollera att navet roterar fritt och torka bort överflödigt fett eller olja.
10 Montera hjullagerhuset enligt beskrivningen i avsnitt 2.

4 Främre fjäderben – demontering, renovering och montering

Observera: *Alla självlåsande muttrar och bultar som rubbas vid demonteringen måste bytas.*

Demontering

1 Dra åt handbromsen. Lyft sedan upp framvagnen och ställ den på pallbockar (se *Lyftning och stödpunkter*). Demontera det relevanta hjulet.
2 Se kapitel 9 och skruva loss det främre bromsoket från hjullagerhuset. Koppla **inte** loss den hydrauliska bromsslangen. Stötta eller bind upp bromsoket åt ena sidan. Var noga med att inte belasta bromsledningen.
3 Skruva loss fästbultarna mellan framfjädringens nedre spindelled och länkarmen och ta bort fästplattan från länkarmens övre del. Detta är nödvändigt för att skapa extra utrymme så att hjullagerhuset kan sänkas ner från benet. Om det vänstra fjäderbenet tas bort kan det vara nödvändigt att koppla loss givararmen till den automatiska strålkastarinställningen från länkarmen.

4 Koppla loss kablaget från ABS-systemets hjulgivare och ta bort kablaget från fjäderbenets fäste **(se bilder)**.
5 Observera åt vilket håll den sitter monterad. Skruva sedan loss muttern och ta bort klämbulten som håller fast hjullagerhuset vid fjäderbenets nedre del **(se bild)**.
6 Lossa hjullagerhuset från benet genom att öppna det delade huset något enligt beskrivningen i avsnitt 2. Tryck sedan hjullagerhusets överdel något inåt och tryck det nedåt från fjäderbenets nederdel. Drivaxeln behöver inte tas bort från navet.
7 Lossa plastkåpan från fjäderbenets övre fäste. Skruva sedan loss den övre fästmuttern och ta bort fästplattan. Observera att det kan vara nödvändigt att hålla fast fjäderbenets kolvstång med en insexnyckel så att den inte roterar när muttern lossas **(se bilder)**.
8 Lossa fjäderbenet från hjullagerhuset och lirka ut det från hjulhusets undersida **(se bild)**.

Renovering

⚠️ *Varning: Innan fjäderbenet tas isär måste ett lämpligt verktyg införskaffas för att hålla spiralfjädern ihoptryckt.*
Justerbara fjäderspännare finns att köpa och vi rekommenderar att sådana används till den här åtgärden. Om försök görs att ta isär fjäderbenet utan ett sådant verktyg föreligger hög risk för person- eller materialskador.

4.7b Ta bort muttern. . .

4.7c . . . och ta loss fästplattan

4.8 Det främre fjäderbenet tas bort under hjulhuset

4.10 Fjäderspännare (med dubbla klor) monterad på spiralfjädern

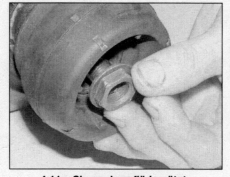

4.11a Skruva loss fjädersätets fästmutter . . .

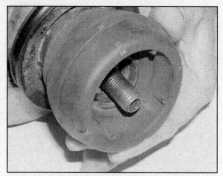

4.11b . . . ta sedan bort lagret och fästgummit . . .

9 Tvätta bort all synlig smuts när fjäderbenet är borttaget från bilen. Fäst det upprätt i ett skruvstäd vid isärtagningen om det behövs.
10 Montera fjäderspännaren och tryck ihop spiralfjädern tills det övre fjädersätet avlastas helt **(se bild)**.
11 Skruva loss fjädersätets fästmutter medan fjäderbenskolven hålls på plats med en insexnyckel. Ta sedan bort lagret och fästgummit, följt av det övre fjädersätet **(se bilder)**. På modeller med fjädring för tung last ska även mellanlägget/bussningen tas bort.
12 Ta bort spiralfjädern (tillsammans med fjäderspännaren). Dra sedan bort skyddsdamasken och gummidämparstoppet **(se bilder)**.
13 Nu när fjäderbenet är fullständigt isärtaget

(se bild), undersök alla komponenter för att se om de är slitna, skadade eller deformerade. Kontrollera även att lagret fungerar mjukt. Byt alla delar som behöver bytas.
14 Undersök fjäderbenet och leta efter tecken på vätskeläckage. Kontrollera hela fjäderbenskolven efter tecken på punktkorrosion, och undersök fjäderbenshuset efter tecken på skada. Testa fjäderbenets funktion medan det hålls upprätt genom att flytta kolven en hel slaglängd och sedan genom flera korta slag på 50 till 100 mm. I båda fallen ska motståndet vara störningsfritt och kontinuerligt. Om motståndet är ryckigt eller ojämnt eller om det finns synligt slitage eller synliga skador på benet, måste benet bytas.
15 Om det råder tvivel om spiralfjäderns

skick, ta försiktigt bort fjäderspännaren och undersök om fjäder är skev eller visar tecken på sprickor. Byt ut fjädern om den är skadad eller skev, eller om det råder minsta tvivel om dess skick.
16 Undersök alla andra komponenter och leta efter tecken på skador eller slitage. Byt ut de komponenter som behöver bytas.
17 Skjut på gummidämparen och skyddsdamasken på fjäderbenskolven.
18 Montera spiralfjädern (tillsammans med fjäderspännaren) på fjäderbenet. Se till att dess nedre ände är korrekt placerad mot fjädersätets stopp **(se bild)**.
19 Montera det övre fjädersätet (och mellanläggsbrickan/bussningen i förekommande fall), följt av lagret och gummifästet. Skruva

4.11c . . . följt av det övre fjädersätet

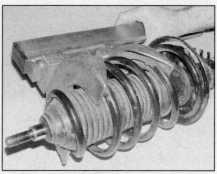

4.12a Ta loss fjädern tillsammans med fjäderspännaren . . .

4.12b . . . skyddsdamasken . . .

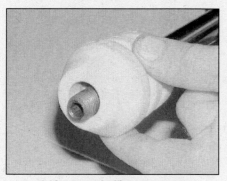

4.12c . . . och dämparstoppet

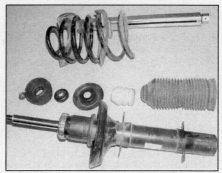

4.13 Främre fjäderbenet helt isärtaget

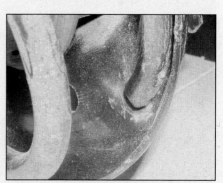

4.18 Se till att spiralfjäderns nedre ände placeras i sätesstoppet

5.6a Länkarmens främre fästbult . . .

5.6b . . . och bakre fästbult

på den nya fästmuttern och dra åt till angivet åtdragningsmoment medan fjäderbenskolven hålls på plats med insexnyckeln.

Montering

20 Lirka in fjäderbenet på sin plats under hjulhuset. Placera sedan fästplattan på fjäderbenets revolverhuvud och skruva på den nya övre fästmuttern. Dra åt muttern till angivet moment och montera plastkåpan.
21 Haka fast hjullagerhuset i den nedre delen av fjäderbenet. Se till att hålet i sidoplattan är i linje med hålen i det delade huset. Ta bort verktyget som användes för att öppna sprickan.
22 Sätt i den nya bulten mellan fjäderbenet och hjullagerhuset framifrån och montera den nya fästmuttern. Dra åt muttern till angivet moment.
23 Montera den nedre armens spindelled och fästplatta och dra åt bultarna till angivet moment och vinkel. Om det är tillämpligt, montera strålkastarinställningsgivarens arm på den nedre armen och dra åt muttern.
24 Återanslut kablaget till ABS-systemets hjulgivare och fäst kablaget vid fjäderbensstödet.

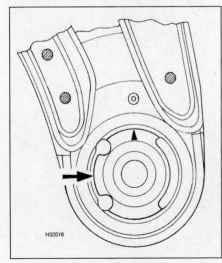

5.8 Länkarmens bakre fästbussnings placering

25 Se kapitel 9 och montera det främre bromsoket vid hjullagerhuset.
26 Montera hjulet och sänk ner bilen. Dra åt hjulbultarna.

5 Framfjädringens länkarm – demontering, renovering och montering

Observera: *Alla självlåsande muttrar och skruvar som rubbas vid demonteringen måste bytas.*

Demontering

1 Dra åt handbromsen. Lyft sedan upp framvagnen och ställ den på pallbockar (se *Lyftning och stödpunkter*). Ta bort aktuellt framhjul och motorrummets undre skyddskåpa.
2 Om den vänstra länkarmen demonteras på modeller med automatväxellåda, skruva loss bultarna som håller motorns/växellådans bakre fäste till kryssrambalken. Kasta bultarna; nya måste användas vid monteringen. Detta måste göras för att man ska kunna flytta motorn/växellådan något framåt när länkarmens främre bult tas bort.
3 Om den vänstra länkarmen tas bort på modeller med automatiskt strålkastarinställningssystem, märk ut hur nivågivarlänken är placerad på plattan på länkarmens framsida. Skruva sedan loss muttern och koppla loss givaren länkarm.
4 Skruva loss bulten som fäster krängningshämmarens länk vid länkarmens framsida. Om det är tillämpligt, ta bort strålkastarinställningens justeringsplatta.
5 Skruva loss fästbultarna mellan framfjädringens nedre spindelled och länkarmen och ta bort fästplattan från länkarmens övre del.
6 Skruva loss länkarmens (främre) styrbult och bakre fästbult **(se bilder)**. På modeller med automatväxellåda måste motorn/växellådan bändas något framåt för att det ska gå att ta bort den främre styrbulten.
7 Ta bort armen från kryssrambalken och dra bort den från bilens undersida. Om det behövs för extra arbetsutrymme, skruva loss drivaxelns inre drivknut från växellådans

drivfläns enligt beskrivningen i kapitel 8, avsnitt 2. Dra sedan ut hjullagerhuset.

Renovering

8 Rengör länkarmen noggrant. Leta sedan noga efter sprickor eller andra tecken på slitage eller skador. Var extra noga med styrbulten och de bakre fästbussningarna. Om någon bussning behöver bytas ska länkarmen lämnas in till en VW-mekaniker eller annan verkstad med lämplig utrustning. En hydraulisk press och lämpliga mellanläggsbrickor krävs för att pressa ut bussningarna från armen och montera nya. När en ny bakre fästbussning monteras måste den placeras i länkarmen på det sätt som visas **(se bild)**. Kammen måste alltid peka utåt.

Montering

9 Placera länkarmen i kryssrambalken och sätt i den nya styrbulten och de bakre fästbultarna. Dra åt den bakre fästbulten till angivet moment och vinkel. Men dra endast åt den främre styrbulten för hand i det här stadiet.
10 Om den har tagits bort ska drivaxelns inre drivknut monteras på växellådans fläns enligt beskrivningen i kapitel 8.
11 Montera spindelleden och fästplattan på länkarmen med nya bultar och dra åt bultarna till angivet moment och vinkel.
12 Montera krängningshämmarens länk på länkarmens framsida och dra åt till angivet moment. Om det är tillämpligt, montera strålkastarinställningens justeringsplatta på samma gång.
13 På modeller med automatisk strålkastarinställning, montera givarens länkarm på dess ursprungliga, markerade plats på den vänstra länkarmens platta. Dra sedan åt muttern.
14 När den vänstra länkarmen monteras på en modell med automatväxellåda, rikta in motorns/växellådans bakre fäste mot kryssrambalken och sätt i nya fästbultar. Dra åt bultarna till momentet specificerat för steg 1 och till vinkeln för steg 2 (se kapitel 2A, 2B eller 2C - efter tillämplighet).
15 Montera hjulet och den undre skyddskåpan. Sänk sedan ner bilen. Låt hela bilens tyngd vila på fjädringen. Dra åt länkarmens främre styrbult till angivet moment och vinkel.

6 Framfjädringens länkarms spindelled – demontering, kontroll och montering

Observera: *Alla självlåsande muttrar och bultar som rubbas vid demonteringen måste bytas.*

Demontering

Metod 1

1 Ta bort hjullagerhuset enligt beskrivningen i avsnitt 2.
2 Skruva loss spindelledens fästmutter. Lossa sedan spindelleden från hjullagerhuset med

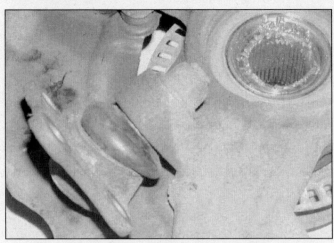

Pilen visar kammen som måste peka utåt
6.2a Framfjädringens nedre spindelled på hjullagerhuset

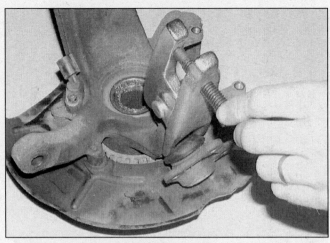

6.2b En universell spindelledsavdragare används för att ta bort den nedre spindelleden

en universalspindelledsavdragare **(se bilder)**. Dra bort spindelleden.

Metod 2

3 Dra åt handbromsen. Lyft sedan upp framvagnen och ställ den på pallbockar (se *Lyftning och stödpunkter*). Ta bort aktuellt framfjul och motorrummets undre skyddskåpa.
4 Skruva loss bultarna som fäster den inre drivaxelknuten vid växellådans fläns (se kapitel 8, avsnitt 2). Stötta drivaxeln genom att binda upp den med ståltråd eller snöre.
5 Skruva loss bultarna mellan spindelleden och länkarmen och ta bort fästplattan från länkarmens överdel.
6 Dra hjullagerhuset utåt och ta bort spindelleden från länkarmen. Håll isär hjullagerhuset från länkarmen genom att sticka in en träkloss mellan fjäderbenet och den inre karosspanelen.
7 Skruva loss spindelledens fästmutter. Lossa sedan spindelleden från hjullagerhuset med en spindelledsavdragare. Dra bort spindelleden.

Kontroll

8 När spindelleden är demonterad, kontrollera att den kan röra sig fritt utan tecken på att kärva. Kontrollera även att spindelledens gummidamask inte visar tecken på åldrande och att den är fri från sprickor och jack. Byt om det behövs.

Montering

Metod 1

9 Montera spindelleden på hjullagerhuset och sätt på den nya fästmuttern. Dra åt muttern till angivet moment. Observera att spindelledschucken kan hållas fast med en insexnyckel om det behövs för att hindra den från att rotera.
10 Montera hjullagerhuset enligt beskrivningen i avsnitt 2.

Metod 2

11 Montera spindelleden på hjullagerhuset och sätt på den nya fästmuttern. Dra åt muttern till angivet moment. Observera att spindelledschucken kan hållas fast med en insexnyckel om det behövs för att hindra den från att rotera.
12 Ta bort träklossen och flytta fjäderbenet inåt. Montera sedan spindelleden och fästplattan på länkarmen med nya bultar och dra åt bultarna till angivet moment och vinkel.
13 Montera drivaxelns inre drivknut vid växellådans fläns och dra åt fästbultarna till angivet moment (se kapitel 8).
14 Montera hjulet och den undre skyddskåpan. Sänk sedan ner bilen och dra åt hjulbultarna till angivet moment.

7 Främre krängningshämmare – demontering och montering

Observera: *Alla självlåsande muttrar och bultar som rubbas vid demonteringen måste bytas.*

Demontering

1 Dra åt handbromsen. Lyft sedan upp framvagnen och ställ den på pallbockar (se *Lyftning och stödpunkter*). Demontera båda framhjulen.
2 Ta bort krängningshämmarens båda länkar enligt beskrivningen i avsnitt 8.
3 Märk krängningshämmaren för att ange åt vilket håll den sitter monterad och hur gummifästbussningarna ska sitta, för att underlätta återmonteringen. Skruva loss krängningshämmarens fästklämbultar från kryssrambalken och lossa klämmorna från de nedre urtagen. Observera att det kan vara nödvändigt att lossa fästbultarna och sänka ner kryssrambalken för att komma åt klämbultarna.

4 Lirka ut krängningshämmaren från bilens undersida. Ta bort gummifästbussningarna från balken.
5 Undersök krängningshämmarens delar noga och leta efter tecken på slitage, skada eller åldrande. Var extra noga med gummifästbussningarna. Byt ut slitna komponenter om det behövs.

Montering

6 Montera gummifästbussningarna på krängningshämmaren och rikta in dem med märkena som gjordes vid demonteringen.
7 Passa in krängningshämmaren på sin plats. Montera fästklamrarna och se till att deras ändar är korrekt placerade i urtagen på kryssrambalken. Montera sedan fästbultarna. Se till att bussningsmarkeringarna fortfarande är i linje med märkena på balkarna. Dra sedan åt fästklamrarnas fästbultar ordentligt.
8 Om det behövs, dra åt kryssrambalkens fästbultar till angivet moment.
9 Montera anslutningslänkarna enligt beskrivningen i avsnitt 8.
10 Montera hjulen. Sänk sedan ner bilen till marken och dra åt hjulbultarna till angivet moment.

8 Främre krängningshämmarens anslutningslänk – demontering och montering

Observera: *Alla självlåsande muttrar och bultar som rubbas vid demonteringen måste bytas.*

Demontering

1 Dra åt handbromsen. Lyft sedan upp framvagnen och ställ den på pallbockar (se *Lyftning och stödpunkter*). Demontera relevant framhjul.
2 Skruva loss bulten som fäster länken

8.2 Främre krängningshämmarens anslutningslänk fäst vid länkarmen

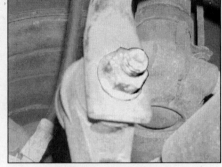

8.3 Mutter som håller fast anslutningslänken vid den främre krängningshämmaren

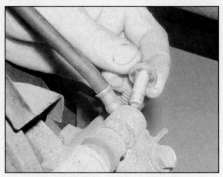

9.2a Skruva loss fästbultarna . . .

vid länkarmens framsida (se bild). Om den vänstra länken tas bort på modeller med automatiskt strålkastarinställningssystem, observera att givarens arm sitter mellan krängningshämmarlänken och länkarmen.

3 Använd en insexnyckel för att hålla länkens övre bult. Skruva sedan loss muttern och koppla loss länken från krängningshämmaren (se bild).

4 Undersök om länkens gummin är slitna eller skadade. Om sådana tecken finns ska hela länken bytas.

Montering

5 Montera i omvänd ordningsföljd mot demonteringen, men dra inte åt länkbultarna helt förrän hela bilen vilar på framfjädringen.

9 Bakre nav – demontering och montering

Observera: *De bakre hjullagren kan inte bytas ut oberoende av baknavet, eftersom lagerbanorna är utformade i själva navet. Vid kraftigt slitage måste hela baknavet bytas ut. Den bakre navmuttern måste alltid bytas ut om den har tagits bort.*

Demontering

1 Klossa framhjulen. Lyft sedan upp bakvagnen och ställ den på pallbockar (se *Lyftning och stödpunkter*). Lossa handbromsen och ta bort relevant bakhjul.

2 Ta bort det bakre bromsoket och fästbygeln enligt beskrivningen i kapitel 9 (se bilder). Koppla **inte** loss bromshydraulröret. Flytta bromsoket så att det precis går fritt från bromsskivan utan att bromsröret böjs mer än nödvändigt. Bind upp bromsoket med svetsstav eller stötta det på en pallbock.

3 Skruva loss krysspårskruven och dra sedan bort bromsskivan från navet (se bilder).

4 Ta bort dammkåpan från navets mitt med hjälp av en skruvmejsel eller en huggmejsel (se bilder).

5 Skruva loss navmuttern (se bilder). Observera att den är mycket hårt åtdragen och att en lång hylsnyckel kan behövas för att få loss den. Muttern bör bytas ut varje gång den tas bort.

9.2b . . . och ta bort det bakre bromsoket . . .

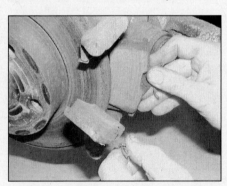

9.2c Ta sedan bort bromsklossarna. . .

9.2d . . . och bromsokets fästbygel

9.3a Skruva loss krysspårskruven . . .

9.3b . . . och ta bort den bakre bromsskivan

9.4a Knacka försiktigt bort dammkåpan. . .

9.4b . . . och ta bort den från navet

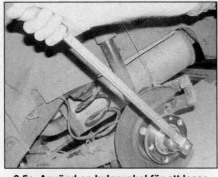

9.5a Använd en hylsnyckel för att lossa navmuttern, som är åtdragen till ett högt åtdragningsmoment

9.5b Navmuttern tas bort

6 Använd en lämplig avdragare och dra bort navet och lagren från axeltappen. Lagrets inre bana stannar kvar på axeltappen och måste tas bort med en avdragare. Använd en vass huggmejsel för att flytta bort banan från axeltappens bas så att avdragarens ben kan haka i banan ordentligt. ABS-rotorn kan lossna från navet och stanna kvar på den inre banan när navet tas bort. I så fall ska den tas bort över banan innan banan dras bort **(se bilder)**.
7 Undersök navet och lagren och leta efter slitage, punktkorrosion och skador. Det är mycket troligt att lagerytorna skadades då den inre banan stannade kvar på axeltappen.

Men om lagerytorna och kulorna verkar vara i gott skick kan navet återmonteras.

Montering

8 Torka rent axeltappen. Kontrollera sedan att lagerbanorna är ordentligt smorda med fett av rätt typ. Se till att den inre lagerbanan placeras korrekt i navet. Se även till att ABS-rotorn trycks fast ordentligt på navets inre ände.
9 Placera navet så långt in som möjligt på axeltappen. VW-mekaniker använder en särskild förlängd navmutter för att dra på

navet på axeltappen, eftersom den vanliga fästmuttern inte är tillräckligt lång för att nå gängorna. Om en specialmutter inte finns tillgänglig kan navet försiktigt drivas på plats med en bit metallrör eller en hylsa som endast vilar på den inre lagerbanan **(se bilder)**.
10 Skruva på den nya muttern och dra åt den till angivet moment **(se bild)**.
11 Kontrollera om dammkåpan är skadad och byt ut den om det behövs. Använd en hammare för att försiktigt knacka in kåpan i navet **(se bild på nästa sida)**. *Observera: En felaktigt monterad dammkåpa kan släppa in fukt i lagret så att det förbrukas i förtid.*

9.6a En avdragare används för att ta bort baknavet

9.6b ABS-rotorn kan sitta kvar på den inre lagerbanan – ta bort den innan avdragaren monteras

9.6c En avdragare används för att ta bort den inre lagerbanan från axeltappen

9.9a Placera navet på axeltappen . . .

9.9b . . . och driv sedan på det med en hylsa som endast vilar på den inre lagerbanan

9.10 Den bakre navmuttern momentdras

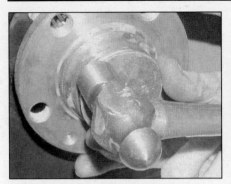

9.11 Kåpan knackas in i navet

10.4 Bakre axeltapp och fästbultar

11.3 Placera garagedomkraften och träklossen under hjälparmen

12 Montera bromsskivan och dra åt krysspårskruven.
13 Montera det bakre bromsoket och fästbygeln enligt beskrivningen i kapitel 9.
14 Montera hjulet och sänk ner bilen.

10 Bakre axeltapp – demontering och montering

Observera: *Alla självlåsande muttrar och bultar som rubbas vid demonteringen måste bytas.*

Demontering

1 Klossa framhjulen. Lyft sedan upp bakvagnen och ställ den på pallbockar (se *Lyftning och stödpunkter*). Lossa handbromsen och ta bort relevant hjul.
2 Ta bort det bakre navet enligt beskrivningen i avsnitt 9.
3 Koppla loss kablaget. Skruva sedan loss bulten och ta bort hastighetsgivaren från bakaxelns hjälparm.
4 Skruva loss fästbultarna som fäster axeltappen och bromsskölden vid bakaxelns hjälparm **(se bild)**. Dra bort bromsskölden och axeltappen.
5 Undersök axeltappen efter tecken på skador och byt ut den om det behövs. Försök **inte** räta ut axeltappen.

Montering

6 Se till att axelns, axeltappens och bromssköldens fogytor är rena och torra.

Kontrollera bromsskölden efter tecken på skador.
7 Montera axeltappen tillsammans med bromsskölden. Sätt sedan in de nya bultarna och dra åt dem stegvis till angivet moment.
8 Montera hastighetsgivaren, dra åt bulten och återanslut kablaget.
9 Montera baknavet enligt beskrivningen i avsnitt 9.
10 Sätt tillbaka hjulet och sänk ner bilen till marken.

11 Bakfjädringens stötdämpare och spiralfjäder – demontering och montering

Observera: *Alla självlåsande muttrar och bultar som rubbas vid demonteringen måste bytas.*

Stötdämpare

Demontering

1 Innan stötdämparen tas bort kan man skaffa sig en uppfattning om dess effektivitet genom att trycka ner bilens ena bakre hörn. Om stötdämparen är i gott skick ska karossen höjas upp och sedan stanna i sitt normala läge. Om karossen gungar mer än detta är stötdämparen defekt. **Observera:** *För att bakfjädringen inte ska bli ojämn måste båda bakre stötdämparna bytas ut samtidigt.*
2 Klossa framhjulen. Lyft sedan upp bakvagnen och ställ den på pallbockar (se

Lyftning och stödpunkter). Demontera relevant bakhjul.
3 Placera en garagedomkraft och en träkloss under spiralfjäderns placering på hjälparmen och höj upp armen så att stötdämparen trycks ihop något **(se bild)**. Observera att på vissa modeller kan det vara nödvändigt att först ta bort stenskottsskyddet.
4 Skruva loss stötdämparens nedre fästmutter och bult och bänd bort stötdämparen från hjälparmen **(se bilder)**.
5 Stötta stötdämparen. Skruva sedan loss de övre fästbultarna i det bakre hjulhuset. Sänk ner stötdämparen och dra bort den från undersidan av hjulhuset **(se bilder)**.
6 Arbeta med stötdämparen på bänken. Skruva loss muttern från kolvstångens överdel och ta bort den övre fästbygeln. Kolvstången kan hållas fast med en tång om den upphöjda

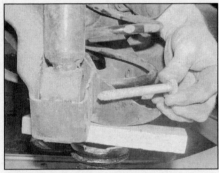

11.4a Ta bort den nedre fästbulten . . .

11.4b . . . och dra bort stötdämparen från hjälparmen

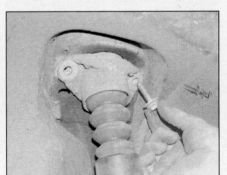

11.5a Skruva loss de övre fästbultarna . . .

11.5b . . . och dra bort den bakre stötdämparen under hjulhuset

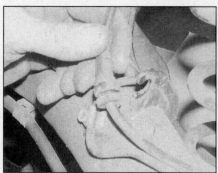

11.17 Lossa handbromsvajern från fästbygeln på hjälparmen

11.18a Bänd ner hjälparmen . . .

11.18b . . . och lossa sedan spiralfjädern från dess nedre säte . . .

piggen i stångens överdel. Ta bort gummistoppet och skydden från stångens överdel.
7 Om det behövs kan stötdämparens funktion kontrolleras genom att den fästs upprätt i ett skruvstäd. Tryck ner stången helt och dra sedan upp den helt. Kolvstången måste röra sig obehindrat hela vägen.

Montering

8 Placera gummistoppet och skydden på kolvstången, följt av den övre fästbygeln. Montera den nya muttern och dra åt till angivet moment medan kolvstången hålls på samma sätt som vid demonteringen.
9 Placera stötdämparen i det bakre hjulhuset. Sätt sedan i de övre fästbultarna och dra åt till angivet moment.
10 Placera stötdämparens nedre del i hjälparmen. Sätt i bulten från utsidan och skruva på muttern. Höj upp hjälparmen med domkraften så att bakfjädringens tyngd tas upp. Dra sedan åt den nedre fästbulten till angivet moment.
11 Sänk ner domkraften och montera stenskottsskyddet, om ett sådant finns.
12 Montera hjulet och sänk ner bilen.

Spiralfjäder

Observera: Det går att ta bort den bakre spiralfjädern utan att använda en fjäderspännare. Båda metoderna beskrivs i följande punkter.

Demontering med en fjäderspännare

13 Klossa framhjulen. Lyft sedan upp bakvagnen och ställ den på pallbockar (se

11.19 Ta loss det övre och nedre zink-fjädersätet

Lyftning och stödpunkter). Demontera relevant bakhjul.
14 Om en fjäderspännare används, montera verktyget på spiralfjädern och tryck i hop den tills den kan tas bort från hjälparmen och underredet. Arbeta med spiralfjädern på bänken. Släpp försiktig på fjäderspännarens spänning och ta bort den.

 Varning: Justerbara fjäderspännare finns att köpa och vi rekommenderar att sådana används till den här åtgärden. Om försök görs för att ta bort spiralfjädern utan ett sådant verktyg är det hög risk för material- eller personskador.

Demontering utan fjäderspännare

15 Placera först en garagedomkraft och en träkloss under spiralfjäderns plats på hjälparmen och höj upp armen så att stötdämparen trycks ihop något. Observera att på vissa modeller kan det vara nödvändigt att först ta bort stenskottsskyddet.
16 Skruva loss stötdämparens nedre fästmutter och bult och bänd bort stötdämparens nederdel från hjälparmen.
17 Lossa handbromsvajern från fästbygeln på hjälparmen (se bild).
18 Sänk ner garagedomkraften och ta bort den under hjälparmen. Bänd sedan försiktigt ner armen tills spiralfjädern kan tas bort. Bänd mot en bit trä för att undvika att underredet skadas. Se till att bilen har ordentligt stöd på pallbockar (se bilder).

Demontering – alla metoder

19 När spiralfjädern är borttagen, ta loss de övre och nedre zinkfjädersätena och kontrollera om de är skadade (se bild). Skaffa nya om det behövs. Rengör även fjädrarnas placeringar på underredet och hjälparmen.

Montering

20 Montera i omvänd ordningsföljd mot demonteringen. Se till att det övre fjädersätet placeras korrekt på spiralfjädern med fjäderänden mot sätets klack. Det nedre sätet är cirkelformat och sitter endast i mitten av fjädern. Innan stötdämparens nedre fästbult dras åt till angivet moment ska hjälparmen lyftas upp med domkraften så att bakfjädringens tyngd tas upp.

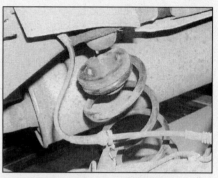

11.18c . . . och underredessätet

12 Bakre krängningshämmare – demontering och montering

Den bakre krängningshämmaren löper längs den bakre axelbalken. Den utgör en del av axelenheten och kan inte tas bort separat. Om krängningshämmaren skadas, vilket är föga troligt, måste hela axelenheten bytas ut.

13 Bakaxel – demontering och montering

Observera: Alla självlåsande muttrar och bultar som rubbas vid demonteringen måste bytas.

Demontering

1 Klossa framhjulen. Lyft sedan upp bakvagnen och ställ den på pallbockar som placeras under underredet (se Lyftning och stödpunkter). Ta bort båda bakhjulen.
2 Arbeta på en sida i taget. Höj upp hjälparmen något så att stötdämparen inte är helt utdragen. Skruva sedan loss stötdämparens övre fästbultar från hjulhusets insida. Sänk försiktigt ner hjälparmen för att släppa spiralfjäderns spänning.
3 På modeller med nivå-/strålkastarinställningssystem, skruva loss länken och armen från den vänstra hjälparmen.

13.7 Bromsslang på bakaxel och underrede

4 När båda stötdämparnas övre fästen är losskopplade, sänk ner hjälparmarna tills spiralfjädrarna och sätena kan tas bort.
5 Ta bort stenskottsskyddsplåtarna från hjälparmarna. Skruva sedan loss de nedre fästbultarna och ta bort stötdämparna från bakaxeln.
6 Lossa handbromsvajern från fästena/klämmorna på bakaxeln och underredet.
7 Dra ut klämmorna och koppla loss bromsslangarna från fästena på bakaxeln och underredets fästbygel på båda sidor (se bild). Koppla inte loss bromsrören från slangarna.
8 Se kapitel 9 och skruva loss båda bromsoken från bakaxelns hjälparmar. Lossa rören från klämmorna och för bromsoken åt sidan, tillsammans med handbromsvajrarna.
9 Koppla loss hastighetsgivarens kablage från ABS-systemets hastighetsgivare på varje hjälparm och lossa kablaget från fästena.
10 Skruva loss skruvarna och ta bort bromsskivorna. Ta sedan bort naven och skruva loss axeltapparna och bromssköldarna. Se avsnitt 9 och 10 om det behövs.
11 Stötta bakaxeln med en garagedomkraft. Skruva sedan loss bakaxelns främre fästbultar från underredets fästbyglar.
12 För ner bakaxeln från underredets fästbyglar och ta bort den från bilens undersida. Ta om möjligt hjälp av en medhjälpare.
13 Undersök bakaxelns fästen efter tecken på skador eller slitage. Se avsnitt 14 om de behöver bytas. Om ett vibrationsdämparblock finns monterat, skruva loss detta från bakaxeln överdel.

Montering

14 Om det är tillämpligt, montera vibrationsdämparen på bakaxelns överdel och dra åt bultarna till angivet moment och vinkel.
15 Applicera lite bromsfett eller såpvatten på de njurformade urholkningarna i de främre gummifästena. Lirka sedan in bakaxeln i underredets fästbyglar och sätt i fästbultarna utifrån. Skruva åt muttrarna för hand på det här stadiet.
16 Se avsnitt 9 och 10 och montera bromssköldarna, axeltapparna och naven. Montera sedan bromsskivorna och dra åt skruvarna ordentligt.

17 Återanslut kablaget till ABS-systemets hastighetsgivare och kläm fast kablaget i fästena.
18 Montera bromsoken och fäst hydraulrören i sina klämmor enligt beskrivningen i kapitel 9.
19 Montera bromshydraulslangarna i fästena och fäst med klämmorna.
20 Montera handbromsvajrarna och placera dem i hållarna/klämmorna.
21 Placera stötdämparna på hjälparmarna och sätt i de nedre fästbultarna löst.
22 Placera försiktigt spiralfjädrarna och zinksätena på bakaxeln enligt beskrivningen i avsnitt 11.
23 Arbeta på en sida i taget. Höj upp hjälparmen tills de övre fästbultarna kan sättas i. Dra åt bultarna till angivet moment.
24 Arbeta på en sida i taget. Hissa upp hjälparmen med en garagedomkraft tills bilens tyngd vilar på spiralfjädern. Dra åt relevant främre fästbult till angivet moment. Dra sedan åt relevant stötdämpares nedre fästbult till angivet moment.
25 Montera stenskottsskyddsplåtarna under hjälparmarna.
26 Kontrollera handbromsen och justera den enligt beskrivningen i kapitel 9 om det behövs.
27 På modeller med bilnivå-/strålkastarinställningssystem, montera länken och armen på den vänstra hjälparmen och dra åt bultarna till angivet moment.
28 Montera hjulen och sänk ner bilen.

14 Bakaxelns gummifästen – byte

Observera: *Gummifästena bör bytas ut på båda sidor samtidigt för att bakhjulsinställningen ska hållas korrekt.*

1 Observera att Golfmodeller från modellår 1999 (utom 1.4 liters bensinmodeller), och alla Boramodeller är utrustade med hydrauliska gummifästen på bakaxeln. Övriga Golfmodeller är utrustade med solida gummifästen. Det går inte att ta bort de hydrauliska gummifästena från bakaxeln. Om läckage uppstår måste hela bakaxen bytas ut. Följande punkter beskriver hur de solida gummifästena byts ut.
2 Klossa framhjulen. Lyft sedan upp bakvagnen och ställ den på pallbockar som placeras under underredet (se *Lyftning och stödpunkter*). Ta bort båda bakhjulen.
3 Lossa handbromsvajrarna från fästena/klämmorna på bakaxeln och underredet.
4 Dra ut klämmorna och koppla loss bromsslangarna från stöden på bakaxelns och underredets fästbyglar.
5 Skruva loss bakaxelns båda främre fästbultar från underredets fästbyglar.
6 Arbeta på en sida i taget. Dra ner hjälparmens främre ände från underredets fästbygel och håll den i det här läget genom

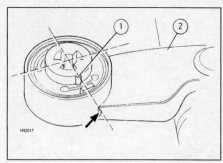

14.9 Placering av bakaxelns gummifäste

Utskärningen (1) måste vara i linje med punkten som anges av pilen på hjälparmen (2)

att placera en träkloss mellan armen och underredet.
7 Notera hur gummifästet är placerat för att underlätta monteringen.
8 VW-mekaniker använder en glidhammare för att ta bort gummifästet från bakaxeln. Om ett sådant verktyg inte finns tillgängligt kan en lång bult med ett metallrör och brickor användas för att tvinga ut fästet.
9 Det nya fästet måste placeras i bakaxeln på det sätt som visas (se bild). Använd ett lämpligt verktyg och dra in fästet i bakaxeln tills det sitter på det sätt som noterades vid demonteringen.
10 Byt fästet på andra sidan på samma sätt, enligt beskrivningen i punkt 6 till 9.
11 Applicera lite bromsfett eller såpvatten på de njurformade fördjupningarna i de främre fästgummina. Placera sedan bakaxeln i underredets fästbyglar. Sätt i fästbultarna utifrån och dra åt dem för hand på det här stadiet.
12 Montera bromsslangarna och handbromsvajrarna och fäst med klämmorna.
13 Arbeta på en sida i taget. Höj upp hjälparmen med en garagedomkraft tills bilens tyngd vilar på spiralfjädern. Dra sedan åt den främre fästbulten till angivet moment.
14 Montera hjulen och sänk ner bilen.

15 Bilens nivågivare – demontering och montering

Demontering

1 Den främre givaren till bilens nivåsystem/strålkastarinställningssystemet sitter på vänster sida av underredet och har en arm och en länk fäst vid den vänstra främre länkarmen. Den bakre givaren är fastbultad vid underredet och en arm och länk är fästa vid en fästbygel på den vänstra hjälparmen.
2 För att ta bort den främre givaren, dra först åt handbromsen, lyft sedan upp framvagnen och ställ den på pallbockar (se *Lyftning och stödpunkter*). Ta bort framhjulet. Märk ut hur givarlänken sitter placerad på länkarmens platta för att underlätta återmonteringen. Skruva loss muttern och koppla loss länken

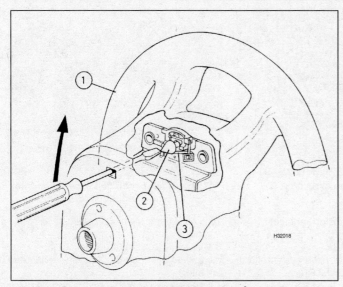

16.4a Demontering av krockkuddemodul på modeller med
fyrekrad ratt

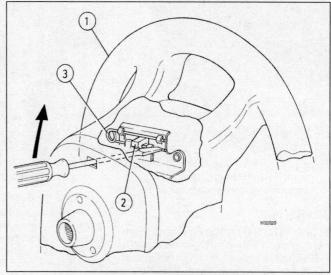

1 Ratt   2 Låstapp   3 Klämma
16.4b Demontering av krockkuddemodul på modeller med
treekrad ratt

från plattan. Koppla loss kablaget. Skruva sedan loss muttrarna och ta bort givaren från underredet. Observera att popnitskruvar sitter monterade på underredet. Om dessa behöver bytas ut måste en popnittång användas för att montera de nya nitarna. De gamla nitarna kan skäras av med en bågfil eller borras ut.

3 För att ta bort den bakre givaren, klossa framhjulen, lyft upp bakvagnen och ställ den på pallbockar (se *Lyftning och stödpunkter*). Skruva sedan loss bulten och ta loss länken från fästbygeln på bakaxeln. Koppla loss kablaget. Skruva därefter loss givaren.

Montering

4 Montera i omvänd ordningsföljd mot demonteringen. Dra åt fästmuttrarna/-bultarna till angivet moment. Låt en VW-verkstad kontrollera den främre givarens inställning om det behövs. Det arbetet kräver special-utrustning som hemmamekanikern vanligtvis inte har tillgång till.

16 Ratt – demontering och montering

⚠ Varning: Undvik att sitta i framsätena under demonteringen och monteringen av krockkuddarna.

Observera: *Rattstången, ratten och krock-kudden levereras från två olika tillverkare och det är viktigt att inte komponenter från de olika tillverkarna förväxlas.*

Demontering

1 Ställ framhjulen rakt fram och lås upp rattlåset genom att sätta i startnyckeln.
2 Lossa batteriets jordledning (minuspolen) och flytta bort ledningen från polen.

3 Justera rattstången till det lägsta läget genom att lossa justeringshandtaget och sedan dra ut rattstången och sänka ner den så långt som möjligt. Lås stången i det här läget genom att ställa tillbaka justerings-handtaget.
4 Låt rattekrarna vara i vertikalt läge. Stick in en skruvmejsel ungefär 45 mm i hålet i rattnavets övre bakre del. För den sedan uppåt för att lossa klämman och ta bort krockkuddens låstapp **(se bilder)**. Vrid nu ratten 180° och lossa den kvarvarande krock-kuddelåstappen.
5 Vrid ratten så att hjulen pekar rakt fram.
6 Dra försiktigt bort krockkuddemodulen och koppla loss kablaget **(se bild)**.

⚠ Varning: Placera krockkudden på ett säkert ställe, på avstånd från arbetsutrymmet (se kapitel 12).

7 Använd en räfflad hylsa och skruva loss fästbulten medan ratten hålls still **(se bild)**. **Observera:** *Rattens fästmutter kan åter-användas upp till fem gånger, men sedan*

1 Ratt   2 Låstapp   3 Klämma
16.4c Krockkuddemodulen lossas från
ratten

måste den bytas ut. Vi rekommenderar att muttern märks med en körnare för att visa hur många gånger den tagits bort.
8 Märk ut rattens position i förhållande till rattstången med en klick vit färg för att underlätta återmonteringen. Ta sedan bort ratten från rattstångsspåren genom att stadigt rucka den från sida till sida.

16.6 Kablaget kopplas loss från
krockkuddemodulen

16.7 Håll ratten stadigt och skruva loss
fästbulten med en räfflad hylsa

17.3 Rattstångens höjd- och djupjusteringshandtag tas bort

17.4a Skruva loss skruvarna . . .

17.4b . . . lyft sedan den övre kåpan från kombinationsbrytaren . . .

Montering

9 Observera att om kombinationsbrytaren har tagits bort från rattstången måste spelet mellan ratten och brytaren justeras innan brytarens fästklämma dras åt slutgiltigt. Avståndet ska vara ungefär 2,5 mm. Se kapitel 12, avsnitt 4 för mer information.

10 Placera ratten på rattstångsspåren och se till att de tidigare gjorda märkena passas in korrekt mot varandra.

11 Applicera lämplig fästmassa på bultgängorna, skruva i bulten och dra åt den till angivet moment medan ratten hålls still.

12 Låt ratten vara vriden så att hjulen pekar rakt fram. Placera sedan krockkudemodulen på sin plats och återanslut kablaget. Tryck försiktigt in modulen tills de båda fästtapparna snäpper på plats.

13 Återanslut batteriets minusledning (jord) enligt beskrivningen i kapitel 5A.

17 Rattstång – demontering, kontroll och montering

Demontering

1 Lossa batteriets jordledning (minuspolen) och flytta bort ledningen från polen.

2 Ta bort ratten enligt beskrivningen i avsnitt

16 och räta upp styrningen så att hjulen pekar rakt fram.

3 Skruva loss skruvarna och ta bort rattstångens höjd- och djupinställningshandtag **(se bild)**

4 Skruva loss skruvarna och ta bort den övre kåpan från rattstången. Lossa sedan plastklämmorna/skruvarna och ta bort den nedre kåpan **(se bilder)**. Lossa kåpan från höjd- och djupinställningshandtaget när den tas bort.

5 Ta bort säkringsdosans lock. Ta sedan bort instrumentbrädans nedre paneler och förstärkningsplatta under rattstången. Ta även bort panelen under instrumentbrädan i förarsidans benutrymme **(se bilder)**.

17.4c . . . och dra bort den från instrumentbrädan

17.4d Skruva loss de nedre skruvarna . . .

17.4e . . . och de yttre skruvarna . . .

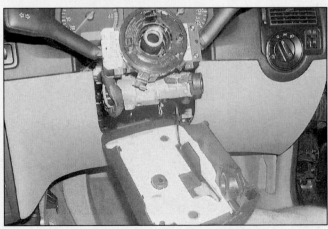

17.4f . . . och dra bort den nedre kåpan

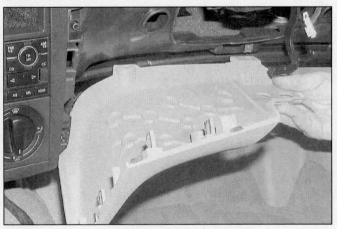

17.5a Ta bort den vänstra . . .

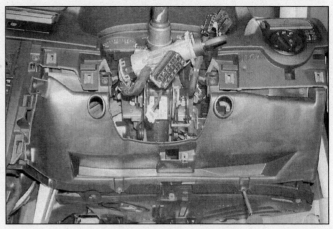

17.5b . . . och högra nedre instrumentbrädespanelen

17.5c Skruva sedan loss skruvarna . . .

17.5d . . . och ta bort förstärkningsplattan

17.5e Panelen tas bort under instrumentbrädan

17.10 Plastkåpan tas bort från rattlåsets säkerhetsbultar

Modeller utan elektronisk stabilisering/antispinnsystem

6 Koppla loss kablaget från den nedre delen av rattstångens kombinationsbrytares baksida.

7 Använd en liten skruvmejsel för att lossa låstapparna. Dra sedan bort krockkuddens släpring och kontaktdon från kombinationsbrytaren.

Modeller med elektronisk stabilisering/antispinnsystem

8 Observera att på modeller utrustade med elektronisk stabilisering och antispinnsystem ser släpringen annorlunda ut och innehåller en

styrvinkelgivare. Om den här typen av släpring ska tas bort ska hjulen fortfarande peka rakt fram. Kontrollera sedan att en gul fläck syns genom öppningen i släpringshusets övre högra hörn. Om det behövs, montera ratten tillfälligt och flytta rattstången tills fläcken syns.

9 Arbeta på släpringshusets baksida. Lossa de två fästkrokarna och dra bort släpringen och styrvinkelgivaren.

Alla modeller

10 Ta bort plastkåpan från rattlåsets säkerhetsbultar ovanpå rattstången och lossa klämman som fäster kabelhylsan **(se bild)**.

11 Markera hur kombinationsbrytaren är placerad på rattstången. Skruva sedan bort klämbulten och dra bort brytaren.

12 Koppla loss kablaget från tändningslåsets baksida och från startnyckelgivarens spole. Skruva även loss bulten och ta bort jordledningen från rattlåshuset **(se bilder)**.

13 På modeller med automatväxellåda, flytta växelspaken till läge P och vrid sedan tändningsnyckeln till "On". Lossa kabelklämman genom att trycka den uppåt eller nedåt (beroende på typ). Dra sedan ut ratt-låsets låsvajer.

14 Arbeta under pedalfästbygeln. Skruva loss plastmuttrarna och ta bort kåpan för

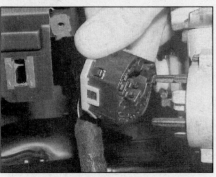

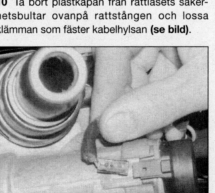

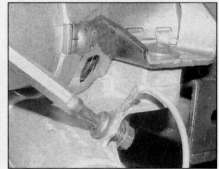

17.12a Kablaget kopplas loss från tändningslåset . . .

17.12b . . . och från startnyckelgivarens spole

17.12c Ta även bort jordkabeln från rattlåshuset

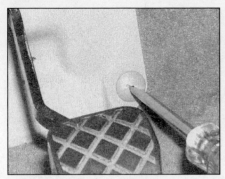

17.14a Skruva loss plastmuttarna . . .

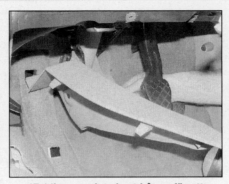

17.14b . . . och ta bort kåpan för att komma åt styrväxelns kuggstång

17.15a Universalkoppling som länkar mellanaxelns nederdel till styrväxelns kuggstång

att komma åt rattstångens nedre universalkoppling **(se bilder)**.

15 Skruva loss klämbulten och frigör rattstångens universalkoppling från styrväxelns kuggstång (axeln är teleskopisk för att den ska gå lätt att ta loss). Kasta klämbulten; en ny måste användas vid monteringen. Observera att kuggstången har en utskärning för att klämbulten ska kunna monteras, och att den räfflade kuggstången har en flat yta som gör det omöjligt att sätta ihop kopplingen och stången på fel sätt **(se bilder)**.

16 Observera att den inre och yttre stången och mellanaxeln är teleskopiska för att underlätta djupjusteringen. Det är viktigt att

den inre rattstångens räfflade delar hålls fästa i varandra medan rattstången är borttagen. Om de kopplas isär på grund av att den yttre stångens delar tas isär kan skallrande ljud uppstå, särskilt på bilar som har gått en längre körsträcka. VW-mekaniker använder en särskild plastklämma för att hålla ihop den yttre stångens delar, men en hållare kan göras av en kilformad träplugg eller så kan plaständen av en kulspetspenna användas. Lossa först djupjusteringshandtaget och placera de yttre rattstångsslangarna så att transporteringshålen är i linje. Sätt i pluggen för att hålla ihop rattstångens delar vid demonteringen **(se bild)**.

17 Skruva loss den nedre fästbulten. Stötta sedan rattstången och skruva loss de övre fästbultarna. Dra bort rattstången från bilens insida **(se bilder)**.

18 Om det behövs, ta bort tändningslåset/rattstångslåset enligt beskrivningen i avsnitt 18.

Kontroll

19 Rattstången är utformad så att den ska ge vika vid en frontalkrock för att förhindra att ratten skadar föraren. Innan rattstången återmonteras ska stången och fästena undersökas efter skador och deformeringar. Använd skjutmått och mät avståndet mellan

17.15b Klämbulten tas bort

17.15c Räfflad kuggstång på styrväxeln

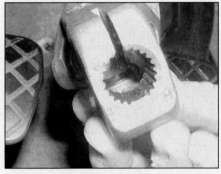

17.15d Den räfflade universalkopplingen med den flata ytan som gör att den endast kan monteras på ett sätt

17.16 Sätt i en plugg (vid pilen) för att hålla ihop rattstångens yttre delar vid demonteringen

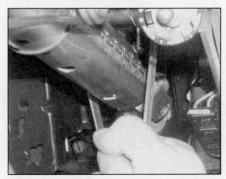

17.17a Lossa muttern . . .

17.17b . . . och ta bort rattstångens nedre fästbult

17.17c Skruva loss de övre fäst-bultarna . . .

17.17d . . . och dra bort rattstången från bilen

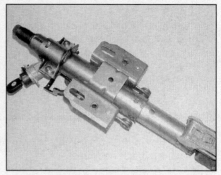

17.17e Rattstången borttagen från bilen

bulthålet och stoppsprinten på den övre fästplattan **(se bild)**. Sätt i fästbulten för att göra kontrollen. Om avståndet inte är 23 mm är rattstången skadad och måste bytas ut.

20 Kontrollera rattstångens inre delar och leta efter tecken på fritt spel i rattstångsbussningarna. Om skador eller slitage upptäcks i rattstångsbussningarna måste hela rattstången bytas ut.

21 Mellanaxeln är permanent fäst vid den inre stången och kan inte bytas ut separat **(se bild)**. Undersök om universalknuten är kraftigt sliten. Om den är det måste hela rattstången bytas ut.

Montering

22 Om en ny rattstång ska monteras måste valsfästbygeln tas bort från den gamla yttre stången och fästas på den nya med en ny bult med säkerhetshuvud **(se bild)**. Borra ut den gamla säkerhetsbulten för att ta bort fästbygeln och skruva loss resten av bulten. Placera fästbygeln på den nya rattstången och fäst den med en ny bult med säkerhetshuvud. Dra åt bulten tills bultskallen bryts av.

23 Montera tändningslåset/rattstångslåset enligt beskrivningen i avsnitt 18.

24 Applicera lite låsvätska på fästbultarnas gängor. Passa in rattstången på fästbygeln och sätt i alla fästbultarna löst. Dra åt den nedre fästbulten till angivet moment och dra sedan åt de övre bultarna till angivet moment.

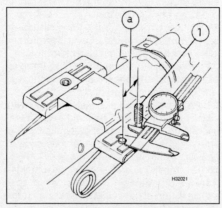

17.19 Skjutmått används för att mäta avståndet mellan rattstångens fästbultshål och stoppsprint

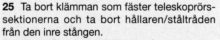

1 Fästbult   a = 23,0 mm

25 Ta bort klämman som fäster teleskoprörssektionerna och ta bort hållaren/ståltråden från den inre stången.

26 Placera universalknuten på styrväxelns kuggstång så att utskärningen är i linje med bulthålen. Sätt i den nya klämbulten och dra åt till angivet moment.

27 Montera plastkåpan under pedalfästbygeln och fäst med plastmuttrarna.

28 På modeller med automatväxellåda, låt växelspaken stå i läge P och startnyckeln i läge "On" och dra in låsvajern i låshuset tills

vajerklämman fäster. Kontrollera att det går att flytta växelspaken från läge P. Om inte, se kapitel 7B och justera vajern. Kontrollera även att det bara går att ta bort startnyckeln när växelspaken är i läge P. När startnyckeln är i av-läget "Off" ska det inte gå att flytta växelspaken från P-läget.

29 Placera kombinationsbrytaren på rattstången, rikta in den efter de tidigare gjorda märkena och dra åt klämbulten.

30 Montera plastkåpan över rattstångens säkerhetsbultar och montera kabelklämman.

Modeller utan elektronisk stabilisering/antispinnsystem

31 Montera krockkuddens släpring och kontaktdon på kombinationsbrytaren.

32 Återanslut kablaget till kombinationsbrytaren.

Modeller med elektronisk stabilisering/antispinnsystem

33 Montera styrvinkelgivaren och släpringen och se till att fästtapparna är korrekt fästa.

34 Se till att den gula fläcken syns (se punkt 8). Montera sedan styrvinkelgivaren i dess mittläge **(se bild)**. **Observera:** *Givarens grundinställning måste kontrolleras av en VW-mekaniker varje gång den tas bort eller varje gång rattstången flyttas.*

17.21 Mellanaxeln är permanent fäst vid den inre rattstången

17.22 Valsfästbygeln är fäst vid rattstången med en bult med säkerhetshuvud

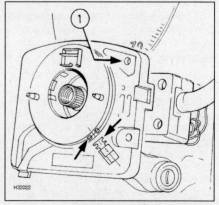

17.34 Rattens vinkelgivare på modeller med elektronisk stabilisering och antispinnsystem

Den gula fläcken måste synas genom hålet (1) när styrvinkelgivaren är i sitt mittläge (pil)

Alla modeller

35 Placera tillfälligt ratten på rattstångsräfflorna och kontrollera att spelrummet mellan ratten och klockans fjäderhus är ungefär 2,5 mm. Om inte, lossa kombinationsbrytarens klämbult och flytta den. Dra sedan åt bulten igen. Ta bort rattstången.

36 Montera rattstångskåporna och fäst dem med skruvarna.

37 Montera höjd- och djupjusteringshandtaget och dra åt skruvarna.

38 Montera instrumentbrädans nedre paneler och förstärkningsplatta. Montera även panelen under instrumentbrädan i förarsidans benutrymme.

39 Montera ratten enligt beskrivningen i avsnitt 16.

40 Återanslut batteriets minusledare.

18 Tändningslås och rattlås – demontering och montering

Tändningslås

Demontering

1 Lossa batteriets jordledning (minuspolen) och flytta bort ledningen från polen.

2 Ta bort ratten enligt beskrivningen i avsnitt 16.

3 Skruva loss skruvarna och ta bort rattstångens höjd- och djupinställningshandtag.

4 Skruva loss skruvarna och ta bort den nedre kåpan från rattstången. Lossa sedan plastklämmorna och ta bort den övre kåpan.

5 Ta bort plastkåpan från rattlåsets säkerhetsbultar ovanpå rattstången och lossa kabelklämman som fäster kabelhylsan.

6 Markera hur kombinationsbrytaren är placerad på rattstången. Skruva sedan loss klämbulten och dra bort brytaren.

7 Dra försiktigt bort anslutningskontakten från tändningslåset.

8 Ta bort förseglingsfärgen från skallarna på låsets fästskruvar. Lossa sedan skruvarna något och dra ut låset från rattlåshuset.

Montering

9 Sätt i startnyckeln och vrid den till läget "On". Vrid även låset till samma läge.

10 Sätt försiktigt in låset i huset. Sätt sedan i skruvarna och dra åt ordentligt. Försegla skruvarna genom att lägga lite färg över skruvskallarna och huset.

11 Återanslut anslutningskontakten till tändningslåset.

12 Placera kombinationsbrytaren på rattstången, rikta in den efter de tidigare gjorda märkena och dra åt klämbulten.

13 Montera plastkåpan på rattlåsets säkerhetsbultar och fäst kabelhylsan med kabelklämman.

14 Montera rattstångskåporna och dra åt skruvarna.

15 Montera höjd- och djupinställningshandtaget och dra åt skruvarna.

16 Montera ratten enligt beskrivningen i avsnitt 16.

17 Återanslut batteriets minusledare.

Rattlås

Demontering

18 Lossa batteriets jordledning (minuspolen) och flytta bort ledningen från polen.

19 Ta bort ratten enligt beskrivningen i avsnitt 16.

20 Skruva loss skruvarna och ta bort rattstångens höjd- och djupinställningshandtag.

21 Skruva loss skruvarna och ta bort den nedre kåpan från rattstången. Dra sedan ut och ta bort den övre kåpan.

22 Ta bort plastkåpan från rattlåsets säkerhetsbultar i rattstångens överdel och lossa kabelklämman som fäster kabelhylsan.

23 Markera hur kombinationsbrytaren är placerad på rattstången. Skruva sedan loss klämbulten och dra bort brytaren.

24 På modeller med automatväxellåda, flytta växelspaken till läge P och vrid sedan startnyckeln till "On". Lossa kabelklämman genom att trycka den uppåt eller nedåt (beroende på typ). Dra sedan ut rattlåsets låsvajer.

25 Dra försiktigt bort anslutningskontakten från tändningslåset. Koppla även loss kablaget från spolen till startnyckelns motorlåsningssystem.

26 Låset sitter fäst vid den yttre rattstången med bultar med säkerhetshuvud **(se bild)**, och bultskallarna har brutits av vid åtdragningen. De gamla bultarna kan antingen borras ut, eller så kan en vass huggmejsel användas till att skära av skallarna eller vrida dem moturs. Dra bort låset från rattstången.

27 Om det behövs kan låscylindern tas bort från rattlåshuset enligt följande. **Observera:** *Låscylindern kan tas bort med låset på plats om ratten, kåporna och kombinationsbrytaren demonteras.* Sätt i startnyckeln och vrid den till läget "On". Sätt i en bit 1,2 mm ståltråd i utborrningen bredvid startnyckeln. Tryck ner ståltråden och dra sedan bort låscylindern från huset.

Montering

28 Om låscylindern tagits bort, montera startnyckeln i läge "On" och ta sedan bort ståltråden. Se till att anslutningen till motorlåsningssystemets spole sitter korrekt i styrningen när låscylindern sätts i.

29 Placera låset på den yttre rattstången och sätt i de nya bultarna. Dra åt bultarna tills bultskallarna bryts av.

30 Återanslut anslutningskontakten till tändningslåset och startnyckelns motorlåsningsspole.

31 På modeller med automatväxellåda, låt växelspaken stå i läge P och startnyckeln i läge "On" och dra in låsvajern i låshuset tills vajerklämman fäster. Kontrollera att det går att flytta växelspaken från läge P. Om inte, se kapitel 7B och justera vajern. Kontrollera även att det bara går att ta bort startnyckeln när växelspaken är i läge P. När startnyckeln är i av-läget "Off" ska det inte gå att flytta växelspaken från P-läget.

32 Placera kombinationsbrytaren på ratt-stången, rikta in den efter de tidigare gjorda märkena och dra åt klämbulten.

33 Montera plastkåpan på rattlåsets säkerhetsbultar och fäst kabelhylsan med kabelklämman.

34 Montera rattstångskåporna och dra åt skruvarna.

35 Montera höjd- och djupjusteringshandtaget och dra åt skruvarna.

36 Montera ratten enligt beskrivningen i avsnitt 16.

37 Återanslut batteriets minusledare.

19 Styrväxel – demontering, renovering och montering

Observera: *Vid monteringen behövs nya fästbultar till kryssrambalken, nya muttrar till styrstagens spindelleder, nya fästbultar till styrväxeln och en ny universalknutsklämbult till mellanaxeln.*

Demontering

1 Dra åt handbromsen. Lyft sedan upp framvagnen och ställ den på pallbockar som placeras under underredet så att kryssrambalken lämnas fri (se *Lyftning och stödpunkter*). Vrid ratten så att hjulen pekar rakt fram. Ta sedan bort de båda framhjulen. Ta även bort motorrummets undre skyddskåpa.

2 Arbeta inuti bilen. Skruva loss skruvarna och ta bort plastkåpan för att komma åt universalknuten som fäster den inre rattstången vid styrväxelns drev. Skruva loss klämbulten och dra bort universalknuten från drevets räfflor. **Observera:** *Styrväxelns drev har en utskärning för klämbulten och därför kan knuten endast monteras på ett sätt.* Kasta klämbulten; en ny måste användas vid monteringen

18.26 Rattlåset är fäst vid den yttre rattstången med bultar med säkerhetshuvud

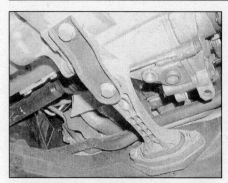

19.5 Motorns/växellådans bakre fäste

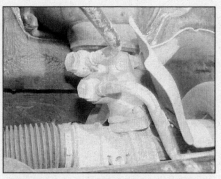

19.8 Hydraulvätskeledningar anslutna till styrväxeln

3 Montera en slangklämma på vätske-returslangen som leder från styrväxeln till servostyrningens vätskebehållare. Montera även en slangklämma på servostyrnings-pumpens vätskeintagsslang.

4 Arbeta på en sida i taget. Skruva loss muttrarna från styrstagsändarna. Använd sedan en spindelledsavdragare för att lossa ändarna från styrarmarna på framhjulens lagerhus.

5 Skruva loss de två bultarna som håller det bakre motor-/växellådsfästet till undersidan av växellådan **(se bild)**. Kasta båda bultarna (nya måste användas vid monteringen) och lämna fästet anslutet till kryssrambalken.

6 Stötta kryssrambalken med en garage-domkraft. Skruva sedan loss bultarna som fäster kryssrambalken vid underredet. Det finns fyra bultar på varje sida av kryssram-balken.

7 Placera en lämplig behållare under styr-växeln för att fånga upp vätskespill.

8 Sänk ner kryssrambalken något så att det går att komma åt styrväxelns vätsketillförsel- och returanslutningar. Styr samtidigt kugg-stången från gummigenomföringen i golvet. Skruva loss anslutningsbultarna och koppla loss ledningarna. Ta sedan loss tätnings-brickorna av koppar **(se bild)**. Tejpa över eller plugga igen ledningsändarna och styrväxelns öppningar för att förhindra att damm och smuts tränger in i hydraulsystemet. Lednings-ändarna kan viras in i plastpåsar om så önskas.

9 Skruva loss bulten och muttern och lossa returledningen från kryssrambalken/styr-växeln. Flytta returledningen åt sidan.

10 Skruva loss fästbultarna och dra styr-växeln bakåt från kryssrambalken. Observera att fästet på passagerarsidan av styrväxeln innehåller en klämma och ett gummifäste **(se bild)**. Undersök fästet och leta efter slitage och skador och byt ut det om det behövs. Kasta styrväxelns fästbultar; nya måste användas vid monteringen.

Renovering

11 Undersök styrväxeln efter tecken på slitage eller skador. Kontrollera att kugg-stången rör sig fritt hela vägen, utan tecken på kärvhet eller för stort spel mellan styrväxel-drevet och kuggstången. Det går inte att

renovera styrväxelhusets komponenter, så om de är defekta måste hela enheten bytas ut. De enda komponenter som kan bytas ut separat är styrväxeldamaskerna, styrstagsändarnas spindelleder och styrstagen, enligt beskriv-ningen längre fram i detta kapitel.

Montering

12 Placera styrväxeln på kryssrambalken och sätt i de nya fästbultarna. Se till att styrstiftet är korrekt placerat. Dra åt bultarna till angivet moment och vinkel.

13 Anslut returledningen till kryssrambalken/styrväxeln och dra åt bulten och muttern. Spelrummet mellan styrväxeln och retur-ledningen måste vara ungefär 10 mm.

14 Återanslut vätsketillförsel- och retur-ledningarna till styrväxeln tillsammans med nya kopparbrickor på båda sidor av anslutningarna. Dra åt anslutningsbultarna till angivet moment.

15 Höj upp kryssrambalken och styr samtidigt styrväxelns kuggstång genom gummigenomföringen i golvet. Sätt i kryssrambalkens nya bultar och dra åt dem till angivet moment och vinkel.

16 Rikta in motorns/växellådans bakre fäste mot växellådan och sätt i de nya bultarna. Tra åt bultarna till momentet specificerat för steg 1 och sedan till vinkeln specificerad för steg 2 (se kapitel 2A, 2B eller 2C, efter tillämplighet).

17 Montera styrstagsändarna på styr-armarna. Skruva sedan på muttrarna och dra åt dem till angivet moment.

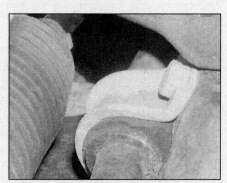

19.10 Fäste till styrväxeln på passagerarsidan

18 Ta bort slangklämmorna från vätske-tillförsel- och returslangarna.

19 Arbeta inuti bilen. Placera rattstångens universalknut på kuggstången och se till att utskärningen är i linje med bulthålen. Sätt i den nya bulten och dra åt till angivet moment.

20 Kontrollera att gummigenomföringen sitter korrekt i golvet. Montera sedan plast-kåpan och fäst med skruvarna.

21 Montera motorrummets undre skydds-kåpa och hjulen. Sänk sedan ner bilen. Avsluta med att kontrollera och, om så behövs, justera framhjulsinställningen enligt beskrivningen i avsnitt 24.

20 Styrväxelns gummidamasker och styrstag – byte

Styrväxelns gummidamasker

1 Ta bort styrstagsändens spindelled enligt beskrivningen i avsnitt 23.

2 Notera hur damasken sitter placerad på styrstaget. Lossa sedan fästklämmorna och dra bort damasken från styrväxelhuset och styrstaget.

3 Torka rent styrstaget och styrväxelhuset. Applicera sedan ett tunt lager fett på kuggstångsytan. Gör detta genom att vrida ratten så mycket som behövs för att få ut kuggstången helt från huset. Vrid sedan tillbaka den till mittläget.

4 Skjut försiktigt på den nya damasken över styrstaget och placera den på styrväxelhuset. Placera damasken på det sätt som noterades vid demonteringen och se till att den inte är vriden. Lyft sedan damaskens yttre tätnings-läpp för att släppa ut övertryck.

5 Fäst damasken på sin plats med nya fästklämmor. Om veckade klämmor används ska klämman dras åt så hårt som möjligt och krokarna placeras i urtagen. Ta bort eventuell slakhet i klämman genom att försiktigt trycka ihop den upphöjda delen. Om ett särskilt krimpningsverktyg inte finns tillgängligt kan en sidoavbitare användas. Var i så fall försiktig så att inte klämman går av.

6 Montera styrstagsändens spindelled enligt beskrivningen i avsnitt 23.

Styrstag

7 Ta bort relevant gummidamask från styr-växeln enligt beskrivningen ovan. Om det är svårt att komma åt med styrväxeln monterad i bilen, kan den tas bort enligt beskrivningen i avsnitt 19 och fästas i ett skruvstäd medan styrstaget byts ut.

8 Håll kuggstången på plats med en nyckel på de plana ytorna. Lossa sedan spindel-ledens mutter med en annan nyckel. Skruva loss muttern helt och ta bort styrstaget från kuggstången.

9 Placera det nya styrstaget på änden av kuggstången och skruva på muttern. Håll fast kuggstången med en nyckel och dra åt spindelledsmuttern till angivet moment.

En kråkfotsnyckel kan behövas, eftersom styrstaget gör att man inte kommer åt med en hylsnyckel och det är mycket viktigt att exakt rätt åtdragningsmoment används.

10 Montera styrväxeln eller gummidamasken enligt beskrivningen i tidigare punkter i avsnitt 19. Avsluta med att kontrollera och om nödvändigt justera framhjulsinställningen enligt beskrivningen i avsnitt 24.

21 Servostyrningssystem – luftning

1 Motorn ska vara avstängd. Använd en skruvmejsel för att skruva loss locket från överdelen av servostyrningens hydraulvätske-behållare som sitter till höger i motorrummet. Rengör mätstickan som sitter fast i locket och skruva sedan på locket helt igen. Ta bort locket ännu en gång och läs av vätskenivån på mätstickan. Fyll på till maxmarkeringen med den vätska som rekommenderas i *Smörjmedel och vätskor* i början av handboken.

2 Vrid långsammt ratten till fullt utslag från sida till sida flera gånger för att få ut all luft och fyll sedan på vätskebehållaren. Upprepa proceduren tills vätskenivån i behållaren inte längre sjunker.

3 Låt en medhjälpare starta motorn och kontrollera vätskenivån. Var beredd att fylla på mer vätska när motorn startas eftersom vätskenivån kan sjunka snabbt. Vätskenivån måste alltid hållas över minmarkeringen.

4 Låt motorn gå på tomgång och vrid långsamt ratten till fullt utslag från sida till sida 10 gånger. Håll inte kvar ratten vid fullt utslag eftersom det belastar hydraulsystemet i onödan. Upprepa proceduren tills det inte längre finns några bubblor i västebehållaren.

5 Om ett konstigt ljud hörs från vätske-ledningarna när ratten vrids är det ett tecken på att det finns luft kvar i systemet. Kontrollera detta genom att vrida ratten så att hjulen pekar rakt fram och slå av motorn. Om vätskenivån i behållaren stiger finns det luft i systemet och det måste luftas ytterligare.

6 När alla spår av luft avlägsnats från servo-styrningens hydraulsystem, slå av motorn och låt systemet svalna. Kontrollera att vätske-nivån når upp till maxmarkeringen i behållaren när systemet har svalnat och fyll på om det behövs. Dra slutligen åt behållarens lock.

22 Servostyrningspump – demontering och montering

Observera: *Vid återmonteringen behövs nya koppartätningsbrickor till tillförselrörets anslutning*

Demontering

1 Dra åt handbromsen. Lyft sedan upp framvagnen och ställ den på pallbockar (se *Lyftning och stödpunkter*). Ta bort motor-rummets undre skyddskåpa.

2 Använd en insexnyckel för att hålla mitten av pumpens drivfläns på plats och lossa **endast** bultarna som fäster remskivan vid servostyrningspumpen. Ta inte bort dem än. Observera att servostyrningspumpen kan sitta antingen ovanför eller under generatorn beroende på motortyp.

3 Märk ut rotationsriktningen på drivremmen och ta sedan bort den enligt beskrivningen i kapitel 1A eller 1B.

4 Skruva loss bultarna och ta bort remskivan från servostyrningspumpen.

5 Montera en slangklämma på slangen som leder från vätskebehållaren till servostyrnings-pumpen.

6 Placera en behållare under pumpen för att fånga upp vätskespill. Lossa sedan klämman och koppla loss tillförselslangen. Observera att slangen och pumptappen har inställnings-märken för att garantera korrekt åter-montering. VW-mekaniker använder ett specialverktyg för att ta bort klämman, men den ska gå att ta bort med hjälp av en tång.

7 Skruva loss anslutningsbulten och koppla loss tryckslangsanslutningen från pumpen. Ta loss koppartätningsbrickorna. Tejpa över eller plugga igen slangändarna och pumpens öppningar för att förhindra att damm och smuts tränger in i hydraulsystemet. Tryck-rörets ände kan viras in i en plastpåse om så önskas. Observera att på vissa modeller sitter servostyrningssystemets tryckbrytare på anslutningsbulten. Är så fallet måste kablaget kopplas loss innan bulten skruvas loss.

8 Skruva loss de tre fästbultarna från pumpens remskiveände och bulten från pumpens motorsida. Dra bort pumpen från motorn.

Montering

9 Innan pumpen monteras (särskilt om det är en ny pump), ska den primas med ren vätska enligt följande. Placera pumpen i en behållare med tillförselslangens tapp överst. Häll ner hydraulvätska i tillförseltappen och vrid remskivans drivfläns medurs för hand tills vätska rinner ut ur trycklangens öppning.

10 Vicka pumpen så att vätskan inte rinner ut. Placera den sedan i motorrummet och montera tillförselslangen och klämman. Se till att inställningsmärket på slangen är i linje med skarven på pumpens tillförseltapp.

11 Placera pumpen i fästbygeln och fäst med fästbultarna. Dra åt bultarna till angivet moment.

12 Återanslut tryckslangsanslutningen tillsammans med nya koppartätningsbrickor och dra åt till angivet moment. Om det behövs, återanslut kablaget till tryckbrytaren.

13 Ta bort slangklämman från tillförsel-slangen.

14 Placera remskivan på pumpen, sätt i bultarna och dra åt dem ordentligt medan drevflänsen hålls fast med en insexnyckel.

15 Montera drivremmen enligt beskrivningen i kapitel 1A eller 1B.

16 Montera motorrummets undre skydds-kåpa och sänk ner bilen.

17 Lufta servostyrningens hydraulsystem enligt beskrivningen i avsnitt 21.

23 Styrstagsände – demontering och montering

Observera: *En ny spindelledsfästbult måste användas vid monteringen.*

Demontering

1 Dra åt handbromsen. Lyft sedan upp framvagnen och ställ den på pallbockar (se *Lyftning och stödpunkter*). Demontera relevant hjul.

2 Om styrstagsänden ska återanvändas, märk ut hur den är placerad i förhållande till styrstaget för att underlätta återmonteringen.

3 Lossa styrstagsändens låsmutter ett kvarts varv. Flytta inte låsmuttern från den här platsen eftersom den fungerar som ett praktiskt referensmärke vid återmonteringen.

4 Lossa och ta bort muttern som fäster styrstagsändens spindelled vid hjullagerhuset. Lossa spindelledens koniska chuck med en universell spindelledsavdragare. Observera att spindelledschucken har ett sexkantigt hål. Håll chucken med en insexnyckel medan muttern lossas **(se bilder)**.

5 Skruva loss styrstagsänden från styrstaget

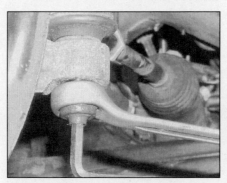

23.4a Spindelledens chuck hålls med en insexnyckel medan muttern lossas

23.4b En spindelledsavdragare används för att lossa styrstagets spindelled från styrarmen på hjullagerhuset

och notera exakt hur många varv som krävs för att ta loss styrstagsänden (**se bild**).

6 Rengör spindelleden och gängorna noga. Byt ut spindelleden om den rör sig ostadigt eller för stelt, om den är kraftigt sliten eller om den är skadad på något sätt. Kontrollera noga pinnbultens fasning och gängor. Om spindelledsdamasken är skadad måste hela spindelledsenheten bytas ut. Det går inte att skaffa en ny damask separat.

Montering

7 Skruva fast styrstagsänden på styrstaget med samma antal varv som noterades vid demonteringen. Då ska styrstagsänden hamna inom ett kvarts varv från låsmuttern och med inställningsmärkena som gjordes vid demonteringen i linje (om tillämpligt). Dra åt låsmuttern.

8 Montera spindelledschucken på styrarmen på hjullagerhuset. Montera sedan en ny fästmutter och dra åt den till angivet moment. Håll chucken med en insexnyckel om det behövs.

9 Montera hjulet. Sänk sedan ner bilen på marken och dra åt hjulbultarna till angivet moment.

10 Kontrollera och, om så behövs, justera framhjulens toe-inställning enligt beskrivningen i avsnitt 24.

24 Hjulinställning och styrvinklar – allmän information

Definitioner

1 En bils styrnings- och fjädringsinställning definieras i tre grundinställningar – alla vinklar ges i grader. Styraxeln anges som en imaginär linje som dras genom fjäderbenets axel, eventuellt utdragen till marken.

2 Cambervinkel är vinkeln mellan varje hjul och en vertikal linje som dras genom hjulets mitt och däckets kontaktyta när bilen ses rakt framifrån eller bakifrån. Positiv cambervinkel är när hjulen upptill lutar utåt från den vertikala linjen. Negativ cambervinkel är när de lutar inåt.

3 Cambervinkeln kan endast justeras genom att man lossar fästbultarna till framfjädringens kryssrambalk och flyttar den något åt ena sidan. Då ändras även Castervinkeln. Cambervinkeln kan kontrolleras med en cambervinkelmätare.

4 Castervinkel är vinkeln mellan styraxeln och en vertikal linje som dras genom varje hjuls mitt och däckets kontaktyta när bilen ses från sidan. Positiv castervinkel är när styraxeln lutar så att den kommer i kontakt med marken framför den vertikala linjen. Negativ castervinkel är när den kommer i kontakt med marken bakom den vertikala linjen. Castervinkeln kan justeras något genom att man lossar bultarna till framfjädringens kryss-

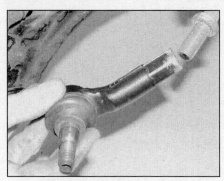

23.5 Styrstagsänden skruvas loss från styrstaget

rambalk och flyttar den något åt sidan. Då ändras även cambervinkeln.

5 Castervinkeln är mycket svår att justera och anges endast som referens. Vinkeln kan kontrolleras med en castervinkelmätare men om det uppmätta värdet avviker betydligt från det angivna värdet måste bilen lämnas till en professionell mekaniker för noggrann kontroll, eftersom felet endast kan orsakas av slitage eller skador på karossens eller fjädringens komponenter.

6 Toe är skillnaden, sett ovanifrån, mellan linjer som dras mitt genom hjulen och bilens mittlinje. Toe-in är när hjulen pekar inåt, mot varandra i framändarna, medan toe-ut är när de pekar bort från varandra i framändarna.

7 Framhjulens toe-inställning justeras genom att styrstagen skruvas in i/ut ur de yttre spindellederna, så att styrstagsenhetens längd ändras.

8 Bakhjulens toe-inställning kan inte justeras och anges endast som referens. Inställningen kan kontrolleras men om det uppmätta värdet avviker betydligt från det angivna värdet måste bilen lämnas till en professionell mekaniker för noggrann kontroll, eftersom felet endast kan orsakas av slitage eller skador på karossens eller fjädringens komponenter.

Kontroller och justering

Framhjulens toe-inställning

9 På grund av den speciella mätutrustning som krävs för att kontrollera hjulinställningen, och den kunskap som krävs för att använda utrustningen rätt, bör kontroll och justering av dessa inställningar överlåtas till en VW-mekaniker eller en likvärdig expert. Observera att de flesta däckverkstäder nu för tiden har tillgång till avancerad kontrollutrustning.

10 Om toe-inställningen ska kontrolleras måste först en hjulinställningsmätare införskaffas. Det finns två typer av mätare och de kan köpas i motortillbehörsbutiker. Den första typen mäter avståndet mellan hjulens främre och bakre kanter, på det sätt som beskrivs ovan, medan bilen står still. Den andra typen (känd som hasplåt) mäter den faktiska placeringen av däckets kontaktyta i förhållande till vägytan med bilen i rörelse. Detta

sker genom att bilens framdäck rullas eller körs över en plåt som sedan rör sig något efter däckets hasning och visar rörelsen på en skala. Båda typerna har sina fördelar och nackdelar, men om de används noggrant och korrekt kan de ge tillförlitliga resultat.

11 Se till att ratten är vriden så att hjulen pekar rakt fram under mätningarna.

12 Om justering behövs, dra åt handbromsen, lyft upp framvagnen och stöd den på pallbockar (se Lyftning och stödpunkter). Vrid ratten till fullt utslag åt vänster och notera antalet synliga gängor på höger styrstag. Vrid sedan ratten till fullt utslag åt andra hållet och notera antalet synliga gängor på vänster styrstag. Om samma antal gängor är synliga på båda sidorna, skall den efterföljande justeringen göras lika på båda sidor. Om fler gängor är synliga på ena sidan måste man kompensera för detta vid justeringen.

13 Rengör först styrstagets gängor. Om de är korroderade, applicera genomträngande olja innan justeringen inleds. Lossa gummidamaskernas yttre klämmor, dra tillbaka damaskerna och smörj på fett. Detta garanterar att båda damaskerna är fria och inte kommer att vridas eller belastas när respektive styrstag vrids.

14 Håll fast styrstaget med en lämplig nyckel och lossa spindelledens låsmutter helt. Justera styrstaget genom att skruva det in i eller ut ur spindelleden. Vrid styrstaget med en öppen nyckel på styrstagets plana ytor. Om styrstaget förkortas (skruvas in i spindelleden) minskar toe-in/ökar toe-ut.

15 När inställningen är korrekt, håll fast styrstaget och dra åt spindelledens låsmutter till angivet moment. Om rattekrarna efter justeringen inte längre är horisontella när hjulen pekar rakt fram ska ratten tas bort och sättas tillbaka i rätt läge (se avsnitt 16).

16 Kontrollera att toe-inställningen har justerats korrekt genom att sänka ner bilen och kontrollera toe-inställningen. Justera igen om det behövs. Se till att gummidamaskerna är korrekt placerade och att de inte är vridna eller sträckta, och fäst dem på plats med fästklämmorna. Montera nya fästklämmor om det behövs (se avsnitt 20).

Bakhjulens toe-inställning

17 Rutinen för hur man kontrollerar den bakre toe-inställningen är densamma som den som beskrivs för framhjulsinställningen i punkt 10. Inställningen kan inte justeras – se punkt 8.

Framhjulens camber- och castervinkel

18 Kontroll och justering av framhjulens cambervinkel bör överlåtas till en VW-verkstad eller annan specialist med rätt utrustning. Observera att de flesta däckverkstäder nu för tiden har tillgång till avancerad kontrollutrustning. Upplysningsvis görs justeringen genom att man lossar den främre kryssrambalkens fästbultar och flyttar kryssrambalken.

Anteckningar

Kapitel 11
Kaross och detaljer

Innehåll

Svårighetsgrader

Enkelt, passar novisen med lite erfarenhet	Ganska enkelt, passar nybörjaren med viss erfarenhet	Ganska svårt, passar kompetent hemmamekaniker	Svårt, passar hemmamekaniker med erfarenhet	Mycket svårt, för professionell mekaniker

Specifikationer

Åtdragningsmoment	Nm
Fästbultar till motorhuvens gångjärn	23
Dörrarnas gångjärn:	
Gångjärnens fästbultar*:	
Steg 1...	20
Steg 2...	Vinkeldra 90°
Övre gångjärnssprintens bult	13
Dörrlåsets/-hakens fästbultar...............................	20
Dörrlåsets/-handtagets fästbult	18
Fästbultar till dörrens fönsterhiss/-hållare	8
Dörrens övre gångjärnssprint...............................	13
Dörrfönsterglasets klämbultar..............................	10
Framsätesfästets fästbultar	23
Säkerhetsbältets förankringsbultar	40
Fästbultar till bakluckans gångjärn..........................	22

*Byt ut bulten varje gång den skruvas loss

1 Allmän information

Karossen är gjord av pressade stålsektioner och finns som både tre- och femdörrars kombikupé och fyradörrars sedan- och kombiversioner. De flesta komponenter är sammansvetsade, men speciella bindemedel används i viss utsträckning. Framskärmarna är fästa med bultar.

Motorhuven, dörren och vissa andra ömtåliga paneler tillverkas av zinkbehandlad metall och skyddas ytterligare av reptålig grundfärg innan de lackas.

Plastmaterial används i stor utsträckning, framför allt invändigt men även i de yttre komponenterna. Den främre och bakre stötfångaren och framgrillen är formgjutna av ett mycket starkt och lätt syntetmaterial. Plastkomponenter som hjulhusens inner- skärmar sitter på bilens undersida för att förbättra karossens motståndskraft mot korrosion.

2 Underhåll – kaross och underrede

Karossens allmänna skick påverkar bilens värde väsentligt. Underhållet är enkelt men måste vara regelbundet. Underlåtenhet, speciellt efter smärre skador, kan snabbt leda till värre skador och dyra reparationer. Det är även viktigt att hålla ett öga på de delar som inte är direkt synliga, exempelvis underredet, under hjulhusen och de nedre delarna av motorrummet.

Tvättning utgör grundläggande underhåll av karossen – helst med stora mängder vatten från en slang. Detta tar bort all lös smuts som har fastnat på bilen. Det är viktigt att spola bort smutsen på ett sätt som förhindrar att lacken skadas. Hjulhusen och underredet behöver också spolas rena från lera som håller kvar fukt, vilken i sin tur kan leda till rostskador. Paradoxalt nog är det bäst att tvätta av underredet och hjulhuset när det regnar eftersom leran då är blöt och mjuk. Vid körning i mycket våt väderlek spolas vanligen underredet av automatiskt vilket ger ett tillfälle för kontroll.

Med undantag för bilar med vaxade underreden är det bra att periodvis rengöra hela undersidan av bilen, inklusive motor- rummet, med ångtvätt så att en grundlig kontroll kan utföras för att se vilka åtgärder och mindre reparationer som behöver utföras. Ångtvättar finns att få tag på hos bensin- stationer och verkstäder och behövs när man ska ta bort de ansamlingar av oljeblandad smuts som ibland lägger sig tjockt i vissa utrymmen. Om det inte finns tillgång till ångtvätt finns det utmärkta fettlösningsmedel

som penslas på. Sedan kan smutsen helt enkelt spolas bort. Observera att ingen av ovanstående metoder ska användas på bilar med vaxade underreden, eftersom de tar bort vaxet. Bilar med vaxade underreden ska kontrolleras årligen, helst på senhösten. Underredet ska då tvättas av så att skador i vaxbestrykningen kan hittas och åtgärdas. Helst ska ett helt nytt lager vax läggas på. Överväg även att spruta in vaxbaserat skydd i dörrpaneler, trösklar, balkar och liknande som ett extra rostskydd där tillverkaren inte redan åtgärdat den saken.

Torka av lacken med sämskskinn efter tvätten så att den får en fin yta. Ett lager med genomskinligt skyddsvax ger förbättrat skydd mot kemiska föroreningar i luften. Om lacken mattats eller oxiderats kan ett kombinerat rengörings-/polermedel återställa glansen. Detta kräver lite arbete, men sådan mattning orsakas vanligen av slarv med regel- bundenheten i tvättningen. Metalliclacker kräver extra försiktighet och speciella slip- medelsfria rengörings-/polermedel krävs för att inte skada ytan. Kontrollera alltid att dräneringshål och rör i dörrar och ventilation är öppna så att vatten kan rinna ut. Kromade ytor ska behandlas på samma sätt som lackerade. Fönster och vindrutor ska hållas fria från fett och smuts med hjälp av fönsterputs. Vax eller andra medel för polering av lack eller krom ska inte användas på glas.

3 Underhåll – klädsel och mattor

Mattorna ska borstas eller dammsugas med jämna mellanrum så att de hålls rena. Om de är svårt nedsmutsade kan de tas ut ur bilen och skrubbas. Se i så fall till att de är helt torra innan de läggs tillbaka i bilen. Säten och klädselpaneler kan torkas rena med fuktig trasa. Om de smutsas ner (vilket ofta kan vara mer synligt i ljusa inredningar) kan lite flytande tvättmedel och en mjuk nagelborste användas till att skrubba ut smutsen ur materialet. Glöm inte takets insida, håll det rent på samma sätt som klädseln. När flytande rengöringsmedel används inne i en bil får de tvättade ytorna inte överfuktas. För mycket fukt kan tränga in i sömmar och stoppning och framkalla fläckar, störande lukter och till och med röta.

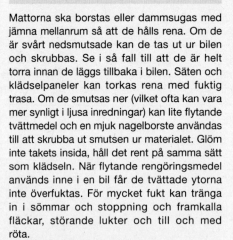

HAYNES TiPS *Om insidan av bilen blir mycket blöt är det mödan värt att torka ur den ordentligt, speciellt mattorna. Lämna dock inte olje- eller eldrivna värmare i bilen för detta ändamål.*

4 Mindre karosskador – reparationer

Reparationer av mindre repor i lacken

Om en repa är mycket ytlig och inte har trängt ner till karossmetallen, är reparationen mycket enkel att utföra. Gnugga det skadade området helt lätt med lackrenoveringsmedel eller en mycket finkornig slippasta, så att lös lack tas bort från repan och det omgivande området befrias från vax. Skölj med rent vatten.

Lägg förbättringslack på repan med en tunn målarpensel. Fortsätt att lägga på tunna lager färg tills färgytan i repan är i nivå med den omgivande lacken. Låt den nya lacken härda i minst två veckor och jämna sedan ut den mot omgivande lack genom att gnugga hela området kring repan med lackrenoverings- medel eller en mycket finkornig slippasta. Avsluta med en vaxpolering.

Om repan gått ner till karossmetallen och denna börjat rosta krävs en annan teknik. Ta bort lös rost från botten av repan med ett vasst föremål och lägg sedan på rostskydds- färg så att framtida rostbildning förhindras. Använd sedan en spackel av gummi eller plast och fyll upp repan med spackelmassa. Vid behov kan spacklet tunnas ut med thinner så att det blir mycket tunt, vilket är idealiskt för smala repor. Innan spacklet härdar, linda en mjuk bomullstrasa runt en fingertopp. Doppa fingret i cellulosaförtunning och stryk snabbt över fyllningen i repan. Detta gör att ytan blir lite, lite urholkad. Lacka sedan över repan enligt tidigare anvisningar.

Reparation av bucklor i karossen

När en djup buckla uppstått i bilens kaross blir den första uppgiften att räta ut den så att karossen i det närmaste återfår ursprungs- formen. Det finns ingen anledning att försöka återställa formen helt eftersom metallen i det skadade området sträckt sig vid skadans uppkomst och aldrig helt kommer att återta sin gamla form. Det är bättre att försöka få upp bucklans nivå till ca 3 mm under den omgivande karossens nivå. I de fall bucklan är mycket grund är det inte värt besväret att räta ut den. Om bucklans insida är åtkomlig kan den knackas ut med en träklubba eller plasthammare. När detta görs ska mothåll användas på plåtens utsida så att inte större delar än önskat knackas ut.

Skulle bucklan finnas i en del av karossen som har dubbel plåt, eller om den av någon annan anledning är oåtkomlig från insidan, krävs en annan teknik. Borra ett flertal hål genom metallen i bucklan – speciellt i de djupare delarna. Skruva sedan in långa plåtskruvar precis så långt att de får ett fast grepp i metallen. Dra sedan ut bucklan genom att dra i skruvskallarna med en tång.

Nästa steg är att ta bort lacken från det skadade området och ca 3 cm av den omgivande oskadade plåten. Detta görs enklast med stålborste eller slipskiva monterad på borrmaskin, men kan även göras för hand med slippapper. Fullborda underarbetet genom att repa den nakna plåten med en skruvmejsel eller filspets, eller genom att borra små hål i det område som ska spacklas. Detta gör att spacklet fäster bättre.

Se avsnittet om spackling och sprutning för att avsluta reparationen.

Reparation av rosthål och revor i karossen

Ta bort lacken från det drabbade området och ca 3 cm av den omgivande oskadade plåten med en sliptrissa eller stålborste monterad i en borrmaskin. Om detta inte finns tillgängligt kan ett antal ark slippapper vara minst lika effektivt. När lacken är borttagen kan rostskadans omfattning uppskattas mer exakt och därmed kan man avgöra om hela panelen (om möjligt) ska bytas ut eller om rostskadan ska repareras. Nya plåtdelar är inte så dyra som de flesta tror och det går ofta snabbare och ger bättre resultat med plåtbyte än att försöka reparera större rostskador.

Ta bort all dekor från det drabbade området, utom den som styr den ursprungliga formen, exempelvis lyktsarger. Ta sedan bort lös eller rostig metall med plåtsax eller bågfil. Knacka kanterna något inåt så att du får en grop för spackelmassan.

Borsta av det drabbade området med en stålborste så att rostdamm tas bort från ytan av kvarvarande metall. Måla det angripna området med rostskyddsfärg. Måla även baksidan av det rostiga området om det går att komma åt.

Före spacklingen måste hålet blockeras på något sätt. Detta kan göras med nät av plast eller aluminium eller med aluminiumtejp.

Nät av plast eller aluminium eller glasfiberväv är antagligen det bästa materialet för ett stort hål. Skär ut en bit som är ungefär lika stor som det hål som ska fyllas, placera det i hålet så att kanterna är under nivån för den omgivande plåten. Ett antal klickar spackelmassa runt hålet fäster materialet.

Aluminiumtejp bör användas till små eller mycket smala hål. Dra av en bit tejp från rullen och klipp till den storlek och form som behövs. Dra bort eventuellt skyddspapper och fäst tejpen över hålet. Tejpen kan överlappas om en bit inte räcker. Tryck ner tejpkanterna med ett skruvmejselhandtag eller liknande så att tejpen fäster ordentligt på metallen.

Karossreparationer – spackling och sprutning

Se tidigare anvisningar beträffande reparation av bucklor, repor, rosthål och andra hål innan beskrivningarna i det här avsnittet följs.

Det finns många typer av spackelmassa. Generellt sett är de som består av grund-

massa och härdare bäst vid den här typen av reparationer. En bred och följsam spackel av plast eller gummi är ett ovärderligt verktyg för att skapa en väl formad spackling med fin yta.

Blanda lite massa och härdare på en skiva av exempelvis kartong eller masonit. Följ tillverkarens instruktioner och mät härdaren noga, i annat fall härdar spacklet för snabbt eller för långsamt. Använd spackeln och bred ut massan på den preparerade ytan. Dra spackeln över massans yta för att forma den och göra den jämn. Sluta bearbeta massan så snart den börjar anta rätt form. Om du arbetar för länge kommer massan att bli klibbig och fastna på spackeln. Fortsätt lägga på tunna lager med ca 20 minuters mellanrum till dess att massan är något högre än den omgivande plåten.

När massan härdat kan överskottet tas bort med hyvel eller fil. Börja med nr 40 och avsluta med nr 400 våtslippapper. Linda alltid papperet runt en slipkloss, annars blir inte den slipade ytan plan. Vid slutpoleringen med våtslippapperet ska detta då och då sköljas med vatten. Detta skapar en mycket slät yta på massan i slutskedet.

På det här stadiet bör bucklan vara omgiven av en ring med bar metall, som i sin tur omges av den slipade kanten på den oskadade lacken. Skölj av reparationsområdet med rent vatten till dess att allt slipdamm försvunnit.

Spruta ett tunt lager grundfärg på hela reparationsområdet. Då avslöjas mindre ytfel i spacklingen. Laga dessa med ny spackelmassa eller filler och slipa av ytan igen. Upprepa denna sprutning och reparation till dess att du är nöjd med spackelytan och den omgivande lacken lacken. Rengör ytan med rent vatten och låt den torka helt.

 HAYNES TiPS *Spackelmassa kan tunnas ut med thinner så att den blir mer lämpad för riktigt små hål.*

Reparationsytan är nu klar för lackering. Färgsprutning måste utföras i ett varmt, torrt, drag- och dammfritt utrymme. Detta kan åstadkommas inomhus om det finns tillgång till ett större arbetsområde, men om arbetet måste äga rum utomhus är valet av dag av stor betydelse. Om arbetet utförs inomhus kan golvet spolas av med vatten eftersom detta binder damm som annars skulle finnas i luften. Om ytan som ska åtgärdas endast omfattar en panel ska de omgivande panelerna maskeras av. Då kommer inte mindre nyansskillnader i lacken att synas lika tydligt. Dekorer och detaljer (kromlister, handtag med mera) ska även de maskas av. Använd riktig maskeringstejp och flera lager tidningspapper till detta.

Före sprutning, skaka burken ordentligt och spruta på en provbit, exempelvis en konservburk, tills tekniken behärskas.

Täck reparationsytan med ett tjockt lager grund-färg. Tjockleken ska byggas upp av flera tunna färglager, inte ett enda tjockt lager. Slipa ner grundfärgen med nr 400 slippapper tills den är riktigt slät. Medan detta utförs ska ytan hållas våt och pappret ska emellanåt sköljas i vatten. Låt torka innan mer färg läggs på.

Spruta på färglagret och bygg upp tjockleken med flera tunna lager färg. Börja spruta i ena kanten och arbeta med sidledes rörelser till dess att hela reparationsytan och ca 5 cm av den omgivande lackeringen täckts. Ta bort maskeringen 10 – 15 minuter efter att det sista färglagret sprutats på.

Låt den nya lacken härda i minst två veckor och jämna sedan ut den mot omgivande lack genom att gnugga färgskarven med lackrenoveringsmedel eller en mycket finkornig slippasta. Avsluta med en vaxpolering.

Plastdetaljer

Biltillverkarna gör allt fler karossdelar av plast (t.ex. stötfångare, spoilers och i vissa fall även större karosspaneler), och allvarligare fel på sådana komponenter kan endast åtgärdas genom att reparationsarbetet överlåts till en specialist, eller genom att hela komponenten byts ut. Sådana skador lönar sig inte att reparera själv på grund av kostnaden för den specialutrustning och de speciella material som krävs. Principen för dessa reparationer är dock att en skåra tas upp längs med skadan med en roterande rasp i en borrmaskin. Den skadade delen svetsas sedan ihop igen med hjälp av en varmluftspistol och en plaststav som hettas upp och används för att smälta igen spåret. Plastöverskott tas bort och ytan slipas ner. Det är viktigt att rätt typ av plastlod används – plasen i karossdelar kan vara av olika typ, exempelvis PCB, ABS eller PPP.

Mindre allvarliga skador (skrapningar, små sprickor) kan lagas av hemmamekaniker med en tvåkomponents epoxymassa. Den blandas i lika delar och används på liknande sätt som spackelmassa på plåt. Epoxyn härdar i regel inom 30 minuter och kan sedan slipas och målas.

Om ägaren har bytt en komponent på egen hand eller reparerat med epoxymassa, återstår svårigheten att hitta en färg som lämpar sig för den aktuella plasten. En gång i tiden kunde inte någon universalfärg användas på grund av det breda utbudet av plaster i karossdelarna. Standardfärger fäster i allmänhet inte särskilt bra på plast eller gummi. Numera finns det dock satser för plastlackering att köpa. Dessa består i princip av en förprimer, en grundfärg och ett toppfärglager. Kompletta instruktioner finns i satserna, men grundmetoden är att först lägga på förprimern på den aktuella delen och låta den torka i 30 minuter. Sedan ska grundfärgen läggas på och lämnas att torka i ungefär en timme innan det färgade ytlacket läggs på. Resultatet blir en komponent med

6.2 Lossa låsarmen från låset

6.3 Lossa fästklämmorna

rätt färg där färgen kan följa plastens eller gummits rörelser, något som vanlig färg normalt inte klarar.

5 Större karosskador – reparationer

Om helt nya paneler måste svetsas fast på grund av större skador eller bristande underhåll, bör arbetet överlåtas till en professionell mekaniker. Om skadorna har uppstått vid en kollision måste hela karossens balansering också kontrolleras. Detta arbete kan endast utföras av en VW-verkstad med specialutrustning. En felbalanserad kaross är för det första farlig, eftersom bilen inte reagerar på rätt sätt, och för det andra så kan det leda till att styrningen, fjädringen och ibland kraftöverföringen belastas ojämnt, med ökat slitage eller helt trasiga komponenter som följd. Särskilt däcken är utsatta.

6 Främre stötfångare – demontering och montering

Observera: Demonterings- och monterings-rutinerna kan variera något beroende på modell.

Demontering

1 Dra åt handbromsen. Lyft sedan upp framvagnen och ställ den på pallbockar (se Lyftning och stödpunkter).
2 Öppna motorhuven och ta bort motor-huvens låsarm från låset genom att lyfta fästklämman. Använd sedan en spårskruv-mejsel för att bända ut änden som sitter fäst vid motorhuvens lås och koppla loss den (se bild).
3 Lossa försiktigt kylargrillens övre fäst-tappar med en skruvmejsel. Lyft sedan grillen uppåt, bort från fäststiften (se bild).
4 Ta bort de åtta bultarna (fyra på varje sida)

som fäster hjulhusens innerskärmar vid stöt-fångarens ändar.
5 Lossa försiktigt luftgrillarna i den nedre delen av stötfångarkåpan så att det går att komma åt de två fästskruvarna (se bild).
6 Skruva loss de fem övre fästskruvarna (se bild).
7 På modeller med strålkastarspolare, ta bort spolarmunstyckena enligt beskrivningen i kapitel 12.
8 Koppla loss temperaturgivarens kontaktdon nedanför strålkastaren när stötfångaren tas bort.
9 Lossa försiktigt stötfångarens vänstra och högra ände. Dra sedan bort stötfångaren framåt från bilen (se bild).

Montering

10 Montera i omvänd ordningsföljd mot demonteringen. Se till att stötfångarens ändar fäster korrekt i styrningarna när stötfångaren återmonteras.

7 Bakre stötfångare – demontering och montering

Observera: Demonterings- och monterings-rutinerna kan variera något beroende på modell.

6.5 Dra ut luftgrillen från stötfångarkåpan

Demontering

1 Klossa framhjulen och lyft upp bakvagnen på pallbockar för att komma åt lättare (se Lyftning och stödpunkter).
2 Ta bort bakljusarmaturen enligt beskriv-ningen i kapitel 12, avsnitt 7.
3 På Golfmodeller, koppla loss registrerings-skyltsbelysningens kontaktdon nedanför det vänstra bakljuset.
4 Ta bort de sex skruvarna (tre på varje sida) som fäster hjulhusens innerskärmar vid stöt-fångaränderna (se bild).
5 Skruva loss skruvarna som håller fast stötfångarens nedre del (se bild).

6.6 Skruva loss de övre fästskruvarna

6.9 Lyft bort stötfångaren från styrskenorna

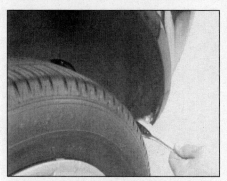

7.4 Ta bort skruvarna mellan hjulhuset och den bakre stötfångaren

7.5 Stötfångarens nedre fästskruvar

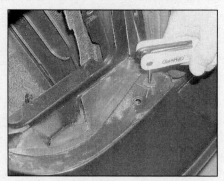

7.6a Ta bort de övre fästskruvarna

6 Skruva loss de övre fästskruvarna. På Golfmodeller, tryck ut centrumsprintarna från plastnitarna i stötfångarens ändar och ta bort nitarna **(se bilder)**.
7 Lossa stötfångarens kåpa från styrningarna i ändarna. Lyft sedan den mittersta fästklämman bakåt. Lirka ut kontaktdonet från genomföringen nedanför det vänstra bakljuset **(se bild)**.

Montering

8 Montera i omvänd ordningsföljd mot demonteringen. Se till att stötfångarens ändar fäster korrekt i skenorna när den sätts på plats. Ta ur plastnitarnas centrumsprintar från plastskenorna innan stötfångaren monteras. Byt ut dem om det behövs.

8 Motorhuv – demontering, montering och justering

Demontering

1 Öppna motorhuven och märk ut konturerna runt varje gångjärn i förhållande till motorhuven med en blyertspenna eller filtpenna för att underlätta återmonteringen.
2 Koppla loss spolarslangen från vindrutans spolarmunstycken och, om det behövs,

koppla loss kablaget från munstyckenas värmeelement.
3 Låt en medhjälpare stötta motorhuven. Koppla sedan loss stödbenet enligt beskrivningen i avsnitt 15.
4 Skruva loss motorhuvens fästbultar **(se bild)** och lyft försiktigt bort motorhuven. Förvara motorhuven på ett säkert ställe där den inte är i vägen.
5 Lossa gångjärnskåporna och ta bort dem från gångjärnen. Undersök motorhuvens gångjärn efter tecken på slitage och spel vid styrbultarna och byt ut dem om det behövs. Varje gångjärn är fäst vid karossen med två bultar. Märk ut hur gångjärnet är placerat på karossen. Skruva sedan loss fästbultarna och ta bort gångjärnet från bilen. Vid återmonteringen ska det nya gångjärnet passas in med markeringarna innan fästbultarna dras åt.

Montering och justering

6 Ta hjälp av en medhjälpare. Passa in motorhuven och montera fästbultarna löst. Passa in gångjärnen med markeringarna som gjordes vid demonteringen. Dra sedan åt fästbultarna ordentligt.
7 Montera spolarslangen, kablaget och stödbenet i omvänd ordningsföljd mot demonteringen.
8 Stäng motorhuven och kontrollera att den ligger jäms med de omgivande panelerna. Om

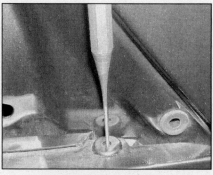

7.6b Använd en dorn för att driva ut centrumsprinten från niten

det behövs, lossa gångjärnsbultarna och rikta om motorhuven. Dra åt gångjärnsbultarna när motorhuven är korrekt inpassad. Kontrollera att motorhuven går att stänga och öppna ordentligt.

9 Motorhuvens låsvajer – demontering och montering

Demontering

1 Arbeta inuti bilen och leta reda på låsarmen. Dra ut armen ungefär 2 cm. Sätt sedan en

7.7 Lossa kontaktdonet nedanför det vänstra bakljuset

8.4 Ta bort motorhuvens fästbultar

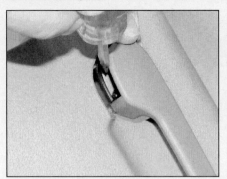

9.1 Klämman kan nås när klädselpanelen
tagits bort

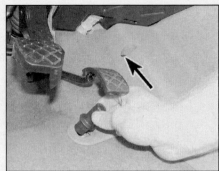

9.2 Ta bort plastskruven (vid pilen)

9.3 Skjut vajerhöljet i pilens riktning för att
lossa det

liten skruvmejsel i gapet mellan låsarmen och dess fästklämma. Låt armen återgå till sitt ursprungliga läge. Lossa sedan klämman med en skruvmejsel (observera att klämman faller ner bakom klädseln) (se bild).

2 Skruva loss gaspedalsstoppets mutter och plastskruv (se bild). Lossa sedan klädseln i mitten och i nederkanten från tröskelns panel och ta bort den.

3 Lossa vajerhöljet framåt från armens fästbygel och koppla loss innervajern från armen (se bild).

4 Lossa vajerns gummigenomföring från torpedväggen.

5 Arbeta längs med vajern. Notera hur den är dragen och lossa den från fästen och klämmor.

6 Koppla loss vajerhöljet från tvärbalken på låshuset och koppla loss innervajern (se bild).

7 Knyt ett snöre runt änden av vajern inne i bilen. Dra sedan in vajern i motorrummet.

8 Knyt loss snöret när vajern är igenom och lämna det på plats i bilen. Snöret kan sedan användas för att dra tillbaka den nya vajern på sin plats.

Montering

9 Fäst snörets inre ände vid vajeränden. Använd sedan snöret för att dra tillbaka motorhuvens låsvajer från motorrummet. Knyt loss snöret när vajern är igenom.

10 Montera i omvänd ordningsföljd mot

demonteringen. *Observera: Montera fästklämman i armen innan den återmonteras. Tryck sedan tillbaka armen på sin plats.*

11 Se till att gummigenomföringen i torpedväggen sitter korrekt och att vajern är korrekt dragen och sitter fast i alla fästen och klämmor.

12 Kontrollera att låsarmen och -vajern fungerar innan motorhuven stängs.

10 Motorhuvens lås –
demontering och montering

Demontering

1 Öppna motorhuven. Ta sedan bort kylargrillen enligt beskrivningen i avsnitt 6.

2 Lossa vajerhöljet från låsenheten enligt beskrivningen i avsnitt 9.

3 Ta bort de tre bultarna från överdelen av låsets stödkåpa (se bild).

4 Dra låsets stödkåpa framåt och lyft ut låsenheten (se bild). Om tillämpligt, koppla loss mikrobrytarens kontaktdon från låsenheten.

Montering

5 Innan återmonteringen, ta bort alla spår av gammal fästmassa från låsets fästbultar och från gängorna i karossen.

6 Montera i omvänd ordningsföljd mot

demonteringen. Se till att bultarna dras åt ordentligt. Använd fästmassa på gängorna om det behövs (VW rekommenderar låsvätska D 185 400 A2 – finns att köpa hos VW-återförsäljare).

7 Kontrollera att motorhuven går att stänga och öppna ordentligt. Om motorhuven behöver justeras, lossa fästbultarna till motorhuvens lås och flytta låset så mycket som behövs. Dra åt fästbultarna när låset fungerar som det ska.

11 Dörr – demontering,
montering och justering

Observera: *Gångjärnsbultarna måste alltid bytas ut om de lossats.*

Demontering

Framdörr

1 Koppla loss batteriets minusledare. **Observera:** *Läs avsnittet "Koppla ifrån batteriet" längst bak i boken innan batteriets anslutningar kopplas bort.*

2 Öppna dörren och lossa den nedre klädselpanelen från den främre dörrstolpen. Dra försiktigt i mitten och i nederkanten för att lossa den från tröskeln (på förarsidans dörr ska motorhuvens låsarm tas bort enligt beskrivningen i avsnitt 9).

9.6 Koppla loss motorhuvens låsvajer

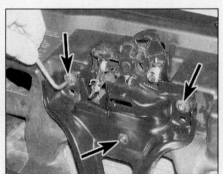

10.3 Ta bort de tre fästbultarna
(vid pilarna)

10.4 Dra stödet framåt för att lossa låset

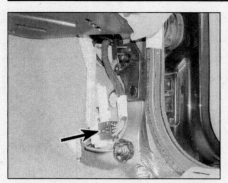

11.3 Koppla loss kontaktdonet (vid pilen)

11.5a Ta bort den övre gångjärnssprinten

11.5b Ta sedan bort den nedre gångjärnsbultarna

3 Koppla loss kontaktdonet bakom klädseln **(se bild)**.
4 Ta bort damasken från dörrstolpen. Lirka sedan ut kablaget genom hålet i stolpen.
5 Bänd bort kåpan från det övre gångjärnets sprint. Låt sedan en medhjälpare stötta dörren och ta bort gångjärnssprinten från det övre gångjärnet. Ta även bort de två bultarna som fäster det nedre gångjärnet vid dörren **(se bilder)**. Lyft dörren uppåt och utåt för att ta bort den.
6 Undersök gångjärnen och leta efter tecken på slitage eller skador. Om gångjärnen måste bytas, märk ut hur de gamla gångjärnen sitter placerade. Skruva sedan loss fästbultarna och ta bort gångjärnen från bilen. Om det övre gångjärnet måste tas bort från den främre stolpen måste instrumentbrädan tas bort enligt beskrivningen i avsnitt 30. Montera de nya gångjärnen så att de passar in med märkena som gjordes vid demonteringen. Dra sedan åt fästbultarna och den övre gångjärnssprinten till angivet moment.

Bakdörr

7 Koppla loss batteriets minusledare. **Observera:** *Läs avsnittet "Koppla ifrån batteriet" längst bak i boken innan batteriets anslutningar kopplas bort.*
8 Öppna dörren och ta bort damasken från dörrstolpen. Koppla loss kontaktdonet **(se bild)**.

9 Utför de åtgärder som beskrivs i punkt 5 och 6.

Montering

10 Ta hjälp av en medhjälpare. Passa in dörren mot bilen och montera de nya gångjärnsbultarna. Rikta in gångjärnen mot märkena som gjordes vid demonteringen och dra åt fästbultarna till angivet åtdragningsmoment för steg 1. Montera kåpan på det övre gångjärnets sprint.
11 Lirka tillbaka kablaget genom hålet i stolpen och sätt tillbaka damasken.
12 Återanslut kontaktdonet från bilens insida.
13 Montera den nedre klädselpanelen ordentligt i fästklämmorna (montera låsarmen på förarsidans dörr enligt beskrivningen i avsnitt 9).
14 Kontrollera dörrens inpassning och justera om det behövs. Om lacken runt gångjärnen har skadats ska området målas med en passande förbättringslack för att förhindra korrosion. Återanslut batteriets minuspol.

Justering

Observera: *Byt alltid ut gångjärnsbultarna om de har lossats.*
15 Stäng dörren och kontrollera dörrens inpassning mot den omgivande karossen. Om det behövs kan dörren justeras något genom att gångjärnsbultarna lossas och gångjärnen/dörren flyttas så mycket som behövs. Om det övre gångjärnet på dörrstolpen måste lossas

(endast framdörrar) måste instrumentbrädan tas bort enligt beskrivningen i avsnitt 30. När dörren är korrekt placerad ska gångjärnsbultarna dras åt till angivet åtdragningsmoment för steg 2. Om lacken runt gångjärnen har skadats, måla området med en passande förbättringslack för att förhindra korrosion.

12 Dörrens inre klädselpanel – demontering och montering

Observera: *Hissa ner fönstret innan batteriet kopplas loss, för att underlätta demonteringen av det inre dörrhandtaget. Se även "Koppla ifrån batteriet" längst bak i den här handboken.*

Demontering

Framdörr (passagerarsida)

1 Koppla loss batteriets minusledare och öppna sedan dörren.
2 Använd en spårskruvmejsel och lossa försiktigt den övre kåpan från dörrhandtaget och ta bort det från bilen **(se bild)**.
3 Skruva loss skruvarna som fäster den inre klädselpanelen och armstödet vid dörren **(se bilder)**.
4 Lossa pinnbultarna till dörrens klädselpanel. Bänd försiktigt mellan panelen och

11.8 Dra undan damasken och koppla loss kablaget

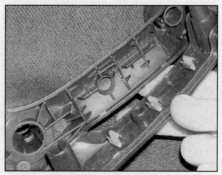

12.2 Bänd försiktigt bort klädseln från de tre fästklämmorna

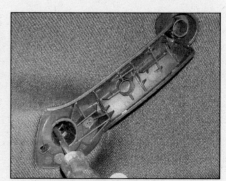

12.3a Skruva loss skruvarna från handtagets insida

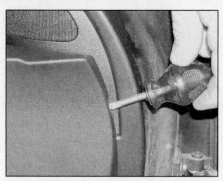

12.3b Skruva även bort skruven från panelens övre framkant

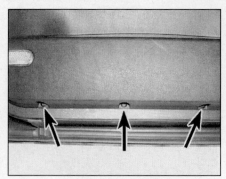

12.3c Ta sedan bort de tre skruvarna (vid pilarna)

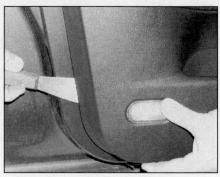

12.4 Lossa klädselpanelen försiktigt

dörren med ett flatbladigt verktyg. Arbeta runt panelens ytterkant tills alla pinnbultar har lossats. Lyft bort dörrens klädselpanel uppåt och bort från fönsterspringan **(se bild)**.

5 Koppla loss vajerhöljet från låshandaget med en flatbladig skruvmejsel när panelen tas bort. Haka sedan loss innervajern **(se bild)**.

6 Koppla loss kontaktdonen allt eftersom de går att komma åt.

Framdörr (förarsida)

7 Koppla loss batteriets minusledare och öppna sedan dörren.

8 Stick in en flatbladig skruvmejsel under kåpan på handtaget och bänd försiktigt bort kåpan mot dörrklädseln. Handtagets

fördjupning, med brytare, kan sedan lossas uppåt och tas bort **(se bilder)**. Tryck in tappen på kontaktdonet för att koppla loss kontaktdonet från reglagepanelen.

9 Demontera dörrens klädselpanel enligt beskrivningen i punkt 3 till 6.

Bakdörrar

10 Ta bort klädselpanelen enligt beskrivningen i punkt 1 till 6.

Montering

11 Innan återmonteringen, kontrollera om någon av klädselpanelens pinnbultar gick sönder vid demonteringen och byt ut dem

som behöver bytas. Montera klädselpanelen i omvänd ordningsföljd mot demonteringen. När batteriet återanslutits, kontrollera att dörrens elektriska utrustning fungerar.

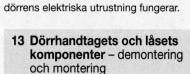

13 Dörrhandtagets och låsets komponenter – demontering och montering

Demontering

Inre dörrhandtag

1 Ta bort dörrens inre klädselpanel enligt beskrivningen i avsnitt 12.

2 Skruva loss skruven på insidan av dörrens klädselpanel. Lossa sedan dörrhandtaget och ta bort det **(se bild)**.

Framdörrens låscylinder

Observera: *Den här åtgärden kan utföras med dörrklädseln monterad.*

3 Öppna dörren. Ta sedan bort plastkåpan i bakkanten av dörren för att hitta fästskruven.

4 Dra ut dörrhandtaget. Håll det i det här läget medan fästskruven skruvas ut till sitt stopp. Skruva inte ur skruven för mycket, då kan låsringen falla in i dörren **(se bild)**.

5 Dra ut låscylinderhuset från dörrhandtaget. Släpp sedan handtaget till dess ursprungliga

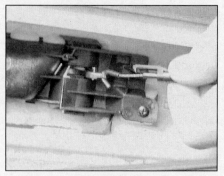

12.5 Lossa vajerhöljet och haka loss innervajern

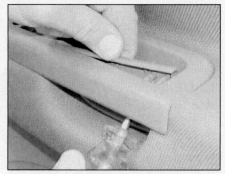

12.8a Tryck ut handtagskåpan ur fästklämmorna . . .

12.8b . . . och bänd sedan försiktigt ut den från dörrens klädselpanel

13.2 Ta bort skruven som är märkt med en pil och lossa den från dörrklädseln

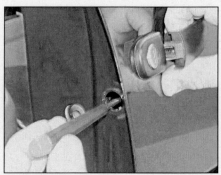

13.4 Håll dörrhandtaget i öppet läge och lossa på skruven

13.5 Dra bort låscylindern från handtaget

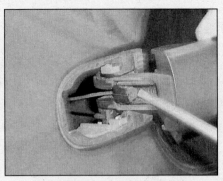

13.6a Koppla loss låsvajern från dörrhandtaget . . .

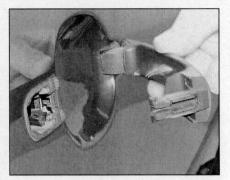

13.6b . . . och sväng sedan ut handtaget från dörren

läge **(se bild)**. **Observera:** *Tappa inte låsringen i dörren, då måste den inre klädselpanelen tas bort för att det ska gå att hitta ringen igen.*

Yttre dörrhandtag

6 På framdörren, demontera låscylinderhuset enligt beskrivningen i punkt 3 till 5. Arbeta via låscylinderhusets öppning, koppla loss låsvajern från handtaget och ta sedan loss handtaget **(se bilder)**.

7 På bakdörren, dra dörrtätningen åt sidan för att komma åt låscylinderhusets fästskruv, skruva sedan loss skruven och ta bort huset och ändkåpan från handtaget enligt beskrivningen i punkt 4 och 5 **(se bild)**. Arbeta

via låscylinderhusets öppning, koppla loss låsvajern från handtaget och ta loss handtaget från dörren.

Framdörrens lås

Observera: *Fönsterhissen, dörrlåset och högtalaren sitter fäst vid samma hållare.*

8 Ta bort dörrens inre klädselpanel enligt beskrivningen i avsnitt 12. Utför de åtgärder som beskrivs i punkt 3 till 7.

9 Bänd ut plastlocken i urtagen på dörrens insida för att komma åt fönstrets fästbultar **(se bild)**.

10 Sänk ner fönstret tills fönstrets fästbultar är i linje med urtagen. Om de elektriska fönsterhissarna är trasiga, ta bort motorn så att fönstret kan glida ner.

11 Lossa fästbultarna ungefär två varv (ta inte bort dem) för att lossa klämmorna som fäster fönstret. Tryck sedan fönstret uppåt och fäst det på plats **(se bilder)**.

12 Koppla loss alla kontaktdon på den gemensamma hållaren. Skruva loss de två bultarna på dörrens bakkant från dörrlåset **(se bild)**.

13 Skruva loss bultarna som fäster hållaren vid dörren. Dra bort den övre delen av hållaren från dörren. Dra sedan bort hållaren mot den främre delen av dörren genom att lyfta och vrida den **(se bild)**.

14 Kablagets fästklämmor kan sedan lossas från hållaren. Koppla loss kontaktdonet från dörrlåset **(se bild på nästa sida)**.

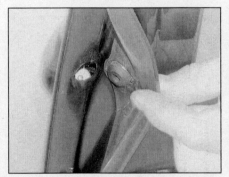

13.7 På bakdörren, dra undan tätningen för att komma åt skruven

13.9 Bänd ut plastlocken (vid pilarna)

13.11a Lossa fästbultarna men ta inte bort dem

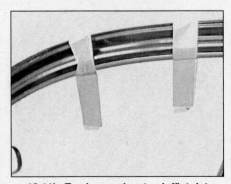

13.11b Tryck upp glaset och fäst det (t.ex. med tejp)

13.12 Skruva loss de två fästbultarna

13.13 Lirka ut låset när enhetens hållare tas bort

13.14 Koppla loss låsets kablage

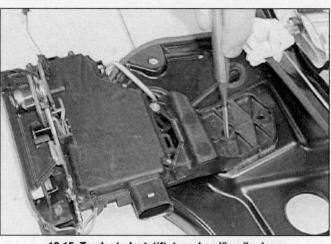

13.15 Tryck ut plaststiftet med en lämplig dorn

15 Låset kan nu tas bort från hållaren. Ta bort stiften från fästbygeln med en dorn **(se bild)**. Bänd sedan bort bygeln med en spårskruvmejsel. Koppla loss vajern och länkstaget genom att lossa dem från låset. *Observera: Fästbygeln hör inte till de delar som följer med dörrlåset. Den sitter fäst vid dörrlåset med en bult och en popnit.*

Bakdörrens lås

Observera: Fönsterhissen, dörrlåset och högtalaren sitter fäst vid samma hållare.
16 Utför de åtgärder som beskrivs ovan i punkt 1 till 10.

17 Skruva in en ungefär 7 cm lång 5 mm bult i fönstrets inre fästplugg och dra ut den. Använd en bit ståltråd med en krok i ena änden och dra ut den yttre fästpluggen från fönsterstyrningen **(se bilder)**. Håll under tiden fönstervajern åt ena sidan. *Observera: Använd inte för hårt tryck på pluggen, då kan den falla in i dörren.*
18 Ta bort plastlocket från den nedre delen av fönstrets styrskena i mitten av dörren och ta bort bulten **(se bild)**.
19 Dra ut tätningen från fönstrets styrskena. Använd sedan en liten spårskruvmejsel och

lyft upp låsfliken i styrskenans nederdel så att fyllningsbiten kan tas bort uppåt från styrningen **(se bilder)**.
20 Ta försiktigt bort den inre tätningsremsan från dörrens överdel genom att ta tag om dess mitt med en tång och vrida den inåt **(se bild)**.
21 Skjut fönsterglaset uppåt och inåt för att ta bort det från dörren **(se bild)**.
22 Dra ut fönsterstyrningens tätning i överdelen av styrskenan. Lossa eller ta bort fästskruven om en sådan finns.
23 Ta bort bulten från dörrens bakkant, i nederdelen av fönstret styrskena. Dra bort

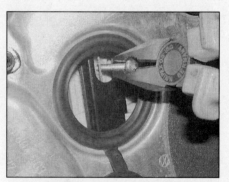

13.17a Skruva in en bult i pluggen och dra sedan ut den med en tång

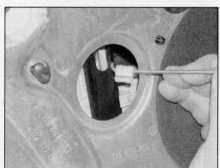

13.17b Lirka ut ytterpluggen med en passande bit ståltråd

13.18 Ta bort plastlocket för att komma åt styrskenans bult

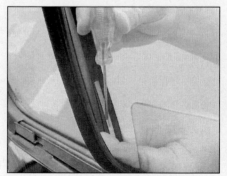

13.19a Bänd ut låsfliken under tätningen. . .

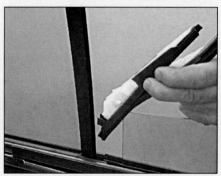

13.19b . . . och skjut fyllningsbiten uppåt, ut ur styrskenan

13.20 En kil kan användas för att underlätta demonteringen av klädseln

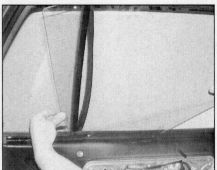

13.21 Ta försiktigt bort glaset inåt från dörren

13.23a Ta bort plastlocket för att komma åt den nedre styrskenans bult

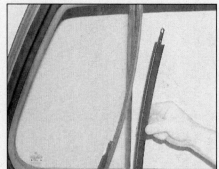

13.23b Dra först styrskenan nedåt för att lossa den från ramen upptill

styrningen från det lilla fasta fönstret och ta bort det uppåt och ut från dörren **(se bilder)**.

24 Med dörren öppen, ta bort kabel-damasken från dörrstolpen och koppla bort kontaktdonen.

25 Skruva loss bultarna som fäster hållaren vid dörren, och låsets två bultar på dörrens bakkant. Dra bort överdelen av hållaren från dörren. Lyft sedan bort den mot dörrens främre del. Lossa kabelklämman från dörren och dra ut kablaget från damasken **(se bild)**.

26 Låset kan nu tas bort från hållaren, enligt beskrivningen i punkt 15.

Montering

Inre dörrhandtag

27 Kläm tillbaka handtaget på sin plats och fäst med skruven på insidan av dörrklädseln. Montera dörrklädseln enligt beskrivningen i avsnitt 12.

Yttre dörrhandtag

28 Placera dörrhandtaget i den främre änden av dörren och vrid runt handtaget på plats. Montera vajern i dörrhandtaget och kläm in den i fördjupningen. Montera låscylinderhuset (framdörr) eller huset och ändkåpan (bakdörr) till handtaget och fäst på plats med fäst-skruven

Framdörrens låscylinder

29 Montera låscylindern i dörrhandtagets hus. Dra sedan åt skruven i dörrens bakkant

för att fästa låscylindern. Täck skruven med plastkåpan.

Framdörrens lås

30 Innan monteringen, dra i manöverarmen på dörrlåset och placera spännarfjädern i urtaget **(se bild)**. **Observera:** *Om fjädern placeras i manöverarmen låses låset så att vajern inte kan monteras på fel sätt.*

31 Montera i omvänd ordningsföljd mot demonteringen, enligt beskrivningen i punkt 8 till 15. **Observera:** *När bultarna på hållaren dras åt ska de två styrbultarna dras åt först så att styrstiften kan passas in i dörren (se bild).* Dra åt alla bultar till angivet momen där sådant anges.

Bakdörrens lås

Observera: *Sätt inte i bultarna i nederdelen av styrskenan innan fyllningsbiten har monterats tillbaka i skenan, då kan inte fyllningsbiten placeras rätt.*

32 Se beskrivningen av återmontering av framdörrens lås.

33 Sätt tillbaka de inre och yttre fäst-pluggarna i fönstret och se till att de sticker ut på båda sidor om glaset. Styr in fönstret i dörren så att fästpluggen hamnar i urtaget för fönsterhisskenan **(se bilder)**. Knacka försiktigt på fönstrets överdel för att placera det i skenan.

34 Montera sedan i omvänd ordningsföljd mot demonteringen, enligt beskrivningen i punkt 16 till 26.

13.25 Lirka ut låset när enhetens hållare tas bort

13.30 Placera spännarfjädern i urtaget på armen (vid pilen)

13.31 Montera de två pilmärkta skruvarna först, för att sätta fast hållaren

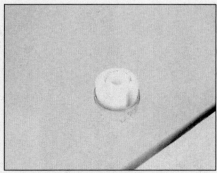

13.33a Montera plastpluggarna i glaset innan hopsättningen

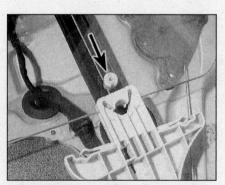

13.33b Pilen visar i vilken riktning glaset ska monteras i skenan

14.3 Lyft glasets bakre del uppåt och ut ur dörramen

14.6 Tryck det fasta glaset framåt med tätningen

14.8 Skruva loss fönstermotorns tre fästskruvar

14 Dörrfönsterglas och fönsterhiss – demontering och montering

Observera: *Fönsterhissmekanismen utgör en del av hållaren och kan inte skaffas separat.*

Demontering

Framdörrens fönsterglas

1 Ta bort dörrens inre klädselpanel enligt beskrivningen i avsnitt 12.
2 Utför följande åtgärd enligt beskrivningen i avsnitt 13, punkt 3 till 11.
3 Lyft glasets bakre del uppåt och framåt för att ta bort det från dörren **(se bild)**.

Bakdörrens fönsterglas

4 Ta bort dörrens inre klädselpanel enligt beskrivningen i avsnitt 12.
5 Ta bort dörrens fönsterglas enligt beskrivningen i avsnitt 13, punkt 16 till 21.
6 Om det behövs kan det fasta fönstret sedan tas bort från dörren när fönstertätningen tas bort **(se bild)**.

Främre fönsterhiss

7 Utför de åtgärder som beskrivs i avsnitt 13 för att ta bort framdörrens lås.
8 Om något är fel med motorn kan den tas bort från hållaren genom att fästskruvarna och kontaktdonet tas bort **(se bild)**.
9 Om fönstermekanismen ska bytas ut måste låset tas bort från hållaren enligt beskrivningen i avsnitt 13.

Bakre fönsterhiss

10 Utför de åtgärder som beskrivs i avsnitt 13 för att ta bort bakdörrens lås.
11 Om något är fel med motorn kan den tas bort från hållaren genom att fästskruvarna och kontaktdonet tas bort **(se bild)**.
12 Om fönstermekanismen ska bytas ut måste låset tas bort från hållaren enligt beskrivningen i avsnitt 13.

Montering

Framdörrens fönsterglas

13 Lirka in fönsterglaset på plats och fäst det med fönsterhissklämmorna. Se till att glaset är korrekt placerat. Dra sedan åt fönsterhissens klämbultar lätt.
14 Montera i omvänd ordningsföljd mot demonteringen enligt beskrivningen ovan.
15 Kontrollera att fönsterglaset rör sig obehindrat och att fönstret stängs helt. Vid behov, lossa fönsterhissens klämbultar och flytta sedan glaset så mycket som behövs. När fönstret fungerar korrekt, dra åt klämbultarna till angivet moment.

Bakdörrens fönsterglas

16 Sätt tillbaka de inre och yttre fäst-pluggarna i fönstret och se till att de sticker ut på båda sidor om glaset. Styr in fönstret i dörren så att fästpluggen hamnar i urtaget till fönsterhisskenan. Knacka lätt på fönstrets

överdel för att placera det i skenan (se bilderna som visar återmontering av bak-dörrens lås i avsnitt 13).
17 Montera i omvänd ordningsföljd mot demonteringen, enligt beskrivningen ovan.
18 Kontrollera att fönsterglaset rör sig obehindrat och att fönstret stängs helt. Vid behov, lossa fönsterhissens klämbultar och flytta sedan glaset så mycket som behövs. När fönstret fungerar korrekt, dra åt kläm-bultarna till angivet moment.

Främre fönsterhiss

19 Montera i omvänd ordningsföljd mot demonteringen enligt beskrivningen av monteringen av framdörrens lås i avsnitt 13.

Bakre fönsterhiss

20 Montera sedan i omvänd ordningsföljd mot demonteringen enligt beskrivningen av monteringen av bakdörrens lås i avdnitt 13.
Observera: *När fönsterhissen/hållaren byts ut, innan kabelklämman tas bort från drevet, placera ett hammarskaft mellan fönster-styrningen och hållaren för att förhindra rörelser (se bild). Drevet kommer då att befinna sig i centrum så att motorn placeras korrekt när den återmonteras.*

15 Baklucka och stödben (kombi/kombikupé) – demontering och montering

Demontering

Baklucka

1 Öppna bakluckan och koppla sedan loss batteriets minuspol.
2 Skruva loss fästskruvarna till bakluckans nedre klädselpanel inuti handtagen **(se bild)**. Lossa klädselpanelens klämmor genom att försiktigt bända mellan panelen och bak-luckan med en spårskruvmejsel. Arbeta runt panelens utsida tills alla klämmor är lossade. Lossa sedan panelen från den övre klädsel-panelen och ta bort den.
3 Ta bort bagagehyllans hållare (endast kombikupé) från den övre klädseln genom att

14.11 Lossa kontaktdonet

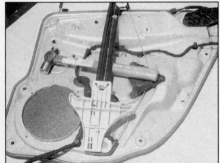

14.20 Hammare placerad för att hålla fast fönsterhissen medan motorn monteras

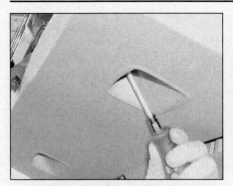

15.2 Ta bort handtagets fästskruv inuti bakluckan

15.3a Dra ut sprinten i mitten på bagagehyllans klämma

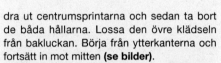

15.3b Dra bort klädseln från ytterändarna först

dra ut centrumsprintarna och sedan ta bort de båda hållarna. Lossa den övre klädseln från bakluckan. Börja från ytterkanterna och fortsätt in mot mitten **(se bilder)**.

4 Koppla loss kontaktdonen som sitter bakom klädselpanelen och lossa spolarslangen från bakluckans torkarmotor. Koppla loss kontaktdonen från bakrutevärmens poler och lossa kabelgenomföringen från bakluckan **(se bilder)**.

5 Knyt en bit snöre vid varje kabelände. Notera hur kablaget är draget, lossa gummigenomföringarna från bakluckan och dra bort kablaget. När änden av kablaget blir synlig, lossa snöret och lämna det på plats i bakluckan. Det kan sedan användas vid återmonteringen för att dra tillbaka kablaget på sin plats.

6 Använd en lämplig märkpenna och rita runt konturerna på alla gångjärn för att märka ut hur de ska sitta placerade på bakluckan.

7 Låt en medhjälpare stötta bakluckan och ta sedan bort stödbenen enligt beskrivningen nedan.

8 Skruva loss bultarna som fäster gångjärnen vid bakluckan **(se bild)**. Om det behövs, ta loss packningarna som sitter mellan gångjärnet och karossen.

9 Undersök gångjärnen och leta efter tecken på slitage eller skador. Byt ut dem om det behövs. Gångjärnen sitter fast vid karossen med muttrar eller bultar (beroende på modell) som man kommer åt när takklädselns bakre täckremsa har tagits bort.

Stödben

⚠️ **Varning: Stödbenen är fyllda med gas och måste omhändertas på ett säkert sätt.**

10 Låt en medhjälpare stötta bakluckan i öppet läge.

11 Använd en spårskruvmejsel. Lyft upp låsklämman och dra bort stödbenet från kulledsfästet på bakluckan **(se bilder)**. Upprepa proceduren på det nedre stödbensfästet och ta bort benet från karossen. **Observera:** Om stödbenet ska återanvändas får inte låsklämman tas ut hela vägen, eftersom den då kan ta skada.

Montering

Baklucka

12 Montera i omvänd ordningsföljd. Passa in gångjärnen mot markeringarna som gjordes vid demonteringen. Dra åt fästbultarna till angivet moment.

13 Avsluta med att stänga bakluckan och kontrollera att den är inpassad mot de omgivande panelerna. Om det behövs kan bakluckan justeras något genom att fästbultarna lossas och bakluckan flyttas i gångjärnen. Om bakluckans gummikuddar behöver justeras, fortsätt enligt följande.

14 Placera justeringskuddarna på bakluckan. Stick in en insexnyckel genom hålet i gummikåpan och lossa skruven tills den tandade mittskenan rör sig fritt in eller ut i huset. När justeringskudden har skruvats in till

15.4a Koppla loss spolarslangen från torkarmotorn . . .

15.4b . . . och dra sedan bort genomföringen från bakluckan för att lossa kablaget

15.8 Ta bort fästbultarna till bakluckans gångjärn

15.11a Lyft låsklämman uppåt, men ta inte bort den helt . . .

15.11b . . . och dra sedan bort benet från kulleden

15.14a Lossa mittskruven för att justera bakluckans gummikudde

15.14b Kontrollera justeringen av varje gummikudde för att rikta in bakluckan

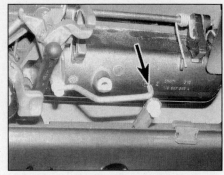

16.2 Lossa länkstaget (vid pilen)

korrekt position ska mittskruven dras åt. När gummikuddarna byts ut mot nya är den räfflade skenan förinställd på 12,5 mm från huset **(se bilder)**. Ta bort justeringskudden genom att vrida den moturs 90° med en nyckel.

Stödben

15 Montera i omvänd ordningsföljd mot demonteringen. Se till att stödbenet sitter fast ordentligt i fästklämmorna.

16 Bakluckans låskomponenter (kombi/kombikupé) – demontering och montering

Demontering

Bakluckans lås – Golf/kombi

1 Öppna bakluckan och ta bort klädselpanelen enligt beskrivningen i avsnitt 15.
2 Koppla loss länkstaget från låsenheten **(se bild)**.
3 Skruva loss fästbultarna och ta bort låset från bakluckan. Koppla loss kontaktdonet om det är tillämpligt **(se bild)**.

Bakluckans handtag – Golf

4 Ta bort bakluckans klädselpanel enligt beskrivningen i avsnitt 15.
5 Lossa fästklämman och länkstagen för att kunna ta bort låscylindern ur handtaget **(se bilder)**.

6 Om det behövs, koppla loss kontaktdonet från låsbrytaren.
7 Skruva loss fästbultarna. Ta sedan bort handtaget från bakluckan **(se bild)**. Ta loss handtagets tätning (i förekommande fall) och undersök om det är skadat. Byt ut det om det behövs.

Bakluckans handtag – Kombi

8 Ta bort bakluckans klädselpanel enligt beskrivningen i avsnitt 15.
9 Koppla loss kontaktdonet från låsbrytaren. Skruva loss fästskruvarna. Ta sedan bort handtaget från bakluckan **(se bild)**.

Bakluckans låscylinder – Golf

10 Ta bort låscylindern enligt beskrivningen i punkt 4 till 6.

Bakluckans låscylinder – Kombi

11 Öppna bakluckan och ta bort klädselpanelen enligt beskrivningen i avsnitt 15. Ta sedan bort låscylindern enligt beskrivningen i avsnitt 18, punkt 5 till 7.

Montering

12 På Golfmodellerna ska låscylinderns fästklämma monteras tillbaka i handtaget före hopsättningen **(se bild)**. Låset kan sedan tryckas tillbaka i handtaget. Montera i omvänd ordningsföljd mot demonteringen. Innan klädselpanelen monteras ska låskomponenternas och (om nödvändigt) centrallåssystemets funktion kontrolleras.

16.3 Koppla loss kontaktdonet

16.5a Koppla loss de två länkstagen (vid pilarna) . . .

16.5b . . . och bänd ut fästklämman för att ta bort låset (visas utanför bakluckan)

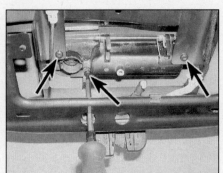

16.7 Ta bort de tre skruvarna för att lossa handtaget (vid pilarna)

16.9 Lossa handtaget från bakluckan

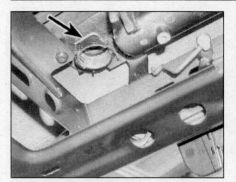

16.12 Pilen visar fästklämman på plats innan låscylindern monteras

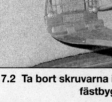

17.2 Ta bort skruvarna i varningstriangelns fästbygel

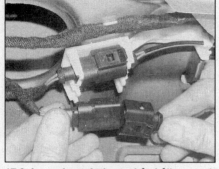

17.3 Lossa kontaktdonen från hållaren och koppla loss kontakterna

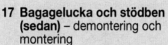

17 Bagagelucka och stödben (sedan) – demontering och montering

Demontering

Baklucka

1 Öppna bakluckan och koppla sedan loss batteriets minuspol.

2 Ta bort varningstriangeln från fästbygeln. Skruva sedan loss de två skruvarna i fästbygeln och lyft ut den (se bild). Skruva loss alla kvarvarande skruvar runt bakluckans klädsel och lossa klädseln från bakluckan.

3 Koppla loss alla kontaktdon från registreringsskyltsbelysningen och bakluckans låsenhet (se bild). Knyt ett snöre vid varje kabelände. Notera hur kablarna är dragna. Lossa sedan gummigenomföringen från bakluckan och dra bort kablaget. När änden av kablaget blir synlig, lossa snöret och lämna det på plats i bakluckan. Det kan sedan användas vid återmonteringen för att dra tillbaka kablaget på sin plats.

4 Lossa kablagekåpan av plast från det vänstra gångjärnet för att lossa kablaget (se bild). Ta bort stödbenen enligt beskrivningen nedan.

5 Markera konturerna runt alla gångjärn med en lämplig märkpenna. Skruva sedan loss gångjärnets fästmuttrar och ta bort bakluckan.

6 Undersök gångjärnen och leta efter tecken på slitage eller skador. Byt ut dem om det behövs. Gångjärnen sitter fast vid karossen med bultar.

17.4 Lossa plastkåpan från gångjärnet för att frigöra kablaget

Stödben

 Varning! Stödbenen är fyllda med gas och måste omhändertas på ett säkert sätt.

7 Låt en medhjälpare stötta bakluckan i öppet läge.

8 Använd en spårskruvmejsel. Lyft upp låsklämman och dra bort stödbenet från spindelledsfästet på bakluckan. Upprepa proceduren på det nedre stödbensfästet och ta bort benet från karossen. Observera: Om stödbenet ska återanvändas får inte låsklämman tas ut hela vägen, eftersom den då kan ta skada.

Montering

Baklucka

9 Montera i omvänd ordningsföljd mot demonteringen. Passa in gångjärnen mot

markeringarna som gjordes vid demonteringen.

10 Avsluta med att stänga bakluckan och kontrollera att den är inpassad mot de omgivande panelerna. Om det behövs kan luckan justeras något genom att fästbultarna lossas och luckan flyttas i gångjärnen. Om ytterligare justering krävs, se beskrivningen av montering av bakluckan i avsnitt 15.

Stödben

11 Montera i omvänd ordningsföljd mot demonteringen Se till att stödbenet sitter fast ordentligt i fästklämmorna.

18 Bagageluckans låskomponenter (sedan) – demontering och montering

Demontering

Bagageluckans lås

1 Öppna bagageluckan och ta bort klädselpanelen enligt beskrivningen i avsnitt 17.

2 Koppla loss länkstaget från låsenheten och koppla loss kontaktdonet (se bild).

3 Skruva loss fästmuttrarna och ta bort låset från bagageluckan.

Bagageluckans låscylinder

4 Öppna bagageluckan och ta bort klädselpanelen enligt beskrivningen i avsnitt 17.

5 Lossa länkstaget från låscylindern och koppla loss kontaktdonet (se bild).

6 Skruva loss de tre fästskruvarna och ta bort låscylindern från bagageluckan (se bild).

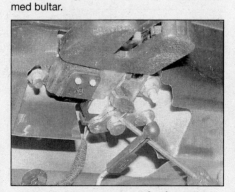

18.2 Länkstaget lossas från låsenheten

18.5 Länkstaget lossas från låscylindern

18.6 Skruva loss de tre fästskruvarna

18.9 Ta bort de två fästskruvarna (vid pilarna)

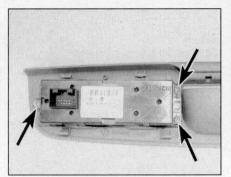

19.2 Ta bort de tre fästskruvarna (vid pilarna)

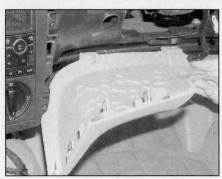

19.3 Lossa de nedre klädselpanelerna från instrumentbrädan

7 Ta bort de två skruvarna i VW-emblemets baksida för att ta bort låscylindern.

Bagageluckans handtag

8 Öppna bagageluckan och ta bort klädselpanelen enligt beskrivningen i avsnitt 17.
9 Koppla loss kontaktdonet och ta bort de två fästskruvarna **(se bild)**.

Montering

Bagageluckans lås

10 Återanslut kontaktdonet och fäst länkstaget ordentligt. Placera låset i bagageluckan och dra åt muttrarna ordentligt.

Bagageluckans låscylinder

11 Montera i omvänd ordningsföljd mot demonteringen. Avsluta med att kontrollera att låscylindern fungerar.

Bagageluckans handtag

12 Montera i omvänd ordningsföljd mot demonteringen. Dra åt skruvarna ordentligt.

19 Centrallåsets komponenter – demontering och montering

Demontering

Observera: *Läs avsnittet "Koppla ifrån batteriet" längst bak i boken innan batteriets anslutningar kopplas bort.*

Inre centrallåsbrytare

1 Ta bort dörrens brytare enligt beskrivningen i avsnitt 12, punkt 7 och 8.
2 Skruva loss skruvarna på baksidan av reglagepanelen **(se bild)**. Brytarenheten kan nu tas bort genom att den lossas från reglagepanelen.

Centrallåsets styrenhet

Observera: *På modeller med komfortkoppling är detta den centrala styrenhet som också styr takluckan, fönsterhissarna och de yttre backspeglarna (via en separat styrenhet i varje dörr).*
3 Ta bort fästskruvarna från instrumentbrädans nedre paneler. Lossa sedan försiktigt panelerna i överkanten från instrumentbrädan **(se bild)**. Skruva loss förstärkningspanelen av plast under de nedre klädselpanelerna och ta bort den.
4 Skruva loss styrenheten från rattstångens fästbygel och koppla loss kontaktdonet **(se bild)**.

Fram- och bakdörrarnas låsmotorer

5 Ta bort dörrlåset enligt beskrivningen i avsnitt 13.
6 Låsmotorerna utgör en del av dörrlåset och kan inte köpas separat.

Bakluckans låsmotor – kombikupé och kombi

7 Ta bort bakluckans klädselpanel enligt beskrivningen i avsnitt 15, punkt 1 och 2.

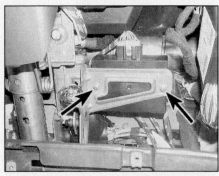

19.4 Ta bort de två skruvarna som fäster styrenheten (vid pilarna)

8 Koppla loss länkstaget från låsmotorn **(se bild)**.
9 Använd en lämplig skiftnyckel/tång. Lossa fästskruvarna medurs och ta bort låsmotorn genom att skjuta ut den ur de förlängda hålen i bakluckan **(se bild)**. Koppla loss kontaktdonet.

Bagageluckans låsmotor – sedan

10 Ta bort bagageluckans klädselpanel enligt beskrivningen i avsnitt 17, punkt 1 och 2.
11 Lossa länkstagen från bagageluckans låsenhet. Koppla sedan loss kontaktdonet **(se bild)**.
12 Ta bort de tre fästmuttrarna från låsmotorns fästbygel. Ta sedan bort låsmotorn

19.8 Koppla loss länkstaget

19.9 Vrid fästskruvarna medurs för att ta bort låsmotorn

19.11 Koppla loss de två länkstagen och koppla loss kontaktdonet (vid pilarna)

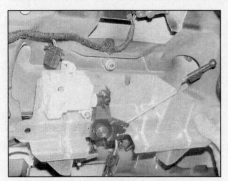

19.12 Ta bort låsmotorn

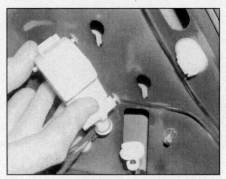

19.14 Skruva loss låsmotorn

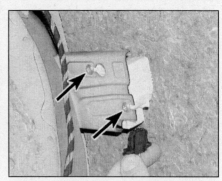

19.16 Lossa de två skruvarna (vid pilarna)

från fästbygeln genom att ta bort fäst-skruvarna **(se bild)**.

Tankluckans låsmotor – kombikupé

13 Utför de åtgärder som beskrivs i avsnitt 27, för att ta bort de inre klädselpanelerna på baksätets sidobälte.
14 Koppla loss kontaktdonet och manöver-staget från motorn. Använd en lämplig skiftnyckel/tång. Lossa fästskruvarna medurs och ta bort låsmotorn genom att skjuta ut den ur de förlängda hålen i karossen **(se bild)**.

Tankluckans låsmotor – sedan

15 Utför åtgärderna enligt beskrivningen i avsnitt 27, punkt 28 och 29.
16 Koppla loss kontaktdonet och manöver-staget från motorn. Lossa fästskruvarna och ta bort låsmotorn genom att skjuta ut den ur de förlängda hålen i fästbygeln **(se bild)**.

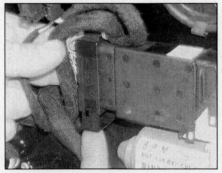

20.4 Koppla loss kontaktdonet

Montering

17 Montering sker i omvänd ordningsföljd mot demonteringen. Se till att alla kontakter återansluts ordentligt. Avsluta med att kontrollera att alla komponenter i central-låssystemet fungerar.

20 Elektriska fönsterhissarnas komponenter – demontering och montering

Reglage

1 Se kapitel 12.

Fönsterhissmotorer

Demontering

2 Demontera relevant fönsterhiss enligt beskrivningen i avsnitt 14.
3 Ta bort motorn från fönsterhissen genom att skruva loss de tre fästskruvarna **(se bild)**.
4 Koppla loss kontaktdonet från fönster-motorn **(se bild)**.

Montering

5 Om en ny motor ska monteras, ta bort skyddskåpan från drevet.
6 Se till att motorns drevkomponenter är tillräckligt smorda (VW rekommenderar fett G 000 450 02 – finns att köpa hos VW-återförsäljare) och fria från damm och smuts.
7 Passa försiktigt in motorn och anslut den till fönsterhissen **(se bild)**. Om motorn inte hakar i korrekt ska den monteras om enligt beskrivningen i avsnitt 14.

20.3 Ta bort de tre fästskruvarna

8 Sätt i fönstermotorns fästskruvar och skruva in dem löst. Dra åt skruvarna när motorns drev hakar i korrekt. Anslut kontaktdonet till fönstermotorn.
9 Montera sedan klädselpanelen i omvänd ordningsföljd mot demonteringen.

21 Ytterbackspeglar och tillhörande komponenter – demontering och montering

Demontering

Elreglerad spegel

1 Ta bort dörrens inre klädselpanel enligt beskrivningen i avsnitt 12. Koppla loss spegelns kontaktdon och högtalarkontakten i förekommande fall **(se bild)**.
2 Ta bort skruven från spegelns inre panel/högtalarpanelen och lossa den från dörren **(se bild)**.

20.7 Kontrollera att drevet placeras korrekt

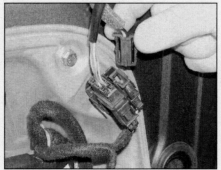

21.1 Spegelns kontakt kopplas loss

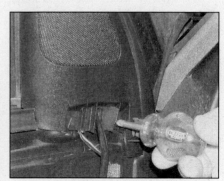

21.2 Ta bort fästskruven från panelen

21.3a Skruva loss fästbulten . . .

21.3b . . . och ta bort spegeln från dörren

21.5 Koppla loss kablaget från spegelglaset

3 Ta bort isoleringen från dörramen och skruva loss spegelns fästbult. Lossa kablaget och ta bort spegelenheten från dörren (se bilder).

Manuellt reglerad spegel

4 Utför åtgärderna enligt beskrivningen i punkt 1 till 3. Ta bort fästskruvarna från den inre klädselpanelen för att koppla loss spegelns justeringsvajer.

Spegelglas

Observera: *Spegelglaset är fäst med klämmor. Om glaset tas bort utan specialverktyget från VW (nummer 80-200) är det stor risk att det går sönder.*

5 Stick in verktyget mellan spegelglaset och spegelhuset. Tryck först spegeln nedåt och bänd försiktigt loss glaset från motorn. Koppla loss kontaktdonen från spegelns värmeelement (se bild).

6 Var mycket försiktig när glaset tas bort. Ta inte i för hårt eftersom glaset lätt går sönder. Om VW:s specialverktyg inte finns tillgängligt, använd ett flatbladigt verktyg med tejp runt för att förhindra skador på spegelhuset (se bild).

Spegelhus

7 Vik spegelenheten framåt och placera glaset vertikalt för att underlätta demonteringen av huset.

8 Ta bort den lilla plastpluggen i nederdelen av spegelenheten. Stick sedan in en skruv-

mejsel och tryck den försiktigt framåt för att lossa fästklämman. Dra kåpan uppåt över spegelglaset för att ta bort den (se bilder).

Spegelreglage (elreglerad spegel)

9 Se kapitel 12.

Elreglerad spegel – motor

10 Ta bort spegelglaset enligt beskrivningen ovan.

11 Skruva loss fästskruvarna och ta bort motorn. Koppla loss kontaktdonet när det blir åtkomligt.

Montering

12 Montera i omvänd ordningsföljd mot demonteringen.

13 Tryck stadigt i mitten när glaset monteras. Var noga med att inte ta i för hårt, eftersom glaset lätt går sönder.

22 Vindruta, bakruta och fasta bakre sidofönster – allmän information

Dessa glasytor sitter hårt fästa på tätningsremsan i karossöppningen och hålls fast med speciell fästmassa. Det är svårt, besvärligt och tidsödande att byta sådana fasta fönster och arbetet lämpar sig därför inte för hemmamekanikern. Det är svårt att få en vattentät passning om man inte har stor

erfarenhet. Dessutom är det stor risk för att fönstret går sönder under arbetet. Detta gäller särskilt vindrutor av laminerat glas. Med tanke på ovanstående bör denna typ av arbete överlåtas till en specialist på vindrutor.

Om bakdörrens fasta glas måste bytas ska säkerhetsföreskrifterna som beskrivs i avsnitt 14 följas.

23 Taklucka – allmän information

På grund av takluckans komplexa mekanism krävs betydande expertkunskaper för att reparera, byta ut eller justera komponenterna. Om takluckan ska tas bort måste först takklädseln tas bort, vilket är ett mycket komplicerat och tidskrävande arbete. Därför ska alla problem med takluckan överlåtas till en VW-verkstad. Om takluckans motor slutar fungera på modeller med elektrisk taklucka, ska först relevant säkring kontrolleras. Om felet inte kan spåras och åtgärdas kan takluckan öppnas och stängas för hand genom att motorns spindel vrids med en insexnyckel. (En passande nyckel följer med bilen och ska sitta fäst på insidan av takluckemotorns täckkåpa. Lossa kåpans bakre del för att komma åt motorn. Lossa insexnyckeln. Stick sedan in den helt i motoröppningen (mot fjädertrycket). Vrid nyckeln för att flytta takluckan till önskat läge.

21.6 Glaset bänds försiktigt bort från motorn

21.8a Tryck skruvmejseln framåt . . .

21.8b . . . och lyft sedan kåpan uppåt över spegelglaset

24 Karossens yttre detaljer – demontering och montering

Hjulhusens innerskärmar och underredespaneler

1 De olika plastkåporna som sitter på bilens undersida hålls fast med en blandning av skruvar, muttrar och fästklämmor. Det syns tydligt hur de ska demonteras. Arbeta metodiskt runt panelen. Ta bort fästskruvarna och lossa fästklämmorna tills panelen är lös och kan tas bort från bilens undersida. De flesta klämmor som används på bilen kan helt enkelt bändas loss. Ta bort hjulen för att underlätta demonteringen av hjulhusens innerskärmar.

2 Vid återmonteringen ska alla fästklämmor som har gått sönder bytas ut. Se till att panelen hålls fast ordentligt av alla klämmor och skruvar.

Karossens dekorremsor och emblem

3 De olika dekorremsorna och emblemen på karossen hålls fast med en särskild tejp och fästtappar. Vid demonteringen måste dekoren/emblemet värmas upp så att fästmedlet mjuknar innan delen försiktigt kan lyftas bort från ytan. På grund av den stora reprisken bör den här åtgärden överlåtas till en VW-verkstad.

25 Säten – demontering och montering

Observera: *Se varningarna i kapitel 12 om bilen är utrustad med sidokrockkuddar. Läs avsnittet "Koppla ifrån batteriet" längst bak i boken innan batteriets anslutningar kopplas bort.*

Demontering

Framsäten

Observera: *Antalet kontaktdon under sätet varierar beroende på modell.*

1 Koppla loss batteriets minusledare.

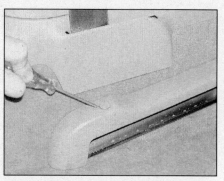

25.2 Lossa locken för att ta bort skruvarna

2 Skjut sätet framåt och lossa locken på klädseln som täcker sätets styrskenor **(se bild)**. Ta bort fästskruvarna och dra ut täckkåporna.

3 Dra sätet bakåt. Ta bort de två bultarna under sätets främre del **(se bild)**.

4 Skjut sätet helt bakåt och haka loss det från de yttre styrskenorna. Vicka sätet bakåt och koppla loss kontaktdonen under sätets främre del **(se bild)**. Ta bort sätet från bilen.

5 Ta bort sätesskenans låsvajer genom att ta bort skruven som håller fast handtaget på spaken. Lossa vajerhöljet från fästbygeln och koppla loss innervajern från spaken **(se bild)**.

6 Använd en lämplig skruvmejsel. Bänd bort klämman från vajerns andra ände och ta bort den från sätesskenan **(se bild)**. I avsnitt 27 finns information om hur säkerhetsbältets fäste tas bort från sätet.

Baksäte

7 Lyft upp baksätets dyna/dynor. Haka sedan loss gångjärnsstagen från fästbyglarna och ta bort dynan/dynorna från bilen.

8 På kombimodeller, lossa locken över gångjärnen och ta bort fästskruvarna. Dra ut gångjärnssprintarna och ta bort sätesdynan/-dynorna.

9 Fäll ner baksätets ryggstöd.

10 Använd en liten spårskruvmejsel. Lossa den yttre gångjärnssprintens fästhake och lyft ryggstödet uppåt för att lossa det. Dra bort ryggstödet från mittgångjärnets styrbult och ta bort det från bilen **(se bilder)**. Ta bort motstående ryggstöd på samma sätt.

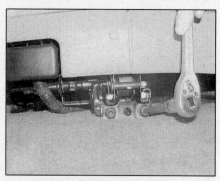

25.3 Ta bort de två fästbultarna

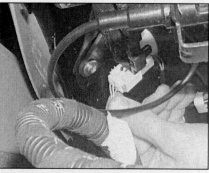

25.4 Koppla loss kontaktdonen under sätet

25.5 Dra ut vajerhöljet och lossa innervajern

25.6 Vajern dras loss från skenan

25.10a Bänd haken bakåt för att lossa sätet från hjulhuset

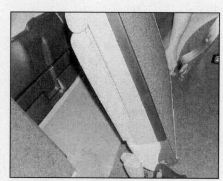

25.10b Dra sedan bort sätet från mittstyrbulten

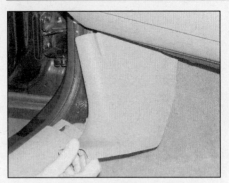

27.1 Bänd försiktigt ut den nedre klädselpanelen

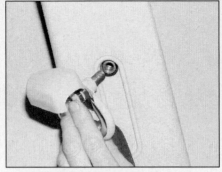

27.2a Ta bort säkerhetsbältets övre fästbult

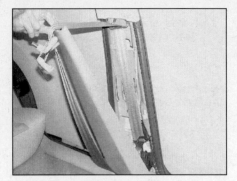

27.2b Lossa sedan stolpens nedre klädselpanel

Montering

Framsäten

11 Innan monteringen, undersök sätes-skenorna och leta efter tecken på slitage eller skador. Byt ut dem om det behövs. Montera i omvänd ordningsföljd mot demonteringen. Se till att sätets justeringsspak fäster som den ska i mittstyrskenan när sätet har monterats, och att sätesbultarna dras åt till angivet moment.

Baksäte

12 Montera i omvänd ordningsföljd mot demonteringen. Se till att sätesryggstöden fästs ordentligt på plats och att sätesbultarna dras åt ordentligt.

26 Främre säkerhetsbältets sträckarmekanism – allmän information

De flesta modeller som behandlas i den här handboken är utrustade med sträckarsystem för de främre säkerhetsbältena. Systemet är utformat för att omedelbart fånga upp spelrum i säkerhetsbältet vid plötsliga frontal-krockar och på så sätt minska risken för skador för framsätets passagerare. Varje framsäte är utrustat med ett eget system där sträckaren sitter placerad bakom tröskelns klädselpanel.

Bältessträckaren utlöses vid en frontalkrock där kraften överstiger ett angivet värde. Mindre krockar, inklusive påkörningar bakifrån, utlöser inte systemet.

När systemet utlöses drar den explosiva gasen i sträckarens mekanism tillbaka och låser säkerhetsbältet med en vajer som verkar på haspeln. Detta förhindrar att säkerhets-bältet rör sig, och håller passageraren säkert på plats i sätet. När sträckaren har utlösts är säkehetsbältet permanent låst och enheten måste bytas ut.

Det finns risk för skador om systemet utlöses oavsiktligt vid arbete på bilen. Därför rekommenderar vi starkt att allt arbete som innebär ingrepp i bältessträckarens system överlåts till en VW-verkstad. Observera

följande varningar innan något arbete utförs på de främre säkerhetsbältena.

 Varning: Utsätt inte sträckarmekanismen för temperaturer över 100°C.
Om sträckarmekanismen tappas måste den bytas ut, även om den inte har fått några synliga skador.
Låt inga lösningsmedel komma i kontakt med sträckarmekanismen.
Försök inte öppna sträckarmekanismen, eftersom den innehåller explosiv gas.
Sträckare måste laddas ur innan de kastas, men detta arbete ska överlåtas till en VW-verkstad.
Läs avsnittet "Koppla ifrån batteriet" längst bak i handboken om batteriets anslutningar ska kopplas bort.

27 Säkerhetsbältets komponenter – demontering och montering

 Varning: På modeller utrustade med bältessträckare, se avsnitt 26 innan arbetet påbörjas.
Försök under inga som helst omständigheter att ta bort sträckaren från haspeln.

Demontering

Främre säkerhetsbälte – fyr- och femdörrars modeller

Observera: *Läs avsnittet "Koppla ifrån batteriet" längst bak i boken innan batteriets anslutningar kopplas bort.*

1 Koppla loss batteriets minusledare. Lossa den främre, nedre klädselpanelen från tröskelns panel och dra ut den under instrumentpanelen, bort från fästklämman **(se bild)**. Ta bort klädseln på förarsidan enligt beskrivningen i avsnitt 9.
2 Lossa kåpan på säkerhetsbältets övre fäste och ta bort fästbulten. Lossa säkerhets-bältesstolpens nedre klädselpanel. Ta försiktigt loss den från dörrtätningen och bänd

27.3 Skruva loss fästpluggarna av plast

bort klädseln genom att lyfta bort den från fästsprintarna **(se bilder)**.
3 Fäll upp baksätets sittdyna och skruva loss hållarna i nederdelen av den bakre hjulhus-klädseln **(se bild)**.
4 Ta bort de två skruvarna som fäster tröskelns panel i nederdelen av säkerhets-bältesstolpen **(se bild)**. På vissa modeller används klämmor i stället för skruvar.
5 Lossa tröskelns klädsel uppåt och ta bort den från tröskeln. Dra försiktigt ut säkerhets-bältet från tröskelns klädsel **(se bild)**.
6 På bilar med sidokrockkuddar, koppla loss kontaktdonet från bältessträckarens haspel **(se bild)**.
7 Lossa försiktigt stolpens övre klädsel. Skruva sedan loss skruvarna i bältes-styrningen **(se bild)**.

27.4 Tröskelpanelens fästskruvar (vid pilarna)

27.5 Tröskelns klädselpanel tas bort runt säkerhetsbältet

27.6 Lossa den mittre låsklämman innan kontaktdonen tas bort

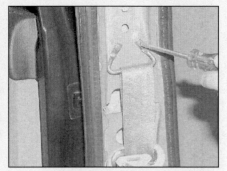

27.7 Ta bort bältesstyrningens fästskruvar för att lossa bältet

27.8 Säkerhetsbältets nedre fästbult

27.9 Haspelns fästbult

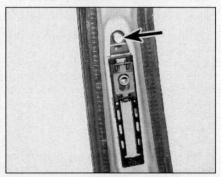

27.10 Fästbult som håller säkerhetsbältets höjdjusteringsanordning

8 Skruva loss säkerhetsbältets nedre fästbult och lossa säkerhetsbältet från dess nedre förankring **(se bild)**.
9 Skruva loss haspelns fästbult och ta bort säkerhetsbältesenheten från bilen **(se bild)**.
10 Ta bort bältets höjdjusteringsanordning genom att ta bort fästbulten och lyfta justeringsanordningen från stolpen **(se bild)**.

Främre säkerhetsbälte – tredörrars modeller
11 Ta bort relevant baksäte enligt beskrivningen i avsnitt 25.
12 Lossa den bakre inre sidodklädseln från dörrstolpen och bänd försiktigt ut högtalarens fästbygel. Lyft panelen uppåt för att ta bort den, och koppla loss högtalarkablaget i förekommande fall.

13 Lossa den främre, nedre klädselpanelen från tröskelns klädselpanel och dra ut den under instrumetpanelen, bort från fästklämman. Ta bort klädseln på förarsidan enligt beskrivningen i avsnitt 9.
14 Skruva loss fästskruvarna från baksidan av tröskelns klädselpanel. Skruva loss fästet i nederdelen av den bakre hjulhuspanelen. Lossa tröskelns panel och lyft den uppåt för att ta bort den från bilen.
15 Lossa kåpan på det övre säkerhetsbältets fäste och ta bort fästbulten. Ta sedan bort säkerhetsbältet enligt beskrivningen i punkt 6 till 10. På vissa tidigare modeller ska fästbulten/-bultarna tas bort och säkerhetsbältets nedre fästskena lossas från golvet. Haka loss skenan från bältet och ta bort den från bilen.

Främre säkerhetsbältets fäste – alla modeller
16 Ta bort framsätet enligt beskrivningen i avsnitt 25.
17 Skruva loss bulten som håller fästet vid sätet. Ta sedan bort fästet **(se bild)**.

Bakre sidosäkerhetsbälte – Kombikupémodeller
18 Öppna bakluckan och ta bort den bakre bagagehyllan.
19 Ta bort fästskruven från baksidan av bagagehyllans stödklädselpanel. Dra uppåt för att lossa panelen från stolpens övre klädsel **(se bilder)**.
20 Lossa kåpan från säkerhetsbältets övre fästbult. Skruva loss bulten. Om det behövs,

27.17 Ta bort fästbulten från sätesramen

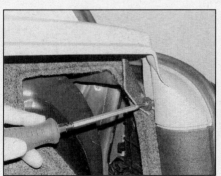

27.19a Ta bort skruven som fäster stödpanelen

27.19b Lossa sedan panelen uppåt och ta bort den

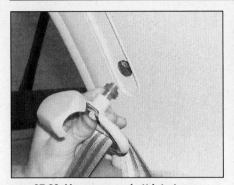

27.20 Var noga med att inte tappa mellanläggsbrickan när säkerhetsbältets övre fästbult tas bort

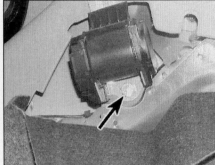

27.21 Haspelns fästbult (vid pilen)

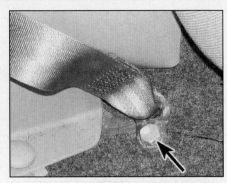

27.22 Säkerhetsbältets nedre fästbult (vid pilen)

ta loss mellanläggsbrickan bakom bältesförankringen **(se bild)**.

21 Ta bort fästpluggarna av plast och dra undan den nedre hjulhuskåpan. Ta bort isoleringen. Skruva sedan loss bulten för att lossa haspeln från stolpen **(se bild)**.

22 Lyft upp baksätets nederdel för att ta bort säkerhetsbältets nedre fästbult framför hjulhuset **(se bild)**.

23 Ta bort bältets höjdjusteringsanordning genom att skruva loss de två fästmuttrarna i nederdelen av stolpens övre klädsel. Lossa klädseln upptill och ta bort den från bilen **(se bilder)**. Ta bort fästbulten och lyft höjdjusteringsskenan uppåt från stolpen.

Baksätets sidosäkerhetsbälte – Sedanmodeller

24 Lossa kåpan från säkerhetsbältets övre fästbult. Skruva loss bulten. Om det behövs, ta loss mellanläggsbrickan bakom bältesförankringen.

25 Lyft upp baksätets nederdel för att ta bort säkerhetsbältets nedre fästbult vid hjulhuset.

26 Fäll fram baksätets ryggstöd. Koppla loss kontakten till de extra bromsljusen under bagagehyllan och lossa sedan bagagehyllan.

27 Lyft ut bagageutrymmets matta. Lossa sedan bakluckelåsets täckpanel genom att lossa den utifrån och arbeta mot mitten. Lyft bort den från den bakre panelen **(se bild)**.

28 Ta bort plastpluggarna runt hjulhusets innerklädsel och lossa klädseln från hjulhuset **(se bild)**.

29 Ta bort klädseln från sidan av bagageutrymmet. Koppla loss eventuella kontaktdon och skruva loss krokarna om det behövs **(se bild)**.

30 Ta bort isoleringen. Skruva sedan loss bulten för att lossa haspeln från stolpen **(se bild)**. Ta bort säkerhetsbältesenheten genom bagageutrymmet.

Bakre sidosäkerhetsbälte – Kombimodeller

31 Ta bort baksätet enligt beskrivningen i avsnitt 25.

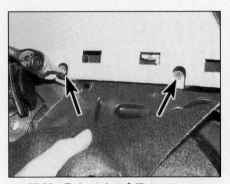

27.23a Ta bort de två fästmuttrarna (vid pilarna) . . .

27.23b . . . och lossa klädseln upptill och ta bort den

27.27 Den bakre panelen tas bort

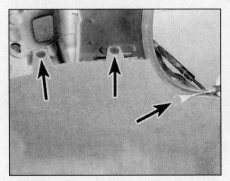

27.28 Fästklämmorna tas bort (vid pilarna)

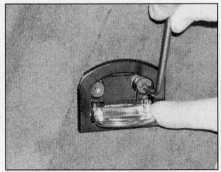

27.29 Krokarna tas bort

27.30 Haspelns fästbult (vid pilen)

27.35 Bakre säkerhetsbältesfästets fästbult

32 Öppna bakluckan och ta bort bagage-utrymmets kåpa.

33 Ta bort den inre hjulhusklädseln och säkerhetsbältet enligt beskrivningen i punkt 20 till 22.

34 Kontrollera noga att alla hållare har tagits bort innan panelen lossas.

Baksätets mittre säkerhetsbälte och bältesspännen

35 Fäll fram baksätesdynan. Skruva sedan loss bulten och brickorna som fäster det mittre säkerhetsbältet och/eller spännet vid golvet och ta bort det från bilen **(se bild)**.

36 På kombimodeller kan mittsäkerhets-bältets haspel endast tas bort från ryggstödet om sätesklädseln och stoppningen tas bort först. Säkerhetsbältets haspel kan sedan skruvas loss från sätesramen.

Montering

37 Montera i omvänd ordningsföljd mot demonteringen. Se till att alla säkerhets-bälteskomponenter placeras korrekt och att fästbultarna dras åt till angivet moment. Kontrollera att alla klädselpaneler sitter fast ordentligt med alla relevanta fästklämmor. När de övre klädselpanelerna återmonteras, se till att höjdjusteringsspakarna hakar i skallen till säkerhetsbältets övre fästbult ordentligt.

28 Innerklädsel – demontering och montering

Klädselpaneler

Observera: I avsnitt 27 finns detaljinformation om de flesta invändiga paneler.

1 De inre klädselpanelerna är antingen fästa med skruvar eller andra olika typer av fästen, som pinnbultar eller klämmor.

2 Kontrollera att inga andra paneler över-lappar den som ska tas bort. Oftast måste en viss ordning följas. Ordningsföljden framgår vid en närmare kontroll.

3 Ta bort alla synliga hållare, exempelvis skruvar. Om panelen inte lossnar sitter den

fast med klämmor eller hållare. Dessa sitter oftast runt kanten på panelen och lossas genom att de bänds upp. Observera dock att de kan gå sönder ganska lätt, så ha ersättningsklämmor till hands. Det bästa sättet att ta bort sådana klämmor utan rätt verktyg är genom att använda en stor spårskruvmejsel. Observera att i flera fall måste tätningsremsan bändas loss för att en panel ska gå att ta bort.

4 När en panel tas bort får man **aldrig** ta i för hårt, då kan panelen skadas. Kontrollera alltid noga att alla fästen eller andra relevanta komponenter har tagits bort eller lossats innan panelen dras bort.

5 Montera i omvänd ordningsföljd mot demonteringen. Fäst fästena genom att trycka in dem ordentligt på plats, och se till att alla rubbade komponenter fästs ordentligt för att förhindra att de skallrar.

Handskfack

6 Innan handskfacket kan tas bort måste mittkonsolens främre del tas bort för att det ska gå att komma åt en av skruvarna, se avsnitt 29.

7 Öppna handskfackets lucka. Skruva sedan loss de sju fästskruvarna **(se bild)**. Dra bort handskfacket från dess plats. Koppla loss kontaktdonet från handskfacksbelysningens lampa (i förekommande fall) när det går att komma åt.

8 Montera i omvänd ordningsföljd mot demonteringen.

Mattor

9 Passagerarutrymmets golvmatta är hel och den sitter fast i kanterna med skruvar eller klämmor. Oftast används samma fästen till mattan som till klädselpanelerna.

10 Det är ganska enkelt att ta bort och sätta tillbaka mattan men det kräver mycket tid eftersom alla intillsittande klädselpanelen måste tas bort först, liksom komponenter som säten, mittkonsol och säkerhetsbältenas nedre förankringar.

Inre takklädsel

11 Takklädseln är fäst vid taket med klämmor och kan tas bort först när alla andra detaljer

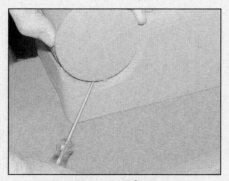

29.1a Lossa ändkåporna . . .

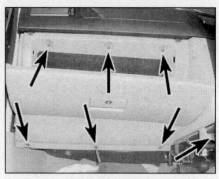

28.7 Ta bort de sju fästskruvarna (vid pilarna)

som handtag, solskydd, eventuell taklucka och relevanta övre klädselpaneler har demonterats, och när dörrarnas, bakluckans och takluckeöppningens tätningsremsor har tagits loss. För att solskydden och handtagen ska kunna tas bort måste först plastkåporna lossas så att det går att komma åt fäst-skruvarna.

12 Observera att det krävs betydande skicklighet och erfarenhet för att takklädseln ska kunna tas bort utan att skadas. Därför bör detta arbete överlåtas till en expert.

Inre backspegel

13 Dra spegeln nedåt från fästklämman för att ta bort den. Vid återmonteringen ska spegeln placeras i 90° i förhållande till hur den sedan ska sitta. Vrid sedan tills lås-klämman snäpper på plats för att fästa spegeln. På modeller med regnsensorer, lossa dekoren runt spegelskaftet och koppla loss kontaktdonet.

29 Mittkonsol - demontering och montering

Bakre del

1 Lossa ändkåporna från askkoppen. Lossa sedan klämmorna på askkoppens sidor och ta bort askkoppen från konsolen **(se bilder)**.

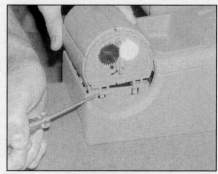

29.1b . . . och sedan klämmorna för att ta bort askkoppen

29.2a Lossa kåpan . . .

29.2b . . . och ta sedan bort fästbulten och lyft ut armstödet från konsolen

29.2c Tryck ner fästkroken och dra ut hållaren

2 På modeller i den övre klassen, lossa ändkåpan på passagerarsidans armstöd. Ta bort fästbulten och dra ut armstödet från mittkonsolen. Ta bort den bakre mugghållaren genom att trycka ner fästhakarna och skjuta ut hållaren från konsolen **(se bilder)**.
3 Skruva loss de två fästskruvarna under askkoppen. Bänd sedan ut locken på den främre delen av den bakre konsolens sidor och ta bort skruvarna. Lyft mittkonsolen uppåt och bort från handbromsspaken. Koppla loss kontaktdonet från brytaren när det går att komma åt **(se bilder)**.

Främre delen

4 På modeller med manuell växellåda, lossa växelspaksdamasken från konsolen. Ta sedan försiktigt loss damasken och lyft bort

den över växelspaken **(se bild)**. På modeller med automatväxellåda behöver inte växelspaken tas bort.
5 På alla modeller, skruva loss fästskruvarna från konsolens vänstra och högra framkant **(se bild)**.
6 Om den bakre delen inte redan har tagits bort, bänd ut locken på den främre konsolens bakre sidor och ta bort skruvarna.
7 Öppna askkoppen och dra ut insatsen. Ta sedan bort fästskruven som sitter inuti. Skjut ut askkoppen något. Stäng sedan locket och dra ut askkoppen från konsolen **(se bilder)**. Koppla loss cigarrettändarens kablage när det blir synligt.
8 Dra bort mittkonsolen uppåt över växelspaken. Lossa metallstödet under askkoppen om det behövs för att underlätta demonteringen **(se bilder)**.

Montering
9 Montera i omvänd ordningsföljd. Se till att alla fästen är ordentligt åtdragna.

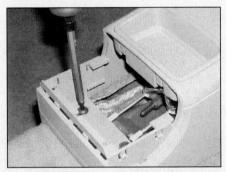

29.3a Ta bort konsolens två bakre skruvar. . .

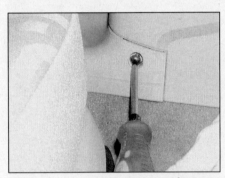

29.3b . . . och sedan konsolens två främre skruvar

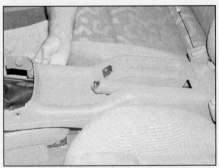

29.3c Lyft konsolen uppåt från handbromsspaken

29.4 Ta bort damaskens fästram

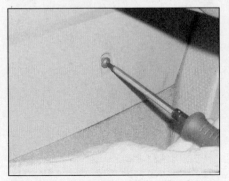

29.5 Ta bort konsolens främre fästskruvar

29.7a Ta bort askkoppens fästskruv . . .

29.7b . . . och dra sedan ut askkoppen

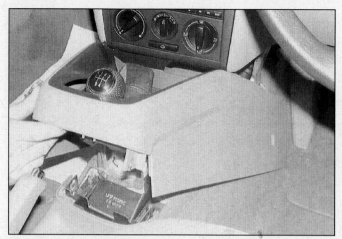

29.8a Lyft upp konsolen över växelspaken

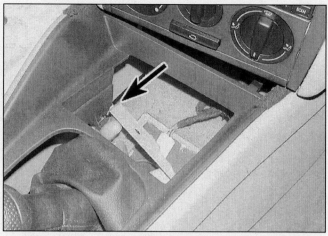

29.8b Lossa metallstaget för att underlätta demonteringen (vid pilen)

30.4a Ta bort de två skruvarna genom den nedre kåpan

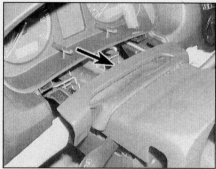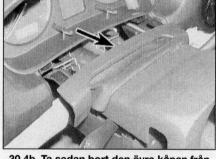

30.4b Ta sedan bort den övre kåpan från instrumentbrädan i pilens riktning

30.5 Ta bort de tre skruvarna (vid pilarna)

30 Instrumentbräda – demontering och montering

Observera: Se varningarna i kapitel 12 om bilen är utrustad med krockkuddar.

HAYNES TiPS *Märk varje kontaktdon allt eftersom de kopplas loss från komponenterna. Märkningen kommer att underlätta återmonteringen när kablarna ska dras och matas igenom instrumentbrädans öppningar.*

Demontering

Observera: Läs avsnittet "Koppla ifrån batteriet" längst bak i boken innan batteriets anslutningar kopplas bort.

1 Koppla loss batteriets minusledare.
2 Ta bort mittkonsolen (avsnitt 29).
3 Ta bort ratten (kapitel 10).
4 Ta bort de två skruvarna upp genom den nedre rattstångskåpan för att lossa den övre kåpan. Lossa den övre kåpan från den nedre kåpan och från alla fästklämmor och dra bort den från instrumentpanelen **(se bilder).**
5 Lossa höjdjusteringsarmen och ta bort de

två skruvarna som fäster handtaget vid armen. Skruva loss de resterande tre skruvarna i den nedre rattstångskåpan och ta bort den från rattstången **(se bild).**
6 Ta bort fästbulten från brytarenhetens överdel **(se bild).** Koppla loss kablaget till brytarna och ta bort dem från rattstången.
7 Demontera instrumentpanelen enligt beskrivningen i kapitel 12.
8 Använd en spårskruvmejsel. Lossa höger och vänster ändpanel på instrumentbrädan **(se bild).**
9 På förarsidan, ta bort de två skruvarna som fäster säkringsdosan **(se bild).** Ta bort instrumentbrädans nedre paneler genom att

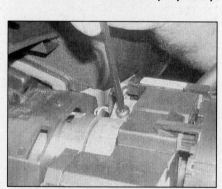

30.6 Ta bort brytarenhetens fästbult

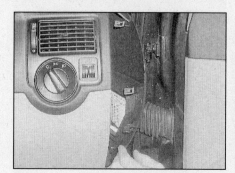

30.8 Lossa instrumentbrädans ändpaneler

30.9 Ta bort säkringsdosans båda fästskruvar

30.10 Skruva loss förstärkningspanelen

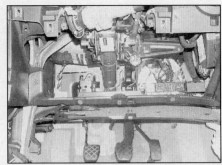

30.11 Lossa kåpan ovanför pedalerna

30.15 Skruva loss de fem skruvarna för att ta bort mittpanelen

skruva loss de två skruvarna i nederkanten och lossa klämmorna i överkanten (den yttre panelen först).

10 Ta bort de sju skruvarna från förstärkningspanelen av plast under rattstången **(se bild)**.

11 Lossa kåpan över pedalerna och ta bort den från bilen **(se bild)** (på vissa modeller kan den vara fäst med skruvar).

12 I avsnitt 28 beskrivs hur handskfacket demonteras.

13 I kapitel 12 beskrivs hur radion/kassettbandspelaren demonteras.

14 I kapitel 3 beskrivs hur värmereglagepanelen demonteras.

15 Lossa kåpan från nederdelen av mittpanelen, nedanför värmereglagen. Ta bort de fem skruvarna som fäster mittpanelen vid instrumentbrädan – lossa diagnosuttaget vid demonteringen **(se bild)**.

16 Ta bort reglagen nedanför de mittre luftventilerna på instrumentbrädan. Lossa de yttre reglagen först, för att underlätta

demonteringen av de inre som har starkare fästklämmor (på Boramodeller ska kontaktdonen till luftventilsbelysningen kopplas loss).

17 På förarsidans luftventil, tryck in belysningsbrytarens mittknapp och vrid medurs. Dra ut enheten och koppla loss kontaktdonet (på Golfmodeller, lossa luftventilen och ta bort fästskruven). Ta bort skruven från luftventilen. Lossa sedan ventilen från instrumentbrädan och koppla loss kontaktdonen om det är tillämpligt **(se bilder)**.

18 Koppla loss kontaktdonet till passagerarsidans krockkudde under instrumentbrädan **(se bild)**, i förekommande fall.

19 På modeller med luftkonditionering, lossa temperaturgivaren från mitten av luftventilen, i överdelen av instrumentbrädan.

20 Ta bort de sju fästbultarna från instrumentbrädan. Dra sedan ut den från tvärbalken och bort från bilen.

Montering

21 Montera i omvänd ordningsföljd mot demonteringen. Tänk på följande:

30.17a Tryck in brytaren och vrid den moturs för att ta bort den

a) Fäst instrumentbrädan i klämmorna. Se till att alla kontaktdon förs in i respektive öppning. Montera sedan alla instrumentbrädans fästen och dra åt dem ordentligt.

b) Avsluta med att återansluta batteriet och kontrollera att alla elektriska komponenter och brytare fungerar korrekt.

30.17b Skruva loss skruven i luftventilen

30.17c Koppla sedan loss kontaktdonen när luftventilen tas bort

30.18 Koppla loss krockkuddens kontaktdon under instrumentbrädan

Kapitel 12
Karossens elsystem

Innehåll

Svårighetsgrader

Enkelt, passar novisen med lite erfarenhet	Ganska enkelt, passar nybörjaren med viss erfarenhet	Ganska svårt, passar kompetent hemmamekaniker	Svårt, passar hemmamekaniker med erfarenhet	Mycket svårt, för professionell mekaniker

Specifikationer

Systemtyp... 12 volt negativ jord

Säkringar... Se *Kopplingsscheman*

Glödlampor	Watt	Typ
Körriktningsvisare...	21	Bajonett
Främre dimljus...	55	H3 Halogen
Handskfackets belysning....................................	3	Kil
Strålkastare:		
Halogen:		
Golf:		
Helljus.....................................	55	H1 Halogen
Halvljus....................................	55	H7 Halogen
Bora......................................	60/55	H4 Halogen
Gasurladdning:		
Helljus.....................................	55	H1 Halogen
Halvljus....................................	35	DS2 (80-117 volt)
Kupébelysning...	3	Slingfäste
Parkeringsljus:		
Med halogen strålkastare................................	5	Kil
Med gasurladdningsstrålkastare	6	Kil

1 Allmän information och föreskrifter

 Varning: Innan något arbete utförs på elsystemet, läs föreskrifterna i "Säkerheten främst!" i början av denna handbok och i kapitel 5A.

Systemet är ett 12 volts elsystem med negativ jordning. Strömmen till lamporna och alla elektriska tillbehör kommer från ett bly-/syrabatteri som laddas av generatorn.

Detta kapitel tar upp reparations- och servicearbeten för de elkomponenter som inte är associerade med motorn. Information om batteriet, generatorn och startmotorn finns i kapitel 5A.

Innan arbete på komponenter i elsystemet utförs, lossa batteriets jordledning för att undvika kortslutning och/eller bränder. **Observera:** *Se "Koppla ifrån batteriet" i referensavsnittet i slutet på handboken innan batteriet kopplas ifrån.*

När VW Golf och Bora introducerades var de utrustade med halogenstrålkastare. Från omkring juni 1999 ersattes dock dessa med gasstrålkastarsystem. Dessa bilar är även utrustade med automatisk strålkastar-inställning (ARC), för att minska risken för att mötande förare bländas.

2 Felsökning av elsystemet – allmän information

Observera: *Se föreskrifterna i "Säkerheten främst!" och i kapitel 5A innan arbetet påbörjas. Följande test rör huvudkretsarna och bör inte användas till att testa känsliga elektroniska kretsar (som t.ex. ABS), särskilt om en elektronisk styrmodul används.*

Allmänt

1 En typisk elkrets består av en elektrisk komponent, alla brytare, reläer, motorer, säkringar, smältinsatser eller kretsbrytare som rör den komponenten, samt det kablage och de kontaktdon som länkar komponenten till batteriet och karossen. För att underlätta felsökningen i elkretsarna finns kopplings-scheman i slutet av det här kapitlet.

2 Studera relevant kopplingsschema för att förstå den aktuella kretsens olika kompon-enter, innan ett elfel diagnostiseras. De möjliga felkällorna kan reduceras genom att man undersöker om andra komponenter som är relaterade till kretsen fungerar som de ska. Om flera komponenter eller kretsar felar samtidigt är möjligheten stor att felet beror på en delad säkring eller jordanslutning.

3 Elektriska problem har ofta enkla orsaker, som lösa eller korroderade anslutningar, defekta jordanslutningar, trasiga säkringar eller

defekta reläer (i avsnitt 3 finns information om hur man testar reläer). Se över skicket på alla säkringar, kablar och anslutningar i en felaktig krets innan komponenterna kontrolleras. Använd kopplingsschemana för att se vilken anslutning som behöver kontrolleras för att felet ska kunna hittas.

4 De grundläggande verktyg som behövs vid felsökning av elsystemet är en kretstestare eller voltmeter (en 12 volts glödlampa men en uppsättning testkablar kan också användas för vissa kontroller), en kontinuitetsmätare, en ohmmeter (för att mäta elektriskt motstånd), ett batteri och en uppsättning testkablar, samt en förbindningskabel, helst med kretsbrytare eller en inbyggd säkring, som kan användas för att koppla förbi misstänkta kablar eller elektriska komponenter. Innan ansträngningar görs för att hitta ett fel med hjälp av testinstrument, använd kopplingsschemat för att bestämma var kopplingarna ska göras.

5 För att hitta källan till ett periodiskt återkommande kabelfel (vanligen på grund av en felaktig eller smutsig anslutning eller skadad isolering), kan ett vicktest göras på kabeln. Det innebär att man vickar på kabeln för hand för att se om felet uppstår när kabeln rubbas. Det ska därmed vara möjligt att härleda felet till en speciell del av kabeln. Denna testmetod kan användas tillsammans med vilken annan testmetod som helst i de följande underavsnitten.

6 Förutom problem som uppstår på grund av dåliga anslutningar kan två typer av fel uppstå i en elkrets, kretsbrott eller kortslutning.

7 Kretsbrott orsakas av ett brott någonstans i kretsen, vilket hindrar strömflödet. Ett krets-brott hindrar komponenten från att fungera, men kommer inte att utlösa säkringen.

8 Kortslutningar orsakas av att ledarna går ihop någonstans i kretsen, vilket medför att strömmen tar en alternativ, lättare väg (med mindre motstånd), vanligtvis till jordningen. Kortslutning orsakas oftast av att isoleringen nötts så att en ledare kan komma åt en annan ledare eller jordningen, till exempel karossen. En kortslutning bränner i regel kretsens säkring.

Hitta ett kretsbrott

9 För att kontrollera om en krets är bruten, koppla den ena ledaren på en kretsprovare eller voltmeter antingen till batteriets negativa pol eller en annan känd jord.

10 Koppla den andra ledaren till en anslutning i den krets som ska provas, helst närmast batteriet eller säkringen.

11 Slå på kretsen, men tänk på att vissa kretsar bara är strömförande med tändnings-låset i ett visst läge.

12 Om ström ligger på (visas antingen genom att testlampan lyser eller genom ett utslag från voltmetern, beroende på vad du använder), betyder det att delen mellan kontakten och batteriet är felfri.

13 Kontrollera resten av kretsen på samma sätt.

14 Om en punkt där det inte finns någon ström upptäcks, ligger felet mellan den punkten och den föregående testpunkten med ström. De flesta fel kan härledas till en trasig, korroderad eller lös anslutning.

Hitta en kortslutning

15 Koppla bort strömförbrukarna från kretsen för att leta efter en eventuell kortslutning (strömförbrukare är delar som drar ström i en krets, till exempel lampor, motorer och värme-element).

16 Ta bort den aktuella säkringen från kretsen och anslut en kretsprovare eller voltmeter till säkringens anslutningar.

17 Slå på kretsen, men tänk på att vissa kretsar bara är strömförande med tändnings-låset i ett visst läge.

18 Om det finns spänning (testlampan lyser/voltmetern ger utslag), betyder det att kretsen är kortsluten.

19 Om det inte finns någon ström, men säkringarna fortsätter att gå sönder när strömförbrukarna är påkopplade, är det ett tecken på ett internt fel i någon av ström-förbrukarna.

Hitta ett jordfel

20 Batteriets minuspol är ansluten till jord (metallen i motorn/växellådan och karossen) och de flesta system är kopplade så att de bara får positiv matning, medan retur-strömmen går genom metallen i karossen. Det innebär att komponentfästet och karossen utgör en del av kretsen. Lösa eller korroderade fästen kan därför orsaka flera olika elfel, allt ifrån totalt haveri till svårhittade, partiella fel. Vanligast är att lampor lyser svagt (särskilt när en annan krets som delar samma jordpunkt är i funktion) och att motorer (till exempel torkarmotorerna eller kylarens fläktmotor) går långsamt. En krets kan påverka en annan, till synes orelaterad, krets. Observera att på många bilar används särskilda jordledningar mellan vissa komponenter, som motorn/växellådan och karossen, vanligtvis där det inte finns någon direkt metallkontakt mellan komponenterna på grund av gummiupphängningar etc.

21 Kontrollera om en komponent är ordentligt jordad genom att koppla loss batteriet (se varningarna i referensavsnittet) och ansluta en ohmmeters ena ledning till en känt bra jord. Koppla den andra ledaren till den kabel eller jordkoppling som ska kontrolleras. Motståndet ska vara noll. Om så inte är fallet ska anslutningen kontrolleras enligt följande.

22 Om en jordanslutning misstänks vara defekt, koppla isär anslutningen och rengör den ner till ren metall både på karossen och kabelanslutningen eller fogytan på komponentens jordanslutning. Se till att ta

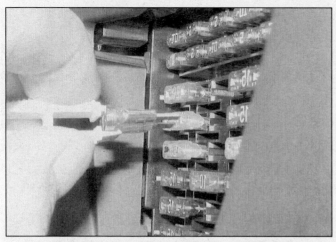

3.3 En säkring tas bort från säkringsdosan i instrumentbrädan

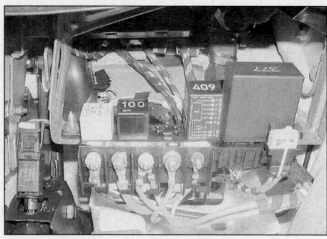

3.12 Reläer bakom instrumentbrädan

bort alla spår av rost och smuts, och skrapa sedan bort lacken med en kniv för att få fram en ren metallyta. Dra åt fästena ordentligt vid hopsättningen. Om en kabelanslutning återmonteras ska taggbrickor användas mellan anslutningen och karossen för att garantera en ren och säker anslutning. Skydda sedan anslutningen från framtida korrosion genom att applicera ett lager vaselin eller silikonbaserat fett, eller spraya den regelbundet med lämpligt tändningstätningsmedel eller vattenavstötande smörjmedel.

3 Säkringar och reläer –
allmän information

Säkringar

1 Säkringar är utformade för att bryta en krets när en förbestämd strömstyrka uppnås, för att skydda komponenter och kablar som kan skadas av för hög strömstyrka. För hög strömstyrka beror på ett fel i kretsen, ofta på kortslutning (se avsnitt 2).
2 Huvudsäkringarna är placerade i säkringsdosan på förarsidan av instrumentbrädan. Öppna förardörren och lossa säkringsdosans täckkåpa från instrumentbrädans ände för att komma åt säkringarna. På baksidan av säkringsdosans kåpa anges säkringarnas placeringar och identifiering.
3 För att ta loss en säkring, slå först av den berörda kretsen (eller tändningen), dra sedan ut säkringen från sin plats **(se bild)**.
4 Ledningen inuti säkringen ska vara synlig; om säkringen har gått är tråden trasig eller smält.
5 Byt alltid ut en säkring mot en av korrekt kapacitet. Använd aldrig en säkring med annan kapacitet än den som anges.
6 Se kopplingsschemana för information om säkringarnas kapacitet och vilka kretsar de skyddar. Kapaciteten är markerad på säkringen och de är också färgkodade enligt följande.

Färg	Kapacitet
Orange	5A
Brun	7,5A
Röd	10A
Blå	15A
Gul	20A
Ofärgad eller vit	25A
Grön	30A

7 Byt aldrig ut en säkring utan att ta reda på var problemet ligger. Om den nya säkringen går omedelbart, leta reda på orsaken innan en ny monteras; en kortslutning till jord på grund av dålig isolering är den mest troliga orsaken. Om en säkring skyddar mer än en krets, försök isolera felet genom att slå på en krets i taget tills säkringen går igen. Ha alltid en uppsättning reservsäkringar av rätt kapacitet i bilen.
8 Ytterligare, extra kraftiga säkringar (ofta kallade smältinsatser), finns i säkringshållaren som sitter ovanpå batteriet. Öppna kåpan för att komma åt dessa säkringar
9 För att byta ut en av dessa kraftiga säkringar, börja med att koppla loss batteriets negativa pol (se kapitel 5A). Skruva loss fästmuttrarna och ta sedan loss den trasiga säkringen från hållaren. Sätt i den nya säkringen i uttaget och försäkra dig om att den sitter korrekt. Sätt sedan tillbaka muttrarna och dra åt dem ordentligt. Sätt tillbaka kåpan över säkringshållaren och återanslut batteriet.

Reläer

10 Ett relä är en elreglerad brytare som används av följande orsaker:
a) *Ett relä kan på avstånd bryta en kraftig ström i en krets, så att tunnare kablage och brytarkontakter kan användas.*
b) *Ett relä kan ta emot mer än en styrsignal, till skillnad från en mekanisk brytare.*
c) *Ett relä kan ha en timerfunktion – till exempel torkarnas fördröjningsrelä.*
11 De flesta reläerna sitter placerade på reläplattan bakom instrumentbrädan på förarsidan.
12 För att komma åt reläerna, ta bort förar-

sidans nedre instrumentbrädespanel enligt beskrivningen i kapitel 11, avsnitt 28. Skruva sedan loss reläplattans två fästskruvar (en på varje sida) och sänk ner hela reläplattan **(se bild)**. Information om reläernas identifikation finns i början av kopplingsschemana.
13 Om ett fel uppstår i en krets eller ett system som styrs av ett relä och reläet misstänks vara defekt, ska systemet eller kretsen aktiveras. Om reläet fungerar ska det höras ett klickljud när det får ström. Om så är fallet ligger felet i systemets komponenter eller kablage. Om reläet inte aktiveras beror det på att det inte får ström, eller att det är fel på reläet. Testa reläet genom att byta ut det mot ett relä som du vet fungerar. Men var försiktig – vissa reläer är identiska både till utseende och funktion, medan andra ser likadana ut men fungerar olika.
14 När ett relä ska tas bort måste först den aktuella kretsen kontrolleras så att den är avstängd. Reläet kan sedan helt enkelt dras ut från hylsan, och monteras genom att tryckas tillbaka på sin plats.
15 Körriktningsvisarens/varningsblinkersens relä är inbyggd i varningslampans brytare. I avsnitt 4 finns information om hur brytaren tas bort.

4 Brytare/reglage –
demontering och montering

Observera: Koppla loss batteriets minusledare innan någon brytare tas bort, och återanslut ledaren efter att brytaren monterats. Läs avsnittet "Koppla ifrån batteriet" i referensavsnittet längst bak i boken.

Tändningslås/rattlås

1 Se kapitel 10.

Rattstångens kombinationsbrytare
Demontering

2 Ta bort ratten enligt beskrivningen i kapitel 10.

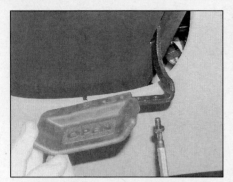

4.3a Ta bort skruvarna till rattstångens justeringshandtag

4.3b Skruva loss två skruvar. . .

4.3c . . . och lossa den övre kåpan

3 Skruva loss de två fästskruvarna och ta bort rattstångens justeringshandtag från spaken. Skruva sedan loss de två fästskruvarna och lossa den övre rattstångskåpan. Skruva loss de tre fästskruvarna och ta bort den nedre kåpan **(se bilder)**.

4 Ta isär kontaktdonet till spolkontakten. Lossa fästtapparna och dra bort spolkontakten tillsammans med släpringen från rattstången.

5 Lossa brytarens klämskruv och dra bort brytarenheten från rattstången **(se bild)**.

Montering

6 Montera i omvänd ordningsföljd mot demonteringen. Brytaren måste placeras korrekt enligt följande:

a) *Montera brytaren på rattstången, men dra endast åt klämskruven lätt.*

b) *Montera spolkontakten och släpringen på brytaren. Se till att fästtapparna är ordentligt fästa.*

c) *Montera ratten tillfälligt och mät spelet mellan ratten och spolkontakten med släpringen. Korrekt avstånd är ungefär 2,5 mm.*

d) *När korrekt avstånd har uppnåtts ska brytarens klämskruv dras åt ordentligt.*

Ljusbrytare

Demontering

7 När ljusbrytaren är i läge O, tryck brytarens mitt inåt och vrid den något åt höger. Håll det här läget och dra ut brytaren från instrumentbrädan.

4.3d Ta bort skruven undertill . . .

8 Koppla loss anslutningskontakten medan brytaren tas bort från instrumentbrädan **(se bild)**.

Montering

9 Återanslut kontakten.

10 Håll brytaren och tryck den vridbara delen inåt och något åt höger.

11 Sätt i brytaren i instrumentbrädan, vrid den vridbara delen till läge O och släpp. Kontrollera att brytaren fungerar.

Brytare för strålkastarinställning och instrumentpanelsbelysning

Demontering

12 Ta bort ljusbrytaren enligt beskrivningen i punkt 7 och 8. Bänd ut luftventilen enligt beskrivningen i kapitel 3, avsnitt 11, och skruva loss de två torxskruvarna **(se bild)**.

4.3e . . . och de övre skruvarna till den nedre kåpan

13 Bänd bort brytarens sarg. Dra bort brytaren från huset och koppla loss kontaktdonet.

Montering

14 Montera i omvänd ordningsföljd mot demonteringen.

Reglage till framsätesvärme

Demontering

15 Bänd försiktigt loss reglaget från dess plats i instrumentpanelen med en liten flatbladig skruvmejsel. Var noga med att inte skada den omgivande panelen.

16 Koppla loss kontaktdonet/-donen och dra bort reglaget.

Montering

17 Återanslut reglagets kontaktdon och tryck fast reglaget på dess plats.

4.5 Lossa klämskruven

4.8 Dra bort brytaren från instrumentpanelen när den är i rätt läge

4.12 Skruva loss torxskruvarna

Brytare till varningsblinkers, uppvärmd bakruta och elektronisk stabilisering (ESP)

Demontering

18 På grund av de hårt sittande fästklämmorna måste dessa brytare tryckas ut ur instrumentbrädan i stället för att bändas loss.
19 Ta bort reglaget till framsätesvärmen bredvid den brytare som ska tas bort.
20 Sträck in handen genom öppningen som skapades när sätesvärmesreglaget togs bort och tryck bort brytaren till den elektroniska stabiliseringen eller bakrutevärmen från instrumentbrädan.
21 För att det ska gå att ta bort varningsblinkerslampans brytare måste först brytaren till den elektroniska stabiliseringen eller bakrutevärmen tas bort. Sedan kan brytaren tryckas bort från instrumentbrädan på det sätt som beskrivs ovan.
22 Koppla loss brytarens kontaktdon.

Montering

23 Återanslut brytarens kontaktdon och tryck fast brytaren på dess plats.

Reglage till elektriska fönsterhissar – förarsidans dörr

Demontering

24 Lossa det inre dörrhandtagets klädselpanel **(se bild)**.
25 Bänd försiktigt upp reglagepanelen från dörrklädseln och koppla loss kontaktdonet **(se bild)**.
26 Ta bort de tre fästskruvarna och dra bort styrenheten från klädseln.
27 Om ett fönsterreglage är defekt måste hela styrenheten bytas ut.

Montering

28 Montera i omvänd ordningsföljd mot demonteringen.

Reglage till elektriska fönsterhissar – passagerarsidans dörr

Demontering

29 Ta bort relevant dörrklädsel enligt beskrivningen i kapitel 11.

30 Koppla loss kontaktdonet från brytaren.
31 Lossa brytaren från fästramen.

Montering

32 Montera i omvänd ordning.

Spegelns elreglage

Demontering

33 Tillvägagångssättet är detsamma som det som beskrivs i punkt 29 till 31 ovan.

Montering

34 Montera i omvänd ordning

Luftkonditioneringssystemets reglage

35 Reglagen är inbyggda i värmereglagepanelen och kan inte tas bort separat. I kapitel 3 finns information om demontering och montering av värmereglagepanelen.

Värmefläktsmotorns reglage

36 Reglaget är inbyggt i värmereglagepanelen och kan inte tas bort separat. I kapitel 3 finns information om demontering och montering av värmereglagepanelen.

Brytaren till handbromsens varningslampa

37 Se kapitel 9.

Bromsljusbrytare

38 Se kapitel 9.

Backljusbrytare

39 Se kapitel 7A.

Kupébelysningsbrytare

40 Kupélampans brytare är inbyggd i dörrlåsmekanismen och kan inte bytas ut separat. Om kupélampans brytare går sönder måste hela dörrlåsmekanismen bytas ut enligt beskrivningen i kapitel 11.

Bagageutrymmesbelysningens brytare

41 Bagageutrymmesbelysningens brytare är inbyggd i bakluckans låsmekanism och kan inte bytas ut separat. Om bagageutrymmesbelysningens brytare är defekt måste hela bakluckans låsmekanism bytas ut enligt beskrivningen i kapitel 11.

Handskfacksbelysningens brytare

Demontering

42 Brytaren är inbyggd i armaturen. Bänd försiktigt loss armaturen från handskfacket och koppla loss kontaktdonet enligt beskrivningen i avsnitt 6, punkt 14.

Montering

43 Montera i omvänd ordningsföljd mot demonteringen.

Tankluckans låsbrytare

Demontering

44 Bänd försiktigt loss brytaren från huset och koppla loss anslutningskontakten.

Montering

45 Montera i omvänd ordningsföljd mot demonteringen.

Inre rörelsedetektorns brytare

Demontering

46 Bänd försiktigt loss brytaren från tröskelns inre klädsel och koppla loss kontaktdonet.

Montering

47 Montera i omvänd ordningsföljd mot demonteringen.

Centrallåsbrytare

Demontering

48 Centrallåsets brytare är inbyggd i fönsterhissens elreglage som sitter i förarsidans innerhandtag. Följ beskrivningen i punkt 24 till 27.

Montering

49 Montera i omvänd ordningsföljd mot demonteringen.

Regnsensor

Demontering

50 Vindrutetorkarna aktiveras automatiskt när regnsensorn, som sitter framför innerbackspegelns fot, känner av vattendroppar. Sära på spegelfotens vänstra och högra kåpa och koppla loss givarens anslutningskontakt.
51 Dra spegeln nedåt från spegelfoten.
52 Spegelfoten sitter fäst vid vindrutan. Det går att ta bort foten med en skrapa, men man måste vara mycket försiktig för att inte repa vindrutan.

Montering

53 På grund av de farliga kemikalier som krävs för den här åtgärden rekommenderar vi att arbetet med att fästa spegelfoten vid vindrutan överlåts till en VW-mekaniker eller annan specialist med lämplig utrustning.
54 Montera spegeln i foten när den är på plats.
55 Återanslut givarens anslutningskontakter.
56 Montera spegelfotens kåpa.

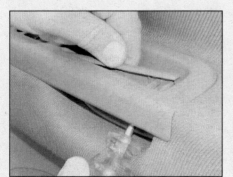

4.24 Lossa handtagets panel

4.25 Bänd upp reglagepanelen

5.2 Lossa fästklämman

5.3 Koppla loss anslutningskontakten

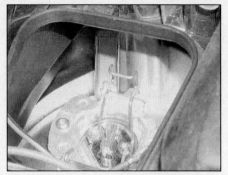

5.4a Haka loss fästklämman . . .

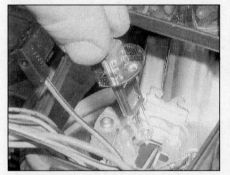

5.4b . . . och ta bort glödlampan

5.8 Lossa fästklämman

5.9 Koppla loss anslutningskontakten

5 Glödlampor (ytterbelysning) – byte

Allmänt

1 Tänk på följande när en glödlampa ska bytas:

a) Koppla loss batteriets minusledare innan arbetet påbörjas. *Observera: Se avsnittet "Koppla ifrån batteriet" i slutet av handboken innan batteriet kopplas loss.*

b) Kom ihåg att om lyset nyss varit tänt kan lampan vara mycket het.

c) Kontrollera alltid lampans sockel och kontaktytor. Se till att kontaktytorna mellan lampan och ledaren och lampan och jorden är rena. Avlägsna all korrosion och smuts innan en ny lampa sätts i.

d) Om lampor med bajonettfattning används,

se till att kontaktstiften har god kontakt med glödlampan.

e) Se alltid till att den nya lampan har rätt specifikationer och att den är helt ren innan den monteras. Detta gäller särskilt glödlamporna till strålkastarna/dimljuset (se nedan).

Strålkastarnas helljus – Golfmodeller med halogenstrålkastare

2 Arbeta i motorrummet. Lossa fästklämman och ta bort plastkåpan från strålkastarens baksida **(se bild)**. För att lättare komma åt vänster strålkastare, demontera batteriet (se kapitel 5A).

3 Koppla loss anslutningskontakten från glödlampans baksida **(se bild)**.

4 Haka loss och ta bort ändarna av glöd-lampans fästklämma från armaturen. Dra sedan bort glödlampan **(se bilder)**.

5 Använd en ren näsduk eller liknande när den nya glödlampan hanteras, för att undvika att vidröra glaset med fingrarna. Fukt och fett från huden kan annars göra att den här typen av glödlampa svartnar och går sönder i förtid. Om glaset vidrörs av misstag ska det torkas rent med T-sprit.

6 Montera den nya glödlampan. Se till att fästflikarna fäster korrekt i lampans utskärningar och fäst den med fästklämman.

7 Återanslut anslutningskontakten och montera strålkastarkåpan. Se till att den sitter ordentligt.

Strålkastarnas halvljus – Golfmodeller med halogenstrålkastare

8 Arbeta i motorrummet. Lossa fästklämman och ta bort plastkåpan från strålkastarens baksida **(se bild)**. För att lättare komma åt vänster strålkastare, demontera batteriet (se kapitel 5A).

9 Koppla loss anslutningskontakten från glödlampans baksida **(se bild)**.

10 Haka loss och ta bort ändarna av glöd-lampans fästklämma från armaturen. Dra sedan bort glödlampan **(se bilder)**.

11 Använd en ren näsduk eller liknande när den nya glödlampan hanteras för att undvika att vidröra glaset med fingrarna. Fukt och fett från huden kan annars göra att den här typen av glödlampa svartnar och går sönder i förtid. Om glaset vidrörs av misstag ska det torkas rent med T-sprit.

12 Montera den nya glödlampan. Se till

5.10a Haka loss fästklämman . . .

5.10b . . . och ta bort glödlampan

5.15 Ta bort kontaktdonet

5.16 Lossa fästklämman

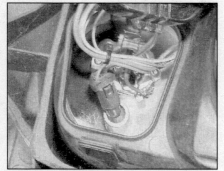
5.21a Parkeringsljusets glödlampa – Golf

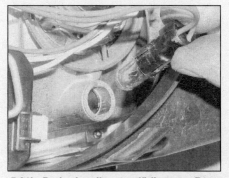
5.21b Parkeringsljusets glödlampa – Bora

5.23a Körriktningsvisarens glödlampa – Golf

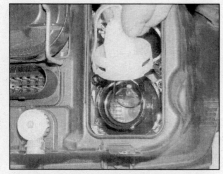
5.23b Körriktningsvisarens glödlampa – Bora

att fästflikarna fäster korrekt i lampans utskärningar och fäst den med fästklämman.
13 Återanslut anslutningskontakten och montera strålkastarkåpan. Se till att den sitter ordentligt.

Strålkastarnas helljus/halvljus – Boramodeller med halogenstrålkastare

14 Arbeta i motorrummet. Lossa fäst-klämman och ta bort plastkåpan från strål-kastarens baksida. För att lättare komma åt vänster strålkastare, demontera batteriet (se kapitel 5A).
15 Koppla loss kontaktdonet från glöd-lampans baksida (se bild).
16 Haka loss och ta bort ändarna av glöd-lampans fästklämma från armaturen. Dra sedan bort glödlampan (se bild).
17 Använd en ren näsduk eller liknande när den nya glödlampan hanteras för att undvika att vidröra glaset med fingrarna. Fukt och fett från huden kan göra att den här typen av glödlampa svartnar och går sönder i förtid. Om glaset vidrörs av misstag ska det torkas rent med T-sprit.
18 Montera den nya glödlampan. Se till att fästflikarna fäster korrekt i lampans utskärningar och fäst den med fästklämman.
19 Återanslut anslutningskontakten och montera strålkastarkåpan. Se till att den sitter ordentligt.

Främre parkeringsljus – halogenstrålkastare

20 Arbeta i motorrummet. Lossa

fäst-klämman och ta bort plastkåpan från strål-kastarens baksida. För att lättare komma åt vänster strålkastare, demontera batteriet (se kapitel 5A).
21 Dra försiktigt bort parkeringsljusets lamp-hållare från strålkastaren. Glödlampan sitter bara intryckt i lamphållaren och tas bort genom att man griper tag i änden av glöd-lampan och drar ut den (se bilder).
22 Montera i omvänd ordningsföljd mot demonteringen. Se till att strålkastarkåpan monteras tillbaka ordentligt.

Främre körriktningsvisarens lampa – halogenstrålkastare

23 Arbeta i motorrummet. Lossa fäst-klämman och ta bort plastkåpan från strålkastarens baksida. För att lättare komma åt vänster strålkastare, demontera batteriet (se kapitel 5A). Vrid lamphållaren moturs för att lossa den. Glödlampan har bajonett-fattning

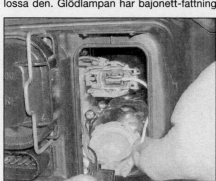
5.26 Koppla loss dimljusets kablage

– tryck in glödlampan i lamphållaren och vrid den moturs (se bilder).
24 Montera den nya glödlampan i omvänd ordningsföljd mot demonteringen.

Främre dimljus – halogenstrålkastare

25 Arbeta i motorrummet. Lossa fäst-klämman och ta bort plastkåpan från strål-kastarens baksida. För att lättare komma åt vänster strålkastare, demontera batteriet (se kapitel 5A).
26 Koppla loss anslutningskontakten från glödlampans baksida (se bild).
27 Haka loss ändarna av glödlampans fästklämma från armaturen. Dra sedan bort glödlampan (se bild).
28 Använd en ren näsduk eller liknande när den nya glödlampan hanteras för att undvika att vidröra glaset med fingrarna. Fukt och fett från huden kan göra att den här typen av

5.27 Haka loss fästklämman

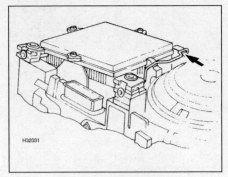

5.32 Lossa fästklämman

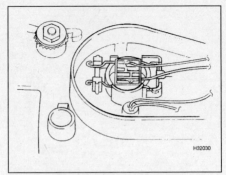

5.33 Ta bort kontaktdonet

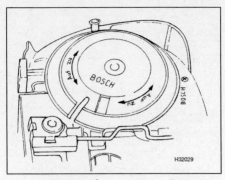

5.40 Vrid kåpan moturs – Golf

glödlampa svartnar och går sönder i förtid. Om glaset vidrörs av misstag ska det torkas rent med T-sprit.

29 Montera den nya glödlampan. Se till att fästflikarna fäster korrekt i lampans utskärningar och fäst den med fästklämman.

30 Återanslut anslutningskontakten och montera strålkastarkåpan. Se till att den sitter ordentligt.

Strålkastarnas helljus – gasstrålkastare

31 Höger strålkastare – ta bort strålkastaren enligt beskrivningen i avsnitt 7. Vänster strålkastare – ta bort batteriet enligt beskrivningen i kapitel 5A.

32 Lossa fästklämman och ta bort skyddet **(se bild)**.

33 Koppla loss kontaktdonet från glöd-lampans baksida **(se bild)**.

34 Haka loss ändarna av glödlampans fästklämma från armaturen. Dra sedan bort glödlampan.

35 Använd en ren näsduk eller liknande när den nya glödlampan hanteras för att undvika att vidröra glaset med fingrarna. Fukt och fett från huden kan göra att den här typen av glödlampa svartnar och går sönder i förtid. Om glaset vidrörs av misstag ska det torkas rent med T-sprit.

36 Montera den nya glödlampan. Se till att fästflikarna fäster korrekt i lampans utskärningar och fäst den med fästklämman.

37 Återanslut kontaktdonet och montera strålkastarkåpan. Se till att den sitter ordentligt.

38 Montera strålkastaren eller batteriet, efter tillämplighet.

Varning: När en gasstrålkastare har monterats måste ARC-systemets grundinställning kontrolleras. Eftersom specialutrustning krävs kan den här åtgärden endast utföras av en VW-mekaniker eller en lämplig specialist.

Strålkastarnas halvljus – gasstrålkastare

Varning: Innan halvljusets glödlampa tas bort är det absolut nödvändigt att batteriets minusledare kopplas ifrån (se "Koppla ifrån batteriet" i referensavsnittet längst bak i handboken), och att relevant strålkastare slås av och på för att förbruka eventuell överskottsspänning (70 till 115V). Vi rekommenderar även starkt att skyddsglasögon används vid hantering av gasglödlampor, eftersom trycket i glödlamporna överskrider 10 bar.

39 Ta bort strålkastaren enligt beskrivningen i avsnitt 7.

40 På Golfmodeller, ta bort kåpan genom att vrida den moturs **(se bild)**. På Boramodeller sitter kåpan fäst med tre skruvar.

41 Lossa glödlampans kontaktdon genom att vrida det 90° moturs.

42 Vrid glödlampans fasthållningsring moturs och ta bort den.

43 Dra försiktigt loss glödlampan från reflektorn.

44 Montera den nya glödlampan. Se till att fästflikarna fäster korrekt i lampans utskärningar och fäst den med fästklämman

(se bild). Använd en näsduk eller liknande när den nya glödlampan hanteras för att undvika att vidröra glaset med fingrarna. Fukt och fett från huden kan göra att den här typen av glödlampa svartnar och går sönder i förtid. Om glaset vidrörs av misstag ska det torkas rent med T-sprit.

45 Resten av monteringen sker i omvänd ordningsföljd mot demonteringen.

Varning: När en gasstrålkastare har monterats måste ARC-systemets grundinställning kontrolleras. Eftersom specialutrustning krävs kan den här åtgärden endast utföras av en VW-mekaniker eller en lämplig specialist.

Gasstrålkastarens startenhet

46 Gasstrålkastarens startenhet sitter under det vänstra hjulhuset för vänster strålkastare och det högra hjulhuset för höger strålkastare. Ta bort hjulhusets innerskärm på relevant sida enligt beskrivningen i kapitel 11, avsnitt 24.

47 Skruva loss de tre muttrarna som fäster startenhetens fästplatta vid hjulhuset **(se bild)**.

48 Koppla loss kontaktdonet och ta bort startenheten och fästplattan.

49 Ta bort de tre fästskruvarna och ta loss startenheten från fästplattan.

50 Montera i omvänd ordningsföljd mot demonteringen.

Främre parkeringsljus – gasstrålkastare

51 För höger strålkastare, ta bort strålkastaren enligt beskrivningen i avsnitt 7. För vänster strålkastare, ta bort batteriet enligt beskrivningen i kapitel 5A.

52 Öppna glödlampskåpan genom att lossa fästklämman **(se bild 5.32)**.

53 Dra försiktigt bort parkeringsljusets lamp-hållare från strålkastaren. Glödlampan sitter bara intryckt i lamphållaren och tas bort genom att man griper tag i änden av glöd-lampan och drar ut den. Använd en näsduk eller liknande när den nya glödlampan hanteras för att undvika att vidröra glaset med fingrarna. Fukt och fett från huden kan göra att den här typen av glödlampa svartnar och går sönder i förtid. Om glaset vidrörs av misstag ska det torkas rent med T-sprit.

54 Montera i omvänd ordningsföljd mot

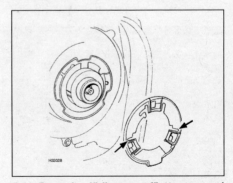

5.44 Passa in glödlampans fästtappar med motsvarande urtag i ringen (vid pilarna)

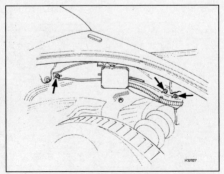

5.47 Skruva loss de tre fästmuttrarna (vid pilarna)

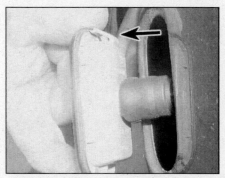

5.60 Tryck körriktningsvisaren i riktning mot fjäderklämman (vid pilen)

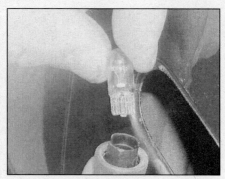

5.61 Dra bort glödlampan från hållaren

5.64a Tryck in fästflikarna (vid pilarna)

demonteringen. Se till att strålkastarkåpan monteras tillbaka ordentligt.

Varning: Se varningen i punkt 45.

Främre körriktningsvisare – gasstrålkastare

55 För höger strålkastare, ta bort strålkastaren enligt beskrivningen i avsnitt 7. För vänster strålkastare, ta bort batteriet enligt beskrivningen i kapitel 5A.
56 Öppna glödlampskåpan genom att lossa fästklämman **(se bild 5.32)**.
57 Vrid lamphållaren moturs och dra bort glödlampan från hållaren. Använd en näsduk eller liknande när den nya glödlampan hanteras för att undvika att vidröra glaset med fingrarna. Fukt och fett från huden kan göra att den här typen av glödlampa svartnar och går sönder i förtid. Om glaset vidrörs av misstag ska det torkas rent med T-sprit.
58 Montera i omvänd ordningsföljd mot demonteringen.

Varning: Se varningen i punkt 45.

Främre sidokörriktningsvisare

59 Var mycket försiktig när körriktningsvisarens lampa tas bort. Den kan endast tas bort i ena riktningen och det går inte att avgöra i vilken ände fjäderklämman eller fästet sitter. Det är alltså hög risk för att bilens lack skadas.
60 Tryck försiktigt lampan åt sidan i riktning

mot fjäderklämman. När fjäderklämman är ihoptryckt ska det gå att lyfta ut lampans fästände och sedan lirka ut enheten från skärmen **(se bild)**.
61 Dra bort gummilamphållaren från lampan. Glödlampan sitter intryckt i hållaren **(se bild)**.
62 Montera i omvänd ordningsföljd mot demonteringen.

Bakljus

63 Arbeta i bagageutrymmet och ta bort relevant sidoklädselpanel.
64 Tryck in de två fästflikarna och ta bort lamphållaren från armaturen. Glödlamporna har bajonettfattning – tryck in glödlampan i lamphållaren och vrid den moturs **(se bilder)**.
65 Montera den nya glödlampan i omvänd ordningsföljd mot demonteringen.

Högt bromsljus

Golf- och kombikupémodeller

66 Ta bort bakluckans övre och nedre klädsel enligt beskrivningen i kapitel 11, avsnitt 15.
67 Skruva loss de två fästskruvarna. Koppla sedan loss kontaktdonet och ta bort armaturen **(se bild)**.
68 Tryck in fästklämmorna och ta bort glöd-lampans hållare från kåpan.
69 Eftersom de 32 lysdioderna är fastlödda och täckta med en plastremsa går det inte att byta enskilda lysdioder. Hela lamphållaren måste bytas ut.

70 Montera i omvänd ordningsföljd mot demonteringen.

Boramodeller

71 Koppla loss anslutningskontakten från armaturen.
72 Ta bort bagagehyllan.
73 Lossa armaturen från bagagehyllan.
74 Tryck in fästklämmorna och ta loss glöd-lampans hållare från kåpan.
75 Eftersom de 32 lysdioderna är fastlödda och täckta med en plastremsa går det inte att byta enskilda lysdioder. Hela lamphållaren måste bytas ut.
76 Montera i omvänd ordningsföljd mot demonteringen.

Bakre registreringsskyltens belysning

77 Skruva loss de två fästskruvarna och dra bort armaturen från bakluckan.
78 Lossa linsen från armaturen. Glödlampan sitter intryckt i lamphållaren.
79 Montera den nya glödlampan i omvänd ordningsföljd mot demonteringen.

6 Glödlampor (innerbelysning) – byte

Allmänt

1 Se avsnitt 5, punkt 1.

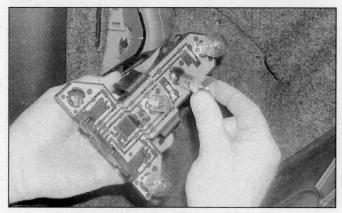

5.64b Glödlamporna har bajonettfattning

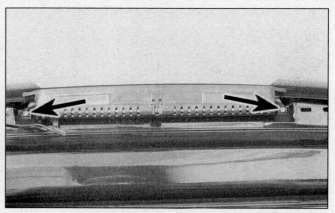

5.67 Ta bort fästskruvarna (vid pilarna)

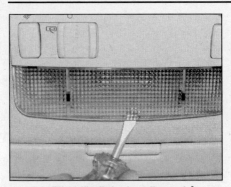

6.2 Bänd försiktigt bort linsen från enheten

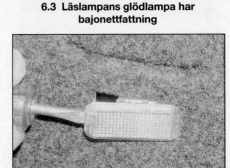

6.3 Läslampans glödlampa har bajonettfattning

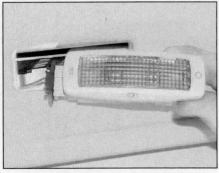

6.5 Bänd loss lampan från fästet

Främre kupélampa/läslampa

2 Bänd försiktigt loss linsen från armaturen med en liten flatbladig skruvmejsel (se bild).
3 Dra bort kupélampans glödlampa från fjäderkontakterna. Läslampans glödlampor har bajonettfattning (se bild).
4 Montera den nya glödlampan i omvänd ordningsföljd mot demonteringen.

Bakre kupélampa/läslampa utan inre rörelsedetektorer

5 Bänd försiktigt loss enheten från takklädseln (se bild).
6 Dra loss glödlampan från fjäderkontakterna.
7 Montera den nya glödlampan i omvänd ordningsföljd mot demonteringen.

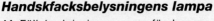

6.11 Bänd bort lampan från klädseln

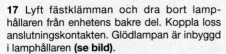

6.13 Sminkspegelslampan tas loss

Bakre kupélampa/läslampa med inre rörelsedetektorer

8 Bänd försiktigt bort enheten från fästramen.
9 Dra loss glödlampan från fjäderkontakterna.
10 Montera den nya glödlampan i omvänd ordningsföljd mot demonteringen.

Bagageutrymmesbelysning

11 Bänd försiktigt ut armaturen från sin plats i bagageutrymmet eller bakluckan. Glödlampan sitter intryckt i fjäderkontakterna (se bild).
12 Montera den nya glödlampan i omvänd ordningsföljd mot demonteringen.

Sminkspegelsbelysning

13 Följ beskrivningen ovan för bagageutrymmesbelysningen (se bild). Lampan

aktiveras när locket till spegeln i solskyddet lyfts upp. Mikrobrytaren i solskyddet bör inte bytas ut. Om brytaren är defekt ska hela solskyddet ersättas.

Handskfacksbelysningens lampa

14 Följ beskrivningen ovan för bagageutrymmesbelysningen (se bild).

Instrumentpanelens varningslampor och belysning

15 Instrumentpanelens varningslampor och belysning består av lysdioder som inte kan bytas ut.

Cigarrettändarens/askkoppens belysning

16 Ta bort mittkonsolen enligt beskrivningen i kapitel 11.

17 Lyft fästklämman och dra bort lamphållaren från enhetens bakre del. Koppla loss anslutningskontakten. Glödlampan är inbyggd i lamphållaren (se bild).
18 Montera den nya glödlampan i omvänd ordningsföljd mot demonteringen.

Värme-/ventilationsreglagepanelens belysning

19 Reglagepanelens belysning består av lysdioder som är inbyggda i panelen. Om ett fel uppstår måste därför hela panelen bytas ut. Belysningen till panelens mittersta vridreglage består dock av en glödlampa. Dra försiktigt bort reglaget från panelen och använd sedan en bit spolarslang (eller liknande), för att dra ut den sockellösa glödlampan från hållaren (se bild).

6.14 Bänd försiktigt ut handskfackets lampa

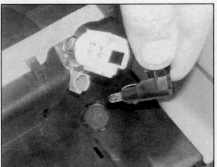

6.17 Glödlampan och hållaren är i ett stycke

6.19 Använd en bit spolarslang för att ta loss glödlampan

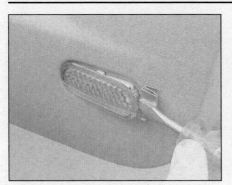

6.26 Bänd loss armaturen från klädseln

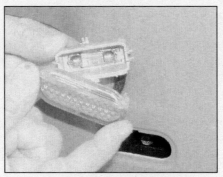

6.28 Lossa linsen från enheten

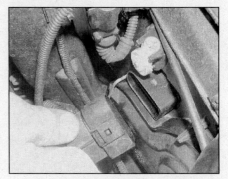

7.8 Strålkastarens kontakt kopplas loss

20 Montera den nya glödlampan i omvänd ordningsföljd mot demonteringen.

Brytarbelysning

21 Brytarbelysningens glödlampor är inbyggda i reglagen. Om en glödlampa går sönder måste hela brytaren bytas ut.

Luftventilsbelysning – Boramodeller

22 Demontera relevant luftventil enligt beskrivningen i kapitel 3.
23 Vrid glödlampans hållare moturs och ta bort den från ventilen.
24 Glödlampan är inbyggd i hållaren och om den går sönder måste hela enheten bytas.
25 Montera i omvänd ordningsföljd mot demonteringen.

Dörrarnas varningslampor

26 Öppna relevant dörr och bänd försiktigt ut armaturen **(se bild)**.
27 Koppla loss kontaktdonet.
28 Lossa linsen från enheten och lossa glödlampan från fjäderkontakterna **(se bild)**.
29 Montera i omvänd ordning.

7 Yttre armatur – demontering och montering

Observera: Koppla loss batteriets minus-ledare (se "Koppla ifrån batteriet" i referens-avsnittet i slutet av handboken) innan någon

av armaturerna tas bort. Återanslut ledaren efter det att armaturen monterats tillbaka.

Strålkastare – Golfmodeller

Demontering

1 Ta bort den främre stötfångarens kåpa enligt beskrivningen i kapitel 11.
2 Skruva loss de fyra fästbultarna och dra strålkastaren något framåt.
3 Koppla loss kablagets flerstiftskontakt.
4 Ta bort strålkastaren framåt.

Montering

5 Montera i omvänd ordningsföljd mot demonteringen. Låt kontrollera strålkastar-inställningen så snart som möjligt efteråt.

Strålkastare – Bora och modeller med gasstrålkastare

Demontering

6 Ta bort den främre stötfångaren enligt beskrivningen i kapitel 11.
7 Skruva loss de två skruvarna och dra strålkastarkåpan uppåt och ut.
8 Koppla loss flerstiftskontakten/-kontakterna **(se bild)**.
9 Ta bort de två övre och de två nedre fästbultarna **(se bild)**.
10 Ta bort strålkastaren framåt.

Montering

11 Montera i omvänd ordningsföljd mot demonteringen. Låt kontrollera strålkastar-inställningen så snart som möjligt efteråt.

Främre körriktningsvisare

12 Åtgärden beskrivs som en del av åtgärden för glödlampsbyte i avsnitt 5.

Bakljus

Demontering

13 Ta bort bakljusets lamphållare enligt beskrivningen i avsnitt 5.
14 Arbeta under skärmen. Skruva loss de tre fästmuttrarna och dra bort armaturen från skärmen **(se bilder)**.

Montering

15 Montera i omvänd ordningsföljd.

Högt bromsljus

16 Åtgärden beskrivs som en del av åtgärden för glödlampsbyte i avsnitt 5.

Bakre registreringsskyltsbelysning

17 Åtgärden beskrivs som en del av åtgärden för byte av den bakre registrerings-skyltsbelysningens glödlampa i avsnitt 5.

8 Strålkastarinställning – demontering och montering av komponenter

Inställningsreglage

1 Reglaget är inbyggt med instrument-panelens belysningsbrytare. Demontering och montering av brytaren beskrivs i avsnitt 4.

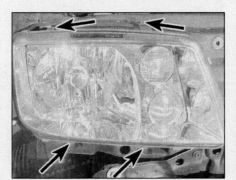

7.9 Skruva loss fästbultarna (vid pilarna)

7.14a Skruva loss fästmuttrarna (vid pilarna) – Golf

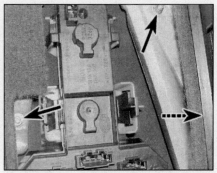

7.14b Bakljusets fästmuttrar – Bora

8.6 Justeringsskaftet dras ut från fästet

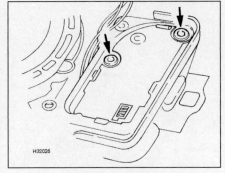

8.11 Skruva loss torxskruvarna

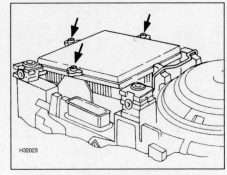

8.15 Ta bort fästskruvarna (vid pilarna)

Inställningsmotor

Demontering

2 Koppla loss batteriets minusledning.
Observera: *Se avsnittet "Koppla ifrån batteriet" i slutet av handboken innan batteriet kopplas loss*
3 Arbeta i motorrummet och ta bort strålkastaren enligt beskrivningen i avsnitt 7.
4 Lossa fästklämman och ta bort tätningskåpan.
5 Koppla loss anslutningskontakten.
6 Lossa den vänstra motorn genom att vrida den medurs och dra ut den ur fästet på reflektorn, och den högra motorn genom att vrida den moturs och dra ut den ur fästet på reflektorn **(se bild)**.

Montering

7 Montera i omvänd ordningsföljd mot demonteringen. Avsluta med att kontrollera att inställningsmekanismen fungerar och låt kontrollera strålkastarinställningen så snart som möjligt.

Inställningsmotor – Golfmodeller med gasglödlampor

8 På Golfmodeller är strålkastarinställningsmotorn inbyggd i strålkastarenheten och kan inte bytas separat.

Inställningsmotor – Boramodeller med gasglödlampor

Demontering

9 Ta bort strålkastaren enligt beskrivningen i avsnitt 7.
10 Skruva loss de tre fästskruvarna och ta bort gasglödlampans tätningskåpa.
11 Skruva loss de två torxskruvarna och dra bort inställningsmotorns kulledsarm från fästet på reflektorn **(se bild)**.
12 Koppla loss kontaktdonet.

Montering

13 Montera i omvänd ordningsföljd mot demonteringen. Men låt kontrollera strålkastarinställningen så snart som möjligt efteråt.

Den automatiska strålkastarinställningens ECU

Observera: *Även om det är möjligt att demontera och montera styrenheten måste den nya enheten kodas innan den fungerar*

korrekt. *Detta kan endast utföras av en VW-mekaniker eller annan specialist med lämplig utrustning.*

Demontering

14 ECU:n är placerad på den vänstra strålkastaren. På Golfmodeller, ta bort batteriet enligt beskrivningen i kapitel 5A. På Boramodeller, ta bort strålkastaren enligt beskrivningen i avsnitt 7.
15 Skruva loss de tre skruvarna som fäster styrenheten **(se bild)**.
16 Dra bort styrenheten från strålkastaren och koppla loss kontaktdonet.

Montering

17 Montera i omvänd ordningsföljd.

Bilens nivågivare

Observera: *Även om det är möjligt att demontera och montera bilens nivågivare måste den nya enheten ställas in och initieras korrekt. Detta kan endast utföras av en VW-mekaniker eller annan specialist med lämplig utrustning.*

Demontering

18 På framaxeln, vrid ratten åt vänster till fullt utslag. Skruva loss de tre fästmuttrarna, koppla loss anslutningskontakten och ta bort givaren och dess hållare. På bakaxeln, skruva loss de tre fästbultarna, koppla loss anslutningskontakten och ta bort givaren och dess hållare.

Montering

19 Montera i omvänd ordningsföljd mot demonteringen.

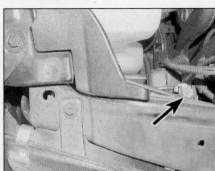

9.2 Skruv för strålkastarens horisontella inställning (vid pilen)

9 Strålkastarinställning – allmän information

1 Noggrann justering av strålkastarna är endast möjlig om man har speciell utrustning och detta bör därför utföras av en VW-verkstad eller servicestation.
2 Strålkastarna kan justeras med justeringsmekanismerna på ovansidan av varje ljusarmatur. Den inre justeraren ställer in ljusstrålen vertikalt medan den yttre justeraren justerar ljusstrålens horisontella inställning **(se bild)**.
3 På modeller med gasstrålkastare kan armaturens halvljusegenskaper justeras för att passa antingen vänster- eller högertrafik. Ta bort strålkastaren enligt beskrivningen i avsnitt 7 och ta bort gasglödlampans ändkåpa. Justeringsspaken bredvid glödlampan ska peka nedåt för körning i högertrafik och uppåt för körning i vänstertrafik **(se bild)**.

10 Instrumentpanel – demontering och montering

Demontering

1 Koppla loss batteriets minusledare.
Observera: *Se "Koppla ifrån batteriet" i referensavsnittet i slutet av handboken innan batteriet kopplas ifrån.* Lossa rattinställnings-

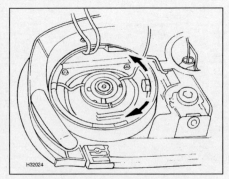

9.3 Flytta upp spaken för körning i vänstertrafik och ner för körning i högertrafik

10.3a Skruva loss skruvarna . . .

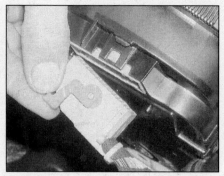

10.3b . . . och koppla loss kontakten

14.4 Tryck ut den mittre delen

spärren, dra ut ratten så långt som möjligt och ställ in den i det lägsta läget.
2 Lossa instrumentpanelens nedre mittkåpa och lägg den på den övre rattstångskåpan.
3 Ta bort instrumentpanelens två fästskruvar och lyft ut panelen ur instrumentbrädan tillräckligt långt för att anslutningskontakterna på baksidan ska kunna kopplas loss **(se bilder)**.
4 Dra bort instrumentpanelen från instrumentbrädan.

Montering

5 Montera i omvänd ordningsföljd. Se till att ansluta kontakterna ordentligt.

11 Instrumentpanelens komponenter – demontering och montering

Det går inte att ta isär instrumentpanelen. Om någon av mätarna är defekt måste hela instrumentpanelen bytas ut.

12 Serviceintervallsindikator – allmän information och återställning

1 Alla Golf- och Boramodeller är utrustade med en serviceintervallsindikator. När allt nödvändigt underhållsarbete har utförts (se relevant del av kapitel 1), måste service-displaykoden återställas. Om fler än ett serviceschema följs måste de relevanta serviceintervallen återställas var för sig.
2 Displayen återställs med knappen på instrumentpanelens vänstra sida (nedanför hastighetsmätaren) och med klockans inställningsknapp på höger sida av panelen (nedanför klockan/varvräknaren). Återställningen beskrivs i relevant del av kapitel 1.

13 Klocka – demontering och montering

Klockan är inbyggd i instrumentpanelen och kan inte tas bort separat. Instrumentpanelen

är en fast enhet och om klockan eller någon annan komponent går sönder måste hela instrumentpanelen bytas ut. I avsnitt 10 beskrivs hur den tas bort.

14 Cigarrettändare – demontering och montering

Demontering

1 Koppla loss batteriets minusledning. **Observera:** *Se avsnittet "Koppla ifrån batteriet" i slutet av handboken innan batteriet kopplas loss.*
2 Ta bort mittkonsolen enligt beskrivningen i kapitel 11.
3 Ta bort lamphållaren enligt beskrivningen i avsnitt 6.
4 Tryck ut tändarens mittre del ur fästet **(se bild)**.

Montering

5 Montera i omvänd ordningsföljd mot demonteringen.

15 Signalhorn – demontering och montering

Demontering

1 Koppla loss batteriets minusledare.

15.3 Skruva loss fästmuttern (vid pilen)

Observera: *Se avsnittet "Koppla ifrån batteriet" i slutet av handboken innan batteriet kopplas loss.*
2 Ta bort den högra ventilen från stötfångaren, enligt beskrivningen i kapitel 11.
3 Arbeta genom ventilöppningen, koppla loss signalhornets anslutningskontakt. Skruva sedan loss fästmuttern och dra bort signalhornet från fästbygeln **(se bild)**.

Montering

4 Montera i omvänd ordningsföljd mot demonteringen.

16 Hastighetsmätarens givare – allmän information

Alla modeller är utrustade med en elektronisk hastighetsmätargivare. Den här enheten mäter rotationshastigheten på växellådans slutväxel och omvandlar informationen till en elektronisk signal som sedan skickas till hastighetsmätarens modul i instrumentpanelen. På vissa modeller används signalen även av motorstyrningssystemets ECU och färddatorn.
  Se kapitel 7 för närmare beskrivning av demonteringen.

17 Torkararm – demontering och montering

Demontering

1 Starta torkarmotorn och låt den gå ett tag. Slå sedan av den så att torkararmarna återvänder till viloläge.
2 Fäst en bit maskeringstejp på glaset längs torkarbladets kant som inpassningshjälp vid monteringen.
3 Bänd loss kåpan från torkararmens spindelmutter. Lossa sedan spindelmuttern men ta inte bort den helt. Lyft bort bladet från rutan

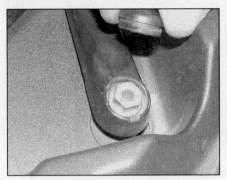

17.3 Ta bort kåpan och lossa muttern

18.4a Ta bort de tre fästbultarna . . .

18.4b . . . och lirka bort motorn från ventilen

och dra i torkararmen tills den släpper från spindeln **(se bild)**. Ta bort spindelmuttern. Om det behövs kan armen bändas loss från spindeln med en passande flatbladig skruvmejsel. **Observera:** *Om båda vindrutetorkararmarna ska tas bort samtidigt ska de märkas så att de inte förväxlas med varandra. Armarna kan inte bytas ut mot varandra.*

Montering

4 Se till att torkararmens och spindelns spår är rena och torra. Montera sedan armen i spindeln och rikta in torkarbladet med tejpen som fästes vid demonteringen. Montera spindelmuttern och dra åt den ordentligt. Fäst sedan mutterns kåpa på sin plats.

18 Vindrutetorkarmotor och länksystem – demontering och montering

Demontering

1 Demontera torkararmarna enligt beskrivning i avsnitt 17.
2 Ta bort gummitätningsremsan längst upp på torpedväggen, skruva sedan loss skruvarna och ta bort pollenfiltrets kåpa från vindrutans torpedplåt på passagerarsidan.
3 Vindrutans torpedplåt kan sedan lossas från vindrutans nedre kant och tas bort från bilen. För att lossa plåten, lossa först dess ändar från bakom vindrutans pelarpaneler, lossa sedan försiktigt klämmorna och ta bort hela plåten.
Varning: Använd inte en skruvmejsel eller liknande till att bända mellan torpedplåten och vindrutan – rutan kan spricka.

4 Skruva loss de tre fästbultarna. Lirka sedan försiktigt ut vindrutetorkarmotorn och länksystemet från ventilen och koppla loss anslutningskontakten **(se bilder)**.
5 Ta loss brickorna och mellanläggen från motorns fästgummin och notera hur de sitter placerade. Undersök sedan gummina och leta efter tecken på slitage eller skador. Byt ut dem om det behövs.

6 Fortsätt enligt följande för att ta isär motorn från länksystemet.
a) Gör inställningsmärken mellan motorns spindel och länksystemet för att inställningen ska bli rätt vid monteringen. Notera hur länksystemet sitter.
b) Skruva loss muttern som fäster länksystemet vid motorns spindel.
c) Skruva loss de tre bultarna som håller motorn till fästplattan och ta bort motorn.

Montering

7 Montera i omvänd ordningsföljd. Tänk på följande.
a) Om motorn har tagits isär från länkaget måste märkena som gjordes på motorspindeln och länkaget vid demonteringen passas in mot varandra. Se till att länksystemet placeras på det sätt som noterades vid demonteringen.
b) Se till att brickorna och mellanläggen monteras på motorns fästgummin på det sätt som noterades vid demonteringen.
c) Smörj fästskårorna till vindrutans torpedplåt med ett silikonbaserat spraysmörjmedel för att underlätta monteringen. Slå inte in plåten för att få den på plats – vindrutan kan spricka.
d) Montera torkararmarna enligt beskrivningen i avsnitt 17

19 Bakre torkarmotor – demontering och montering

Demontering

1 Koppla loss batteriets minusledare. **Observera:** *Se avsnittet "Koppla ifrån batteriet" i slutet av handboken innan batteriet kopplas loss.*
2 Ta bort torkararmen enligt beskrivningen i avsnitt 17. Ta loss tätningsringen till torkarmotoraxeln.
3 Öppna bakluckan. Ta sedan bort bakluckans klädselpanel enligt beskrivningen i kapitel 11, avsnitt 15.
4 Koppla loss kontaktdonet från motorn.

5 Koppla loss spolarvätskeslangen från spolarmunstyckets kontaktdon på motorenheten.
6 Skruva loss de tre muttrarna som fäster motorn. Dra sedan bort enheten **(se bild)**.

Montering

7 Montera i omvänd ordning. Se till att gummitätningsringen till motoraxeln monteras korrekt för att förhindra vattenläckage, och montera torkararmen enligt beskrivningen avsnitt 17.

20 Vind-/bakrutans/strålkastarnas spolare – demontering och montering

Spolarvätskebehållare

Demontering

1 Koppla loss batteriets minusledning. **Observera:** *Se avsnittet "Koppla ifrån batteriet" i slutet av handboken innan batteriet kopplas loss.*
2 Skruva loss fästbultarna till kylvätskans expansionskärl och flytta kärlet åt sidan. Koppla inte loss slangarna.
3 Ta bort kolfiltrets fästbultar och flytta enheten åt sidan.
4 Skruva loss de två plastmuttrarna. Koppla

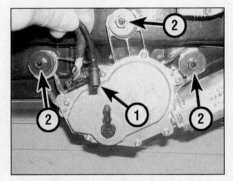

19.6 Bakrutetorkarens motor
1 Spolarrör
2 Torkarmotorns fästmuttrar

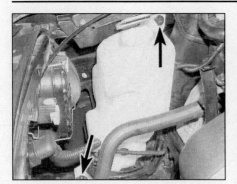
20.4 Skruva loss de två plastmuttrarna

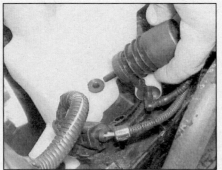
20.8 Dra bort pumpen från muffen

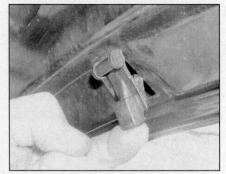
20.10a Dra bort munstycket från motorhuven . . .

loss slangen/slangarna och ta bort spolarbehållaren (se bild). Var beredd på vätskespill.

Montering

5 Montera i omvänd ordningsföljd mot demonteringen.

Spolarvätskepumpar

Demontering

6 Koppla loss batteriets minusledning. **Observera:** *Se avsnittet "Koppla ifrån batteriet" i slutet av handboken innan batteriet kopplas loss.*

7 Ta bort spolarvätskebehållaren enligt beskrivningen ovan i detta avsnitt.

8 Dra försiktigt bort pumpen från dess muff i behållaren (se bild). Koppla loss spolarvätskeslangen/-slangarna och kontakten från pumpen, om det inte redan är gjort.

Montering

9 Montera i omvänd ordning. Var noga med att inte trycka in muffen i behållaren. Använd lite såpvatten för att få in pumpen i muffen.

Vindrutespolarmunstycken

Demontering

10 Öppna motorhuven och dra spolarmunstycket mot motorhuvens främre del och nedåt. Koppla loss spolarslangen när munstycket dras bort från motorhuven (se bilder).

Montering

11 Montera i omvänd ordning. Observera att

20.10b . . . och koppla loss slangen

munstycket kan justeras genom att excenterhjulets skaft i nederdelen på spolarmunstycket vrids med en skruvmejsel (se bild).

Bakrutespolarmunstycke

Demontering

12 Lossa kåpan från torkararmens spindel så att det går att komma åt spolarmunstycket. Dra sedan munstycket från mitten av spindeln (se bild).

Montering

13 Se till att munstycket trycks ordentligt på plats vid återmonteringen. Kontrollera att munstycket fungerar. Justera munstycket om det behövs. Rikta strålen på en punkt något över den del av rutan som torkarbladet sveper över.

20.11 Vrid hjulet för att justera munstycket

Strålkastarspolarmunstycken

Demontering

14 Dra försiktigt ut hela spolarmunstycket från den främre stötfångaren och håll det. Bänd försiktigt loss ändkåpan från spolarmunstycket (se bild).

15 Fortsätt hålla i spolarmunstycket. Lyft fästklämman något och dra bort munstycket från lyftcylindern (se bild).

Montering

16 Montera i omvänd ordningsföljd mot demonteringen.

Strålkastarspolarmunstyckenas lyftcylindrar

Demontering

17 Ta bort spolarmunstyckets ändkåpa enligt beskrivningen i punkt 14. Ta bort den

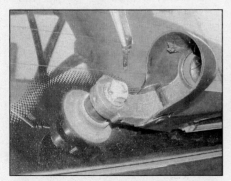
20.12 Dra bort munstycket från spindeln

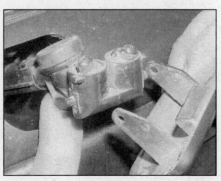
20.14 Bänd ut ändkåpan från munstycket

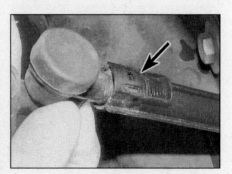
20.15 Lyft upp klämman och dra ut munstycket (vid pilen)

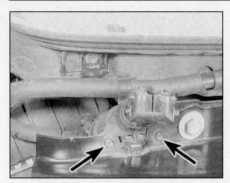

20.18 Skruva loss lyftcylinderns fästskruvar (vid pilarna)

främre stötfångaren enligt beskrivningen i kapitel 11.
18 Skruva loss de två fästskruvarna och dra bort cylindern **(se bild).**
19 Kläm ihop slangen, kläm ihop fästklämman och koppla loss slangen.

Montering

20 Montera i omvänd ordningsföljd mot demonteringen.

21 Radio/kassettbandspelare – demontering och montering

Observera: *Avsnittet behandlar endast den ljudanläggning som monteras som standardutrustning.*

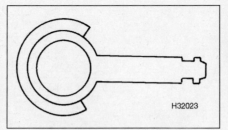

21.1 Radioborttagningsverktyg

Demontering

1 Radion är monterad med speciella fästklämmor som kräver särskilda borttagningsverktyg. Sådana verktyg ska följa med bilen eller kan införskaffas hos en bilrenoveringsspecialist. Alternativt kan man tillverka borttagningsverktyg själv **(se bild).**
2 Koppla loss batteriets minusledning. **Observera:** *Se avsnittet "Koppla ifrån batteriet" i slutet av handboken innan batteriet kopplas loss.*
3 Sätt in verktygen i urtagen på var sida om enheten och tryck på dem tills de snäpper på plats. Radion/kassettbandspelaren kan sedan dras ut från instrumentbrädan med verktygen, varefter kontaktdon och antenn kopplas loss **(se bilder).**

Montering

4 Återanslut kontaktdon och antennsladd. Tryck sedan in enheten i instrumentbrädan tills fästtapparna snäpper på plats.

21.3a Använda bladmått för att ta bort radio/kassettbandspelare

CD-spelare
Demontering

5 CD-spelaren har speciella fästklämmor som kräver speciella borttagningsverktyg, som ska ha följt med bilen, eller som kan skaffas från en bilradiospecialist. Alternativt kan två bladmått användas.
6 Slå av tändningen och alla elektriska apparater, och ta sedan bort radion/bandspelaren enligt beskrivningen tidigare i detta avsnitt.
7 För in verktygen eller bladmåtten i öppningarna på var sin sida om enhet och tryck in dem tills de hakar fast. CD-spelaren kan sedan dras ut ur hållaren med verktygen och kablarna lossade **(se bilder).**

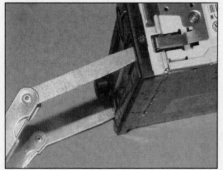

21.3b Bladmåtten böjer fästklämmorna inåt från den omkringliggande panelen

21.3c Lossa kablarna . . .

21.3d . . . och antennen

21.7a Använda bladmått för att ta bort CD-spelaren

21.7b Lossa strömförsörjningskablarna . . .

21.7c . . . och högtalarkablarna

Montering

8 Återanslut kablaget och skjut sedan in enheten i instrumentbrädan tills låsklackarna snäpper på plats.

CD-växlare

Demontering

9 CD-växlaren finns i bagageutrymmet, bakom klädseln till vänster. Den är horisontellt installerad i Golf-modeller och vertikalt i Bora-modeller.
10 Stäng av tändningen och alla elektriska förbrukare.
11 Vrid fästena moturs och ta bort klädselpanelen från bagageutrymmet.
12 Lossa kablarna från baksidan av CD-spelaren och kläm loss dem från fästbygeln.
13 Ta bort fästskruvarna och ta bort CD-spelaren från fästbygeln.

Montering

14 Montering utförs i omvänd ordningsföljd mot demonteringen.

22 Högtalare – demontering och montering

Diskanthögtalare monterad i framdörr

Demontering

1 Koppla loss batteriets minusledning. *Observera: Se avsnittet "Koppla ifrån batteriet" i slutet av handboken innan batteriet kopplas loss.*
2 Ta bort dörrklädseln enligt beskrivningen i kapitel 11.
3 Koppla loss högtalarens anslutnings-kontakt.
4 Ta bort fästskruven och tryck backspegelns trekantiga kåpa uppåt.
5 Högtalaren är inbyggd i den trekantiga spegelkåpan.

Montering

6 Monteringen sker i omvänd ordningsföljd mot demonteringen.

Diskanthögtalare monterad i bakdörr

Demontering

7 Koppla loss batteriets minusledning. *Observera: Se avsnittet "Koppla ifrån batteriet" i slutet av handboken innan batteriet kopplas loss.*
8 Ta bort dörrklädseln enligt beskrivningen i kapitel 11.
9 Ta bort dörrens innerhandtag enligt beskrivningen i kapitel 11. Högtalaren är inbyggd i handtagskåpan.

Montering

10 Montera i omvänd ordningsföljd mot demonteringen.

Dörrmonterad bashögtalare

Demontering

11 Koppla loss batteriets minusledning. *Observera: Se avsnittet "Koppla ifrån batteriet" i slutet av handboken innan batteriet kopplas loss.*
12 Ta bort dörrklädseln enligt beskrivningen i kapitel 11.
13 Koppla loss anslutningskontakten från högtalaren.
14 Borra ut nitarna och dra bort högtalaren från dörren. Ta loss gummitätningsringen mellan högtalaren och dörrklädseln.

Montering

15 Montera i omvänd ordningsföljd mot demonteringen. Specialnitarna ska gå att köpa hos VW-återförsäljare och hos bil-renoveringsspecialister.

23 Radioantenn – demontering och montering

Demontering

1 Antennen skruvas bort från foten moturs.
2 Om antennfoten ska tas bort måste den bakre delen av takklädseln sänkas ner för att det ska gå att komma åt (se kapitel 11, avsnitt 28).
3 När takklädseln har sänkts ner, koppla loss antennkabeln vid kontaktdonet. Skruva sedan loss fästmuttern och dra bort antennfoten från taket. Håll antennfoten medan skruven skruvas ur för att förhindra att foten vrids och repar taket. Ta loss gummimellanlägget.

Montering

4 Montera i omvänd ordning.

24 Stöldskyddslarm och motorlåsningssystem – allmän information

Observera: Den här informationen gäller endast de stöldskyddslarm som monterats av VW som standardutrustning.
Modellerna i serien är utrustade med stöldskyddslarm som standard. Larmet har brytare på alla dörrar (inklusive bakluckan), motorhuven och tändningslåset. Om bak-luckan, motorhuven eller någon av dörrarna öppnas eller om tändningslåset vrids på medan larmet är igång, kommer larmsignalen att tjuta och varningslamporna att blinka. Vissa modeller är utrustade med inre rörelse-detektorer som aktiverar larmet om rörelser upptäcks i passagerarutrymmet.

Larmet aktiveras med nyckeln i någon av framdörrarna och bakluckans lås, eller via centrallåsets fjärrkontroll. Larmsystemet börjar sedan övervaka sina olika brytare ungefär 30 sekunder senare.

Om bakluckan låses upp när larmet är aktiverat kommer bakluckans låsbrytare automatiskt att stängas av medan dörrarnas och motorhuvens brytare fortfarande är aktiverade. När bakluckan är stängd och låst kommer brytaren att aktiveras igen.

Vissa modeller är utrustade med motor-låsningssystem, som aktiveras via tändnings-låset. En modul i tändningslåset läser av en kod som finns i startnyckeln. Modulen skickar en signal till motorstyrningssystemets elektroniska styrenhet som låter motorn startas om koden är korrekt. Om fel nyckel används kommer motorn inte att starta.

Om någonting misstänks vara fel i larm- eller motorlåsningssystemet ska bilen lämnas in till en VW-verkstad för undersökning. De har tillgång till särskild diagnosutrustning som snabbt kan spåra eventuella fel i systemet.

25 Krockkuddesystem – allmän information och föreskrifter

⚠ *Varning: Innan några åtgärder utförs i krockkuddesystemet ska batteriets minusledare kopplas loss (se "Koppla ifrån batteriet" i refensavsnittet i slutet av handboken). När arbetet är klart, se till att ingen befinner sig i bilen när batteriet återansluts.*

Observera att krockkudden/-kuddarna inte får utsättas för temperaturer som överstiger 90°C. När krockkudden demonteras, förvara den med rätt sida upp för att förhindra att den blåses upp av misstag.

Låt inte lösningsmedel eller rengöringsmedel komma i kontakt med krockkuddarna. De får endast rengöras med en fuktig trasa.

Krockkuddarna och styrenheten är båda känsliga för stötar. Om de tappas eller skadas måste de bytas ut.

Ta alltid bort krockkuddarna innan bågsvetsutrustning används på bilen.

Som standard finns en krockkudde på förarsidan, en på passagerarsidan samt sidokrockkuddar monterade på bilar i Golf- och Boraserien. Krockkuddesystemet består av en krockkuddeenhet (med gasgenerator) som sitter monterad i ratten (förarsidan), instrumentbrädan (passagerarsidan) och framsätena, en krockgivare, styrenheten och en varningslampa i instrumentpanelen.

Krockkuddesystemet utlöses vid en kraftig frontal- eller sidokrock där kraften överstiger ett förutbestämt värde. Värdet beror på typen av krock. Krockkudden blåses upp inom loppet av millisekunder och formar en säkerhetskudde mellan föraren och ratten, passageraren och instrumentbrädan, och vid sidokrockar, mellan framsätets båda passagerare och passagerarutrymmets sidor. Detta förebygger kontakt mellan överkroppen och passagerarutrymmets insida vilket minskar risken för skador avsevärt. Krockkudden töms nästan omedelbart.

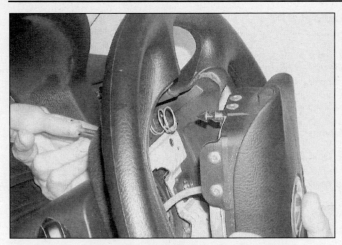

26.4 Lossa krockkuddens fästtapp

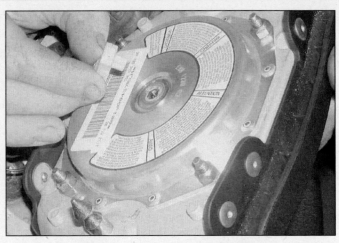

26.6 Koppla loss anslutningskontakten

Varje gång tändningen slås på utför krockkuddens styrmodul ett självtest. Självtestet tar ungefär 3 sekunder och krockkuddarnas varningslampa på instrumentbrädan lyser under tiden. När självtestet är klart ska varningslampan slockna. Om varningslampan inte tänds, om den fortsätter att lysa längre än 3 sekunder eller om den blinkar eller tänds medan bilen körs, är något fel i krockkuddesystemet. Bilen ska då lämnas till en VW-verkstad för kontroll snarast möjligt.

26 Krockkuddesystemets komponenter – demontering och montering

Observera: *Läs varningarna i avsnitt 25 innan följande åtgärder utförs.* **1** Koppla loss batteriets minusledning och fortsätt sedan enligt beskrivningen under relevant rubrik. **Observera:** *Se avsnittet "Koppla ifrån batteriet" i slutet av handboken innan batteriet kopplas loss.*

Förarsidans krockkudde

Demontering

2 Ställ framhjulen rakt fram och lås upp rattlåset genom att sätta i startnyckeln.
3 Justera rattstången till det lägsta läget genom att lossa justeringshandtaget och sedan dra ut rattstången och sänka ner den så långt som möjligt. Lås stången i det här läget genom att föra tillbaka justeringshandtaget.
4 Ställ ekrarna i vertikalt läge. Stick in en skruvmejsel ungefär 45 mm i hålet i rattnavets övre bakre del. För den sedan uppåt för att lossa klämman och ta bort krockkuddens låstapp **(se bild)**. Vrid nu ratten 180° och lossa den kvarvarande krockkuddelåstappen.
5 Vrid ratten så att hjulen pekar rakt fram.
6 Dra försiktigt bort krockkuddemodulen och koppla loss kablaget **(se bild)**.

Montering

7 Vid återmonteringen ska kontaktdonet

återanslutas och krockkudden placeras i ratten. Se till att kablaget inte kommer i kläm. Återanslut batteriets minusledare. Se till att ingen befinner sig i bilen när ledaren ansluts.

Passagerarsidans krockkudde

Demontering

8 Ta bort handskfacket från passagerarsidan enligt beskrivningen i kapitel 11, avsnitt 28.
9 Skruva loss de fyra torxskruvarna som fäster krockkuddens stödfäste vid instrumentbrädans tvärbalk **(se bild)**.
10 Dra försiktigt bort krockkuddeenheten från instrumentbrädan och koppla loss kontaktdonet.

Montering

11 Vid monteringen ska krockkudden föras in på sin plats och kontaktdonet återanslutas.
12 Montera krockkuddens fästskruvar och dra åt dem ordentligt.
13 Montera handskfacket och återanslut sedan batteriets minusledare. Se till att ingen befinner sig i bilen när ledaren återansluts.

Framsätets sidokrockkuddar

14 Sidokrockkuddarna är inbyggda i sätena. Demontering av sätesklädseln kräver stor skicklighet och erfarenhet om den ska kunna utföras utan skador och bör därför överlåtas till en specialist.

26.9 Skruva loss torxskruvarna

Krockkuddens styrenhet

Demontering

15 Styrenheten sitter under instrumentbrädan, under värmepaketets hus **(se bild)**.
16 Koppla loss batteriets minusledning. **Observera:** *Se avsnittet "Koppla ifrån batteriet" i slutet av handboken innan batteriet kopplas loss.*
17 Ta bort klädseln från passagerarsidans benutrymme enligt beskrivningen i kapitel 11, avsnitt 28.
18 Arbeta på passagerarsidan av instrumentbrädans mittsektion. Sträck sedan in handen under värmeenhetens hus, öppna fästklämman och koppla loss styrenhetens anslutningskontakt.
19 Skruva loss de fyra muttrarna som fäster styrenheten vid golvet. Lirka sedan ut styrenheten bakom instrumentbrädan.

Montering

20 Montera i omvänd ordningsföljd mot demonteringen. Se till att kontaktdonet återansluts ordentligt. Återanslut batteriets minusledare. Se till att ingen befinner sig i bilen när ledaren ansluts.

Krockkuddens kontakt

Demontering

Observera: *Se till att spolkontakten är i*

26.15 Placering av krockkuddens ECU

mittläget när kontakten ska demonteras eller tas bort.

21 Ta bort ratten enligt beskrivningen i kapitel 10.

22 Koppla loss anslutningskontakten på enhetens undersida. Lossa de tre låstapparna och dra bort enheten och släpringen från rattstången.

Montering

23 Montera i omvänd ordningsföljd mot demonteringen. Se till att ingen befinner sig i bilen när anslutningskontakten återansluts.

27 Parkeringsassistansens komponenter – allmän information, demontering och montering

Allmän information

1 Parkeringsassistentsystemet finns som standardutrustning på de exklusivaste modellerna och som extrautrustning på andra modeller. Fyra ultraljudsgivare i den bakre stötfångaren mäter avståndet till det närmaste föremålet bakom bilen och signalerar till föraren med hjälp av en summer som sitter under klädselpanelen i bagageutrymmet. Ju närmare föremålet kommer, desto snabbare blir ljudsignalerna.

2 Systemet består av en styrenhet och ett självdiagnosprogram. Av den orsaken bör bilen tas till en VW-återförsäljare vid fel.

Styrenhet

Halvkombi och sedanmodeller

3 Slå ifrån tändningen och alla elförbrukare. Öppna (Golf)/ta bort (Bora) klädseln till höger i bagageutrymmet.

4 Skruva loss de två fästskruvar, lossa kablaget, och ta bort styrenheten.

5 Monteringen utförs i omvänd ordningsföljd mot demonteringen.

Kombimodeller

6 Slå ifrån tändningen och alla elektriska förbrukare. Öppna sedan luckan i klädseln till höger i bagageutrymmet.

7 Ta bort plastinsatsen till första hjälpen-lådan.

8 Ta bort skruven, losa kablarna och ta bort styrenheten tillsammans med hållaren.

9 Skruva loss styrenheten från hållaren.

10 Monteringen utförs i omvänd ordningsföljd mot demonteringen.

Avståndsgivare

11 Den bakre stötfångaren behöver inte tas bort. Stick in handen under stötfångare och kläm fästklämmorna på ovan- och undersidan av sensorn. Tryck nu ut sensorn från utsidan av stötfångaren.

12 Dra ur kontakterna och ta loss givaren.

13 Monteringen utförs i omvänd ordningsföljd mot demonteringen. Tryck givaren stadigt på plats så att fästklämmorna hakar i.

Varningssummer

14 Slå ifrån tändningen och alla elektriska förbrukare. Ta sedan bort bagagerumslocket till höger på halvkombi- och kombimodeller och ta bort hatthyllan på Bora sedanmodeller.

15 Lossa klämmorna eller skruva loss muttrarna, och lossa kablaget och summern.

16 Monteringen utförs i omvänd ordningsföljd mot demonteringen.

Reläer

1a Relä tvåtons signalhorn
2a Strömmatningsrelä
3a Tom
4a Bränslepumpsrelä (bensin) eller glödstiftsrelä (diesel)
5/6a Relä spolar-/torkarsystem
1 Dimljusrelä (modeller före år 2000)
2 Relä för fjärrstyrd öppning, bak-/bagagelucka
3 Startspärrelä (modeller före år 2000)
4 Tom (modeller före år 2000)
Dimljusrelä (modeller fr.o.m. år 2000)
5 Tom (modeller före år 2000)
Rattens styrenhet (fr.o.m. 2000)
6 Telefonrelä (modeller före år 2000)
Rattens styrenhet (fr.o.m. år 2000)
7 Relä elektronisk hastighetskontroll (EPC) (modeller före år 2000)
Relä bromsljusens avstängning (fr.o.m. år 2000)
8 Varselljusrelä (modeller före år 2000)
Relä cigarrettändare/uppvärmda backspeglar/kylvätskans avstängningsventil (fr.o.m. år 2000)
9 Relä taxi larmsystem (modeller före år 2000) eller bränslepumpsrelä (alla Synchro diesel modeller)
10 Relä taxi larmsystem (modeller före år 2000)
11 Startspärr-/backljusrelä
12 Strömmatningsrelä (för pol 30)
13 Kylfläkts-/cirkulationsrelä

Reläplattans säkringar

A Elektrisk sätesjustering
B Tom
C Komfortkoppling
D Tom
E Bakre elfönsterhiss (modeller före år 2000)
F Stöldskyddslarm
G Stöldskyddslarm

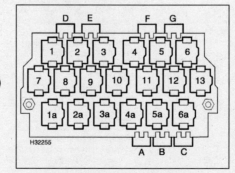

Reläer och säkringar på reläplattan

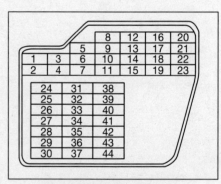

Säkringar i säkringsdosan (för identifikation, se nästa sida)

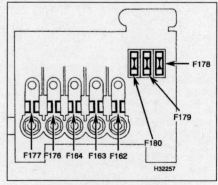

Batteriets säkringshållare (för identifikation, se nästa sida)

VOLKSWAGEN GOLF, BORA Mk IV

Kopplingsschema 1

Förklaringar till symboler

Glödlampa

Brytare/kontakt

Flerlägesbrytare/
-kontakt (kopplad)

Säkring/smältsäkring — F24

Motstånd

Variabelt motstånd

Komponentnummer — **15**

Pump/motor — (M)

Jordanslutning och placering
(via ledning) — (E1)

Mätare

Diode

Belysningsglödlampa

Intern anslutning

Kabelsplits eller lödd skarv

Solenoidaktiverare

Kontaktdon

Anslutning till andra kretsar.
Pilen anger strömflödets — **A** *Schema 3, Pil A* **Varnings-
lampa helljus**
riktning

Kabelfärg
(röd kabel med vit följare) — Ro/Ws

Reläplatta

Boxens form anger del av en
större komponent.
Poler identifieras med antingen
standard avslutning (fet kursiv stil)
eller av ett kontaktdons stiftnummer
(vanlig text) **30** 4
30 Polens identifikation
(t.ex. batteriets positiva pol)
4 Kontaktdonets stiftnummer

Jordanslutningar

E1	Batteriets jordfläta	**E14**	Till höger på luftintagets samlingskammare
E2	Växellådans jordfläta	**E15**	Till vänster på luftintagets samlingskammare
E3	Bredvid rattstången	**E16**	Motorns kabelhärva (skärmning)
E4	På rattstången	**E17**	Vänster i motorrummet
E5	Mitten av luftintagets samlingskammare	**E18**	Nedre vänster A-stolpe
E6	Motorns kabelhärva	**E19**	Förardörren punkt 1
E7	Instrumentbrädans kabelhärva	**E20**	Passagerardörren punkt 1
E8	Vänster strålkastares kabelhärva	**E21**	Förardörren punkt 2
E9	Instrumetpanelens kabelhärva	**E22**	Passagerardörren punkt 2
E10	Bakom instrumentbrädan	**E23**	Nedre B-stolpe
E11	Innerbelysningens kabelhärva	**E24**	Nedre höger B-stolpe
E12	I bagageutrymmet	**E25**	Krockkuddens anslutning
E13	På topplocket		

Polernas identifikation

15	Tändningslåsets 'tänd'-läge	**53a**	Elektrisk motors	**P** Parkeringsljus
30	Batteriets positiva pol		självparkering	**75** Tändningslåsets läge 1
31	Jord	**53b**	Shuntlindning	**85** Relälindningens inmatning
49a	Körriktningsvisarens reläutmatning	**53c**	Spolarpump	**86** Relälindningens jord
50	Tändningslåsets 'start'-läge	**56**	Strålkastare	**87** Reläutmatning
50b	Tändningslåsets sekundära matning	**56a**	Helljus	**L** Vänster lyse
53	Elektrisk motors inmatning	**56b**	Halvljus	**R** Höger lyse
				X X-kontakt

Säkringsdosa

Säkring Klassning Skyddad krets

Säkring	Klassning	Skyddad krets
F1	10A	Handskfacksbelysning, elstyrda speglar
F2	10A	Körriktningsvisare, varningsblinkers, strålkastarjusterare
F3	5A	Dimljusrelä, instrumentbrädans dimmer
F4	5A	Nummerplåtsbelysning
F5	7,5A	Luftkonditionering, komfortkoppling farthållare, elstyrda speglar, friskluftssystem, uppvärmda säten
F6	5A	Centrallås
F7	10A	Backljus
F9	5A	ABS, EDL (elektroniskt differentialspärrsystem), antispinnsystem, ESP (elektroniskt stabilitetsprogram)
F10	15A	Motorstyrning, bensin
	5A	Motorstyrning, diesel
F11	5A	Instrumentpanel
F12	7,5A	Självdiagnostik, anslutning
F13	10A	Farthållare, bromsljus
F14	10A	Innerbelysning, komfortkoppling
F15	5A	Instrumentpanel, automatväxellåda, ESP
F16	10A	Kylarfläktsdrivning
F18	10A	Höger helljus
F19	10A	Vänster helljus
F20	15A	Höger halvljus, gasstrålkastare, strålkastarjustering
F21	15A	Vänster halvljus, gasstrålkastare
F22	5A	Höger parkeringsljus
F23	5A	Vänster parkeringsljus
F24	20A	Torkar-/spolarsystem
F25	25A	Friskluftsfläkt
F26	25A	Bakrutevärme
F27	15A	Bakrutetorkare
F28	15A	Bränslepump
F29	15A	Motorstyrning, bensin
	10A	Motorstyrning, diesel
F30	20A	Taklucka
F31	20A	Automatväxellåda

Säkring	Klassning	Skyddad krets
F32	10A	Insprutningsventiler bensin
	30A	Motorstyrning diesel
F34	10A	Motorstyrning
F36	15A	Dimljus
F37	10A	Radio, komfortkoppling
F38	15A	Bagageutrymmesbelysning, centrallås, tanklucka
F39	15A	Varningsblinkers
F40	20A	Tvåtons signalhorn
F41	15A	Cigarettändare
F42	25A	Radio
F43	10A	Motorstyrning
F44	15A	Sätesvärme

Batteriets säkringshållare

F162	50A	Glödstiftsvärme
F163	50A	Motorstyrning
F164	40A	Kylarfläkt
F176	110A	Interiör
F177	110A	Generator
	150A	Generator (120A)
F178	30A	ABS
F179	30A	ABS
F180	30A	Kylarfläkt

Säkringar på reläplattan

FR37	30A	Centrallås, elfönster-hissar
FR44	30A	Uppvärmda och justerbara framsäten
F111	15A	Komfortkoppling
F144	15A	Komfortkoppling

H32373/a

Färgkoder

Bl	Blå	Li	Lila
Br	Brun	Or	Orange
Ge	Gul	Ro	Röd
Gr	Grå	Sw	Svart
Gn	Grön	Ws	Vit

Komponentförteckning

1	Batteri	7	Signalhornsrelä
2	Tändningslås	8	Signalhorn
3	Batteriets säkringshållare	9	Rattens klockfjäder
4	Generator	10	Signalhornets brytare
5	Startmotor	11	Tankluckans öppningsbrytare
6	Säkringsdosa	12	Tankluckans öppningsmotor

13	Radio
13a	Högtalare, vänster fram
13b	Högtalare, höger fram
13c	Högtalare, vänster bak
13d	Högtalare höger bak

Kopplingsschema 2

H32374/a

Start och laddning

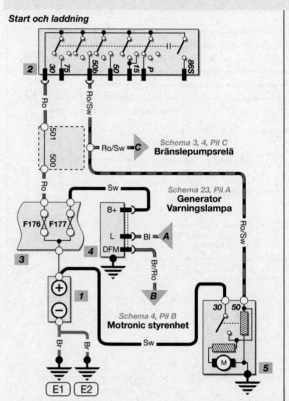

Tankluckans fjärrstyrning

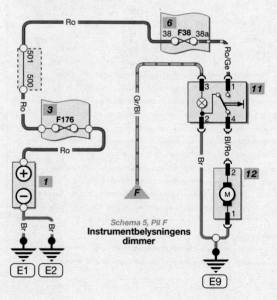

Tvåtons signalhorn

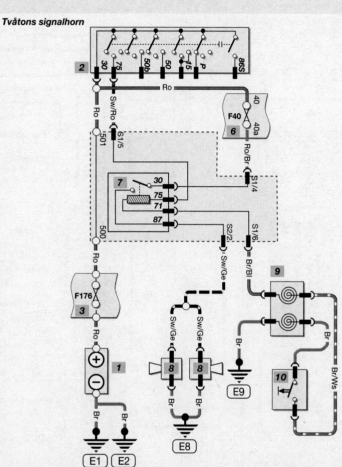

Radioanslutning (typexempel)

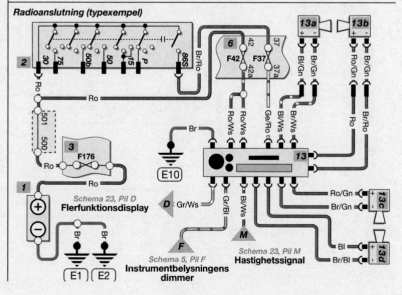

Färgkoder

Bl	Blå	Li	Lila
Br	Brun	Or	Orange
Ge	Gul	Ro	Röd
Gr	Grå	Sw	Svart
Gn	Grön	Ws	Vit

Komponentförteckning

1	Batteri	18	Hallgivare
2	Tändningslås	19	Kylvätsketemperaturgivare
3	Batteriets säkringshållare	20	Gasspjällspotentiometer
6	Säkringsdosa	21	Insprutningsventil, cyl nr 1
14	Bränslepumpsrelä	22	Insprutningsventil, cyl nr 2
15	Tändningstransformator	23	Insprutningsventil, cyl nr 3
16	Tändstift	24	Insprutningsventil, cyl nr 4
17	4AV insprutning styrenhet		

25	Kolfilter magnetventil 1
26	Lambdasond
27	Avgasventil
28	Insugsluftens temp.- och tryckgivare
29	Knacksensor
30	Varvtalsgivare
31	Bränslepump

Kopplingsschema 3

H32375/a

Bränsleinsprutningssystem (AHW & AKQ motorer)

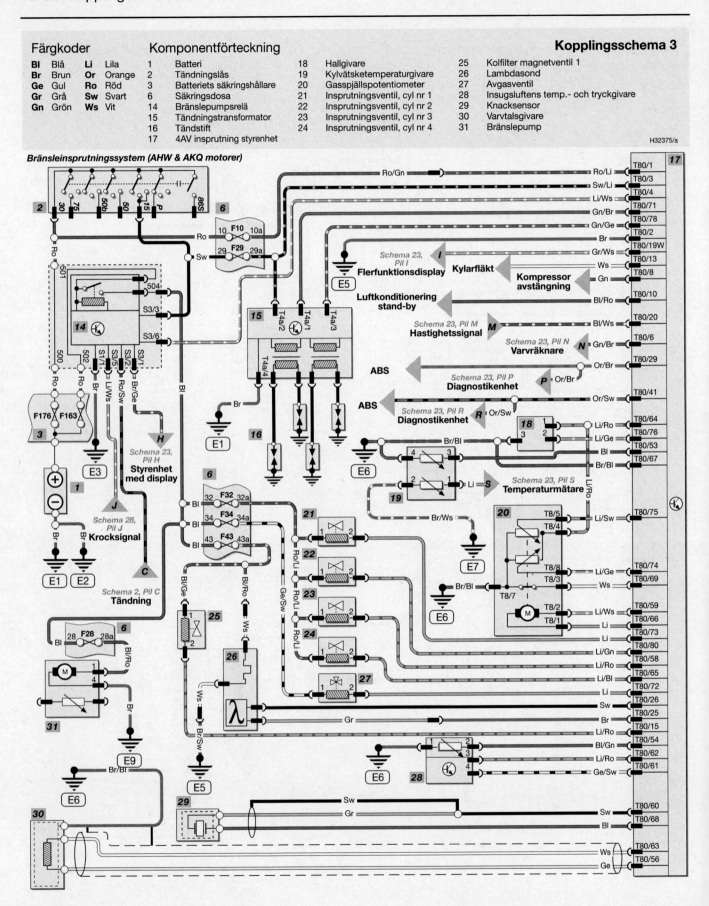

Färgkoder

Bl	Blå	Li	Lila
Br	Brun	Or	Orange
Ge	Gul	Ro	Röd
Gr	Grå	Sw	Svart
Gn	Grön	Ws	Vit

Komponentförteckning

1	Batteri	17	Motronic styrenhet	24	Insprutningsventil, cyl nr 4
2	Tändningslås	18	Hallgivare	25	Kolfilter magnetventil 1
3	Batteriets säkringshållare	19	Kylvätsketemperaturgivare	26	Lambdasond
6	Säkringsdosa	20	Gasspjällpotentiometer	28	Insugsluftens temp.- och tryckgivare
14	Bränslepumprelä	21	Insprutningsventil, cyl nr 1	29	Knacksensor
15	Tändningstransformator	22	Insprutningsventil, cyl nr 2	30	Varvtalsgivare
16	Tändstift	23	Insprutningsventil, cyl nr 3	31	Bränslepump

Kopplingsschema 4

H32376/a

Motronic insprutningssystem (APE motor)

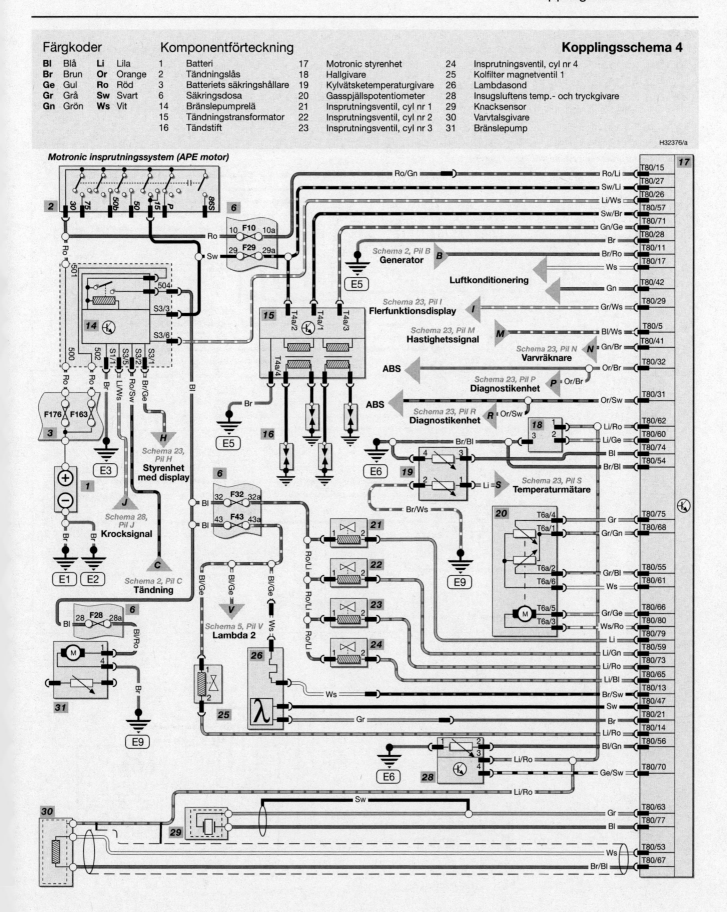

Färgkoder

Bl	Blå	Li	Lila
Br	Brun	Or	Orange
Ge	Gul	Ro	Röd
Gr	Grå	Sw	Svart
Gn	Grön	Ws	Vit

Komponentförteckning

1	Batteri
2	Tändningslås
3	Batteriets säkringshållare
6	Säkringsdosa
17	Motronic styrenhet
32	Farthållarbrytare
33	Kopplingspedalsbrytare
34	Bromspedalsbrytare
35	Gaspedalsgivare
36	Lambdasond 2
37	Avgasåterföring (EGR) ventil och potentiometer
38	Instrumentbelysningens dimmer och strålkastarnas höjdjusteringsbrytare
39	Vänster strålkastare höjdjusteringsmotor
40	Höger strålkastare höjdjusteringsmotor

Kopplingsschema 5

H32377/a

Motronic insprutningssystem (APE motor) forts.

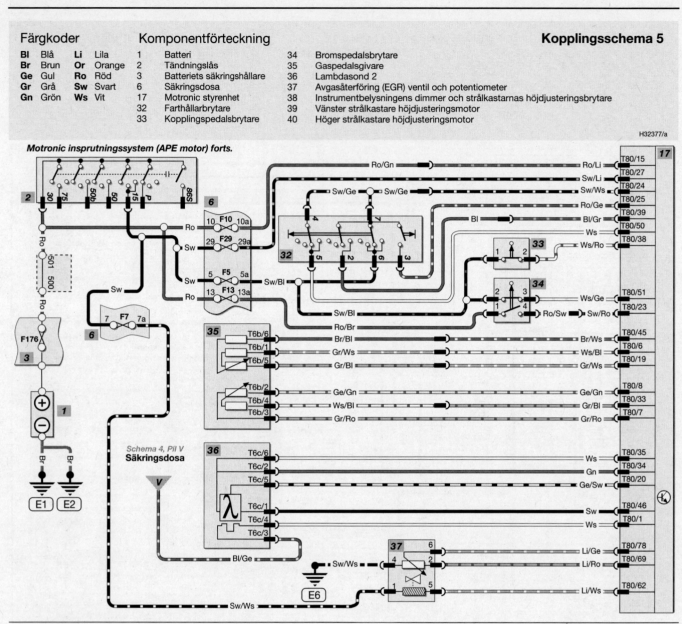

Strålkastarjustering

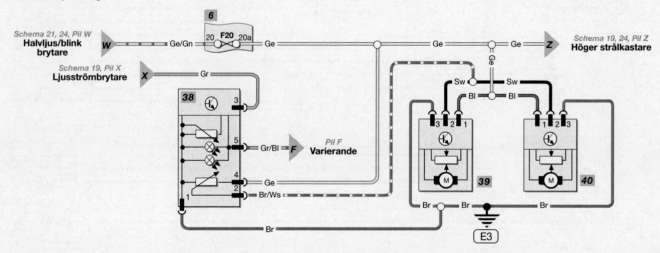

Färgkoder

Bl	Blå	Li	Lila
Br	Brun	Or	Orange
Ge	Gul	Ro	Röd
Gr	Grå	Sw	Svart
Gn	Grön	Ws	Vit

Komponentförteckning

1	Batteri	18	Hallgivare
2	Tändningslås	19	Kylvätsketemperaturgivare
3	Batteriets säkringshållare	20	Gasspjällspotentiometer
6	Säkringsdosa	21	Insprutningsventil, cyl nr 1
14	Bränslepumpsrelä	22	Insprutningsventil, cyl nr 2
15	Tändningstransformator	23	Insprutningsventil, cyl nr 3
16	Tändstift	24	Insprutningsventil, cyl nr 4

25	Kolfilter magnetventil 1
26	Lambdasond
27	Avgasventil
29	Knacksensor
30	Varvtalsgivare
31	Bränslepump
41	Simos styrenhet

Kopplingsschema 6

H32378/a

Simos insprutningssystem (AEH & AKL motorer)

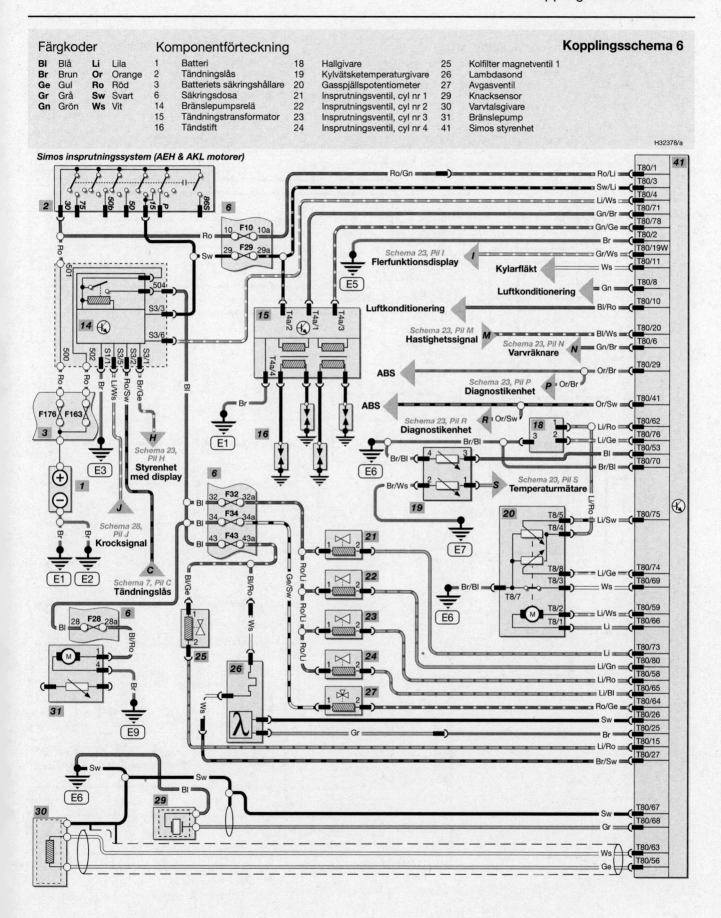

Färgkoder

Bl	Blå	Li	Lila
Br	Brun	Or	Orange
Ge	Gul	Ro	Röd
Gr	Grå	Sw	Svart
Gn	Grön	Ws	Vit

Komponentförteckning

1 Batteri
2 Tändningslås
3 Batteriets säkringshållare
4 Generator
5 Startmotor
6 Säkringsdosa
14 Bränslepumpsrelä
41 Simos styrenhet
42 Luftmängdsmätare
43 Servostyrningens tryckbrytare
44 Vevhusventilationens värme
45 Startspärr (endast automatväxellåda)
46 Belyst sminkspegel, vänster
47 Brytare belyst sminkspegel, vänster
48 Belyst sminkspegel, höger
49 Brytare belyst sminkspegel, höger
50 Varningslampa, höger framdörr
51 Kontaktbrytare, höger framdörr
52 Kontaktbrytare, höger bakdörr
53 Kontaktbrytare, vänster bakdörr
54 Varningslampa, vänster framdörr
55 Blockeringsdiod
56 Kontaktbrytare, vänster framdörr
57 Bagageutrymmesbelysning
58 Brytare, bagageutrymmesbelysning
59 Främre lyktenhet
  a) Vänster lyse
  b) Mittre lyse
  c) Höger lyse
60 Vänstser baklyse
61 Höger baklyse

Kopplingsschema 7

H32379/a

Simos insprutningssystem (forts.) och start, laddning (AEH & AKL motorer)

Innerbelysning

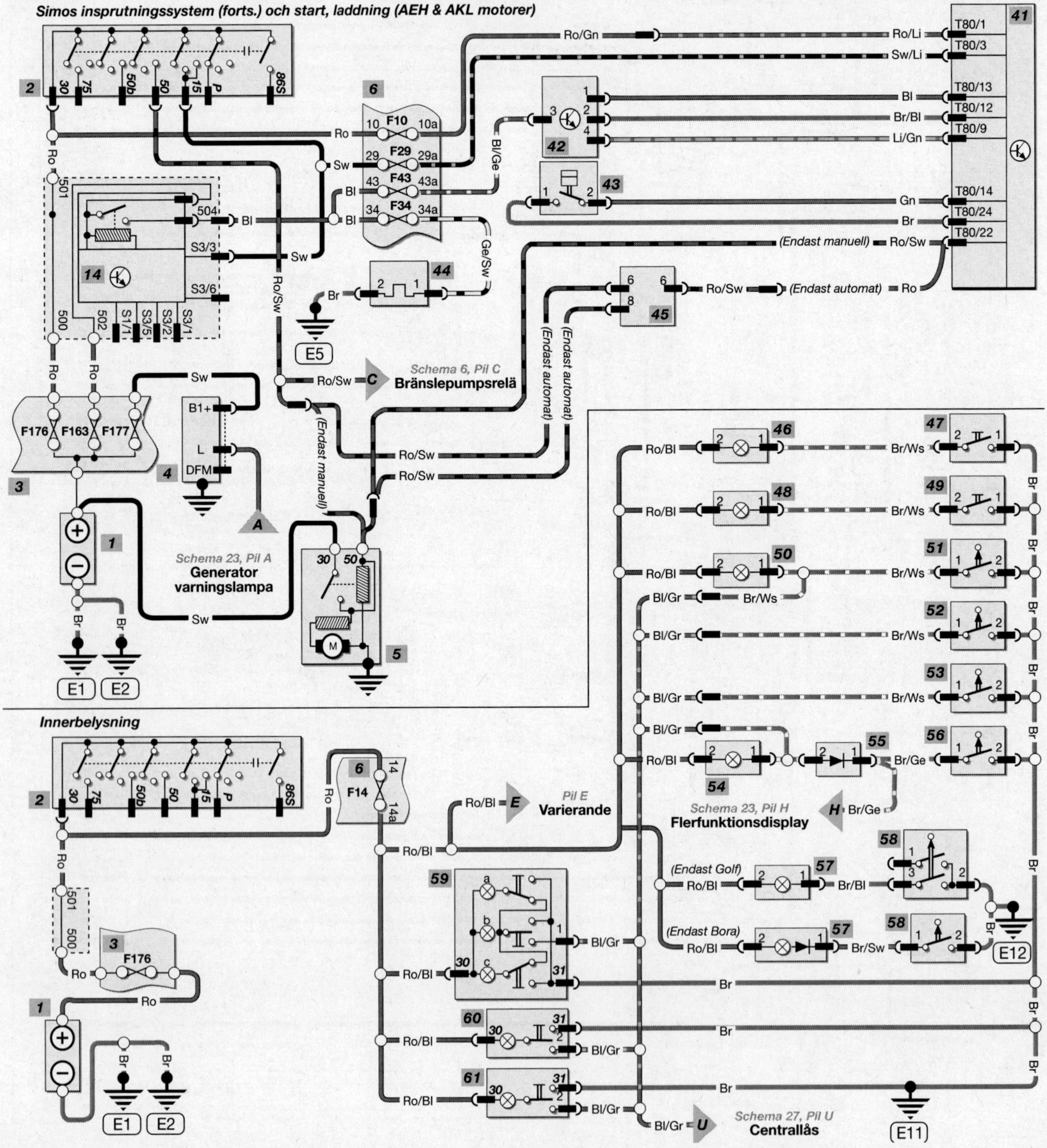

Färgkoder

Bl	Blå	**Li**	Lila
Br	Brun	**Or**	Orange
Ge	Gul	**Ro**	Röd
Gr	Grå	**Sw**	Svart
Gn	Grön	**Ws**	Vit

Komponentförteckning

1 Batteri
2 Tändningslås
3 Batteriets säkringshållare
6 Säkringsdosa
14 Bränslepumpsrelä
15 Tändningtransformator
16 Tändstift

17 Motronic styrenhet
19 Kylvätsketemperaturgivare
21 Insprutningsventil, cyl nr 1
22 Insprutningsventil, cyl nr 2
23 Insprutningsventil, cyl nr 3
24 Insprutningsventil, cyl nr 4

25 Kolfilter magnetventil 1
26 Lambdasond
27 Insugningsrörets
   omkopplingsventil
29 Knacksensor
30 Varvtalsgivare

31 Bränslepump
62 Kamaxeljusterventil
63 Knacksensor 2

Kopplingsschema 8

H32380/a

Motronic insprutningssystem (AGN motorer)

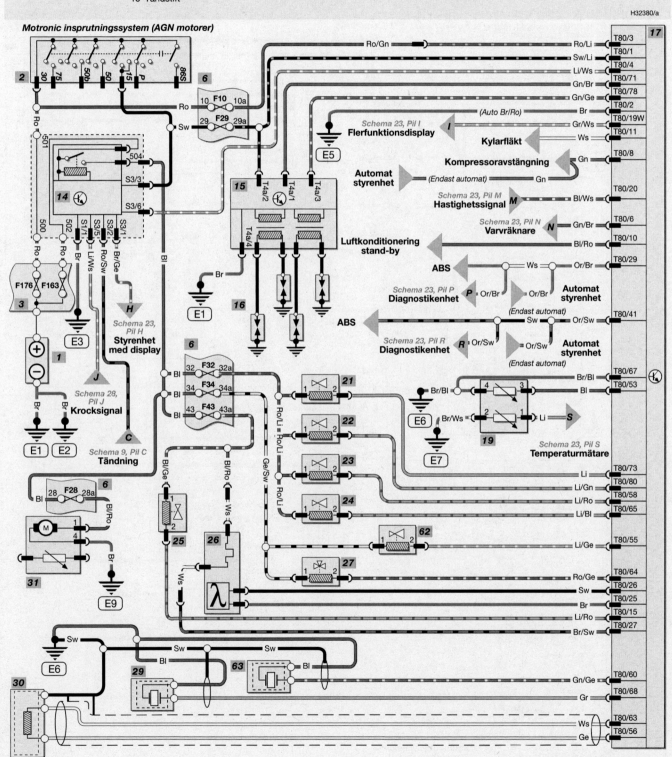

Färgkoder

Bl	Blå	Li	Lila
Br	Brun	Or	Orange
Ge	Gul	Ro	Röd
Gr	Grå	Sw	Svart
Gn	Grön	Ws	Vit

Komponentförteckning

1 Batteri
2 Tändningslås
3 Batteriets säkringshållare
4 Generator
5 Startmotor
6 Säkringsdosa
14 Bränslepumpsrelä
17 Motronic styrenhet
18 Hallgivare
20 Gasspjällspotentiometer
42 Luftmängdsmätare
43 Servostyrningens tryckbrytare
44 Vevhusventilationens värmeelement
45 Startspärr (endast automatväxellåda)
64 Frisklufts- och luftklaffsbrytare
65 Seriemotstånd för fläkt
66 Fläktmotor
67 Luftklaffsmotor
68 Brytare uppvärmd bakruta
69 Uppvärmd bakruta
94 X-kontaktsrelä

Kopplingsschema 9

H32381/a

Motronic insprutningssystem (forts.) och start, laddning (AGN motorer)

Schema 8, Pil C
Bränslepumpsrelä

Schema 23, Pil A
Generator varningslampa

(Endast manuell)

(Endast automat)

Friskluftsfläkt och uppvärmd bakruta

Schema 5, Pil F
Instrumentbelysningens dimmer

Schema 27, Pil Ba
Komfortkoppling

Schema 5, Pil F
Instrumentbelysningens dimmer

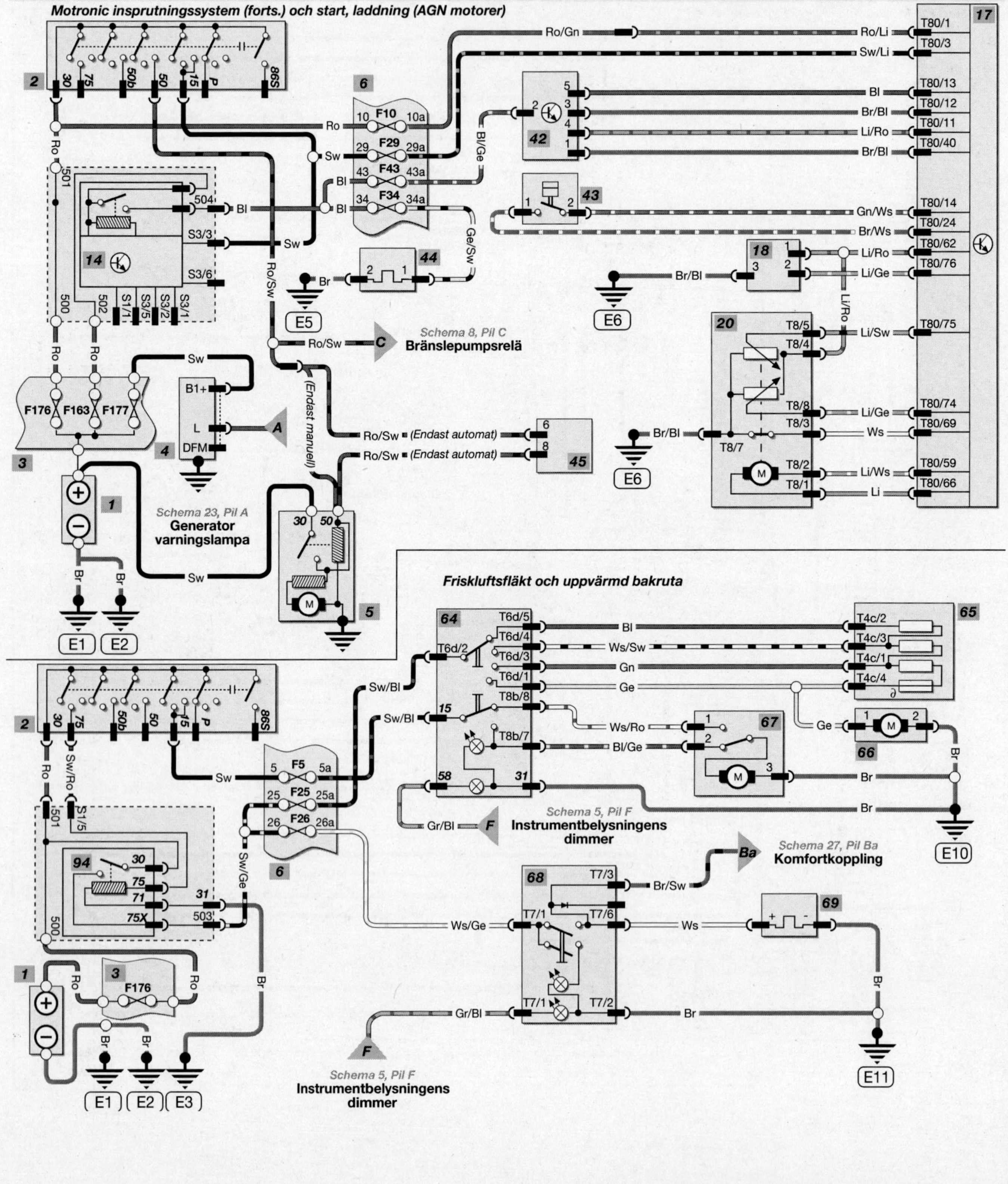

Färgkoder

Bl	Blå	Li	Lila
Br	Brun	Or	Orange
Ge	Gul	Ro	Röd
Gr	Grå	Sw	Svart
Gn	Grön	Ws	Vit

Komponentförteckning

1 Batteri
2 Tändningslås
3 Batteriets säkringshållare
6 Säkringsdosa
14 Bränslepumpsrelä
16 Tändstift
17 Motronic styrenhet
19 Kylvätsketemperaturgivare
21 Insprutningsventil, cyl nr 1
22 Insprutningsventil, cyl nr 2
23 Insprutningsventil, cyl nr 3
24 Insprutningsventil, cyl nr 4
25 Kolfilter magnetventil 1
26 Lambdasond
29 Knacksensor
30 Varvtalsgivare
31 Bränslepump
36 Lambdasond 2
63 Knacksensor 2
70 Strömmatningsrelä
71 Tändspole, utmatning steg 1

Kopplingsschema 10

72 Tändspole, utmatning steg 2
73 Tändspole, utmatning steg 3
74 Tändspole, utmatning steg 4
75 Turboaggregat avledningsventil
76 Laddtryckets kontrollsolenoid
77 Sekundär luftintagsventil

H32382/a

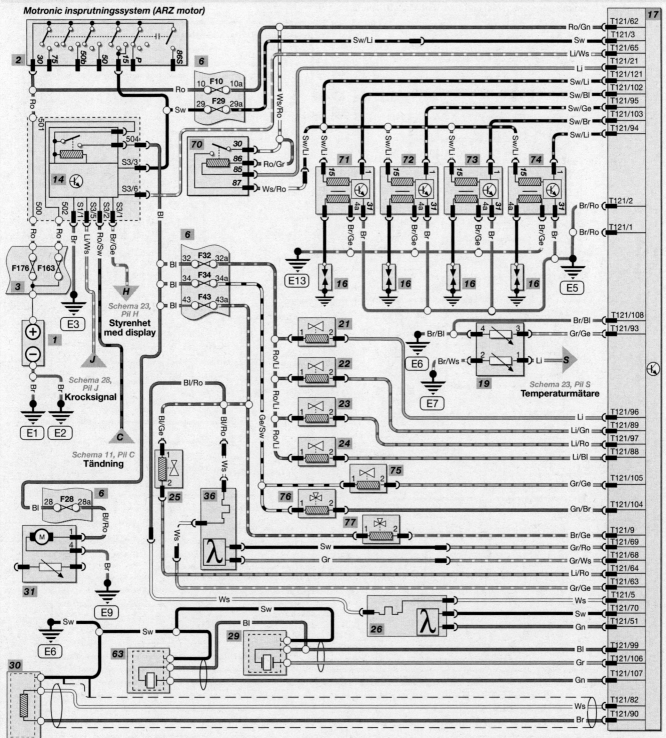

Motronic insprutningssystem (ARZ motor)

Färgkoder

Bl	Blå	Li	Lila
Br	Brun	Or	Orange
Ge	Gul	Ro	Röd
Gr	Grå	Sw	Svart
Gn	Grön	Ws	Vit

Komponentförteckning

1 Batteri
2 Tändningslås
3 Batteriets säkringshållare
4 Generator
5 Startmotor
6 Säkringsdosa
14 Bränslepumprelä

17 Motronic styrenhet
18 Hallgivare
20 Gasspjällspotentiometer
32 Farthållarbrytare
33 Kopplingspedalsbrytare
34 Bromspedalsbrytare
35 Gaspedalsgivare

42 Luftmängdsmätare
43 Servostyrningens tryckbrytare
45 Startspärr (endast automat)
78 Laddtrycksgivare
79 Insugsluftens temperaturgivare
80 Sekundär luftpump, relä
81 Sekundär luftpump

H32383/a

Motronic insprutningssystem (forts.) och start, laddning (ARZ motor)

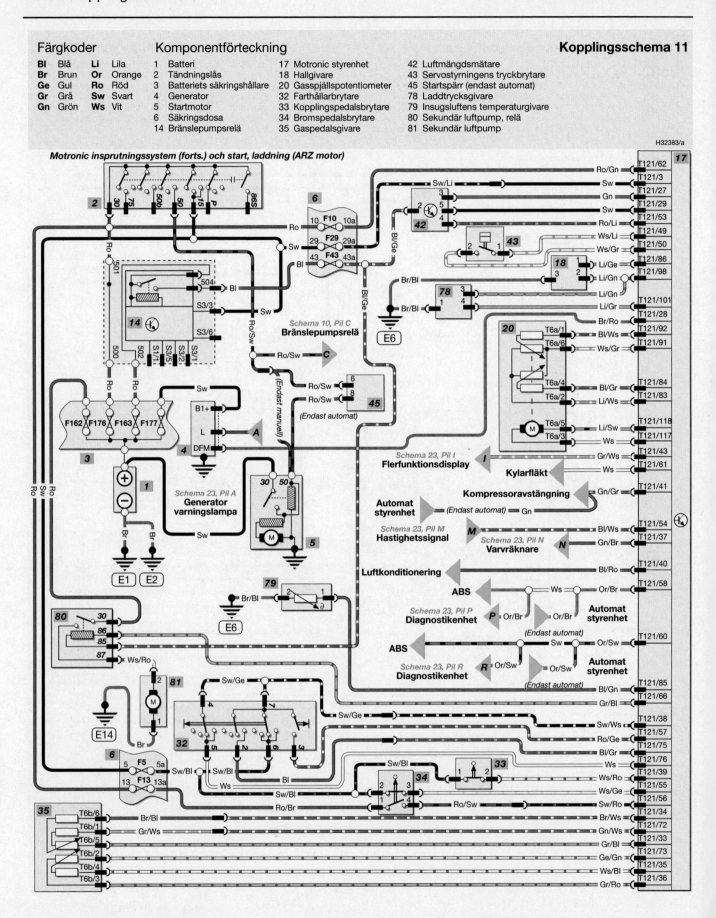

Färgkoder

Bl	Blå	**Li**	Lila
Br	Brun	**Or**	Orange
Ge	Gul	**Ro**	Röd
Gr	Grå	**Sw**	Svart
Gn	Grön	**Ws**	Vit

Komponentförteckning

1 Batteri
2 Tändningslås
3 Batteriets säkringshållare
6 Säkringsdosa
14 Bränslepumpsrelä
16 Tändstift
17 Motronic styrenhet
19 Kylvätsketemperaturgivare

21 Insprutningsventil, cyl nr 1
22 Insprutningsventil, cyl nr 2
23 Insprutningsventil, cyl nr 3
24 Insprutningsventil, cyl nr 4
25 Kolfilter magnetventil 1
26 Lambdasond
29 Knacksensor 1
30 Varvtalsgivare

31 Bränslepump
33 Kopplingspedalsbrytare
42 Luftmängdsmätare
43 Servostyrningens tryckbrytare
63 Knacksensor 2
76 Laddtryckets kontrollsolenoid
79 Insugsluftens temperaturgivare
82 Utmatningssteg för tändspolar

83 Tändspole 1
84 Tändspole 2
85 Tändspole 3
86 Tändspole 4

Kopplingsschema 12

H32384/a

Motronic insprutningssystem (AGU motorer)

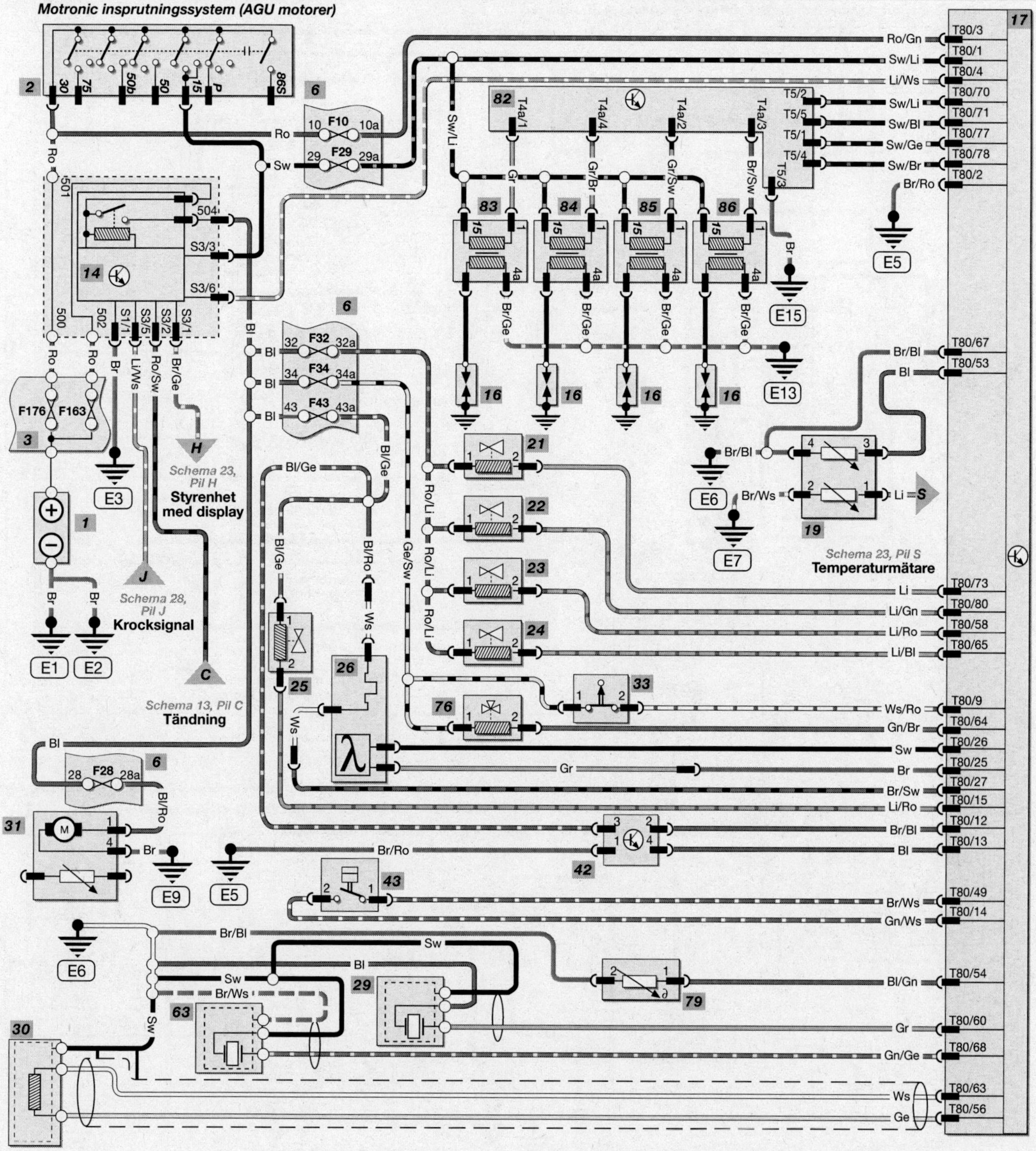

Färgkoder

Bl	Blå	Li	Lila
Br	Brun	Or	Orange
Ge	Gul	Ro	Röd
Gr	Grå	Sw	Svart
Gn	Grön	Ws	Vit

Komponentförteckning

1 Batteri
2 Tändningslås
3 Batteriets säkringshållare
4 Generator
5 Startmotor
6 Säkringsdosa
14 Bränslepumpsrelä

17 Motronic styrenhet
18 Hallgivare
20 Gasspjällspotentiometer
45 Startspärr (endast automat)
87 Altitudgivare
88 Bakrutans torkarmotor (endast Golf)

89 Spolarpump
90 Torkarnas fördröjningsreglage
91 Torkarnas fördröjningsrelä
92 Torkarbrytare
93 Vindrutetorkarmotor
94 X-kontaktsrelä

Kopplingsschema 13

H32385/a

Motronic insprutningssystem (forts.) och start, laddning (AGU motorer)

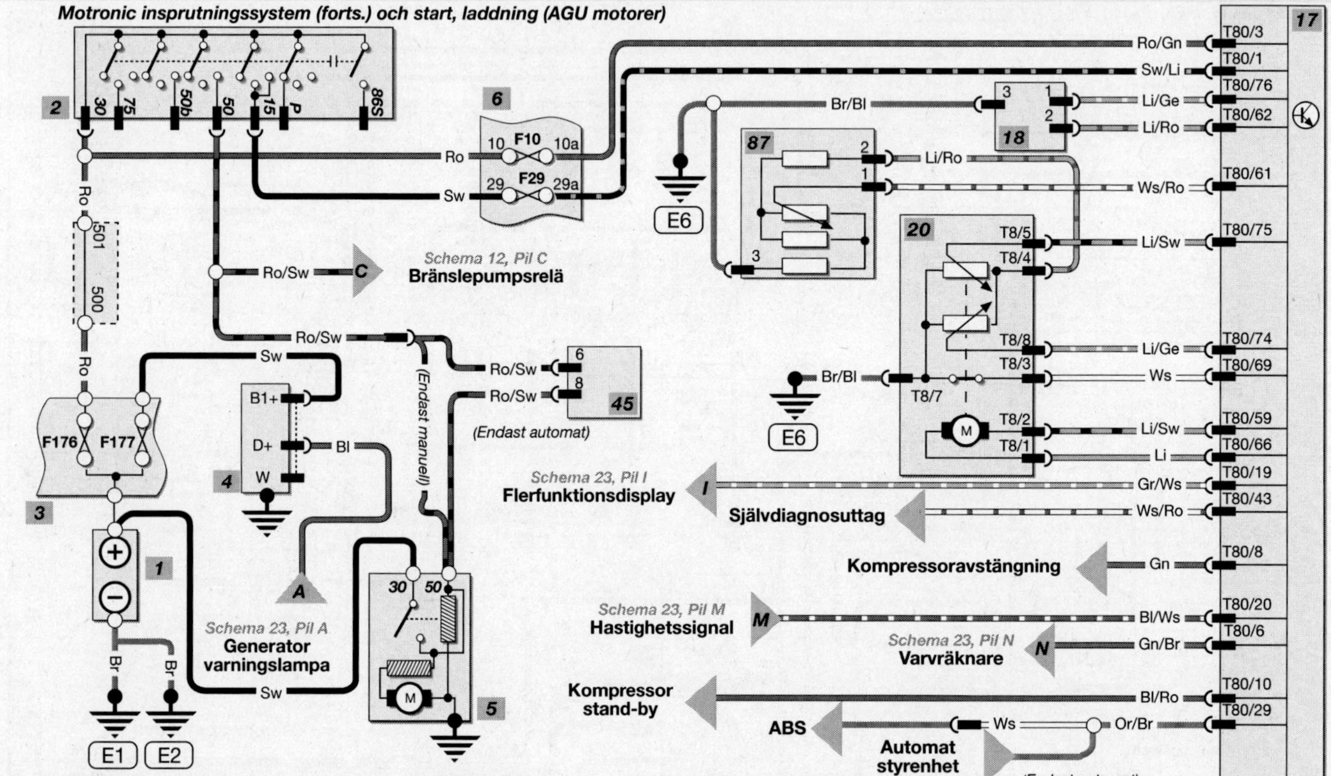

Schema 12, Pil C
Bränslepumpsrelä

(Endast manuell)

(Endast automat)

Schema 23, Pil A
Generator varningslampa

Schema 23, Pil I
Flerfunktionsdisplay

Självdiagnosuttag

Kompressoravstängning

Schema 23, Pil M
Hastighetssignal

Schema 23, Pil N
Varvräknare

Kompressor stand-by

ABS
Automat styrenhet
(Endast automat)

ABS
Automat styrenhet
(Endast automat)

Schema 23, Pil Ia
Flerfunktionsdisplay bränsleförbrukning

Spolar-/torkarsystem

Schema 23, Pil M
Hastighetssignal

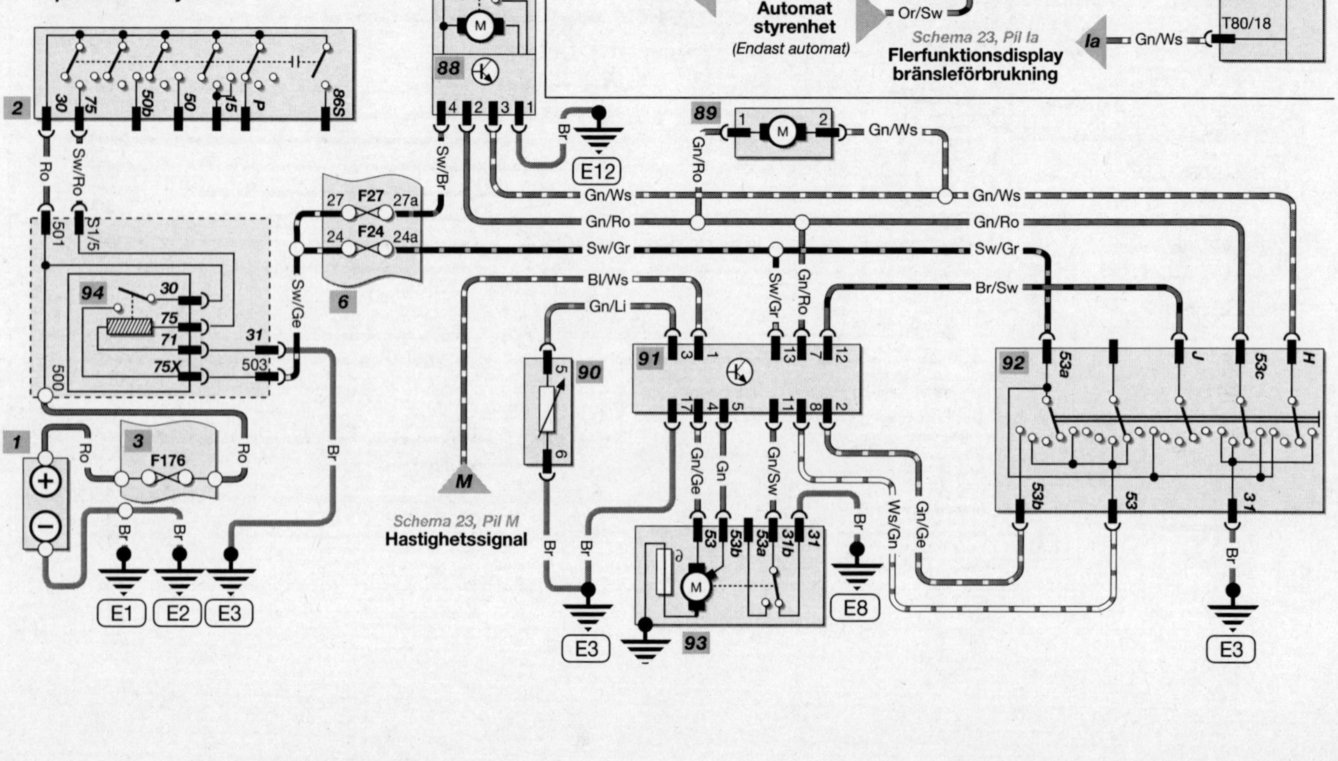

Färgkoder

Bl	Blå	**Li**	Lila
Br	Brun	**Or**	Orange
Ge	Gul	**Ro**	Röd
Gr	Grå	**Sw**	Svart
Gn	Grön	**Ws**	Vit

Komponentförteckning

1 Batteri
2 Tändningslås
3 Batteriets säkringshållare
6 Säkringsdosa
14 Bränslepumpsrelä
16 Tändstift
17 Motronic styrenhet

19 Kylvätsketemperaturgivare
21 Insprutningsventil, cyl nr 1
22 Insprutningsventil, cyl nr 2
23 Insprutningsventil, cyl nr 3
24 Insprutningsventil, cyl nr 4
25 Kolfilter magnetventil 1
26 Lambdasond

29 Knacksensor
30 Varvtalsgivare
31 Bränslepump
42 Luftmängdsmätare
43 Servostyrningens tryckbrytare
63 Knacksensor 2
71 Tändspole, utmatning steg 1

Kopplingsschema 14

72 Tändspole, utmatning steg 2
73 Tändspole, utmatning steg 3
74 Tändspole, utmatning steg 4
75 Turboaggregat avledningsventil
76 Laddtryckets kontrollsolenoid
79 Insugsluftens temperaturgivare

H32386/a

Motronic insprutningssystem (AQA motor)

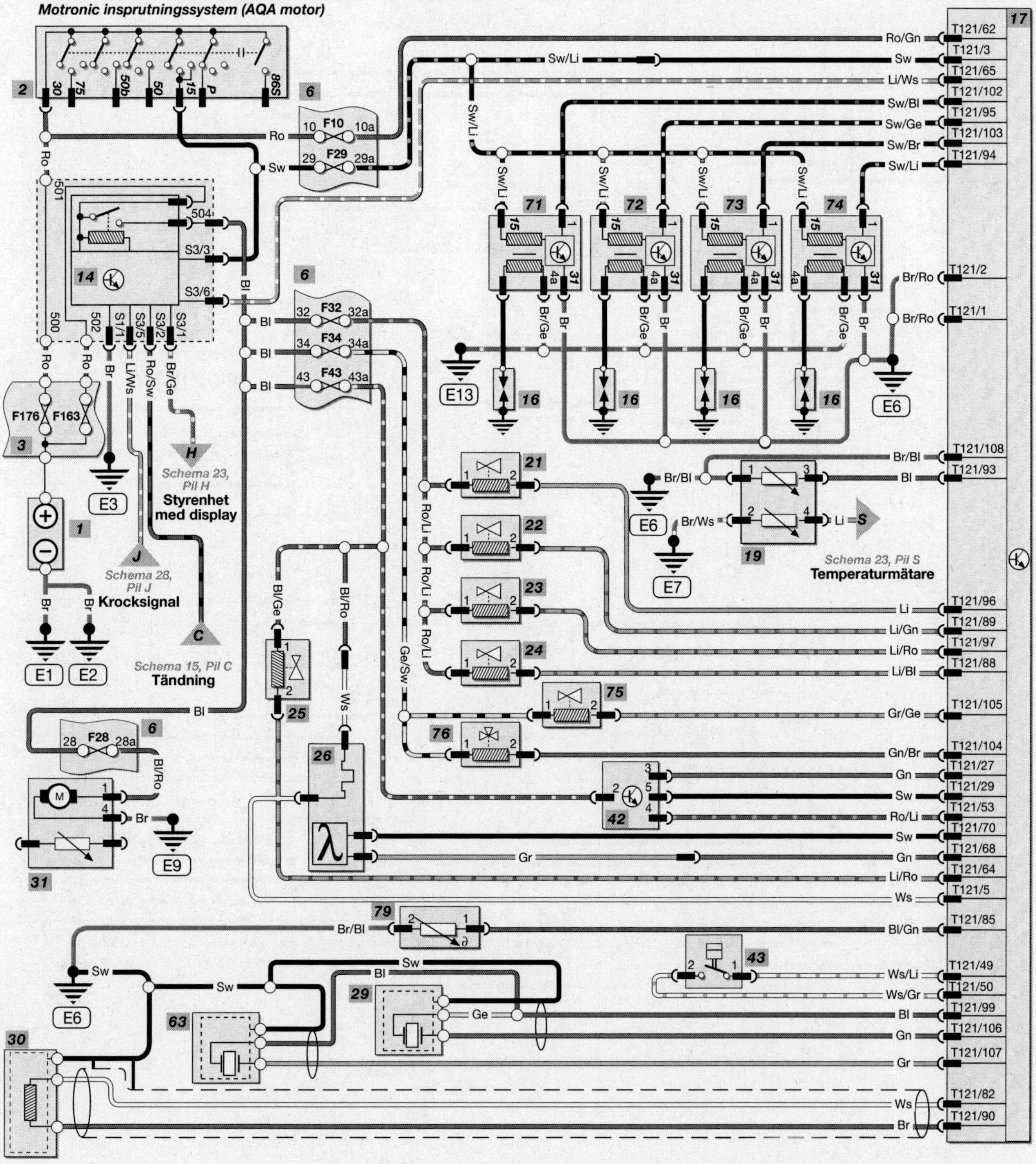

Färgkoder

Bl	Blå	Li	Lila
Br	Brun	Or	Orange
Ge	Gul	Ro	Röd
Gr	Grå	Sw	Svart
Gn	Grön	Ws	Vit

Komponentförteckning

1 Batteri
2 Tändningslås
3 Batteriets säkringshållare
4 Generator
5 Startmotor
6 Säkringsdosa
17 Motronic styrenhet

18 Hallgivare
20 Gasspjällsstyrning
32 Farthållarbrytare
33 Kopplingspedalsbrytare
34 Bromspedalsbrytare
35 Gaspedalsgivare
78 Laddtrycksgivare

Kopplingsschema 15

H32387/a

Motronic insprutningssystem (forts.) och start, laddning (AQA motor)

Schema 14, Pil C
Bränslepumpsrelä

Schema 23, Pil A
Generator varningslampa

Schema 23, Pil I
Flerfunktionsdisplay

Schema 28, Pil J
Krockkudde styrenhet

Kompressoravstängning

Schema 23, Pil Ga
Varningslampa defekt gasspjällspotentiometer

Schema 23, Pil M
Hastighetssignal

Schema 23, Pil N
Varvräknare

Luftkonditionering stand-by

ABS

ABS

Schema 23, Pil Ia
Bränsleförbrukningsindikator

Färgkoder

Bl	Blå	**Li**	Lila
Br	Brun	**Or**	Orange
Ge	Gul	**Ro**	Röd
Gr	Grå	**Sw**	Svart
Gn	Grön	**Ws**	Vit

Komponentförteckning

1 Batteri
2 Tändningslås
3 Batteriets säkringshållare
6 Säkringsdosa
15 Tändningstransformator
14 Bränslepumpsrelä
16 Tändstift

17 Motronic styrenhet
18 Hallgivare
19 Kylvätsketemperaturgivare
20 Gasspjällspotentiometer
21 Insprutningsventil, cyl nr 1
22 Insprutningsventil, cyl nr 2
23 Insprutningsventil, cyl nr 3

24 Insprutningsventil, cyl nr 4
25 Kolfilter magnetventil
26 Lambdasond 1
29 Knacksensor 1
30 Varvtalsgivare
31 Bränslepump
36 Lambdasond 2

42 Luftmängdsmätare
44 Vevhusventilationens
   värmeelement
63 Knacksensor 2
77 Sekundär luftintagsventil
   (endast AQY)

Kopplingsschema 16

H32388/a

Motronic insprutningssystem (AQY & APK motorer)

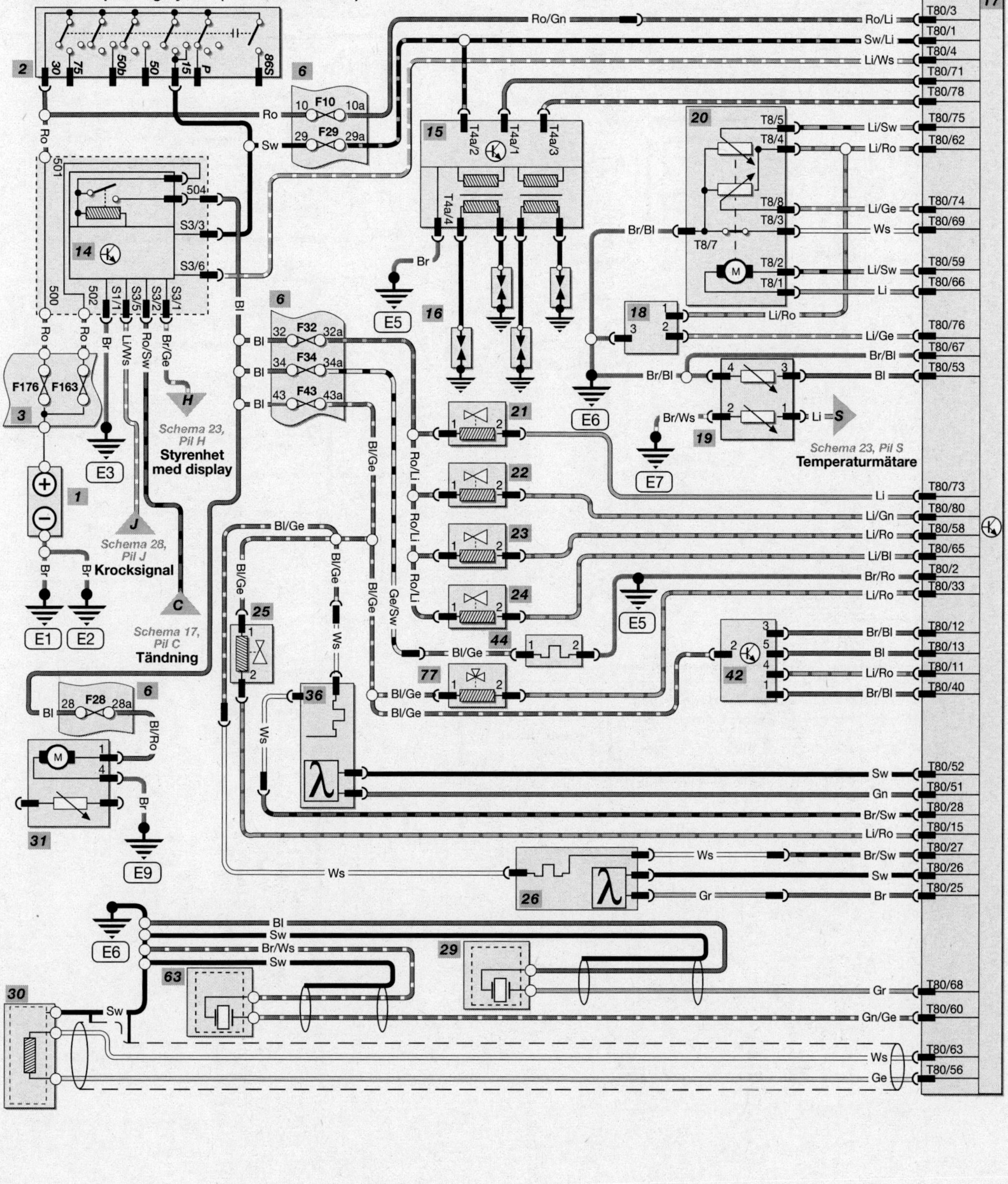

Schema 23, Pil H
Styrenhet med display

Schema 28, Pil J
Krocksignal

Schema 17, Pil C
Tändning

Schema 23, Pil S
Temperaturmätare

Färgkoder

Bl	Blå	Li	Lila
Br	Brun	Or	Orange
Ge	Gul	Ro	Röd
Gr	Grå	Sw	Svart
Gn	Grön	Ws	Vit

Komponentförteckning

1 Batteri
2 Tändningslås
3 Batteriets säkringshållare
4 Generator
5 Startmotor
6 Säkringsdosa
14 Bränslepumprelä

17 Motronic styrenhet
45 Startspärr (endast automat)
80 Sekundärt luftpumpsrelä (endast AQY)
81 Sekundär luftpump (endast AQY)
95 Cigarettändare
96 Diagnosuttag

Kopplingsschema 17

H32389/a

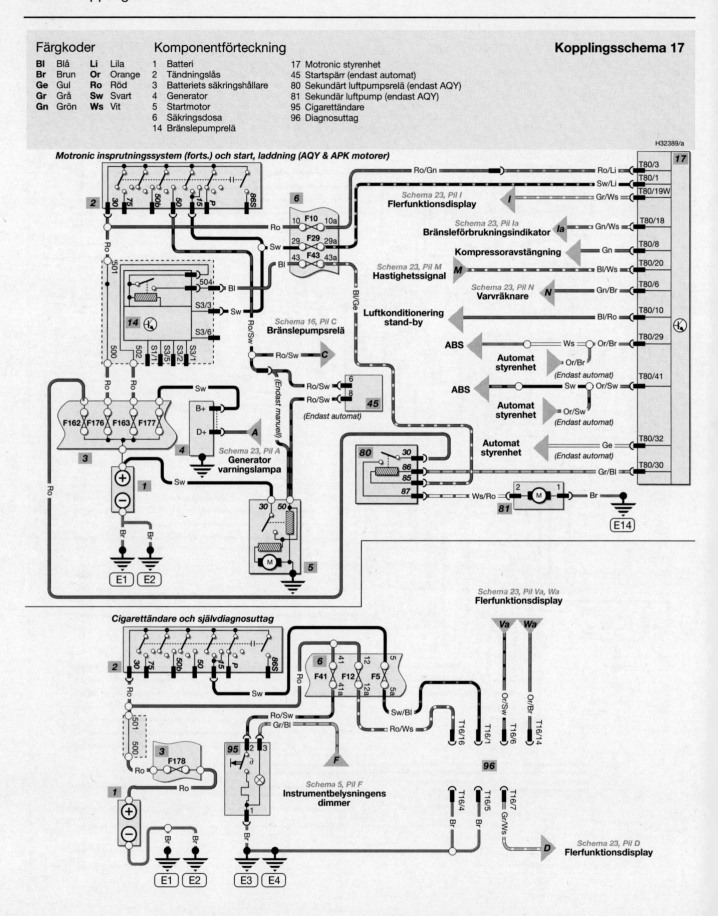

Färgkoder

Bl	Blå	Li	Lila
Br	Brun	Or	Orange
Ge	Gul	Ro	Röd
Gr	Grå	Sw	Svart
Gn	Grön	Ws	Vit

Komponentförteckning

1 Batteri
2 Tändningslås
3 Batteriets säkringshållare
6 Säkringsdosa
19 Kylvätsketemperaturgivare
30 Varvtalsgivare
33 Kopplingspedalsbrytare

34 Bromspedalsbrytare
97 Glödstiftsrelä
98 Spänningsmatningsrelä
99 Insugsluftens temperaturgivare
100 Givare för kolvrörelse och bränsletemperatur
101 Glödstift

102 Gasspjällägesgivare
103 Diesel insprutningsenhet
104 Insugningsrörets motor
105 Insprutningsstartventil
106 Bränsleavstängningsventil
107 Utmatningsrelä hög värme (endast glödstiftsvärmare)

Kopplingsschema 18

108 Utmatningsrelä låg värme (endast glödstiftsvärmare)
109 Kylvätskans värmeelement
110 EGR-ventil
111 Nållyftsgivare

H32390/a

Diesel direktinsprutningssystem (AGP & AQM motorer)

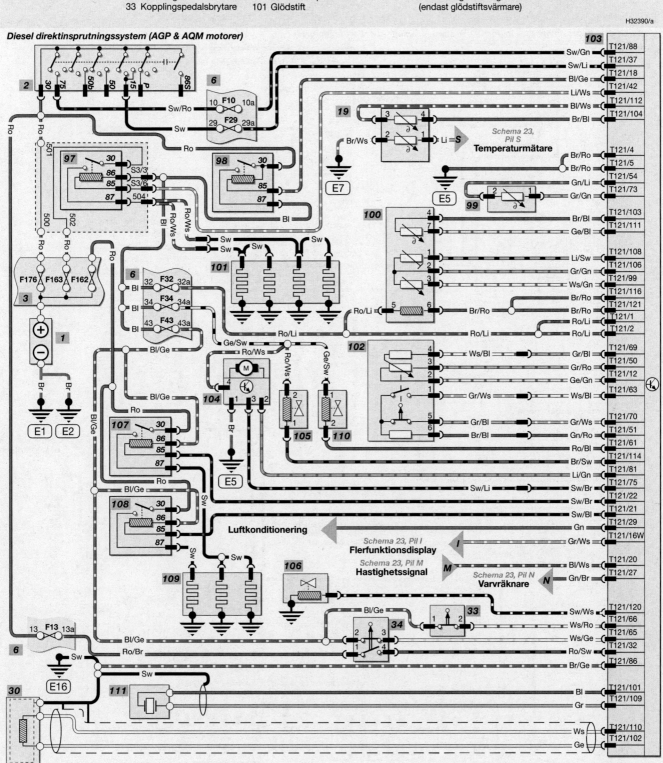

Färgkoder

Bl	Blå	Li	Lila
Br	Brun	Or	Orange
Ge	Gul	Ro	Röd
Gr	Grå	Sw	Svart
Gn	Grön	Ws	Vit

Komponentförteckning

1 Batteri
2 Tändningslås
3 Batteriets säkringshållare
4 Generator
5 Startmotor
6 Säkringsdosa
32 Farthållarbrytare
94 X-kontaktsrelä

103 Diesel insprutningsenhet
112 Ljusströmbrytare
113 Främre dimljus relä
114 Nummerplåtsbelysning
115 Lyktenhet, vänster fram
  a) körriktningsvisare
  b) helljusstrålkastare (endast Golf)
  c) halvljusstrålkastare (endast Golf)

d) dimljus
e) parkeringsljus
116 Lyktenhet, höger fram
  se 115
117 Handskfacksbelysning
118 Lyktenhet, vänster bak
  a) körriktningsvisare
  b) bak-/bromsljus

c) backljus
d) dimljus

* Observera: Bora har strålkastarglödlampor med dubbel glödtråd

Kopplingsschema 19

H32391/a

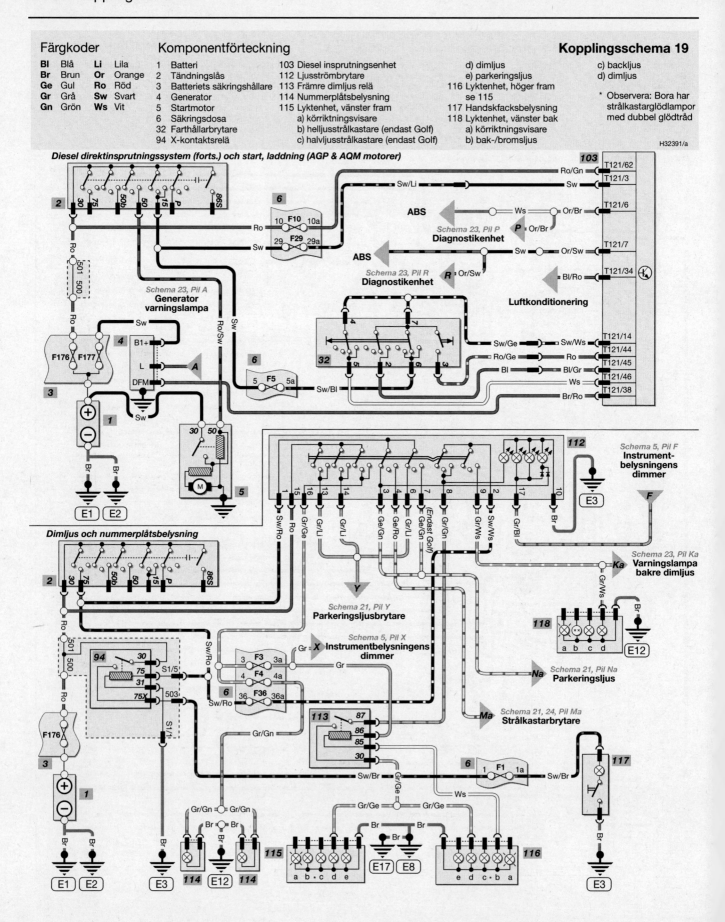

Diesel direktinsprutningssystem (forts.) och start, laddning (AGP & AQM motorer)

Dimljus och nummerplåtsbelysning

Färgkoder

Bl	Blå	**Li**	Lila
Br	Brun	**Or**	Orange
Ge	Gul	**Ro**	Röd
Gr	Grå	**Sw**	Svart
Gn	Grön	**Ws**	Vit

Komponentförteckning

1	Batteri
2	Tändningslås
3	Batteriets säkringshållare
6	Säkringsdosa
19	Kylvätsketemperaturgivare
30	Varvtalsgivare
33	Kopplingspedalsbrytare
34	Bromspedalsbrytare
42	Luftmängdsmätare
44	Vevhusventilationens värmare
76	Laddtryckets kontrollsolenoid
97	Glödstiftsrelä
98	Spänningsmatningsrelä
100	Givare för kolvrörelse och bränsletemperatur
101	Glödstift
102	Gasspjällägesgivare
103	Diesel insprutningsenhet
105	Insprutningsstartventil
106	Bränsleavstängningsventil
107	Utmatningsrelä hög värme (endast glödstiftsvärmare)
108	Utmatningsrelä låg värme (endast glödstiftsvärmare)
109	Kylvätskans värmeelement
110	EGR-ventil
111	Nållyftsgivare
119	Insugningsrörets omkopplingsventil

Kopplingsschema 20

H32392/a

Diesel direktinsprutningssystem (AGR, ALH & AHF motorer)

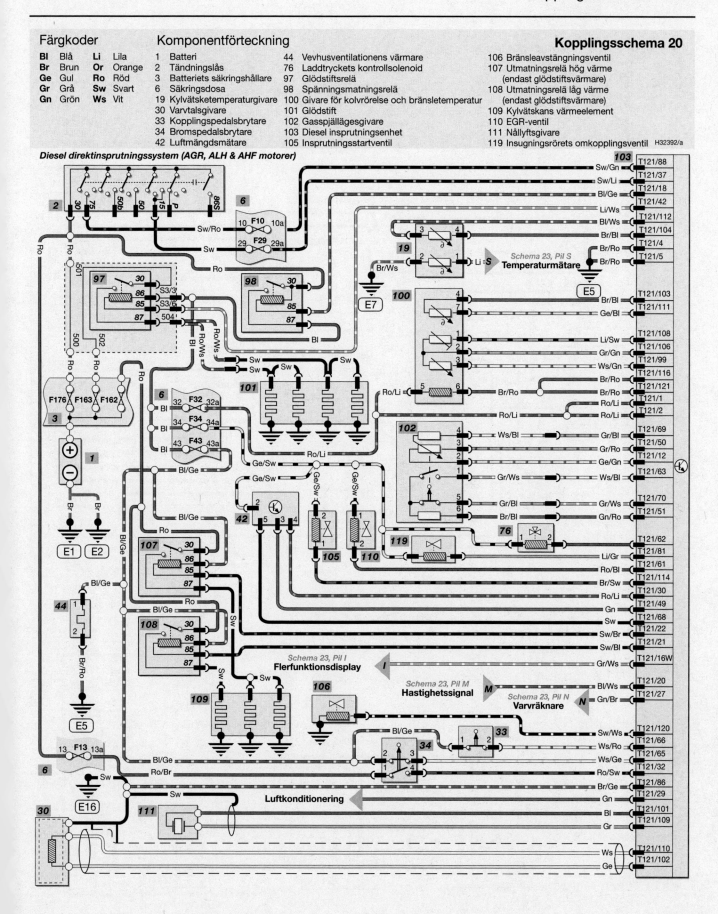

Färgkoder

Bl	Blå	Li	Lila
Br	Brun	Or	Orange
Ge	Gul	Ro	Röd
Gr	Grå	Sw	Svart
Gn	Grön	Ws	Vit

Komponentförteckning

1 Batteri
2 Tändningslås
3 Batteriets säkringshållare
4 Generator
5 Startmotor
6 Säkringsdosa
32 Farthållarbrytare
45 Startspärr (endast automat)
103 Diesel insprutningsenhet

115 Lyktenhet vänster fram
  a) körriktningsvisare
  b) Helljusstrålkastare (endast Golf)
  c) Halvljusstrålkastare (endast Golf)
  d) Dimljus
  e) Parkeringsljus
116 Lyktenhet, höger fram
  se 115

118 Lyktenhet, vänster bak
  a) körriktningsvisare
  b) bak-/bromsljus
  c) backljus
  d) dimljus
120 Insugningsrörets givare
  för tryck och temperatur
121 Brytare för strålkastare
  halv-/helljus och
  parkeringsljus

Kopplingsschema 21

122 Lyktenhet, höger bak
  a) körriktningsvisare
  b) bak-/bromsljus
  c) backljus

* Observera: Bora har
  strålkastarglödlampor
  med dubbel glödtråd

H32393/a

Diesel direktinsprutning (forts.) och start, laddning (AGR, ALH & AHF motorer)

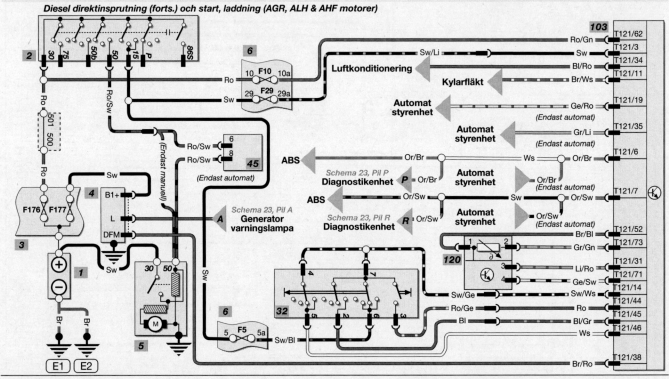

Strålkastare och parkeringsljus

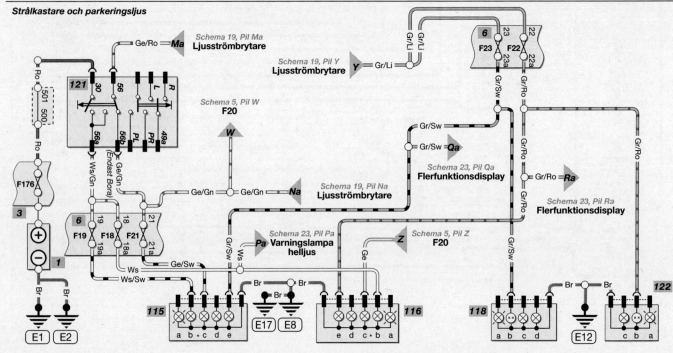

Färgkoder

Bl	Blå	Li	Lila
Br	Brun	Or	Orange
Ge	Gul	Ro	Röd
Gr	Grå	Sw	Svart
Gn	Grön	Ws	Vit

Komponentförteckning

1 Batteri
2 Tändningslås
3 Batteriets säkringshållare
6 Säkringsdosa
94 X-kontaktsrelä
115 Lyktenhet, vänster fram
  a) körriktningsvisare
  b) helljusstrålkastare
  (endast Golf)

c) halvljusstrålkastare
  (endast Golf)
d) dimljus
e) parkeringsljus
116 Lyktenhet, höger fram
  se 115
118 Lyktenhet, vänster bak
  a) körriktningsvisare
  b) bak-/bromsljus

c) backljus
d) dimljus
120 Insugningsrörets temperatur-
  och tryckgivare
121 Brytare, strålkastare hel-
  /halvljus och parkeringsljus
122 Lyktenhet, höger bak
  a) körriktningsvisare
  b) bak-/bromsljus

Kopplingsschema 22

c) backljus
123 Vänster sidoblinkers
124 Höger sidoblinkers
125 Körriktningsvisarrelä
  och varningsblinkersbrytare
126 Backljusbrytare
127 Bromsljusbrytare
128 Högt monterat bromsljus

H32394/a

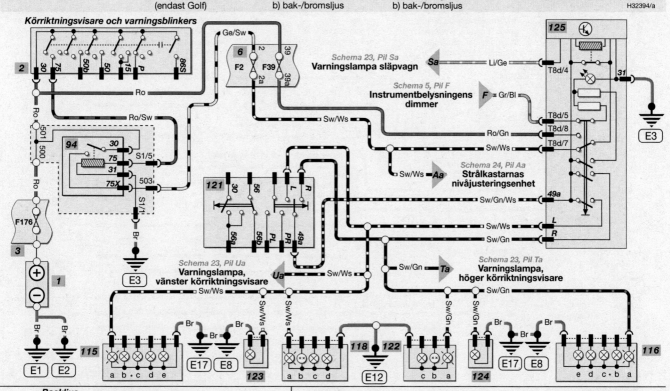

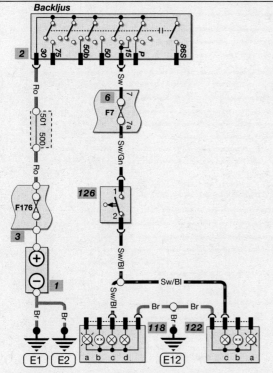

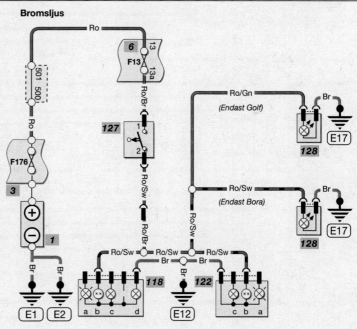

Färgkoder

Bl	Blå	Li	Lila
Br	Brun	Or	Orange
Ge	Gul	Ro	Röd
Gr	Grå	Sw	Svart
Gn	Grön	Ws	Vit

Komponentförteckning

1 Batteri
2 Tändningslås
3 Batteriets säkringshållare
6 Säkringsdosa
18 Hallgivare (hastighetsgivare)
129 Styrenhet med display
  a) Varningslampa generator
  b) Instrumentpanelens belysning
  c) Varningslampa helljus
  d) Varningslampa släpvagn
  e) Varningslampa bakre dimljus
  f) Varningslampa vänster
    körriktningsvisare

g) Varningslampa höger
  körriktningsvisare
h) Varningslampa låg
  spolarvätskenivå
i) Varningslampa bromsklossar
j) Bränslemätare
k) Kylvätsketemperaturgivare
l) Varningslampa defekt
  gasspjällspotentiometer
m) Varvräknare
n) Vägmätare
o) Hastighetsmätare
p) Digital klocka

q) Varningslampa bromssystem
r) Varningslampa oljetryck
s) Varningslampa oljenivå
t) Varningslampa kylvätskenivå/
  -temperatur
u) Varningslampa bränslereserv
v) Flerfunktionsdisplay
w) Farthållare varningslampa
x) Varningslampa glödtid
130 Diagnostikenhet
131 Oljenivå-/temperaturgivare
132 Varningsbrytare bromsvätskenivå
133 Spolvätskenivågivare

134 Bromsslitagegivare
135 Motorhuvskontakt
136 Handbromsens
  varningskontakt
137 Oljetrycksbrytare
138 Temperaturgivare
  ytterluft
139 Kylvätskenivågivare
140 Bränslemätargivare
141 Flerfunktionsbrytare

Kopplingsschema 23

H32395/a

Instrumentpanel (typexempel)

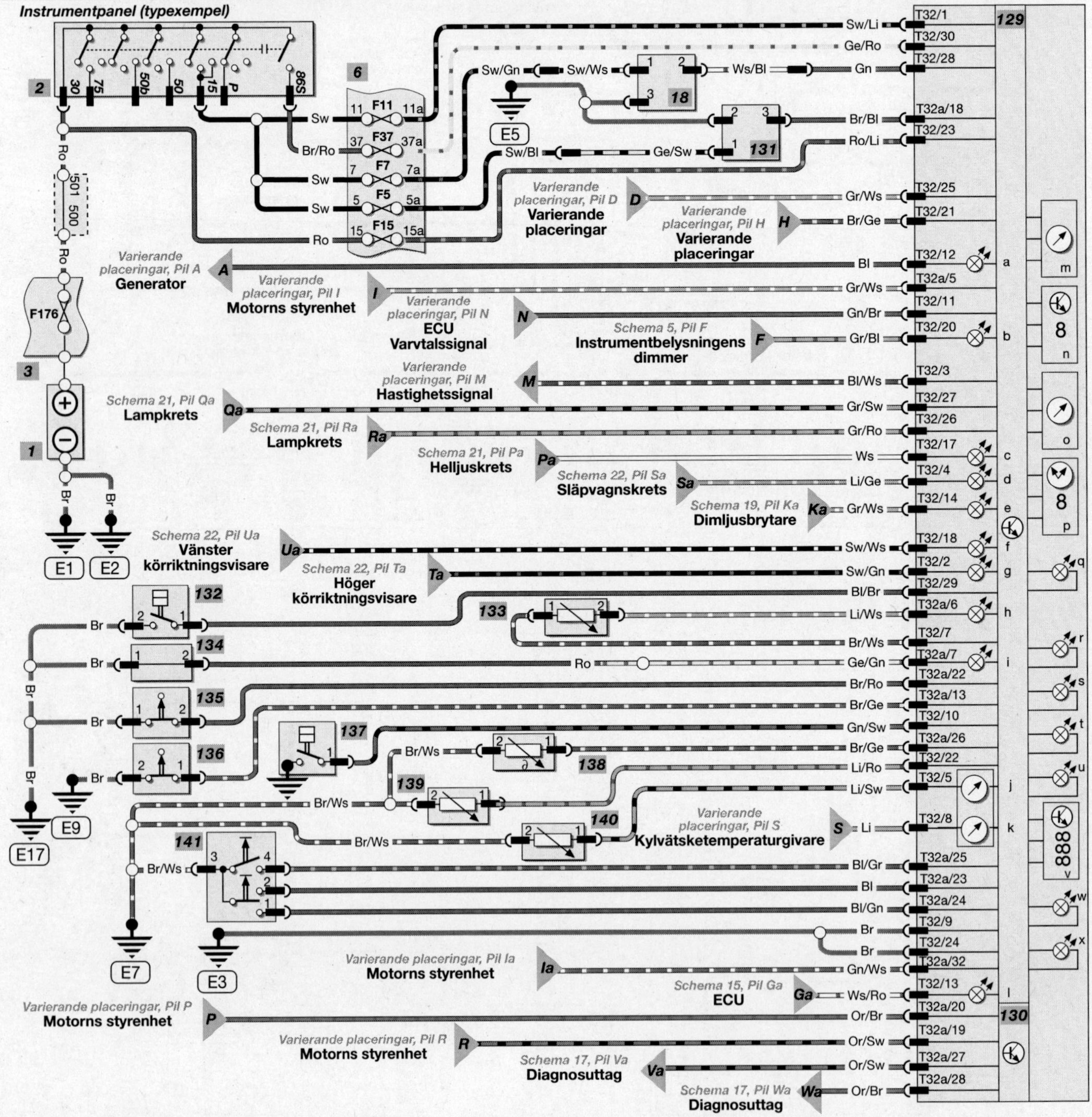

Färgkoder

Bl	Blå	Li	Lila
Br	Brun	Or	Orange
Ge	Gul	Ro	Röd
Gr	Grå	Sw	Svart
Gn	Grön	Ws	Vit

Komponentförteckning

1 Batteri
2 Tändningslås
3 Batteriets säkringshållare
6 Säkringsdosa
39 Strålkastarens nivåjusteringsmotor, vä
40 Strålkastarens nivåjusteirngsmotor, hö

94 X-kontaktsrelä
121 Brytare för strålkastarnas halv-/helljus och parkeringsljus
142 Styrenhet för strålkastarnas nivåjustering
143 Nivågivare vänster fram
144 Nivågivare vänster bak
145 Vänster strålkastares tändare
146 Höger strålkastares tändare

147 Vänster strålkastare, styrenhet
148 Höger strålkastare, styrenhet
149 Vänster gasglödlampa
150 Höger gasglödlampa
151 Spegeljusteringsbrytare
152 Spegelvärmarrelä
153 Vänster spegelvärmare och motorer
154 Höger spegelvärmare och motorer

Kopplingsschema 24

H32396/a

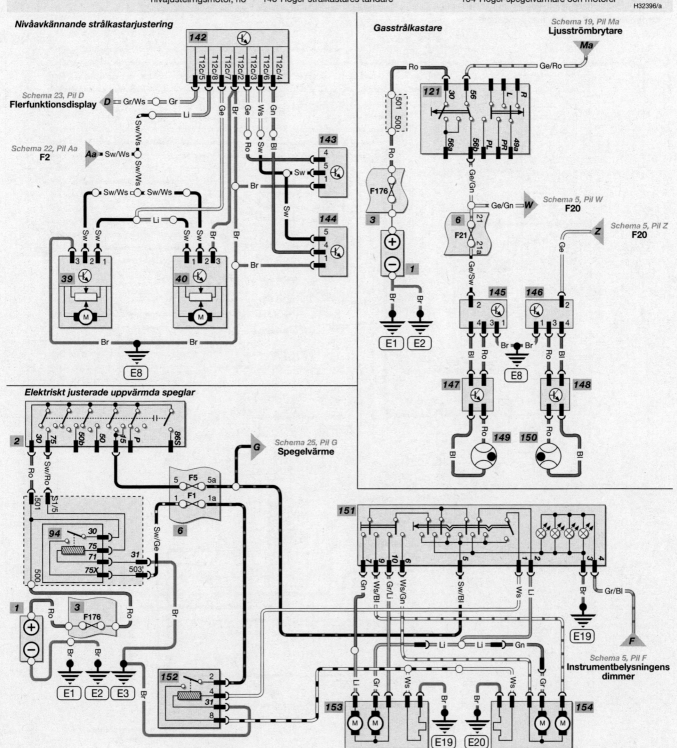

Färgkoder

Bl	Blå	Li	Lila
Br	Brun	Or	Orange
Ge	Gul	Ro	Röd
Gr	Grå	Sw	Svart
Gn	Grön	Ws	Vit

Komponentförteckning

1   Batteri
2   Tändningslås
3   Batteriets säkringshållare
6   Säkringsdosa
151 Spegeljusteringsbrytare
153 Förarsidans spegelvärme och motorer

155 Förardörrens styrenhet
156 Förardörrens fönsterhissmotor
157 Vänstra elfönsterhissens reglage
158 Varningslampa centrallås
159 Förarens centrallåsenhet
160 Varningslampa vänster dörr

Kopplingsschema 25

H32397/a

Centrallås och elfönsterhissar (förarsidan)

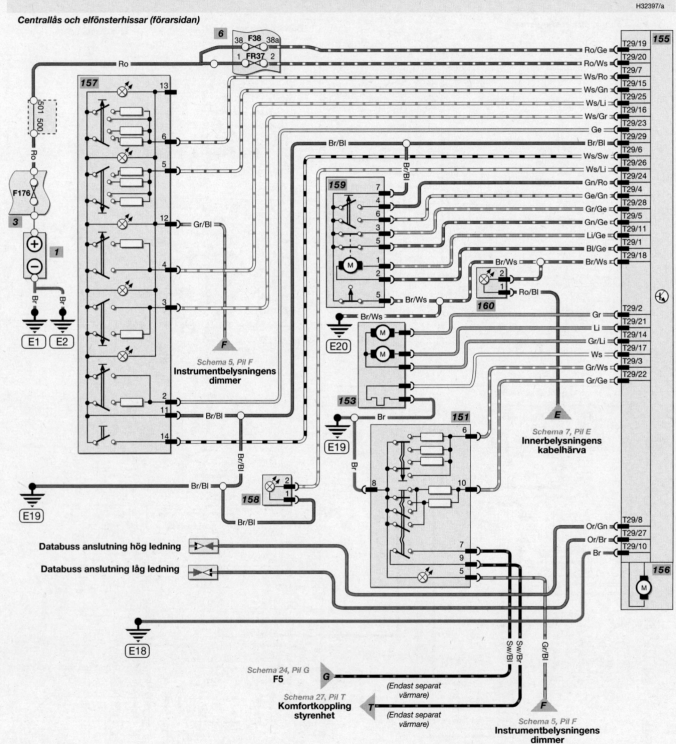

Schema 5, Pil F
Instrumentbelysningens dimmer

Schema 7, Pil E
Innerbelysningens kabelhärva

Databuss anslutning hög ledning

Databuss anslutning låg ledning

Schema 24, Pil G
F5

Schema 27, Pil T
Komfortkoppling styrenhet

(Endast separat värmare)

(Endast separat värmare)

Schema 5, Pil F
Instrumentbelysningens dimmer

Färgkoder

Bl	Blå	**Li**	Lila
Br	Brun	**Or**	Orange
Ge	Gul	**Ro**	Röd
Gr	Grå	**Sw**	Svart
Gn	Grön	**Ws**	Vit

Komponentförteckning

1 Batteri
3 Batteriets säkringshållare
6 Säkringsdosa
153 Passagerarsidans spegelvärme och motorer
161 Passagerardörrens styrenhet

162 Främre pass.dörrens fönsterhissmotor
163 Främre pass.dörrens fönsterhissbrytare
164 Främre pass.dörrens centrallåsenhet
165 Höger dörr varningslampa
166 Vänster bakdörr styrenhet
167 Vänster bakdörr elfönsterhissmotor

Kopplingsschema 26

168 Vänster bakdörr elfönsterhissbrytare
169 Vänster bakdörr centrallåsenhet

H32398/a

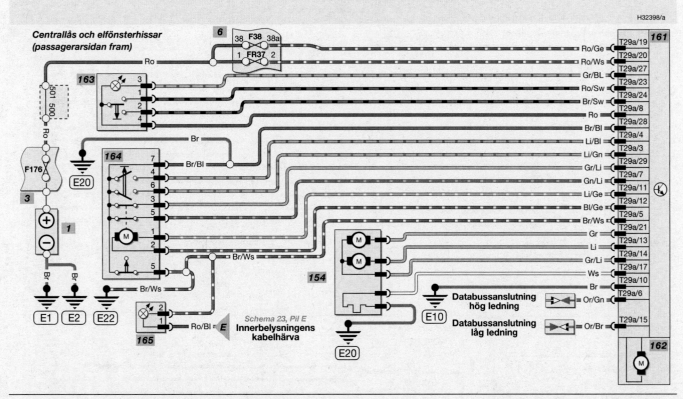

Centrallås och elfönsterhissar (passagerarsidan fram)

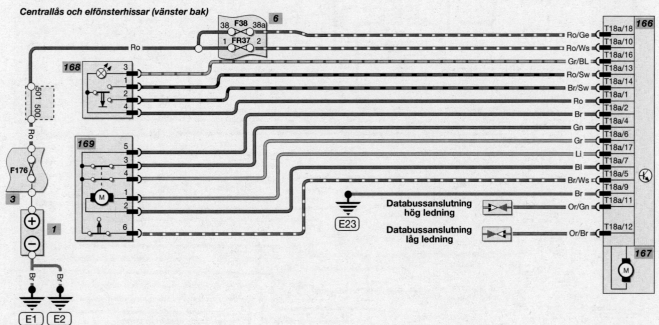

Centrallås och elfönsterhissar (vänster bak)

Färgkoder

Bl	Blå	Li	Lila
Br	Brun	Or	Orange
Ge	Gul	Ro	Röd
Gr	Grå	Sw	Svart
Gn	Grön	Ws	Vit

Komponentförteckning

1 Batteri
2 Tändningslås
3 Batteriets säkringshållare
6 Säkringsdosa
170 Höger bakdörr styrenhet
171 Höger bakdörr fönsterhissmotor
172 Höger bakdörr elfönsterhissbrytare
173 Höger bakdörr centrallåsenhet
174 Komfortkoppling, styrenhet
175 Centrallåssäkring
176 Takluckans styrenhet
177 Takluckans motor
178 Takluckans justerare
179 Fjärrelä bagage-/baklucka
(endast Bora, Bora & Golf kombi)
180 Fjärrmotor bagage-/baklucka
(endast Bora och Bora & Golf kombi)
181 Bakluckans låsmotor
(endast Golf)
182 Centrallåsets antenn

Kopplingsschema 27

H32399/a

Centrallås och elfönsterhissar (höger bak)

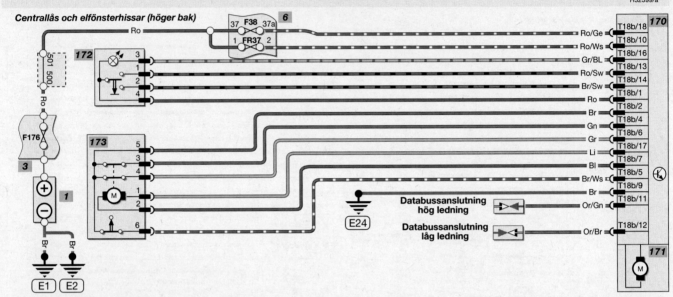

Centrallås och elfönsterhissar (central styrenhet)

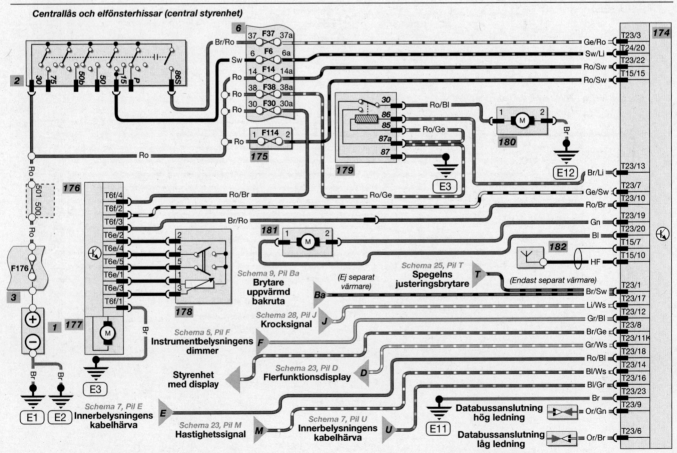

Färgkoder

Bl	Blå	**Li**	Lila
Br	Brun	**Or**	Orange
Ge	Gul	**Ro**	Röd
Gr	Grå	**Sw**	Svart
Gn	Grön	**Ws**	Vit

Komponentförteckning

1 Batteri
2 Tändningslås
3 Batteriets säkringshållare
6 Säkringsdosa
9 Rattens klockfjäder
174 Komfortkoppling, styrenhet
183 Öppningsknapp på bakluckans handtag
(endast Bora, Bora & Golf kombi)
184 Bakluckans lås
(endast Bora, Bora & Golf kombi)
185 Brytare för bagage-/bakluckans öppning
och bagageutrymmesbelysning

(endast Golf, Bora & Golf kombi)
186 Bagageutrymmesbelysning
187 Bagageutrymmesbelysning vänster
(endast kombi)
188 Brytare för bagageutrymmesbelysning
(endast Bora)
189 Krockkuddarnas styrenhet
190 Krockkuddens tändenhet förarsidan
191 Krockkuddens tändenhet pass.sidan
192 Sidokrockkuddens givare förarsidan
193 Sidokrockkuddens givare pass.sidan
194 Sidokrockkuddens bakre givare förarsidan

Kopplingsschema 28

195 Sidokrockkuddens bakre givare
pass.sidan
196 Sidokrockkuddens tändenhet förarsidan
197 Sidokrockkuddens tändenhet pass.sidan
198 Sidokrocksgardinens tändenhet
förarsidan
199 Sidokrocksgardinens tändenhet
pass.sidan
200 Bältessträckare förarsidan
201 Bältessträckare passagerarsidan

H32400/a

Centrallås och elektriska fönsterhissar (central styrenhet) forts.

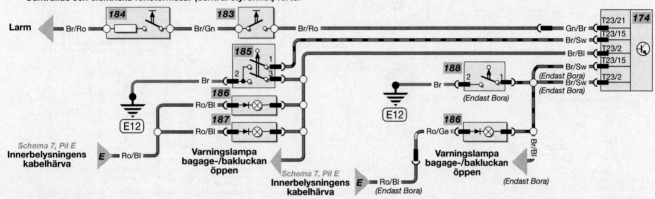

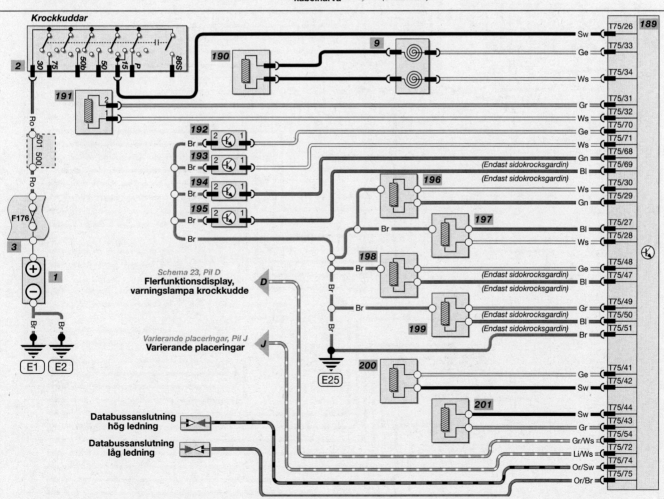

Färgkoder

Bl	Blå	Li	Lila
Br	Brun	Or	Orange
Ge	Gul	Ro	Röd
Gr	Grå	Sw	Svart
Gn	Grön	Ws	Vit

Komponentförteckning

1 Batteri
2 Tändningslås
3 Batteriets säkringshållare
6 Säkringsdosa
94 X-kontaktsrelä
202 Förarsidans sätesvärmeenhet
203 Pass.sidans sätesvärmeenhet
204 Förarsidans uppvärmda säte
205 Pass.sidans uppvärmda säte
206 Förarsidans uppvärmda ryggstöd
207 Pass.sidans uppvärmda ryggstöd
208 Förarsätets brytarenhet
209 Förarsätets styrenhet
210 Förarsätets motor framåt/bakåt
211 Förarsätets främre höjdmotor
212 Förarsätets bakre höjdmotor
213 Förarsätets ryggstödsmotor

Kopplingsschema 29

H32401/a

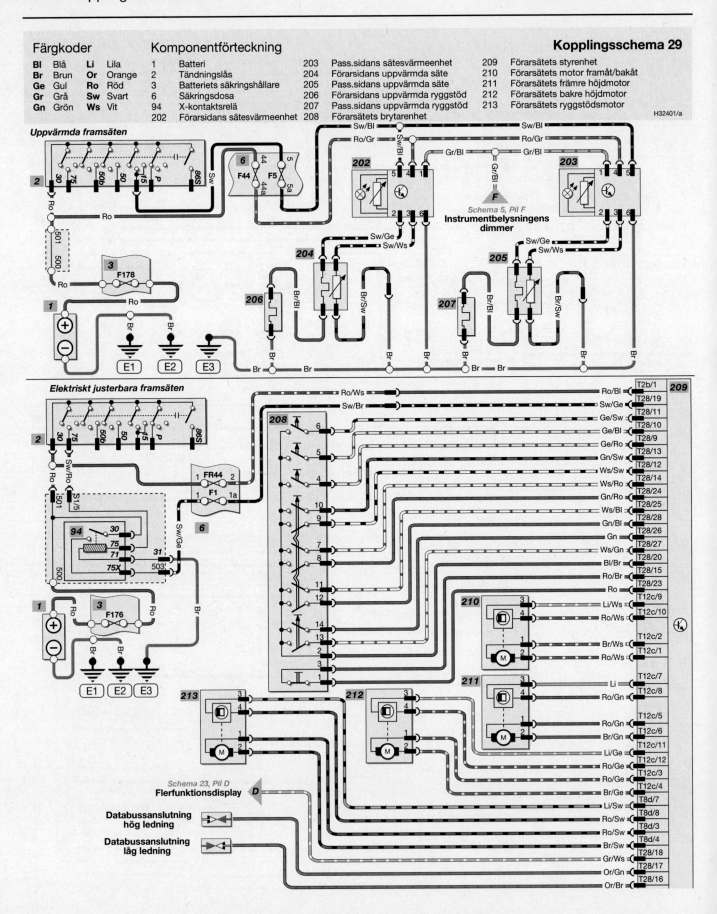

Mått och vikter

Observera: *Alla siffror och mått är ungefärliga och kan variera beroende på modell. Se tillverkarens uppgifter för exakta mått.*

Total längd
Golf, kombikupé	4 149 mm
Golf, kombi	4 397 mm
Bora, sedan	4 376 mm

Total bredd
Alla modeller	1 735

Total höjd (olastad)
Golf, kombikupé	1 444 mm
Golf, kombi	1 473 mm
Bora, sedan	1 446 mm

Hjulbas
Golf, kombikupé	2 511 mm
Golf, kombi	2 515 mm
Bora, sedan	2 513 mm

Vändcirkel
Alla modeller	10,9

Vikter

Fordonets vikt utan förare och last *
Golf, kombikupé	1 090 till 1 234 kg
Golf, kombi	1 189 till 1 340 kg
Bora, sedan	1 165 till 1 303 kg

Fordonets maximala bruttovikt**
Golf, kombikupé	1 640 till 1 770 kg
Golf, kombi	1 735 till 1 880 kg
Bora, sedan	1 710 till 1 840 kg

* Fordonets exakta vikt utan förare och last beror på modell och specifikation – information finns i ägarhandboken och på en etikett fäst vid ett av de främre fjädertornen.

** Fordonets exakta bruttovikt beror på modell och specifikation – information finns i ägarhandboken och på en etikett fäst vid ett av de främre fjädertornen.

Högsta tillåtna belastning på takräcke
Alla modeller	75 kg

Högsta tillåtna bogseringsvikt	Obromsad släpvagn	Släpvagn med bromsar
Bensinmotorer:		
1.4 liters modeller	550 kg	1 000 kg
1.6 liters modeller	580 kg	1 200 kg
1.8 liters modeller	600 kg	1 300 kg
2.0 liters modeller	600 kg	1 400 kg
Dieselmotorer:		
1.9 liters motor utan turbo		
Golf, kombikupé/kombi	500 kg	850 kg
Bora, sedan	600 kg	850 kg
1.9 liters 66 kW turbo:		
Golf, kombikupé/kombi	650 kg	1 300 kg
Bora, sedan	650 kg	1 500 kg
1.9 liters 81 kW turbo:		
Golf, kombikupé/kombi	600 kg	1 400 kg
Bora, sedan	600 kg	1 400 kg

Reservdelar finns att köpa från ett antal olika ställen, till exempel hos VW-verkstäder, tillbehörsbutiker och grossister. Bilens olika identifikationsnummer måste uppges för att man garanterat ska få rätt delar. Ta om möjligt med den gamla delen för säker identifiering. Många delar, t.ex. startmotor och generator, finns att få som fabriksrenoverade utbytes-delar – delar som returneras måste naturligtvis alltid vara rena.

Vårt råd när det gäller reservdelsinköp är följande.

Auktoriserade VW-verkstäder

Detta är det bästa inköpsstället för reservdelar som är specifika för just din bil och inte allmänt tillgängliga (märken, klädsel etc.) Det är även det enda ställe där man bör köpa reservdelar om bilen fortfarande är under garanti.

Tillbehörsbutiker

Dessa är ofta bra ställen för inköp av underhållsmaterial (olje-, luft- och bränslefilter,

tändstift, glödlampor, drivremmar, oljor, fett, bromsbackar, bättringslack etc.) Tillbehör av detta slag som säljs av välkända butiker håller samma standard som de som används av biltillverkaren.

Förutom reservdelar säljer dessa butiker också verktyg och allmänna tillbehör, de har ofta bra öppettider, tar mindre betalt och ligger ofta på bekvämt avstånd. Vissa tillbehörsbutiker säljer reservdelar rakt över disk.

Grossister

Bra grossister lagerhåller alla viktigare komponenter som kan slitas ut relativt snabbt. De kan också ibland tillhandahålla enskilda komponenter som behövs för renovering av en större enhet (t.ex. bromstätningar och hydrauliska delar, lagerskålar, kolvar, ventiler etc.) I vissa fall kan de också ta hand om större arbeten som omborrning av motor-blocket, omslipning av vevaxlar etc.

Specialister på däck och avgassystem

Dessa kan vara oberoende återförsäljare eller ingå i större kedjor. De erbjuder ofta konkurrenskraftiga priser jämfört med märkesverkstäder, men det lönar sig att jämföra priser hos flera försäljare. Kontrollera också vad som ingår vid priskontrollen – ofta ingår t.ex. inte ventiler och balansering vid inköp av ett nytt däck.

Andra inköpsställen

Var misstänksam när det gäller delar som säljs på loppmarknader och liknande. De är inta alltid av usel kvalitet, men det är mycket svårt att reklamera köpet om delarna visar sig vara otillfredsställande. Köper man komponenter som är avgörande för säkerheten, som bromsklossar, på ett sådant ställe riskerar man inte bara sina pengar, utan även sin egen och andras säkerhet. Begagnade delar eller delar från en bilskrot kan ibland vara prisvärda, men sådana inköp bör helst göras av en mycket erfaren hemmamekaniker.

Bilens identifikationsnummer

Inom biltillverkningen sker modifieringar av modeller fortlöpande och det är endast de större modelländringarna som publiceras. Reservdelskataloger och listor sammanställs på numerisk bas, så bilens identifikationsnummer är viktiga för att man ska få tag i rätt reservdelar. Lämna därför alltid så mycket information som möjligt vid beställning av

reservdelar. Ange bilmodell, årsmodell, chassinummer och motornummer om så behövs.

Bilens *chassinummerplåt* sitter på torpedväggspanelen i vindrutans främre hörn och syns genom en utskärning i vindrutans torpedplåt. Samma information finns också på ett av de främre fjädertornen **(se bilder)**.

Motornumret är instansat på motorblockets vänstra sida och på topplockets högra sida på bensinmotorer. På dieselmotorer är det instansat på motorblockets framsida, bredvid fogen mellan motor och växellåda. En etikett med streckkod sitter ovanpå kamremskåpan eller topplocket **(se bilder)**.

Chassinummer på plåten framför vindrutan

Chassinummer på vänster fjädertorn

Chassinummer på vindrutans vänstra framkant

Motornummer på motorblocket

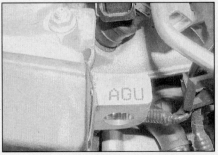

Motorkod på topplocket

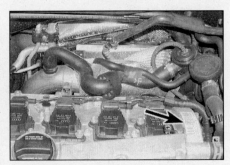

Motorkodsetikett på topplocket

När service, reparationer och renoveringar utförs på en bil eller bildel bör följande beskrivningar och instruktioner följas. Detta för att reparationen ska utföras så effektivt och fackmannamässigt som möjligt.

Tätningsytor och packningar

Vid isärtagande av delar vid deras tätningsytor ska dessa aldrig bändas isär med skruvmejsel eller liknande. Detta kan orsaka allvarliga skador som resulterar i oljeläckage, kylvätskeläckage etc. efter montering. Delarna tas vanligen isär genom att man knackar längs fogen med en mjuk klubba. Lägg dock märke till att denna metod kanske inte är lämplig i de fall styrstift används för exakt placering av delar.

Där en packning används mellan två ytor måste den bytas vid ihopsättning. Såvida inte annat anges i den aktuella arbetsbeskrivningen ska den monteras torr. Se till att tätningsytorna är rena och torra och att alla spår av den gamla packningen är borttagna. Vid rengöring av en tätningsyta ska sådana verktyg användas som inte skadar den. Små grader och repor tas bort med bryne eller en finskuren fil.

Rensa gängade hål med piprensare och håll dem fria från tätningsmedel då sådant används, såvida inte annat direkt specificeras.

Se till att alla öppningar, hål och kanaler är rena och blås ur dem, helst med tryckluft.

Oljetätningar

Oljetätningar kan tas ut genom att de bänds ut med en bred spårskruvmejsel eller liknande. Alternativt kan ett antal självgängande skruvar dras in i tätningen och användas som dragpunkter för en tång, så att den kan dras rakt ut.

När en oljetätning tas bort från sin plats, ensam eller som en del av en enhet, ska den alltid kasseras och bytas ut mot en ny.

Tätningsläpparna är tunna och skadas lätt och de tätar inte annat än om kontaktytan är fullständigt ren och oskadad. Om den ursprungliga tätningsytan på delen inte kan återställas till perfekt skick och tillverkaren inte gett utrymme för en viss omplacering av tätningen på kontaktytan, måste delen i fråga bytas ut.

Skydda tätningsläpparna från ytor som kan skada dem under monteringen. Använd tejp eller konisk hylsa där så är möjligt. Smörj läpparna med olja innan monteringen. Om oljetätningen har dubbla läppar ska utrymmet mellan dessa fyllas med fett.

Såvida inte annat anges ska oljetätningar monteras med tätningsläpparna mot det smörjmedel som de ska täta för.

Använd en rörformad dorn eller en träbit i lämplig storlek till att knacka tätningarna på plats. Om sätet är försedd med skuldra, driv tätningen mot den. Om sätet saknar skuldra bör tätningen monteras så att den går jäms med sätets yta (såvida inte annat uttryckligen anges).

Skruvgängor och infästningar

Muttrar, bultar och skruvar som kärvar är ett vanligt förekommande problem när en komponent har börjat rosta. Bruk av rostupplösningsolja och andra krypsmörjmedel löser ofta detta om man dränker in delen som kärvar en stund innan man försöker lossa den. Slagskruvmejsel kan ibland lossa envist fastsittande infästningar när de används tillsammans med rätt mejselhuvud eller hylsa. Om inget av detta fungerar kan försiktig värmning eller i värsta fall bågfil eller mutterspräckare användas.

Pinnbultar tas vanligen ut genom att två muttrar låses vid varandra på den gängade delen och att en blocknyckel sedan vrider den undre muttern så att pinnbulten kan skruvas ut. Bultar som brutits av under fästytan kan ibland avlägsnas med en lämplig bultutdragare. Se alltid till att gängade bottenhål är helt fria från olja, fett, vatten eller andra vätskor innan bulten monteras. Underlåtenhet att göra detta kan spräcka den del som skruven dras in i, tack vare det hydrauliska tryck som uppstår när en bult dras in i ett vätskefyllt hål.

Vid åtdragning av en kronmutter där en saxsprint ska monteras ska muttern dras till specificerat moment om sådant anges, och därefter dras till nästa sprinthål. Lossa inte muttern för att passa in saxsprinten, såvida inte detta förfarande särskilt anges i anvisningarna.

Vid kontroll eller omdragning av mutter eller bult till ett specificerat åtdragningsmoment, ska muttern eller bulten lossas ett kvarts varv och sedan dras åt till angivet moment. Detta ska dock inte göras när vinkelåtdragning använts.

För vissa gängade infästningar, speciellt topplocksbultar/muttrar anges inte åtdragningsmoment för de sista stegen. Istället anges en vinkel för åtdragning. Vanligtvis anges ett relativt lågt åtdragningsmoment för bultar/muttrar som dras i specificerad turordning. Detta följs sedan av ett eller flera steg åtdragning med specificerade vinklar.

Låsmuttrar, låsbleck och brickor

Varje infästning som kommer att rotera mot en komponent eller en kåpa under åtdragningen ska alltid ha en bricka mellan åtdragningsdelen och kontaktytan.

Fjäderbrickor ska alltid bytas ut när de använts till att låsa viktiga delar som exempelvis lageröverfall. Låsbleck som viks över för att låsa bult eller mutter ska alltid byts ut vid ihopsättning.

Självlåsande muttrar kan återanvändas på mindre viktiga detaljer, under förutsättning att motstånd känns vid dragning över gängen. Kom dock ihåg att självlåsande muttrar förlorar låseffekt med tiden och därför alltid bör bytas ut som en rutinåtgärd.

Saxsprintar ska alltid bytas mot nya i rätt storlek för hålet.

När gänglåsmedel påträffas på gängor på en komponent som ska återanvändas bör man göra ren den med en stålborste och lösningsmedel. Applicera nytt gänglåsningsmedel vid montering.

Specialverktyg

Vissa arbeten i denna handbok förutsätter användning av specialverktyg som pressar, avdragare, fjäderkompressorer med mera. Där så är möjligt beskrivs lämpliga lättillgängliga alternativ till tillverkarens specialverktyg och hur dessa används. I vissa fall, där inga alternativ finns, har det varit nödvändigt att använda tillverkarens specialverktyg. Detta har gjorts av säkerhetsskäl, likväl som för att reparationerna ska utföras så effektivt och bra som möjligt. Såvida du inte är mycket kunnig och har stora kunskaper om det arbetsmoment som beskrivs, ska du aldrig försöka använda annat än specialverktyg när sådana anges i anvisningarna. Det föreligger inte bara stor risk för personskador, utan kostbara skador kan också uppstå på komponenterna.

Miljöhänsyn

Vid sluthantering av förbrukad motorolja, bromsvätska, frostskydd etc. ska all vederbörlig hänsyn tas för att skydda miljön. Ingen av ovan nämnda vätskor får hällas ut i avloppet eller direkt på marken. Kommunernas avfallshantering har kapacitet för hantering av miljöfarligt avfall liksom vissa verkstäder. Om inga av dessa finns tillgängliga i din närhet, fråga hälsoskyddskontoret i din kommun om råd.

I och med de allt strängare miljöskyddslagarna beträffande utsläpp av miljöfarliga ämnen från motorfordon har alltfler bilar numera justersäkringar monterade på de mest avgörande justeringspunkterna för bränslesystemet. Dessa är i första hand avsedda att förhindra okvalificerade personer från att justera bränsle/luftblandningen och därmed riskerar en ökning av giftiga utsläpp. Om sådana justersäkringar påträffas under service eller reparationsarbete ska de, närhelst möjligt, bytas eller sättas tillbaka i enlighet med tillverkarens rekommendationer eller aktuell lagstiftning.

Domkraften i bilens verktygssats ska endast användas för hjulbyten. Se *Hjulbyte* i början av handboken. Vid alla andra arbeten ska bilen lyftas med en hydraulisk domkraft (eller garagedomkraft), som alltid ska åtföljas av pallbockar under bilens stödpunkter.

När en hydraulisk domkraft eller pallbockar används ska alltid domkraftshuvudet eller pallbockshuvudet placeras under relevant stödpunkt.

Om bilens fram- och/eller bakvagn ska lyftas upp ska stödpunkterna fram och bak under dörrarnas trösklar användas. De är märkta med triangulära fördjupningar i tröskeln **(se bild)**. Placera en träkloss med ett spår i på domkraftshuvudet för att förhindra att bilens tyngd vilar på tröskelns kant. Passa in tröskelns kant med spåret i träklossen så att bilens tyngd sprids jämnt över klossen. Komplettera domkraften med pallbockar (även de med spårförsedda träklossar) så nära lyftpunkterna som möjligt **(se bilder)**.

Lyft **inte** bilen under någon annan del av tröskelbalken, sumpen, golvplåten eller någon av styrningens eller fjädringens komponenter. När bilen är upplyft ska en pallbock placeras under bilens stödpunkt i tröskelbalken.

 Varning: Arbeta aldrig under eller i närheten av en upplyft bil, om den inte har ordentligt stöd på minst två punkter.

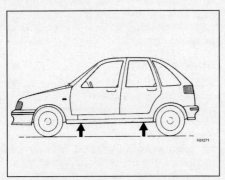

Främre och bakre stödpunkter

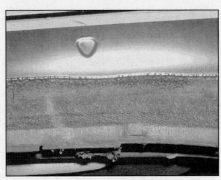

Stödpunkterna anges med en pil på tröskeln

Använd en pallbock med en passande träkloss

Flera av bilens system är beroende av batteriet för att kunna fungera hela tiden. Det måste vara igång hela tiden för att antingen garantera fortsatt funktion (som klockan), eller för att bibehålla elektroniska minnes-inställningar som annars skulle gå förlorade. Tänk på följande varje gång batteriet ska kopplas loss för att undvika oförutsedda konsekvenser:

a) *På bilar med centrallås är det klokt att ta ut nyckeln ur tändningen och bära den med sig. Då kan inte nyckeln låsas in i bilen av misstag om centrallåset aktiveras när batteriet återansluts.*

b) *Radion/kassettbandspelaren som finns som standard är utrustad med en inprogrammerad säkerhetskod för att hindra stöld. Om strömmen till anläggningen bryts aktiveras stöldskyddet. Även om strömmen omedelbart återställs kommer enheten inte att fungera förrän korrekt kod angetts. Om du inte känner till ljudanläggningens stöldskyddskod ska du därför **inte** lossa någon av batteriets poler eller ta ut ljudanläggningen ur bilen. Koden står på ett kodkort som följer med bilen när den är ny. Information om hur man slår in koden finns i bilhandboken.*

Om koden har förlagts eller glömts bort kan en ny kod eventuellt erhållas av en VW-återförsäljare eller bilradiospecialist mot uppvisande av ägarbevis.

c) *Motorstyrningssystemets styrenhet (ECU) är självlärande, vilket innebär att den anpassar sig efter förändrade användningsförhållanden och lagrar de bästa möjliga inställningarna (detta gäller särskilt inställningar för tomgångsvarvtal). När batteriet kopplas ur går dessa inlärda inställningar förlorade och styrenheten återgår till sina grundinställningar. När motorn startas om kan den gå på tomgång eller gå ojämnt tills styrenheten har lärt sig de bästa inställningarna igen. För att snabba på den här inlärningsprocessen bör bilen tas ut för landsvägsprov i minst 15 minuter. Försök att gå igenom så många motorvarvtal och laster som möjligt och koncentrera dig på varvtal mellan 2 000 och 4 000 varv/minut. Avsluta med att låta motorn gå på tomgång i minst 10 minuter. Vrid ratten då och då och slå på strömkrävande utrustning som värmefläkten eller bakrutevärmen.*

d) *När batteriet har återanslutits måste de stängda lägena för de elreglerade fönstren och takluckan programmeras om. Gör detta genom att stänga fönstren och takluckan hålla in deras reglage i det stängda läget i några sekunder.*

"Minnessparare" eller "kodsparare" kan användas för att undvika vissa av de ovan-stående problemen. Hur sådana enheter används varierar. Normalt ansluts de till cigarrettändaren och deras kablar kopplas sedan till ett reservbatteri. När bilbatteriet sedan kopplas loss från elsystemet ger minnesspararen tillräckligt mycket ström för att hålla kvar ljudanläggningens säkerhetskod och andra minnesvärden och för att hålla igång permanent strömförande kretsar som den till klockan.

 Varning: Vissa av dessa enheter ger ganska kraftig ström vilket innebär att många av bilens system fortsätter att fungera trots att huvudbatteriet kopplats loss. Om en minnessparare används ska den berörda kretsen kontrolleras så att den verkligen inte är strömförande innan något arbete utförs i den.

Inledning

En uppsättning bra verktyg är ett grundläggande krav för var och en som överväger att underhålla och reparera ett motorfordon. För de ägare som saknar sådana kan inköpet av dessa bli en märkbar utgift, som dock uppvägs till en viss del av de besparingar som görs i och med det egna arbetet. Om de anskaffade verktygen uppfyller grundläggande säkerhets- och kvalitetskrav kommer de att hålla i många år och visa sig vara en värdefull investering.

För att hjälpa bilägaren att avgöra vilka verktyg som behövs för att utföra de arbeten som beskrivs i denna handbok har vi sammanställt tre listor med följande rubriker: *Underhåll och mindre reparationer, Reparation och renovering* samt *Specialverktyg*. Nybörjaren bör starta med det första sortimentet och begränsa sig till enklare arbeten på fordonet. Allt eftersom erfarenhet och självförtroende växer kan man sedan prova svårare uppgifter och köpa fler verktyg när och om det behövs. På detta sätt kan den grundläggande verktygssatsen med tiden utvidgas till en reparations- och renoveringssats utan några större enskilda kontantutlägg. Den erfarne hemmamekanikern har redan en verktygssats som räcker till de flesta reparationer och renoveringar och kommer att välja verktyg från specialkategorin när han känner att utgiften är berättigad för den användning verktyget kan ha.

Underhåll och mindre reparationer

Verktygen i den här listan ska betraktas som ett minimum av vad som behövs för rutinmässigt underhåll, service och mindre reparationsarbeten. Vi rekommenderar att man köper blocknycklar (ring i ena änden och öppen i den andra), även om de är dyrare än de med öppen ände, eftersom man får båda sorternas fördelar.

☐ Blocknycklar - 8, 9, 10, 11, 12, 13, 14, 15, 17 och 19 mm
☐ Skiftnyckel - 35 mm gap (ca.)
☐ Tändstiftsnyckel (med gummifoder)
☐ Verktyg för justering av tändstiftens elektrodavstånd

☐ Sats med bladmått
☐ Nyckel för avluftning av bromsar
☐ Skruvmejslar:
　　Spårmejsel - 100 mm lång x 6 mm diameter
　　Stjärnmejsel - 100 mm lång x 6 mm diameter
☐ Kombinationstång
☐ Bågfil (liten)
☐ Däckpump
☐ Däcktrycksmätare
☐ Oljekanna
☐ Verktyg för demontering av oljefilter
☐ Fin slipduk
☐ Stålborste (liten)
☐ Tratt (medelstor)

Reparation och renovering

Dessa verktyg är ovärderliga för alla som utför större reparationer på ett motorfordon och tillkommer till de som angivits för *Underhåll och mindre reparationer*. I denna lista ingår en grundläggande sats hylsor. Även om dessa är dyra, är de oumbärliga i och med sin mångsidighet - speciellt om satsen innehåller olika typer av drivenheter. Vi rekommenderar 1/2-tums fattning på hylsorna eftersom de flesta momentnycklar har denna fattning.

Verktygen i denna lista kan ibland behöva kompletteras med verktyg från listan för *Specialverktyg*.

☐ Hylsor, dimensioner enligt föregående lista **(se bild)**
☐ Spärrskaft med vändbar riktning (för användning med hylsor) **(se bild)**

☐ Förlängare, 250 mm (för användning med hylsor)
☐ Universalknut (för användning med hylsor)
☐ Momentnyckel (för användning med hylsor)
☐ Självlåsande tänger
☐ Kulhammare
☐ Mjuk klubba (plast/aluminium eller gummi)
☐ Skruvmejslar:
　　Spårmejsel - en lång och kraftig, en kort (knubbig) och en smal (elektrikertyp)
　　Stjärnmejsel - en lång och kraftig och en kort (knubbig)
☐ Tänger:
　　Spetsnostång/plattång
　　Sidavbitare (elektrikertyp)
　　Låsringstång (inre och yttre)
☐ Huggmejsel - 25 mm
☐ Ritspets
☐ Skrapa
☐ Körnare
☐ Purr
☐ Bågfil
☐ Bromsslangklämma
☐ Avluftningssats för bromsar/koppling
☐ Urval av borrar
☐ Stållinjal
☐ Insexnycklar (inkl Torxtyp/med splines) **(se bild)**
☐ Sats med filar
☐ Stor stålborste
☐ Pallbockar
☐ Domkraft (garagedomkraft eller en stabil pelarmodell)
☐ Arbetslampa med förlängningssladd

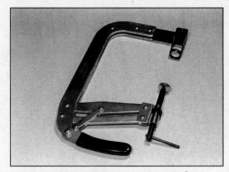

Ventilfjäderkompressor (ventilbåge)

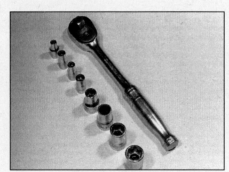

Hylsor och spärrskaft

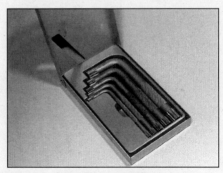

Nycklar med splines

Kolvringskompressor

Centreringsverktyg för koppling

Verktkyg och arbetutrymmen REF•7

Specialverktyg

Verktygen i denna lista är de som inte används regelbundet, är dyra i inköp eller som måste användas enligt tillverkarens anvisningar. Det är bara om du relativt ofta kommer att utföra tämligen svåra jobb som många av dessa verktyg är lönsamma att köpa. Du kan också överväga att gå samman med någon vän (eller gå med i en motorklubb) och göra ett gemensamt inköp, hyra eller låna verktyg om så är möjligt.

Följande lista upptar endast verktyg och instrument som är allmänt tillgängliga och inte sådana som framställs av biltillverkaren speciellt för auktoriserade verkstäder. Ibland nämns dock sådana verktyg i texten. I allmänhet anges en alternativ metod att utföra arbetet utan specialverktyg. Ibland finns emellertid inget alternativ till tillverkarens specialverktyg. När så är fallet och relevant verktyg inte kan köpas, hyras eller lånas har du inget annat val än att lämna bilen till en auktoriserad verkstad.

- [ ] Ventilfjäderkompressor *(se bild)*
- [ ] Ventilslipningsverktyg
- [ ] Kolvringskompressor *(se bild)*
- [ ] Verktyg för demontering/montering av kolvringar
- [ ] Honingsverktyg
- [ ] Kulledsavdragare
- [ ] Spiralfjäderkompressor (där tillämplig)
- [ ] Nav/lageravdragare, två/tre ben
- [ ] Slagskruvmejsel
- [ ] Mikrometer och/eller skjutmått *(se bild)*
- [ ] Indikatorklocka *(se bild)*
- [ ] Stroboskoplampa *(se bild)*
- [ ] Kamvinkelmätare/varvräknare
- [ ] Multimeter
- [ ] Kompressionsmätare *(se bild)*
- [ ] Handmanövrerad vakuumpump och mätare
- [ ] Centreringsverktyg för koppling *(se bild)*
- [ ] Verktyg för demontering av bromsbackarnas fjäderskålar
- [ ] Sats för montering/demontering av bussningar och lager
- [ ] Bultutdragare *(se bild)*
- [ ] Gängningssats
- [ ] Lyftblock
- [ ] Garagedomkraft

Inköp av verktyg

När det gäller inköp av verktyg är det i regel bättre att vända sig till en specialist som har ett större sortiment än t ex tillbehörsbutiker och bensinmackar. Tillbehörsbutiker och andra försöljningsställen kan dock erbjuda utmärkta verktyg till låga priser, så det kan löna sig att söka.

Det finns gott om bra verktyg till låga priser, men se till att verktygen uppfyller grundläggande krav på funktion och säkerhet. Fråga gärna någon kunnig person om råd före inköpet.

Vård och underhåll av verktyg

Efter inköp av ett antal verktyg är det nödvändigt att hålla verktygen rena och i fullgott skick. Efter användning, rengör alltid verktygen innan de läggs undan. Låt dem inte ligga framme sedan de använts. En enkel upphängningsanordning på väggen för t ex skruvmejslar och tänger är en bra idé. Nycklar och hylsor bör förvaras i metalllådor. Mätinstrument av skilda slag ska förvaras på platser där de inte kan komma till skada eller börja rosta.

Lägg ner lite omsorg på de verktyg som används. Hammarhuvuden får märken och skruvmejslar slits i spetsen med tiden. Lite polering med slippapper eller en fil återställer snabbt sådana verktyg till gott skick igen.

Arbetsutrymmen

När man diskuterar verktyg får man inte glömma själva arbetsplatsen. Om mer än rutinunderhåll ska utföras bör man skaffa en lämplig arbetsplats.

Vi är medvetna om att många bilägare/hemmamekaniker av omständigheterna tvingas att lyfta ur motor eller liknande utan tillgång till garage eller verkstad. Men när detta är gjort ska fortsättningen av arbetet göras inomhus.

Närhelst möjligt ska isärtagning ske på en ren, plan arbetsbänk eller ett bord med passande arbetshöjd.

En arbetsbänk behöver ett skruvstycke. En käftöppning om 100 mm räcker väl till för de flesta arbeten. Som tidigare sagts, ett rent och torrt förvaringsutrymme krävs för verktyg liksom för smörjmedel, rengöringsmedel, bättringslack (som också måste förvaras frostfritt) och liknande.

Ett annat verktyg som kan behövas och som har en mycket bred användning är en elektrisk borrmaskin med en chuckstorlek om minst 8 mm. Denna, tillsammans med en sats spiralborrar, är i praktiken oumbärlig för montering av tillbehör.

Sist, men inte minst, ha alltid ett förråd med gamla tidningar och rena luddfria trasor tillgängliga och håll arbetsplatsen så ren som möjligt.

Mikrometerset

Indikatorklocka med magnetstativ

Stroboskoplampa

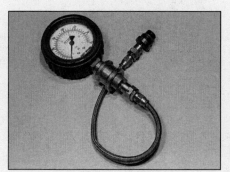
Kompressionsmätare

Bultutdragare

Det här avsnittet är till för att hjälpa dig att klara bilbesiktningen. Det är naturligtvis inte möjligt att undersöka ditt fordon lika grundligt som en professionell besiktare, men genom att göra följande kontroller kan du identifiera problemområden och ha en möjlighet att korrigera eventuella fel innan du lämnar bilen till besiktning. Om bilen underhålls och servas regelbundet borde besiktningen inte innebära några större problem.

I besiktningsprogrammet ingår kontroll av nio huvudsystem – stommen, hjulsystemet, drivsystemet, bromssystemet, styrsystemet, karosseriet, kommunikationssystemet, instrumentering och slutligen övriga anordningar (släpvagnskoppling etc).

Kontrollerna som här beskrivs har baserats på Svensk Bilprovnings krav aktuella vid tiden för tryckning. Kraven ändras dock kontinuerligt och särskilt miljöbestämmelserna blir allt strängare.

Kontrollerna har delats in under följande fem rubriker:

1 Kontroller som utförs från förarsätet

2 Kontroller som utförs med bilen på marken

3 Kontroller som utförs med bilen upphissad och med fria hjul

4 Kontroller på bilens avgassystem

5 Körtest

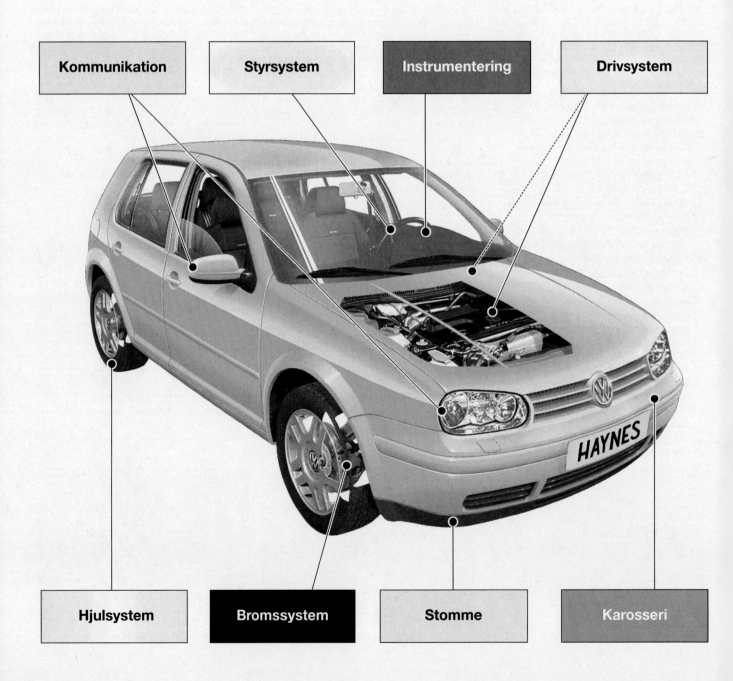

Kommunikation Styrsystem Instrumentering Drivsystem

Hjulsystem Bromssystem Stomme Karosseri

Besiktningsprogrammet

Vanliga personbilar kontrollbesiktigas första gången efter tre år, andra gången två år senare och därefter varje år. Åldern på bilen räknas från det att den tas i bruk, oberoende av årsmodell, och den måste genomgå besiktning inom fem månader.

Tiden på året då fordonet kallas till besiktning bestäms av sista siffran i registreringsnumret, enligt tabellen nedan.

Slutsiffra	Besiktningsperiod
1	november t.o.m. mars
2	december t.o.m. april
3	januari t.o.m. maj
4	februari t.o.m. juni
5	mars t.o.m. juli
6	juni t.o.m. oktober
7	juli t.o.m. november
8	augusti t.o.m. december
9	september t.o.m. januari
0	oktober t.o.m. februari

Om fordonet har ändrats, byggts om eller om särskild utrustning har monterats eller demonterats, måste du som fordonsägare göra en registreringsbesiktning inom en månad. I vissa fall räcker det med en begränsad registreringsbesiktning, t.ex. för draganordning, taklucka, taxiutrustning etc.

Efter besiktningen

Nedan visas de system och komponenter som kontrolleras och bedöms av besiktaren på Svensk Bilprovning. Efter besiktningen erhåller du ett protokoll där eventuella anmärkningar noterats.

Har du fått en 2x i protokollet (man kan ha max 3 st 2x) behöver du inte ombesiktiga bilen, men är skyldig att själv åtgärda felet snarast möjligt. Om du inte åtgärdar felen utan återkommer till Svensk Bilprovning året därpå med samma fel, blir dessa automatiskt 2:or som då måste ombesiktigas. Har du en eller flera 2x som ej är åtgärdade och du blir intagen i en flygande besiktning av polisen blir dessa automatiskt 2:or som måste ombesiktigas. I detta läge får du även böta.

Om du har fått en tvåa i protokollet är fordonet alltså inte godkänt. Felet ska åtgärdas och bilen ombesiktigas inom en månad.

En trea innebär att fordonet har så stora brister att det anses mycket trafikfarligt. Körförbud inträder omedelbart.

Kommunikation

- Vindrutetorkare
- Vindrutespolare
- Backspegel
- Strålkastarinställning
- Strålkastare
- Signalhorn
- Sidoblinkers
- Parkeringsljus fram bak
- Blinkers
- Bromsljus
- Reflex
- Nummerplåtsbelysning
- Övrigt

Vanliga anmärkningar:
Felaktig ljusbild
Skadad strålkastare
Ej fungerande parkeringsljus
Ej fungerande bromsljus

Drivsystem

- Avgasrening, EGR-system
- Avgasrening
- Bränslesystem
- Avgassystem
- Avgaser (CO, HC)
- Kraftöverföring
- Drivknut
- Elförsörjning
- Batteri
- Övrigt

Vanliga anmärkningar:
Höga halter av CO
Höga halter av HC
Läckage i avgassystemet
Ej fungerande EGR-ventil
Skadade drivknutsdamasker

Styrsystem

- Styrled
- Styrväxel
- Hjälpstyrarm
- Övrigt

Vanliga anmärkningar:
Glapp i styrleder
Skadade styrväxeldamasker

Instrumentering

- Hastighetsmätare
- Taxameter
- Varningslampor
- Övrigt

Hjulsystem

- Däck
- Stötdämpare
- Hjullager
- Spindelleder
- Länkarm fram bak
- Fjäder
- Fjädersäte
- Övrigt

Vanliga anmärkningar:
Glapp i spindelleder
Utslitna däck
Dåliga stötdämpare
Rostskadade fjädersäten
Brustna fjädrar
Rostskadade länkarmsinfästningar

Bromssystem

- Fotbroms fram bak rörelseres.
- Bromsrör
- Bromsslang
- Handbroms
- Övrigt

Vanliga anmärkningar:
Otillräcklig bromsverkan på handbromsen
Ojämn bromsverkan på fotbromsen
Anliggande bromsar på fotbromsen
Rostskadade bromsrör
Skadade bromsslangar

Karosseri

- Dörr
- Skärm
- Vindruta
- Säkerhetsbälten
- Lastutrymme
- Övrigt

Vanliga anmärkningar:
Skadad vindruta
Vassa kanter

Stomme

- Sidobalk
- Tvärbalk
- Golv
- Hjulhus
- Övrigt

Vanliga anmärkningar:
Rostskador i sidobalkar, golv och hjulhus

1 Kontroller som utförs från förarsätet

Handbroms

☐ Kontrollera att handbromsen fungerar ordentligt utan för stort spel i spaken. För stort spel tyder på att bromsen eller bromsvajern är felaktigt justerad.

☐ Kontrollera att handbromsen inte kan läggas ur genom att spaken förs åt sidan. Kontrollera även att handbromsspaken är ordentligt monterad.

Fotbroms

☐ Tryck ner bromspedalen och kontrollera att den inte sjunker ner mot golvet, vilket tyder på fel på huvudcylindern. Släpp pedalen, vänta ett par sekunder och tryck sedan ner den igen. Om pedalen tar långt ner är det nödvändigt att justera eller reparera bromsarna. Om pedalen känns "svampig" finns det luft i bromssystemet som då måste luftas.

☐ Kontrollera att bromspedalen sitter fast ordentligt och att den är i bra skick. Kontrollera även om det finns tecken på oljeläckage på bromspedalen, golvet eller mattan eftersom det kan betyda att packningen i huvudcylindern är trasig.

☐ Om bilen har bromsservo kontrolleras denna genom att man upprepade gånger trycker ner bromspedalen och sedan startar motorn med pedalen nertryckt. När motorn startar skall pedalen sjunka något. Om inte kan vakuumslangen eller själva servoenheten vara trasig.

Ratt och rattstång

☐ Känn efter att ratten sitter fast. Undersök om det finns några sprickor i ratten eller om några delar på den sitter löst.

☐ Rör på ratten uppåt, neråt och i sidled. Fortsätt att röra på ratten samtidigt som du vrider lite på den från vänster till höger.

☐ Kontrollera att ratten sitter fast ordentligt på rattstången vilket annars kan tyda på slitage eller att fästmuttern sitter löst. Om ratten går att röra onaturligt kan det tyda på att rattstångens bärlager eller kopplingar är slitna.

Rutor och backspeglar

☐ Vindrutan måste vara fri från sprickor och andra skador som kan vara irriterande eller hindra sikten i förarens synfält. Sikten får inte heller hindras av t.ex. ett färgat eller reflekterande skikt. Samma regler gäller även för de främre sidorutorna.

☐ Backspeglarna måste sitta fast ordentligt och vara hela och ställbara.

Säkerhetsbälten och säten

Observera: *Kom ihåg att alla säkerhetsbälten måste kontrolleras - både fram och bak.*

☐ Kontrollera att säkerhetsbältena inte är slitna, fransiga eller trasiga i väven och att alla låsmekanismer och rullmekanismer fungerar obehindrat. Se även till att alla infästningar till säkerhetsbältena sitter säkert.

☐ Framsätena måste vara ordentligt fastsatta och om de är fällbara måste de vara låsbara i uppfällt läge.

Dörrar

☐ Framdörrarna måste gå att öppna och stänga från både ut- och insidan och de måste gå ordentligt i lås när de är stängda. Gångjärnen ska sitta säkert och inte glappa eller kärva onormalt.

2 Kontroller som utförs med bilen på marken

Registreringsskyltar

☐ Registreringsskyltarna måste vara väl synliga och lätta att läsa av, d v s om bilen är mycket smutsig kan det ge en anmärkning.

Elektrisk utrustning

☐ Slå på tändningen och kontrollera att signalhornet fungerar och att det avger en jämn ton.

☐ Kontrollera vindrutetorkarna och vindrutespolningen. Svephastigheten får inte vara extremt låg, svepytan får inte vara för liten och torkarnas viloläge ska inte vara inom förarens synfält. Byt ut gamla och skadade torkarblad.

☐ Kontrollera att strålkastarna fungerar och att de är rätt inställda. Reflektorerna får inte vara skadade, lampglasen måste vara hela och lamporna måste vara ordentligt fastsatta. Kontrollera även att bromsljusen fungerar och att det inte krävs högt pedaltryck för att tända dem. (Om du inte har någon medhjälpare kan du kontrollera bromsljusen genom att backa upp bilen mot en garageport, vägg eller liknande reflekterande yta.)

☐ Kontrollera att blinkers och varningsblinkers fungerar och att de blinkar i normal hastighet. Parkeringsljus och bromsljus får inte påverkas av blinkers. Om de påverkas beror detta oftast på jordfel. Se också till att alla övriga lampor på bilen är hela och fungerar som de ska och att t.ex. extraljus inte är placerade så att de skymmer föreskriven belysning.

☐ Se även till att batteri, elledningar, reläer och liknande sitter fast ordentligt och att det inte föreligger någon risk för kortslutning

Fotbroms

☐ Undersök huvudbromscylindern, bromsrören och servoenheten. Leta efter läckage, rost och andra skador.

Kontroller inför bilbesiktningen REF•11

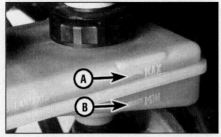

☐ Bromsvätskebehållaren måste sitta fast ordentligt och vätskenivån skall vara mellan max- (A) och min- (B) markeringarna.
☐ Undersök båda främre bromsslangarna efter sprickor och förslitningar. Vrid på ratten till fullt rattutslag och se till att bromsslangarna inte tar i någon del av styrningen eller upphängningen. Tryck sedan ner bromspedalen och se till att det inte finns några läckor eller blåsor på slangarna under tryck.

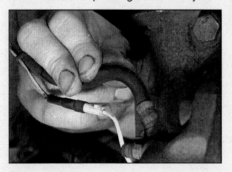

Styrning

☐ Be någon vrida på ratten så att hjulen vrids något. Kontrollera att det inte är för stort spel mellan rattutslaget och styrväxeln vilket kan tyda på att rattstångslederna, kopplingen mellan rattstången och styrväxeln eller själva styrväxeln är sliten eller glappar.
☐ Vrid sedan ratten kraftfullt åt båda hållen så att hjulen vrids något. Undersök då alla damasker, styrleder, länksystem, rörkopplingar och anslutningar/fästen. Byt ut alla delar som verkar utslitna eller skadade. På bilar med servostyrning skall servopumpen, drivremmen och slangarna kontrolleras.

Stötdämpare

☐ Tryck ned hörnen på bilen i tur och ordning och släpp upp. Bilen skall gunga upp och sedan gå tillbaka till ursprungsläget. Om bilen

fortsätter att gunga är stötdämparna dåliga. Stötdämpare som kärvar påtagligt gör också att bilen inte klarar besiktningen. (Observera att stötdämpare kan saknas på vissa fjädersystem.)
☐ Kontrollera också att bilen står rakt och ungefär i rätt höjd.

Avgassystem

☐ Starta motorn medan någon håller en trasa över avgasröret och kontrollera sedan att avgassystemet inte läcker. Reparera eller byt ut de delar som läcker.

Kaross

☐ Skador eller korrosion/rost som utgörs av vassa eller i övrigt farliga kanter med risk för personskada medför vanligtvis att bilen måste repareras och ombesiktas. Det får inte heller finnas delar som sitter påtagligt löst.
☐ Det är inte tillåtet att ha utskjutande detaljer och anordningar med olämplig utformning eller placering (prydnadsföremål, antennfästen, viltfångare och liknande).
☐ Kontrollera att huvlås och säkerhetsspärr fungerar och att gångjärnen inte sitter löst eller på något vis är skadade.
☐ Se också till att stänkskydden täcker däckens slitbana i sidled.

3 Kontroller som utförs med bilen upphissad och med fria hjul

Lyft upp både fram- och bakvagnen och ställ bilen på pallbockar. Placera pallbockarna så att de inte tar i fjäderupphängningen. Se till att hjulen inte tar i marken och att de går att vrida till fullt rattutslag. Om du har begränsad utrustning går det naturligtvis bra att lyfta upp en ände i taget.

Styrsystem

☐ Be någon vrida på ratten till fullt rattutslag. Kontrollera att alla delar i styrningen går mjukt och att ingen del av styrsystemet tar i någonstans.
☐ Undersök kuggstångsdamaskerna så att de inte är skadade eller att metallklämmorna glappar. Om bilen är utrustad med servostyrning ska slangar, rör och kopplingar kontrolleras så att de inte är skadade eller

läcker. Kontrollera också att styrningen inte är onormalt trög eller kärvar. Undersök länkarmar, krängningshämmare, styrstag och styrleder och leta efter glapp och rost.
☐ Se även till att ingen saxpinne eller liknande låsmekanism saknas och att det inte finns gravrost i närheten av någon av styrmekanismens fästpunkter.

Upphängning och hjullager

☐ Börja vid höger framhjul. Ta tag på sidorna av hjulet och skaka det kraftigt. Se till att det inte glappar vid hjullager, spindelleder eller vid upphängningens infästningar och leder.
☐ Ta nu tag upptill och nedtill på hjulet och upprepa ovanstående. Snurra på hjulet och undersök hjullagret angående missljud och glapp.

☐ Om du misstänker att det är för stort spel vid en komponents led kan man kontrollera detta genom att använda en stor skruvmejsel eller liknande och bända mellan infästningen och komponentens fäste. Detta visar om det är bussningen, fästskruven eller själva infästningen som är sliten (bulthålen kan ofta bli uttänjda).
☐ Kontrollera alla fyra hjulen.

Fjädrar och stötdämpare

☐ Undersök fjäderbenen (där så är tillämpligt) angående större läckor, korrosion eller skador i godset. Kontrollera också att fästena sitter säkert.

☐ Om bilen har spiralfjädrar, kontrollera att dessa sitter korrekt i fjädersätena och att de inte är utmattade, rostiga, spruckna eller av.

☐ Om bilen har bladfjädrar, kontrollera att alla bladen är hela, att axeln är ordentligt fastsatt mot fjädrarna och att fjäderöglorna, bussningarna och upphängningarna inte är slitna.

☐ Liknande kontroll utförs på bilar som har annan typ av upphängning såsom torsionfjädrar, hydraulisk fjädring etc. Se till att alla infästningar och anslutningar är säkra och inte utslitna, rostiga eller skadade och att den hydrauliska fjädringen inte läcker olja eller på annat sätt är skadad.

☐ Kontrollera att stötdämparna inte läcker och att de är hela och oskadade i övrigt samt se till att bussningar och fästen inte är utslitna.

Drivning

☐ Snurra på varje hjul i tur och ordning. Kontrollera att driv-/kardanknutar inte är lösa, glappa, spruckna eller skadade. Kontrollera också att skyddsbälgarna är intakta och att driv-/kardanaxlar är ordentligt fastsatta, raka och oskadade. Se även till att inga andra detaljer i kraftöverföringen är glappa, lösa, skadade eller slitna.

Bromssystem

☐ Om det är möjligt utan isärtagning, kontrollera hur bromsklossar och bromsskivor ser ut. Se till att friktionsmaterialet på bromsbeläggen (A) inte är slitet under 2 mm och att broms-skivorna (B) inte är spruckna, gropiga, repiga eller utslitna.

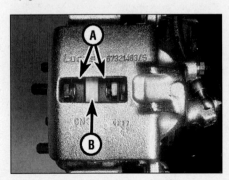

☐ Undersök alla bromsrör under bilen och bromsslangarna bak. Leta efter rost, skavning och övriga skador på ledningarna och efter tecken på blåsor under tryck, skavning, sprickor och förslitning på slangarna. (Det kan vara enklare att upptäcka eventuella sprickor på en slang om den böjs något.)

☐ Leta efter tecken på läckage vid bromsoken och på bromssköldarna. Reparera eller byt ut delar som läcker.

☐ Snurra sakta på varje hjul medan någon trycker ned och släpper upp bromspedalen. Se till att bromsen fungerar och inte ligger an när pedalen inte är nedtryckt.

☐ Undersök handbromsmekanismen och kontrollera att vajern inte har fransat sig, är av eller väldigt rostig eller att länksystemet är utslitet eller glappar. Se till att handbromsen fungerar på båda hjulen och inte ligger an när den läggs ur.

☐ Det är inte möjligt att prova bromsverkan utan specialutrustning, men man kan göra ett körtest och prova att bilen inte drar åt något håll vid en kraftig inbromsning.

Bränsle- och avgassystem

☐ Undersök bränsletanken (inklusive tanklock och påfyllningshals), fastsättning, bränsleledningar, slangar och anslutningar. Alla delar måste sitta fast ordentligt och får inte läcka.

☐ Granska avgassystemet i hela dess längd beträffande skadade, avbrutna eller saknade upphängningar. Kontrollera systemets skick beträffande rost och se till att rörklämmorna är säkert monterade. Svarta sotavlagringar på avgassystemet tyder på ett annalkande läckage.

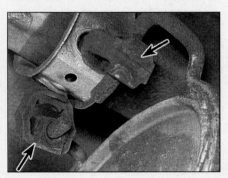

Hjul och däck

☐ Undersök i tur och ordning däcksidorna och slitbanorna på alla däcken. Kontrollera att det inte finns några skärskador, revor eller bulor och att korden inte syns p g a utslitning eller skador. Kontrollera att däcket är korrekt monterat på fälgen och att hjulet inte är deformerat eller skadat.

☐ Se till att det är rätt storlek på däcken för bilen, att det är samma storlek och däcktyp på samma axel och att det är rätt lufttryck i däcken. Se också till att inte ha dubbade och odubbade däck blandat. (Dubbade däck får användas under vinterhalvåret, från 1 oktober till första måndagen efter påsk.)

☐ Kontrollera mönsterdjupet på däcken – minsta tillåtna mönsterdjup är 1,6 mm. Onormalt däckslitage kan tyda på felaktig framhjulsinställning.

Korrosion

☐ Undersök alla bilens bärande delar efter rost. (Bärande delar innefattar underrede, tröskellådor, tvärbalkar, stolpar och all upphängning, styrsystemet, bromssystemet samt bältesinfästningarna.) Rost som avsevärt har reducerat tjockleken på en bärande yta medför troligtvis en tvåa i besiktningsprotokollet. Sådana skador kan ofta vara svåra att reparera själv.

☐ Var extra noga med att kontrollera att inte rost har gjort det möjligt för avgaser att tränga in i kupén. Om så är fallet kommer fordonet ovillkorligen inte att klara besiktningen och dessutom utgör det en stor trafik- och hälsofara för dig och dina passagerare.

---

4 Kontroller som utförs på bilens avgassystem

Bensindrivna modeller

☐ Starta motorn och låt den bli varm. Se till att tändningen är rätt inställd, att luftfiltret är rent och att motorn går bra i övrigt.

☐ Varva först upp motorn till ca 2500 varv/min och håll den där i ca 20 sekunder. Låt den sedan gå ner till tomgång och iaktta avgasutsläppen från avgasröret. Om tomgången är onaturligt hög eller om tät blå eller klart synlig svart rök kommer ut med avgaserna i mer än 5 sekunder så kommer bilen antagligen inte att klara besiktningen. I regel tyder blå rök på att motorn är sliten och förbränner olja medan svart rök tyder på att motorn inte förbränner bränslet ordentligt (smutsigt luftfilter eller annat förgasar- eller bränslesystemfel).

☐ Vad som då behövs är ett instrument som kan mäta koloxid (CO) och kolväten (HC). Om du inte har möjlighet att låna eller hyra ett dylikt instrument kan du få hjälp med det på en verkstad för en mindre kostnad.

CO- och HC-utsläpp

☐ För närvarande är högsta tillåtna gränsvärde för CO- och HC-utsläpp för bilar av årsmodell 1989 och senare (d v s bilar med katalysator enligt lag) 0,5% CO och 100 ppm HC.

På tidigare årsmodeller testas endast CO-halten och följande gränsvärden gäller:

årsmodell 1985-88	3,5% CO
årsmodell 1971-84	4,5% CO
årsmodell -1970	5,5% CO.

Bilar av årsmodell 1987-88 med frivilligt monterad katalysator bedöms enligt 1989 års komponentkrav men 1985 års utsläppskrav.

☐ Om CO-halten inte kan reduceras tillräckligt för att klara besiktningen (och bränsle- och tändningssystemet är i bra skick i övrigt) ligger problemet antagligen hos förgasaren/bränsle-insprutningsystemet eller katalysatorn (om monterad).

☐ Höga halter av HC kan orsakas av att motorn förbränner olja men troligare är att motorn inte förbränner bränslet ordentligt.

Dieseldrivna modeller

☐ Det enda testet för avgasutsläpp på dieseldrivna bilar är att man mäter röktätheten. Testet innebär att man varvar motorn kraftigt upprepade gånger.

Observera: *Det är oerhört viktigt att motorn är rätt inställd innan provet genomförs.*

☐ Mycket rök kan orsakas av ett smutsigt luftfilter. Om luftfiltret inte är smutsigt men bilen ändå avger mycket rök kan det vara nödvändigt att söka experthjälp för att hitta orsaken.

5 Körtest

☐ Slutligen, provkör bilen. Var extra uppmärksam på eventuella missljud, vibrationer och liknande.

☐ Om bilen har automatväxellåda, kontrollera att den endast går att starta i lägena P och N. Om bilen går att starta i andra växellägen måste växelväljarmekanismen justeras.

☐ Kontrollera också att hastighetsmätaren fungerar och inte är missvisande.

☐ Se till att ingen extrautrustning i kupén, t ex biltelefon och liknande, är placerad så att den vid en eventuell kollision innebär ökad risk för personskada.

☐ Gör en hastig inbromsning och kontrollera att bilen inte drar åt något håll. Om kraftiga vibrationer känns vid inbromsning kan det tyda på att bromsskivorna är skeva och bör bytas eller fräsas om. (Inte att förväxlas med de låsningsfria bromsarnas karakteristiska vibrationer.)

☐ Om vibrationer känns vid acceleration, hastighetsminskning, vid vissa hastigheter eller hela tiden, kan det tyda på att drivknutar eller drivaxlar är slitna eller defekta, att hjulen eller däcken är felaktiga eller skadade, att hjulen är obalanserade eller att styrleder, upphängningens leder, bussningar eller andra komponenter är slitna.

Motor

- ☐ Motorn går inte runt vid startförsök
- ☐ Motorn går runt, men startar inte
- ☐ Motorn är svårstartad när den är kall
- ☐ Motorn är svårstartad när den är varm
- ☐ Startmotorn ger ifrån sig oljud eller går väldigt ojämnt
- ☐ Motorn startar, men stannar omedelbart
- ☐ Ojämn tomgång
- ☐ Motorn feltänder vid tomgångsvarvtal
- ☐ Motorn feltänder vid alla varvtal
- ☐ Långsam acceleration
- ☐ Motorstopp
- ☐ Låg motorkapacitet
- ☐ Motorn misständer
- ☐ Varningslampan för oljetryck lyser när motorn är igång
- ☐ Glödtändning
- ☐ Motorljud

Kylsystem

- ☐ Överhettning
- ☐ Alltför stark avkylning
- ☐ Inre kylvätskeläckage
- ☐ Yttre kylvätskeläckage
- ☐ Korrosion

Bränsle- och avgassystem

- ☐ Överdriven bränsleförbrukning
- ☐ Bränsleläckage och/eller bränslelukt
- ☐ Överdrivet oljud eller för mycket avgaser från avgassystemet

Koppling

- ☐ Pedalen går i golvet – inget tryck eller mycket litet motstånd
- ☐ Missljud när kopplingspedalen trycks ner eller släpps upp
- ☐ Kopplingen slirar (motorvarvtalet ökar men inte bilens hastighet)
- ☐ Kopplingen tar inte (det går inte att lägga i växlar)
- ☐ Skakningar vid frikoppling

Manuell växellåda

- ☐ Missljud i friläge när motorn går
- ☐ Missljud när en speciell växel ligger i
- ☐ Svårt att lägga i växlar
- ☐ Vibrationer
- ☐ Växeln hoppar ur
- ☐ Smörjmedelsläckage

Automatväxellåda

- ☐ Oljeläckage
- ☐ Allmänna problem med växlingen
- ☐ Växellådsoljan är brun eller luktar bränt
- ☐ Växellådan växlar inte ner (kickdown) när gaspedalen är helt nedtryckt
- ☐ Motorn startar inte i någon växel, eller startar i andra växlar än Park eller Neutral
- ☐ Växellådan slirar, växlar trögt, låter illa eller är utan drift i framväxlarna eller backen

Bromssystem

- ☐ Bilen drar åt ena sidan vid inbromsning
- ☐ Oljud (slipljud eller högt gnisslande) vid inbromsning
- ☐ Bromsarna kärvar
- ☐ Överdriven pedalväg
- ☐ Bromspedalens rörelse känns "svampig" vid nedtryckning
- ☐ Överdriven pedalkraft krävs för att stanna bilen
- ☐ Skakningar i bromspedal eller ratt vid inbromsning
- ☐ Bakhjulen låser sig vid normal inbromsning

Drivaxlar

- ☐ Vibrationer vid acceleration eller inbromsning
- ☐ Klickande eller knackande ljud vid svängar (i låg fart med fullt rattutslag)

Fjädring och styrning

- ☐ Bilen drar åt ena sidan
- ☐ Kraftiga krängningar vid kurvtagning eller inbromsning
- ☐ Bristande servoeffekt
- ☐ Bilen vandrar på vägen eller är allmänt instabil
- ☐ Överdrivet stel styrning
- ☐ Överdrivet spel i styrningen
- ☐ Hjulen vinglar och skakar
- ☐ Överdrivet däckslitage

Elsystem

- ☐ Batteriet laddar ur på bara ett par dagar
- ☐ Laddningslampan fortsätter att lysa när motorn går
- ☐ Laddningslampan tänds inte
- ☐ Ljusen fungerar inte
- ☐ Instrumentavläsningarna missvisande eller ryckiga
- ☐ Signalhornet fungerar dåligt eller inte alls
- ☐ Vindrutetorkarna fungerar dåligt eller inte alls
- ☐ Vindrutespolarna fungerar dåligt eller inte alls
- ☐ De elektriska fönsterhissarna fungerar dåligt eller inte alls
- ☐ Centrallåset fungerar dåligt eller inte alls

Inledning

Den fordonsägare som underhåller sin bil med rekommenderad regelbundenhet kommer inte att behöva använda den här delen av handboken ofta. Idag är bilens delar så pålitliga att om de inspekteras eller byts med rekommenderade intervall är plötsliga haverier tämligen sällsynta. Fel uppstår vanligen inte plötsligt, de utvecklas med tiden. Speciellt större mekaniska haverier föregås vanligen av karakteristiska symptom under hundra- eller tusentals kilometer. De komponenter som vanligen havererar utan föregående varning är i regel små och lätta att ha med i bilen.

Vid all felsökning är det första steget att bestämma var man ska börja söka. Ibland är detta uppenbart, men ibland behövs lite detektivarbete. Den bilägare som gör ett halvdussin slumpvisa justeringar eller komponentbyten kanske lyckas åtgärda ett fel (eller undanröja dess symptom), men han eller hon kommer inte att vara klokare om felet uppstår igen, och kan i slutändan ha lagt ner mer tid och pengar än vad som var nödvändigt. Ett lugnt och metodiskt tillvägagångssätt är bättre i det långa loppet. Ta alltid med alla varningstecken eller onormala händelser som inträffat perioden före felet i beräkningarna, som kraftförlust, höga eller låga mätaravläsningar, ovanliga lukter etc. Kom också ihåg att defekta komponenter som säkringar eller tändstift kan vara tecken på större bakomliggande fel.

Följande sidor fungerar som en enkel guide till de vanligare problem som kan uppstå med bilen. Dessa problem och deras möjliga orsaker är grupperade under rubriker som anger olika komponenter eller system, som Motor, Kylsystem etc. Det kapitel som behandlar problemet visas inom parentes. Oavsett vad felet är finns vissa grundläggande principer. Dessa är:

Bekräfta felet. Detta görs helt enkelt för att kontrollera exakt vad symptomen är innan arbetet påbörjas. Detta är extra viktigt om du undersöker ett fel åt någon annan som kanske inte har beskrivit problemet korrekt.

Förbise inte det uppenbara. Om bilen till exempel inte startar, finns det verkligen bränsle i tanken? (Ta inte någon annans ord för givet på denna punkt och lita inte heller på bränslemätaren. Kontrollera själv.) Om ett elektriskt fel indikeras, leta efter lösa eller trasiga ledningar innan testutrustningen tas fram.

Åtgärda felet, inte bara symptomen. Om ett urladdat batteri byts mot ett fulladdat kan man ta sig från vägkanten, men om orsaken inte åtgärdas kommer det nya batteriet också snart att vara urladdat. Byts nedoljade tändstift ut mot nya rullar bilen vidare, men orsaken till nedsmutsningen måste fort-farande fastställas och åtgärdas (om det inte berodde på att tändstiften hade fel värmetal).

Ta ingenting för givet. Glöm inte att nya komponenter också kan vara defekta (särskilt om de skakat runt i bagageutrymmet en längre tid). Utelämna inte komponenter vid felsökningen bara för att de är nya eller nymonterade. När felet slutligen upptäcks inser du antagligen att det fanns tecken på felet från början.

Motor

Motorn går inte runt vid startförsök

☐ Batterianslutningarna sitter löst eller är korroderade (*Veckokontroller*).
☐ Batteriet urladdat eller defekt (kap 5A).
☐ Trasigt, löst eller urkopplat kablage i startkretsen (kap 5A).
☐ Defekt startmotorsolenoid eller tändningslås (kap 5A).
☐ Defekt startmotor (kap 5A).
☐ Kuggarna på startmotorns drev eller svänghjulets startkrans är lösa eller trasiga (kap 2A, 2B, 2C och 5A).
☐ Motorns jordfläta trasig eller urkopplad (kap 5A).

Motorn går runt, men startar inte

☐ Bränsletanken är tom.
☐ Batteriet urladdat (motorn roterar långsamt) (kap 5A)
☐ Batterianslutningarna sitter löst eller är korroderade (*Veckokontroller*)
☐ Tändningens komponenter är fuktiga eller skadade – bensinmotor (kap 1A och 5B).
☐ Trasigt, löst eller urkopplat kablage i tändningskretsen – bensinmotor (kap 1A och 5B).
☐ Slitna, defekta eller felaktigt justerade tändstift – bensinmotor (kap 1A).
☐ Fel i bränsleinsprutningssystemet (kap 4A och 4B).
☐ Stoppsolenoiden defekt – dieselmotor (kap 4B).
☐ Luft i bränslesystemet – dieselmotor (kap 4B).
☐ Större mekaniskt fel (t.ex. på kamremmen) (kap 2A, 2B eller 2C).

Motorn är svårstartad när den är kall

☐ Batteriet urladdat (kap 5A).
☐ Batterianslutningarna är lösa eller korroderade (*Veckokontroller*)
☐ Slitna, defekta eller felaktigt justerade tändstift – bensinmotor (kap 1A).
☐ Fel i bränsleinsprutningssystemet (kap 4A och 4B).
☐ Annat fel i tändsystemet – bensinmotor (kap 1A och 5B).
☐ Förvärmningssystemet defekt – dieselmotor (kap 5C).
☐ Låg cylinderkompression (kap 2A, 2B eller 2C).

Motorn är svårstartad när den är varm

☐ Smutsigt eller igensatt luftfilter (kap 1A eller 1B).
☐ Fel i bränsleinsprutningssystemet (kap 4A och 4B).
☐ Låg cylinderkompression (kap 2A, 2B eller 2C).

Startmotorn ger ifrån sig oljud eller går väldigt ojämnt

☐ Kuggarna på startmotorns drev eller svänghjulets startkrans är lösa eller trasiga (kap 2A, 2B, 2C och 5A).
☐ Startmotorns fästbultar lösa eller saknas (kap 5A).
☐ Startmotorns inre delar slitna eller skadade (kap 5A).

Motorn startar, men stannar omedelbart

☐ Lös eller defekta elektriska anslutningar i tändningskretsen - bensinmotor (kap 1A och 5B).
☐ Vakuumläckage vid gasspjällshuset eller insugningsröret - bensinmotor (kap 4A).
☐ Blockerad insprutningsventil/fel i bränsleinsprutningssystemet (kap 4A eller 4B).
☐ Defekta insprutningsventiler - dieselmotor (kap 4B).
☐ Luft i bränslesystemet - dieselmotor (kap 4B).

Ojämn tomgång

☐ Igensatt luftfilter (kap 1A eller 1B).
☐ Vakuumläckage vid gasspjällshuset, insugningsröret eller tillhörande slangar - bensinmotor (kap 4A).
☐ Slitna, defekta eller felaktigt justerade tändstift - bensinmotor (kap 1A).
☐ Ojämn eller låg cylinderkompression (kap 2A, 2B eller 2C).
☐ Slitna kamlober (kap 2A, 2B eller 2C).
☐ Kamremmen felaktigt spänd (kap 2A, 2B eller 2C).
☐ Blockerad insprutningsventil/fel i bränsleinsprutningssystemet (kap 4A eller 4B).
☐ Defekta insprutningsventiler - dieselmotor (kap 4B).

Motor (fortsättning)

Motorn feltänder vid tomgångsvarvtal

- [ ] Slitna, defekta eller felaktigt justerade tändstift - bensinmotor (kap 1A).
- [ ] Defekta tändkablar - bensinmotor (kap 5B).
- [ ] Vakuumläckage vid gasspjällshuset, insugningsröret eller tillhörande slangar (kap 4A eller 4B).
- [ ] Blockerad insprutningsventil/fel i bränsleinsprutningssystemet (kap 4A eller 4B).
- [ ] Defekta insprutningsventiler - dieselmotor (kap 4B).
- [ ] Ojämn eller låg cylinderkompression (kap 2A, 2B eller 2C).
- [ ] Losskopplade, läckande eller förstörda vevhusventilationsslangar (kap 4C eller 4D).

Motorn feltänder vid alla varvtal

- [ ] Bränslefiltret igensatt (kap 1A eller 1B).
- [ ] Defekt bränslepump eller lågt matningstryck (kap 4A eller 4B).
- [ ] Blockerad bränsletanksventil eller igensatta bränslerör (kap 4A eller 4B).
- [ ] Vakuumläckage vid gasspjällshuset, insugningsröret eller tillhörande slangar - bensinmotor (kap 4A).
- [ ] Slitna, defekta eller felaktigt justerade tändstift - bensinmotor (kap 1A).
- [ ] Defekta tändkablar (kap 5B).
- [ ] Defekta insprutningsventiler - dieselmotor (kap 4B).
- [ ] Defekt tändspole - bensinmotor (kap 5B).
- [ ] Ojämn eller låg cylinderkompression (kap 2A, 2B eller 2C).
- [ ] Blockerad insprutningsventil/fel i bränsleinsprutningssystemet (kap 4A eller 4B).

Långsam acceleration

- [ ] Slitna, defekta el felaktigt justerade tändstift - bensinmotor (kap 1A).
- [ ] Vakuumläckage vid gasspjällshuset, insugningsröret eller tillhörande slangar - bensinmotor (kap 4A).
- [ ] Blockerad insprutningsventil/fel i bränsleinsprutningssystemet (kap 4A eller 4B).
- [ ] Defekta insprutningsventiler - dieselmotor (kap 4B).
- [ ] Insprutningspumpens synkronisering felaktig - dieselmotor (kap 4B).

Motorstopp

- [ ] Vakuumläckage vid gasspjällshuset, insugningsröret eller tillhörande slangar - bensinmotor (kap 4A).
- [ ] Bränslefiltret igensatt (kap 1A eller 1B).
- [ ] Defekt bränslepump el lågt matningstryck - bensinmotor (kap 4A).
- [ ] Blockerad bränsletanksventil el igensatta bränslerör (kap 4A eller 4B).
- [ ] Blockerad insprutningsventil/fel i bränsleinsprutningssystemet (kap 4A eller 4B).
- [ ] Defekta insprutningsventiler - dieselmotor (kap 4B).
- [ ] Luft i bränslesystemet - dieselmotor (kap 4B).

Låg motorkapacitet

- [ ] Kamremmen felaktigt monterad eller spänd (kap 2A, 2B eller 2C).
- [ ] Bränslefiltret igensatt (kap 1A eller 1B).
- [ ] Defekt bränslepump el lågt matningstryck - bensinmotor (kap 4A).
- [ ] Ojämn eller låg cylinderkompression (kap 2A, 2B eller 2C).
- [ ] Slitna, defekta el felaktigt justerade tändstift - bensinmotor (kap 1A).
- [ ] Vakuumläckage vid gasspjällshuset, insugningsröret eller tillhörande slangar - bensinmotor (kap 4A).
- [ ] Blockerad insprutningsventil/fel i bränsleinsprutningssystemet (kap 4A eller 4B).
- [ ] Insprutningspumpens synkronisering felaktig - dieselmotor (kap 4B).
- [ ] Bromsarna kärvar (kap 1A eller 1B och 9).
- [ ] Kopplingen slirar (kap 6).

Motorn misständer

- [ ] Kamremmen felaktigt monterad eller spänd (kap 2A, 2B eller 2C).
- [ ] Vakuumläckage vid gasspjällshuset, insugningsröret eller tillhörande slangar - bensinmotor (kap 4A).
- [ ] Blockerad insprutningsventil/fel i bränsleinsprutningssystemet (kap 4A eller 4B).

Varningslampan för oljetryck lyser när motorn är igång

- [ ] Låg oljenivå eller felaktig oljegrad (Veckokontroller).
- [ ] Brytaren till varningslampan för oljetryck defekt (kap 2A, 2B el 2C).
- [ ] Slitna motorlager och/eller oljepump (kap 2A, 2B eller 2C).
- [ ] Motorns arbetstemperatur hög (kap 3).
- [ ] Oljetrycksventilen defekt (kap 2A, 2B eller 2C).
- [ ] Oljeupptagarens filter igensatt (kap 2A, 2B eller 2C).

Glödtändning

- [ ] Kraftiga sotavlagringar i motorn (kap 2A, 2B eller 2C).
- [ ] Motorns arbetstemperatur hög (kap 3).
- [ ] Bränsleinsprutningssystemet defekt - bensinmotor (kap 4A).
- [ ] Defekt stoppsolenoid - dieselmotor (kap 4B).

Motorljud

Förtändning (spikning) eller knackning under acceleration eller belastning

- [ ] Felaktig tändningsinställning/tändningssystemet defekt - bensinmotor (kap 1A och 5B).
- [ ] Tändstift av fel grad - bensinmotor (kap 1A).
- [ ] Felaktig bränslegrad (kap 4A).
- [ ] Vakuumläckage vid gasspjällshuset, insugningsröret eller tillhörande slangar - bensinmotor (kap 4A).
- [ ] Kraftiga sotavlagringar i motorn (kap 2A, 2B eller 2C).
- [ ] Igensatt insprutningsventil/defekt bränsleinsprutningssystem - bensinmotor (kap 4A).

Visslande eller väsande ljud

- [ ] Läckande packning i insugningsrör eller gasspjällshus - bensinmotor (kap 4A).
- [ ] Läckande avgasgrenrörspackning eller skarv mellan rör och grenrör (kap 4C eller 4D).
- [ ] Läckande vakuumslang (kap 4A, 4B, 4C, 4D och 9).
- [ ] Läckande topplockspackning (kap 2A, 2B eller 2C).

Knackande eller skallrande ljud

- [ ] Sliten ventilreglering eller kamaxel (kap 2A, 2B eller 2C).
- [ ] Defekt hjälpaggregat (kylvätskepump, generator etc.) (kap 3, 5A etc.).

Knackande ljud eller slag

- [ ] Slitna vevstakslager (regelbundna kraftiga knackningar som eventuellt förvärras vid belastning) (kap 2D).
- [ ] Slitna ramlager (muller och knackningar som eventuellt minskar vid belastning) (kap 2D).
- [ ] Kolvslammer (märks mest när motorn är kall) (kap 2D).
- [ ] Defekt hjälpaggregat (kylvätskepump, generator etc.) (kap 3, 5A etc.).

Kylsystem

Överhettning

- [ ] För lite kylvätska i systemet (*Veckokontroller*).
- [ ] Defekt termostat (kap 3).
- [ ] Kylarblocket eller grillen igentäppt (kap 3).
- [ ] Elektriska kylfläkten eller termobrytaren defekt (kap 3).
- [ ] Defekt trycklock (kap 3).
- [ ] Felaktig tändningsinställning/tändsystemet defekt - bensinmod. (kap 1A och 5B).
- [ ] Defekt temperaturmätargivare (kap 3).
- [ ] Luftficka i kylsystemet.

Alltför stark avkylning

- [ ] Defekt termostat (kap 3).
- [ ] Defekt temperaturmätargivare (kap 3).

Inre kylvätskeläckage

- [ ] Läckande topplockspackning (kap 2A, 2B eller 2C).
- [ ] Sprucket topplock eller cylinderlopp (kap 2D).

Yttre kylvätskeläckage

- [ ] Slitna eller skadade slangar eller slangklämmor (kap 1A eller 1B).
- [ ] Läckage i kylare eller värmepaket (kap 3).
- [ ] Defekt trycklock (kap 3).
- [ ] Vattenpumpens tätning läcker (kap 3).
- [ ] Kokning på grund av överhettning (kap 3).
- [ ] Läckande hylsplugg (kap 2D).

Korrosion

- [ ] Oregelbunden tömning och spolning (kap 1A eller 1B).
- [ ] Felaktig kylvätskeblandning eller fel typ av frostskyddsvätska (kap 1A eller 1B).

Bränsle- och avgassystem

Överdriven bränsleförbrukning

- [ ] Smutsigt eller igensatt luftfilter (kap 1A eller 1B).
- [ ] Fel i bränsleinsprutningssystemet (kap 4A och 4B).
- [ ] Felaktig tändinställning/tändsystemet defekt - bensinmotor (kap 1A och 5B).
- [ ] Defekta insprutningsventiler - dieselmotor (kap 4B).
- [ ] För lite luft i däcken (*Veckokontroller*).

Bränsleläckage och/eller bränslelukt

- [ ] Bränsletank, rör eller anslutningar skadade eller korroderade (kap 4A eller 4B).

Överdrivet oljud eller för mycket avgaser från avgassystemet

- [ ] Läckande avgassystem eller grenrörsanslutningar (kap 1A, 1B, 4C eller 4D).
- [ ] Läckage, korrosion eller skada i ljuddämpare eller rör (kap 1A, 1B, 4C eller 4D).
- [ ] Trasiga fästen som orsakar kontakt med kaross eller fjädring (kap 1A eller 1B).

Koppling

Pedalen går i golvet – inget tryck eller mycket litet motstånd

- [ ] Låg hydraulvätskenivå/luft i systemet (kap 6).
- [ ] Defekt urtrampningslager eller gaffel (kap 6).
- [ ] Trasig tallriksfjäder i kopplingens tryckplatta (kap 6).

Missljud när kopplingspedalen trycks ner eller släpps upp

- [ ] Slitet urtrampningslager (kap 6).
- [ ] Slitna eller torra kopplingspedalbussningar (kap 6).
- [ ] Defekt tryckplatta (kap 6).
- [ ] Tryckplattans tallriksfjäder trasig (kap 6).
- [ ] Lamellens dämpfjädrar defekta (kap 6).

Kopplingen slirar (motorns varvtal ökar men inte bilens hastighet)

- [ ] Lamellbeläggen är mycket slitna (kap 6).
- [ ] Lamellbeläggen förorenade med olja eller fett (kap 6).
- [ ] Defekt tryckplatta eller svag tallriksfjäder (kap 6).

Kopplingen tar inte (det går inte att lägga i växlar)

- [ ] Lamellen har fastnat på räfflorna på växellådans ingående axel (kap 6).
- [ ] Lamellen fastnar på svänghjul eller tryckplatta (kap 6).
- [ ] Defekt tryckplatta (kap 6).
- [ ] Urtrampningsmekanismen sliten eller felaktigt hopsatt (kap 6).

Skakningar vid frikoppling

- [ ] Lamellbeläggen förorenade med olja eller fett (kap 6).
- [ ] Lamellbeläggen är mycket slitna (kap 6).
- [ ] Defekt eller skev tryckplatta eller tallriksfjäder (kap 6).
- [ ] Slitna eller lösa motor- eller växellådsfästen (kap 2A, 2B eller 2C).
- [ ] Lamellnavet eller räfflorna på växellådans ingående axel slitna (kap 6).

Manuell växellåda

Missljud i friläge när motorn går

- [ ] Ingående axelns lager slitna (tydliga missljud när kopplingspedalen släpps upp, men inte när den trycks ner) (kap 7A).*
- [ ] Slitet urtrampningslager (missljud med nedtryckt pedal som möjligen minskar när pedalen släpps upp) (kap 6).

Missljud när en speciell växel ligger i

- [ ] Slitna eller skadade kuggar på växellådsdreven (kap 7A)*.

Svårt att lägga i växlar

- [ ] Kopplingen defekt (kap 6).
- [ ] Slitet eller skadat växellänksystem (kap 7A).
- [ ] Felaktigt inställt växellänksystem (kap 7A).
- [ ] Slitna synkroniseringsenheter (kap 7A)*.

Vibrationer

- [ ] Oljebrist (kap 1A eller 1B).
- [ ] Slitna lager (kap 7A)*.

Växeln hoppar ur

- [ ] Slitet eller skadat växellänksystem (kap 7A).
- [ ] Felaktigt inställt växellänksystem (kap 7A).
- [ ] Slitna synkroniseringsenheter (kap 7A)*.
- [ ] Slitna väljargafflar (kap 7A)*.

Smörjmedelsläckage

- [ ] Differentialens oljetätning läcker (kap 7A).
- [ ] Läckande husfog (kap 7A)*
- [ ] Läckage i ingående axelns oljetätning (kap 7A)*

Även om de åtgärder som krävs för att åtgärda problemen oftast är för svåra för en hemmamekaniker, kan ovanstående information vara till hjälp när orsaken till felet skall fastställas, så att ägaren kan uttrycka sig så tydligt som möjligt i samråd med en professionell mekaniker.

Automatväxellåda

Observera: *På grund av automatväxellådans komplicerade sammansättning är det svårt för en hemmamekaniker att ställa riktiga diagnoser och serva enheten. Om andra problem än följande uppstår ska bilen tas till en verkstad eller till en specialist på växellådor. Var inte för snabb med att demontera växellådan om ett fel misstänks. De flesta kontroller ska utföras med växellådan monterad.*

Oljeläckage

- [ ] Automatväxellådans vätska är ofta mörk till färgen. Oljeläckage ska inte blandas ihop med motorolja, som lätt kan stänka på växellådan av luftflödet.
- [ ] För att hitta läckan, använd avfettningsmedel eller en ångtvätt och rengör växellådshuset och områdena runt omkring från smuts och avlagringar. Kör bilen långsamt så att inte luftflödet blåser den läckande oljan långt från källan. Hissa upp bilen och stöd den på pallbockar, och fastställ varifrån läckan kommer.

Allmänna problem med att växla

- [ ] I kap 7B behandlas kontroll och justering av växelvajern på automatväxellådor. Följande problem är vanliga och kan orsakas av dåligt justerad vajer:
  a) *Motorn startar i andra växlar än Park eller Neutral.*
  b) *Indikatorpanelen anger en annan växel än den som används.*
  c) *Bilen rör sig när växlarna Park eller Neutral ligger i.*
  d) *Dålig eller felaktig utväxling.*

Växellådsoljan är brun eller luktar bränt

- [ ] Växellådsoljan behöver fyllas på eller bytas (kap 1A eller 1B).

Växellådan växlar inte ner (kickdown) när gaspedalen är helt nedtryckt

- [ ] Låg växellådsoljenivå (kap 1A eller 1B).
- [ ] Felaktig justering av växelvajern (kap 7B).

Motorn startar inte i någon växel, eller startar i andra växlar än Park eller Neutral

- [ ] Felaktig justering av växelvajern (kap 7B).

Växellådan slirar, växlar trögt, låter illa eller är utan drift i framväxlarna eller backen

- [ ] Det kan finnas många orsaker till ovanstående problem, men om det inte finns en mycket uppenbar anledning (som en lös eller korroderad anslutningskontakt på eller i närheten av växellådan), ska bilen lämnas till en VW-verkstad för feldiagnostisering. Växellådans styrenhet innehåller ett självdiagnossystem, och felkoder kan snabbt läsas och tolkas av en mekaniker med tillgång till rätt utrustning.

Bromssystem

Observera: *Innan bromsarna antas vara defekta, kontrollera att däcken är i gott skick och har rätt tryck, att framhjulsinställningen är korrekt och att bilen inte är ojämnt lastad. Alla fel i ABS-systemet som rör annat än skicket på rör- och slanganslutningarna ska överlåtas till en VW-verkstad för diagnos.*

Bilen drar åt ena sidan vid inbromsning

☐ Slitna, defekta, skadade eller förorenade bromsklossar på ena sidan (kap 1A eller 1B och 9).
☐ Skuren eller delvis skuren bromsokskolv (kap 1A eller 1B och 9).
☐ Olika typer av bromsklossbelägg på höger och vänster sida (kap 1A eller 1B och 9).
☐ Bromsokets fästbultar lösa (kap 9).
☐ Slitna eller skadade komponenter i styrning eller fjädring (kap 1A eller 1B och 10).

Oljud (slipljud eller högt gnisslande) vid inbromsning

☐ Bromsklossarnas eller bromsbackarnas friktionsbelägg nerslitet till stödplattan (kap 1A eller 1B och 9).
☐ Kraftig korrosion på bromsskiva. Kan visa sig efter att bilen stått oanvänd en tid (kap 1A eller 1B och 9).
☐ Främmande föremål (grus etc.) har fastnat mellan bromsskivan och skölden (kap 1A eller 1B och 9).

Bromsarna kärvar

☐ Skurna bromsokskolvar (kap 9).
☐ Felaktigt justerad handbromsmekanism (kap 9).
☐ Defekt huvudcylinder (kap 9)

Överdriven pedalväg

☐ Defekt huvudcylinder (kap 9).
☐ Luft i bromssystemet (kap 1A eller 1B och 9).
☐ Defekt vakuumservo (kap 9).

Bromspedalens rörelse känns "svampig" vid nedtryckning

☐ Luft i bromssystemet (kap 1A eller 1B och 9).
☐ Slitna gummibromsslangar (kap 1A eller 1B och 9).
☐ Huvudcylinderns fästmuttrar lösa (kap 9).
☐ Defekt huvudcylinder (kap 9).

Överdriven pedalkraft krävs för att stanna bilen

☐ Defekt vakuumservo (kap 9).
☐ Defekt bromsvakuumpump - dieselmotor (kap 9).
☐ Bromsservons vakuumslangar urkopplade, skadade eller lösa (kap 9).
☐ Defekt primär- eller sekundärkrets (kap 9).
☐ Skurna bromsokskolvar (kap 9).
☐ Felaktigt monterade bromsklossar (kap 1A eller 1B och 9).
☐ Fel sorts bromsklossar monterade (kap 1A eller 1B och 9).
☐ Bromsklossarna förorenade (kap 1A eller 1B och 9).

Skakningar i bromspedal eller ratt vid inbromsning

Observera: *Skakningar som känns genom bromspedalen är normalt på bilar med ABS.*
☐ Kraftigt skeva bromsskivor (kap 1A eller 1B och 9).
☐ Bromsklosslitage (kap 1A eller 1B och 9).
☐ Bromsokets fästbultar lösa (kap 9).
☐ Slitage i fjädringens eller styrningens komponenter eller fästen (kap 1A eller 1B och 10).

Bakhjulen låser sig vid normal inbromsning

☐ Bakre bromsklossar förorenade (kap 1A eller 1B och 9).
☐ ABS-systemet defekt (kap 9).

Drivaxlar

Klickande eller knackande ljud vid kurvtagning (i låg hastighet med fullt rattutslag)

☐ För lite smörjmedel i drivknuten, eventuellt på grund av skadad damask (kap 8).
☐ Sliten yttre drivknut (kap 8).

Vibrationer vid acceleration eller inbromsning

☐ Sliten inre drivknut (kap 8).
☐ Böjd eller skev drivaxel (kap 8).

Fjädring och styrning

Observera: *Innan fjädringen eller styrningen antas vara defekt, kontrollera att felet inte beror på felaktiga däcktryck, blandade typer av däck eller på att bromsarna låser sig.*

Bilen drar åt ena sidan

☐ Defekt däck (*Veckokontroller*).
☐ Kraftigt slitage i fjädringens eller styrningens komponenter (kap 1A eller 1B och 10).
☐ Felaktig framhjulsinställning (kap 10).
☐ Olycksskada i styrningens eller fjädringens komponenter (kap 1A eller 1B och 10).

Kraftiga krängningar vid kurvtagning eller inbromsning

☐ Defekta stötdämpare (kap 1A eller 1B och 10).
☐ Trasig eller svag fjäder och/eller fjädringskomponent (kap 1A eller 1B och 10).
☐ Krängningshämmare eller fästen slitna eller skadade (om tillämpligt) (kap 10).

Bristande servoeffekt

☐ Trasig eller felaktigt justerad drivrem (kap 1A eller 1B).
☐ För hög eller låg nivå av servostyrningsvätska (*Veckokontroller*).
☐ Servostyrningens slangar igensatta (kap 1A eller 1B).
☐ Defekt servostyrningspump (kap 10).
☐ Defekt kuggstångsstyrning (kap 10).

Bilen vandrar på vägen eller är allmänt instabil

☐ Felaktig framhjulsinställning (kap 10).
☐ Slitna leder, bussningar eller komponenter i styrning eller fjädring (kap 1A eller 1B och 10).
☐ Obalanserade hjul (kap 1A eller 1B och 10).
☐ Defekt eller skadat däck (*Veckokontroller*).
☐ Lösa hjulbultar (kap 1A eller 1B och 10).
☐ Defekta stötdämpare (kap 1A eller 1B och 10).

Överdrivet stel styrning

☐ För lite smörjmedel i styrväxeln (kap 10).
☐ Styrstagsändens eller fjädringens spindelled skuren (kap 1A eller 1B och 10).
☐ Trasig eller felaktigt justerad drivrem - servostyrning (kap 1A eller 1B).
☐ Felaktig framhjulsinställning (kap 10).
☐ Kuggstången eller rattstången böjd eller skadad (kap 10).

Överdrivet spel i styrningen

☐ Universalkopplingen i rattstångens mellanaxel sliten (kap 10).
☐ Styrstagsändens spindelleder slitna (kap 1A eller 1B och 10).
☐ Sliten kuggstångsstyrning (kap 10).
☐ Slitna leder, bussningar eller komponenter i styrning eller fjädring (kap 1A eller 1B och 10).

Hjulen vinglar och skakar

☐ Framhjulen obalanserade (vibrationer känns främst genom ratten) (kap 1A eller 1B och 10).
☐ Bakhjulen obalanserade (vibrationer känns i hela bilen) (kap 1A eller 1B och 10).
☐ Hjulen skadade eller skeva (kap 1A eller 1B och 10).
☐ Defekt eller skadat däck (*Veckokontroller*).
☐ Slitna leder, bussningar eller komponenter i styrning eller fjädring (kap 1A eller 1B och 10).
☐ Lösa hjulbultar (kap 1A eller 1B och 10).

Överdrivet däckslitage

Däcken slitna på inner- eller ytterkanten

☐ För lite luft i däcken (slitage på båda kanterna) (*Veckokontroller*).
☐ Felaktiga camber- eller castervinklar (slitage på en kant) (kap 10).
☐ Slitna leder, bussningar eller komponenter i styrning eller fjädring (kap 1A eller 1B och 10).
☐ Överdrivet hård kurvtagning.
☐ Skada efter olycka.

Däckmönster har fransiga kanter

☐ Felaktig toe-inställning (kap 10).

Slitage i mitten av däckmönstret

☐ För mycket luft i däcken (*Veckokontroller*).

Däcken slitna på inner- och ytterkanten

☐ För lite luft i däcken (*Veckokontroller*).

Ojämnt däckslitage

☐ Obalanserade hjul/däck (kap 1A eller 1B och 10).
☐ Kraftigt skeva hjul eller däck (kap 1A, 1B eller 10).
☐ Slitna stötdämpare (kap 1A eller 1B och 10).
☐ Defekt däck (*Veckokontroller*).

Elsystem

Observera: *Vid problem med startsystemet, se felen under Motor tidigare i detta avsnitt.*

Batteriet laddar ur på bara ett par dagar
- [ ] Batteriet defekt invändigt (kap 5A).
- [ ] Batterianslutningarna sitter löst eller är korroderade (*Veckokontroller*).
- [ ] Trasig eller felaktigt justerad drivrem (kap 1A eller 1B).
- [ ] Generatorn laddar inte vid korrekt effekt (kap 5A).
- [ ] Generatorn eller spänningsregulatorn defekt (kap 5A).
- [ ] Kortslutning orsakar konstant urladdning av batteriet (kap 5A och 12).

Laddningslampan fortsätter att lysa när motorn går
- [ ] Trasig, sliten eller felaktigt justerad drivrem (kap 1A eller 1B).
- [ ] Generatorns borstar är slitna, smutsiga eller har fastnat (kap 5A).
- [ ] Fjädrarna till generatorns borstar svaga eller trasiga (kap 5A).
- [ ] Internt fel i generatorn eller spänningsregulatorn (kap 5A).
- [ ] Trasigt, löst eller urkopplat kablage i laddningskretsen (kap 5A).

Laddningslampan tänds inte
- [ ] Varningslampans lysdiod defekt (kap 12).
- [ ] Trasigt, urkopplat eller löst kablage i varningslampans krets (kap 12).
- [ ] Defekt generator (kap 5A).

Ljusen fungerar inte
- [ ] Trasig glödlampa (kap 12).
- [ ] Korrosion på glödlampa eller hållare (kap 12).
- [ ] Trasig säkring (kap 12).
- [ ] Defekt relä (kap 12).
- [ ] Trasigt, löst eller urkopplat kablage (kap 12).
- [ ] Defekt brytare (kap 12).

Instrumentavläsningarna missvisande eller ryckiga
Bränsle- eller temperaturmätaren ger inget utslag
- [ ] Defekt givarenhet (kap 3, 4A eller 4B).
- [ ] Kretsbrott (kap 12).
- [ ] Defekt mätare (kap 12).
Bränsle- eller temperaturmätaren ger kontinuerligt maximalt utslag
- [ ] Defekt givarenhet (kap 3, 4A eller 4B).
- [ ] Kortslutning (kap 12).
- [ ] Defekt mätare (kap 12).

Signalhornet fungerar dåligt eller inte alls
Signalhornet tjuter hela tiden
- [ ] Signalhornets tuta är antingen jordad eller har fastnat (kap 12).
- [ ] Vajern till signalhornets tuta jordad (kap 12).
Signalhornet fungerar inte
- [ ] Trasig säkring (kap 12).
- [ ] Vajer eller vajeranslutningar lösa, trasiga eller urkopplade (kap 12).
- [ ] Defekt signalhorn (kap 12).
Signalhornet avger ryckigt eller otillfredsställande ljud
- [ ] Lösa vajeranslutningar (kap 12).
- [ ] Signalhornets fästen sitter löst (kap 12).
- [ ] Defekt signalhorn (kap 12).

Vindrute-/bakrutetorkarna fungerar dåligt eller inte alls
Torkarna fungerar inte eller går mycket långsamt
- [ ] Torkarbladen har fastnat vid rutan eller länksystemet har skurit eller kärvar (*Veckokontroller* och kap 12).

- [ ] Trasig säkring (kap 12).
- [ ] Vajer eller vajeranslutningar lösa, trasiga eller urkopplade (kap 12).
- [ ] Defekt relä (kap 12).
- [ ] Defekt torkarmotor (kap 12).

Torkarbladen sveper över för stort/litet område av rutan
- [ ] Torkararmarna felaktigt placerade i spindlarna (kap 12).
- [ ] Kraftigt slitage i torkarnas länksystem (kap 12).
- [ ] Torkarmotorns eller länksystemets fästen sitter löst (kap 12).

Torkarbladen rengör inte rutan effektivt
- [ ] Torkarbladens gummi slitet eller saknas (*Veckokontroller*).
- [ ] Torkararmens fjäder trasig eller armtapparna har skurit (kap 12).
- [ ] För lite rengöringsmedel i spolarvätskan för att få bort smuts (*Veckokontroller*).

Vindrute-/bakrutespolarna fungerar dåligt eller inte alls
Ett eller flera spolarmunstycken sprutar inte
- [ ] Igensatt spolarmunstycke (kap 1A eller 1B).
- [ ] Urkopplad, veckad eller igensatt spolarslang (kap 12).
- [ ] För lite vätska i spolarbehållaren (kap 1A eller 1B).
Spolarpumpen fungerar inte
- [ ] Trasiga eller lösa kablar eller anslutningar (kap 12).
- [ ] Trasig säkring (kap 12).
- [ ] Defekt spolarbrytare (kap 12).
- [ ] Defekt spolarpump (kap 12).

De elektriska fönsterhissarna fungerar dåligt eller inte alls
Fönsterrutan rör sig bara i en riktning
- [ ] Defekt brytare (kap 12).
Fönsterrutan rör sig långsamt
- [ ] Fönsterhissen kärvar eller är skadad, eller behöver smörjas (kap 11).
- [ ] Dörrens inre komponenter eller klädsel hindrar fönsterhissen (kap 11).
- [ ] Defekt motor (kap 11).
Fönsterrutan rör sig inte
- [ ] Trasig säkring (kap 12).
- [ ] Defekt relä (kap 12).
- [ ] Trasiga eller lösa kablar eller anslutningar (kap 12).
- [ ] Defekt motor (kap 11).

Centrallåset fungerar dåligt eller inte alls
Totalt systemhaveri
- [ ] Trasig säkring (kap 12).
- [ ] Defekt relä (kap 12).
- [ ] Trasiga eller lösa kablar eller anslutningar (kap 12).
- [ ] Defekt styrmodul (kap 11).
Regeln låser men låser inte upp, eller låser upp men låser inte
- [ ] Defekt huvudbrytare (kap 11).
- [ ] Regelns reglagearmar eller länkstag är trasiga eller losskopplade (kap 11).
- [ ] Defekt relä (kap 12).
- [ ] Defekt styrmodul (kap 11).
Ett reglage ur funktion
- [ ] Trasiga eller lösa kablar eller anslutningar (kap 12).
- [ ] Defekt reglage (kap 11).
- [ ] Regelns reglagearmar eller länkstag kärvar, är trasiga eller losskopplade (kap 11).
- [ ] Defekt dörrlås (kap 11).

A

ABS (Anti-lock brake system) Låsningsfria bromsar. Ett system, vanligen elektroniskt styrt, som känner av påbörjande låsning av hjul vid inbromsning och lättar på hydraultrycket på hjul som ska till att låsa.

Air bag (krockkudde) En uppblåsbar kudde dold i ratten (på förarsidan) eller instrumentbrädan eller handskfacket (på passagerarsidan) Vid kollision blåses kuddarna upp vilket hindrar att förare och framsätespassagerare kastas in i ratt eller vindruta.

Ampere (A) En måttenhet för elektrisk ström. 1 A är den ström som produceras av 1 volt gående genom ett motstånd om 1 ohm.

Anaerobisk tätning En massa som används som gänglås. Anaerobisk innebär att den inte kräver syre för att fungera.

Antikärvningsmedel En pasta som minskar risk för kärvning i infästningar som utsätts för höga temperaturer, som t.ex. skruvar och muttrar till avgasrenrör. Kallas även gängskydd.

Antikärvningsmedel

Asbest Ett naturligt fibröst material med stor värmetolerans som vanligen används i bromsbelägg. Asbest är en hälsorisk och damm som alstras i bromsar ska aldrig inandas eller sväljas.

Avgasgrenrör En del med flera passager genom vilka avgaserna lämnar förbränningskamrarna och går in i avgasröret.

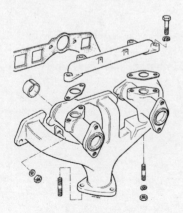

Avgasgrenrör

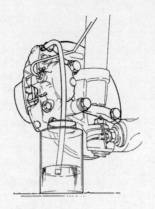

Avluftning av bromsarna

Avluftning av bromsar Avlägsnande av luft från hydrauliskt bromssystem.

Avluftningsnippel En ventil på ett bromsok, hydraulcylinder eller annan hydraulisk del som öppnas för att tappa ur luften i systemet.

Axel En stång som ett hjul roterar på, eller som roterar inuti ett hjul. Även en massiv balk som håller samman två hjul i bilens ena ände. En axel som även överför kraft till hjul kallas drivaxel.

Axel

Axialspel Rörelse i längdled mellan två delar. För vevaxeln är det den distans den kan röra sig framåt och bakåt i motorblocket.

B

Belastningskänslig fördelningsventil En styrventil i bromshydrauliken som fördelar bromseffekten, med hänsyn till bakaxelbelastningen.

Bladmått Ett tunt blad av härdat stål, slipat till exakt tjocklek, som används till att mäta spel mellan delar.

Bladmått

Bromsback Halvmåneformad hållare med fastsatt bromsbelägg som tvingar ut beläggen i kontakt med den roterande bromstrumman under inbromsning.

Bromsbelägg Det friktionsmaterial som kommer i kontakt med bromsskiva eller bromstrumma för att minska bilens hastighet. Beläggen är limmade eller nitade på bromsklossar eller bromsbackar.

Bromsklossar Utbytbara friktionsklossar som nyper i bromsskivan när pedalen trycks ned. Bromsklossar består av bromsbelägg som limmats eller nitats på en styv bottenplatta.

Bromsok Den icke roterande delen av en skivbromsanordning. Det grenslar skivan och håller bromsklossarna. Oket innehåller även de hydrauliska delar som tvingar klossarna att nypa skivan när pedalen trycks ned.

Bromsskiva Den del i en skivbromsanordning som roterar med hjulet.

Bromstrumma Den del i en trumbromsanordning som roterar med hjulet.

C

Caster I samband med hjulinställning, lutningen framåt eller bakåt av styrningens axialled. Caster är positiv när styrningens axialled lutar bakåt i överkanten.

CV-knut En typ av universalknut som upphäver vibrationer orsakade av att drivkraft förmedlas genom en vinkel.

D

Diagnostikkod Kodsiffror som kan tas fram genom att gå till diagnosläget i motorstyrningens centralenhet. Koden kan användas till att bestämma i vilken del av systemet en felfunktion kan förekomma.

Draghammare Ett speciellt verktyg som skruvas in i eller på annat sätt fästs vid en del som ska dras ut, exempelvis en axel. Ett tungt glidande handtag dras utmed verktygsaxeln mot ett stopp i änden vilket rycker avsedd del fri.

Drivaxel En roterande axel på endera sidan differentialen som ger kraft från slutväxeln till drivhjulen. Även varje axel som används att överföra rörelse.

Drivaxel

Drivrem(mar) Rem(mar) som används till att driva tillbehörsutrustning som generator, vattenpump, servostyrning, luftkonditioneringskompressor mm, från vevaxelns remskiva.

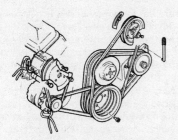

Drivremmar till extrautrustning

Dubbla överliggande kamaxlar (DOHC) En motor försedd med två överliggande kamaxlar, vanligen en för insugsventilerna och en för avgasventilerna.

E

EGR-ventil Avgasåtercirkulationsventil. En ventil som för in avgaser i insugsluften.

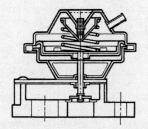

Ventil för avgasåtercirkulation (EGR)

Elektrodavstånd Den distans en gnista har att överbrygga från centrumelektroden till sidoelektroden i ett tändstift.

Justering av elektrodavståndet

Elektronisk bränsleinsprutning (EFI) Ett datorstyrt system som fördelar bränsle till förbränningskamrarna via insprutare i varje insugsport i motorn.

Elektronisk styrenhet En dator som exempelvis styr tändning, bränsleinsprutning eller låsningsfria bromsar.

F

Finjustering En process där noggranna justeringar och byten av delar optimerar en motors prestanda.

Fjäderben Se MacPherson-ben.

Fläktkoppling En viskös drivkoppling som medger variabel kylarfläkthastighet i förhållande till motorhastigheten.

Frostplugg En skiv- eller koppformad metallbricka som monterats i ett hål i en gjutning där kärnan avlägsnats.

Frostskydd Ett ämne, vanligen etylenglykol, som blandas med vatten och fylls i bilens kylsystem för att förhindra att kylvätskan fryser vintertid. Frostskyddet innehåller även kemikalier som förhindrar korrosion och rost och andra avlagringar som skulle kunna blockera kylare och kylkanaler och därmed minska effektiviteten.

Fördelningsventil En hydraulisk styrventil som begränsar trycket till bakbromsarna vid panikbromsning så att hjulen inte låser sig.

Förgasare En enhet som blandar bränsle med luft till korrekta proportioner för önskad effekt från en gnistantänd förbränningsmotor.

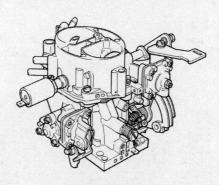

Förgasare

G

Generator En del i det elektriska systemet som förvandlar mekanisk energi från drivremmen till elektrisk energi som laddar batteriet, som i sin tur driver startsystem, tändning och elektrisk utrustning.

Generator (genomskärning)

Glidlager Den krökta ytan på en axel eller i ett lopp, eller den del monterad i endera, som medger rörelse mellan dem med ett minimum av slitage och friktion.

Gängskydd Ett täckmedel som minskar risken för gängskärning i bultförband som utsätts för stor hetta, exempelvis grenrörets bultar och muttrar. Kallas även antikärvningsmedel.

H

Handbroms Ett bromssystem som är oberoende av huvudbromsarnas hydraulikkrets. Kan användas till att stoppa bilen om huvudbromsarna slås ut, eller till att hålla bilen stilla utan att bromspedalen trycks ned. Den består vanligen av en spak som aktiverar främre eller bakre bromsar mekaniskt via vajrar och länkar. Kallas även parkeringsbroms.

Harmonibalanserare En enhet avsedd att minska fjädring eller vridande vibrationer i vevaxeln. Kan vara integrerad i vevaxelns remskiva. Även kallad vibrationsdämpare.

Hjälpstart Start av motorn på en bil med urladdat eller svagt batteri genom koppling av startkablar mellan det svaga batteriet och ett laddat hjälpbatteri.

Honare Ett slipverktyg för korrigering av smärre ojämnheter eller diameterskillnader i ett cylinderlopp.

Hydraulisk ventiltryckare En mekanism som använder hydrauliskt tryck från motorns smörjsystem till att upprätthålla noll ventilspel (konstant kontakt med både kamlob och ventilskaft). Justeras automatiskt för variation i ventilskaftslängder. Minskar även ventilljudet.

I

Insexnyckel En sexkantig nyckel som passar i ett försänkt sexkantigt hål.

Insugsrör Rör eller kåpa med kanaler genom vilka bränsle/luftblandningen leds till insugsportarna.

K

Kamaxel En roterande axel på vilken en serie lober trycker ned ventilerna. En kamaxel kan drivas med drev, kedja eller tandrem med kugghjul.

Kamkedja En kedja som driver kamaxeln.

Kamrem En tandrem som driver kamaxeln. Allvarliga motorskador kan uppstå om kamremmen brister vid körning.

Kanister En behållare i avdunstningsbegränsningen, innehåller aktivt kol för att fånga upp bensinångor från bränslesystemet.

Kanister

Kardanaxel Ett långt rör med universalknutar i bägge ändar som överför kraft från växellådan till differentialen på bilar med motorn fram och drivande bakhjul.

Kast Hur mycket ett hjul eller drev slår i sidled vid rotering. Det spel en axel roterar med. Orundhet i en roterande del.

Katalysator En ljuddämparliknande enhet i avgassystemet som omvandlar vissa föroreningar till mindre hälsovådliga substanser.

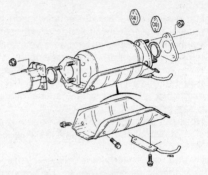

Katalysator

Kompression Minskning i volym och ökning av tryck och värme hos en gas, orsakas av att den kläms in i ett mindre utrymme.

Kompressionsförhållande Skillnaden i cylinderns volymer mellan kolvens ändlägen.

Kopplingsschema En ritning över komponenter och ledningar i ett fordons elsystem som använder standardiserade symboler.

Krockkudde (Airbag) En uppblåsbar kudde dold i ratten (på förarsidan) eller instrumentbrädan eller handskfacket (på passagerarsidan) Vid kollision blåses kuddarna upp vilket hindrar att förare och framsätespassagerare kastas in i ratt eller vindruta.

Krokodilklämma Ett långkäftat fjäderbelastat clips med ingreppande tänder som används till tillfälliga elektriska kopplingar.

Kronmutter En mutter som vagt liknar kreneleringen på en slottsmur. Används tillsammans med saxsprint för att låsa bultförband extra väl.

Kronmutter

Krysskruv Se Phillips-skruv

Kugghjul Ett hjul med tänder eller utskott på omkretsen, formade för att greppa in i en kedja eller rem.

Kuggstångsstyrning Ett styrsystem där en pinjong i rattstångens ände går i ingrepp med en kuggstång. När ratten vrids, vrids även pinjongen vilket flyttar kuggstången till höger eller vänster. Denna rörelse överförs via styrstagen till hjulets styrleder.

Kullager Ett friktionsmotverkande lager som består av härdade inner- och ytterbanor och har härdade stålkulor mellan banorna.

Kylare En värmeväxlare som använder flytande kylmedium, kylt av fartvinden/fläkten till att minska temperaturen på kylvätskan i en förbränningsmotors kylsystem.

Kylmedia Varje substans som används till värmeöverföring i en anläggning för luftkonditionering. R-12 har länge varit det huvudsakliga kylmediet men tillverkare har nyligen börjat använda R-134a, en CFC-fri substans som anses vara mindre skadlig för ozonet i den övre atmosfären.

L

Lager Den böjda ytan på en axel eller i ett lopp, eller den del som monterad i någon av dessa tillåter rörelse mellan dem med minimal slitage och friktion.

Lager

Lambdasond En enhet i motorns grenrör som känner av syrehalten i avgaserna och omvandlar denna information till elektricitet som bär information till styrelektroniken. Även kallad syresensor.

Luftfilter Filtret i luftrenaren, vanligen tillverkat av veckat papper. Kräver byte med regelbundna intervaller.

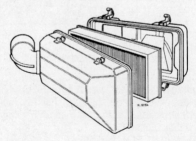

Luftfilter

Luftrenare En kåpa av plast eller metall, innehållande ett filter som tar undan damm och smuts från luft som sugs in i motorn.

Låsbricka En typ av bricka konstruerad för att förhindra att en ansluten mutter lossnar.

Låsmutter En mutter som låser en justermutter, eller annan gängad del, på plats. Exempelvis används låsmutter till att hålla justermuttern på vipparmen i läge.

Låsring Ett ringformat clips som förhindrar längsgående rörelser av cylindriska delar och axlar. En invändig låsring monteras i en skåra i ett hölje, en yttre låsring monteras i en utvändig skåra på en cylindrisk del som exempelvis en axel eller tapp.

M

MacPherson-ben Ett system för framhjulsfjädring uppfunnet av Earle MacPherson vid Ford i England. I sin ursprungliga version skapas den nedre bärarmen av en enkel lateral länk till krängningshämmaren. Ett fjäderben - en integrerad spiralfjäder och stötdämpare - finns monterad mellan karossen och styrknogen. Många moderna MacPherson-ben använder en vanlig nedre A-arm och inte krängningshämmaren som nedre fäste.

Markör En remsa med en andra färg i en ledningsisolering för att skilja ledningar åt.

Motor med överliggande kamaxel (OHC) En motor där kamaxeln finns i topplocket.

Motorstyrning Ett datorstyrt system som integrerat styr bränsle och tändning.

Multimätare Ett elektriskt testinstrument som mäter spänning, strömstyrka och motstånd. Även kallad multimeter.

Mätare En instrumentpanelvisare som används till att ange motortillstånd. En mätare med en rörlig pekare på en tavla eller skala är analog. En mätare som visar siffror är digital.

N

NOx Kväveoxider. En vanlig giftig förorening utsläppt av förbränningsmotorer vid högre temperaturer.

O

O-ring En typ av tätningsring gjord av ett speciellt gummiliknande material. O-ringen fungerar så att den trycks ihop i en skåra och därmed utgör tätningen.

O-ring

Ohm Enhet för elektriskt motstånd. 1 volt genom ett motstånd av 1 ohm ger en strömstyrka om 1 ampere.

Ohmmätare Ett instrument för uppmätning av elektriskt motstånd.

P

Packning Mjukt material - vanligen kork, papp, asbest eller mjuk metall - som monteras mellan två metallytor för att erhålla god tätning. Exempelvis tätar topplockspackningen fogen mellan motorblocket och topplocket.

Packning

Phillips-skruv En typ av skruv med ett korsspår istället för ett rakt, för motsvarande skruvmejsel. Vanligen kallad kryssskruv.

Plastigage En tunn plasttråd, tillgänglig i olika storlekar, som används till att mäta toleranser. Exempelvis så läggs en remsa Plastigage tvärs över en lagertapp. Delarna sätts ihop och tas isär. Bredden på den klämda remsan anger spelrummet mellan lager och tapp.

Plastigage

R

Rotor I en fördelare, den roterande enhet inuti fördelardosan som kopplar samman mittelektroden med de yttre kontakterna vartefter den roterar, så att högspänningen från tändspolens sekundärlindning leds till rätt tändstift. Även den del av generatorn som roterar inuti statorn. Även de roterande delarna av ett turboaggregat, inkluderande kompressorhjulet, axeln och turbinhjulet.

S

Sealed-beam strålkastare En äldre typ av strålkastare som integrerar reflektor, lins och glödtrådar till en hermetiskt försluten enhet. När glödtråden går av eller linsen spricker byts hela enheten.

Shims Tunn distansbricka, vanligen använd till

att justera inbördes lägen mellan två delar. Exempelvis sticks shims in i eller under ventiltryckarhylsor för att justera ventilspelet. Spelet justeras genom byte till shims av annan tjocklek.

Skivbroms En bromskonstruktion med en roterande skiva som kläms mellan bromsklossar. Den friktion som uppstår omvandlar bilens rörelseenergi till värme.

Skjutmått Ett precisionsmätinstrument som mäter inre och yttre dimensioner. Inte riktigt lika exakt som en mikrometer men lättare att använda.

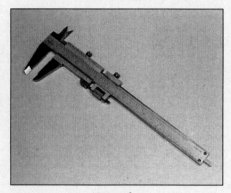
Skjutmått

Smältsäkring Ett kretsskydd som består av en ledare omgiven av värmetålig isolering. Ledaren är tunnare än den ledning den skyddar och är därmed den svagaste länken i kretsen. Till skillnad från en bränd säkring måste vanligen en smältsäkring skäras bort från ledningen vid byte.

Spel Den sträcka en del färdas innan något inträffar. "Luften" i ett länksystem eller ett montage mellan första ansatsen av kraft och verklig rörelse. Exempelvis den sträcka bromspedalen färdas innan kolvarna i huvudcylindern rör på sig. Även utrymmet mellan två delar, till exempel kolv och cylinderlopp.

Spiralfjäder En spiral av elastiskt stål som förekommer i olika storlekar på många platser i en bil, bland annat i fjädringen och ventilerna i topplocket.

Startspärr På bilar med automatväxellåda förhindrar denna kontakt att motorn startas annat än om växelväljaren är i N eller P.

Storändslager Lagret i den ände av vevstaken som är kopplad till vevaxeln.

Svetsning Olika processer som används för att sammanfoga metallföremål genom att hetta upp dem till smältning och sammanföra dem.

Svänghjul Ett tungt roterande hjul vars energi tas upp och sparas via moment. På bilar finns svänghjulet monterat på vevaxeln för att utjämna kraftpulserna från arbetstakterna.

Syresensor En enhet i motorns grenrör som känner av syrehalten i avgaserna och omvandlar denna information till elektricitet som bär information till styrelektroniken. Även kalla Lambdasond.

Säkring En elektrisk enhet som skyddar en krets mot överbelastning. En typisk säkring

innehåller en mjuk metallbit kalibrerad att smälta vid en förbestämd strömstyrka, angiven i ampere, och därmed bryta kretsen.

T

Termostat En värmestyrd ventil som reglerar kylvätskans flöde mellan blocket och kylaren vilket håller motorn vid optimal arbetstemperatur. En termostat används även i vissa luftrenare där temperaturen är reglerad.

Toe-in Den distans som framhjulens framkanter är närmare varandra än bakkanterna. På bakhjulsdrivna bilar specificeras vanligen ett litet toe-in för att hålla framhjulen parallella på vägen, genom att motverka de krafter som annars tenderar att vilja dra isär framhjulen.

Toe-ut Den distans som framhjulens bakkanter är närmare varandra än framkanterna. På bilar med framhjulsdrift specificeras vanligen ett litet toe-ut.

Toppventilmotor (OHV) En motortyp där ventilerna finns i topplocket medan kamaxeln finns i motorblocket.

Torpedplåten Den isolerade avbalkningen mellan motorn och passagerarutrymmet.

Trumbroms En bromsanordning där en trumformad metallcylinder monteras inuti ett hjul. När bromspedalen trycks ned pressas böjda bromsbackar försedda med bromsbelägg mot trummans insida så att bilen saktar in eller stannar.

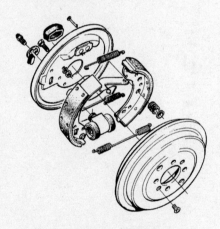
Trumbroms, montage

Turboaggregat En roterande enhet, driven av avgastrycket, som komprimerar insugsluften. Används vanligen till att öka motoreffekten från en given cylindervolym, men kan även primäranvändas till att minska avgasutsläpp.

Tändföljd Turordning i vilken cylindrarnas arbetstakter sker, börjar med nr 1.

Tändläge Det ögonblick då tändstiftet ger gnista. Anges vanligen som antalet vevaxelgrader för kolvens övre dödpunkt.

Tätningsmassa Vätska eller pasta som används att täta fogar. Används ibland tillsammans med en packning.

U

Universalknut En koppling med dubbla pivåer som överför kraft från en drivande till en driven axel genom en vinkel. En universalknut består av två Y-formade ok och en korsformig del kallad spindeln.

Urtrampningslager Det lager i kopplingen som flyttas inåt till frigöringsarmen när kopplingspedalen trycks ned för frikoppling.

V

Ventil En enhet som startar, stoppar eller styr ett flöde av vätska, gas, vakuum eller löst material via en rörlig del som öppnas, stängs eller delvis maskerar en eller flera portar eller kanaler. En ventil är även den rörliga delen av en sådan anordning.

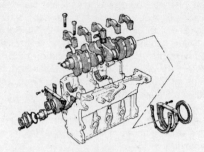

Vevaxel, montage

Ventilspel Spelet mellan ventilskaftets övre ände och ventiltryckaren. Spelet mäts med stängd ventil.

Ventiltryckare En cylindrisk del som överför rörelsen från kammen till ventilskaftet, antingen direkt eller via stötstång och vipparm. Även kallad kamsläpa eller kamföljare.

Vevaxel Den roterande axel som går längs med vevhuset och är försedd med utstickande vevtappar på vilka vevstakarna är monterade.

Vevhus Den nedre delen av ett motorblock där vevaxeln roterar.

Vibrationsdämpare En enhet som är avsedd att minska fjädring eller vridande vibrationer i vevaxeln. Enheten kan vara integrerad i vevaxelns remskiva. Kallas även harmonibalanserare.

Vipparm En arm som gungar på en axel eller tapp. I en toppventilsmotor överför vipparmen stötstångens uppåtgående rörelse till en nedåtgående rörelse som öppnar ventilen.

Viskosit Tjockleken av en vätska eller dess flödesmotstånd.

Volt Enhet för elektrisk spänning i en krets 1 volt genom ett motstånd av 1 ohm ger en strömstyrka om 1 ampere.